21世纪通才系列教材

法学通论

（第八版）

主　编　吴汉东
副主编　齐文远　刘仁山　何焰

北京大学出版社
PEKING UNIVERSITY PRESS

图书在版编目(CIP)数据

法学通论/吴汉东主编. —8 版. —北京：北京大学出版社，2023.9
21 世纪通才系列教材
ISBN 978-7-301-34416-3

Ⅰ.①法⋯　Ⅱ.①吴⋯　Ⅲ.①法学—高等学校—教材　Ⅳ.①D90

中国国家版本馆 CIP 数据核字(2023)第 174749 号

书　　　名	法学通论（第八版）
	FAXUE TONGLUN(DI-BA BAN)
著作责任者	吴汉东　主编
责 任 编 辑	邓丽华
标 准 书 号	ISBN 978-7-301-34416-3
出 版 发 行	北京大学出版社
地　　　址	北京市海淀区成府路 205 号　100871
网　　　址	http://www.pup.cn
新 浪 微 博	@北京大学出版社　@北大出版社法律图书
电 子 邮 箱	编辑部 law@pup.cn　总编室 zpup@pup.cn
电　　　话	邮购部 010-62752015　发行部 010-62750672　编辑部 010-62752027
印 刷 者	北京溢漾印刷有限公司
经 销 者	新华书店
	965 毫米×1300 毫米　16 开本　35.25 印张　772 千字
	2005 年 3 月第 1 版　2006 年 1 月第 2 版
	2007 年 2 月第 3 版　2008 年 1 月第 4 版
	2011 年 7 月第 5 版　2012 年 8 月第 6 版
	2018 年 9 月第 7 版
	2023 年 9 月第 8 版　2023 年 9 月第 1 次印刷
定　　　价	88.00 元

未经许可，不得以任何方式复制或抄袭本书之部分或全部内容。
版权所有，侵权必究
举报电话：010-62752024　电子邮箱：fd@pup.cn
图书如有印装质量问题，请与出版部联系，电话：010-62756370

第八版修订说明

　　承蒙广大读者的支持，第八版的《法学通论》又和大家见面了。作为普通高等教育"十一五"国家级规划教材，本书一直秉承浓缩法学精华、锻造教材精品的理念，通过不断修订向读者提供全面科学的法学知识和体系。众所周知，当今世界正经历百年未有之大变局，单边主义、保护主义和逆全球化思潮呈抬头之势，国际竞争日趋激烈，不稳定性不确定性日益凸显。与此同时，中华民族伟大复兴战略全面实施，中国的综合国力不断上升，中国正前所未有地走近世界舞台中央。作为负责任大国，中国大力倡导和推动构建人类命运共同体，统筹推进国内法治和涉外法治，积极参与全球治理体系改革，为应对国际社会面临的共同风险和挑战贡献中国智慧。近年来，在以习近平同志为核心的党中央领导下，我国法治建设取得了长足进步，法治体系日臻完善。党的二十大报告明确了我国未来法治发展的目标与方向，即坚持依法治国、依法执政、依法行政共同推进，坚持法治国家、法治政府、法治社会一体建设，全面推进科学立法、严格执法、公正司法、全民守法。为及时反映习近平法治思想引领下的中国法治建设的新动态和法律实践的新成就，主编再次组织相关学者对《法学通论》进行修订。为便于读者学习和思考，本次修订还对各章后面的复习思考题和参考文献作了部分调整和补充。

　　本次修订涉及面广，时间仓促，难免存在疏漏，敬请广大读者和同行专家批评指正。

吴汉东
2023 年 9 月

主 编 简 介

吴汉东 法学博士,中南财经政法大学文澜资深教授,博士生导师,教育部人文社科重点研究基地、国家保护知识产权工作研究基地——中南财经政法大学知识产权研究中心名誉主任,校学术委员会主席,兼任教育部社会科学委员会法学学部委员、中国知识产权法学研究会名誉会长、最高人民法院特约咨询专家、最高人民检察院特约咨询专家,中国国际经济贸易仲裁委员会仲裁员。著有《著作权合理使用制度研究》《无形财产权基本问题研究》《知识产权总论》等著作10余部,另在《中国社会科学》《法学研究》《中国法学》等刊物发表文章130余篇。专著和论文曾获首届全国优秀博士论文奖、司法部优秀科研成果一等奖、首届中国出版政府奖图书奖、教育部人文社科优秀科研成果二等奖、全国法学教材与科研成果二等奖、首届中国法学优秀成果奖专著类二等奖等,并入选2011年度国家哲学社会科学成果文库。2006年5月在中央政治局第三十一次集体学习上为国家领导人讲授"我国知识产权保护的法律和制度建设"。2009年、2011年两次被评为"年度十大全国知识产权保护最具影响力人物",并于2009年、2011年两度被英国《知识产权管理》(MIP)杂志评为"全球知识产权界最具影响力五十人",2020年获评"中国版权事业终生成就者"。

撰稿人简介

（按撰写章节排序）

张德淼　法学博士，中南财经政法大学教授、博士生导师。兼任中国法理学研究会理事，湖北省法理学研究会副会长等职。

屈永华　法学博士、理论经济学博士后，中南财经政法大学教授、博士生导师。

刘嗣元　法学硕士，中南财经政法大学教授。兼任中国宪法学研究会常务理事、湖北省宪法学研究会副会长等职。

齐文远　法学博士，中南财经政法大学教授、博士生导师。兼任教育部高等学校法学学科教学指导委员会委员，中国法学会刑法学研究会副会长。

苏彩霞　法学博士，中南财经政法大学教授、博士生导师。

姚　莉　法学博士，中南财经政法大学教授、博士生导师。兼任中国刑事诉讼法学研究会副会长，湖北省诉讼法学会秘书长等职。

麻昌华　法学博士，中南财经政法大学教授、博士生导师。兼任中国民法学研究会常务理事、副秘书长，湖北省民法学会副会长兼秘书长等职。

慕　虹　中南财经政法大学法学院教授，博士生导师，中国法学会民事诉讼法学研究会第三届理事会特聘高级专家；曾任湖北省人大常委会立法顾问；湖北省检察院、湖北省法院等专家咨询委员会委员。教学与研究的专业领域：民事诉讼法学、行政诉讼法学、仲裁法学、证据法学等。出版著作多部，发表论文数十篇，多次参与国家和地方的立法工作。

樊启荣　法学博士，中南财经政法大学教授、博士生导师。兼任中国法学会商法学研究会理事、湖北省法学会商法研究会副会长等职。

何　焰　法学博士,中南财经政法大学副教授、硕士生导师。兼任中国国际经济法学会理事,湖北省国际法研究会常务理事,武汉仲裁委仲裁员。

刘大洪　法学博士、博士后,中南财经政法大学教授、博士生导师,湖北经济学院党委副书记、校学术委员会主任;国务院政府特殊津贴专家,全国科技进步工作先进个人。兼任中国经济法学研究会学术委员会副主任、湖北省法学会经济法学研究会会长、湖北省法学会法经济学研究会会长等职。

石佑启　法学博士,中南财经政法大学教授、博士生导师。兼任中国法学会理事,中国行为法学会行政执法行为研究会副会长,中国行政法学研究会常务理事,广东省法学会副会长等职。

刘仁山　法学博士,中南财经政法大学教授、博士生导师。兼任中国国际私法学会副会长,教育部法学教育指导委员会委员。

目　　录

第一章　法学基本理论 ·· 1
　第一节　法学的性质、体系与历史 ·· 1
　第二节　法的概念与体系 ·· 7
　第三节　法的起源与发展 ·· 18
　第四节　法的作用、价值与法治 ·· 21
　第五节　法的制定与实施 ·· 35
　第六节　法律关系:权利、义务和权力 ·· 41
　第七节　法与民主、人权、和谐社会 ·· 46
　第八节　习近平法治思想的核心要义与理论体系 ···································· 51

第二章　中国法制史 ··· 55
　第一节　中国法律的起源与初步发展:夏商西周的法律 ···························· 55
　第二节　春秋战国和秦朝的法律 ·· 60
　第三节　法律的儒家化:从汉至唐 ··· 62
　第四节　君主专制的极端强化:宋元明清的法律 ···································· 71
　第五节　中国法律的近代转型 ·· 76

第三章　宪法 ·· 83
　第一节　宪法的基本理论 ·· 83
　第二节　国家的性质和经济制度 ·· 100
　第三节　国家政权组织形式和国家结构形式 ··· 106
　第四节　公民的基本权利和义务 ·· 110
　第五节　中央国家机关 ·· 116

第四章　刑法 ·· 123
　第一节　我国刑法的概念、基本原则与效力范围 ··································· 123
　第二节　犯罪 ·· 126

第三节　刑罚 …………………………………………………… 141
　　第四节　刑法分则的基本内容 ………………………………… 149

第五章　刑事诉讼法 193
　　第一节　刑事诉讼法概述 ……………………………………… 193
　　第二节　刑事诉讼基本原则 …………………………………… 196
　　第三节　刑事诉讼基本制度 …………………………………… 204
　　第四节　证据 …………………………………………………… 214
　　第五节　强制措施 ……………………………………………… 219
　　第六节　刑事诉讼程序 ………………………………………… 226

第六章　民法 …………………………………………………………… 245
　　第一节　民法概述 ……………………………………………… 245
　　第二节　物权法 ………………………………………………… 256
　　第三节　合同法 ………………………………………………… 259
　　第四节　知识产权法 …………………………………………… 279
　　第五节　人身权法 ……………………………………………… 301
　　第六节　婚姻家庭法 …………………………………………… 304
　　第七节　继承法 ………………………………………………… 307
　　第八节　民事责任 ……………………………………………… 309

第七章　民事诉讼法 …………………………………………………… 313
　　第一节　民事诉讼法概述 ……………………………………… 313
　　第二节　主管和管辖 …………………………………………… 319
　　第三节　民事诉讼参加人 ……………………………………… 325
　　第四节　民事诉讼证据 ………………………………………… 332
　　第五节　诉讼保障制度 ………………………………………… 337
　　第六节　民事审判程序与民事执行程序 ……………………… 341

第八章　商法 …………………………………………………………… 355
　　第一节　商法总则 ……………………………………………… 355
　　第二节　公司法 ………………………………………………… 360
　　第三节　证券法律制度 ………………………………………… 368
　　第四节　票据法 ………………………………………………… 376

第五节　保险法 …………………………………………… 382
　　第六节　破产法律制度 …………………………………… 387
　　第七节　海商法 …………………………………………… 393

第九章　经济法 …………………………………………………… 405
　　第一节　经济法概述 ……………………………………… 405
　　第二节　宏观调控法律制度 ……………………………… 410
　　第三节　市场规制法律制度 ……………………………… 424

第十章　行政法 …………………………………………………… 437
　　第一节　行政法概述 ……………………………………… 437
　　第二节　行政法律关系主体 ……………………………… 443
　　第三节　行政行为 ………………………………………… 448
　　第四节　行政程序 ………………………………………… 455
　　第五节　行政复议 ………………………………………… 460

第十一章　行政诉讼法 …………………………………………… 468
　　第一节　行政诉讼法概述 ………………………………… 468
　　第二节　行政诉讼的受案范围与管辖 …………………… 471
　　第三节　行政诉讼参加人 ………………………………… 477
　　第四节　行政诉讼的证据 ………………………………… 482
　　第五节　行政诉讼的程序 ………………………………… 485
　　第六节　行政赔偿 ………………………………………… 496

第十二章　国际法 ………………………………………………… 504
　　第一节　国际法 …………………………………………… 505
　　第二节　国际私法 ………………………………………… 518
　　第三节　国际经济法 ……………………………………… 527

第一章 法学基本理论

学习目标

1. 理解法学的研究对象与体系;
2. 掌握法的基本特征、本质、作用与价值等基本原理;
3. 认清法的历史发展规律与两大法系的特点;
4. 熟悉从立法、执法、司法、守法到法律监督的运行过程及其相关原则,掌握现代民主法治的基本知识与人权保障的基本内容,树立健全的法律意识、法治意识与权利意识;
5. 理解习近平法治思想的核心要义;掌握全面依法治国的总目标,认清我国实行依法治国、建设社会主义法治国家的必要性与现实性,懂得建设社会主义法治国家的艰巨性与渐进性。

基本概念

法学体系与法系;法治与法治理念;法与法律体系;法的作用与价值;法律权利与义务;法的制定与实施;人权、民主与和谐社会;习近平法治思想与全面依法治国

第一节 法学的性质、体系与历史

一、法学的性质问题

(一)法学的词源

法学是法律科学的简称,是研究法律、法律现象、法律问题的学问或理论知识体系,是一门关于社会共同生活的人文社会科学。法学一词历史悠久,在我国先秦时期称为"刑名法术之学"或"刑名之学",汉代始有"律学"。刑名法术之学主要强调定分正名,着重对"刑""名"进行辨析。律学主要是对现行的律例进行注释,关注法律的应用技术,而不关注正义等价值问题。法学或法律科学的名称,直到19世纪末20世纪初西学东渐、西方文化大量传入时才被广泛使用。法学一词在西方同样源远流长。"法学"的拉丁文Jurisprudentia,早在公元前3世纪末罗马共和时代就已经出现,该词由Jus(法律、正义、权利)和Providere(先见、知识、聪明)两词合成,表示有系统、有组织的法律知识、法律学问、法律技术。到公元2世纪罗马帝国前期,该词已被广泛使

用。当时,罗马的五大法学家之一乌尔比安(Ulpianus,160—228)说:"法学是神事和人事的知识,正与不正的学问。"后来,随着罗马法的复兴,拉丁文 Jurisprudentia 一词在欧洲各国广泛传播。德文、法文、英文以及西班牙文等语种,都是在该词基础上发展出各自指称法学的词汇,并且其含义日渐深刻,内容不断丰富。

(二)法学的性质

关于法学的性质问题,近代学界有不同观点,代表性的观点大体有如下四种[①]:

1. 法学是实证科学。近代自然科学的兴起、迅速发展及其对人类社会发展的巨大历史作用,使一些人对自然科学顶礼膜拜,认为自然科学的理论和方法同样可以用来研究人类社会,而且认为只有这样才能获得精确可靠的知识,包括法学在内的一切学科都应当向自然科学看齐,建成像自然科学那样的实证科学。在法律研究中,近代许多法学家采用机械物理学、生物进化论等自然科学的理论来解释法律现象。当今我国学者中也有具有这种倾向的,如朱景文教授就希望通过建立一个精确的指标体系来衡量和比较不同国家的立法、司法、法律职业、法律教育的状态,判断法律的发展程度。[②]

2. 法学是形式科学。这是基于一种将科学分为经验科学和形式科学的分类对法学所作的界定。这种分类认为,经验科学包括自然科学、社会科学,以搜集、分析和处理具体的经验事实为主要内容;形式科学包括逻辑学、数学,以讨论普遍的形式演算为主要内容,它关注思维的、语言的纯形式方面,不涉及其内容或价值取向。[③] 凯尔森等人认为,法学就是以其中的形式科学为榜样的。

3. 法学是人文科学。很多人文科学的主张者都将法学划入人文科学的范畴,如德国哲学家李凯尔特、狄尔泰等。李凯尔特认为,人文科学以文化为研究对象,而"文化包括了宗教、法学、史学、哲学、政治、经济学等科学的一切对象"。[④] 英国《大不列颠百科全书》也将法学归入人文科学之列。在中国,虽然很少有人明确将法学归入人文科学之列,但近年来法学界有些学者按照人文科学的研究思路来进行法学研究,如梁治平等。[⑤]

[①] 参见黄文艺:《法学是一门什么样的科学》,载《法制与社会发展》2001年第3期。关于法学的科学性问题的争论,还可参见张德淼:《法学与科学》,载朱景文主编:《法理学研究》(上),中国人民大学出版社2006年版;郑戈:《法学是一门社会科学吗——试论法律科学的属性及其研究方法》,载《北大法律评论》(第1卷第1辑·创刊号),法律出版社1998年版;以及《再问法学是一门社会科学吗?——一个实用主义的视角》,载《中国法律评论》2020年第4期。上述两文均收入郑戈《法学是一门社会科学吗》,法律出版社2022年版。

[②] 参见朱景文:《比较法社会学的框架和方法——法制化、本土化和全球化》,中国人民大学出版社2001年版,第2页。另见朱景文主编:《中国法律发展报告:数据库和指标体系》,中国人民大学出版社2008年版。

[③] 参见杨士毅原著、霍肖兰编:《逻辑与人生》,黑龙江教育出版社1989年版,第12页;杨仁寿:《法学方法论》,中国政法大学出版社1999年版,第32页。

[④] 〔德〕李凯尔特:《文化科学与自然科学》,涂纪亮译,商务印书馆1986年版,第22页。

[⑤] 参见梁治平:《法辩》,中国政法大学出版社2002年版;梁治平:《寻求自然秩序的和谐》,中国政法大学出版社2002年版;梁治平:《法律的文化解释》,生活·读书·新知三联书店1998年版;许章润:《说法 活法 立法》,清华大学出版社2004年版;许章润:《法学家的智慧——关于法律的知识品格与人文类型》,清华大学出版社2004年版;尹伊君:《社会变迁的法律解释》,商务印书馆2003年版;陈景良教授的系列文章:《西方法律传统与基督教文明——伯尔曼法律思想论析》,载《南京大学法律评论》1995年春季号,《从人生智慧的角度重新认识中国法文化的价值》,载《人大复印报刊资料·法理学 法史学》2002年第2期。

4. 法学是社会科学。中外学术界，尤其是中国学术界，通常都将法学划入社会科学的范畴。《牛津法律大辞典》《中国大百科全书》等都将法学归入社会科学之列，我国出版的各种法理学教材几乎不约而同地将法学归入社会科学之列。《中国大百科全书》对法学的解释是："法学，又称法律学、法律科学，是研究法这一特定社会现象及其发展规律的科学，属于社会科学的一个学科。"①

上文对法学是什么科学的回答，实际上道出了法学的不同维度。每一维度各有其特定的观察视角、分析方法和研究特色，它们实际上是相互补充的。人类迄今为止拥有的知识，按照构成和存在方式的不同，大致可以归结为三种不同形态，即有关社会的、有关人文的和有关自然的，各种知识门类都被归入这三种形态。因此，按照这一对知识形态的概括，人们一般将科学划分为社会科学、人文科学、自然科学。在这一分类标准下，我们倾向于把法学界定为一种存在于社会科学和人文科学之间的知识形态。法学以法律现象为研究对象，考察法的产生、发展及其规律，各种法律规范、法律制度的性质、特点与相互关系，研究法的内部联系和调整机制，法与其他社会现象的联系、区别及相互作用，因此具有社会科学的性质；同时，法律又是人们生活意义的规则体现，是规则与意义的交结，法学要解决不同民族不同国度人们生活所面临的问题，要为人们在规则下生活提供精神导向，因此又具有人文科学的性质。

二、法学的研究对象与体系

（一）法学的研究对象

法学的主要研究对象是法、法律现象。法学始终与法律相关，与法律现象相关，所涉及的问题主要是法律问题，因而不同于自然科学、其他人文社会科学。当然，法学的研究内容非常丰富多样，涉及法律现象的方方面面，正因为如此，有学者认为，法学既然是以法的现象及其规律作为研究对象的一门系统的科学，就必须对其研究对象进行全方面的研究，即既要考察研究法的产生、发展及其规律，又要比较研究各种不同的法律制度以及它们的性质、特点及相互关系；既要研究法的内部联系和调整机制等，又要研究法与其他社会现象的联系、区别及相互作用；既要对法进行静态分析，又要对法进行动态研究。还有学者认为，法学研究的内容是法律的内在方面和外在方面，包括法律的事实、形式、价值。西方三大法学流派——社会法学、规范法学和自然法学研究的重点大体对应于此三者。

（二）法学研究的目的

与法学研究的对象一样，各家对法学研究的目的也存在差异。法学研究的目的即法学家研究工作的主观目标。从总体来看，法学研究有三大目的，各家的侧重点各有不同。一是伦理目的，即为了发现或探究法律的一般规则和原则，为公正安排社会关系及解决社会纷争找到合理的交往模式或法律框架；二是科学目的，即法学研究追求的是发现法律规律，认识法律的本来面目；三是政治目的，即法学研究是为了给统

---

① 《中国大百科全书·法学》，中国大百科全书出版社1984年版，第1页。

治者的统治出谋划策,或者相反——证明、揭露法律的毛病,从而在政治上否定它。一般说来,法学研究的三大目的不同程度地存在于法学家所追求的目的之中。虽然西方有些法学家追求法学研究的价值中立,但这实际上难以完全做到。

(三) 法学体系

法学(学科)体系是由法学各个分支学科构成的有机联系的统一整体。法学内部分出许多分支是近现代法学发达的产物。如何划分法学的分支学科,是一个见仁见智的问题,并无一致的标准和做法。例如,英国法学家沃克将法学分为两大部类(理论法学和应用法学)七个分支学科:法学理论和法哲学、法史学、比较法学、国际法学、超国家法学、国内法学、法学附属学科。日本《万有百科大辞典》把法学划分为四大部类。20世纪30年代,我国法学家丁元普将法学分为法律科学和法律哲学两门,而后又把法律科学分为立法政策学、法律解释学、比较法学、法律史学。我国台湾学者将法学分为理论法学和应用法学两类,将理论法学再分为法理学(含法的历史哲学、法学方法论、法价值论)和法经验科学(含法律社会学、法制史学等)。应用法学包括法律解释学和社会政策学等,其中法律解释学包括宪法学、民法学、刑法学、刑事诉讼法学、民事诉讼法学等。

按照当今我国多数学者的观点,法学学科可以具体划分为三部分,即理论法学、应用法学和边缘(交叉)法学。理论法学分为法理学和法律史学,而法律史学又分为法律思想史(中国法律思想史和西方法律思想史)和法制史(中国法制史和外国法制史);应用法学分为比较法学、国内法学(含宪法学、民法学、刑法学、行政法学、经济法学、诉讼法学等)、国际法学(含国际公法学、国际私法学、国际经济法学等)、外国法学(含外国的部门法学)。边缘(交叉)法学主要是法学与其他社会科学、自然科学、人文科学相互结合的产物,如法医学、法律心理学、法律经济学、法律社会学等。

三、法学发展的历史

(一) 西方法学发展简史

1. 古代西方法学的发展

西方法学肇始于古希腊。古希腊很早就开始立法活动,进行法制的建设。但各城邦(国家)的成文法不多,主要是对习惯法的整理和系统化,而且法律的制定和适用通常采用直接民主的程序和方式,没有健全的专门法律机构和职业法学家集团,因而也没有独立的法学。有关法律问题的研究主要分散于哲学、政治学、伦理学、宗教学、文学、美学著作之中。在历史上,智者学派、苏格拉底、柏拉图、亚里士多德、斯多葛学派等思想家和思想流派对法学的发展作出了重大的贡献。古罗马文化是西方文化的又一个源头。罗马法是古代西方法律制度发展的顶峰,也是后来西方法律制度建设和发展的重要基础。与发达的法律制度相适应,罗马法学十分繁荣昌盛,并且在人类历史上首次出现了职业化的法学家集团、法律学校、法学派别。西塞罗(前106—前43)是古罗马共和国末期著名的法学家。古罗马帝国时期最著名的五大法学家是:盖尤斯、保罗、乌尔比安、伯比尼安、莫德斯梯努斯。罗马法学家编写的《法学阶梯》是一本迄今所知最早并且保存最完整的西方法学专门著作。中世纪时期,宗教成为西方文化的核心,基督教神学居统治地位,哲学、政治学、法学等成为神学的附庸,教义代替了法律,国家托庇于教会,法学处于衰落时期。不过,基督教神学家、哲学家托马斯·阿奎那等人的著述中包含着相当多的法律思想。公元11世纪,罗马法复兴,于是出现了法学教育、法学研究和法学流派。

2. 近代西方法学的发展

文艺复兴以后,西方法学呈现蓬勃发展的趋势。17、18世纪,格劳秀斯、霍布斯、洛克、孟德斯鸠、卢梭、贝卡里亚等古典自然法学家以自然法、自然权利、自然状态、社会契约、法治为旗帜,以自由、平等、人权、法治等社会价值观念为支柱,力求探索新的社会治理和控制方式。古典自然法学派的许多法律思想,诸如社会契约论、天赋人权论、人民主权论、权力分立制衡论、法律平等论,对于推翻封建制度,进行资产阶级革命起到了重大作用,并且成为1776年美国独立战争及《独立宣言》、1789年法国大革命及《人权与公民权利宣言》的指导思想和理论基础,为近代法治的确立和发展作出了巨大的贡献。

3. 19世纪是西方法学发展非常重要的时期

这时出现了以德国的康德和黑格尔为代表的哲理法学,以英国的边沁、奥斯丁为代表的实证分析法学,以德国的萨维尼和英国的梅因为代表的历史法学等。这些流派促进了法学的科学化进程。19世纪末20世纪初以来,西方又出现了以德国的马克斯·韦伯、奥地利的埃利希、法国的狄骥、美国的庞德等人为代表的法社会学,以美籍奥地利人凯尔森为代表的纯粹法学和英国的哈特为代表的新分析法学,以美国的富勒、德沃金为代表的新自然法学,以美国的波斯纳为代表的法律经济学(法律的经济学分析)等。20世纪末以来,又出现了批判法学、女权法学、后现代法学等法学思潮。总的来说,现代西方法学呈现了派别林立、错综复杂的格局。

4. 西方法学发展的主要特点

西方法学的发展有以下几个特点:(1)以19世纪中叶为标志,西方法学可划分为两个阶段。19世纪以前,法学尚未独立化、专门化、职业化,有关法律的理论观点从属于哲学、宗教、伦理学、美学、文学、政治学、社会学、经济学、教育学等学科,没有独立的品位,没有号称第一流的法学家,法学是抽象的、思辨的。19世纪中叶以来,法学逐渐独立化、专门化、职业化,由法学家所提出的法律理论观点成为法学的核心,因而法学逐渐摆脱了传统形而上学的思辨抽象的色彩,具有了实证性、现实性。(2)西方法学流派林立,错综复杂。西方法学的基本格局是自然法学、分析法学、法社会学三足鼎立,此外又有许多法学流派错杂其中。(3)西方法学中心随历史、文化的变化而不断变迁,在古代主要是地中海地区,在近代是西欧地区,在现代是北美和西欧。(4)西方法学教育的职业化程度较高,在古代很早就形成了法律职业培训中心、法律教育中心,法律职业的从业者,如法官、律师大都由专门的机构教育和培养,这种状态一直延续到当代。(5)西方法律文化比较昌盛,法律文化是一个国家、民族文化的主要部分,扮演着重要的角色,发挥着重大作用。

(二) 传统中国法学的发展

1. 传统中国法学发展状况

中国法学博大精深，历史悠久，源远流长。大体而言，中国法学的发展可以分为先秦时期、秦汉至清末时期、民国时期、共和国时期四个阶段。先秦是中国文化、学术的黄金时代。春秋战国时，各种学说、学派层出不穷，形成了百家争鸣的繁荣景象。在法律思想方面，儒家是以孔子、孟子、荀子为代表，重视道德礼教的作用；墨家是以墨翟为代表，主张别异同，兼相爱，交相利；道家是以老子、庄子为代表，强调自然无为，法自然；法家是以管子、韩非等为代表，强调以法治国。秦汉至清朝末年，在汉武帝采纳董仲舒"罢黜百家，独尊儒术"的主张后，儒家思想成为历代封建王朝的意识形态，法律文化、法律思想也深受其浸染。有关法律问题的研究，主要是在"律学"的名义下进行的，出现了董仲舒、朱熹等思想家。清朝末年中国法制开始改制，民国时期编纂了"六法全书"，有关法律的建设有了一定的基础。与此相应，法律的理论研究也取得了一定的成果。

2. 传统中国法学发展的特点

我们把握传统中国法学，必须注意以下几个特点：(1) 三千多年的中国法律建设和发展，形成了中华法系，它对我们中华民族和周边国家、地区和民族产生了重大的影响。(2) 中国法律制度是以刑罚为核心，法律思想也与此相关。(3) 中国法学深受儒家思想的影响。(4) 中国法学的专业化程度不高，基本上没有形成职业化、专门化、独立化的队伍。(5) 中国法律文化具有中华民族的特色，既有优良的一面，也有不良的一面。

(三) 马克思主义法学及其在中国的发展

马克思主义法学的产生是法学史上的一次伟大革命，它以历史唯物主义为理论基础，科学地揭示了法的产生、本质、特点、功能、作用及其发展规律，从而真正使法学成为一门科学。马克思主义法学的发展经历了以马克思、恩格斯为代表的时期，以列宁为代表的时期，以毛泽东为代表的时期和以邓小平为代表的时期。马克思、恩格斯是马克思主义理论的奠基人，他们在《德意志意识形态》《共产党宣言》《资本论》《反杜林论》《家庭、私有制和国家的起源》等著作中系统地阐明了自己的法律观点和理念，从而在法学领域引起了一场伟大的革命。列宁在马克思、恩格斯思想的基础上，进一步创造性地发展了马克思主义法学。

在中国革命和建设过程中，在民主与法制的建设过程中，毛泽东及其战友积极探索社会主义的发展问题，在新的历史条件下进一步发展和丰富了马克思主义法学。但是，新中国成立以后，法律建设和法学研究经历了比较复杂的曲折过程。在很长的一段时间里，中国主要进行革命法制的建设工作，但因各种因素的影响，法制建设不尽如人意，甚至一度出现了无法可依的状况，法学研究基本停顿。1978年后，中国重新进行法制建设，逐渐形成了法治的理念，法学研究也得到了复兴和发展。

邓小平理论是马克思主义的新发展。在依法治国、建设社会主义法治国家的过程中，邓小平同志提出了许多富有理论和实践双重意义的观点，诸如民主立国论、民主法制同步论、法律权威论、两手建国论、法制观念论、法制原则论,这对于当代中国的建设和发展,对于中国的法治化、制度化、民主化历史进程产生了巨大的影响。

习近平法治思想是马克思主义法治理论在当代中国发展的最新成果,形成了科学的理论体系。习近平法治思想的核心要义是其所充分论述的"十一个坚持",是当代中国全面依法治国的根本遵循和行动指南。关于习近平法治思想的主要内容,可参见习近平所著的《论坚持全面依法治国》[①],关于其核心要义与理论体系等一些具体论述,还可参见本章第八节的相关分析。

第二节 法的概念与体系

法是什么、法律的本质是什么的问题,是法律理论、法理学的迷津。"争论日复一日,没完没了"(勒内),反而使人如坠迷雾中,不辨方向。当然,它并非是无关紧要的,作为法学一个古老而常新的问题,它是法学最核心、最普遍、最基本的问题,也是涉及法律运作、法律实践的方向、价值取向的根本问题。

一、法的词义

中文中的"法"字,在西周金文中写作"灋",与其他汉字一样,是一个绝妙的意象丰富的象形文字。汉代许慎《说文解字》说:"灋,刑也。平之如水,故从水;廌所以触不直者去之,从去。"灋由三部分组成:氵、廌、去。氵,平坦之如水,一说喻示法像水一样平,是为公平、公正;一说指将人犯置于水面凛去(流刑);廌(音 zhì),神兽。《说文解字》说:"解廌,兽也。似山羊一角。古者决讼,令触不直。象形从豸者。凡廌之属,皆从廌。"《后汉书·舆服志》说:"獬豸神羊,能别曲直。"在这里,廌为图腾动物,一角之神兽,代表正直、正义、公正,或说是正义之神(性直恶曲),具有审判功能、职能,能为人分清是非曲直、对错,助狱为验。去,"人相违也"。去即对不公正行为的惩罚。一说判决把人从原来的部落、氏族中驱逐出去,于水上凛去(古代之流刑),或交由神明判决,由神兽"触不直者去之"。由此可知:(1)法是一种判断是非曲直、惩治邪恶的(行为)规范,是正义的、公平的。(2)法律是一种活动,是当人们相互间发生争执无法解决时,由廌公平裁判的一种审判活动;是当人们的行为不端、不公正时,由神兽进行处罚的惩罚活动。(3)法律的产生、实施离不开廌这一神兽,它是社会权威力量的代名词,是社会强制力的代表,没有神兽作为切实保障机制,法律就没有神圣性,从而无法发挥出它的功能、威力。

在古代文献中,称法为刑,法与刑通用。如夏朝之禹刑、商朝之汤刑、周朝之吕刑,春秋战国时期之刑书、刑鼎、竹刑。魏相李悝集诸国刑典,造《法经》六篇,改刑为法。"刑,常也,法也。""法,刑也。"这里的刑,含有模范、秩序之意。因此,以刑释法,表明模范遵守法律(秩序)。刑,又指刑罚。《盐铁论》:"法者,刑罚也,所以禁暴止奸

[①] 习近平:《论坚持全面依法治国》,中央文献出版社2020年版。

也。"古代中国法又往往与律通用,"律之与法,文虽有殊,其义一也"(《唐律疏义》)。据史籍记载,商鞅变法,改法为律。从此"律"字被广泛使用,其使用频率高于法。我国古代法典大都称为律,如秦律、汉律、魏律、晋律、隋律、唐律、明律、清律,只有宋代称刑统,元朝称典章。《说文解字》说:"律,均布也。"段玉裁注疏说:"律者,所以范天下之不一而归于一,故曰均布。"管子说:"律者,定分止争也。"律原为音乐之音律,音乐只有遵守音律,才能和谐,否则杂乱无章。均布是古代调整音律的工具,以正六音,木制,长七尺。律后来引申为规则、有序,范天下之不一而一,成为规范所有人及其行为的准则,即规范天下千差万别的所有人、所有事趋于整齐划一(统一、协调)。总的说来,古代汉语中的法的含义是复杂多样的,其中最为主要的意义是:(1) 法象征着公正、正直、普遍、统一,是一种规范、规则、常规、模范、秩序。(2) 法具有公平的意义,是公平断讼的标准和基础。(3) 法是刑,是惩罚性的,是以刑罚为后盾的。

在西方语言中,含有法、法律语义的词更为复杂。从语源来说,西方的"法"一词都来自拉丁文。可作法解的词很多,如拉丁文的 jus 和 lex,德文的 Recht 和 Gesetz,法文的 droit 和 loi 等,其中 jus、Recht、droit 均可翻译为法,同时又有权利、正义、公平、规律、规则等内涵。英语中可当法解的词有 law、norm、rule、act 等,其中 law 有规则、规律双重含义,加定冠词又有不同含义,a law 指单个法律,the law 指整体法。总的来说,西方法的词意的核心是正义(公平、公正),其次是权利,再次是规则,人的权利之规则。法律既保护人们的正当权利,同时也惩治人的不正当行为。法律及其行使与暴力有关,但很显然,暴力本身不是法,暴力必须受制于法。

在现代汉语中,法、法律两词基本上可以被当作同义词。但它们也有区别,都可以进行广义和狭义的区分。广义的法是指所有的法律、法律现象,既包括实在法(现实法、制定法、国家法、实然法),又包括自然法(理想法、正义法、应然法);既可以用在规范的意义方面,作为专门的法学范畴和法律用语,也可以作为团体组织中所有的规矩,如党纪、厂法,这种用法具有一定的比喻性。狭义的法区别于法律,特指社会中的价值观念,永恒的、普遍有效的正义原则和道德公理。广义的法律是指法律的整体,包括由国家制定的宪法、法律、法令、条例、决议、指示、规章等规范性法律文件和国家认可的惯例、习惯、判例、法理等。在当代中国,广义的法律包括作为根本法的宪法,全国人大及其常委会制定的法律,国务院制定的行政法规,地方国家权力机关制定的地方性法规,国务院各部委制定的部门规章,省级人民政府制定的地方性规章等。狭义的法律仅指拥有最高立法权的国家机关根据法定权限,依照法定程序所制定的规范性法律文件,即指全国人大及其常委会制定的法律。

二、法律的基本特征

依据我国法学界对法律基本特征问题的一般看法,法律通常具有四大基本特征。

(一) 法是调整社会关系的行为规范,内容涉及法律权利、权力与义务

法的核心部分是行为规范,当然也包括法律原则、法律概念和法律技术性规定。作为规范,法指令人们应为之事、可为之事和不可为之事,给人们的行为提供共同的

标准尺度,为调整社会关系提供基本的框架。其内容是法律权利、权力、义务。以规范为核心内容是法区别于其他现象的重要特征。宗教以教条、祭祀为重要内容,道德以观念为主要内容,而政策则以原则性规定为主要成分。作为法定的行为规范,法在形式上具有规范性、一般性和概括性的特征。

(二) **法是由国家创制或认可的社会规范**

法由国家创制,国家造法的方式主要是制定、认可、签约、国家惯常行为等。制定指国家立法机关或立法机关授权的机关创制法律的行为,创制的是成文法;认可指国家立法机关或立法机关授权的机关赋予社会上已经存在的某种行为规范以法律效力,它产生的是习惯法;签约是指与其他国家或国际组织签订条约的行为;国家惯常行为也可形成法律,是指当国家某一惯行为受到承认,它所形成的模式就成为法律,国家在以后类似行为中有遵守的义务,如英国的宪法惯例。

司法判决是否是国家造法行为,法学界有不同看法,各国实践也不一样。判例法国家的司法判决被认为是在创造法律,特别是在司法机关突破先例时,被认为是创制了新的规范。我国目前有案例指导制度,由最高人民法院和最高人民检察院分别发布了一系列指导性案例,由各级司法机关参照执行。

另外,主要由各主权国家参与的国际组织也创制许多带有强制性的法律。联合国、欧盟等即如此。

就这一特点而言,法区别于其他社会现象或社会规范的根本点在于,法出自国家,而其他的社会现象与国家的联系远不及法这样密切。如道德完全出自社会,政党的政策出自政党,宗教一般出自社会,它们都并非出自国家。

(三) **法是由国家强制力保证实施的社会规范**

法的强制是国家强制,区别于一般社会强制,如政党的强制、法人的强制、家长的强制等。国家强制是公权力运作的方式之一。人类社会要维持公正的秩序,必须有公权力对违规行为作出否定评价,否则法规范就成了劝告,失去了应有的作用。事实上,对大多数人或事而言,国家强制力并不实际出现,而主要作为一种心理的威慑力存在;只有对实际违反规范的人来说,强制力才可能真正出现。应当注意的是,法以国家强制力为后盾,并不等于说国家强制力是实现法的唯一要素。实现法的要素是多元的,如道德、利益关系、社会压力等。

(四) **法是具有更广泛和更普遍约束力的社会规范**

法与对个别人和个别事所下的命令不同,具有普遍性;法也与其他规范不同,具有更广泛和普遍的约束力。个别的命令只对其指向的特定人或事生效,而法则对其所指向的某类行为产生普遍约束力,这是法的规范性特征所决定的。同时,其他规范所约束的对象范围相对于法而言,具有很大的局限性,如政党政策一般只对其党员和组织有约束力;宗教规则主要只对信教者有约束力;不同的人有不同的道德,各种不同的道德约束的对象也是有明显局限性的。因此,从这个意义上讲,法具有更广泛和普遍的约束力。当然,法的这种广泛和普遍的约束力,也是相对而言的。

三、法的本质问题

法律本身是纷繁复杂的,人们对于法律本质的认识也是多样的。在历史上,许多学者分别从不同的维度、层次认识和解释法律,提出了许多不同的法律理论和学说,形成了迥然不同的法律理念。

（一）几种有代表性的法本质学说①

1. 神意说。这一主张是由神学家们所提出和坚持的。神意说认为,法律是上帝理性的表现,是神的意志,是神创造出来规范人的生活和行为的。神意说诉诸超人间的力量来说明法律的来源和本质,突出了法律的宗教性。

2. 理性说。这一理论是由自然法学所倡导的。理性说认为,法律是人的理性的创造物,是理性的(最高)体现和表达。西塞罗、格劳秀斯、洛克、康德等思想家都极为重视法律的理性根源和特征。理性说注重法律的合理性、价值性。

3. 意志说。这一理论认为,法律体现的是意志,而意志又有主体的差异,因而意志说又分为：个人(统治者)意志说、阶级意志说、共同意志说(如卢梭的公意说)。前述的神意说亦可归入意志说。意志说注重法律的意志性。

4. 民族精神说。这是历史法学派的代表人物萨维尼的观点。该理论认为,法与民族的风俗习惯和语言一样,是世代相传的民族精神的体现。民族精神说强调法有其自身的产生和发展历史过程,不能照搬外国的法。

5. 社会利益说。这一理论认为,法律是社会利益的体现和表达。许多法社会学家是社会利益说的代表,如耶林、庞德。社会利益说突出的是法律与人的利益,特别是社会整体利益的关系。

6. 社会控制说。一些法社会学家认为,法律是社会控制的工具、手段。如布莱克认为,法律是政府的社会控制；庞德认为,法律是一种社会工程或社会控制工具。从16世纪以来,法律已成为社会控制的首要工具。社会控制说强调的是法律在社会中的角色、功能和效应。

7. 正义论。历史上许多思想家认为,法律是正义的化身、体现,如柏拉图、亚里士多德、西塞罗等。正义论着眼于法律的道德性,强调法律的合法性奠定于正义、价值的基础上。

上述关于法本质的理论、学说对人们进一步认识、解释法律现象和本质都产生了一定的影响,既有其合理的一面,也有其不足的一面。它们有的从法律的人为性、人定性出发,有的从法律的神创性着眼,有的强调法律的经验性质,有的侧重法律的意志或理性根基,显然它们在揭示法律的意蕴方面都分别作出了有益的贡献,但难免有偏差,忽视了法律的整体性、统一性,割裂了法律各种元素之间的内在关联,反而使法

---

① 这里讨论法的本质而非法的概念,笔者排除了一些非本质主义的法律学说,如命令说、规则说、规范说、判决说等。法学史上,分析实证主义法学派与分析哲学一脉相承,是一个典型的不强调本质主义的学派,所以,奥斯丁关于法是主权者命令的观点、哈特关于法是主要规则与次要规则结合的观点等,都只是对法的一种定义,而非对法的本质的揭示。

律的本质被阉割、被遮蔽了。法律本质笼罩在一片迷雾之中。廓清各种迷雾,还其本来面目,是当代法理学的重大任务。

(二)马克思主义批判的法本质观

马克思主义创始人在研究法律问题时,深刻地分析并批判了资本主义法的深层本质,形成了系统的、批判的法本质观,这不仅深化了对实在法的认识,而且推动了法理学乃至整个法律科学的深化和发展。

1. 法是被上升为法律的统治阶级意志的集中体现和反映,体现为阶级意志性和国家意志性。这一命题和思想包含着丰富而深刻的内容。

法是意志的体现和反映。法律是人类有意识、有目的的活动的产物,是人的意志的结果,而非神的意志或其他物种的意志的结果。不论反映、体现的意志(主体)是一个人的、集团的、阶层的、阶级的或全体人民的,也不论其内容如何、形式如何,法律总是人类意志的产物,与人类意志息息相关。因此,法律带有很强的意志性色彩。

法是统治阶级意志的集中体现和反映。(1)法是统治阶级的阶级意志,是统治阶级的一般意志、整体意志、普遍意志,是统治阶级的共同意志、"公意""合力意志",而不是统治者个人的意志,也不是统治者个人意志的简单相加("众意"),更不是统治者的任性和随意。这种阶级意志是通过规范化、制度化、法律化、系统化、一般化而成为法律的。法律正是通过规范化、制度化、法律化、系统化、一般化,把个别性的东西转变为普遍性的东西,把局部性的东西转变为整体性的东西,把集团性的东西转变为社会共同性的东西。经过这种升华的意志,就真正变成了社会的规范、规则。(2)法所体现的统治阶级意志,不是其意志的全部,而是经过国家中介上升为国家意志的那部分意志,也就是马克思所说的"被奉为法律的那部分阶级意志"。也就是说,意志是多种多样的,并不是所有的阶级意志都能上升为法律,转化为法律。只有经过法律程序认可、确定、处理的那一部分意志,经过国家中介的那一部分意志,才是法律。就此而言,法律是社会的掌权集团或统治阶级根据自身整体意志、共同意志而以国家名义制定、认可、解释的,并由他们通过国家力量强加于全社会,要求一体遵行。法律必须体现国家意志,国家意志性是法律的本质属性之一。(3)法只体现统治阶级的意志,而不可能体现被统治阶级的意志。(4)法律的阶级(国家)意志的基础是利益,是统治阶级的根本利益、整体利益、普遍利益。法律应该是社会共同的、由一定物质生产方式所产生的利益和需要的表现,而不是个人的恣意横行。统治阶级所创立的任何法律法规都与他们的利益和需要有关,是为了满足、实现他们的利益、需要和欲望的。

2. 法的基础是社会物质生活条件,其中社会生产方式是最具有决定性的因素。社会物质生活条件是法的本源性存在基础。物质生活条件是包括地理环境、人口、社会生产方式诸因素在内的综合体。任何一个民族、国家、社会都不能脱离它的具体地理环境、人口、生产方式诸条件而生存,也不能无视具体地理环境、人口、生产方式而从事文化、思想、制度、历史和社会生活等各方面的活动。因此,社会物质生活条件构成了人的社会、人的社会生活的基石。

在社会物质生活条件各要素中,生产方式具有决定性的意义。马克思主义基本理论告诉我们,政治、法律、国家等制度性的社会组织和结构,哲学、文学、历史、宗教、道德、法律思想等思想性的社会要素,以及从事这些制度性、思想性社会要素的建设都是在一定的社会生产方式基础上进行的,受制于一定社会的生产力、生产关系,受制于一定社会的经济基础。法律作为一种独特的社会现象,与其他社会现象一样,依存于一定的生产方式及生产力、生产关系,依存于一定的经济基础,它的存在、发展、运作、实施都受制于生产方式、经济基础,是由社会生产方式所决定的。有什么样的生产方式,就有什么样的法律,离开了一定的生产方式,法就失去了存在的根据和基础。法的关系、权利和义务的关系是一定的物质生产关系所表现的法权关系。马克思认为,法的关系正像国家的形式一样,既不能从它本身来理解,也不能从所谓人类精神的一般发展来理解,相反,它们根源于物质的生活关系。在《共产党宣言》中,马克思、恩格斯谈到资产阶级法律观念和本质时说:"你们的观念本身是资产阶级的生产关系和所有制关系的产物,正像你们的法不过是被奉为法律的你们这个阶级的意志一样,而这种意志的内容是由你们这个阶级的物质生活条件来决定的。"因此,法律不是独立自足的,相比于生产方式、经济基础,它是派生的。

法律是经济的集中体现和反映,法律本身具有内在的经济逻辑、经济机制、经济属性。一切法律问题归根到底都是经济关系、经济状况、经济机制的反映和要求,任何一条法律、一种法律规范、法律体系无不体现经济方面的基本规律、基本原则和基本要求。正如马克思所说:"法学家以为他是凭着先验的原理来活动,然而这只不过是经济的反映而已。"[①]"只有毫无历史知识的人才不知道:君主们在任何时候都不得不服从经济条件,并且从来不能向经济条件发号施令。无论是政治的立法或市民的立法,都只是表明和记载经济关系的要求而已。"[②]因此,一切法律现象都可以还原为经济现象,一切法律问题都可以归结为经济问题。经济是法律的基础。

认识法律的本质时,我们需要注意几点:(1)法律与生产方式、经济基础的关系是非常复杂的,法有物质制约性,有社会的根源,并不意味着法律总是与经济条件、经济规律、经济状况完全相符合、完全同步,它们之间有一定的不一致性、不同步性,更为重要的是两者总是形成和保持一种动态的契合关系。(2)法律具有相对独立性,有其自身的发生发展过程和规律。(3)除了社会物质生活条件外,社会其他因素,如政治、思想、道德、文化、历史传统、民族、科技等,也对法律、法律制度产生不同程度的影响,这导致法律的多样性、变异性和差异性。

四、法的要素与法的体系

(一)法的要素

法律要素是指构成法律这个系统的,相互联系、相互作用的元素、部分、因素。法律就是由这些要素构成的集合体。法律要素是多样的、多层次的,可以从不同角度分

---

① 《马克思恩格斯全集》(第三十七卷),人民出版社1971年版,第488页。
② 《马克思恩格斯全集》(第四卷),人民出版社1958年版,第121—122页。

析、分类。一般认为，法律要素有法律概念、法律规范、法律原则、技术性规定等方面。法律要素的特点是：(1) 个别性和局部性，表现为一个个元素或个体；(2) 多样性和差别性；(3) 整体性和不可分割性。

1. 法律规则

法律规则是指具体规定权利和义务以及具体法律后果的准则，或者说是对一个事实状态赋予一种确定的具体后果的各种指示和规定。规则具有较为严密的逻辑结构，包括假定(行为发生的时空、各种条件等事实状态的预设)、行为模式(权利和义务规定)和法律后果(含肯定式后果和否定式后果)三部分。

法律规则可以依据不同的标准进行不同的划分。比如按照法律的部门、适用的领域进行分类，可分为宪法规则、刑法规则、民法规则、行政法规则、诉讼法规则等；按照法律规则的形式，可分为实体法规则、程序法规则。法理学所讲的法律规则与此有所区别。

(1) 依据内容的不同，法律规则分为义务性规则、权利性规则和权利义务复合规则。义务性规则是直接规定人们从事或不从事一定行为的规则。它分为命令性规则、禁止性规则两种。命令性规则是规定人们必须作出某种行为的规则，禁止性规则是规定禁止或严禁人们作出某种行为的规则。义务性规则具有强行性(强制性)、不利性，没有选择性，不允许人们随意选择。这一规则所使用的语言是应当、应该、必须、不得、禁止、严禁等。

权利性规则是规定人们有权作出一定行为或不为一定行为，以及要求他人为一定行为或不为一定行为的规则。权利性规则具有两方面的特点：第一，授予人们权利，使人们有权行使自己的权利；第二，允许人们自由选择，具有选择性。这一规则所使用的术语是可以、有权、有……自由、不受……干涉、不受……侵犯等。在现代法律中，权利性规则占据首要地位。

权利义务复合规则是同时具有权利义务双重性质的法律规则，如组织法、程序法以及委任规则、审判规则等。这一规则的特点是，一方面被指示的对象有权(职权)按照法律规则的规定作出一定行为，另一方面作出这些行为，履行自己的职责是他们不可推卸的义务(职责)。

(2) 依据功能的不同，法律规则分为调整性规则和构成性规则。调整性规则的功能在于控制人们的行为，使之符合规则概括出来(确定)的行为模式。其基本特征是先有行为，后有规则。调整性规则的产生立足于已然的行为，是为了规范已有的行为，如刑法中的大多数规则。构成性规则的功能是组织、允许人们按照规则所授予的权利(权力)去活动。其基本特征是先有规则，后有行为，如审判规则。

(3) 根据强弱程度的不同，法律规则可分为强行性规则和任意性规则。强行性规则是规定人们必须为一定行为或不为一定行为的法律规则，主要包括禁止性规则和命令性规则。不管人们意愿如何，必须履行强行性规则所规定的义务，遵守规则。任意性规则规定人们的权利义务的内容，允许人们在法律范围内自由从事自己应该从事的合法的所有事务，允许人们在法律范围内自行决定或双方协商解决。

(4) 按照内容的确定性程度,法律规则分为确定性规则和非确定性规则。确定性规则是内容明确、结构完整,可以直接适用的规则。非确定性规则是内容不明确,需要其他规则加以说明、补充的规则。非确定性规则又分为委任性规则和准用性规则。委任性规则是本身并未规定具体行为规则,而委托或授权其他机关加以具体规定的规则。准用性规则即没有规定具体行为规则,而要参照其他法律条文或法规的规则。

2. 法律原则

法律原则是指可以作为规则的基础或本源的综合性、稳定性原理和原则。

法律原则的特征主要表现在:(1)具有普遍性、一般性的特点。(2)稳定性程度比较高,不因个人、社会条件而发生变化。(3)没有具体的权利和义务的设定,也没有确定的法律后果的设定,而只是一些抽象性、一般性的公理。(4)覆盖面较广,适用性非常广泛,可以运用于许多法律领域,对具体的法律运作具有指导性作用,往往成为判案遇到困难的法官的重要根据。(5)其逻辑形式主要体现在:结构上比较简单,一般不设定具体的权利和义务;都是一些陈述性命题,主要体现在序言、总论、修正案、法律原则专章等部分。

法律原则主要有两类:公理性原则和政策性原则。公理性原则是从社会关系的本质中产生出来,得到广泛承认并被奉为法律的公理,如任何人不得从不当行为中获益,法律面前人人平等。政策性原则是国家关于社会发展、进步的决策、指示、决定及目的、目标。无论是公理性原则,还是政策性原则,又都有基本原则和具体原则之分。

3. 法律概念

法律概念是对各种法律事实进行概括,抽象出它们的共同特征而形成的权威性范畴(术语)。法律概念具有明确性、规范性、统一性等特点。概念是认识之网的网上纽结,法律概念同样是法律之网的纽结,构成了法律经线和纬线的交织点。法律权威的发挥和实现,规则、原则的适用都取决于法律概念的明确和正确使用。

法律概念的分类是多样的。依其所涉及的内容,法律概念可以分为:涉人概念、涉事概念、涉物概念。涉人概念是关于人(自然人、法人或其他人的群体)的概念,如公民、法官、律师、当事人等。涉事概念是关于法律事件和法律行为的概念,如正当防卫、违约、责任、故意、过失、代理等。涉物概念是具有法律意义的有关物品及其质量、数量和时间、空间等无人格的概念,如标的、股票、证券、时效等。有些学者把法律概念分成六大类,即主体概念、关系概念、客体概念、事实概念、诉讼概念、其他概念。法律概念还可以按涵盖面大小,分为一般法律概念和部门法律概念。部门法律概念又可分为宪法概念、刑法概念、民法概念等。

(二) 法的体系

1. 法律体系的概念

法律体系,也称法律部门体系,是指一国的全部现行法律规范按照一定的标准和原则,划分为不同的法律部门而形成的内部和谐一致、有机联系的整体。

法律体系从结构上看,可以分为内部结构和外部结构。内部结构的基本单位是各种法律规范,这些法律规范的和谐一致是各部门法乃至整个法律体系协调统一的基础。外部结构的基本单位是各部门法,它要求各部门法门类齐全,严密完整。

研究法律体系,对于科学地进行立法预测、立法规划,正确地适用法律解决纠纷,全面地进行法律汇编、法典编纂,合理地划分法律学科、设置法学课程等都具有重要的意义。完善的法律体系能全面、协调、有效地调整社会关系,保证社会资源的合理分配,保证法律自身目的和价值的实现,并为法学研究提供丰富的实践资料。

法律体系与立法体系是不同的。法律体系是由法律规范构成的各种法律部门体系,是自然形成的法的结构;而立法体系则是指国家制定并以国家强制力保障实施的规范性文件的系统,是法的效力等级系统。立法体系反映法律体系,以法律体系为基础,但并不等于法律体系。

法律体系与法系是两个不同的概念:(1)法系是指根据法的历史传统对法所作的分类,由若干个国家的法律所组成;法律体系则仅由一国的法律所组成。(2)构成一定法系的法律,是跨历史时代的,不仅包含一定国家的现行法律,而且包含这些国家历史上的法律;构成一个法律体系的则只是一国的现行法律。(3)构成法系和法律体系的基础也不相同。

2. 当代中国的法律体系

当今中国正以构建中国特色社会主义法律体系为目标,试图构建门类齐全、结构严密、内部协调、体例科学且相对完备的法律体系。因此,国家立法机关在近几十年来制定了一系列的法律,已形成了独具特色的社会主义法律体系。[①] 当代中国的法律体系通常包括下列法律部门或部门法:宪法、行政法、军事法、刑法、诉讼法、民法、商法、经济法、环境法、劳动法与社会保障法。[②] 这些部门法大体归为以下三大类,其中,宪法、行政法、军事法、刑法和诉讼法等五个部门是公法;民法、商法是私法;经济法、环境法、劳动法与社会保障法均归属社会法:

第一类,公法。

(1)宪法。宪法作为一个法律部门,在当代中国的法律体系中具有特殊的地位,是整个法律体系的基础。它不仅反映了当代中国法的本质和基本原则,也决定了其他法律部门的指导原则。宪法规定我国的各种基本制度、原则,公民的基本权利和义务,各主要国家机关的地位、职权和职责等。宪法部门最基本的规范,主要反映在宪法典这样的规范性文件中。宪法是我国的根本大法,具有最高的法律效力,其他任何

---

① 参见国务院新闻办公室于2008年发布的《中国的法治建设》(白皮书)、中国法学会分别于2009年和2010年发布的《2008年中国法治建设年度报告》和《2009年中国法治建设年度报告》。

② 需要特别说明的是,2001年3月9日,在第九届全国人民代表大会第四次会议上,当时的委员长李鹏同志代表全国人大常委会作工作报告,将中国特色的社会主义法律体系划分为七个法律部门,即宪法及宪法相关法、民法商法、行政法、经济法、社会法、刑法、诉讼与非诉讼程序法。这个观点也在一定程度上影响了法学界,如张文显主编的《法理学》(高等教育出版社2003年版)即采用了这一观点,2010年出版的马克思主义理论研究与建设工程重点建设教材《法理学》(人民出版社、高等教育出版社)也采用了这一体系,而2020年该书第二版则增加了环境法、军事法,变成九大部门。本章从十大部门法的角度进行阐述,在逻辑上可划为公法、私法、社会法三大类。参见张德森主编:《法学通论》,科学出版社2023年版。

法律、法规都不得与宪法相抵触。

除宪法这一规范性法律文件外，宪法部门还包括以下几个附属的法律：主要国家机关组织法、选举法、民族区域自治法、特别行政区基本法、国籍法、人权法、授权法等。授权法指全国人民代表大会及其常务委员会为授权国务院或其他国家机关制定某种规范性文件而颁布的法律，不包括根据授权而制定的规范性文件。

（2）行政法。行政法是调整国家行政管理活动中各种社会关系的法律规范的总和。它包括规定行政管理体制的规范，确定行政管理基本原则的规范，规定行政机关活动的方式、方法、程序的规范，规定国家公务员的规范等。行政法包括一般行政法和特别行政法，涉及范围广，如治安、民政、工商、文教、卫生、税务、财政、交通、边境等各方面的行政管理法规。

（3）军事法。军事法是有关军事管理和国防建设的法律和法规。依法治军已成为当代法治国家的共识，我国立法传统上也比较重视军事法制的建设，而且还相应地建立了军事法院和军事检察院机制。军事法从立法主体或法律渊源的角度来看，有全国人大和全国人大常委会、国务院和中央军委以及军委各总部、国防科工委制定的法律法规和规章；从法律的内容来看，有军事实体法，也有程序性的法律，具体的法律法规主要有《兵役法》《国防法》等。

（4）刑法。刑法是规定犯罪和刑罚的法律，是当代中国法律体系中一个基本法律部门。在人们日常生活中，刑法也是最受关注的一种法律。在刑法部门中，占主导地位的规范性文件是《刑法》，同时还包括一些单行法律、法规。

（5）诉讼法。诉讼法[①]又称诉讼程序法，是有关各种诉讼活动的法律，它从诉讼程序方面保证实体法的正确实施，保证实体权利、义务的实现。诉讼法这一法律部门中的主要规范性文件为《刑事诉讼法》《民事诉讼法》和《行政诉讼法》，同时还包括其他一些法律法规。

第二类，私法。

（1）民法。民法是调整作为平等主体的公民之间、法人之间、公民和法人之间的财产关系和人身关系的法律。财产关系是人们在占有、使用和分配物质财富过程中所发生的社会关系。民法并非调整所有的财产关系，而只是调整平等主体之间发生的财产关系，如所有权关系、债权关系等。我国民法类主要规范性文件是《民法典》以及知识产权等方面的法律规范。

[①] 对诉讼法作为一个独立的部门法，反对的意见较少，但有一种观点值得注意。这种观点认为，各种诉讼程序法均应被纳入相应的实体法部门之中去。这是因为，"有时候在一个法里既有实体法内容又有程序法内容。如果把程序法作为一个独立的部门法，势必导致一个法分别归属于两个不同的部门法的情况出现，或者会导致划分部门法的困难"。参见张根大、方德明、祁九如：《立法学原理》，法律出版社1991年版，第325页。该书以破产法、专利法中既有实体法，又有程序法为例来说明该问题，并比较利弊得失后，将刑事诉讼法归入刑法部门，民事诉讼法归入民法部门，行政诉讼法归入行政法部门。我们认为，这种观点没有考虑到法律部门划分的首要标准，即法律调整的社会关系的独特性。诉讼关系的独特性决定了调整这类社会关系的法律所属部门的独立性；至于有些法中既有实体规范，又有程序规范，根据主管定类的原则来划分归属，并不会破坏"法律体系的科学性"。

（2）商法。在明确提出建立市场经济体制以后，商法作为法律部门的地位才为人们所认识。商法是调整平等主体之间的商事关系或商事行为的法律。我国的商法包括《企业破产法》《海商法》《公司法》《票据法》《保险法》等。商法作为一个法律部门，与民法部门有很多联系，民法规定的有关民事关系的很多概念、原则也适用于商法，从这一意义讲，我国实行了民商合一的原则。

第三类，社会法。

（1）经济法。经济法是调整国家在经济管理中发生的经济关系的法律。经济法部门是随着商品经济的发展和市场经济体制的逐步建立，适应国家对宏观经济实行间接调控的需要而发展起来的一个法律部门。经济法这一法律部门主要包括有关企业管理的法律规范，有关财政、金融和税收税务的法律法规，有关宏观调控的法律法规，有关市场主体、市场秩序的法律法规。法学界也有一种把经济法的范围进一步缩小的趋势，比如把企业法等归入到民商法中去，在理论上这也是可以成立的。

（2）环境法。环境法是关于保护环境和自然资源、防治污染和其他公害的法律，通常包括自然资源法和环境保护法。自然资源法主要指对各种自然资源的规划、合理开发、利用、治理和保护等方面进行规范的法律。环境保护法是保护环境、防治污染和其他公害的法律。环境法作为一个新兴的法律部门，还会进一步发展和完善。

（3）劳动法与社会保障法。劳动法是调整劳动关系的法律。社会保障法是调整有关社会保障、社会福利的法律。这一法律部门包括有关用工制度和劳动合同方面的法律规范，有关职工参加企业管理、工作时间和劳动报酬方面的法律规范，有关劳动卫生和劳动安全的法律规范，有关劳动纪律和奖惩办法的法律规范，有关劳动保险和社会福利方面的法律规范，有关社会保障方面的法律规范，有关劳动争议的处理和程序与办法的法律规范等。我国劳动法与社会保障法这一法律部门的主要规范性文件包括《劳动法》《劳动合同法》《社会保险法》《工会法》《矿山安全法》等。在我国，社会保险和社会救济方面的法律规定，还有待进一步建立和完善。

3. 经济全球化对中国法律体系的影响

近四十多年来，经济全球化以空前的广度和深度向前发展。它深刻地影响着各国的经济、政治、文化、社会等领域，而且还深刻地影响着各国的法律制度。一方面，经济全球化促进了广泛适用的法律规则的迅速发展，另一方面，它也推动了世界范围内的法律改革。同样，经济全球化也对我国法律体系的发展带来了新的深远影响。

随着经济全球化所产生的经济贸易活动经常大量地跨越国界进行，我国相应的法律规则也发生了深刻变化。这体现在改革开放以来我国合同、公司、证券、税收、知识产权、对外贸易与投资等民商法及经济法内容发生大幅度的调整；我国签订的大量多边和双边国际条约，特别是我国加入世界贸易组织之后的立法也发生了重要的变化和发展。不仅如此，经济全球化同样也影响到我国的行政法、诉讼法甚至刑法；经济全球化不仅影响法律，也深刻地影响行政法规、地方性法规和规章的内容发展。面临经济全球化的冲击，我国在构建社会主义法律体系的过程中，既要坚持从国情出发确立符合中国经济社会发展实际的法律制度，又要大胆吸收国外先进的立法经验，借鉴西方发达国家中带有一般意义的法律技术、法律结构来完善我们的立法。特别是在完善我国有关市场经济和民商事法律制度的立法方面,可以有更大力度的改革。

需要指出的是,经济全球化所带来的法律发展与变革,并不意味着世界各国的法律模式将走向完全一致。不能借口全球化或者以国际法甚至一个国家的国内法为标准,干涉别国内政。世界上法律传统和文化千差万别,任何法律制度都是独特的,每个国家都有自己的问题和相应解决问题的有价值的法律方法和途径。我们在经济全球化大背景下,应该认真研究和把握当代世界法律发展的新动向,坚持从我国的实际出发,面向世界,吸收和借鉴当代世界法律中的先进成分,促进中国特色社会主义法律体系不断发展与完善。[①]

第三节 法的起源与发展

一、法的起源

法是人类社会发展到一定历史阶段的产物。原始社会的行为规范是习惯。法产生的主要原因多种多样,但根本原因在于生产力的发展、社会分工和商品交换,这也是法产生的经济根源。另一原因是阶级原因,也称阶级根源,主要指阶级和阶级斗争导致法的产生。法的产生,除经济、阶级根源外,还受其他人文、地理等因素的影响。

法产生的一般规律主要包括:对人们行为的调整方式逐渐从个别调整发展为规范调整,再从规范调整发展为法律调整;法律的形成经历由习惯演变为习惯法,再发展为成文法的漫长过程;法的自发调整发展为自觉的调整;法律、道德和宗教规范从混为一体到逐步分离为各个相对独立的、不同的社会规范系统。

二、法发展的历史类型

(一) 法的历史类型的概念与种类

法的历史类型是指依法所赖以建立的经济基础和法所体现的阶级意志的不同所作的分类。按照马克思主义社会发展史的基本观点,有阶级的社会依其发展的大致逻辑,可以分为奴隶社会、封建社会、资本主义社会和社会主义社会。故法的发展也可划分为四个不同的历史类型,依次为:奴隶制法、封建制法、资本主义法和社会主义法。前三种统称为私有制社会法。私有制社会法有共同特点。社会主义法与私有制社会法既有本质区别,又有历史联系。

当然,法的发展与演化还有其他一些有影响的论说。比如,英国学者梅因在其《古代法》中提出,任何进步社会的法律运动都是从身份向契约的运动;德国学者韦伯提出,法律的演进经历了从形式不合理向形式合理性法律的演进;历史法学的代表人

[①] 参见《法理学》编写组:马克思主义理论研究和建设工程重点教材《法理学》,人民出版社、高等教育出版社 2010 年版、2020 年版,第 326 页。

物萨维尼提出,法经历了从习惯、习惯法、成文法向法典化的演进发展过程。这些论说均从一定的立场与角度认识到法律发展的某种规律性。

(二)法的历史类型的更替

在人类历史上,奴隶制、封建制和资本主义三种法的历史类型的更替,统称为私有制法的更替,私有制法更替有共同特点。法的历史类型更替的原因,根源于社会基本矛盾。社会基本矛盾的运动规律是法的历史类型更替的根本原因。法的历史类型的更替,通常要通过社会革命来完成。这是法的历史类型更替的一般规律性。但是这种社会革命的方式和具体途径,需要各国人民根据本国的国情作出选择。社会主义法的产生与以往法的历史类型更替有着不同的特点。

三、两大法系

法系是按照世界上各个国家和地区法律的源流关系和历史传统以及形式上的某些特点对法律所作的分类。那些形式上具有一定(相似、相同)特点、属于同一历史传统、具有相同源流关系的法律体系通常被归为一类,或者说被划分为一个大家族,统称法系。法系的特点是多样的,大体上有:(1)国际性,指影响的范围具有广泛性。(2)承继性,指对相同历史传统的继承。(3)(家族)相似性,指相同的法系具有大致相同的表现形式。世界上的法律体系非常复杂。比较法学从不同的角度对其进行了不同的划分。一般来说,法系主要有:大陆法系、普通法系、中华法系、伊斯兰法系等。其中大陆法系与普通法系是当今世界主要的两大法系。

(一)大陆法系

1. 大陆法系的概念

大陆法系,又称民法法系、罗马法系、罗马德意志法系、日耳曼法系、法典法系、成文法系等,是指法国、德国等欧洲大陆国家在罗马法基础上建立起来,以 1804 年《法国民法典》和 1896 年《德国民法典》为代表的法律,以及在其法律传统影响下仿照它们而形成、发展起来的西方各国法律体系的总称。

大陆法系的分布地区非常广,欧洲大陆大多数国家、前欧洲国家的殖民地、拉丁美洲等许多国家和地区都属于大陆法系。此外,由于历史的原因,日本、土耳其、英国的苏格兰、美国的路易斯安那州、加拿大的魁北克省、中国的台湾地区及澳门特别行政区等也基本上属于大陆法系。

2. 大陆法系的特点

(1)法律成文化和法典化;(2)不承认法官有创制法律的权利,否认判例具有法律效力;(3)在法律分类上,有公法与私法之分;(4)在诉讼中,坚持法官的主导地位,奉行职权主义;(5)一般采用民事、刑事诉讼与行政诉讼分开的管辖体制,法院机构的组织、庭审模式都由法律明确规定。

(二)普通法系

1. 普通法系的概念

普通法系,又称英美法系、判例法系、不成文法系、英吉利法系,是以英国中世纪法律,特别是普通法为传统、基础形成、发展起来的西方各个国家和地区法律的总称。普通法系是以英国的普通法、衡平法和制定法为基础,融入罗马法、教会法以及中世纪商法的若干原则而逐步形成的一个世界性的法律体系。普通法系的分布范围包括英国本土(苏格兰除外)、美国(路易斯安那州除外)、爱尔兰、加拿大(魁北克省除外)、澳大利亚、新西兰以及亚洲、非洲的某些英语国家和地区。

2. 普通法系的特点

(1)普通法系是法官的创造物,法官在普通法系的形成和发展中发挥了重要作用;(2)普通法系的渊源以不成文法为主,判例是最为主要的,而制定法、习惯法、学说、情理在普通法系中只起次要作用,普通法系国家一般都反对法典化,反对编纂法典;(3)在法律分类上,普通法系有普通法与衡平法之分,无公法和私法之分;(4)在法院的建制方面,普通法系没有独立的行政法院系统,民刑事案件与行政案件均由同一法院即普通法院系统受理;(5)普通法有一套独特的概念术语。

(三)两大法系比较

普通法系和大陆法系既有联系,又有区别。具体如下:

1. 两大法系的相同或相似性

主要体现在:同是西方法律制度,在本质、功能、历史类型方面都是相同的,在根本基础、基本原则、法律理念、主要内容、历史根源方面是一致的,都崇尚法治,崇尚法律至上。

2. 两大法系的差异

主要表现在:(1)法律渊源不同。大陆法系以罗马法为基础,侧重于成文法,比较注重立法和法典编纂。普通法系以判例法、不成文法为主,提倡非法典化。(2)法律分类不同。大陆法系有公法私法之分,普通法系有普通法衡平法之分。(3)法官权限不同(适用法律原则方面的不同)。大陆法系强调法律条文,认为司法活动必须依据法律规范展开,法官对法律没有解释权,必须按条文办案,不能创立法律。普通法系主要以判例法为基础,遵循先例原则,法官有法律解释权,可以创造法律。事实上,法官的每一次审判活动都是法律的(再)一次创制。(4)诉讼程序不同。大陆法系的诉讼程序以法官为中心,奉行职权主义,突出法官的职能,具有纠问程序的特点。而且,大陆法系多由法官和陪审员共同组成法庭来审判案件。普通法系的诉讼程序奉行当事人主义,以原告、被告及其辩护人和代理人为中心,法官在其中只起消极、被动作用,只是双方争论的"仲裁人",不能参与争论。与这种对抗式(抗辩式)程序同时存在的是陪审团制度,陪审团主要负责作出事实上的结论和法律上的基本结论(如有罪或无罪),法官负责作出法律上的具体结论,即判决。

此外,两大法系在法律结构、法律术语、法学教育、司法人员录用和培训、司法体制等方面,也有许多差异。进入20世纪以后,两大法系之间的相互交流不断加强,相互借鉴、相互汲取的程度和深度不断加大和深化,因而差别逐渐缩小,呈现出相互靠拢、相互融合的趋势。但是在总体上,两者所承袭的传统及各自存在样式和运行方式仍然有重大的差别,它们恐怕在短期内不容易完全合一。

第四节 法的作用、价值与法治

一、法的作用的概念、分类与局限性

（一）法的作用的概念和分类

法的作用是指法对人的行为、社会生活的影响、指导和功效。依据不同的标准，法的作用可以有不同的分类：依据一般与特殊的逻辑关系，可分为一般作用与具体作用；依据作用范围，可分为整体作用与局部作用；依据作用结果的状态，可分为预期作用与实际作用；依据作用的途径，可分为直接作用与间接作用；依据作用的效果，可分为积极作用与消极作用；依据作用的形式与内容，可分为规范作用与社会作用，这种划分首先由英国学者拉兹提出，后经过我国学者改造。

1. 规范作用

法律的规范作用是指法律作为行为规范，对人的意志、行为发生的直接影响，对人的行为所起到的保障和约束作用。它主要包括指引作用、评价作用、预测作用、教育作用和强制作用等。

指引作用是指法，主要是法律规范对人的行为起导向、引导、指路的功用、效能。法、法律规范通过配置人们在法律上的权利义务以及规定违反法律规定所应承担的法律责任，设定人们的行为模式，引导人们在法律所许可的范围内开展活动，从而把社会主体的活动引入可调控、有利于社会稳定的社会秩序之中。指引作用的目的并不在于制裁违法犯罪，而在于鼓励或防止某种行为，引导人们正确地行为，正确地进行社会生活，使人们在广泛的社会生活中随心所欲而不逾矩。指引作用有两种形式：确定性指引和不确定性指引。

评价作用是指法律作为人们行为的规则，具有判断和衡量人们行为合法或不合法、违法的作用。法律以社会价值观念及价值观念体系为基础，以法的规范性、普遍性、统一性、强制性和综合性的标准来评价人们行为，来判断人们行为的法律意义。评价作用是评价人们行为的法律意义，其标准和核心是合法或不合法，违法或不违法。评价作用的形式主要有专门评价和社会评价。

预测作用是指人们根据法律规定可以预先知晓、估量相互间怎样行为以及行为的后果，从而对自己的行为作出合理的安排的功效。人们根据法律，通过预测自己所作所为及其后果，来确定、安排、协调自己行为的方式、方向、取舍，从而作出选择。法律是人们行为的预测工具，是人们生活的指针。

教育作用是指法律通过自身的存在及运作实施，产生广泛的社会影响，督促、引导、教育人们弃恶从善、正当行为的作用。教育作用分为静态教育作用和动态教育作用。

强制作用是指法律对违法犯罪行为的惩罚作用，是法律以物质暴力制止恶行，强制作为，并迫使不法行为人作出赔偿、补偿或对其予以惩罚来维护法律秩序的作用。

强制作用的目的在于实现法律上的权利和义务,确保法律的应有权威和尊严,维护正义,建立、维护和发展良性的社会秩序。法律的强制功能是法律存在的最后屏障。强制功能的形式是多样的。

2. 社会作用

法律的社会作用是指法律的社会、政治功能,即法律作为社会关系的调整器,服务于一定的社会政治目的、目标,承担着一定的社会政治使命,形成、维护、实现一定的社会秩序。

(1) 政治作用

即维护阶级统治,维护社会政治秩序。它包括:① 法律调整统治阶级与被统治阶级之间的关系,镇压敌对阶级的反抗;② 法律调整统治阶级内部关系,促进内部团结,维护自己的整体利益、普遍利益、根本利益;③ 法律调整统治阶级与同盟者之间的关系,促进有利于统治阶级的力量对比关系的形成和巩固;④ 在对外关系中,法律保证国家主权的完整、国家的安全,防御外来干涉和侵略,创造良好的国际环境。

(2) 社会公共事务功能

主要指执行社会公共事务方面的作用,包括:① 维护人类社会基本生活条件;② 维护生产和交换的秩序;③ 组织社会化大生产;④ 确定使用设备、执行工艺的技术规程,以及产品、劳务、质量要求的标准,以保障生产安全,防止事故,保护消费者的利益;⑤ 推进教育、科学、文化的发展;⑥ 推进社会的民主化、平等化,促进社会民主法律化、规范化,真正实现人民当家做主;⑦ 保障和推进对外开放、对外交流,促进国际经济合作和文化交流,促进和维护世界和平、世界发展和进步。

当代中国法的社会作用主要有:保障、引导和推进社会主义市场经济;保障、引导和推进社会主义民主政治;保障、引导和推进社会主义精神文明;保障、引导和推进对外开放,维护国际和平与发展。

此外,当代中国法在社会主义和谐社会的建设中具有重要作用。社会主义和谐社会的基本特征是:民主法治、公平正义、诚信友爱、充满活力、安定有序和人与自然和谐相处。社会主义和谐社会应当是一个法治社会,构建社会主义和谐社会的过程就是建设社会主义法治国家的过程。法律在这方面的作用可以归纳为以下几点:(1) 通过立法来构建和保障社会主义和谐社会。有法可依是社会主义法治的首要要求,也是实行社会主义法治的前提,有了完备的法律体系作保障,才能更好地引导、规范和约束公民和政府的行为,使之依法办事,循章而为,为构建和谐社会创造良好的基础。(2) 通过执法和司法来保障社会主义和谐社会的构建。公正、高效的执法、司法是构建和谐社会的有力保障。司法往往被视为社会公正的最后一道防线,而社会公正则是和谐社会的内在要求。只有建立一个公正、高效的司法体制,真正形成公平和公正的社会环境,各个社会阶层的人民群众才能各得其所,和谐相处,才能实现社会安定。(3) 通过普遍守法来构建社会主义和谐社会。社会成员遵纪守法,政府严格依法办事是构建和谐社会的内在要求。全体社会成员守法意识和政府依法行政的法律意识不断提高是构建社会主义和谐社会的主要条件。(4) 通过法律监督来构建社会主义和谐社会。法律监督是社会主义法治的有力保障。

(二) 法的局限性

法在社会中具有极为重要的功能、作用。但是,我们在充分认识法的作用的同时,也应该看到法律功能的有限性、局限性。这种局限性主要体现在:(1) 法只是许多社会调整方式中的一种,而不是唯一的一种。有些问题动用法律处理,不见得比使用其他方法更为经济,更为有效。(2) 法的作用不是无限的,法不是万能的,并非在处理任何问题上都是适合的。(3) 法律的稳定性和灵活性之间的矛盾一直是法律的难题,法律对千姿百态、不断变化的社会生活的涵盖性和适应性不可避免地存在一定的限度。(4) 如果与法律相应的配套技术、措施、制度尚未建立、完善,或者即便建立了,但是尚未真正与法律融为一体,法律不可能充分发挥自己的独特功能。

在认识法律的功能和局限性时,我们应该树立正确对待法律的态度,坚决反对法律虚无主义、法律无用论,反对法律万能论、教条主义,廓清各种迷雾。只有认识到法律功能的多样性、复杂性,我们才能真正推进法治事业,推进社会的法治化。

二、法的价值

(一) 法的价值的概念

1. 法的价值的含义和特征

法的价值是指人对于法律的需要和实践过程中所体现出来的法的积极意义和有用性。它既有价值的基本属性,也同时具有法的价值的自身特性。一般而言,法的价值具有以下基本特征:

(1) 法的价值是阶级性与社会性的统一。从主体角度看,法的价值是以人为主体的价值关系,具有阶级性与社会性。人是社会发展的产物,又是特定阶级的一员,人的这种双重身份决定了人在实践中所认识和需要的法的价值的双重性。从客体角度看,法的价值的客体,即法律本身也具有双重性。法既是统治阶级意志的反映,也必须承担社会公共职能。任何把法的价值的阶级性与社会性分离开来、对立起来的做法,都是不可取的。

(2) 法的价值是主观性与客观性的统一。法的价值的主观性与客观性的统一源于法律主体的社会实践。就其主观性而言,法的价值是以主体的社会需要为基础的。主体需要的变化和发展会促使法律在满足主体需要的方式和程度上发生相应的变化,法律的存在和发展也始终以主体的主观需要和观念的相应转变为前提。就其客观性而言,法的价值的主体需要并非凭空产生,而是由主体在社会关系中的地位以及主体的社会实践所决定的,最终是由社会物质生活条件所决定的。

(3) 法的价值是统一性与多样性的统一。法的价值基于主体的需求而产生,而主体的需要却是多种多样而且不断发展变化的。不同的社会背景、社会制度之下的人们对于法律这种制度安排的认识、理解和需求差别也很大,这就必然导致法律在满足主体需要方面也会相应地多样化,从而使法的价值呈现出复杂多样的状态。生活在同一时代、同一社会的人们总有某种共同的价值追求,甚至生活在不同时代、不同社会的人们也会有某种共同的价值标准,即使是统治阶级所形成的价值体系也必须尊重价值中的一些共性成分。因此,法的价值的多样性与其统一性是并存的。

2. 社会主义法律价值体系的定义与特征

社会主义法律价值体系是由社会主义社会中一组与法律的制定和实施相关的价值所组成的系统,它是社会主义法律制度的内在精神,是社会主义核心价值观在法律领域的集中体现。

社会主义法律价值体系体现了社会主义法律制度所追求的目的,其特征主要表现在以下两个方面:(1)社会主义法律价值体系关注人民利益与个人权利的统一性。法律一般通过确定权利义务的方式实现其治理目的,社会主义法律价值体系关怀人的真正需求,在关注人的生存和发展需求的过程中实现人民利益与个人权利的统一。(2)社会主义法律价值体系关注价值之间的协调统一。秩序、自由、平等、人权、正义与效率共同构成了社会主义法律的核心价值。这些价值本身可能存在某些冲突,但社会主义法律价值体系可以实现价值之间的协调,在解决价值冲突时确立统一的确定法律价值的位阶顺序的标准,即以是否满足最广大人民的根本利益为标准。

(二) 法的主要价值

法的主要价值,又称法的目的价值,是指法要实现的目的。主要包括秩序、自由、平等、正义、效率等。

1. 秩序

秩序是指在一定的时间和空间范围内,事物之间以及事物内部要素之间相对稳定的结构状态。秩序分为自然秩序和社会秩序,良好的社会秩序是社会进步的基础。通过法律建立和维护良好的社会秩序是推进改革和建设的重要前提。

法律秩序就是通过法律调整建立起来的人与人、人与社会之间相对稳定、和谐有序的状态。一方面,法律有助于解决社会纠纷和矛盾,减少冲突和混乱,维护正常社会秩序;另一方面,秩序是消解、缓和社会矛盾和冲突的一个基本参照标准。秩序不只从消极角度来调整和解决社会矛盾与纠纷,而且还从积极角度来鼓励社会合作,促进社会和谐。

法律有助于社会秩序的建立与维护。(1)在建立秩序方面,法律制度通常依照人们所向往的理想社会秩序来设计;法律不仅通过赋予社会主体一定的权利和自由来引导社会主体的各种行为,还通过给社会主体施加一定的义务与责任的方式,使之对自身的行为加以必要的克制与约束,以建立相应的社会秩序。(2)在维护社会秩序方面,法律既有助于维护合理的政治统治秩序和权力运行秩序,也有助于维护正常的经济秩序和社会生活秩序。

2. 自由

自由是指从受到束缚的状态之中摆脱出来,或不受约束的状态。法学上的自由是指主体的行为与法律的既有规定相一致或相统一。其主要特点有:(1)自由意味着主体可以自主选择和从事的行为。(2)自由也表现为主体自主选择的行为必须与既有的法律规定相一致。(3)自由是人的本性,正如马克思所说,自由确实是人的本质,不自由对人说来就是一种真正的致命的危险。

法律确认和保障自由。(1)法律确认自由通常采用两种方式:一是以权利和义务规定来设定主体享有自由的范围。二是以权利和义务来设定主体自由的实现方式。(2)法律保障自由的方式也是多样的:首先,法律通过划定国家权力本身的合理权限范围,明确规定公权力正当行使的程序,排除各种非法妨碍;其次,法律对每个主体享有的自由进行界定和限制,防止主体之间对各自自由的相互侵害;再次,法律禁止主体任意放弃自由;最后,法律为各种对主体自由的非法侵害确立救济手段与程序。

近代以来,法律在实践中对于主体自由的保障体现为两个方面:一方面,法律排除国家权力对于某些个人自由的干涉,即保障主体的自由免受侵害。特别是私权领域,保障个人的生活选择不受公权力的干预。但随着福利国家的出现,传统上属于这类自由的领域,如就业、医疗、住房等,开始越来越受到政府福利政策的大幅干预。另一方面,法律保障主体可以合法地享有行使各项权利的自由。国家通过法律为个人的发展提供平等机会,使个人能自由地追求自己的合法目标;同时,国家还必须为保障个人的积极自由,提供必要的帮助。

3. 平等

平等主要是社会主体能够获得同等的待遇,包括形式平等与实质平等。

平等具有以下特点:(1)平等是一个历史的范畴,其所表达的内涵随着社会历史环境和条件的变化而变化。(2)平等并不等于平均。任何社会内绝对的平均都是做不到的,同时,绝对平均从社会效果来看,也是有害于社会发展的。(3)平等要求排除特权和消除歧视。特权是指基于特殊身份或关系而对社会中的一部分人所给予的特殊对待。歧视则以认可人们天生存在身份与地位的高低贵贱为前提和基础,并把一部分人视为低于其他人。特权与歧视都是对平等的否定,与人类文明格格不入。(4)平等与差别对待是有条件共存的。从人的共性与特殊性角度看,一方面,人与人之间在人格和主体资格上的普遍平等是绝对的,这是形式平等的表现;另一方面,由于人与人之间确实存在着自然和社会的各种差异,因而对具有各种差别的人们给予权利、义务方面的差别对待也是合理的,这有助于实质平等的实现。

法律能确认和保障平等价值的实现。法律一般通过立法、执法和司法等活动来确认和保障平等实现。其基本方式有:(1)法律将平等确立为一项基本的法律原则。平等贯穿于一个国家的整个法律体系,如宪法层面、民法和程序法领域确认的平等原则等。(2)法律确认和保障主体法律地位的平等。主体地位平等是法律形式平等的最重要的体现,也是实质平等的前提。(3)法律确认和保障社会财富、资源、机会与社会负担的平等分配。法律将前述内容转化为相应的法律权利与义务,并保障其实现。(4)法律公平地分配法律责任。责任自负、责任相称、过错责任为主而无过错责任为辅等,都是责任公平原则的体现。

4. 正义

正义是人类追求的共同理想,也是法律的核心价值。它以利益为依归,是对利益的正当分配。一般认为,作为社会基本结构的社会体制的正义,是最为根本和具有决定意义的正义,是社会的首要正义。

正义可以依不同的标准来分类,如实质正义与形式正义、实体正义与程序正义、抽象正义与具体正义等。但从法学和法律角度看,实质正义与形式正义的分类以及相应的实体正义与程序正义的分类更为重要。实体正义是指通过法律上的实体权利和义务来公正地分配社会利益与负担的法律规则所体现出来的正义;程序正义是指为了实现法律上的实体权利与义务而公正地设定一系列必要程序所体现出来的正义。

正义具有以下特点:(1)正义既有普遍性又有特殊性。其普遍性是指正义所反映的是人类文明的基本共识与人类生活的根本理想;正义的特殊性是指这种反映根本理想的普遍正义,始终只能是在具体的和特殊的人类生活境况之中存在并得到体现。(2)正义既具有超时代性又具有时代性。正义是与人的存在和发展相一致的,也反映了人作为同一"类"所共同的情感、理想和需求,这就是正义的超时代性;正义的时代性表现为具体的不同时代的人们对正义的认识、理解和态度又是彼此有所区别的。(3)正义既具有客观性又具有主观性。正义的客观性是指它是人类作为一个整体所具有的共性,这些共性不以具体的人的各种自然和社会差异因素的存在而发生改变;正义的主观性是指现实生活中正义观念的某些具体内容始终与人们的具体生活状况及其感受直接相关,因而体现出强烈的主观性。

正义作为法律价值的作用是:(1)正义是法律的存在根据和评价标准。法律的好坏需要评价标准,正义就是检验现实中法律好坏的根本标准和依据。(2)正义是法律发展和进步的根本动因。正义始终引导着包括法律在内的社会基本制度革故鼎新,使法律等社会制度最大限度地符合正义的时代要求。(3)正义适用于具体的法律实践。作为法的价值的正义往往在法律适用与法律推理中成为解释法律的重要根据,成为解决疑难案件、填补法律空白或漏洞的依据。

法律对正义的保障表现为:(1)法律通过将社会生活的主要领域及其重要的社会关系纳入法律之内,使正义融入法律规范与制度之中,实行法治化治理,严格依法办事,从而全面促进和保障社会正义;(2)通过法律权利和法律义务机制,公正地分配社会的利益和负担,并设定公正的程序来保障,使实体正义与程序正义得以通过立法来落实;(3)通过法律效果上的认可与惩罚机制,在执法与司法上保障实体正义与程序正义的实现。

5. 效率

效率,也称效益,是指社会或个人通过一定的投入而获得收益最大化的比率。法的效率价值,即法所具有或应当具有的促进社会财富增长和活动便利并满足人们对物质的需求和便利条件的价值。

法律是通过有利于资源优化配置的权利义务分配来实现这一价值的。其实现效率价值的方式通常包括:(1)确认并保障主体的物质利益,从而鼓励主体增进物质利益;(2)确认和保护产权关系,鼓励人们为着效益的目的而占有、使用或转让财产;

(3)确认、保护、创造最具有效率的经济运作模式,使之容纳更多的生产力;(4)承认和保护知识产权,使人类创造性的智力成果最大化地发展;(5)通过设立法律责任、赔偿与惩罚等机制,使社会上的违法、犯罪行为最大限度地减少,从而使人们的人身安全与社会财富总量不受损害或少受损害,从而使社会效率得到一定程度的保障。

(三)法的价值的冲突与解决

1. 法的价值冲突的表现

法的各种价值包括基本价值之间有时会发生矛盾,从而导致价值之间的相互冲突。例如,要保证社会正义的实现,在很大程度上就必须以牺牲效率作为代价;同样,在平等与自由之间、秩序与自由之间也都会出现矛盾,甚至会出现必须选择其一而舍弃另一个的局面。

此外,从主体角度看,法的价值冲突主要有三种情况:(1)个体之间法律所承认的价值冲突,如个人自由可能导致与他人利益的冲突;(2)共同体之间发生的价值冲突,如国际人权与一国主权之间的冲突;(3)个体与共同体之间的价值冲突,典型的如个人自由与社会秩序之间常常会出现的矛盾情形。

2. 法的价值冲突的解决原则

由于立法不可能穷尽社会生活的一切形态,在个案中更可能因为特殊情形的存在而使价值冲突难以避免,因而必须形成相关的平衡或解决冲突的规则或原则。

解决价值冲突的原则一般有:(1)价值位阶原则。即指在不同位阶的法律价值发生冲突时,在先的价值优于在后的价值。就法律价值而言,前述法律的主要价值或基本价值,如秩序、自由、平等、人权、正义等,与那些非基本的法律价值的位阶顺序不是并列的。当基本价值与非基本价值之间发生冲突时,应以基本价值为优位;而基本价值之间有冲突时,人权和正义作为法治保障的核心和标尺,具有重要的价值地位,这与我国宪法确立的"国家尊重和保障人权"的原则精神相符合,它也是正义原则的具体体现。(2)个案平衡原则。即指在处于同一位阶上的法律价值之间发生冲突时,必须综合考虑主体之间的特定情形、需求和利益,使个案的解决能够适当兼顾双方的利益。(3)比例原则。即指为保护某种较为优越的法律价值须侵害某一法益时,不得逾越达此目的所必要的程度。如为了维护公共秩序,必要时可能会实行交通管制,但应尽可能实现最小损害或最少限制,以保障社会上人们的自由。(4)人民根本利益原则。这是当代中国社会主义法律价值体系中的根本价值原则,即以是否满足最广大人民的根本利益为标准,来解决一些存在重大疑难的法律价值冲突问题。它也可以作为前述价值位阶原则的补充和保障。

三、法治与中国全面依法治国的理论

(一)法治的含义

"法治应包含两重意义:已成立的法律获得普遍的服从,而大家所服从的法律又

应该本身是制定得良好的法律。"①亚里士多德的这一段话概括了法治的两个最基本要件:法律的权威性和权威法律的正当性。法治,一方面意味着人们普遍地遵守法律,因而法律必须具有权威,即对任何人都具有普遍的约束力。这是法治的表现形式。从这个角度看,法治可以被理解为一种法律秩序和社会组织的运作模式。但另一方面,具有权威的法律必须是"良好的"法律,只有"良好的"法律的统治才是法治。这是法治实质方面的要求。

现代法治是一个多层次和多维度的概念,它具有十分丰富的内涵。围绕法治的价值问题,现代法治理论主要分成了两派。一派以英国分析实证主义法学家拉兹和纯粹法学派的凯尔森等为代表,主张"形式法治";另一派以富勒、哈耶克、德沃金等新自然法学家和自由主义思想家为领军人物,主张"实质法治"。

1959年,在印度德里召开的国际法学家大会上所通过的《法治宣言》,对法治作了一番描述,这也可以被看做广义的法治概念:"① 法治是个方便的词语,它涵盖了理想和实际的法律经验,虽然其含义尚存争议,但在世界各地的法律职业中存有广泛的共识。② 法治概念背后隐含两种理想。第一,它意味着不考虑法律的内容,全部国家权力来源于法律并依法行使。第二,它坚持法律本身应基于对人的个性至高价值的尊重。③ 诸多国家的法律家的实际经验表明某些原则、制度和程序是作为法治基础的理想的重要保障。但是,他们并不认为这些原则、制度和程序是这些理想仅有的保障,他们承认,在不同国家会突出强调特殊的原则、制度和程序。④ 故法治……的特征可描述为:原则、制度和程序虽不总是相同,但却大体相似,世界各国法律家们的经验和传统,虽常基于不同的政治结构和经济背景,但却表明,上述原则、制度和程序对于个人抵制专断政府,对于个人维护人之为人的尊严,至关重要。"②这个定义虽然没有消除人们对"法治"看法的分歧,但它涉及法治内涵的两个基本方面,即形式特征和实质价值蕴涵。与《法治宣言》的理解类似,在《牛津法律大辞典》中,"法治"(Rule of Law)被看做是"一个无比重要的、但未被定义,也不能随便就定义的概念,它意指所有的权威机构、立法、行政、司法及其他机构都要服从于某些原则。这些原则一般被看做表达了法律的各种特性。如:正义的基础原则、道德原则、公平和合理诉讼程序的观念,它含有对个人的至高无上的价值观念和尊严的尊重"。③ 与《牛津法律大辞典》齐名的《布莱克法律辞典》则指出:"法治是由最高权威认可颁布的并且通常以准则或逻辑命题的形式出现的,具有普遍适用性的法律原则。""法治有时被称为'法律的最高原则',它要求法官制定判决(决定)时,只能依据现有的原则法律而不得受随意性干扰或阻碍。"④

因此,从实质意义上讲,法治就是法的统治,它是以民主为前提,以严格依法办事为核心,以确保权力正当运行为重点的社会管理机制、社会活动方式和社会秩序。

---

① 〔古希腊〕亚里士多德:《政治学》,吴寿彭译,商务印书馆1981年版,第199页。
② 转引自高鸿钧等:《法治:理念与制度》,中国政法大学出版社2002年版,第177页。
③ 转引自王人博、程燎原:《法治论》,山东人民出版社1998年版,第97—98页。
④ 转引自王人博、程燎原:《法治论》,山东人民出版社1998年版,第98页。

（二）当代中国实行全面依法治国的重要意义

在当代中国，"法治"是依法治国的简称，社会主义法治亦即社会主义依法治国，它是指广大人民群众在党的领导下，依照宪法和法律，通过各种途径和形式管理国家事务、管理经济文化事业、管理社会事务，保证国家各项工作依法进行，逐步实现社会主义民主的制度化、法律化，使这种制度和法律不因领导人的改变而改变，不因领导人的看法和注意力的改变而改变。[①] 2014年10月召开的党的十八届四中全会通过了《中共中央关于全面推进依法治国若干重大问题的决议》，该决议系统地规划了新时代全面依法治国的目标、任务与重大举措，具有重要意义。

1. 依法治国是治国理念上的重大突破

依法治国方略的确立可以说是党领导人民在建设社会主义国家过程中的理性选择，是党在治国理念上的重大突破。在我国，这一方略的提出经历了一个长久的历史过程。中华人民共和国成立后，我国民主与法制建设取得了一定的成就，但也有过重大挫折，特别是经历了"文化大革命"的浩劫。十一届三中全会后，邓小平同志在总结国内与国际历史经验教训的基础上，提出了发展社会主义民主和健全社会主义法制的方针。他指出，没有民主就没有社会主义，就没有社会主义的现代化。他提出，健全社会主义法制的基本要求是"有法可依、有法必依、执法必严、违法必究"。他强调，要维护法律的稳定性和权威性，"必须使民主制度化、法律化，使这种制度和法律不因领导人的改变而改变，不因领导人看法和注意力的改变而改变"。他指出，要通过改革，处理好法治和人治的关系，处理好党和政府的关系。1978年以后，我国法学界曾经就法治与人治的问题开展过一场大讨论。1996年3月，第八届全国人民代表大会第四次会议的一系列文件，包括《国民经济和社会发展"九五"计划和2010年远景目标纲要》郑重地将"依法治国"作为一项根本方针和奋斗目标确定下来。中国共产党的十五大报告，第一次提出了"法治国家"的概念，并将其作为建设有中国特色社会主义民主政治的重要内容；对建设社会主义法治国家今后一个时期内突出需要解决的一系列重大问题作了全面的论述；并着重地将这一治国方略和奋斗目标记载于党的纲领性文件中。1999年3月，第九届全国人民代表大会第二次会议根据中国共产党中央委员会的建议进行修宪，并通过了宪法修正案，将这一治国方略和奋斗目标载入根本大法，以宪法形式予以认可和保障，使之成为全国人民的共同意志和行动准则。这是治国理念上的重大突破。

2. 依法治国是执政方式上的历史性转变

依法治国从治国方略上看就是实行法治，不搞人治。选择依法治国就是选择法治，彻底摒弃人治。这无疑是党在执政方式上的历史性转变。中国共产党在革命战争年代的执政方式主要是依靠政策，中华人民共和国成立后从依靠政策逐步过渡到既依靠政策又依靠法律，但法制一度很不健全，人治色彩很浓厚。《关于建国以来党

[①] 此观念参见江泽民：《高举邓小平理论伟大旗帜，把建设有中国特色社会主义事业全面推向21世纪——在中国共产党第十五次全国代表大会上的报告》，人民出版社1997年版。

的若干历史问题的决议》中指出:"党的工作在指导方针上有过严重失误,经历了曲折的发展过程。"

1996年以来,党中央明确提出要"依法治国,建设社会主义法治国家"。它标志着党在继1978年提出以经济建设为中心、实现国家工作重点的根本转变以后,又在新的历史时期根据社会发展需要和国家管理规律,作出了要依法治国、实现国家治理方式的根本转变的重大战略决策。党的十五大报告进一步指出:"依法治国,是党领导人民治理国家的基本方略,是发展社会主义市场经济的客观需要,是社会文明进步的重要标志,是国家长治久安的重要保障";"到2010年形成有中国特色社会主义法律体系";"维护宪法和法律的尊严,坚持法律面前人人平等,任何人、任何组织都没有超越法律的特权"。这说明,依法治国是党在执政方式上的历史性转变。

3. 依法治国是人民治理国家的基本方略

依法治国是社会文明进步的重要标志,是国家长治久安的重要保障。党领导人民制定宪法和法律,并在宪法和法律范围内活动。依法治国把坚持党的领导、发扬人民民主和严格依法办事统一起来,从制度和法律上保证党的基本路线和基本方针的贯彻实施,保证党始终发挥总揽全局、协调各方的领导核心作用。

4. 依法治国是现代市场经济的需要

依法治国既是现实民主政治建设与科学文化发展的需要,更是现代市场经济建设的需要。市场经济是法治经济,内含着法治的精神,所以特别需要法治。市场经济之所以是法治经济,是因为市场经济往往直接表现为商品交换关系,它要求主体地位平等、意思充分自治和自由、权利受保障、依法自由签订合同、公平竞争等,而这些品格均与法治相关联。法律中的平等原则、合同自由原则、当事人意思自治原则、公平竞争原则等,能确保市场经济合理有序地进行。随着知识经济、网络经济时代的到来,依法治国更能体现出其巨大的价值。

(三) 依法治国的主体与客体问题

1. 依法治国的主体是人民

对于依法治国的主体究竟是什么,社会各界有不同的观点,甚至还有一些错误的认识:(1)有人主张,依法治国的主体是社会,而不是国家。他们从社会和国家的关系出发,认为法治或依法治国首先要区分国家和社会,法治动力来自于社会,而不是国家,法治是社会强加给国家的,而不是国家强加给社会的。(2)有人主张,依法治国的主体是分层次、多方面的。他们从国体和政体出发,把主体分为两个层次:第一层次的主体是人民,第二层次的主体是执政党和政府。在他们看来,人民通过人民代表大会行使国家的统治权,是第一层次的主体,而执政党和政府经人民授权,受人民委托治理国家,因此是第二层次的主体。(3)还有人主张,依法治国的主体是政府和政府机关(行政机关)的公职人员。他们认为,法律主要是靠政府机关工作人员来贯彻和落实的,因此没有他们,就不可能实行依法治国。

上述观点都是不科学的。在哲学上,主体一词意味着某种自主性、自觉性、自为性和自律性,主体具有独立的地位和人格。第一种观点显然没有能从整体上把握主体的内涵,因为社会和国家均明显地缺乏主体的这种特性,相反,它们是依法治国的客体。第二种观点把人民看成第一层次的主体,把执政党和政府看成第二层次的主体,这事实上是强调了后者而导致忽略前者,忽略了前者的结果与现代法治的民主精神、自由精神是不相符的。第三种观点把依法治国看成政府(行政机关)及其公职人员的事情,这一观点具有很大的危险性。为什么行政机关不能成为依法治国的主体呢?因为依照宪法和有关组织法的规定,国家的一切权力属于人民,人民行使权力的机关是各级人民代表大会,各级人民代表大会是国家的各级权力机关。行政机关只是国家权力机关的执行机关,行政机关及其工作人员都只是根据人民的授权并在人民的监督下依法行使职权,他们不是法治的真正主体。

社会主义法治的主体只能是人民。人民是国家真正的主人,符合"自主性、自觉性、自为性、自律性,具有独立的地位和人格"这些基本特点。宪法修正案规定:"中华人民共和国实行依法治国……"似乎其主体是"中华人民共和国",但《宪法》这样规定主要是为了行文的前后一致,并非实指主体就是国家。这是因为,国家离开了人民,是不会自己"实行依法治国"的。在我国,人民当家做主,国家的权力都掌握在人民手中,人民行使这种权力的机关是各级人民代表大会,人民当然是依法治国的主体。

2. 依法治国的客体

所谓客体是指与主体对应的受主体支配的对象,它处于被动的地位。从字面上看,依法治国所要治理的是国家,国家是人民依照法律治理的对象。所以,国家及国家政治事务、经济和文化事务、社会事务才是依法治国的客体。具体而言,社会主义依法治国的客体应该是国家的一切事务,包括国家的政治事务、经济文化事务和其他社会事务。根据法治本身的要求,社会主义依法治国的客体重点是国家权力的运用。

实践中有一种错误的观点,认为依法治国的对象是老百姓,是人民群众。先秦时期,中国就有所谓"生法者君也,守法者臣也,法于法者民也"的思想,其意思是君主制定法律,官吏执行法律,老百姓是受法律管制和制裁的对象。这种观点是封建专制和人治传统以及"官本位"思想的具体体现,显然与现代民主法治的精神格格不入。在实行依法治国的今天,我们不能再抱有这种"法律治民不治官"的错误思想,而应当树立"依法治国关键在于依法治权、依法治官"的思想。

3. 依法治国重在依法治权

依法治国的关键是依法规范权力的运用和制约权力的滥用,确保国家权力严格依照法定的职权和范围行使。国家权力设置的根本目的是为人民服务,从法律意义上讲,就是为了实现人民的权利,国家权力的运用必须受到体现人民意志的宪法和法律的有效约束。不受法律约束的权力在法治社会是不允许存在的,因为它不仅必然产生腐败,而且会最终损害依法治国的基础。宪法对国家机构的设置和对国家权力的分工,就是为了从根本上规范、制约国家权力,保证权力的正当行使,防止权力滥用。此外,民主应当制度化和法律化,而权力的滥用是民主的大敌,所以必须依靠具有稳定性、连续性、科学性和权威性的法来制约权力,治理权力。

(四)实现社会主义法治的条件

实现法治需要具备一系列条件,社会主义法治的社会条件可以从政治、经济和思

想文化等方面来分析:

第一,社会主义法治的政治基础与条件应该是社会主义的民主政体形式。亚里士多德曾把政体分为君主制、贵族制和共和制,后世主张法治的学者均与亚氏一样,钟情于民主共和制,民主政体被看成法治国家的重要政治基础。社会主义法治国家也应以社会主义民主共和政体为政治基础,实行民主的监督与制衡。

第二,社会主义法治的经济条件应该是商品经济与市场经济机制。这是因为,法治就是以商品经济为基础的,它不可能建立在自然经济与产品经济之上,历史已经证明,它也不可能建立在计划经济之上。市场经济形态比自然经济与产品经济形态更需要法律规则,在这种经济形态中的契约关系和契约观念是法治生成的最重要因素之一,这些观念和关系中产生的权利、自由、平等等法律原则与商品经济和市场经济天然相连。社会主义法治也应建立在社会主义市场经济的肥沃土壤之上。

第三,社会主义法治的文化条件应该是社会主义的科学理性文化基础。法治需要特殊类型的文化基础(或称文化生态环境),这种类型的文化就是理性文化。就社会主义法治的文化需要来说,科学精神、人权思想、公民权利意识和正确的权利义务观念等理性文化要素有着特别重要的作用。只有当这些文化要素成为根深叶茂的社会意识时,社会主义法治国家的理想才会变成现实,而愚昧、无知、迷信和愚忠等非理性文化因素只会产生人治。

(五) 全面依法治国的总目标

全面依法治国是党领导人民治理国家的基本方略,是党的执政方式和国家治理方式的重大变革。它把坚持党的领导、发扬人民民主和严格依法办事统一起来,从制度上和法律上保证党的基本路线和基本方针的贯彻实施,保证党始终发挥领导核心的作用。这对于推进社会主义民主政治建设,促进社会主义市场经济的发展,确保国家长治久安和社会稳定等都有着极其重要的意义。

根据党的十八届四中全会以及十九大、二十大精神,全面依法治国的总目标是:建设中国特色社会主义法治体系,建设社会主义法治国家。即在中国共产党领导下,坚持中国特色社会主义制度,贯彻中国特色社会主义法治理论,形成完备的法律规范体系、高效的法治实施体系、严密的法治监督体系、有力的法治保障体系,形成完善的党内法规体系,坚持依法治国、依法执政、依法行政共同推进,坚持法治国家、法治政府、法治社会一体建设,实现科学立法、严格执法、公正司法、全民守法,促进国家治理体系和治理能力现代化。

当然,我国社会主义法治国家的目标可以从不同的层面、不同的方面来理解,既可以从形式的、程序的层面来理解,也可以从实质的、价值的层面来理解。

就形式目标而言,我们建设社会主义法治国家应当从以下四个方面进行努力:(1)完备统一的法律体系。它要求避免法律的矛盾,要求立法完整、科学与严谨,要求法律规范明确、具体和可操作。由于立法存在效力等级和时差,它要求对立法及时进行审查和监督等。(2)普遍有效的法律规则。它要求法律规则具有高度的概括性和一般性,要求法律适用时类似情况类似处理,要求法律被普遍服从和遵守,要求法律在实施中发生实效而不是把效力限于纸面上,等等。(3)严格公正的执法司法制度。它要求政府机关守法,要求司法机关保持不偏不倚,要求司法活动有公正的程序。(4)专门化的法律职业。它要求法官、检察官和律师执业者熟谙法律的原理与技巧,要求这些法律职业均具有严格的任职资格和考试录用制度,要求具有专职性和稳定性并使他们努力追求正义等。[①]

当然,如果把形式目标理解为程序目标,进而理解为应实现的程序原则,那么程序法中已规定和应规定的一些核心原则,如审判公开、司法权依法独立行使、实行回避、法律适用平等、保障辩护权等,也可以称作法治的形式目标。

就实质目标而言,我们建设社会主义法治国家应当着重以下几个方面制度的建设:(1)法律与政治关系的理性化制度,包括大部分政治行为被纳入法律调整范围,国家权力受控制,政策或政治主张可以指导立法但不能取代立法,可以作为适用法律的参照以补充法律遗漏,但不能直接作为审判依据,法律确认和保障民主的体制、民主的权利、民主的完善与发展。(2)权力与责任关系的理性化制度,包括权力与责任相统一,任何权力主体都应预设其责任,与权力相对应的责任除了由侵权和怠权所导致的消极责任外,还包括现代社会满足公民请求的积极责任和由管理带来的保证责任等。(3)权力与权利关系的理性化制度,包括权力的取得合法化,法不禁止即自由,权力受权利的制约等。(4)权利与义务关系的理性化制度,包括权利受平等保障,义务应法律化与合理化,没有无权利的义务,权利与义务相统一原则被公民、立法者与执法者加以正确的理解和执行等。当然,法治的实质目标也可以围绕法应实现的基本价值目标来探讨。这样,我们通常所说的自由、平等、安全、秩序、社会福利、和平、发展、效益与正义,也都是法治的实质目标。

四、社会主义法治理念

(一)社会主义法治理念的基本含义

法治理念是存在于人们意识之中,引导人们进行法治实践的相关指导思想、基本原则与思想认识的总称。社会主义法治理念是在建设中国特色社会主义历史进程中形成的法治理念。它以中国化的马克思主义法律思想为指导,以新中国民主法治实践为基础,继承和发扬我国传统法律文化的优秀成果,吸收和借鉴世界法治文明的合理因素,符合我国社会主义初级阶段的基本国情。

社会主义法治理念以依法治国、执法为民、公平正义、服务大局和党的领导五个方面为主要内容。

第一,依法治国是社会主义法治的核心内容,是党领导人民治理国家的基本方略。要求政法机关及其工作人员必须不断提高法律素养,切实增强法制观念,坚持严格执法,模范遵守法律,自觉接受监督,时时处处注意维护法律的权威和尊严。

第二,执法为民是社会主义法治的本质要求。要以邓小平理论和"三个代表"重

[①] 参见张文显主编:《法理学》,高等教育出版社、北京大学出版社 1999 年版,第 307 页。

要思想为指导,把实现好、维护好、发展好最广大人民的根本利益,作为政法工作的根本出发点和落脚点,在各项政法工作中真正做到以人为本、执法为民,切实保障人民群众的合法权益。

第三,公平正义是社会主义法治的价值追求。公平正义是政法工作的生命线,是和谐社会的首要任务,是社会主义法治的首要目标。要求司法工作人员必须秉公执法、维护公益、摒弃邪恶、弘扬正气、克服己欲、排除私利,坚持合法合理原则、平等对待原则、及时高效原则、程序公正原则,维护社会的公平正义。

第四,服务大局是社会主义法治的重要使命。要求各级政法机关及其工作人员,必须紧紧围绕党和国家大局开展工作,立足本职,全面正确履行职责,致力于推进全面建设小康社会进程,努力创造和谐稳定的社会环境和公正高效的法治环境。

第五,党的领导是社会主义法治的根本保证。要求自觉地把坚持党的领导、巩固党的执政地位和维护社会主义法治统一起来,把贯彻落实党的路线方针政策和严格执法统一起来,把加强和改进党对政法工作的领导与保障司法机关依法独立行使职权统一起来,始终坚持正确的政治立场,忠实履行党和人民赋予的神圣使命。

社会主义法治理念的五个方面是相辅相成、不可分割的整体,体现了党的领导、人民当家做主、依法治国的有机统一,体现了党的事业至上、人民利益至上、宪法法律至上。

(二) 社会主义法治理念的重要意义

法治理念对于法治发展具有重要指导意义。总体说来,社会主义法治理念可以促使人们崇尚法律、遵从法律、维护法治,从而推动社会主义法治发展。具体而言,法治理念具有以下意义:

第一,坚持社会主义法治理念有利于始终坚持社会主义法治的正确政治方向。社会主义法治理念的提出,标志着我们党对建设社会主义法治国家的规律、对中国共产党的执政规律有了更加深刻的认识和把握。

第二,社会主义法治理念有利于倡导崇尚法律的社会风尚。崇尚法治是法律得以建立与实施的认识要求与思想保证,是社会主义法治理念的要求。因为,社会主义法律是人民共同意志的体现;社会主义法律也是党领导人民治国理政的经验结晶;社会主义法律更是我们每个人安全与社会秩序的保障。因此,坚持社会主义法治理念,有利于崇尚法律社会风尚的形成。

第三,社会主义法治理念有利于形成遵从法律的社会秩序。遵从法律是社会主义法治的基本要求。法治是社会现实的秩序状态,是一种社会管理模式与生活方式。法治的建立和维护有赖于人们对法律的遵守和服从。遵从法律是一个法治国家或法治社会的起码要求,没有对于法律的恪守,就没有法治的建立和发展。

第四,社会主义法治理念有利于形成维护法治的社会环境。法治是社会的整体状态,必须要求法治化的社会环境。没有全社会对于法治的自觉维护,法治就难以被有效坚持和持续推进。社会主义法治理念的贯彻落实,必然要求全体社会成员自觉维护法治,必然要求对破坏和危害法治的违法犯罪行为予以有效的打击和制裁。营造良好的法治氛围或法治风气,是法治建设的需要。社会主义法治理念作为法治的思想基础与认识基础,正有利于营造这样的社会氛围,并有利于维护这样的社会环境。

第五节 法的制定与实施

一、立法的概念与原则

(一) 立法的概念

立法是法治的前提和基础,是依法治国之本。立法,又称法的创制、法的制定、法的创立,从词面上理解,就是订立法律制度之意。我国一些古代典籍对立法早有记载,如《商君书·更法》说:"伏羲、神农教而不诛,黄帝、尧、舜诛而不怒,及至文、武,各当时立法,因事而制礼。"西汉司马迁在《史记·律书》中说:"王者制事立法。"东汉班固在《汉书·刑法志》中说:"圣人制礼作教,立法设刑。"当然,这些话语表达的主要是制法设刑,与现代意义上的法律制定的含义有所区别。在现代,制定法律是立法的最基本含义。如《美国大百科全书》认为:"立法是指国家机关为了规范社会行为而制定法律规范的活动。通常用于表明代议机关制定法律和立法程序的活动。"《牛津法律大辞典》认为:立法是"指通过具有特别法律制度赋予的有效地公布法律的权力和权威的人或机构的意志制定或修改法律的过程"。《布莱克法律辞典》认为:"立法是指与判例法相对应的制定法律或通过决议案的行为。"我国大多数学者认为,立法是指一定的国家机关依照法定职权和法定程序制定、补充、修改或废止法律和其他规范性法律文件的一种专门性活动。这说明,立法就是制定法律的专门性活动。

(二) 立法的基本原则

立法就是将社会中的利益、要求、愿望制度化、法律化、规范化,使之成为社会规范和行为准则。立法活动的进行,在宏观上首要确立、贯彻一定的立法基本原则。所谓立法的基本原则,又称法的制定的基本原则,是在整个立法活动中贯穿始终的、立法中的每一个环节都必须遵守、受其指导的总体准则。立法的基本原则是国家立法指导思想在实际立法活动中的具体化和体现,是对国家立法意图、目的、目标的总体的系统的概括。立法基本原则是法律的灵魂,立法活动的指南针和支柱。立法基本原则实质上是立法所遵循和追求的目的、价值、理念、精神,它构成了法律的灵魂之所在,形成了立法工作的指南和基础。从现代法治的整体体系和要求来说,当代中国立法基本原则主要包括:

1. 合宪性原则

立法应坚持合宪性原则。我国《立法法》第 5 条规定:"立法应当符合宪法的规定、原则和精神,依照法定的权限和程序,从国家整体利益出发,维护社会主义法制的统一、尊严、权威。"因此,合宪性原则是指有立法权的立法机关在创制法律过程中,必须以宪法为基础、为依据,必须同宪法相符合、相一致。它要求一切法律的创制必须以宪法为依据,符合宪法的理念和要求,符合宪法的原则、精神、规范、规定。它包含职权的合宪性、内容的合宪性、程序的合宪性,等等。

职权的合宪性,是指在法律创制过程中,创制法律的主体和机关必须有宪法所赋予的立法权,或经过特别授权且其创制内容必须属于该职权范围,不能有超越其授权范围的立法行为。法定职权是立法的基础。没有立法权或未经授权的立法行为,是任意的,是非法的,属于无效行为。内容的合宪性,是指立法的内容符合宪法原则、宪法精神、宪法规范、宪法规定。任何一部法律都不得与宪法理念相冲突,不得同宪法的原则、精神、规范、规定相违背。否则,就存在合法性的危机。程序的合宪性,是指所有的立法都要依照法定程序进行。法定程序是立法的形式要件。没有程序的合宪性,就没有立法的正当性。法律至上,首要的是宪法至上,这是法律效力的根本。立法的合宪性原则是法律至上原则在法律创制过程中的具体展现。不树立合宪性原则,立法及其活动缺乏根据和基础。为什么在立法中必须以宪法为根据呢?这是由宪法在法律体系中的核心和基础地位、最高权威性所决定的。第一,宪法具有制定机关的最高权威性和制定程序严格性的特点。第二,宪法是我国的根本大法,在法律体系中具有最高法律地位和效力,是其他立法的基础和依据。第三,宪法具有原则性、概括性、综合性、纲领性等特征,对所有的立法具有直接指导意义,其他一切立法都是宪法内容的体现和具体化。

2. 民主立法原则

立法应切实遵循民主原则。我国《立法法》第 6 条规定:"立法应当坚持和发展全过程人民民主,尊重和保障人权,保障和促进社会公平正义。立法应当体现人民的意志,发扬社会主义民主,坚持立法公开,保障人民通过多种途径参与立法活动。"民主主要是指一种国家制度和政治制度——多数人执政的国体和政体,即以民选为基础、以代议为途径、以责任政治为条件、根据少数服从多数和多数尊重少数的原则确立的国家制度和政治制度。民主的其他含义还有:民主原则、民主权利、民主程序和民主作风等。法治与这种作为国家制度和政治制度的民主一脉相承,它是以民主为政治基础发展起来的一种治国方略和原则。因此这种法治来源于民主,其内容也受民主性质的决定,也会随着民主制度的发展而发展。法治民主化就是指立法、执法、司法与法律监督均充分体现民意、尊重民意,符合民主的精神,体现民主的原则和程序。

3. 人权保障原则

立法应坚持人权保障原则。正如前引《立法法》第 6 条的规定,人权与民主、法治紧密相联。人权是人所应当享有的权利,它是不可非法、无理剥夺或转让的权利。其实体内容大致包括三大类:一是生存权利、人身人格权利;二是政治权利和自由;三是经济、社会和文化权利。这三类权利中,生存权、人身人格权是最低限度的权利或首要权利,政治权利和自由则是核心权利,经济、社会和文化权利是基础权利。人权与法治是紧密相联的。人权是当代重要的价值尺度,一个国家的法律是否保障人权,是衡量该国法治是否建立的重要标准之一,所以,人权保障原则也是法治原则之一。

在社会主义建设的道路上,我们已经选择了法治之路,提出了"建设社会主义法治国家"的目标和战略。必须清楚,法治的含义不仅仅只是"依法而治",而且还要求这里的法是"良法"。良法的含义是多方面的,在当前来说,其中最为重要的就是指我们的法律是符合人民利益的,这就要求我们的立法工作必须把握和贯彻"最大限度地保障人民权利"的原则。这应该是我们整个社会主义立法工作的根本指导原则。

4. 权力制约原则

权利(right)和权力(power)总是一对相对的概念。权力作为对他人进行统治、对社会进行治理的手段,在人类进入文明社会之前便已经开始运用了,由于权力作为统治手段具有直接性和强制性的特点,所以历来为统治者所追逐和喜爱。人对权力的追逐和偏爱决定了权力天生具有扩张性,所以权力天生就应该受制约,不受制约就可能会导致权力专横和权力腐败。权利和权力总是一对矛盾统一体,权利在某种程度上需要权力来保护,但权力的行使必须在合适的范围内才对权利享有者有利;相反,当权力超越了这个界限,则会构成对权利的侵犯。孟德斯鸠在论述权力时就曾指出,政治自由只在国家的权力不被滥用的时候才存在,但是一切有权力的人都容易滥用权力,有权力的人们使用权力一直到遇有界限的地方才休止;从事物的性质上来说,要防止滥用权力,就必须以权力约束权力。只有经过节制的权力才"犹如太阳神的光辉正在下落时,总是柔和的"[①]。既然权力都应"依法行使",那么这种依法所获得的权力就应是受到制约和节制的,这就需要在立法的时候贯彻权力制衡的精神,将权力进行合理的分配、牵制,建立严密完善的权力监督机制。"阳光是最好的防腐剂",在立法上贯彻对权力进行必要的制约的原则,也是最大限度保障人民权利的要求。

5. 实事求是原则

立法还应坚持实事求是原则。我国《立法法》第7条规定:"立法应当从实际出发,适应经济社会发展和全面深化改革的要求,科学合理地规定公民、法人和其他组织的权利与义务、国家机关的权力与责任。法律规范应当明确、具体,具有针对性和可执行性。""一切从实际出发","实事求是"是我们一贯坚持的重要工作原则,立法工作也不例外,也要坚持这一原则。立法不能脱离客观实际存在,不能凭主观臆想进行。客观实际是我国法律创制的根基,所以,立法应正确认识我国的基本国情,并从我国基本国情出发,从我国经济、政治、文化和社会发展的实际情况出发,实事求是,科学合理地规定公民、法人和其他组织的权利和义务,科学合理地规定国家机关的权力与责任,正确处理好各种利益关系,促进经济、政治、文化和社会的协调发展。要特别注意深入实际,加强调查研究,分析社会生活各方面提出的具体问题。使制定出来的法律规范,既符合全局的需要,又考虑不同地区的实际情况;既符合长远的发展方向,又切合当前的实际。当然,立法也要研究和借鉴国外的有益经验和人类共同创造的文明成果,但在学习和借鉴国外的立法经验时,不能脱离我国的国情与实际,应分析鉴别并从中吸取一些有益、有用的东西,而不能简单照抄照搬外国的法律制度。

此外,我国《立法法》还规定了社会主义核心价值观、依法治国与以德治国相结合原则等,第8条强调:"立法应当倡导和弘扬社会主义核心价值观,坚持依法治国和以

---

① 孟德斯鸠:《论法的精神》上,张雁深译,商务印书馆1961年版,第166页。

德治国相结合,铸牢中华民族共同体意识,推动社会主义精神文明建设。"

二、法的适用的原理与原则

(一)法的实施与法的适用的概念

法的实施指法在现实生活中的贯彻和落实。它大体包括法的执行、法的适用与法的遵守。限于篇幅,这里主要阐述法的适用的原理与原则。广义的法的适用与广义的法的执行相同,包括执法机关和司法机关运用法律的活动。狭义上则不同,本章在狭义上使用这一概念。

狭义的法的适用是指国家司法机关依照法定的权限与程序运用法律处理案件的活动,又称司法。它区别于执法(行政机关运用法律的活动)、守法和监督等活动。其特点是专门性、程序性和职业性。

(二)司法的基本要求

1. 正确

(1)是指各级司法机关在适用法律时,对案件事实的确认要准确,即确认的案件事实要清楚,案件证据要确凿可靠。这是正确司法的前提和基础。(2)是指对案件适用法律要正确,即在确认事实的基础上,根据国家法律规定,区别刑事、民事、经济、行政案件,分清合法与违法、此案与彼案、罪与非罪、此罪与彼罪的界限,实事求是地加以认定。(3)是指对案件的处理要正确,审理案件要严格执行法律规定,宽严轻重适度,做到罪刑相当,违法行为和处罚结果相当。

2. 合法

合法是指各级国家司法机关审理案件要合乎法律规定,依法司法。

3. 及时

及时是指国家司法机关审理案件时,要提高工作效率,保证办案质量,及时办案,及时结案。

正确、合法、及时是司法的基本要求,是不可分割的统一整体,三者不可偏废,缺一不可。

(三)当代中国法的适用的基本原则

1. 司法为民原则

司法为民是社会主义法治的本质要求。坚持司法为民,就是要坚持以人为本,尊重和保障人权,努力做到一切为了人民,一切依靠人民,对法律负责,让人民满意,坚持法律效果与社会效果的统一。人民法院和人民检察院在依法办案时,应怀着对人民群众的深厚情感去落实司法为民的原则,始终把人民群众的利益放在心上,诚心诚意地为人民群众排忧解难,让人民群众切实感受到社会主义司法制度的温暖和优越性。我国"人民法院""人民检察院"的称谓表明,社会主义司法机关应当具有为人民服务的基本品质。

坚持司法为民原则在当代中国具有重要意义。司法为民是中国共产党以人为本、执政为民理念对法律适用的必然要求,是"一切权力属于人民"的宪法原则在司法工作中的具体体现,是司法工作始终保持正确政治方向的重要保证。当然,司法为民的原则与理念要得到具体落实,还必须通过贯彻司法的其他基本原则与制度来实现。

2. 司法公正原则

司法公正是指司法机关和司法人员在司法活动的过程中应坚持和体现公正和正义的原则。司法公正是社会正义的一个重要组成部分,它既包括实质公正,也包括形式公正(作为制度的公正),其中尤以形式公正为重点。西方国家将形式公正确定为司法公正的核心内涵。他们不相信会有不出自形式公正下的公正裁判,认为不建立在形式公正上的判决绝对是不可信的,因为司法本身是一个事实证明和法律选择适用的过程,因此程序主持人(司法官)严守程序和保持公正立场是保证这一过程获得充分审究和剔除偏见的基本前提。换言之,只有过程公正,才能达到结论公正;评价判决是否合理,不能通过判决本身自证,而应从过程推断。中国古代社会是一个极度忽视形式公正的社会,当时,司法公正是以实质内涵为归结的,徒具形式公正不能被视为司法公正,裁判结果的公正才是真正的公正。这种观点也应当转变。

程序正义并不仅仅是指程序本身的完善与否,而主要是指一种观念或价值取向。也就是说,它要求我们改变传统的诉讼观念,树立一种全新的认识。以往人们通过打官司所追求的实际上是一种客观真实和结果的公正,达不到这个目标,诉讼过程就可能无休无止,判决也可能被视为错误。与此相反,程序正义最重要的一个观念是既判力观念:只要没有法律适用和程序上的错误,双方当事人都得到了公平的诉讼机会,其诉讼权利得到了实现,就没有理由发动再审,也没有理由追究法官的错判责任。以事实为根据的"事实",是指当事人在法庭上所证明的法律事实,而不是那些唯一的客观真实。简单地说,程序正义告诉我们一个准确无误的事实:法院的诉讼程序是一个对当事人双方形式上完全平等的过程或手续,它能够最终权威地解决纠纷,但未必能使每一个当事人和社会成员得到他们心目中的正义和合情合理的解决。

我国当前进行的司法改革为实现司法公正提供了很多制度上的保障,其目的是实现司法公正,并通过司法公正维护和促进社会公平正义。这些改革包括庭审制度的改革、审判委员会的存废、公开合议庭不同意见、法官选拔制度上的改革、法官的服饰、法官的素质要求以及增强判决书说理性的要求;还包括加强法官职权以提高审判效率,强调法官的说明义务以帮助当事人进行诉讼,积极进行调解以缓和诉讼的对抗性,加强审前准备以优化法庭审理活动,进一步简化简易程序以缩短法院与民众的距离和降低诉讼成本,以及各种非诉讼纠纷解决方式的大量推广应用等。

司法公正是司法的生命和灵魂,是司法的本质要求和价值准则,也是公众对司法的期望。司法公正的意义主要在于:(1)司法公正是法的精神的内在要求。公正是法的精神和固有价值。(2)公正对司法的重要意义也是由司法机关的性质决定的,司法的性质是裁判,由裁判所引申出来的就是司法的消极性和被动性。(3)司法机关公正司法,是其自身存在的合法性基础。

3. 司法平等原则

司法平等原则是公民在法律面前一律平等原则在司法活动中的具体体现,是法律适用的重要原则。

该原则主要包括以下内容:(1)法律对于全体公民,不分民族、种族、性别、职业、社会出身、宗教信仰、财产状况等,都是统一适用的,所有公民依法享有同等的权利并承担同等的义务。(2)任何权利受到侵犯的公民一律平等地受到法律的保护,不能歧视任何公民。(3)在民事诉讼和行政诉讼中,要保证诉讼当事人享有平等的诉讼权利,不能偏袒任何一方当事人;在刑事诉讼中,要切实保障诉讼参与人依法享有诉讼权利。(4)对任何公民的违法犯罪行为,都必须同样地追究法律责任,依法给予相应的法律制裁,不允许有不受法律约束或凌驾于法律之上的特殊公民,任何超出法律之外的特殊待遇都是违法的。

实现这一原则至少具有以下几方面的重要意义:一是有助于切实保障公民在适用法律上的平等权利;二是有助于反对特权和歧视对待;三是有利于惩治司法腐败;四是有助于维护社会主义法治的权威、尊严和统一;五是有利于调动广大人民的积极性。

4. 以事实为依据,以法律为准绳原则

该原则包括以下基本含义:(1)以事实为根据,就是指司法机关审理一切案件都只能以与案件有关的客观事实作为依据,而不能以主观臆断作为依据。适用法律,就是运用法律对已发生的事情作出判断、处理。任何一个案件,都是一种客观存在,由特定的、已经发生的事实所构成。但是在法理上,人们普遍认为:以事实为根据的"事实",是指当事人在法庭上所证明的法律事实,而不是那些唯一的客观真实。(2)以法律为准绳,是指要严格依照法律的规定办事,切实做到有法必依、执法必严、违法必究。

在贯彻该原则的过程中应当做到:(1)重证据,重调查研究,不轻信口供。(2)在司法工作中,坚持维护社会主义法律的权威和尊严。(3)正确处理依法办事与坚持党的政策的指导作用的关系。

5. 司法机关依法独立行使职权原则

该原则包括以下基本含义:(1)司法权的专属性,即国家的司法权只能由国家各级审判机关和检察机关统一行使,其他任何机关都无权行使此项权利。(2)行使职权的独立性,即人民法院、人民检察院依照法律独立行使自己的职权,不受行政机关、社会团体和个人的非法干涉。(3)行使职权的合法性,即司法机关必须严格依照法律规定审理案件,正确适用法律,不得滥用职权,枉法裁判。所以,该原则的基本内容是:国家的司法权只能由国家的司法机关统一行使,司法机关行使该权力时必须严格依法办事。

中国司法机关依法独立行使职权原则与西方司法独立原则有较大的区别。西方司法独立原则包括:(1)司法权独立,即三权相互分割,彼此制衡,司法机关有其独立的组织系统,与其他组织系统相分离;(2)审判独立,即法官独立审判案件,不受任何干涉;(3)司法人员独立,法律对法官地位特设保障条款,例如,法官高薪养廉制、法官终身任职制。其核心是审判独立。

要注意的是,坚持这一原则,并不意味着司法机关行使司法权可以不受任何监督和约束。任何权力都要依法接受制约,司法也不例外,不受监督和制约的权力必然产生腐败。

6. 国家赔偿与司法责任原则

国家赔偿责任是指国家对于国家机关及其工作人员在执行职务、行使公共权力过程中损害公民、法人和其他组织的法定权利与合法利益的行为所承担的赔偿责任。其特点包括:(1)产生原因是国家机关及其工作人员在执行职务过程中的不法侵害行为。(2)主体是国家。(3)范围包括行政赔偿与刑事赔偿。行政赔偿是指行政机关及其工作人员在行使职权时,侵犯公民、法人或其他组织的人身权和财产权造成损害而给予的赔偿。刑事赔偿是指行使国家侦查、检察、审判职权的机关以及看守所、监狱管理机关及其工作人员在刑事诉讼中,侵犯当事人的人身权和财产权造成损害而给予的赔偿。其目的是明确审判责任、防止枉法裁判、防范冤假错案、确保司法公正和办案质量。

第六节 法律关系:权利、义务和权力

一、法律关系的概念和分类

法律关系是根据法律规范产生的,主体之间的权利义务关系或权力义务关系,即法律规定的以人们的权利(权力)义务的形式表现出来的特殊社会关系。

第一,依据法律关系主体具体化程度的不同,法律关系可分为抽象的法律关系和具体的法律关系。抽象的法律关系是指根据宪法和其他法律形成的国家、公民、社会组织以及其他社会关系主体之间普遍存在的社会联系。如我国《宪法》第33条第2款规定:"中华人民共和国公民在法律面前一律平等。"又如我国《民法典》婚姻篇中规定的婚姻自由、一夫一妻、男女平等的婚姻制度,以及夫妻双方的权利义务,这些是抽象的法律关系,只有男女双方结了婚以后,这些抽象的法律关系才转变为具体的法律关系。具体的法律关系的特点在于:该关系的主体是具体的(或一方是具体的,或双方都是具体的),要有具体的法律事实发生。法律本身规定的抽象的权利义务关系是一种纸面上的法律关系,现实生活中具体的权利义务关系是实际的法律关系。

第二,依据主体是单方具体化还是双方具体化,具体的法律关系又可分为绝对法律关系和相对法律关系。在绝对法律关系中,主体一方——权利人是具体的。而另一方——义务人则是除权利人以外的所有人,其形式是"一个人对其他一切人",如所有权、人身权、知识产权。在相对法律关系中,无论权利人还是义务人都是具体的,其形式是"某个人对某个人",如债权。

第三,按照法律关系的产生是否使用法律制裁,法律关系可分为调整性法律关系和保护性法律关系。不需要使用法律制裁的是调整性法律关系,需要使用法律制裁的是保护性法律关系,如刑事法律关系。

第四,按照主体之间相互地位的不同,法律关系可分为平权型法律关系和隶属型法律关系。主体之间地位是平等的,就是平权型法律关系,如民事法律关系;主体之间地位是不平等的,存在隶属关系,一方须服从另一方,则是隶属型法律关系,如行政法律关系。

二、法律关系的主体和客体

(一) 法律关系的主体

1. 法律关系主体的含义

法律关系的主体又称权利主体、义务主体,即法律关系的参加者,是法律关系中权利的享有者和义务的承担者。享有权利的一方称权利人,承担义务的一方称义务人。一般是指法律关系的当事人,有时也指法律关系的参与人。当事人可以分为两类:一类是法律关系的直接关系人,如民事合同中的债权人和债务人;另一类是诉讼当事人,即司法诉讼中的原告和被告、上诉人和被上诉人等。法律关系的参与人一般指直接关系人以外的、与特定法律关系有某种关系的人。在我国,法律关系的主体通常是指公民(自然人)、法人、非法人组织和国家。

2. 法律关系主体的权利能力和行为能力

法律关系主体参加法律关系还有资格的限制,这在法学上被称为权利能力和行为能力。

权利能力是权利主体享有权利和承担义务的能力,它反映了权利主体享有权利和承担义务的资格。公民的权利能力分为一般权利能力和特殊权利能力两种。一般权利能力为所有公民普遍享有,始于出生,终于死亡,如人身权利能力等。特殊权利能力须待一定的法律事实出现后才能享有,如参加选举的权利能力须以达到法定年龄为条件。法人的权利能力始于法人依法成立,终于法人被解散或撤销。法人权利能力的内容和范围与法人成立的目的直接相关,并由有关法律和法人组织的章程加以规定。

行为能力是权利主体能够通过自己的行为取得权利和承担义务的能力。行为能力以权利能力为前提,自然人有权利能力并不一定有行为能力,法人的权利能力和行为能力是一致的。我国《民法典》根据年龄和精神健康状况的不同,将民事行为能力人划分为三种:(1) 完全民事行为能力人,包括两种情况:一是年满18周岁以上的公民;二是已满16周岁不满18周岁,以自己劳动收入为主要生活来源的公民,视为完全民事行为能力人。(2) 限制民事行为能力人,即8周岁以上的未成年人。限制民事行为能力人可以独立实施纯获利益的民事法律行为或者与其年龄、智力相适应的民事法律行为,其他民事活动由他的法定代理人办理或需征求其同意。(3) 无民事行为能力人,即不满8周岁的未成年人,他的民事活动由其法定代理人代行。关于精神病人,不能完全辨认其行为的属于限制民事行为能力人,不能辨认其行为的属于无民事行为能力人。

(二) 法律关系的客体

法律关系的客体是指法律关系的权力义务所指向的对象。在当代中国,主要有四类：(1) 物。它指在法律关系中可以作为民事权利对象的物品或其他物质财富。分为有形物和无形物，有形物如森林、土地、水等自然资源、货币以及其他有价证券（如支票、汇票、存折、股票）等；无形物如空气、阳光等。(2) 精神财富。它指智力成果。包括创作活动产品和其他与人身相关联的非财产性财富，如知识产权和人身权。(3) 行为，包括作为和不作为，又称积极行为和消极行为。(4) 国家、社会和个人的基本经济、政治和精神财富，如人身自由和政治自由。

（三）法律关系的演变

法律关系的演变是指法律关系的产生、变更和消亡。引起法律关系产生、变更和消亡的原因有法律本身和法律事实。法律事实是指引起法律关系产生、变更和消亡的情况和条件。法律事实依其是否以权利主体的意志为转移可以分为法律事件和法律行为。法律事件是不依人的意志为转移的事件，如人的出生和死亡、自然灾害、意外事件等。法律行为是依人的意志为转移的行为，如遗嘱、公证、结婚等。

三、权利、义务和权力

（一）权利的词源与概念

权利是指法律意义上的权利人或主体依法享有的这样或不这样行为，或要求他人这样或不这样行为的某种资格、能力或自由。权利有一个专用词 right，权力有一个专用词 power，人民享有权利，政府享有权力，有时这两个词是通用的。关于权利，法学界有多种观点。

(1) 资格说。英国学者米尔恩在《人的权利和人权的多样性》一书中认为：权利的要旨是资格。说某人对某事享有权利，就是说该人被赋予某种资格，例如选举、领取养老金、坚持自己的看法、享受隐秘的家庭生活。权利就是可以。义务就是权利的反题，就是不可以。一个人被赋予某种资格，具有权利主体的身份，才能向别人提出作为或不作为的主张。

(2) 主张说。这种观点认为，权利即法律上有效的、正当的、可强制执行的主张。

(3) 自由说。荷兰的斯宾诺莎认为，权利就是一种免于干扰的条件；英国的霍布斯认为，权利就是法律所允许的自由；康德认为，权利就是意志的自由行使；黑格尔认为，每个人真正的权利就是自由。自由论揭示了权利的一个重要特征，即权利主体的意志自由和行动自由，主体在行使权利时不受法律的干涉，主体为或不为一定行为不受他人强制。正是因为这一点，现代学者往往把自由和权利等同，各国有关公民权利的立法也往往把权利和自由作为内涵一致或接近的范畴。

(4) 利益说。英国的边沁、德国的耶林是主要的代表人物。这种观点强调权利是利益的表现与获取利益的手段，而不是利益本身。

(5) 法力（能力、权力）说。法力说最早出现在洛克、卢梭的著作里。他们认为权利本质上是由法律或国家权力保证、为实现某种特定利益而进行一定行为的力。美国学者霍菲尔德认为，权利是指一个人通过一定行为或不行为而改变法律关系的能力或权力。"我有处分我的财产的权利"，即意味着我在法律上有能力或权力出卖、赠与、放弃我的财产。权利就是改变或创立一定法律关系的影响力。法力说将权利视作手段,认为它创造或改变了法律关系。

上述五种不同的学说有诸多分歧,但至少有两点是一致的:(1) 权利主体是法律关系的主体或享有权利的人,即个人、法人、团体、组织或国家。(2) 权利内容指法律关系主体可以这样行为或不这样行为,或要求其他人这样行为或不这样行为。但是,它们在语词上又有所差异。

马克思主义认为,权利和法一样都属于社会上层建筑,并归根到底由社会经济关系所决定,权利永远不能超出社会的经济结构以及由经济结构所制约的社会的文化发展。法定权利不过是社会经济关系的法律形式即法权关系,所以权利始终是在关系中存在,权利义务关系也即法律关系。这种法律关系并未游离于其他社会关系之上,而是其他社会关系特别是经济关系的一个侧面,是以法权形式存在着的一种思想、政治关系,它的实际内容仍然是经济关系和实际的社会关系,是以统治阶级意志为焦点,对这些实际社会关系的折射、影像和反映。统治阶级利用法律来确认人们的某种权利,并给予法律上的保护,就可以维护、巩固和发展有利于本阶级的社会关系和社会秩序,以实现其阶级利益。正因为如此,权利总是具有对经济关系的依存性,法定权利总是打上了统治阶级意志的烙印。

(二) 义务的概念

一些学者把义务看做权利的对立概念,但也有学者把权利和义务视为相互关联的概念,强调权利与义务的联系和同一性。法律上的义务是指法律规定的人或主体应承受的某种限制、约束、负担或责任。显然,这种义务观是与权利自由说理论相对应的:权利是自由,义务是不自由,即限制和约束。

学者们对法律义务的含义也有不同的说法,主要有:

(1) 规范说。规范说同法学中的规范主义联系在一起,其中心思想是:权利是法律所保障或允许的能够作出一定行为的尺度。与权利相对应,义务被解释为法律为了满足权利人的需要而要求义务人作出必要行为以及未履行而构成法律制裁的理由或根据。

(2) 约束说。与权利自由说相对,权利被看成法律所保护的人不受拘束的自由状态,义务则被看成对权利人自由的保障,是义务人为保障权利人行使自由而产生的某种必要的约束。

(3) 负担说。与权利利益说相对应,权利被认为是法律所承认或保障的利益,而义务则是不利或负担,即义务主体必须作出或抑制一定行为的负担。

(4) 责任说。这种观点认为,法律义务是指义务主体作为或不作为的一种责任。它在某种程度上把法律义务等同于法律责任。

(三) 权力的概念

权力是一个复杂的概念,众说纷纭,用法多样。一般认为,权力是指一种能力,即某人或者某一机构具有的要求他人服从的能力。"权力永远是控制他人的力量和能力",其特征是能直接以自己的强力迫使相对人服从自己的意志,或者说是"我能够"

(实现)。权力的经典定义是"行为者影响其他行为者的能力"。本章主要从公权力角度理解权力。在此意义上,公权力是指对公共资源占有并运用的能力,公权力主体通过对公共资源的占有而有了要求他人服从的能力。这个观念丝毫不意味着对公权力的贬斥,在法治社会中,公权力的运用是受法律控制的。

公共权力的来源只有一个,即每个享有权能和承担责任的个人让渡一部分权力给公共机构。因此,政府的权力应该是有限度的。"有限政府"的概念与其说是保障个人自由观念的产物,不如说是个人自主、自治、自由权前提下政府政治理论的逻辑必然结果。从字面上讲,职权(职权是国家权力的具体化与法律形式)、权限、权力等词,与权利一样,也可以被理解为法律关系主体具有的这样行为或不这样行为,或要求他人这样行为或不这样行为的能力或资格。

(四)法律上的权利与义务关系

有关权利与义务关系的观点有以下几种:

1. 权利本位论

在权利义务的关系中,权利是第一性的,是义务存在的前提。相对于义务而言,权利是目的,义务是手段,是权利的派生物。法律设定义务的目的是保障权利的实现,义务应当来源于、服从于权利。从历史发展的角度来讲,权利本位是商品经济发展的产物,是商品经济的要求在法律上的反映。强调权利本位的现实意义在于把人们从义务约束、身份限制和专制传统的影响下解放出来,从而有可能创造一个自由、平等、宽容和富有活力的法治社会。在法理学的教学和研究中,人们一向只强调权利义务的一致性,即没有无权利的义务,也没有无义务的权利,因而权利本位观点一出现,就引起了很多争论,其焦点在于对本位一词的内涵存在分歧。有人用权利义务"如影随形""形影不离"为由来否定权利义务主导和非主导之分的观点。对此,有学者提出:"形影不可分离,这个比喻很好,形决定影,没有形就没有影,这是常识。形是重点,影是非重点,至于在权利义务关系中,何者为形,何者为影,这个问题值得研究。"[①]

权利本位论可以被进一步理解:(1)拥有权利是承担义务的前提条件,要我承担和履行义务就必须使我有承担和履行义务所必需的资格和可能,即我有生存和活动的权利,有作出一定行为而不被干涉或阻止的自由。(2)当法律分配义务时,这些义务必须是从权利中合理引申出来的。例如,纳税的义务应源于收入的权利;不得泄露机密的义务源于公民有知情权和表达自由,如果公民没有从政府了解情况的权利和以语言、文字、图画等符号陈述事实、发表意见的自由,就没有理由要求公民保守国家秘密。凡不以权利为前提的义务都是不合理的、不公正的。(3)义务应是为适应权利而设定的。例如,公民在行使自由和权利的时候不得损害国家的、社会的、集体的利益和其他公民的合法自由与权利这一义务,就是为了保障各个权利主体的平等权利及其共同实现而设定的。它的合理性根源于保障权利的需要。

---

① 陈桢:《并重论不能成立》,载《当代法学》1990年第4期。

2. 义务重心论

作为权利本位的对立面，人们提出了义务重心论，认为从实效上讲，义务更为重要，法律的重心在于约束，法律首先在于稳定秩序，义务为人们遵守和执行法律提供了比权利更多的信息条件。法律作为社会控制的手段，主要通过义务性规范来实现自己的目的。

3. 权利义务一致论（权利义务无本位论）

权利义务一致论有多种表述，但其主要特征是既不赞成权利本位论，也不赞成义务重心论，而是主张权利义务并重，它们都是法的本质的体现，两者同时产生、存在，相互依存，不可分割，因此它们之间不存在本位的问题。本位论思想在思维方法上有明显失误，这种绝对性思维方法必然导致认识上的僵化，本位论者按照自己的解释，在权利义务之间确定了矛盾的主要方面，然而却把它固定化和静止化。权利义务一致论认为，在剥削阶级已被消灭、人民当家做主的社会主义制度下，仍然宣扬权利本位思想是不合时宜的，只有强调权利义务一致性，才符合时代精神。

我们认为，权利义务一致论具有现实合理性。权利义务的关系可以从以下几方面理解：第一，在任何一种法律关系中，权利人享受权利的同时须义务人承担义务，义务人如果不承担义务，权利人不可能享受权利。权利义务表现的是同一行为，对一方当事人来讲是权利，对另一方来讲则是义务。第二，不能一方只享受权利不承担义务，另一方只承担义务不享受权利。任何权利都意味着权利人在法律允许的范围内能做一定的行为，使自己的行为不超出这个范围是权利人的义务；而任何义务也都意味着义务人在法律要求的范围内应做一定的行为，超过这个范围则属于义务人的自由，即义务人的权利。第三，权利的行使有一定的界限，不能滥用权利。所谓权利滥用是指权利人行使权利的目的、限度、方式或后果有违法律设置权利的本意和精神，或违反了公共利益、社会利益、公序良俗，妨碍了法律的社会功能和价值的实现。

第七节　法与民主、人权、和谐社会

一、法与民主

（一）民主的概念与特征

1. 民主的概念

"民主"一词由希腊语 Demos（人民）和 Kratia（统治或权威）演变而来，其最初的含义就是"人民的统治"（the rule by the people）。希腊历史学家 Herodotus 首次使用这一概念，用来概括和表述希腊城邦这样一种政治实践，即城邦事务是由公民所参加的公民大会通过直接讨论和投票表决的方式来作出最终决定的，这种方式既不同于某一君主的独裁统治，也不同于少数贵族的寡头统治。

因此，"民主"从一开始就是一个政治概念，它是"许多可能的政府形式之一，在这种政府形式中,权力不是属于某一个人或某一部分人;而是属于每一个人,或者更确切地说,属于大多数人"。换句话说,民主是一种政治制度,在这种制度中,全体人员有权并且能够直接或间接地、积极或消极地参与公共事务的决策过程。作为一种制度,民主的最大特点在于,它以公民的意志作为其政治合法性的基础;政治决策以公民的意见为最终依据。如果一个现代国家中最强有力的决策者多数是通过公平、诚实、定期的选举产生的,而且在这样的选举中候选人可以自由地竞争选票,并且实际上每个成年公民都有投票权,那么这个国家就有了民主政体。这一民主的程序性定义是由熊彼特在《资本主义、社会主义与民主》一书中提出的,得到了普遍的承认,也得到了在这一领域从事研究的学者的公认。根据这一定义,选举是民主的本质。这一本质中产生了民主制度的其他特征,只有存在着某种程度的言论自由、集会自由、新闻自由,只有反对派候选人和政党能够批评现任的统治者而不害怕受到报复,才有可能进行自由、公平和竞争性的选举。

按照马克思主义的观点,民主是历史的、具体的、相对的,必然要受一定社会经济、政治条件所制约,必然具有历史性和阶级性。作为政治制度,它不仅指国家的组织形式——政体,而且也指国家的本质——国体,即什么阶级在国家中占有支配地位。

2. 现代民主政治的基本特征

现代民主政治具有以下基本特征:(1) 民主和宪制结合,即坚持人民民主宪制的国家制度。(2) 民主与集中结合,即坚持民主集中制,在民主基础上集中和在集中指导下民主。民主集中制的一个重要环节是决策的科学化与民主化。(3) 民主意味着少数服从多数同时多数也应尊重少数的政治制度,它需要有民主而且科学的决策。民主的决策是指集思广益,集中多数人的智慧;科学的决策就是要有专家可靠的科学依据和论证。(4) 民主的制度化和法律化。也就是说,民主与法制不可分,民主与法制必须结合。(5) 逐步完善民主。任何社会形态的民主都要经历一个渐进的过程,都是逐步完善的。

高度民主是指长远意义上讲的民主,或者说是从社会主义本质来讲的,而不是指社会主义初级阶段,更不是说目前就已建立了或很快就会建立起高度的社会主义民主。应当有并不等于实际有,理想和现实是有距离的。社会主义民主政治的建设要受很多条件制约,其中包括经济、政治、文化发展水平,社会成员和公职人员的政治和思想道德素质,历史、文化传统以及国内外环境等。因此,我国社会主义初级阶段的民主还是不完善的,但它不是静止不变的,而是在不断发展。在正确路线的指引下,它会由不完善逐步走向完善,这是我国社会主义民主的一个基本特征,也是它的一个发展规律。

(二) 民主与法治的紧密结合

在现代社会里,自由、民主和平等在价值层面有其共同的一面,也有其冲突的一面。如何充分利用自由、民主和平等的价值,并缓和或者减少冲突,是现代社会制度设计要解决的问题。这一制度是复杂的,其中最重要的是民主法治制度,它是限制公共权力、保障个人自由和平等权利的制度。它确保政府权力是有限的,给市场经济确立广泛的自由空间,给公民解决自身的私人事务以宪法权利的保障,给公民自主治理适当范围的公共事务以法治的保障。在这个意义上,民主的权力也是有限的,其界限就是宪法和法律所界定的规则。

现代法治与民主的这种内在必然联系表现在:(1) 法治的真谛在于人民掌握主权,通过自由表决和选举组成代议制立宪政府;(2) 法治的效能在于人民制定的宪法和法律能够保障和限定公民自由权利,促进大众政治参与向广度和深度扩展;(3) 法治的活力在于人民对于所委托的少数管理者及由他们组成的权力机构,通过人人必行的法律和各种形式的分权与制衡制度,保持有效的控制和监督,保证公共权力的合法权威和合理运行;(4) 法治的形态在于确立严格依法治理的操作运行程序,这种程序必须符合民主的最一般规定和基本原则,如服从多数、尊重少数、为人民负责、越权无效等原则。这些都是人类社会政治文明发展的成果。虽然不同阶级基础的民主和法治的实现程度和具体表现方式会有所不同,但它们都离不开这些基本原则和共同要求。我国的人民代表大会制度、多党合作和政治协商制度以及"一国两制"的国家体制和结构,则是具有中国特色的社会主义政治文明的重要内容,是社会主义民主的重要表现和补充,需要靠加强和完善社会主义法治来保障、维护和巩固,所以也是中国当代法治文明的重要内容。

(三) 通过发展社会主义民主法治,建设社会主义政治文明

政治文明包括三个基本方面:文明的政治意识、文明的政治制度、文明的政治行为。三者缺一不可。文明的政治意识不仅包括文明的政治理念,而且包括文明的意识形态、政治心理、政治思想和政治道德。一个政党,一个政府,是否有文明的制度,由政治意识来决定。落后的政治意识导致落后的政治行为。文明的政治思想、政治道德也是政治意识的重要方面。文明的政治制度(或称制度文明)指国家的各项法律制度和政治体制要体现民主、平等、法治的精神,适应生产力发展与经济变革的需要,具有合理性与进步性。政治行为文明是指政治主体的实际政治活动所具有的文明程度。

三者的基本关系是:政治意识是后两者的精神引导;政治行为文明是前两者的具体体现;而制度文明则一方面承载着文明的政治意识,另一方面又为政治行为的规范化与强制性设定制度边界。当然,从政治文明的价值取向看,政治文明是人类政治生活取得的积极成果和进步状态;其外部表现分静态与动态两方面,积极成果是其静态方面,文明的进步发展过程是动态方面。

关于建设社会主义政治文明的基本方式,我们认为,以下三种推进方式尤为重要:一是改革和完善党的领导方式和执政方式;二是全面落实依法治国方略,加快法治国家建设步伐;三是加强公民意识教育,培养公民民主法治观念,建设社会主义政治文化。而其中,全面依法治国是以法治落实建设政治文明的最根本的方式。

二、法与人权

(一) 人权是人之作为人所享有或应该享有的权利,需要法律来保障实施

人权是指"人之作为人都享有或都应该享有的权利"。人权概念是法学上的权利概念和哲学上的人道概念的结合,两者缺一不可。人权是人道精神、法治精神和大同精神的结合。人权有三个基本属性:(1) 人权首先是一种道德权利,原意是指某种价值观念和道德观念,它是由道德而不是由法律来支持的(虽然人权可以成为法定权利),因而它同以国家权力为支撑的法定权利是有区别的。人权需要法律来保障实施,绝大部分人权需要同时具有法律权利的性质。但人权和法律权利不是一个概念,两者是有区别的:第一,在历史上,法律权利的出现远远先于人权。第二,绝大部分人权需要同时具有法律权利的性质,但并不是所有的人权都要由法律加以规定,更不能说所有法律权利都属于人权的范畴。第三,人权的实施和保障需要各国国内法来确认;在国际范围内,人权的国际标准需要由国际公约来体现。正如《世界人权宣言》前言中所规定的:"有必要使人权受法治的保护。"人权要由法律来保障其实施,人权同时具有法律权利的性质,这也表明人权与法律权利是既有联系又有区别的概念;否则,人权这一概念就成为法律权利的同义反复了。(2) 从人权的主体和内容上看,人权又必须是一种普遍权利,即作为人都享有的权利,其内容也有某种普遍的规定性。① (3) 从人权产生的社会历史过程来看,人权还是一种反抗权利。这是因为,在西方,人权是被作为同政府权力相对应或对抗的权利而提出的,社会正义和自由存在于人们对政府专制压迫的对抗中。

综上所述,人权首先是一种道德意义上的权利,属于应有权利的范畴,是作为人所应该享有的权利;其次是国内法管辖的问题,人权又是一种法律权利;最后,人权还是一种实有权利,一种实实在在的现实权利。因此,人权实质上是人所应当享有的各种权益。人权是受一定的道德理想与伦理观念承认与支持的、人所应当享有的各种权益。离开利益讲人权是毫无意义的。无论是在一国国内还是在国际上,人权问题上经常存在的种种矛盾与斗争,都同一定权利主体的利益有关。然而,人权又受人们一定的伦理道德的支持和认可。什么样的个人或群体应当或可以享有什么样的人权,法律或其他社会规范应当或能够对哪些人权予以规定和保障,总是受人类普遍认同的某些道德伦理的支持和认可,其核心是正义理念、人道主义、平等思想与自由观念。由于人们的道德观念在某些方面存在差异,因而不同国家对应有权利的理解、对法律权利的规定、对实有权利的保障,又存在一些差别。

(二) 法律与人权、公民权联系密切

就一国来说,人权与公民权有联系,它们在某些方面是重叠的、等同的、一致的。

---

① 据瑞士法学家、汉学家胜耶律对人权一词中"人"的考证,在 1948 年《世界人权宣言》以前,西方国家所讲的人权中的"人"绝不是指普遍的人或"每一个人",无论在理论上还是在实践上,"人"的概念都把妇女、奴隶和有色人种排除在外。1948 年以后,从理论上讲,人权才是"普遍"的,但理论和实际之间仍有矛盾,"人"这个词仍然模糊。在 1948 年《世界人权宣言》起草时,接受联合国起草委员会主席罗斯福夫人的建议,将"Rights of Man"改为"Human Rights"。

一般认为,公民权利包括政治、经济、文化等方面的权利。当一个国家实现了宪法、法律上规定的公民权利时,那里的人权就得到了基本保障,而宪法、法律上没有规定的公民权利是得不到有力保障的。但同时,享受充分的人权是人类追求的理想,是一种符合人类理性的价值观念。人权与公民权虽有紧密联系,但也有区别。人权应被分为多种层次,如应然权利、法定权利、实然权利。有些宪法、法律规定的公民权利,只是一部分人权。有的国家的宪法、法律对人权的涵盖面大些,有的小些,但永远不可能完全穷尽,因为在应然人权中,有一部分属于传统习惯、伦理道德、精神文明范畴,没有必要通过宪法、法律予以规定和保障,而要通过人类伦理素质的提高去自觉维护;宪法、法律规定的公民权利,在一般情况下,也不是完全能够实现的。宪法与现实、法律规定与实际情况之间必然存在一定的距离。这是各国普遍存在的现象。因而,实然权利并不等同于法定权利,更不等同于应然权利。尽管如此,法与人权的密切联系仍很明显,当今主要国家通过国内法尽量去保障公民的人权,即是明证。

同样,在当今世界,人权保障与国际法的关系也较密切,如联合国人权公约及两个国际人权公约在世界范围内的影响日益增强,也反映了当今世界国际人权领域的发展趋势。

三、法与和谐社会

党的十七大报告指出:"推动科学发展,促进社会和谐,为夺取全面建设小康社会新胜利而奋斗。"①经过多年的理论探索,"社会和谐"已经成为全党的一项重要共识。社会和谐是中国特色社会主义的本质属性,是经济社会发展的必然要求。和谐社会应当是民主法治,公平正义,诚信友爱,充满活力,安定有序,人与自然和谐相处的社会。其中安定有序是前提,民主法治是保障。

社会主义法与和谐社会具有非常密切的关系。一个社会和谐与否,其决定性的因素是资源与利益分配机制是否公平正义、惠及各方。而这恰恰是需要法治发挥作用的地方。和谐社会在法治的引导下是有能力解决和化解利益冲突并由此实现利益最大化均衡的社会。所以,从这个意义上讲,和谐社会实质上应当是良法善治的法治社会。

建设社会主义和谐社会离不开法治,法治是和谐社会的保障。和谐社会与法治国家具有价值与目标上的趋同性,二者可合称为和谐法治社会。和谐法治社会实质上是"良法善治"的法治社会。因为,良法善治的社会是行为规范、安定有序的法治社会,也是利益均衡、公平正义的法治社会,还是以人为本、保障人权的法治社会,更是团结民主、诚信友爱的法治社会,这样的社会就是一个充满活力、人与自然和谐相处的法治社会。

---

① 胡锦涛:《高举中国特色社会主义伟大旗帜,为夺取全面建设小康社会新胜利而奋斗——在中国共产党第十七次全国代表大会上的报告》,人民出版社 2007 年版。

社会主义法在实现和谐社会的过程中,应该发挥以下三个方面的具体作用[①]:

第一,通过民主科学立法奠定和谐社会的法律基础。通过民主科学立法既能实现法律价值的和谐,又能实现法律内容的和谐;通过民主科学立法,既能实现实体法与程序法的和谐,又能实现立法中利益与规律、社会效益与经济效益、当前需要与长远发展的和谐统一。

第二,通过政府依法行政实现社会和谐。实现依法行政的目的就是要实现公权力与私权利的和谐。具体途径包括:(1)严格实行法律保留原则,对行政权力实现"法无允许即禁止"。(2)树立"权利推定"的执法理念,对公民和社会组织实行"法无禁止即自由"的原则。(3)严格实行行政法的比例原则,强调行政主体实施行政行为应兼顾行政目标的实现和保护相对人的合法权益。(4)实行执法责任制和执法过错追究制,做到权责统一、程序法定、执法公开、侵权赔偿。(5)尊重和保障人权。通过依法履行职责,切实保障公民权利的实现。

第三,通过司法机关公正司法实现社会和谐。司法公正首先要求程序公正,然后要求实体公正。程序公正与实体公正是互为表里的,程序公正的意义在于保证实体公正。所谓实体公正是指被侵害了的法定权利得到司法的救济,被破坏了的社会正义得到司法的矫正。当今中国的司法机关要实现程序公正和实体公正的统一,必须树立与之相适应的司法理念和司法政策,贯彻法治的基本精神与基本原则,最终实现社会的和谐。

第八节 习近平法治思想的核心要义与理论体系

一、习近平法治思想的核心要义

党的十八大以来,以习近平同志为核心的党中央立足全球视野,不断深化对中国共产党执政规律、社会主义建设规律、人类社会发展规律的认识,经过艰辛的理论探索和丰富的实践创新,于2020年11月召开的中央全面依法治国工作会议上,正式提出"习近平法治思想",明确了习近平法治思想在全面依法治国中的重要指导地位。习近平法治思想是马克思主义法治理论中国化的最新成果,是新时代中国特色社会主义理论的重要组成部分;是全面依法治国的根本遵循和行动指南。

习近平法治思想的核心要义,集中体现为习近平在这次中央全面依法治国工作会议上提出的"十一个坚持"。即:坚持党对全面依法治国的领导;坚持以人民为中心;坚持中国特色社会主义法治道路;坚持依宪治国、依宪执政;坚持在法治轨道上推进国家治理体系和治理能力现代化;坚持建设中国特色社会主义法治体系;坚持依法治国、依法执政、依法行政共同推进,法治国家、法治政府、法治社会一体建设;坚持全面推进科学立法、严格执法、公正司法、全民守法;坚持统筹推进国内法治和涉外法

---

① 《法理学》编写组:马克思主义理论研究和建设工程重点教材《法理学》,人民出版社、高等教育出版社2010年版,第293页。

治；坚持建设德才兼备的高素质法治工作队伍；坚持抓住领导干部这个"关键少数"。①

二、习近平法治思想的理论体系

习近平法治思想是内涵丰富、系统完备的科学理论体系。习近平法治思想深刻回答了新时代为什么实行全面依法治国、怎样实行全面依法治国等一系列重大问题，指明了全面依法治国的政治方向、工作布局、重点任务、重要保障等。② 习近平法治思想中"十一个坚持"的主要内容和理论精髓，从理论逻辑上可以概括为以下几个方面。

第一，关于全面依法治国的政治方向。全面依法治国的政治方向决定法治建设的成败得失，全面依法治国的政治方向集中体现在全面依法治国由谁领导、为了谁、依靠谁、走什么路等问题上，习近平法治思想科学回答了这些根本性问题，为我们提高法治领域的政治判断力、政治领悟力和政治执行力提供了科学指导。"坚持中国特色社会主义法治道路，最根本的是坚持中国共产党的领导"，自觉地把党的领导贯彻到依法治国全过程和各方面，更好地落实全面依法治国基本方略。"以人民为中心"是社会主义法治的核心价值，全面依法治国最广泛、最深厚的基础是人民，必须坚持为了人民、依靠人民。不断增强人民群众获得感、幸福感、安全感、公平感。"中国特色社会主义法治道路，是社会主义法治建设成就和经验的集中体现，是建设社会主义法治国家的唯一正确道路"，在法治建设实践中自觉坚持党的领导、坚持中国特色社会主义制度、贯彻中国特色社会主义法治理论。要从中国国情和实际出发，走适合自己的法治道路。

第二，关于全面依法治国的工作布局。如何推进全面依法治国，工作布局很关键、是引领。习近平总书记从坚持和发展中国特色社会主义的总体布局和战略全局出发，提出"坚持在法治轨道上推进国家治理体系和治理能力现代化""坚持建设中国特色社会主义法治体系""坚持依法治国、依法执政、依法行政共同推进，法治国家、法治政府、法治社会一体建设"三个理论命题，科学回答了全面依法治国谋篇布局的问题，既为全面依法治国指明了总目标，又为全面依法治国推出了总抓手。

第三，关于全面依法治国的重点任务。在确定全面依法治国战略和工作布局的同时，习近平总书记从全面建设社会主义现代化国家的目标要求出发，提出了当前和今后一个时期全面依法治国的重点任务。全面贯彻实施宪法是全面依法治国的首要任务，要坚持依宪治国、依宪执政，更好地展现国家根本法的力量，更好地发挥国家根本法的作用。科学立法、严格执法、公正司法、全民守法是全面依法治国的关键环节，要坚持全面推进科学立法、严格执法、公正司法、全民守法，继续推进法治领域改革，

---

① 关于十一个坚持的具体阐述，可参见习近平：《论坚持全面依法治国》，中央文献出版社 2020 年版。另参见张德森主编：《法学通论》，科学出版社 2023 年版，第一章。
② 参见王晨：《习近平法治思想是马克思主义法治理论中国化的新发展新飞跃》，载《中国法学》2021 年第 2 期。

解决好立法、执法、司法、守法等领域的突出矛盾和问题。同时,还要坚持统筹推进国内法治和涉外法治,坚决维护国家主权、尊严和核心利益。

第四,关于全面依法治国的重要保障。全面依法治国需要坚强有力的保障体系,包括政治保障、制度保障、思想保障、组织保障、人才保障、运行保障、科技保障等。习近平总书记深刻论述了全面依法治国的各项保障问题。其中,基于人才强国、人才强法的基本理念,强调全面依法治国必须重视法治工作队伍建设,必须抓住领导干部这个"关键少数",重视发挥领导干部关键作用,要求各级领导干部带头尊崇法治、敬畏法律,掌握法律,不断提高运用法治思维和法治方式深化改革、推动发展、化解矛盾、维护稳定、应对风险的能力,做尊法学法守法用法的模范。

此外,习近平同志发表的关于全面依法治国的其他文章中,还深刻阐明了全面依法治国要正确处理政治与法治、改革与法治、发展与安全、依法治国和以德治国、依法治国与依规治党的关系,形成了习近平法治思想的科学方法论,为正确认识和处理这些关系释明了马克思主义的立场、观点和方法。总之,习近平法治思想既是马克思主义法学中国化的最新成果,又是当代中国法治建设的根本遵循,在马克思主义法治理论发展史和中国社会主义法治建设史上具有里程碑意义。

思 考 题

1. 如何理解习近平法治思想的核心要义?
2. 如何认识法的本质与特征?
3. 如何理解法的作用与法的基本价值?
4. 简述大陆法系与普通法系的异同。
5. 如何理解我国社会主义立法与司法的基本原则?
6. 简要分析社会主义民主法治对人权保障的重要意义。

推荐阅读书目

1. 习近平:《论坚持全面依法治国》,中央文献出版社2020年版。
2. 冯象:《木腿正义——关于法律与文学》,中山大学出版社1999年版;北京大学出版社2007年增订版。
3. 张德淼主编:《法学通论》,科学出版社2023年版。
4. 梁治平:《法辨》,贵州人民出版社1992年版、中国政法大学出版社2002年版、广西师范大学出版社2015年版。
5. 苏力:《制度是如何形成的》,北京大学出版社2007年版。
6. 邓正来:《中国法学向何处去》,商务印书馆2006年版,2011年第2版。

主要参考文献

1. 《法理学》编写组:马克思主义理论研究和建设工程重点教材《法理学》,人民出版社、高等教育出版社 2010 年版、2020 年第 2 版。
2. 张文显:《法理学》,高等教育出版社 2018 年版。
3. 朱景文:《法理学研究》,中国人民大学出版社 2006 年版。
4. 吕世伦主编:《法的真善美》,法律出版社 2004 年版;西安交通大学出版社、北京理工大学出版社 2016 年版。
5. 张德淼:《中国法治评估理论与实践探索》,湖北人民出版社 2019 年版。
6. 郑戈:《法学是一门社会科学吗?》,法律出版社 2020 年版。
7. 〔美〕E. 博登海默:《法理学:法律哲学与法律方法》,邓正来译,中国政法大学出版社 2004 年版。

第二章　中国法制史

学习目标

1. 掌握中国传统法律的主要特点；
2. 了解中国传统法律中的代表性法典以及基本制度；
3. 了解中国传统法律儒家化的过程及表现；
4. 掌握中国法律近代化过程中制定的一些主要法律。

基本概念

礼与法；六礼；《春秋》决狱；十恶；五刑；八议；准五服以制罪；《唐律疏议》；亲亲相隐；秋审；《钦定宪法大纲》；《中华民国临时约法》；马锡五审判方式

第一节　中国法律的起源与初步发展：夏商西周的法律

约在公元前21世纪，夏禹将王位传给自己的儿子启，建立夏朝，标志着我国古代国家与法律的正式确立。中国法律的起源主要有以下三个方面的显著特点：(1)维护王权至上家天下统治是法律的首要目标，"普天之下莫非王土，率土之滨莫非王臣"；(2)以家族伦理为核心内容的"礼"成为国家法律的重要内容，并与"法"相互配合，共同维护统治秩序；(3)刑法发达。刑、法、律三者的含义在中国古代是相通的，都是指以刑罚作为制裁手段的国家法律，一切违法行为都可以被处以刑罚，也正是在这个意义上，中国古代法制史又被称为刑法史。中国法律起源时所形成的这三个特点对后世产生了极其深远的影响，中国传统法律的发展变化也主要是围绕上述三个方面进行的。

一、立法活动

夏、商、西周的立法活动主要表现在两个方面：(1)对作为习俗的礼进行改造和确认，使其上升为国家的法律；(2)根据统治的需要创制成文法。

礼源于原始社会时期氏族与部落在祭祀祖先和神灵的过程中所形成的仪式以及区分尊卑长幼的伦理规范。随着夏朝的建立，原来只是适用于夏部落内部的礼被赋予了国家的意志而成为具有普遍适用性的法律。夏礼对商、周的礼具有重要的影响，后两者都在前朝礼的基础上进行了新的改造和扩充,以适应不断发展的社会关系的需要。

周公制礼对于礼的系统化和完善具有极为重要的意义。周公即姬旦,系周武王之弟,武王死后,周公悉心辅佐年幼的成王和康王。周公在摄政期间,曾对夏、商两代的礼加以增删整理,形成了一套系统的、通行全国的礼制,历史上称之为周公制礼。礼以"尊尊""亲亲"为基本原则,以确立君臣、父子、兄弟、夫妇之间的尊卑亲疏关系为目标,大到国家建制,小到人们的日常生活,都在礼的规范之下。经过周公制礼,周礼成为调整西周各方面社会关系的一种重要的法律规范,并对后世中国法律的发展产生了深远影响。

为维护"家天下"的统治秩序而创制新的成文法是夏、商、西周时期另一项重要的立法活动,如《左传·昭公六年》记载:"夏有乱政,而作禹刑;商有乱政,而作汤刑;周有乱政,而作九刑。"所谓"乱政",实质上主要是指被统治者反抗统治者的斗争;"禹刑""汤刑"和"九刑",则分别是夏、商、周三代法律的泛称。①

西周时期,担任司寇的吕侯奉周穆王之命制作刑书——《吕刑》,这就是历史上有名的"吕侯制刑"。吕侯受命制定的主要是赎刑,它明确规定了赎刑适用的原则以及相应的赎金数额,此外还包括刑罚的目的、原则以及司法官吏的选拔等内容。

除礼和刑之外,最高统治者发布的"命""诰""训""誓",也是当时重要的立法活动。

二、宗法制度

宗法制度源于原始社会父系家长制下家庭成员之间牢固的亲族血缘关系。由于中国从原始社会向阶级社会的转化是在氏族血缘关系还没有充分解体的条件下进行的,因此这种血缘关系与国家政治权力的结合与交融便形成了宗法制度,即国家权力的分配与传承是根据与国王血缘关系的亲疏来确定的。宗法制度全面确立与完善是在西周时期,其内容主要包括嫡长子继承制和分封制。

为了防止诸子之间对王位的争夺,西周正式确立了嫡长子继承制:"立嫡以长不以贤,立子以贵不以长。"②嫡长子继承制作为王位继承的一项基本制度被确立下来,从制度上解决了国家权力的纷争,标志着宗法制度的成熟。

分封制是宗法政治中国家权力的分配与构成方式。周天子是天下之大宗,居于至高无上的绝对支配地位,其王位由嫡长子世袭继承。为了处理好和诸弟的关系,周天子又分别将若干土地连同居民分封给他们,此外,被分封的还有功臣及周王室的姻亲。受分封的诸侯王的王位也由嫡长子世袭继承,其余庶子则作为小宗分封为卿大夫。这样层次分封,便确立了由天子、诸侯、卿大夫、士等各级贵族构成的金字塔式权力结构。在宗法制度下,职官任用的基本原则是亲贵合一、世卿世禄。

---

① 以禹、汤分别命名夏、商的法律,在于表示对夏、商王族杰出祖先禹、汤的怀念;以"九"名周刑,指的是周的九种刑罚;五种正刑(墨、劓、剕、宫、大辟)加上流、赎、鞭、扑四种刑罚。

② 《春秋公羊传·隐公元年》。

三、刑法制度

（一）主要罪名

从国家建立之时起，维护专制王权和宗法伦理就是中国各朝代法律的核心内容。夏、商、周三代所确认的罪名中，侵犯王权是一类重要的犯罪，主要包括违抗王命、危害政权、变更等级名分等犯罪行为。"不孝不友"罪，即违背家族伦理的行为同样被视为一种严重的犯罪。当然，我们也应该看到，对家族伦理维护的根本目的是维护君权。一方面，君王是天下之大宗，对家族伦理的维护自然也就会归结到对君权的维护；另一方面，维护家族伦理是为了更好地实现道德上的统治，正如孔子的弟子有子所说："其为人也孝悌，而好犯上者，鲜矣；不好犯上，而好作乱者，未之有也。"① 此外，危害社会秩序、侵犯财产权和人身权等犯罪行为也是刑法所打击的对象。

为了加强国家的统治效能，法律对于官吏的犯罪行为也作了若干规定，如商朝刑法中规定了"三风十愆"罪。相传商汤鉴于夏桀亡国的教训，于建国之初，即在"官刑"中规定有"三风十愆"的罪名。"愆"指过错，"三风"指的是"巫风""淫风"和"乱风"。"巫风"包括沉湎于歌与舞"二愆"；"淫风"包括贪货（财货）、色（女色），好游（不务正事）、畋（打猎）"四愆"；"乱风"包括侮圣言（轻慢圣人之言）、逆忠直（拒绝忠告）、远耆德（疏远年高德劭之人）、比顽童（亲近狂顽之徒）"四愆"。

（二）刑罚

在夏、商、西周时期，法律的编撰体例是以刑罚为纲目，即以刑统罪。夏、商、西周的刑罚，主要有墨、劓、剕、宫、大辟五种，也就是通常所称的奴隶制"五刑"。

墨刑又称黥刑，"先刻其面，以墨窒之"，为五刑中最轻的一种刑罚手段。劓刑，即割鼻之刑。剕刑即断足之刑②，有断左足、断右足和断双足之分。宫刑源于苗民的椓刑，又称淫刑，是一种破坏犯罪人生殖系统，使之丧失生殖功能的刑罚。大辟即死刑，执行方法多且残酷。

作为当时刑罚体系主体部分的"五刑"中，墨、劓、剕、宫四种刑罚轻重虽然不同，但都属于"断肢体，刻肌肤，终身不息"的肉刑，而死刑执行的方法又极其野蛮、残忍，明显地反映出原始社会后期同态复仇的痕迹。凡处以肉刑的人，一般都有罪奴身份，并要服劳役。

除"五刑"外，还有鞭、扑、赎、流四种刑罚。这四种刑罚一般只适用于贵族罪犯。

（三）刑法适用的主要原则

1. 矜老恤幼

《周礼·秋官》有"三赦之法"的规定："壹赦曰幼弱，再赦曰老旄，三赦曰蠢愚。"根据这一规定，儿童、老人与痴呆之人犯罪，只要不是故意杀人，均可赦免其罪责。这种根据法律主体的行为能力来确定其法律责任的做法具有科学的一面，体现了西周"明

---

① 《论语·学而》。
② 断足之刑在不同的时代称谓不一样，夏称膑刑，商称剕刑，西周前期也称剕刑，《吕刑》中又称刖刑，春秋时称趾刑，其含义则是一样的。

德慎罚"的法律思想。同时也是由于这些人对社会的危害性较小,减免其法律责任既可标榜统治者的仁政,又不至于危及统治秩序。

2. 礼不下庶人,刑不上大夫

"礼不下庶人,刑不上大夫"体现的是法律的等级特权性。在制定法律时,五刑之中不设大夫犯罪之条目,贵族特权者犯法,对其处理由天子临时议决,一般都可享有减免刑罚的特权。贵族犯罪可以不出庭受审,如须处刑,则处刑的方式也与庶人不同:肉刑尤其是宫刑一般不适用于大夫,可以缴纳赎金代替刑罚;对于死刑,可以放逐、赐死,或在指定的地点秘密执行。

当然,对这一原则的理解不能绝对化。礼与刑都是国家法律的重要形式,以国家的强制力来保证其实施,具有普遍的适用性。一方面,对于贵族所适用的礼,庶人理所当然地负有不得违反的义务,凡适用于贵族特权者之间的礼,如宗庙之礼、车乘之礼,庶人是没有资格享用的,同时,庶人也有庶人之礼;而另一方面,为了维护君主的绝对权威,任何人,包括大夫以上的贵族,侵犯君权的行为也必将受到刑罚的惩处。

3. 刑罚世轻世重

《尚书·吕刑》提出,"轻重诸罚有权,刑罚世轻世重",指的是要根据时势的变化来决定用刑的宽与严、轻与重。具体来说,就是所谓的"三国三典":"一曰刑新国用轻典,二曰刑平国用中典,三曰刑乱国用重典。"[①]这一原则的提出,是长期政治统治和刑罚适用经验的总结,对后世的刑事政策产生了深远的影响。

此外,在该时期,还形成了区分故意与过失、一贯与偶犯以及疑罪从轻或从赦等刑法适用原则。

四、婚姻制度

西周时期所确立的婚姻制度非常完备,其主体内容和基本精神对后世产生了极其深远的影响。婚姻是"合二姓之好,上以事宗庙,而下以继后世也"[②],体现的是宗法伦理和男尊女卑家庭关系的基本原则。根据西周婚姻制度,婚姻关系的成立须具备相应的实质要件和形式要件,婚姻关系的解除也应符合法定的条件。

(一) 婚姻关系成立的实质要件

实质要件主要有以下三条:

(1) 实行一夫一妻的原则。在实际生活中,各级贵族可以有多妾。

(2) 实行"同姓不婚"原则。禁止同姓结婚,一方面是因为人们在长期生产、生活与种族繁衍中逐渐认识到,同祖同宗血亲近缘结合不利于后代的健康成长,即所谓"男女同姓,其生不蕃"[③]的朴素道理;另一方面是因为通过与外姓的通婚,可以加强与异姓贵族之间的联结,形成一种政治上的姻亲关系,也就是所谓"取于异姓,所以附远

---

① 《周礼·秋官》。
② 《礼记·昏义》。
③ 《左传·僖公二十三年》。

厚别"①。

(3) 须有"父母之命,媒妁之言"。婚姻的目的只在于宗族的延续与祖先的祭祀,婚姻是一种家族行为而不是一种个人行为,所以必须由父母决定。如父母已亡,则由同族血缘关系最近的尊长主婚。同时,男方不亲自求婚,女方不亲自许婚是礼的要求,因此必须由媒人从中传达双方父母的意愿。

(二) 婚姻关系成立的形式要件

形式要件为结婚必须履行聘娶的"六礼"程序。所谓"六礼",即男女双方关于婚礼方面的六项仪式,依次为:"纳采",即男家委托媒妁至女家,向女家表示求婚之意;"问名",即男家请媒妁求取女方姓名、生辰等情况;"纳吉",即男家向宗庙卜问婚配吉凶,并将卜问所得吉兆通告女家;"纳征",即男家向女家送交聘礼,正式订婚;"请期",即男家向女家请定结婚的日期,择取吉日;"亲迎",即成婚之日,男方亲自前往女家迎娶。整个过程都是以男女双方父母的意愿和名义来进行的,即使是亲迎,男方也是承父命而去的。

(三) 婚姻关系解除的条件及限制

关于婚姻关系的解除,西周有所谓"七出"的条件、"三不去"的限制。

婚姻解除的条件,据《大戴礼记·本命》篇所载:"妇有七出:不顺父母,去;无子,去;淫,去;妒,去;有恶疾,去;多言,去;盗窃,去。"妻子有上述七种行为之一,丈夫即可予以休弃。其理由是:"不顺父母,为其逆德也;无子,为其绝世也;淫,为其乱族也;妒,为其乱家也;有恶疾,为其不可与共粢盛也;口多言,为其离亲也;盗窃,为其反义也。"

婚姻解除的限制即"三不去",是指妻子有以下三种情况之一的,男方不得休弃:"有所取无所归,不去;与更三年丧,不去;前贫贱后富贵,不去。"②亦即娶时妻子带有财产而被休弃后无家可归的,或者与丈夫一同为公婆服过三年大丧的,或者男家结婚时贫贱而婚后富贵的,可以不被休弃。但妻子如犯有淫与恶疾的,可以不受"三不去"的限制。

五、司法制度

(一) 司法机关

国王作为最高的统治者不仅握有立法权,也掌管最高的司法审判权。国王之下还设有专门的司法官员。夏朝的司法官称"士"和"理",中央最高司法官称"大理"。商朝的最高司法官称"司寇",地方司法官称"士",基层称"蒙士"。西周中央常设最高司法审判官为"大司寇",大司寇之下设小司寇,基层一般案件由乡士、遂士、县士就地处理,重大案件则上报大司寇。

(二) 诉讼审判制度

夏、商两代是典型的神权法时代,其审判制度也具有明显的"神判"色彩。西周的

---

① 《礼记·郊特牲》。
② 《大戴礼记·本命》。

诉讼审判制度较夏、商有了很大的发展,从案件的受理到审判都形成了一套较为系统和相对完备的程式。

西周时已有刑事诉讼和民事诉讼的划分。《周礼·秋官》有"以两剂禁民狱、以两造禁民讼"的记载,"狱"是针对犯罪的刑事诉讼案件而言的,"讼"是针对有关财产纠纷的民事诉讼案件而言的。

通过长期的司法实践,西周统治者总结出一套察言观色进行审讯的"五听"方式,即听取诉讼当事人的言辞(辞听)和当庭的对答(耳听),观察他的脸色(色听)、眼神(目听)和呼吸状况(气听)。"五听"具有较大的主观随意性,但较之商朝的"神判"方法则是一个巨大的进步,并且西周时期提出了在审判中如何运用心理学的问题,这充分反映了西周在审判方法上的进步与经验的积累。

第二节 春秋战国和秦朝的法律

春秋战国时期,由于诸侯争霸对人才的需求不断增强,加上周王室的衰微使其失去了对文化的垄断与控制能力,具有特殊知识与技能的"士"迅速崛起,并且在思想文化领域形成了"百家争鸣"的局面。在诸子百家中,儒家与法家对中国传统政治法律影响最大。儒家以恢复"亲亲""尊尊"的礼治秩序为己任,强调"导之以德,齐之以礼"的统治方略;法家以富国强兵为目标,坚持因时变法和"不别亲疏,不殊贵贱,一断于法"的法律适用原则。

春秋时期,齐桓公任用管仲为相进行变法,率先确立了霸主地位,其他诸侯国也相继效仿。通过春秋战国时期的变法活动,由国家统一选任官员的官僚制逐步取代了世卿世禄制度,分封制也相应地被郡县制所取代。至秦朝,"海内为郡县,法令由一统",中国历史上第一个统一的君主专制中央集权国家建立。

一、成文法的公布

成文法早在夏、商、西周时期就已经出现,"禹刑""汤刑"和"九刑"可以分别视为夏、商、西周制定的成文法。但在该时期,法律由少数统治者的高层人士垄断,对于广大民众来说是处于秘密状态,以发挥"刑不可知,则威不可测"[①]的功效。春秋中叶以后,各诸侯国陆续制定并公布了一些新的成文法,这对中国古代法律的发展具有极其重要的意义。

春秋时期公布成文法的活动,以郑国和晋国的影响最大。公元前536年,郑国执政子产"铸刑书",开中国历史上公布成文法之先河;公元前513年,晋国的赵鞅又"铸刑鼎",公布了范宣子所编纂的刑书。继郑国和晋国公布成文法以后,其他各诸侯国也纷纷效仿,法律的秘密状态被打破。

公布成文法作为一种新兴事物,必然会招致守旧势力的责难与反对。这些责难

---

① 《左传·昭公六年》。

与反对主要集中在两点:(1)公布成文法破坏了原来的礼法等级秩序;(2)民众知道法律后将会根据法律追逐私利从而不利于统治。然而,公布成文法是顺应社会进步的历史潮流,并不会因反对派的责难而停步不前,各诸侯国纷纷公布成文法的现实很好地说明了这一点。

春秋时期公布成文法的活动,不仅在一定程度上限制了旧贵族的特权,而且也为法律自身的发展提供了重要条件。

二、李悝的《法经》

李悝是战国时期魏国人,魏文侯在位时,任用李悝为相,实行变法。李悝在参考各国立法经验的基础上编撰了《法经》,以推动和巩固变法。

《法经》分为盗、贼、囚、捕、杂、具六篇。《法经》开宗明义:"王者之政,莫急于盗贼",因此以盗(窃货曰盗)和贼(害良曰贼)放在前两篇。接下来就是追捕盗贼,所以紧跟其后的是囚、捕两篇。其他的如轻狡、越城、博戏、假借不廉、淫侈、逾制等犯罪都放在杂篇中进行规定。最后一篇是具,"具"通"俱",即盗、贼、囚、捕、杂五篇中共同适用的条文,相当于后世刑法中的名例篇或总则篇。

《法经》是中国历史上第一部较为系统完整的成文法典。在律典结构方面,《法经》中已有总则与分则、实体法与程序法的区分。在编撰体例上,它改变原有"以刑统罪"的模式,确立"以罪统刑"的新体例,标志着立法技术的重大突破。从立法宗旨来看,《法经》确立了"王者之政莫急于盗贼"的刑事立法原则,将侵犯官私财产与人身安全、危害专制统治秩序的犯罪列入打击的重点,对后世法典具有重要影响。因此,无论是其篇章体例还是内容与精神,《法经》都可以称得上是后世成文法典的源头。

三、商鞅变法

商鞅是战国时期卫国人,姓公孙,名鞅,故称卫鞅或公孙鞅,后因在秦国变法有功,被封于商地,又称商鞅。公元前359年和公元前350年,商鞅在秦国先后两次发布变法令,变法的主要内容有:对李悝的《法经》加以改造,改法为律,作为秦律颁行;增加连坐之法,将人民按什伍(五家为伍,十家为什)组织进行编制,相互监督,纠举奸人,匿奸不报者连坐;奖励耕战,剥夺旧贵族特权,"宗室非有军功论,不得为属籍"[①];废井田、开阡陌,确认了封建土地私有制的合法性;取消分封制,推行郡县制,以加强君主对地方的直接控制。

商鞅在秦进行的法制改革,在深度和广度上都超过了其他诸侯国,为秦国的崛起并最终统一中国奠定了基础。

四、云梦秦简

1975年12月,考古工作者在湖北省云梦县睡虎地11号秦墓中发掘出土一大批

---

① 《史记·商君列传》。

秦代竹简,统称为"睡虎地秦墓竹简",简称云梦秦简。云梦秦简中有关法律的部分主要集中在以下四个方面:秦律,包括《秦律十八种》《效律》《秦律杂抄》三种;《法律答问》,即以问答的形式对秦律中的某些术语及律文的立法意图、诉讼程序中的某些问题所作的解释和说明;《封诊式》,是关于审判原则以及对案件进行调查、勘验、审讯、查封等方面的规定和文书程式;《为吏之道》,是官吏执法、守法的准则。云梦秦简是墓主人喜出于工作需要对秦律的摘抄,虽非秦律全部,但内容极为丰富,反映了商鞅变法之后到秦始皇统一六国后的第四年(公元前217年)一百多年的历史情况。云梦秦简是迄今我国发现的最早的法律文书,为我们研究秦代法制提供了第一手珍贵资料。

五、秦朝的法制建设及其经验教训

秦王嬴政统一中国后,"自以为德兼三皇,功过五帝",号曰"始皇帝",建立皇帝制度,确立皇帝至高无上的权力和皇帝尊严神圣不可侵犯,并从中央到地方建立有利于君主专制中央集权的官僚体制。中央设立三公九卿总领全国政务。三公为中央行政中枢机构,由丞相、太尉和御史大夫组成,丞相为百官之长,负责督率百官、总揽国政,太尉负责军政,御史大夫主要负责纠察百官的违法行为。三公之下,设九卿作为执行机构,九卿之一的廷尉负责司法,掌管刑辟。地方机构的建制,秦朝彻底废除了分封制,代之以郡县制。这些维护君主专制中央集权的基本制度为以后各王朝继承和发展。

秦朝坚持法家"重刑轻罪,以刑去刑"的法律路线,法网密布,刑罚苛酷。秦朝基本沿用墨、劓、剕、宫、大辟五种刑罚,但适用的范围和死刑的种类均大大扩充了。例如,死刑中有一种刑罚叫具五刑,这是一种肉刑与生命刑合施的酷刑。《汉书·刑法志》载:"当夷三族者,皆先黥、劓、斩左右趾,笞杀之,枭其首,菹其骨肉于市。其诽谤詈诅者,又先断舌,故谓之具五刑。"具五刑为后世凌迟刑的萌芽形式。由于春秋战国时期的诸侯争霸战争导致民生凋敝,秦朝统一之后北击匈奴以及修筑长城、陵墓与宫殿更使人们不堪重负,且在这种情形之下还推行严刑酷罚的法律路线,直接导致秦朝速亡。

第三节　法律的儒家化:从汉至唐

从汉至唐,法律的发展变化主要体现在三个方面:(1)法律的儒家化,即以"亲亲""尊尊"为核心的儒家礼教直接融入国家立法与司法活动中;(2)刑罚的改革,从汉文帝废除肉刑的改革开始,到唐朝正式形成笞、杖、徒、流、死五种刑罚,新的刑罚体系确立;(3)继承并发展了秦朝维护君主专制中央集权的法律。

一、立法活动

(一)汉朝的立法

《九章律》是汉朝最重要的一部法典,是汉高祖命丞相萧何在对秦朝的法律进行删改的基础上制定的。它远取李悝《法经》，近取秦律，于盗、贼、囚、捕、杂、具6篇之外，增加户(户婚、赋税)、兴(征发徭役)、厩(畜牧、驿传)3篇。

惠帝命叔孙通制定有关朝仪的《傍章律》18篇，武帝命张汤制定有关宫廷警卫的《越宫律》27篇，又命御史赵禹制定有关诸侯百官朝贺的《朝律》6篇，连同《九章律》共计60篇，汉律的基本体系至此形成。

(二) 三国两晋南北朝的立法

三国时期最重要的立法活动是曹魏政权编撰的《新律》，又称魏律。《新律》在律典的篇章体例与逻辑结构上较《九章律》有了很大进步。《九章律》将作为总则性质的具律放在第六篇，既不在篇首，又不在篇尾，这显然不符合律典篇章体例结构的正常顺序。《新律》将具法提到律首，并改称"刑名"，突出了其律典总则的性质与地位。

晋武帝泰始三年，贾充、杜预等人奉命完成对《新律》的删改修订，次年颁行天下，是为《泰始律》，一般通称晋律，共20篇。晋律沿袭魏律将"刑名"置于律首的做法，同时又新增"法例"篇紧随其后，扩大了律典总则的内容与范围。晋律制定以后，张斐、杜预分别对其进行了注释，更好地阐明了立法的精神，这有利于法律的准确适用。该注释完成后，经晋武帝审查批准，正式下诏颁行全国，与律文具有同等法律效力。

南北朝时期，南朝主要沿用晋律，少有创新，北朝则在立法上颇有建树，尤其是《北齐律》体现了相当高的立法水平，堪称以前历代立法技术与立法经验的结晶。在制定《北齐律》的过程中，立法者认真总结《法经》以来律典篇目不断增多的利弊，对其进行精简，将相当于律典总则的"刑名"和"法例"合并为"名例"，其后依次为"禁卫""婚户""擅兴""违制""诈伪""斗讼""贼盗""捕断""毁损""厩牧""杂律"，计12篇。《北齐律》的立法成就直接为隋唐法律所继承。

(三) 隋唐的立法

隋朝较为有影响的法典是隋文帝时编撰的《开皇律》。《开皇律》是以《北齐律》为蓝本而制定的，吸取了《北齐律》科条简要的长处，进一步删减罪条，定留500条，共12篇：名例、卫禁、职制、户婚、厩库、擅兴、贼盗、斗讼、诈伪、杂律、捕亡、断狱。

唐朝于唐高祖时颁行的《武德律》和唐太宗时颁行的《贞观律》都以《开皇律》为蓝本，体例与《开皇律》完全一致，只是在内容上作了部分修改。唐律的代表之作是《唐律疏议》，它是唐高宗永徽年间颁行的《永徽律》与《永徽律疏》的合称。为了给全国的司法活动与科举考试中明法科的考试提供统一的标准，唐高宗命长孙无忌等人对律文逐条逐句进行诠释，律疏完成后与正文合并颁行，具有同等法律效力。《唐律疏议》是流传至今最早的一部法典，对后世及周边国家影响很大，被誉为中华法系的代表之作。

(四) 法律形式

在这一时期，除了上述各朝代的基本法典"律"之外，由皇帝发布的"令"也是一种基本的法律形式。此外，还有其他一些法律形式。汉朝的法律形式主要有律、令、科、比四种，其中"科"是律之外关于犯罪与刑罚的单行法规，"比"即比附，是指具有法律效力的司法案例。南北朝时,西魏制定了《大统式》,东魏制定了《麟趾格》,"式"与"格"开始成为独立的法律形式。唐朝的法律形式主要有律、令、格、式四种,其中"格"是按照一定程序将皇帝所颁布的各种单行敕令、指示进行编撰而形成的单行法规,"式"是有关国家机关的公文程式和办事细则的法规。

二、君主专制中央集权制的巩固与发展

(一) 对危害君主专制中央集权犯罪行为的打击

汉朝继承并发展了秦朝所确立的君主专制中央集权制度,进一步强化了对危害君主专制中央集权犯罪行为的打击,其发展主要体现在对三个方面的犯罪行为的规定中。

1. 危害皇帝人身安全、权威与尊严的犯罪

侵犯皇帝人身安全的犯罪不仅包括那些正在实施或将要实施的行为,而且包括那些因过失而有可能招致潜在威胁的行为。例如:凡擅自进入皇帝居住的地方为"阑入";守卫宫门的官吏如果对阑入者未加制止为"失阑";如果平时不尽职尽责为"不卫宫"。由于以上行为对皇帝的人身安全构成潜在的威胁,因此犯者将受严惩。

违反诏令和僭越是挑战皇帝权威的严重犯罪行为。由于诏令是皇帝意志的体现,也是皇帝指挥国家政治活动的重要手段,因此臣下要绝对服从之。在汉代,拒不执行诏令的行为叫作"废格",被认为是触犯皇权的严重犯罪。至于诈称、伪造、篡改皇帝诏令,则为矫制(诏)罪,视其后果的轻重,分为"大害""害"与"不害"三种。矫制大害处死刑;矫制害按律亦当弃市,但可赎免;矫制不害,一般只是免官。凡皇帝所使用的车马、服饰、器皿及享有的其他一切特权,臣下不得享有,否则即为僭越,亦称"逾制",将处以重罚。

对侵犯皇帝尊严的行为,汉朝已有不敬、大不敬的罪名。所谓不敬,即"亏礼废节",其范围很广,如奏疏切直、辞不逊顺;引喻不当,失大臣体;触犯皇帝名讳;妄议先帝;奉诏奉使不敬;坐骑至司马门;对皇帝使用过的器物处置不当等。

为保证臣下对皇帝的绝对服从,汉朝还创立了腹诽罪。汉武帝时,廷尉张汤以腹诽罪处死了与他有隙的大司农颜异。颜异对于武帝"盗铸诸金钱罪皆死"的法令并未妄加评论,而只是嘴唇稍微动了一下,便被张汤奏为"不入言而腹诽,论死"。[①] 这已超越了以言论定罪的界限,而武帝却肯定了这一罪名,使之成为司法比附的依据,这正是专制政治中君主任意为法以树立自己权威的极端表现。

2. 危害中央集权的犯罪

汉高祖刘邦鉴于秦王朝在农民起义的冲击下孤立无援、迅速崩溃的事实,在沿用秦朝郡县制的同时分封了很多同姓子弟到地方为王,由此产生了西汉地方王国与郡县并存的行政体制。分封同姓王侯本是为了更好地巩固以皇权为核心的刘氏统治,而始料不及的是,这些被分封的地方王侯到后来形成尾大不掉之势,并最终于景帝时

---

① 《史记·平准书》。

爆发了"七国之乱"。为了维护以皇权为核心的中央集权国家的统治,汉朝在平定"七国之乱"后制定了许多法律,以打击中央或地方官吏与诸侯王相勾结的行为,限制诸侯王的行动。

汉武帝有鉴于衡山王与淮南王谋反时有官吏参与合谋而制定《左官律》。所谓"左官",是指诸侯王手下当官。因汉朝尚右,如果舍弃天子而仕于诸侯,则同降级、降秩,故称左官。左官为外附之臣,受到各种限制,如不得住留京师,不得宿卫宫廷,诸侯犯罪时要负连带责任等。制定《左官律》的目的是使诸侯不得私自任命官吏,别人也不得擅自仕于诸侯。《左官律》的制定,对于削弱诸侯的势力与剪除诸侯的羽翼起了重要作用。

为了打击地方或中央官员勾结诸侯的行为,汉朝还制定了阿党附益之法。阿党,是指诸侯王国的官吏与诸侯王结党,诸侯王有罪,其官吏不举奏。由于阿党不利于中央集权,因而被列为重罪。汉武帝时,淮南王、衡山王反,党羽被处死者数万人。同时,地方侯王为了窥察朝廷的动向,往往会千方百计地交结朝内大臣,因而又有朝廷官员外附诸侯,帮助诸侯王取得非法利益的行为,即附益,附益同样被视为危及中央集权的严重犯罪。

3. 危害君主专制统治秩序的犯罪

盗贼一直被视为危害君主专制统治秩序的严重犯罪。汉朝对该类行为的打击不仅针对盗贼本身,还针对缉捕盗贼不力的官吏。汉武帝作"沈命法",以严刑督责和惩治缉捕盗贼不力的官吏。所谓沈命法,即"敢蔽匿盗贼者没其命也"。根据该法,地方各级官吏对聚众为盗者未发现,或发现而未能捕获满额的,皆处以死刑。制定"沈命法"的本意是以严刑逼迫各级官吏去捕获盗贼,但因法条过于严峻,绝大多数官吏担心不能捕获满额而获罪,因此层层隐瞒不敢举报,一些地方的盗贼反而有增多的趋势。

(二)皇帝对司法活动干预的制度化

1. 录囚

录囚是封建社会由皇帝或上级司法监察机关或专差官吏,对在押犯进行审录以及监督检查狱政管理的一种制度,录囚的制度化始于西汉。录囚不仅在一定程度上起到了改善狱政、纠正错案的效果,也加强了专制君主对各级机关司法审判工作的检察监督与集权控制,所以在汉以后延续了一千多年。

2. 直诉

直诉制度也是皇帝操纵司法活动的重要方式。直诉,即不依诉讼级别管辖的限制,而直接诉于皇帝或钦差大臣,是诉讼中的特别上诉程序。直诉作为一种定制形成于西晋,晋武帝在朝堂外悬设登闻鼓,允许有重大枉屈者击鼓鸣冤,有司闻声录状上奏。直诉制度改变了以往不准越诉的规定,加强了上级司法机关对下级司法机关的检察监督,有利于及时发现和纠正冤假错案。同时,这项规定也促进了司法活动的中央集权化。

3. 死刑复奏

三国两晋南北朝时期,为了慎重对待和处理死刑重罪,也为了使皇帝直接控制大案要案,开始逐步完善死刑复奏制度。魏明帝于青龙四年曾下令廷尉及各级狱官,对要求恩赦的死罪重囚要及时奏闻朝廷;南朝宋孝武帝大明七年规定,凡死刑重犯须上报朝廷;北魏太武帝也明确规定,各地死刑案件一律上报奏谳,由皇帝亲自过问,必须无疑问冤屈方可执行。这一死刑复奏制度直接影响到后世的司法审判与刑罚执行制度,隋唐时期发展为死刑三复奏制度。唐律规定,死刑执行必须经过复奏程序。《唐律疏议·断狱律》规定:"死罪囚,谓奏画已讫,应行刑者,皆三复奏讫,然始下决。"如果"不待复奏报下而决者,流二千里"。即使复奏讫,执行死刑的命令亦已下达,仍须"听三日乃行刑,若限未满而行刑者,徒一年;过限,违一日杖一百,二日加一等"。死刑复奏制度反映了唐朝统治者的慎刑思想以及死刑制度的完善,同时说明皇帝更牢固地掌握了生杀大权。

4. 三司推事

魏晋南北朝时,中央司法机关及其职掌较秦汉有所变化。北齐将秦汉时的中央最高司法官廷尉改为大理,并扩建其机构为大理寺,改变了此前中央最高司法官和司法机构名称合一的做法。该时期,脱离少府而独立的最高行政机构尚书省设有负责司法行政兼理刑狱的机构,它到隋唐时发展为刑部。

到唐朝,中央司法机关由大理寺、刑部、御史台组成,大理寺是中央最高审判机关,刑部是中央司法行政兼审判复核机关,御史台是中央监察机关,同时负责监督大理寺和刑部的司法活动。唐中期以后,确立了"三司推事"制度。中央或地方遇有重大疑难案件,往往由大理寺、刑部和御史台三大司法机关组成临时法庭,共同审理。由于案件情况不同,三司组成人员亦可以变化,审判地点可在京城,也可在地方。"三司推事"制度有利于加强审判的效能,三司之间的相互制约又有利于皇帝对司法权的控制。"三司推事"制度对明清司法中的会官审录制度的形成产生了重要影响。

三、刑罚制度的改革与封建制五刑的形成

(一)汉代废除肉刑的改革

汉代废除肉刑的改革发生在文帝与景帝时期,它是汉初休养生息、约法省禁政策的延续和发展。文帝继位后,社会矛盾相对缓和,为改革刑制创造了一个很好的社会环境,而缇萦上书则是促进这次刑制改革的直接原因。[①]

根据文帝的诏令,丞相张苍、御史大夫冯敬等议定如下:当黥者,髡钳为城旦舂;

---

① 根据《汉书·刑法志》的记载,文帝十三年(公元前167年),"齐太仓令淳于公有罪当刑,诏狱逮系长安。淳于公无男,有五女,当行会逮,骂其女曰:'生子不生男,缓急非有益也!'其少女缇萦,自伤悲泣,乃随其父至长安,上书曰:'妾父为吏,齐中皆称其廉平,今坐法当刑。妾伤夫死者不可复生,刑者不可复属,虽后欲改过自新,其道亡繇也。妾愿没入为官婢,以赎父刑罪,使得自新'。"汉文帝"怜悲其意",于是下诏曰:"今法有肉刑三,而奸不止,其咎安在?……今人有过,教未施而刑已加焉,或欲改行为善,而道亡繇至,朕甚怜之。夫刑至断肢体,刻肌肤,终身不息,何其刑之痛而不德也,岂称为民父母之意哉?其除肉刑,有以易之。"

当劓者,笞三百;当斩左趾者,笞五百;当斩右趾者,弃市。这样,我国奴隶社会以来的墨、劓、剕刑开始发生变化,从而原来的五刑制度也改变了。但文帝的改革也带来了新的问题:(1)改斩右趾为弃市,扩大了死刑的范围;(2)以笞刑代替劓刑、斩左趾,使受刑者"率多死"。班固因而批评道:"外有轻刑之名,内实杀人。"①

景帝即位以后,曾两次下诏减少笞数,第一次将笞五百和笞三百分别减为笞三百和笞二百;第二次在第一次的基础上又分别减为笞二百和笞一百。行刑笞数虽已减少,然而因所使用的刑具规格与行刑的方法没有明确规定,在执行中用刑过重的情况在所难免。景帝因此又命制定《箠令》,其中规定:箠长五尺,竹本大一寸,末薄半寸,材料用竹制,皆削平竹节;笞打的部位是臀部;行刑时中途不得换人。《箠令》的颁布,使笞刑走向规范化的道路,受刑者也因而得以保全。

文景时期废除肉刑的刑制改革具有重大的历史意义,标志着中国古代刑制由野蛮阶段进入较为文明的阶段,同时也为其后封建制五刑的确立奠定了基础。

当然,文景时期废除肉刑的改革也有它的局限性:(1)改革不彻底,宫刑作为肉刑的一种并没有被废除;(2)刑罚的等级不科学,亦即所谓的"轻重无品",由笞刑而入死刑,中间缺乏合理的过渡刑种,产生了"死刑既重,而生刑又轻,民易犯之"②的新问题。

(二) 封建制五刑的形成

魏晋南北朝时期刑罚制度进一步完善,这集中体现在宫刑的废除和刑罚等级的科学化。西魏文帝大统十三年诏:"自今应宫刑者,直没官,勿刑"③;北齐后主天统五年,"诏应宫刑者,普免刑为官口"④。至此,宫刑正式从法律上被废止。刑罚的种类与等级在该时期也不断改进,至北周,形成了由杖刑、鞭刑、徒刑、流刑和死刑组成的刑罚体系。

《开皇律》在北周刑罚体系的基础上进一步修订为死、流、徒、杖、笞五种刑罚。唐律的刑罚则由轻至重排列为笞、杖、徒、流、死五种刑罚,共二十等。由笞、杖、徒、流、死构成的封建制五刑一直沿用到清朝末年。

四、法律的儒家化

(一) 汉朝:法律儒家化的开端

1. 汉律章句

西汉中期以后,随着儒术独尊地位的确立,在法律实践中贯彻儒家的精神成为政治统治的重要目标。但由于"汉承秦制",汉朝的基本法律都是通过对秦朝法律的删改与继承而来的,因此在不变动原来法律框架的情况下,利用儒家的精神来对现行法律进行重新诠释的汉律"章句"也就应运而生了。这种做法从西汉后期到东汉十分盛

---

① 《汉书·刑法志》。
② 同上。
③ 《北史·西魏文帝纪》。
④ 《北齐书·后主纪》。

行,它与儒学统治地位的确立是相伴而生的,对法律的儒家化起着重要的推动作用。

2. 上请

"上请"是汉律中赋予贵族官僚的一项法定特权,确立于汉高祖时期。凡宗室贵族及六百石以上官犯罪,执法官无权擅自判决,而需"上请"皇帝裁夺,由皇帝根据罪犯的具体情况来决定减免刑罚。凡应上请而不先请的,该司法官吏要被治罪。上请制度是儒家礼所强调的"尊尊"原则的具体体现。上请制度的确立,既保护了贵族官僚减免刑罚的特权,也加强了皇权对司法领域的控制,因而在以后的封建刑法中被奉行不替。

3. 亲亲得相首匿

汉宣帝地节四年五月下诏:"父子之亲,夫妇之道,天性也。虽有患祸,犹蒙死而存之。诚爱结于心,仁厚之至也,岂能违之哉！自今子首匿父母,妻匿夫,孙匿大父母,皆勿坐;其父母匿子,夫匿妻,大父母匿孙,罪殊死,皆上请廷尉以闻。"①这种在一定亲属范围内互相隐罪,法律不予制裁或减轻处罚的做法,就是"亲亲得相首匿",是孔子"父为子隐,子为父隐,直在其中"②思想在国家法律中的体现。自此之后,亲属相容隐成为正式的法律制度,在中国沿袭两千余年。

4. 《春秋》决狱

《春秋》决狱是指利用儒家经典特别是《春秋》中所隐含的微言大义作为司法审判的依据,从西汉中期到魏晋南北朝时期盛行。从《春秋》这部儒家经典中引申出来作为司法活动准则的精神主要有二:(1)"原心定罪",即根据罪犯的主观动机来决定其刑罚;(2)"君亲无将,将而诛焉"。③ 也就是说,臣民之于君主,子女之于父母,不得有将要犯罪之心,否则即诛之。这是儒家"尊尊""亲亲"思想的体现,到汉代发展成为具有实际指导意义的司法原则。

《春秋》决狱为法律的儒家化提供了司法实践的经验与借鉴,在定罪量刑时强调分析行为人的主观动机也具有合理的因素。但是,以儒家经典的微言大义作为断案的根据,违背了法律所应有的稳定性与确定性,为司法的随意性与滥酷提供了方便。

5. 秋冬行刑

秋冬行刑是指对死刑犯,除罪大恶极需要立即执行的外,都安排在秋冬季执行的一种制度。这种做法在先秦时就已存在,但将其作为一种定制则起始于汉朝,董仲舒结合儒家与阴阳家学说而形成的"天人感应"理论为秋冬行刑制度的确立提供重要根据。根据客观自然现象来决定国家的政治法律活动,只不过是将统治阶级的意志抹上一层神意的色彩。秋冬行刑制度自汉朝正式确立,一直沿用至明清而不改。

(二) 魏晋南北朝:法律儒家化的全面展开

1. 八议

"八议"源于《周礼》之"八辟",首先确立于曹魏政权制定的《新律》,它标志着官僚

---

① 《汉书·宣帝纪》。
② 《论语·子路》。
③ 《公羊传·庄公三十二年》。

贵族司法特权进一步制度化。所谓"八议",即议亲(皇亲国戚)、议故(皇帝故旧)、议贤(德行修养高妙之圣贤)、议能(才能卓越者)、议功(功勋卓著者)、议贵(高级权贵)、议勤(勤谨辛劳者)、议宾(前代国宾)。根据"八议"制度的规定,上述八种特殊人物犯罪,不适用普通诉讼审判程序,一般司法官员也无权直接审理,必须上报皇帝进行议决,享有减刑或免刑的法定特权。"八议"制度的确立是儒家"尊尊"思想在法律上的具体体现。"八议"之制从曹魏确立时起一直沿用至清末。

2. 官当

为了进一步保障官僚贵族集团的司法特权,继曹魏时期"八议"正式入律之后,两晋南北朝法律又创立了"官当"制度。所谓"官当",是指官僚犯罪后,允许其以官职或爵位折抵徒刑的一种制度。官当制度自两晋南北朝时期形成以来,为隋、唐、宋各代所继承沿袭;但由于它与君主专制统治存在冲突,因而被元、明、清三代法律所摒弃。

3. 准五服以制罪

西晋《泰始律》以儒家思想为指导,首次确立了"峻礼教之防,准五服以制罪"①的定罪量刑原则。所谓"五服",是指在宗法伦理与礼制下形成的五种丧服。上自高祖下至玄孙九代直系亲属和一定范围内的旁系血亲与姻亲为有服亲属,死了之后亲人要服丧,丧服的材料与制作根据服丧者与死者之间关系的亲疏依次由粗到细分为五等,即斩衰、齐衰、大功、小功、缌麻,服丧的期限也相应由三年到三月不等。

"准五服以制罪",是指对于有服亲属之间相互侵害的犯罪行为,要根据五服所表示的尊卑亲疏关系定罪量刑:以尊犯卑,关系愈亲,处刑愈轻,关系愈疏,处刑愈重;以卑犯尊,处刑的轻重则刚好相反。这一原则的确立,是定罪量刑标准进一步儒家化的重要表现。

4. 留养制度

"留养",亦称"存留养亲",是指罪犯的直系尊亲属因年老或重病而缺乏独立的谋生能力,而家中又无成年男子侍奉的,在一定条件下可以暂不执行罪犯的刑罚,命其回家赡养老人。这是法律与家族伦理相结合的具体体现。这一制度首先正式确立于《北魏律》中,并为后代法律所沿袭,一直到清末。

5. 重罪十条

《北齐律》在总结历代立法经验的基础之上,首创"重罪十条",即反逆、大逆、叛、降、恶逆、不道、不敬、不孝、不义、内乱。"重罪十条"主要是将侵犯君权与亲权的行为予以归纳与分类,作为最严重的犯罪进行重点打击,凡犯有其中之一者,一律从重严惩,不得享有赦免、减刑或其他法律特权。"重罪十条"的确立是法律儒家化的重要体现,并在隋唐发展为"十恶"。

(三)隋唐:法律儒家化的完成

1. 十恶

《开皇律》以《北齐律》"重罪十条"为基础发展出"十恶":谋反、谋大逆、谋叛、恶

---

① 《晋书·刑法志》。

逆、不道、大不敬、不孝、不睦、不义、内乱。相对于"重罪十条","十恶"不仅在条目上有所增删,而且强调了将严重危害君主专制国家安全的行为扼杀于谋划阶段。这一规定直接为唐律及后来各朝法典所继承。《唐律疏议》说:"五刑之中,十恶尤切,亏损名教,毁裂冠冕,特标篇首,以为明诫。其数甚恶者,事类有十,故称'十恶'。"[①]"十恶"集中体现为危害君权与亲权以及君主专制统治秩序的犯罪行为,故犯"十恶"者,均予严惩,并且一般不得赦免,即"为常赦所不原";贵族、官员犯"十恶",不准享受八议、官当等减免刑罚的特权。

2. 贵族、官僚犯罪减免刑罚

隋唐法律继承与发展了汉朝以来对贵族官僚犯罪减免刑罚的特权性规定,尤其是唐律对贵族官僚犯罪减免刑罚的规定更加规范化和系统化,具体说来有以下几种:

(1) 八议。唐代沿袭曹魏以来的"八议"之制,同时对议的范围有了明确规定。譬如:"议亲"的范围是"皇帝袒免以上亲及太皇太后、皇太后缌麻以上亲,皇后小功以上亲";"议贵"的范围是"职事官三品以上,散官二品以上及爵一品者"。对于应议之人犯罪,必先奏明皇帝,并"议其所犯",交皇帝裁处。按照通例,一般死罪可以降为流罪,流罪以下自然减刑一等。

(2) 请。请也叫上请,这是低于"议"一等的法定优遇办法。唐律规定"请"的对象有三种:一是皇太子妃大功以上亲,二是应议者期以上亲及孙,三是有五品以上官爵者。这三种人犯死罪,应上请皇帝裁夺,犯流罪以下减一等处理。

(3) 减。适用"减"的对象有两种:一是六品、七品官员,二是应请者的祖父母、父母、兄弟、姊妹、妻、子、孙。该类人犯罪可享受减罪一等的优遇,但只限于流刑以下的罪。

(4) 赎。凡属应议、请、减范围的人,八品、九品官员及官员得减者的祖父母、父母、妻、子、孙,犯流罪以下听赎。

(5) 官当。官当,指以官品或爵位折抵徒刑。唐律关于官当的规定区分公罪与私罪,公罪比私罪抵当为多。所谓"公罪",是指官吏"缘公事致罪,而无私曲者",即职务上的过失犯罪。所谓"私罪",是指"不缘公事,私自犯者",如杀人、强奸等罪,或"虽缘公事,意涉阿曲,亦同私罪"。具体做法是:以官当徒的,其犯私罪者,五品以上,一官当徒两年,九品以上,一官当徒一年,如犯公罪,可以分别多抵当一年徒刑。

(6) 免官。免官,指通过免除官职来折抵徒刑。凡免官者"比徒两年;免所居官

[①] 《唐律疏议》对十恶的内容进行了详细的解说:一曰谋反,"谓谋危社稷"。二曰谋大逆,"谓谋毁宗庙、山陵及宫阙"。三曰谋叛,"谓谋背国从伪"。四曰恶逆,"谓殴及谋杀祖父母、父母,杀伯叔父母、姑、兄姊、外祖父母、夫、夫之祖父母、父母"。五曰不道,"谓杀一家非死罪三人,支解人,造畜蛊毒、厌魅"。六曰大不敬,"谓盗大祀神御之物、乘舆服御物;盗及伪造御宝;合和御药,误不如本方及封题误;若造御膳,误犯食禁;御幸舟船,误不牢固;指斥乘舆,情理切害及对捍制使,而无人臣之礼"。七曰不孝,"谓告言、诅詈(控告、咒骂)祖父母父母,及祖父母父母在,别籍、异财,若供养有阙;居父母丧,身自嫁娶,若作乐,释服从吉;闻祖父母父母丧,匿不举哀,诈称祖父母、父母死"。八曰不睦,"谓谋杀及卖缌麻以上亲,殴告夫及大功以上尊长、小功尊属"。九曰不义,"谓杀本属府主、刺史、县令、见(现)受业师,吏、卒杀本部五品以上官长;及闻夫丧匿不举哀,若作乐,释服从吉及改嫁"。十曰内乱,"谓奸小功以上亲、父祖妾及与和者"。

者(现职),比徒一年"。

唐代统治者通过"议""请""减""赎""官当""免官"等方式,将贵族官僚的特权法律化,形成了一整套完整的特权保障体系,以维护封建官僚体制,巩固专制统治的基础。不过应当指出的是,在君主专制政治中,任何官僚贵族的特权都只具有相对的意义,并以不触犯君主专制统治的根本利益为限,如若犯有"十恶"之罪,不得享有上述特权。

3. 同居相隐

同居相隐是指同财共居者以及一定范围内的亲属有罪,相互之间可以容隐。唐律继承了汉律关于"亲亲得相首匿"的原则,把容隐的范围扩大到了四代以内的亲属、部曲和奴婢。上述同居之人,不仅相互间隐瞒罪行可不受追究,就是为犯罪者通风报信,使其隐避逃亡亦不负刑事责任,但是犯谋反、谋大逆、谋叛三种罪的,亲属不得相隐不告。

第四节 君主专制的极端强化:宋元明清的法律

从宋至清是君主专制极端强化的时期,各朝代在沿袭唐律基本精神与主体内容的同时,还制定了一些刑事特别法,并在刑罚种类上增加了许多酷刑,以加强对危害君主专制中央集权行为的打击力度。在司法上,沿袭并发展了唐朝的会官审录制度,以利于皇帝对司法权的操纵。宋、元、明、清各朝中,由蒙古族建立的元朝在法制建设上更多地保留了本民族的许多传统和习惯法,并且存在明显的民族压迫与民族歧视痕迹,对后世影响不大,因而在叙述中略去。

一、立法概况

(一) 宋朝的立法

宋朝的基本法典是《宋刑统》。《宋刑统》以唐代《永徽律疏》为主体,在沿用唐律把法典分为 12 篇的基础上,采用分门别类编排的方法,在每篇之下设若干门,每门之内含若干内容相关的律疏条文以及唐朝中后期以来所颁布的敕、令、格、式,这种编排方式无疑体现了法典编纂技术的进步。

此外,编敕、编例和编撰条法事类也是宋朝重要的立法活动。编敕,是指通过一定的程序将一定范围内的敕编纂起来的立法活动。编例是指通过一定程序,使具体案例变为通行的成例的立法活动。条法事类是指以公事性质为标准将敕令格式分门编纂的立法活动。

(二) 明朝的立法

明朝的基本法典为明太祖洪武三十年颁行的《大明律》。《大明律》在体例上的一个重大变化为:以名例律冠于律首,下按六部官制,分吏、户、礼、兵、刑、工六篇,共 7

篇460条。

朱元璋于洪武十八年至二十年间,亲自主持编定了《御制大诰》《御制大诰续编》《御制大诰三编》和《大诰武臣》,统称《明大诰》,主要是辑录官民过犯的案例以及针对具体案例而对臣民所做的告诫之词。从《明大诰》的内容和精神上看,它有两个突出的特点:(1)严刑酷罚。《明大诰》中的严酷刑罚有族诛、凌迟、枭首、墨面文身、挑筋去指、断手、刖足、阉割为奴等。即使对《大明律》已规定的同一种犯罪,《明大诰》的量刑也远较《大明律》重。如"夏粮违限不纳",《大明律》规定止杖一百,而《明大诰》则规定适用凌迟。(2)将贪官污吏和地方豪强作为重点打击对象。《明大诰》中近70%的内容是有关惩治官吏犯法的,有20%的内容是有关惩治豪强犯法的。由于《明大诰》中的刑罚过于严酷,朱元璋死后,《明大诰》实际上就被废止不用。

《大明律》编成以后,朱元璋令子孙守之,大臣不得稍议更改。然而,随着时代的变化和社会的发展,《大明律》已不能满足统治的需要,因而《问刑条例》也就应运而生。

明代的条例一般来自司法审判的案例。对某一具体案例的判决,经皇帝批准后,便可以作为同类案件的审判依据,上升为普遍适用的法律形式。明朝中叶,由于条例日益繁杂,因此孝宗弘治年间、世宗嘉靖年间与神宗万历年间几次修订《问刑条例》,以"律为正文,例为附注"的体例,与《大明律》合编刻印,名为《大明律附例》。通过《问刑条例》的修订,一方面突破祖宗成法不可更改的束缚,根据社会形势的发展变化确定新的法律调整对象与打击重点;另一方面坚持以例辅律,避免以例破律,这对《大明律》的统一适用和提高司法审判的准确性与效率起到了积极的作用。

(三) 清朝的立法活动

清朝的基本法典是乾隆五年颁行的《大清律例》。该法典的体例编目与律文内容和《大明律》基本相同,分名例、吏、户、礼、兵、刑、工7编,共计律文436条、例文1049条。《大清律例》颁行后,律文无须再加修订,只有条例需要不断修订。因此,与明朝的律、例相比,《大清律例》的变化主要在例而不在律。

编制则例是清朝另一个重要的立法活动。则例是指关于某一政府部门或某项特定政务的单行法规,一般由中央政府各部门根据本部门的政务进行编制,经皇帝批准后公布施行。则例是清朝法律体系的重要组成部分,大致可分为各部门则例与特定政务则例两大类。众多则例对于规范清朝各级行政机关的运转具有重要意义,但也往往造成各部门的职权彼此冲突,影响行政效率。

此外,关于少数民族管理的专门法规的制定也是清朝立法活动的重要方面。为了加强中央政府对少数民族地区事务的管理,清朝统治者形成了一套行之有效的民族政策与制度。在清朝调整与其他少数民族的关系及处理民族事务的立法中,较具代表性的有《蒙古律例》《理藩院则例》和《钦定西藏章程》。

二、刑法的发展变化

(一) 宋朝刑法的发展变化

1. 用重典惩治盗贼

和唐律相比,宋朝对刑事案件的处罚"改而从轻者甚多,惟是强盗之法,特加重者"[①]。《宋刑统》所附敕文对于盗贼所处的刑罚要远远重于唐律。此外,宋朝还制定特别刑法专门惩治盗贼。仁宗时制定《窝藏重法》,将京师开封府和所属诸县以及相邻四州划为重法地,在此区域内窝藏盗贼者一律加重处罚。神宗时又制定《盗贼重法》,不仅将重法地的范围大大扩充,还确立了重法之人的概念,规定一些情节严重的贼盗犯及窝藏犯,即使犯罪行为不是发生在重法地,也按重法处罚。

2. 刑罚制度的新变化

宋朝刑罚体系基本沿袭唐制,其法定刑主要为笞、杖、徒、流、死五刑,宋初在此基础上又新创折杖法以示宽刑,但在中后期则开始大量使用凌迟、刺配等酷刑,刑制转而走向残酷。

北宋初年,太祖为标榜仁治,在刑罚制度方面创设了一种用"决杖"代替笞、杖、徒、流四种刑罚的方法,列明每种刑罚所折脊杖或臀杖数目[②],史称"折杖法"。它使"流罪得免远徙,徒罪得免役年,笞杖得减决数"。折杖法使得封建五刑体系中的笞、杖、徒、流四种刑罚分别得到不同程度的减轻执行。折杖法不适用于死刑及反逆、强盗等犯罪,以确保对该类犯罪的严厉打击。

凌迟刑是一种集肉刑与死刑于一体的刑罚,是秦朝"具五刑"的发展,受刑者先受肉刑折磨,然后再受死刑。凌迟刑始见于五代时期,北宋仁宗时期曾用此刑处罚荆湖地区杀人祭鬼的罪犯,后来扩大适用到各种危害专制统治的罪犯。南宋时期编撰的条法事类开始将凌迟刑列入法定死刑。

刺配刑也始于五代,北宋于太祖时开始推行,太宗之后逐渐成为常法。它是对罪犯处以"决杖、刺面、流配"三合为一的刑罚。在宋朝曾广泛应用的刺配刑实际上是古代肉刑之一黥刑的复活。

(二) 明朝刑法的发展变化

1. 重其重罪,轻其轻罪

明朝基本上沿用唐宋法律。同时,明朝基于"治乱世用重典"的思想,对于直接危及君主专制国家政权与统治秩序的行为,处刑较前代重,而对于违犯礼教的行为,处刑相对放宽,也就是所谓的"重其重罪,轻其轻罪"。具体来说,主要表现在以下几个

[①] 《宋史·刑法志》。

[②] "流刑:加役流,决脊杖二十,配役三年;流三千里,决脊杖二十,配役一年;流二千五百里,决脊杖十八,配役一年;流两千里,决脊杖十七,配役一年。徒刑:徒三年,决脊杖二十,放;徒两年半,决脊杖十八,放;徒两年,决脊杖十七,放;徒一年半,决脊杖十五,放;徒一年,决脊杖十三,放。杖刑:杖一百,决臀杖二十;杖九十,决臀杖十八;杖八十,决臀杖十七;杖七十,决臀杖十五;杖六十,决臀杖十三。笞刑:笞五十,决臀杖十;笞四十、三十,决臀杖八;笞二十、一十,决臀杖七。"

方面:

"谋反""谋大逆"被明律称为"罪大恶极"的行为,与唐律相比,明律对该类犯罪的惩罚要重得多。第一,明律对罪犯本人及其亲属的处刑更重。唐律对本人不分首从处斩,明律为凌迟;唐律仅对罪犯之父以及16岁以上的子处绞刑,明律则对更大范围内的16岁以上的男性亲属处以斩刑。第二,明律的处罚不分情节。唐律注意了不同情节的区别对待,对"词理不能动众,威力不足率人者",本人处斩,而其父与子可不处死,子、孙亦不牵连;"口陈欲反之言,心无真实之计者",只流两千里。而明律则没有这些区分,一律作谋反处理。

朱元璋为了严禁臣下结党营私,于《大明律》中增设了"奸党"罪。例如:"若在朝官员,交结朋党,紊乱朝政者,皆斩,妻子为奴,财产入官";"若犯罪律该处死,其大臣小官巧言谏免、暗邀人心者,亦斩"。此外,如听从上司主使不守法律,大臣专擅选用官吏,下属或百姓妄言称颂大臣美政才德等,都属于奸党罪打击的范围。明朝的奸党罪打击的范围广,打击的力度大。奸党罪的设立,充分说明专制君主猜忌臣下无弊不防,打击臣下结党营私不遗余力。

在《大明律》中,对违犯礼教的行为的处罚较唐律要轻。例如,"子孙违犯教令",唐律徒两年,明律降为杖一百;"别籍异财",唐律徒三年,明律杖一百;"闻父母丧匿不举哀",唐律流两千里,明律杖六十,徒一年。

2. 刑罚制度的变化

明朝刑罚的主刑也是笞、杖、徒、流、死五种,不过,凌迟被载入《大明律》,此外,徒、流均附加杖刑。充军刑在明朝得到了广泛的运用,它是强制犯人到边远地区屯种或充实军伍的刑罚,次于死刑而重于流刑。充军的地点分为极远、烟瘴、边远、边卫、沿海和附近六等。充军的刑期分为终身和永远两等,终身是指本人毕生充军,死后刑罚执行完毕;永远则是指本人死后,子孙后代接替继续充军。充军适用的对象从最初的军人犯罪扩大到普通百姓。《明史·刑法志》说:"明制充军之律严,犯者亦最苦。"

(三) 清朝刑法的发展变化

1. 维护极端的君主专制统治

清朝刑法进一步加强了对反逆罪的打击力度,不仅扩大了其适用范围,也加重了刑罚。凡犯谋反、谋大逆者,只要是共谋的,不分首从,皆凌迟处死,其父子、祖孙、兄弟及同居之人,不分异姓,以及伯叔父、兄弟之子,不限籍之同异,16岁以上,不论笃疾废残,皆斩。《大清律例》除全部援用明律中的奸党罪的条款外,还扩大了奸党罪的适用范围,严禁内外官员私相结交。

2. 刑罚的变化

清朝法律将定型于隋唐并沿用至明的笞刑和杖刑进行了改革,即将笞刑与杖刑的刑具统一改为竹板并减少刑数。由于处以笞、杖刑的犯罪一般来说社会危害性较小,由重改轻不会危及统治秩序,同时还可标榜统治者的仁政。

清朝除沿用明朝的充军刑外,还特别创立了发遣刑,即将罪犯发配到边疆地区给驻防官兵当差为奴的刑罚。发遣刑较充军刑重,是清朝仅次于死刑的刑罚。

三、司法制度的发展变化

（一）宋朝司法制度的发展变化

宋朝中央司法机关及其职掌基本沿用唐朝的制度。不过，宋太宗时曾在宫中设审刑院，负责复核大理寺所裁断的案件。此外，宋朝于最高一级地方政权"路"设提点刑狱司，作为中央派出的、代表中央监督所辖州县司法审判活动的机构。这些都是君主专制中央集权统治的进一步强化在司法领域中的体现。在审判制度上，宋朝还创立了翻异别推、鞫谳分司和务限法等制度。

翻异别推制是犯人推翻原口供时应该重审的制度。凡州县死刑犯，业已结案，但未经本路提刑司录问而推翻原来的口供，或其家属诉冤，则移送提刑司重新审判；如果已经本路提刑司录问而翻供、诉冤，则由提刑司审察，改换审判官重审，称为"移推"；如果死刑犯临刑时翻供叫冤，由与本路无干碍之监司重审，或者移送邻路提刑司审理，称为"别推"。

鞫谳分司是专职官员分别负责审与判的制度：审问案情与检法量刑分别由不同的官员负责，前者称"鞫司"，后者称"谳司"。宋朝从州到大理寺都实行了鞫谳分司制度，这种审、判分离的制度有利于互相制约，减少冤案，但同时也势必造成程序复杂、滞留狱案的不利后果。

宋代为保障农业生产，确立了规范民事诉讼的"务限法"。根据务限法的规定：每年农历二月一日起至九月三十日止，为"入务"，这一段时间里不准许州县官府受理有关田宅、婚姻、债务等细微事务方面的案件，以免妨害农业生产。十月一日至次年一月三十日这一段时间，官府集中受理民事案件，在三月三十日之前必须审理完结或暂停审理。

（二）明朝司法制度的发展变化

明朝三法司的职掌与唐宋有所不同。大致说来，中央三法司的基本分工是：刑部负责审判，大理寺负责复核，都察院负责监督。明朝的刑事诉讼与审判制度较前朝有了较大的发展，突出表现在创设了一套较为系统的会官审录制度，即对疑难、重大案件以及死刑复核案件，由法定的或指派的若干官员会同审理的制度。明朝的会官审录制度主要有以下几种：

1. 三司会审和圆审

明朝的三司会审是由唐朝的"三司推事"制度发展而来的。在明代，一般较为重大的案件都由刑部、都察院和大理寺三法司会审。如果是特别重要的案件或死刑翻异案，则由六部尚书、大理寺卿、左都御史、通政使等九卿联合审判，也叫圆审。

2. 朝审

朝审发端于洪武三十年，至英宗天顺三年正式形成。即每年霜降后，由皇帝择定日期，将在京现监重囚带往承天门外，由三法司会同多官逐一复审。朝审的对象是死刑监候案件。对朝审犯人的处理分为"情真""缓决""可矜""可疑"四种类型，除"情真"即情况属实须执行死刑外，其他三种一般都可免除死刑。朝审的结果都必须报皇帝批准。由于朝审在秋季进行,实际上也就是清代秋审的前身。

3. 热审与大审

由于天气炎热需要及时清疏刑狱,因此在小满后十余日,司礼监会同三法司对在押囚犯进行审理,许多罪囚都可获得减免刑罚的机会。

明代继续沿用汉唐以来录囚的做法,并在制度上有所创新。明代的录囚主要体现在每五年举行一次的大审上。大审的对象主要是累诉冤枉的囚犯,由于大审是一种由皇帝派员复审录囚以示恤刑的刑事审判制度,罪囚往往能够有机会辩明冤枉或获得减免刑罚。

明代所实行的上述特别刑事审判制度,一方面可以分散司法权,有利于皇帝对司法的操纵,另一方面也有利于避免司法官员的擅断,从而在一定程度上有助于减少冤狱的发生。但从总体上看,这并不能改变明朝司法的专制和混乱状况。上述特别刑事审判制度都是在皇帝的严格控制下施行的,同时,司法权的极端分散,尤其是厂卫[①]对司法活动的广泛干预和操纵,导致了明朝的司法极为混乱,留下的历史教训也是非常深刻的。

(三) 清朝的司法制度的发展变化

清朝继承和发展了明朝的会官审录制度,尤其是在明朝朝审制度的基础上发展出较为完备的秋审制度。秋审是由中央各部院长官会同复审各省上报的绞、斩监候案件的审判制度,因在每年秋季举行而得名。经过秋审的案件,根据具体情节对案犯分别作出"情实"(案情属实,量刑恰当)、"缓决"(案情虽属实,但危害性较小,留待下一次秋审时再审核)、"可矜"(案情虽然属实,但罪情堪悯,减等处罚)、"留养承祀"(案情虽然属实,但祖父母、父母年老无人侍奉,或为家中独子,予以杖责、枷号,然后释放)四种处理意见,并报皇帝审批。其中,"缓决"案犯大都可以免死,通常服制案犯"缓决"两次、其他案犯"缓决"十次即可减等处罚;对于"情实"案犯,皇帝在审批时予以"勾决"的则执行死刑,"免勾"的留待下一年再审批,通常"免勾"十次则转入"缓决"。

清朝继续沿用明朝的朝审制度。朝审和秋审所审理的对象都是被处以绞、斩监候的案犯,审判参与人员、审判程序和处理结果也基本相同。不过朝审也有不同于秋审之处,朝审的审判对象是京师刑部狱中的在押绞、斩监候案犯,在押囚犯须被押解到当场审录。

第五节 中国法律的近代转型

鸦片战争以后,在列强的逼迫与示范之下,效仿列强诸国的法律进行变法以救亡图强成为不可逆转的历史潮流。清末的立宪与修律活动拉开了中国法律近代化的序

---

① 明代的东厂、西厂和锦衣卫镇抚司合称厂卫。厂卫掌握司法审判的实际权力,并凌驾于三法司之上,这是明代的独特现象,也是明代司法滥酷的主要原因与突出表现。

幕,辛亥革命后建立的中华民国宣告了君主制度的终结。然而,不管是清末还是中华民国,其法律的近代化改革都主要体现在立法层面,有宪法而无宪政是中国法律近代化进程中的突出现象。为了中国的独立自强和社会进步,中国共产党领导的新民主主义革命建立了自己的政权与革命根据地,并积累了丰富的法制建设经验。

一、清末的立宪与修律

（一）领事裁判权的确立

1840年以来,西方列强用炮舰撞开了中国的大门,并迫使清政府签订了一系列不平等条约。列强不仅从经济和文化上对中国进行侵略,破坏中国的领土完整和关税自主权,还在中国攫取治外法权。1843年7月签订的中英《五口通商章程》约定:如果英国人在中国发生法律纠纷,"其英人如何科罪,由英国议定章程、法律,发给管事官照办;华民如何科罪,应治以中国之法"。这是领事裁判权制度的发端。1844年中美签订的《望厦条约》将领事裁判权的适用范围进一步扩大,不仅涉及美国人的案件要由美国领事审讯,甚至对美国人与其他国家的人在中国发生的诉讼,中国官员也不得过问。领事裁判权的确立侵害了中国的司法主权,以致出现"外人不受中国之刑章,而华人反就外国之裁判"[①]的怪现象。领事裁判权的确立是促使清末变法修律的一个重要动因。

（二）清末立宪

列强侵略的不断深入给中国带来了深重灾难,同时也使得越来越多的中国人开始睁眼看世界。东亚邻国日本在明治维新后迅速崛起,并在甲午战争和日俄战争中取得胜利,使得中国的有识之士坚信这是立宪国家对专制国家的胜利,清政府也希望通过立宪来缓解内外交困的统治危机。

1906年9月1日,清政府发布了《宣示预备立宪先行厘定官制谕》,表明"仿行宪政"的决心。1907年8月27日,清政府颁布了中国历史上第一部宪法性文件——《钦定宪法大纲》。《钦定宪法大纲》共计23条,由"君上大权"14条和作为附则的"臣民权利义务"9条两部分构成。

"君上大权"部分确定皇帝具有广泛的权力,主要包括:(1) 皇帝行使国家的最高统治权。《钦定宪法大纲》开篇伊始就规定:"大清皇帝统治大清帝国,万世一系,永永尊戴";"君上神圣尊严不可侵犯"。(2) 君主拥有颁行法律及最高行政权、召集及解散议会权、总揽司法权。(3) 君主拥有统率陆海军以及宣战、议和、订立条约、派遣使节与认受使节之权。

"臣民权利义务"部分规定臣民所享有的权利有:凡合乎法定"资格"之臣民,"得为文武官员及议员";"臣民于法律范围之内",有言论、著作、出版及集会结社的自由;"臣民非按照法律所定",不受逮捕、监禁和处罚;臣民有呈诉权、财产权、居住权,臣民只受"法律所定审判衙门之审判"。臣民的义务包括依法纳税、服兵役、遵守国家法

[①] 《清史稿·刑法志》。

律等。

从《钦定宪法大纲》中不难看出，它的本旨在巩固君权，它比较充分地体现了清政府"大政统于朝廷"这一立宪初衷。也正因为这一点，《钦定宪法大纲》被视为清政府愚弄人民的一个幌子或一场骗局。同时，我们也应该看到，《钦定宪法大纲》虽然规定君主几乎可以独揽一切大权，但也同时规定：君主不得"以诏令随时更改"判决和干涉司法审判；对于"已定之法律，非交议院协赞，奏经钦定时，不以命令更改废止"。以法律的形式规定君主的权力，并限制君主任意生法，这意味着王权法定，专制制度在中国从此失去了它存在的合法性基础，宪法作为国家法律体系中根本大法的地位从此确定下来，这也是中国传统法律开始向近代转型最明显的标志。

（三）清末修律

与仿行宪政相呼应，清政府着手对旧律进行大规模修订。1902年，清政府设立修订法律馆作为专门的修律机关，由沈家本主持修律工作。

由于《大清律例》主要是刑律，而刑律又是列强攫取治外法权的重要借口，因此清末修律的核心是修订刑律。在沈家本的奏请下，清政府废除了一系列酷刑，并对户婚、田土、钱债等民事纠纷不再科刑。1911年1月，清政府公布了由修订法律馆编撰的《大清新刑律》，并确定于1912年正式实施。因公布后不久清朝即告覆亡，故《大清新刑律》并未正式施行，但它为后来中华民国政府刑法典的制定奠定了良好的基础。

《大清新刑律》分为总则和分则两编，共53章，411条，附《暂行章程》5条。《大清新刑律》在体例上采用大陆法系的刑法体例，打破了中国数千年来诸法合体的法典编撰模式。在内容上，《大清新刑律》采用西方国家的刑法理论和制度，确立了罪刑法定原则和新的刑罚体系，明确规定："法律无正条者，不问何种行为，不为罪"。在刑罚上，采用由主刑和从刑构成的新的刑罚体系，主刑分为死刑、无期徒刑、有期徒刑、拘役和罚金五种，从刑分为褫夺公权和没收两种。

在《大清新刑律》的修订过程中，以沈家本、杨度等人为代表的法理派主张大力引进西方法律理论与法律制度，以"国家主义"取代传统的"家族主义"作为变法修律的指导原则，这引起了以张之洞、劳乃宣为代表的"礼教派"的强烈反对与诋毁，并形成了几次大的论战，争论的焦点主要集中在以下几个方面：

第一，关于"干名犯义"条的存废。"干名犯义"是指子孙控告祖父母、父母的行为，是传统法律中属于"十恶"的犯罪。在修律过程中，沈家本等人认为，子孙控告父母如属实，则该行为不为犯罪，如系诬告，应于诬告罪中一并规定，不必另立专条；而礼教派认为，干名犯义事关伦常根本，绝不能在新刑律中被废除。

第二，关于"存留养亲"制度的存废。存留养亲制度自南北朝确立以后一直为各朝所沿用，被视为"仁政"的一个重要标志，因而在清末修律中为礼教派所坚持。沈家本认为，古时并无该条，而且嘉庆六年的上谕中也明确表示存留养亲之条无异于诱人犯法，同时该条也不符合西方法律的精神，因而不必列入刑律。

第三，关于"无夫奸"和"子孙违犯教令"之类行为应否定罪。关于这一点的争论尤为激烈。礼教派认为该类行为"大犯礼教"，必须定罪；而沈家本等人认为该类行为只是属于风化或教育之事,不必规定于刑律之中。

第四,关于卑幼能否对尊长行使正当防卫权问题。礼教派认为,按照中国传统伦理,天下无不是之父母,子孙对父母的训诫乃至体罚只能接受,而绝不应有正当防卫之说。沈家本认为,国家刑律是对全体国民的一种限制,父杀其子和子杀其父同样应受法律严惩,只有这样,才能体现法律的公平性。

法理派与礼教派争论的结果是法理派的妥协:在《大清新刑律》之后附《暂行章程》5条,与《大清新刑律》同时颁行。《暂行章程》的主要内容包括:凡危害帝室罪、内乱罪、外患罪及杀伤尊亲属罪,"处以死刑者,仍用斩";与无夫妇女通奸构成犯罪,双方均要判处刑罚,不过,须女方的尊亲属提起诉讼才能定罪;"对尊亲属有犯,不得适用正当防卫"。

除了刑律的修订外,清末修律活动还包括民法、商法、诉讼法、法院编制法等部门法的编撰工作,虽然其中许多法律还未来得及正式颁布或施行清王朝便被推翻,但清末修律活动所取得的许多成果被中华民国政府所继承。

二、中华民国的法律

(一) 南京临时政府的法律

辛亥革命后成立的中华民国南京临时政府在存在的短短几个月内,一方面对清末修订的法律与法律草案(与"中华民国"政体或共和精神相违背的除外)予以援用,另一方面制定了一些规范中央政府各部的行政规章,发布了大量具有法律效力的命令,并于1912年3月颁布具有临时宪法性质的《中华民国临时约法》(以下简称《临时约法》)。

《临时约法》包括总纲,人民,参议院,临时大总统、副总统,国务员,法院和附则7章,共56条,规定有5个方面的主要内容。

1. 规定了中华民国的国体为民主共和国

《临时约法》第1条规定:"中华民国由中华人民组织之";第2条规定:"中华民国之主权属于国民全体"。这是对"普天之下莫非王土,率土之滨莫非王臣"的彻底否定。此后,国家主权属于国民全体为宪法不可更易之条款。

2. 规定了中华民国的领土疆域

《临时约法》第3条规定:"中华民国领土,为22行省,内外蒙古、西藏、青海。"这是在中国法律史上首次以根本法形式规定中国的领土疆域。这一规定对外宣示与维护中国领土完整不容侵犯,对内反对民族分裂,加强人民的领土意识。

3. 规定了人民的权利与义务

《临时约法》在第一章"总纲"之后,将人民的权利与义务放在第二章的显要位置,这一编排显示出南京临时政府对民权的尊重。《临时约法》规定,"中华民国人民一律平等,无种族、阶级、宗教之区别",并规定人民享有人身、财产、营业、言论、著作、刊行、集会、结社、书信秘密、居住、迁徙、信仰宗教的权利与自由以及任官考试之权、选举权和被选举权、请愿陈诉权等各项权利与自由。同时,《临时约法》规定人民有依法纳税和服兵役的义务。

4. 规定了中华民国的政体

《临时约法》规定:"中华民国以参议院、临时大总统、国务员、法院,行使其统治权。"它规定中华民国的政体为责任内阁制,并明确了司法独立原则:"法官独立审判,不受上级官厅之干涉";"法官在任中,不得减俸或转职。非依法律受刑罚宣告或应免职之惩戒处分,不得解职"。

5. 规定了《临时约法》的效力与严格的修改程序

《临时约法》规定:"宪法未实施以前,本约法之效力与宪法等";"本约法由参议院议员 2/3 以上,或临时大总统之提议,经参议员 4/5 以上之出席,出席议员 3/4 之可决,得增修之"。

《临时约法》以根本法的形式宣告了君主制度的终结,成为人们反对复辟、保护民主共和而斗争的重要法律武器。同时,《临时约法》也存在明显的缺陷,例如,在关于"中华民国人民一律平等"的规定中,没有规定性别的平等,在确认人民的各项权利和自由的同时又规定"有认为增进公益,维护治安或非常紧急必要时,得依法律限制之",这为独裁者任意限制与剥夺民权提供了宪法依据。

(二)中华民国北京政府(北洋政府)的法律

1912 年 3 月,袁世凯在北京就任中华民国临时大总统。袁世凯以其所控制的北洋军为后盾,有步骤地破坏乃至最后废除了《临时约法》,炮制了带有深深"袁记"烙印的《中华民国约法》。袁世凯在独裁与专制的道路上越走越远,并最终于 1915 年 12 月公开复辟帝制,这招致了全国人民的强烈反对。在护国运动的浪潮中,袁世凯的人生伴随其旋即破灭的皇帝梦走到了尽头。袁世凯死后,中华民国北京政府的政权为北洋军阀中不同的派系交替把持。

中华民国北京政府的立法活动主要集中在宪法的制定上,其中最重要的是 1923 年 10 月颁布的《中华民国宪法》,这是中国历史上第一部正式的宪法。《中华民国宪法》共 13 章,141 条。其基本内容与特点为:

第一,规定中华民国的国体永远为民主共和国。《中华民国宪法》规定:"中华民国主权,属于国民全体。"鉴于袁世凯复辟帝制的教训和防止军阀割据,宪法还特别规定"中华民国永远为统一民主国","国体不得为修正之议题"。

第二,体现了责任内阁和司法独立的基本精神。《中华民国宪法》在政体上采用责任内阁制,规定国务总理的任命须经众议院同意,内阁对众议院负责,总统所发命令及其他关系国务之文书,非经国务员之副署,不生效力。同时,《中华民国宪法》继承《临时约法》关于司法独立的相关规定,并进一步确立了司法审查权。

第三,规定了中央与地方的权限划分以及地方自治制度。《中华民国宪法》专门规定了"国权"与"地方制度"两章,在保证中央政府统一行使国防、外交、金融等权力的前提下,允许省、县两级地方实行自治,同时规定省自治法不得与本宪法及国家法律相抵触,"省不得自置常备军","不得缔结有关政治之盟约"。

仅从体例及内容来看,《中华民国宪法》的篇章结构及条文逻辑严谨,内容亦基本符合三权分立的权力制衡原则及责任内阁制的基本精神。但由于制定这部宪法的国会议员接受了直系军阀曹锟的贿赂,以选举曹锟为总统作为交换,而制定宪法的目的又在于使贿选合法化,因而这部宪法被称为"贿选宪法"。

(三)中华民国南京国民政府的法律

1925年7月,经孙中山改组的国民党在广州成立中华民国国民政府。1927年1月,随着北伐的顺利进展,中华民国国民政府迁至武汉。同年4月,蒋介石在南京成立国民政府。南京国民政府在其存续期间,继承和发展了清末修律以来的立法成果,建立了以宪法、民法、刑法、民事诉讼法、刑事诉讼法和行政法"六法"为主体的法律体系。

无论是法律体系、编撰技术还是法律的内容,南京国民政府都注意吸收世界先进的法律成果,在立法上达到了相当高的水准。例如,1935年颁行的刑法典吸收了西方20世纪二三十年代出现的保安处分制度,新增"保安处分"一章。保安处分的理论根据是主观主义与社会防卫主义。所谓主观主义,是指犯罪的实质以及刑事责任的基础在于行为人对社会潜在的危险性格,而不在于其行为以及行为造成的危害结果;所谓社会防卫主义,即刑罚的主要目的不在于惩罚罪犯,而在于预防犯罪以保卫社会安全。保安处分是指对那些不能以刑罚处罚但又具有社会危害性或潜在社会危险性的人,应施以刑罚以外一定的强制措施,以保卫社会的安全。

当然,南京国民政府在立法上所取得的成就并不能掩盖其维护国民党一党专政的独裁统治的实质。

三、革命根据地的法律制度

中国共产党领导的新民主主义革命政权在各个历史时期建立的革命根据地因时因地进行法制建设,有力地保障和推进了革命的进行,并积累了丰富的经验。

在立法上,革命政权制定与颁布了《中华苏维埃共和国宪法大纲》《惩治反革命条例》《中国土地法大纲》等一些宪法性文件以及调整各种社会关系的单行法规。虽然革命根据地的立法并不系统,在法律内容上也有许多有待完善的地方,但它为新民主主义革命的胜利提供了重要保障,并为中华人民共和国成立后建设社会主义法制奠定了基础。

革命政权在司法上积极探求灵活多样、讲究实效的审判方法,"马锡五审判方式"就是根据地司法成就的典型代表。马锡五是抗日战争时期陕甘宁边区陇东专区专员兼高等法院陇东分庭庭长,他根据当地的实际情况,以其巡回审判的实践开创了一种灵活实用的审判方法,这种审判方法被陕甘宁边区称为"马锡五审判方式",并被推广到各抗日边区。"马锡五审判方式"的基本特点是:深入社会,实地调查;密切联系群众,充分体现党的群众路线;方便群众诉讼,采用审判与调解相结合的方法。"马锡五审判方式"的开创和推广,进一步推动了边区司法的民主化,丰富和发展了巡回审判制度。

思 考 题

1. 请分析中国传统法律儒家化的过程。
2. 请分析奴隶制五刑向封建制五刑转变的过程。
3. 述评"贿选宪法"。

推荐阅读书目

1. 瞿同祖:《中国法律与中国社会》,中华书局 2003 年版。
2. 张晋藩:《中国法律的传统与近代转型》,法律出版社 2005 年版。
3. 刘俊文点校:《唐律疏议》,法律出版社 1999 年版。
4. (清)祝庆祺、鲍书芸等编:《刑案汇览三编》,北京古籍出版社 2004 年版。

第三章 宪 法

学习目标

1. 理解宪法的概念、特征、分类、作用和主要原则,明确宪法监督制度在保障宪法实施方面的作用和意义;
2. 了解国家的性质和经济制度;
3. 熟悉国家政权组织形式和国家结构形式;
4. 熟悉公民所享有的基本权利和所承担的主要义务;
5. 掌握中央国家机关的组成及其权力运作过程;
6. 学会运用宪法学原理来分析和解决现实问题。

基本概念

宪法;宪法监督;国体;协商民主;政权组织形式;人民代表大会制度;国家结构形式;民族区域自治;特别行政区;基本权利和义务;总理负责制;国家机构

第一节 宪法的基本理论

一、宪法的概念

"宪法"一词在古代中国和外国都有相应的表达方式,在西方是来源于拉丁文 consitituto,英文 constitution 有组织、结构、确立的意思。在西方国家,宪法一词的含义有多种表述,如在古希腊,"宪法"是指有关规定城邦组织与权限方面的法律;在古罗马,"宪法"是指皇帝的诏书、谕旨,用来区别市民会议制定的普通法规;在中世纪时期的欧洲,"宪法"是指确认封建主与教会各种特权的法律。我国古代也有"宪法"一词,如《尚书》中的"赏善罚奸,国之宪法"。这里的"宪法"是法律、规章、制度的统称。具有根本法性质的宪法出现在近代,是伴随着议会民主的形成而成长的,其含义与古代宪法有着明显的不同,最主要地表现在精神实质上,即限制王权或规范公权力运行和保障公民权利。

关于宪法的概念问题,尽管理论上有多种观点①,但我们认为对宪法概念的认识必须注意到它的形成是一个历史现象,在不同的历史阶段有不同的含义和一些基本特点,即使是在近现代也大不相同。比如,在19世纪的立宪君主制时代,宪法开始具有对君主绝对权力加以限制的政治或法律性质;到了21世纪,宪法作为政治共同体法律秩序基础的观念被许多学者所接受。② 我们对宪法概念的确定既要考虑到宪法是历史发展中的产物,也要充分认识到宪法的一些基本特征,而这些基本特征中尤其要把握的是形式特征和实质特征,只有将两个方面结合在一起考虑,才能对宪法作一个相对合理的解释。基于这样的思考,我们认为:宪法是国家的根本法,是民主事实法律化的基本形式,集中表现了各种政治力量对比关系,是公民权利的保障书。

二、宪法的特征

宪法是法律中的一种,而不是一种宣言性的文件,它具有法律的属性,对宪法的认识只能将其置于法律的位阶上。但宪法又不是一般性法律,与一般性的法律有着明显的不同。在一般意义上,宪法是"母法",其他法律是"子法"。习近平同志在首都各界纪念现行宪法公布实施30周年大会上的讲话中指出:"宪法是国家的根本法,是治国安邦的总章程,具有最高的法律地位、法律权威、法律效力,具有根本性、全局性、稳定性、长期性。"宪法具有下列特征:

(一)宪法是根本法

宪法与普通法律最明显的区别是它的根本性,即它不是关于某一问题或某一方面的法律,而是关于国家生活和社会生活中最基本问题的法律,调整的是最基本的社会关系,如国家与公民的关系,国家机关之间的关系等。具体表现为三个方面:

1. 在内容上,宪法规定了国家制度和社会制度的根本问题。从大的方面来讲,主要围绕着国家权力和公民权利而展开,即明确国家权力的范围、规范国家权力的运用、保障公民权利,通过公民权利来制约国家权力,形成两者的互动与平衡。在内容的构造上,宪法一般规定国家的性质、政权组织形式、国家结构形式、公民的基本权利和义务、国家机构等内容。这些内容是其他的部门法律不可能加以规定的,所反映的不是某一方面的问题。如我国宪法有四章,第一章是总纲,在这章中规定了国家的性质、政权组织形式、经济制度、文化制度、国家结构形式以及国家的一些基本政策;第

---

① 关于宪法的概念,有的学者认为:"宪法是国家的根本大法,是民主制度的法律化,是阶级力量对比的表现。"参见吴家麟主编:《宪法学》,群众出版社1985年版,第46页。许崇德教授主编的《中国宪法》中表述为:"宪法是规定国家根本制度和根本任务,集中表现各种政治力量对比关系、保障公民权利的国家根本法。"参见许崇德主编:《中国宪法》(修订本),中国人民大学出版社1996年版,第27页。张庆福教授主编的《宪法学基本理论》中表述为:"宪法是规定国家根本制度和公民的基本权利义务、集中体现掌握国家政权的阶级或集团的根本意志和利益的国家根本大法。"参见张庆福主编:《宪法学基本理论》(上),社会科学文献出版社1999年版,第32页。熊文钊教授给宪法下了一个定义,即"宪法是调整主权关系,规范国家权力的实现方式和运行方式的根本法"。参见中国法学会宪法学研究会编:《宪法研究》(第一卷),法律出版社2002年版,第81页。胡弘弘教授定义为:"宪法是确立国家权力的实现形式,规范国家权力运行的根本法。"参见中国法学会宪法学研究会编:《宪法研究》(第一卷),法律出版社2002年版,第89—90页。

② 参见韩大元主编:《比较宪法学》,高等教育出版社2005年版,第30—31页。

二章是公民的基本权利和义务;第三章是国家机构;第四章是国旗、国歌、国徽、首都。其他国家的宪法虽然与我国宪法有所不同,但也主要涉及如何划分国家权力、如何规范国家权力、如何保护公民权利等大的事项。

2. 在效力上,宪法具有最高的法律效力,也具有最高权威。[①] 法律效力是一种约束力和强制力,源于人民的意志。与其他规范性文件相比较,法律的效力具有至上性。宪法是法律中的"法律",在地位与效力上均高于其他法律。宪法的最高法律效力表现为三个方面:一是在法律体系中,宪法是制定其他法律的依据,其他的任何法律不得与宪法相抵触。如我国《宪法》明确规定,"一切法律、行政法规和地方性法规都不得同宪法相抵触"。二是在政治关系中,法律至上原则是法治国家的一项重要原则,也是行为主体必须遵循的原则。法律至上原则突出表现为宪法至上,没有宪法至上的法律至上是不现实且没有意义的。宪法必须成为最高的行为准则。我国《宪法》第 5 条第 4 款就规定:"一切国家机关和武装力量、各政党和各社会团体、各企业事业组织都必须遵守宪法和法律。一切违反宪法和法律的行为,必须予以追究。"中国共产党十八届四中全会《关于全面推进依法治国若干重大问题的决定》指出:"任何组织和个人都必须尊重宪法法律权威,都必须在宪法法律范围内活动,都必须依照宪法法律行使权力或权利、履行职责或义务,都不得有超越宪法法律的特权。"三是在伦理道德关系中,宪法是最高的伦理道德规范。伦理道德规范也是一种行为规范,虽然可以作为法律规范的基础,但不能替代法律规范。国家将一些伦理道德规范提升为宪法规范或法律规范,从而使这些规范有了宪法和法律效力,因此,我们只要严格地执行宪法和法律,伦理道德规范中所包含的价值就可以得以彰显。但是,由于伦理道德规范体现了一个国家和民族的文化底蕴,是历史的积淀,是国家和社会的基石,不可能完全通过宪法法律规范来涵盖。因此,要使一个国家的治理体系和治理能力得到进步和发展,还必须要发挥伦理道德规范的作用。习近平总书记指出:"改革开放以来,我们深刻总结我国社会主义法治建设的成功经验和深刻教训,把依法治国确定为党领导人民治理国家的基本方略,把依法执政确定为党治国理政的基本方式,走出了一条中国特色社会主义法治道路。这条道路的一个鲜明特点,就是坚持依法治国和以德治国相结合,强调法治和德治两手抓、两手都要硬。这既是历史经验的总结,也是对治国理政规律的深刻把握。"[②]

3. 在制定与修改的程序上,宪法具有严格的程序。宪法制定与修改程序的严格性源于其内容的根本性、效力上的最高性和地位上的权威性。世界上,凡是有成文宪法的国家都对宪法的制定与修改作了严格的规定,以保证宪法具有最高的权威性。例如,在制定宪法时,一般要求成立专门的制宪机构和采用严格的批准程序;在修改时,要求三分之二以上或四分之三以上多数表决通过。我国《宪法》规定:"宪法的修

---

① 中国共产党十八届三中全会《关于全面深化改革若干重大问题的决定》将宪法的地位定位为:宪法是保证党和国家兴旺发达、长治久安的根本法,具有最高权威。这里的权威不仅仅限于法律层面,不仅仅对于立法、执法、守法具有意义,而且对于政治、经济、文化、社会等方面工作将具有影响力。

② 习近平:《论坚持全面依法治国》,中央文献出版社 2020 年版,第 165—166 页。

改,由全国人民代表大会常务委员会或者五分之一以上的全国人民代表大会代表提议,并由全国人民代表大会以全体代表的三分之二以上的多数通过。"普通法律的制定与修改通常是由立法机关进行,且只要求半数通过即可。

（二）宪法是民主事实法律化的基本形式

宪法与民主有着紧密的联系,是民主事实法律化的基本形式。在人类社会发展的过程中,奴隶社会和封建社会在整体上不存在什么民主事实,也就没有我们现在所讲的宪法。在奴隶社会中,奴隶被认为是一种会说话的工具,几乎没有什么权利可言,也就无所谓民主一说。虽然古希腊和古罗马也存在着类似于近现代的民主,但不是整体意义上的,并且其范围相当有限,特别是在诸法合体以及法律没有明确分类特征的情况下,不会产生近现代意义上的宪法。在封建社会中,农民与地主之间存在着人身依附关系,处于国家政治权力结构体系中的最底层,不能参与国家权力的运用。整个社会形成金字塔式的权力结构体系,位于顶端的是封建的国王。直到封建社会的末期,由于商品经济的发展,开始出现了资本主义的生产关系。资本主义的生产关系要求按等价交换的原则进行生产和经营,要求经济主体处于平等的地位,要求机会的平等。经济关系的变化必然会带来政治上的改革,即要求建立与经济关系相适应的政治体制。在封建社会末期和资产阶级革命的初期,出现了一大批的思想家,他们提出了许多民主和法制化的理论,如主权在民理论、三权分立理论、法治学说等。这些理论为近现代宪法的形成奠定了思想基础。社会主义宪法也是社会主义民主发展到一定阶段的产物,是社会主义民主事实法制化的结果。

由此可以得出这样的结论:民主是宪法产生的前提和内容,宪法是对民主的确认和保障,是民主制度化、法律化的基本形式。①

（三）宪法集中表现了各种政治力量对比关系

宪法与阶级、国家、经济关系有着不可分割的联系,如果说宪法是一定的经济关系在法律上的体现,那么从主体的角度说就是一定的利益集团利益的体现,尤其体现了占统治地位的阶级的利益。无论是资本主义国家的宪法还是社会主义国家的宪法,都是如此。列宁指出:"宪法的实质在于:国家的一切基本法律和关于选举代议机关的选举权以及代议机关的权限等等的法律,都表现了阶级斗争中各种力量的实际对比关系。"②列宁在这里提到的阶级斗争中各种力量的实际对比关系实质上就是一种利益的冲突关系,利益冲突关系不仅存在于统治阶级与被统治阶级之间,而且还存在于统治阶级内部。在某种情况下,统治阶级内部的利益冲突关系有可能转化为不同阶级之间的激烈对抗。统治阶级通过宪法的形式,一方面要保护自己已经取得的利益,调整内部各种利益集团的利益关系,避免矛盾的激化;另一方面也要对被统治阶级进行限制,将其行为纳入秩序的范畴中。纵观各国宪法,尽管产生于不同的背景和不同的条件下,但都反映了一个共同的事实,即宪法是利益关系冲突的结果,也是

---

① 参见张庆福主编:《宪法学基本理论》(上),社会科学文献出版社1999年版,第39页。
② 《列宁全集》(第15卷),人民出版社1959年版,第309页。

利益关系的调整工具。美国宪法在制定的过程中,就存在着各种利益的冲突和妥协的问题,虽然在形式上表现为南方与北方的矛盾,但在实质上却是不同阶级和不同利益集团之间的矛盾。法国宪法发展的历史更是充满了不同利益集团的斗争和妥协。法国从1791年第一部宪法到1875年法兰西第三共和国宪法,一共有十多部宪法,每一部宪法的产生都伴随着激烈的阶级斗争和利益冲突。它不仅表现为统治阶级与被统治阶级之间的冲突,而且更主要的是表现为统治阶级内部各种利益集团的利益冲突。不同的阶级或不同的利益集团掌握国家政权后,总要通过宪法的形式确认有利于自己的政治、经济以及法律制度,最大限度地维护自己的利益。社会主义国家的宪法虽然自产生起就体现了无产阶级的意志和利益,但对社会中各阶级状况在不同时期则是有不同反映的,也体现出各种政治力量的对比关系。从上述分析中可以得出这样的结论:宪法集中表现了各种政治力量的对比关系。

(四)宪法是公民权利的保障书

宪法的核心价值在于保障公民权利,虽然在通俗的话语中将宪法称为治国安邦的总章程,但这是从国家管理的角度而言的。宪法作为根本法,体现出多种价值,"治国安邦的总章程"与"公民权利的保障书"就表现出不同的价值和价值取向。因而,在多种价值交融的情况下,价值取向的确定具有相当重要的意义。从社会正义、法律正义以及宪法演进的历史逻辑来看,宪法就是一部公民权利的保障书,其核心价值就在于保障公民权利。宪法的基本内容可分为两大块:规范国家权力的运行和保障公民权利。从根本上来说,一切国家权力均来自公民权利,公民权利是国家权力正当性与合法性的基础,没有公民权利支撑的国家权力是无源之水。社会契约论者假设了社会契约的存在,并以此为基础推导出国家权力的来源。这样的推论尽管在前提上存在着缺陷,但为对国家权力来源的论证提供了特定视角。公民权利是国家权力的来源,但并不意味着它具有天然的优势。国家权力形成后容易异化成为脱离"母体"的独特力量,且异常强大,如果控制不好,就直接威胁着"母体"的安全。公民权利无法通过完全自治或自律的方式来构造一个良好的秩序,它需要国家权力的保护,但同时也害怕来自国家权力的侵犯。因此,宪法在这种情况下就因需要而产生并在公民权利与国家权力的关系中发挥着关键的作用。宪法一方面要明确国家权力的范围并规范国家权力的运行,另一方面也要为公民权利的实现提供切实和有效的保障。其实,宪法对国家权力运行的规范就已经意味着对公民权利的保障,但仅仅局限于此还远远不够,还不能自然生成一个良好的秩序。要构成一个有序的状态,宪法要向世人宣示公民权利,这既是一个宪法姿态问题,同时也可作为国家权力运行的指南,并提供所保护的"清单"。从历史的角度来看,宪法发展的历史就是权利斗争的历史,也是宪法核心价值逐步确立的历史。英国在资产阶级革命时期,为了确认取得的权利、巩固胜利成果,先后制定了《人身保护法》和《权利法案》。1789年的法国《人权宣言》就宣布:凡是权利无保障和分权未确立的社会就没有宪法。后来的1791年宪法就将《人权宣言》作为宪法序言。美国1787年宪法虽然对公民权利没有作出规定,但在后来的宪法修正案中对其作了全面规定。1918年苏俄宪法将《被剥削劳动人民权利宣言》作为第一篇。我国宪法用专章对公民权利作了规定。列宁也指出:"宪法就是一张写着人民权利的纸。"[①]在宪法秩序建构的过程中,只有把握宪法的核心价值才能明确宪法改革与发展的方向。

三、宪法的分类

宪法的分类是指按一定的标准将宪法分为不同类别的活动,通过这种活动来探求宪法产生、发展的规律,揭示出宪法在不同背景和不同条件下的相同点和不同点。宪法分类是否准确、是否科学,最主要是看分类的标准,如果标准不严谨,类别也就显得比较模糊。从目前宪法分类的应用来看,类别具有相对性,绝对地判定类别,有时与客观实际不相吻合。我们对宪法分类问题的研究,力求科学与严谨,但不能用非此即彼的思维来对待。目前,宪法学界对于宪法分类有很多的探讨,提出了许多分类标准和类别。以下选取几种有代表性的分类来论述。

(一) 成文宪法与不成文宪法

以宪法是否具有统一的法典形式为标准,可将其分为成文宪法与不成文宪法。这种分类是由英国法学家布赖斯于 1884 年在牛津大学讲学时首创。成文宪法是指具有统一法典形式的宪法,也称为文书宪法。目前世界上大多数国家的宪法都是成文宪法。1787 年《美利坚合众国宪法》是世界历史上第一部成文宪法。除此之外,《中华人民共和国宪法》《法兰西共和国宪法》《日本国宪法》等,也都是成文宪法。不成文宪法是指不具有统一的法典形式,散见于不同时期的法律文件、宪法判例和宪法惯例的宪法。英国宪法是典型的不成文宪法,宪法的主要组成部分散见于不同历史时期所颁布的宪法性文件,如 1628 年的《权利请愿书》、1679 年的《人身保护法》、1689 年的《权利法案》、1701 年的《王位继承法》、1911 年的《国会法》、1918 年的《国民参政法》、1928 年的《男女选举平等法》、1969 年的《人民代表法》等。成文宪法与不成文宪法的区分不是以是否有文字记载为依据,而是以是否具有统一的法典形式为标准。不成文宪法的显著特征主要在于各种法律文件并没有冠以宪法之名,但却发挥着宪法的作用。成文宪法与不成文宪法的划分具有相对性,在成文宪法的国家也有宪法惯例和宪法判例,且在宪政实践中发挥着极为重要的作用。

(二) 刚性宪法与柔性宪法

根据宪法的效力和制定、修改的程序的不同,可以将宪法分为刚性宪法和柔性宪法。这种分类也是由英国法学家布赖斯在《历史研究与法理学》一书中首创。刚性宪法是指效力高于一般的法律,且制定与修改的程序非常严格的宪法。一般而言,成文宪法大多是刚性宪法,因为采用了严格的制定与修改程序,并肯定了宪法的最高法律效力。柔性宪法是与一般的法律在效力以及制定和修改的程序上相同的宪法。在采用柔性宪法的国家,由于宪法和法律是由同一机关依据相同的程序制定的,因而在法律效力上,宪法与一般的法律并没有差别。不成文宪法大多是柔性宪法。

---

① 《列宁全集》(第 12 卷),人民出版社 1987 年版,第 50 页。

（三）钦定宪法、民定宪法和协定宪法

根据制定宪法的机关的不同，可以将宪法分为钦定宪法、民定宪法和协定宪法。凡是由君主制定并反映君主意志的宪法称为钦定宪法，如 1908 年中国清朝政府颁布的《钦定宪法大纲》、1848 年意大利萨丁尼亚王亚尔培颁布的宪法、1889 年日本明治天皇颁布的日本帝国宪法。凡是由君主和国民代表协议制定的宪法称为协定宪法，如法国 1830 年宪法。凡是由民选代表机关制定或由全体公民投票表决通过的宪法就是民定宪法。现代国家大多数是民定宪法。

（四）资本主义类型宪法和社会主义类型宪法

前述的几种分类可称之为传统分类，主要由资产阶级学者所创。这种分类法局限于宪法形式的法律特征，无法揭示出宪法的本质，尤其是阶级本质。马克思主义学者不同于资产阶级学者的宪法观，不是从形式上考察宪法问题，而是将宪法放在不同阶级所存在的社会中，从宪法产生的经济基础、社会背景以及宪法所表现出来的阶级本质来分析，所得出的结论既具有社会意义，同时也具有学术意义。

在宪法的分类问题上，马克思主义学者依据宪法所反映的经济基础和表现出来的阶级本质的不同，将宪法分为社会主义类型宪法和资本主义类型宪法。当然马克思主义学者的这种宪法分类法是在社会主义国家产生并且有社会主义宪法的事实后出现的。这种分类的方法拓宽了宪法学研究的视野。

在目前的宪法学研究中还有一些新的分类方法，如：原始宪法与派生宪法；纲领性宪法与确认性宪法；规范性宪法、名义宪法与标语宪法；最高性宪法与从属性宪法；分权宪法与集权宪法；两院制宪法与一院制宪法；成文宪法、现实宪法和观念宪法；等等。每一种分类都提供一个特定的视角，虽然在逻辑上不是很周延，但启发意义是巨大的。

四、宪法的基本原则

在宪法学中，宪法原则是最难定位的问题。以宪法的历史演进为线索，可以归纳出若干具有历史文化特点的宪法基本原则，如主权在民原则、分权制衡原则、人权保障原则；以宪法的不同阶级本质为标准，可以将宪法的基本原则严格地区分为资本主义宪法原则和社会主义宪法原则；以一个国家独特的宪法文化为基准，又可分为诸如中国宪法的基本原则、美国宪法的基本原则、英国宪法的基本原则，等等，且在内容上具有一定的差异性。有的学者将中国宪法的基本原则归纳为：一切权利属于人民的原则、社会主义公有制原则、社会主义精神文明原则、宪法至上原则。[1] 我们认为，宪法的基本原则是指："人们在制定和实施宪法的过程中必须遵循的最基本的准则，是贯穿立宪和行宪的基本精神。"[2] 宪法的基本原则与一般的宪法原则有所不同，宪法原则可以构成某一或某几项宪法制度的原则，但一般不能成为基本原则。宪法的基本

---

[1] 参见刘茂林：《中国宪法导论》，北京大学出版社 2005 年版，第 28—33 页。
[2] 周叶中主编：《宪法》，高等教育出版社、北京大学出版社 2000 年版，第 93 页。

原则也不同于宪法的指导思想,因为宪法首先必须是法,而指导思想属于意识形态方面的东西,尽管它对宪法的形成和发展具有重要意义,但一般不作为法律准则,它可以贯穿于基本原则和一般的宪法原则中,使基本原则和一般的宪法原则更具有时代气息和活力。作为宪法的基本原则,一般应有这样的特征:第一,普遍性。即无论什么样的立宪国家,只要是实行法治都必须遵循的一些基本准则。国家与国家之间有差别,时代与时代间有很大的不同,但一些基本原则不可能改变。这是由宪法的人性基础和法律的工具性价值所决定的。第二,自有性。宪法所调整的社会关系不同于其他法律,尽管宪法可以作为其他法律立法的基础,其基本原则也可以作为其他法律的基本原则,但其他法律基于自身的特殊性,往往通过具体的法律原则将宪法的基本原则加以贯彻,且其含义局限于特定的法律中。例如,法治原则在其他部门法中也要体现,但宪法中的法治原则所涉及的范围及含义是其他法律无法比拟的。从这个意义上讲,宪法的基本原则具有自有性。第三,最高性。宪法是最高的法律规范,所涉及的范围不限于某一特定领域,可以作为其他法律的立法基础,在法律原则体系中具有根本性和最高性的特点。第四,抽象性。[①] 法律基本原则都具有抽象性的特点,没有法律语言上的提炼、概括和总结,是无法形成基本原则的。相比较而言,宪法基本原则比其他法律的基本原则更为抽象,这是由宪法所调整的宪法关系所决定的。按照宪法所调整的社会关系以及所反映的主要特点,我们认为,宪法有如下基本原则:

(一) 人民主权原则

主权观念最先是由法国的布丹提出来的,后来卢梭在前人研究的基础上系统地阐述了人民主权学说。人民主权学说是以社会契约论为基础,国家、社会、法律的形成都是建立在它的基础上。根据社会契约论可以推导出:国家是建立在社会契约的基础上,国家的权力来自人民,人民把自己手中的权利交给国家和政府,是为了维护人民自己的利益。人民可以建立政府也可以解散政府以及重新组织新的政府。主权是属于人民的,具有最高性、不可分割性和不可转让性。人民主权学说尽管建立在一种假定的基础上,但在理论上突破了以前社会中的君主主权理论,为资本主义的发展创造了条件,为宪法和代议制度的形成奠定了思想基础。这毫无疑问具有进步意义。自法国1791年宪法诞生以后,人民主权原则就成为宪法的一个主要原则,许多国家于宪法中加以明确规定,如意大利1947年宪法规定了:主权属于人民,由人民在宪法规定的方式及其范围内行使;日本1946年宪法也宣布主权属于国民并将其作为制宪的依据;2001年德国基本法规定,所有国家权力来自人民,国家权力由人民以选举及公民投票方式产生,并由彼此分立之立法、行政及司法机关行使之。人民主权原则在宪法中的确立解决了国家权力的来源和根本法保障问题,而该原则的实现则要求科学配置国家权力、有效运用国家权力、充分保障公民权利,达到公民权利与国家权力的动态平衡。在理论上,人民全体都可以行使国家权力,但如果都来直接行使的话,则不具有现实性,因而必须借助于代议制,即由人民选举代表组成代表机关,由代表

---

① 周叶中主编:《宪法》,高等教育出版社、北京大学出版社2000年版,第93页。

机关产生其他的国家机关,由代表和国家机关代表人民行使国家权力。代议制将权力的所有者与行使者联系了起来,使人民主权原则能在一定程度上转化为现实。当然代议制毕竟是一种间接民主制,与直接民主制相比,在对民意的表达上有一定的差别。许多国家在坚持代议制民主时也采用了一定范围的直接民主形式。

我国《宪法》规定:"中华人民共和国的一切权力属于人民。""人民行使国家权力的机关是全国人民代表大会和地方各级人民代表大会。""人民依照法律规定,通过各种途径和形式,管理国家事务,管理经济和文化事业,管理社会事务。"我国是社会主义性质的国家,也确立了人民主权原则。我国宪法中的人民主权原则在理论基础以及实现的方式上与资本主义国家有着明显的区别。我国的人民主权原则是以马克思主义的国家学说为理论基础,是以人民夺取国家政权并成为国家主人为条件,当人民成为国家的主人后,毫无疑问,国家权力的运用就是人民自己的事情,一切问题的决定就由人民自己做主,且人民是一个具有政治内容的概念。

(二) 权力制约原则

权力制约从思想到原则经历了一个漫长的历史过程,早在古希腊、古罗马,思想家就对权力制约问题有很深刻的认识。亚里士多德在《政治学》中就提到制衡的问题。波利比阿吸收了亚里士多德关于"混合政体"的主张,进一步论证了通过分权来实现权力制约的思想。他认为,古罗马之所以强盛并能够保持强大的国家组织,是由三种因素决定的,即君主制因素(执政官)、贵族制因素(元老院)、民主制因素(人民会议),这三种机构分享着政治权力,形成一种均衡的政治状态。① 分权是实现权力制约的客观需要和有效途径,古希腊、古罗马的思想家提到的分权实质上是等级分权,其中虽然有制衡的因素,但没有建立在国家权力合理配置的基础上,因而相当脆弱。它存在的时间比较短暂,在很大程度上依赖于统治者的个人因素。作为权力制约理论以及民主宪政核心的分权源于近代,其理论基础是与社会契约论相结合的近代自然法思想。洛克认为,在人类社会初期,人类处于一种自然状态,拥有自然权利,过着和平、平等的美好生活。孟德斯鸠也肯定了自然状态和自然法的存在,但不同于洛克,他认为,国家源于维护人类情感的纽带。基于这样的认识,洛克和孟德斯鸠分别提出了分权学说。洛克在《政府论》中将国家权力划分为立法权、执行权和对外权。立法权是指享有权力来指导如何运用国家的力量以保障这个社会及其成员的权利。执行权是指执行被制定和继续有效的法律,执行权和立法权往往是分开的。对外权主要包括战争与和平、联合与联盟以及同国外的一切人士和社会进行一切事务的权力。② 洛克分权理论的基本观点是:立法权与执行权分立,执行权与对外权合并。这种分权实际上是两权分立,与后来孟德斯鸠所提出的三权分立学说存在着一定的差距,但其进步意义是值得充分肯定的。法国的孟德斯鸠在总结和吸收洛克分权理论合理成分的基础上,系统提出了完整的三权分立学说,明确划分国家机关权能的界限,将国家

---

① 参见赵震江:《孟德斯鸠的三权分立学说》,载《国外法学》1981年第4期。
② 参见〔英〕洛克:《政府论》(下篇),瞿菊农、叶启芳译,商务印书馆1964年版,第89—91页。

权力分解为立法权、行政权和司法权。他认为,三种权力不能重合在一起,且其中的任何两种权力也不能由一个机构来行使。他指出:"当立法权和行政权集中在同一个人或同一机关之手,自由便不复存在了;因为人们要害怕这个国王或议会制定暴虐的法律,并暴虐地执行这些法律。如果司法权不同立法权和行政权分立,自由也就不存在了。如果司法权同立法权合而为一,则将对公民的生命和自由实施专断的权力,因为法官就是立法者。如果司法权同行政权合而为一,法官便将握有压迫者的力量。"[1] 孟德斯鸠除了提出分权外,还主张权力应当相互制约。近代宪法形成之初始,三权分立学说得到了一些资本主义国家的认同,并将其作为宪法的重要原则,近代宪法转化为现代宪法后,其内涵也得到进一步充实。由于各国国情的差异,三权分立原则在资本主义宪法中有不同的表现,概括起来主要有三种:第一种是以美国为代表的相互制约、相互平衡的分权模式。美国宪法清晰地划分了立法权、行政权和司法权,规定了这三种权力分别由国会、总统和法院行使,三种权力相互制约、相互平衡。第二种是以英国为代表的凸显议会为重点的分权模式。英国也实行三权分立,但三种权力之间并非平衡,而是突出了议会,特别是下议院的地位。第三种是以法国为代表的凸显行政主导的分权模式。法国宪法经过了较长时间的历史锤炼,变化较大,在立法、行政和司法三种权力之间由开始的议会主导向行政主导转移。三权分立原则的核心就是实现"以权制权",虽然在主观上是为了解决国家权力的分工的问题,但在客观上造就了公民权利成长与保护的空间,具有积极意义。

  社会主义宪法是以马克思主义权力制约理论来构造和配置国家权力的。人民是国家的主人,一切国家权力来自人民,人民对国家权力的监督和制约具有正当性与合法性基础,也是国家本质的必然要求。列宁指出:"任何由选举产生的机关或代表会议,只有承认和实行选举人对代表的罢免权,才能被认为是真正民主的和确实代表人民意志的机关。真正民主制的这一基本原则,毫无例外地适用于一切代表会议"。[2] 我国宪法也坚持了权力制约的原则,但与资本主义国家宪法在理论基础以及方式上有很大差别。按照我国宪法的规定,权力制约原则主要体现在两个方面:一是在人民与人大代表、国家机关及其工作人员的关系方面。人民选举人大代表,人大代表对人民负责,接受人民监督。全国人大代表受原选举单位监督,原选举单位有权依据法定的程序罢免本单位选出的代表。人民对国家机关及其工作人员有批评、建议、申诉、控告、检举权,当自己的合法权利遭受国家权力侵害时,有取得赔偿的权利。由人大代表组成的代表机关产生其他的国家机关,其他国家机关对人大负责,人大有立法权、监督权、重大问题的决定权,等等。二是在不同国家机关的关系方面。人民代表大会在国家机关体系中具有最高的地位,通过制定法律明确各国家机关的权力,各国家机关依法行使权力并形成分工、协作和制约的关系,如人民检察院行使法律监督权、审计机关行使审计监督权、监察委员会行使监察权,等等。除此之外,在我国还有

---

[1] 〔法〕孟德斯鸠:《论法的精神》,张雁深译,商务印书馆1967年版,第156页。
[2] 《列宁全集》(第33卷),人民出版社1985年版,第102页。

党的纪律检查委员会的监督。

(三) 法治原则

法治是一个古老的政治概念,从历史年代来看,它并不逊于"民主""共和"等概念。法治并不是舶来品,在中国古代就有与之相关的概念,据历史文献记载,早在距今2600多年前的春秋时期,管仲就提出过"以法治国"。他说:"故先王之治国也,不淫意于法之外,不为惠于法之内。动无非法者,所以禁过而外私也,威不两错,政不二门,以法治国,则举措而已。"其他如韩非、慎到、李斯、商鞅、申不害、王安石、黄宗羲等人也有类似主张。其共同特点是:(1) 维护奴隶主、封建主的专制,富国强兵,以成霸业。所谓"生法者君也"①。"以力役法者百姓也,以死守法者有司也,以道变法者君长也"②。(2) "君臣上下贵贱皆从法"③,所谓"刑过不避大臣,赏善不遗匹夫"④。(3) "事断于法"⑤,尹文子说:"法有四呈:一曰不变之法,君臣上下是也。二曰齐俗之法,能鄙同异是也。三曰治众之法,庆赏刑罚是也。四曰平准之法,律度权衡是也。"总之,将国家生活各方面皆纳入法制轨道。(4) 具有一定的民主因素,如慎到说:"立天子以为天下。"⑥黄宗羲说:"为天下之大害者,君而已矣。"⑦

在西方明确提出法治主张的首推亚里士多德,他认为,法治应包含两层含义:已成立的法律得到普遍的服从,而大家服从的法律又应该是本身制定得良好的法律。⑧此后,卢梭、孟德斯鸠、康德等都提出了法治理论。

在现代汉语中,"法治"一词是从西方语言中翻译过来的。在西方,"法治"这一术语最早由古希腊、雅典"七贤"之一的毕达库斯提出。在西方语言中,"法治"的表述存在两种语言现象:一是与汉语"法治"一词有对应的词汇,如俄语。二是与汉语"法治"一词没有对应的词汇,而只有对应的表述,如在英语中,"法治"有五种表述形式:(1) "Rule of Law"(法的统治);(2) "Rule by Law"(依法统治);(3) "Rule according Law"(根据法的统治);(4) "Government by Law"(依法治理);(5) "Government through Law"(通过法律的治理)。这五种表述的含义在英语国家是相同的,但通常是采用第一种表述。而在德语中,"法治"一般是用"Rechsstaat"(法治国家)来表述。⑨

近代意义的法治理论是由众多的思想家共同完成的,如英国的哈林顿、洛克、戴

---

① 《管子·任法》。
② 《慎子·逸文》。
③ 《管子·任法》。
④ 《韩非子·有度》。
⑤ 《慎子·逸文》。
⑥ 同上。
⑦ 《明夷待访录·原君》。
⑧ 参见〔古希腊〕亚里士多德:《政治学》,吴寿彭译,商务印书馆1981年版,第167—168页。
⑨ 英国法学家马什(Marsh)在1959年于印度德里召开的国际法学家委员会关于《自由社会中的法律》的大会上指出:"对于大多数法学家来说,Rule of Law(法治)这个词是一切配称法律制度的制度基本的和不言而喻的东西。受英国法律教育的人,称之为'法治';一个美国法学家则称'法治政府';一个法国法学家则称'法治原则'或'法律规则至上';在德国通用的,同样内容的概念是法治国。"转引自沈宗灵:《既不要作为口号提倡,也不宜简单地否定》,载《法治与人治问题讨论集》,社会科学文献出版社2003年版。

雪,法国的卢梭、孟德斯鸠,德国的康德、黑格尔,美国的潘恩、杰弗逊等,它吸收了自然法思想,强调对权力的制约、平等权的保护、财产权的保障、司法独立、公开审判等,因而在很大程度上属于形式主义法治。到了现代,人们对法治的关注不仅限于形式主义方面,而且还不断探讨实质法治问题,如对法律的合理性进行研究,使法治理论向前迈了一大步。① 1959年在印度德里召开了世界法学家大会,通过了《德里宣言》,阐述了法治的三大原则:一是立法机关的职能在于创设和维护使每个人保持人类尊严的各种条件;二是不仅要为制止行政权的滥用提供法律保障,而且要使政府能有效地维护法律秩序,借以保证人们具有充分的社会和经济生活条件;三是司法独立和律师自由是实施法治原则必不可少的条件。②

宪法作为国家的根本大法,是法治发展的成果,也是法治建设的核心,理应坚持法治理论,贯穿法治原则。在资本主义国家,宪法一般通过政治宣言或序言确立国家所坚持的法治原则,在正文中则将法治原则转化为具体的宪法条款,如对公民基本权利的规定就体现了权利保障的法治精神;对国家权力配置的规定体现了对国家权力制约的法治内涵。社会主义的法治理论将实质法治的精神表现得很充分,使形式法治与实质法治充分统一,使法治建设置于一个宏大的背景中。

我国选择法治之路并且正在进行法治建设,这是人民的共同意愿和要求。我国《宪法修正案》明确肯定了法治原则,即"中华人民共和国实行依法治国,建设社会主义法治国家"。我国宪法中的法治原则首先表现为宪法至上的原则,将宪法作为国家实现民主政治的重要手段,没有宪法至上的法治不是法治。宪法至上是要确立宪法在法律体系及政治、社会生活中的地位。现行宪法在序言中规定:"本宪法以法律的形式确认了中国各族人民奋斗的成果,规定了国家的根本制度和根本任务,是国家的根本法,具有最高的法律效力。"任何组织或者个人都必须在宪法和法律范围内活动,任何公民、社会组织和国家机关都要以宪法和法律为行为准则,依据宪法和法律行使权利或权力、履行义务或职责。其次是体现在对公民基本权利的保障和对国家权力的合理配置方面,反映出宪法的核心价值。最后,是在实现的路径上,体现了法治国家、法治政府和法治社会一体建设。

(四)基本人权原则

人权是资产阶级在反封建斗争中所提出来的一个概念,一般是指作为一个人所应该享有的权利,其理论基础是天赋人权。资产阶级为了反对封建特权,建立有利于资本主义发展的经济关系以及在政治上争取一定的政治地位,提出了人有与生俱有的自由、平等、财产、安全等基本权利,这些权利是不可转让和不可剥夺的,国家和政府负有保障这些权利实现的义务。被马克思称为第一个人权宣言的1776年的美国《独立宣言》写道:"人人生而平等。他们从自己的造物主那里被赋予了某些不可转让

---

① 美国学者德沃金在《认真对待权利》一书中反对孤立的形式平等,主张给予处于不利地位的群体和个人以更多保护。他的主张包含着实质法治的精神。参见〔美〕德沃金:《认真对待权利》,信春鹰、吴玉章译,中国大百科全书出版社1998年版,第270页。

② 参见王人博、程燎原:《法治论》,山东人民出版社1989年版,第131页。

的权利,其中包括生命权、自由权和追求幸福的权利。"1789 年法国的《人权宣言》宣布:"在权利方面,人们生来是而且始终是自由平等的","任何政治联盟的目的,都是保护人的不可剥夺的自然权利。这些权利是自由、财产安全和对压迫的抵抗"。该《宣言》也强调了人权与宪法的关系,肯定没有人权的保障也就没有宪法。1791 年的法国宪法用根本法的形式记载了该《宣言》所确立的人权。《联合国宪章》宣布:"决心要保全后世以免再遭我们这一代人类两度经历的惨不堪言的战况,重申对基本人权、人格尊严和价值以及男女平等权利和大小各国平等权的信念。"1979 年联合国人权委员会又通过了有关人权的决议,强调国家主权、民族自决权、发展权为基本人权。有的学者将人权分为应有权利、法规权利、习惯权利和现实权利四种。① 还有的学者将其分为三种:应有权利、法律权利和现实权利。② 从学者们对人权的划分来看,人权与权利、基本人权还是有一定的分别的。有关人权与权利的区别,有的学者提出了四个不同,即本原不同、主体不同、客体不同、存在的形式不同。③ 我们认为,人权是权利之基础,体现了人性的基本特点,范围也极为广泛,而基本人权是人权的核心,具有固有性、排他性和母体性等特征。④ 国家的宪法和法律根据统治阶级的需要,按照一定的价值取向,保护特定的人权,其他部分可通过伦理道德规范来维护。

基本人权原则在宪法中通过四种方式表现:一是在宪法的序言中载明人权原则和一些基本人权,如法国 1791 年宪法;二是在宪法序言中确立基本人权原则,同时在公民基本权利和义务中具体规定人权内容,如现行的法国宪法;三是用专门的一章或一节来规定,如意大利宪法;四是通过宪法修正案来阐释基本人权原则,如美国。

我国坚持马克思主义的人权观,注重人权的阶级性、社会性、整体性,强调发展权和民族自决权。1991 年国务院新闻办公室发表了《中国人权状况》(白皮书),全面阐述了中国的人权观。我国现行宪法也遵循基本人权原则,用专门的一章规定了公民的基本权利和义务,尽管它没有用基本人权的概念,但基本人权的理念已经融于许多条款中。2004 年,宪法修正案明确规定:"国家尊重和保障人权。"这是我国对人权价值观念的宣示,表明了国家的立场,其意义是:有助于推进我国立法的民主化和科学化;有助于改进我国的执法工作;提高了整个社会的人权保障观念。⑤

五、宪法的作用

宪法的作用与宪法的功能在含义上是一致的,主要是指宪法在社会生活中的影响力,即宪法规范通过调整宪法关系主体的行为从而最终对社会关系产生的影响。⑥ 宪法作用可以根据不同的标准划分为不同的方面,如以行为的过程为标准,可以分为

---

① 参见张文显:《论人权的主体与主体的人权》,载《中国法学》1991 年第 5 期。
② 参见沈宗灵主编:《法理学》,高等教育出版社 1994 年版,第 190—194 页。
③ 参见张文显主编:《人权研究》(第三卷),山东人民出版社 2003 年版,第 156—161 页。
④ 参见李龙:《宪法基础理论》,武汉大学出版社 1999 年版,第 149—150 页。
⑤ 董和平:《宪法修改的基本经验与中国宪法的发展》,载《中国法学》2012 年第 4 期。
⑥ 参见周叶中主编:《宪法》,高等教育出版社、北京大学出版社 2000 年版,第 157 页。

指引作用、评价作用、预测作用、教育和强制作用;以社会价值评价为标准,可以分为积极的作用、消极的作用;以规范到现实的对应关系为标准,可以分为应有的作用、实有的作用;以宪法作用的对象为标准,可以分为对经济基础的作用、对上层建筑的作用。我们对宪法作用的认识,主要是站在宪法所调整的社会关系和宪法作用的对象的角度,清晰地展现宪法的"作业面"。据此,宪法的作用主要有如下几个方面:

（一）宪法对国家政权的作用

1. 巩固国家政权

宪法是统治阶级夺取国家政权以后制定的,集中反映了统治阶级的意志和利益。巩固国家政权,维护已经获得的利益是统治阶级的首要任务。统治阶级在夺取政权以后通过宪法或其他的法律把专政的锋芒直接指向被统治阶级。宪法一般规定了各阶级在国家中的地位,明确了谁是统治阶级,谁是被统治阶级,谁是联盟的对象。通过对各阶级的分层,建构起有利于自己的政治和法律秩序。在外部的矛盾已经解决或基本解决以及国家政权相对稳定的条件下,统治阶级就开始考虑如何规范内部的宪治秩序问题。

2. 调节统治阶级内部的各种利益矛盾

外部矛盾的解决是国家政权稳定的前提条件,但内部的问题,特别是各种利益主体的矛盾也在一定的情况下威胁着统治阶级的统治,内部的矛盾只有在秩序的范畴中解决才有利于国家政权的稳定。因此,作为国家根本法的宪法就成为统治阶级内部矛盾或者说利益关系的调节器。宪法通过建立一系列的规范来调节各种利益主体之间的利益关系,如中央与地方关系,地方与地方关系,立法、行政、司法三机关相互间的关系,各政党间的关系,各利益集团间的关系,各民族间的关系等。没有宪法的调节,统治阶级即使夺取了国家政权,也难以维护国家政权。

3. 规范国家权力的有效运行

宪法对国家政权的维护不是让国家机关可以随意地抛弃人民的意志,滥用国家权力,而是规范国家权力的运用。要规范国家权力的运用,只能依赖于制度和秩序。所谓制度就是规则,秩序就是状态。没有制度不可能有秩序,但制度的实现还要有专门的保障机制或者说监督机制。从一定的意义上说,没有监督或者保障同样也是没有秩序的。我国现行宪法规定了宪法监督制度,是为了保障各种实体规范和程序规范的实现,制止违反宪法的行为,在客观上规范了国家权力的运行。

（二）宪法对法制的作用

1. 宪法对法制的统一作用

宪法是国家的根本法,是制定其他法律的依据,在一定的意义上讲就是法律中的法律。世界上有宪法的国家都通过宪法的形式将法制统一起来,以避免法律之间相互冲突而影响整个法律的效力。

我国宪法对法制的统一作用主要表现为:第一,宪法是制定其他法律的依据,其他法律不得与宪法相抵触。第二,在宪法规定的原则范围内,国务院可以制定行政法规,各地方可以制定地方性法规。行政法规和地方性法规必须严格按法律规定的程序来制定。第三,民族自治地区可以制定自治条例和单行条例,但要按严格的批准程序。第四,特别行政区依据宪法和特别行政区基本法制定具体的法律。

2. 宪法对法制的健全作用

宪法除了将法律、法规统一于自身外,还为法制的发展提供了原则、依据和立法程序。一般来说,现代国家是以宪法作为法制建设的起点,在宪法出现后才有其他的法律,如果先有其他法律而后有宪法或者说先修改其他法律后再修改宪法则往往不是常态。在现实生活中,无论法律多么发达、多么健全,总有一些无法覆盖的领域和事项,这是由于社会的发展超越了法律的预设,因此作为根本法的宪法就起着指引和规范人们行为的作用,健全了法律秩序,有时候也可以作为公民权利救济的最后途径。

(三) 宪法对公民权利和自由的保障作用

宪法诞生的历程就是各阶级为争取权利与自由而斗争的历程。自从宪法问世后,权利与自由就构成了宪法的核心内容。宪法对公民权利与自由的保障作用表现为三个方面:第一,宪法确立了国家权力与公民权利的关系,规定了国家权力的运行方式、界限和范围,从而保障了公民的权利和自由。第二,宪法规定了公民的基本权利和义务,为公民权利和自由的实现提供了保障。第三,宪法是公民权利与自由的最后救济途径。公民的权利救济主要是依赖部门法,但部门法在救济中也存在着局限性,特别是当部门法不能完全提供救济时,宪法就可以作为最后的救济手段。

(四) 宪法对社会经济的作用

1. 宪法保护有利于统治阶级的经济基础

宪法是上层建筑的重要组成部分,建立在经济基础之上,同时对经济基础具有反作用。这种反作用表现为:确立有利于统治阶级的经济基础,建立符合统治阶级利益的经济关系,消除不利于统治的各种经济因素。资本主义国家的宪法普遍确立了私有财产神圣不可侵犯的原则,严格保护资本主义的经济关系。社会主义国家的宪法一般规定了生产资料公有制,并严格保护社会主义的公共财产和公民个人所有的合法财产。

2. 宪法促进经济的发展

宪法对经济的发展具有促进作用。宪法为经济的发展提供了最高的法律依据,经济的发展与宪法的目标是一致的,只有当宪法不适应经济发展时才可以修改宪法。宪法不是固定不变的,它对经济制度和具体的经济政策的规定是以一定的历史阶段的经济关系为基础的,当社会中的经济关系已经突破宪法所设定的模式时,就必须要修改宪法。当然宪法也要具有一定的稳定性,不具有稳定性的宪法,也是不适应社会发展的。在立宪技术上,宪法只能对经济政策作抽象性规定,而不是具体的细节描绘,否则,宪法就会面临不断修改的问题,因为具体的经济政策是不断发展的,且随着经济关系的变动而变动。宪法为经济发展创造了良好的法治环境。宪法规范了国家权力的运行,对于"看得见的手"作了严格的规定,借以推动市场经济依据自身的规律发展,同时利用法律手段消除市场中的不良因素,维护市场的健康运转。

我国对宪法进行了多次修改,主要体现在经济政策方面,如《宪法修正案》规定:"我国将长期处于社会主义初级阶段。国家的根本任务是,沿着中国特色社会主义道路,集中力量进行社会主义现代化建设。""国家实行社会主义市场经济。""国家加强经济立法,完善宏观调控。""国家依法禁止任何组织或者个人扰乱社会经济秩序。"等等。

六、宪法监督

宪法监督与宪法保障是两个不同的概念。宪法监督是指由宪法授权或宪法惯例认可的机关,以一定的方式进行合宪审查,纠正和处理违宪行为,以保障宪法实施的一种制度。宪法保障是一个相当宽泛的概念,是各种社会主体为了维护宪法的权威,制止违宪行为,从而保障宪法实施的一种活动。

宪法监督的内容一般有以下几个方面:

第一,对法律、法规以及其他法律文件的合宪性进行审查。宪法具有最高的法律效力,是制定其他法律的依据。立法机关制定的法律、法规以及其他国家机关颁布的法律文件必须遵循宪法,与宪法的原则和精神相一致。一旦法律、法规以及其他的法律文件与宪法相违背,势必损害宪法的权威和国家的根本利益,破坏宪法秩序。为了保证法制的统一性、维护宪法秩序,国家将对法律、法规以及其他的法律文件的合宪性审查作为宪法监督的重要内容。

第二,对国家机关及其工作人员行为的合宪性进行审查。对法律、法规和其他法律文件的审查实际上是对颁布和制定这些规范性文件的机关的行为的审查。从难度上来讲,这类审查比较容易。宪法监督机关只要将宪法与法律、法规和其他法律文件进行比照,就可以得出合宪或违宪的结论。但宪法监督不能停留在这一个层面上。因为,违宪问题往往不是出现在"文本"中,即使"文本"符合宪法的规定,也不等于实施"文本"的行为符合宪法的规定。宪法监督的要义是为了维护宪法的尊严,保障宪法的实施,在范围上应具有全面性和针对性。如果把监督的范围局限于"文本"上,就会使许多的违宪行为得不到处理,宪法的权威同样会遭受损害。职权法定原则是国家机关及其工作人员从事公务活动的基本准则,而宪法又是法上之法,因而,宪法监督机关对国家机关及其工作人员的行为进行合宪性审查是宪治建设的必然要求。国家机关工作人员是在国家机关中能够行使国家公权力的人员。在一般情况下,国家机关工作人员可以做违法的主体,而不能做违宪主体,也就是说,国家机关工作人员的行为能通过一般法律来调整,就没有必要依赖宪法监督程序来调整,只有当一般法律没有具体规定,而行为又涉及国家权力或公民的基本权利时,才应当适用宪法监督程序。

第三,对政党、团体、企业行为的合宪性进行审查。政党、团体、企业在现代社会中发挥着重要作用,其行为影响着选举、立法活动和政府施政。第二次世界大战结束以后,许多国家将其纳入宪法监督的范围,作为宪法监督的对象。《德国联邦宪法法院法》第13条在对宪法法院管辖权的规定中确立了"关于政党的案件"的管辖权。德国联邦宪法法院于 1952 年 10 月 23 日审理并裁判国家社会党违宪。宪法法院所持的理由是该党破坏了基本法所规定的自由和民主的基本秩序。日本最高法院在苫米地案件中判决了相关公司的行为违宪。

目前世界上有三种模式的宪法监督制度：一是普通法院的审查模式（司法审查制度），以美国为代表；二是宪法法院或宪法委员会的审查模式（专门机关审查模式），以德国、法国为代表；三是代表机关的审查模式，以中国为代表。三种模式都有其特点和优点，对某种模式的选择不能脱离一个国家的历史背景、文化传统、核心价值理念和政治架构。

我国的宪法监督制度属于代表机关审查模式，它借鉴了以前的苏联经验。虽然新中国成立以来这一制度发挥了相当重要的作用，但也存在着一定的局限性，特别是在全面依法治国的条件下，不能有效发挥宪法监督作用，因而，完善宪法监督制度，保证宪法的贯彻执行是我国法治建设的必然要求。2018 年，我国《宪法修正案》第 44 条对宪法监督制度作了进一步的完善，设立了宪法和法律委员会，强化了宪法监督效能。

（一）我国宪法监督制度的特点

我国宪法监督制度的特点主要表现在如下几方面：

1. 中央集中监督与地方分级保证相结合

我国的宪法监督体制属于代表机关的监督体制，在理论上源于马克思主义的议行合一原则，要求一切国家权力由代表机关来分配，一切机关都统属于代表机关并接受代表机关的监督，确立了其他国家机关对代表机关的从属关系。依据我国宪法的规定，全国人民代表大会及其常务委员会、地方各级人民代表大会及其常务委员会是我国的宪法监督机关，行使宪法监督权。全国人民代表大会有权改变或者撤销全国人民代表大会常务委员会不适当的决议；全国人民代表大会常务委员会有权撤销国务院制定的同宪法相抵触的行政法规、决定和命令，并有权撤销省、自治区、直辖市的国家权力机关制定的同宪法相抵触的地方性法规和决议。按照中共中央印发的《深化党和国家机构改革方案》的要求，全国人大宪法和法律委员会在继续承担统一审议法律草案工作的基础上，增加推动宪法实施、开展宪法解释、推进合宪性审查、加强宪法监督、配合宪法宣传等职责。这一改革措施，进一步完善了我国的宪法监督制度。地方各级人民代表大会也有类似于全国人民代表大会的职权，并分级保证宪法、法律、行政法规在本区域的实施。

2. 事先审查与事后审查相结合

我国的宪法监督不同于其他国家，特别是在方式上，采取的是事先审查与事后审查相结合的方式。事先审查是指法律、法规以及其他的法律文件在发生效力前，由国家权力机关对其所作的审查，又称为预防性审查。事后审查是指法律、法规以及其他的法律文件已经发生效力后由国家权力机关对其作的审查。许多国家的宪法监督主要表现在一个方面，如美国主要是事后审查，是在诉讼过程中，由于当事人对适用于该案件的法律的合宪性问题有怀疑，并且可能影响到案件的裁决，法院基于当事人的请求,对适用于该案件的法律一并进行审查。

3. 专门机关监督与群众监督相结合

宪法监督之本源属于人民监督,因为国家的一切权力属于人民,人民对国家机关和国家机关工作人员的监督是人民意志的体现。人民监督是从性质上所作的定位,在社会生活中主要为群众监督。群众监督与专门机关的监督在形式上是一个相对应的概念,但在实质上却是专门机关监督的基础和力量来源。我国的宪法监督不同于资本主义国家的宪法监督,最根本的区别是我国的宪法监督充分体现了群众监督的思想,将群众监督作为宪法监督的基础和根本保证。

(二) 我国宪法监督制度的完善

我国的宪法监督制度在本质上具有优越性,但从效能上来看,还有进一步完善的空间,特别是在全面推进依法治国的条件下,宪法监督制度的地位和作用日益显现出来,迫切需要用法治思维和法治方式来解决宪法监督中的具体问题。

我国宪法监督理论接受了"代表机关优位论",即认为代表机关是民意表达的机关,具有最高的地位和最高的权威。在国家机关的相互关系中,监督关系是一种上位者对下位者的权力运用关系。这样的设计在总体上体现了价值目标和实体上的正当性,也便于保证国家法制的统一,但在操作中,仍然有一些问题需要解决:(1)宪法监督的法律化、程序化问题。宪法监督是一种特殊的法律监督,应当运用法治思维并通过法治方式来解决,即根据特定的法律程序将实体上的正当性转化为程序上的正当性。(2)宪法救济制度与宪法监督制度融合的问题。一般来说,宪法救济制度是宪法监督制度的重要组成部分,没有救济制度的监督制度是不完善的。对公民宪法权利的救济除了要依赖各种法律法规外,还要靠宪法,公民可以通过宪法诉讼维护自身的权利。针对这样的问题,我们提出两点思考:(1)在现行宪法的框架下,进一步将宪法监督制度法律化、程序化。(2)建立宪法诉讼制度,以便在公民的宪法权利遭受特定损害的时候为其提供宪法上的救济。

第二节 国家的性质和经济制度

一、国家的性质

根据马克思主义的国家学说,国家的性质就是指国家的阶级本质,又称为国体,具体是指各阶级在国家中的地位,即哪个阶级是统治阶级,哪个阶级是被统治阶级,哪个阶级是联盟的对象。社会主义国家的宪法明确规定了国家的阶级本质,资本主义国家的宪法掩盖了国家的阶级本质。

(一) 我国是人民民主专政的社会主义国家

我国现行宪法明确地规定了国家的性质。《宪法》第 1 条第 1 款规定:"中华人民共和国是工人阶级领导的、以工农联盟为基础的人民民主专政的社会主义国家。"

我国的人民民主专政在实质上即无产阶级专政。无产阶级专政理论是马克思国家学说的基石。无产阶级意指工人阶级,由于工人阶级在资本主义社会中处于被剥削和被压迫的地位,除了自身之外,一无所有,同时与最先进的生产方式相联系,具有组织性、革命性和先进性的特点,因此革命运动主要依靠工人阶级并由工人阶级来领导,当工人阶级夺取国家政权后理所当然地成为国家的领导阶级,并执掌国家政权。我国有自己的特点,国家政权的基础不同于其他国家。无产阶级专政在我国表现为人民民主专政,虽然人民民主专政与无产阶级专政是两个概念,但在本质上完全相同,这是因为:人民民主专政在领导权、阶级基础、专政职能和历史使命方面与无产阶级专政相一致。人民民主专政是一种新型民主与新型专政的结合,突出表现在以工人阶级为领导和以工农联盟为基础这两个方面。

（二）我国的政党制度

政党是一定的阶级为了共同的利益,以夺取或控制国家政权,或影响国家权力的运用而由其先进分子建立的政治组织。世界各国的政党制度不尽相同,大体上有:一党制、两党制、多党制、一党领导的多党合作制。

我国的政党制度根植于中国的土壤,是在历史发展过程中形成的,不同于其他国家,突出表现为中国共产党领导的多党合作制。[①] 中国共产党的领导是我国政党制度的重要内容和基本方面,体现在如下几个方面:第一,中国共产党是执政党,其他的民主党派是参政党;第二,各民主党派承认和接受中国共产党的领导,与共产党一道进行社会主义革命和社会主义建设;第三,中国共产党对民主党派的领导是政治领导,即政治原则、政治方向和重大方针政策的领导;第四,中国共产党在重大问题上与民主党派共同协商。我国的民主党派有:中国国民党革命委员会、中国民主同盟、中国民主建国会、中国民主促进会、中国农工民主党、中国致公党、九三学社、台湾民主自治同盟。这些民主党派产生于抗日战争和解放战争时期,与中国共产党有着密切联系,为民族独立和解放作出了积极的贡献。新中国成立后,我国民主党派经过社会主义革命和社会主义改造,性质已经发生了变化,已经成为各自所联系的社会主义劳动者、社会主义事业建设者、拥护社会主义的爱国者、拥护祖国统一和致力于中华民族伟大复兴的爱国者的政治联盟。我国的多党合作制在实践中主要通过政治协商、民主监督和各民主党派参政议政来实现,具有中国特色,同时也显现出这一政治制度的优势。

（三）我国的协商民主制度

1. 统一战线。统一战线是我国人民民主专政的重要特色,也是中国革命取得胜利的三大法宝之一。统一战线经历了一个变化和发展的过程,在新民主主义革命时期,是工人阶级同农民阶级、民族资产阶级和其他爱国者参加的特种形式的阶级联盟。新中国成立以后,经过社会主义革命和社会主义改造,统一战线的性质发生了一定的变化,特别是在现阶段,统一战线是由中国共产党领导的,有各民主党派和各人

[①] 习近平同志在党的十九大报告中指出,中国特色社会主义最本质的特征是中国共产党领导,中国特色社会主义制度的最大优势是中国共产党领导。

民团体参加的,包括全体社会主义劳动者、社会主义事业的建设者、拥护社会主义的爱国者以及拥护祖国统一和致力于中华民族伟大复兴的爱国者的广泛的政治联盟。现阶段的统一战线又称为爱国统一战线,其任务是:把我国建设成为富强、民主、文明、和谐、美丽的社会主义现代化国家,实现中华民族的伟大复兴;完成祖国和平统一大业;维护世界和平。统一战线是一个抽象的政治概念,其实现要通过特定的载体来完成,如人民政协就是统一战线的重要组织形式。

2. 政治协商制度。政治协商制度是以中国共产党为领导、以中国人民政治协商会议为组织形式的政治制度。《宪法修正案》第 4 条对政治协商制度予以充分肯定,规定了:"中国共产党领导的多党合作和政治协商制度将长期存在和发展。"习近平同志指出:"人民政协是具有中国特色的制度安排,是社会主义协商民主的重要渠道和专门协商机构。"[1]政协的组织系统分为政协全国委员会和地方委员会,在性质上,它们不是政权机关,也不是社会团体,而是统一战线和政治协商的组织形式,上下级之间不是领导与被领导的关系,而是指导与被指导的关系。人民政协的职能是政治协商和民主监督,具有广泛性和党派性的特点,在我国政治生活中发挥着极为重要的作用。

3. 协商民主制度。协商民主是 20 世纪后期于西方国家产生的一种政治理论,源自自由民主和批评理论,主要是指在多元主张和利益的背景下,通过政治参与,就决策和立法达成共识,其意义在于校正自由民主主义的不足,克服代议制民主的缺陷,实现不同政治主体的利益。我国也主张协商民主理论,但与西方有很大的区别。主要区别有:第一,前提不同。我国坚持国家一切权力属于人民的原则,国家的利益与人民的利益是一致的,尽管也存在着不同的利益诉求,但最终的根本利益具有一致性。第二,范围不同。我国协商民主的范围,无论是主体的范围,还是对象的范围都极为广泛,从国家大政方针到日常生活中的具体问题都可以通过协商民主的方式来解决。第三,我国的协商民主是在坚持党的领导、人民当家做主、依法治国相统一的条件下进行的,体现了在民主集中制基础上的内容和形式的统一。协商民主制度具有更广泛的内容,涵盖了政治协商制度,也可以说,政治协商制度是协商民主制度的重要组成部分,是协商民主的重要渠道,是最早制度化的协商民主形式。习近平同志指出:"协商民主是我国社会主义民主政治的特有形式和独特优势,是党的群众路线在政治领域的重要体现。推进协商民主,有利于完善人民有序政治参与、密切党同人民群众的血肉联系、促进决策科学化民主化。"[2]协商民主主要包括:立法协商、行政协商、民主协商、参政协商、社会协商,在具体方式上可以通过组织专题协商、对口协商、界别协商、提案办理协商等来实现。

---

[1] 习近平:《决胜全面建成小康社会 夺取新时代中国特色社会主义伟大胜利》,载《党的十九大报告辅导读本》,人民出版社 2017 年版,第 37 页。

[2] 习近平:《关于〈中共中央关于全面深化改革若干重大问题的决定〉的说明》,载《人民日报》2013 年 11 月 16 日。

二、经济制度

经济制度与经济基础是两个不同的概念。在宪法学中,有的学者认为经济制度就是指经济基础[①]。实际上,两者应该是有区别的。经济制度应该是一种法律上的概念,是宪法和法律对经济关系的一种确认,可以说是现存的经济关系在宪法上的反映,属于上层建筑的范围。经济制度在内容上表现为两个方面:一是确认生产关系的制度,如生产资料所有制和分配制度;二是经济管理体制,如市场经济体制及其相关政策。[②] 马克思主义所阐述的经济基础主要是现实中存在的经济关系,最主要的是生产关系。宪法是社会经济关系发展到一定阶段的产物,规定了经济制度和社会经济发展的方向,反映出一个国家经济制度的特色,如我国宪法确立了以社会主义公有制为主体的多种所有制并存的所有制结构,就具有我国的特色。

(一) 社会主义公有制经济

社会主义公有制经济决定了我们国家的性质,它由两部分组成,一是全民所有制经济即国有经济,二是劳动群众集体所有制经济。

1. 全民所有制经济

全民所有制经济是生产资料属于全体人民所有,由国家代表人民占有生产资料的一种所有制形式。《宪法》第 7 条规定:"国有经济,即社会主义全民所有制经济,是国民经济中的主导力量。国家保障国有经济的巩固和发展。"全民所有制经济在社会主义现代化建设中起着决定性作用,把握着国家的经济命脉,是社会主义公有制的基石。为了保证全民所有制经济的发展,《宪法》第 9 条规定:"矿藏、水流、森林、山岭、草原、荒地、滩涂等自然资源,都属于国家所有,即全民所有;由法律规定属于集体所有的森林和山岭、草原、荒地、滩涂除外。""城市的土地属于国家所有。农村和城市郊区的土地,除由法律规定属于国家所有的以外,属于集体所有;宅基地和自留地、自留山,也属于集体所有。"

2. 劳动群众集体所有制经济

劳动群众集体所有制经济是由集体经济组织占有生产资料的一种公有制经济。劳动群众集体所有制经济是社会主义公有制经济的重要组成部分,在改革开放以及社会主义现代化建设的过程中具有重要的地位。《宪法》第 8 条规定:"国家保护城乡集体经济组织的合法的权利和利益,鼓励、指导和帮助集体经济的发展。"

3. 混合所有制经济

混合所有制经济是一种新的所有制形式,即在一种经济结构中,可以是国有经济与集体所有经济、个体经济、私营经济、涉外经济的混合,也可以是后几种经济形式的混合。一般来说,公有制经济与私有制经济的混合才可称为混合所有制经济,如果是单纯的私有经济之间的混合,就可以直接实行股份制,不存在混合所有制,如中外合

---

① 参见吴杰主编:《宪法教程》,法律出版社 1987 年版,第 138 页。
② 参见刘茂林:《中国宪法导论》,北京大学出版社 2005 年版,第 229 页。

资企业就是混合所有制经济形式。股份制是一种资本组织形式,并非笼统地归纳为混合所有制经济。从资本的形态上来看,混合所有制可以表现为国有资本、集体资本、非公有资本等的交叉持股和相互融合。我国宪法确立的以公有制为主体,多种所有制并存的结构为混合所有制经济的形成奠定了法律基础和法律支撑。国家发展混合所有制经济的意义在于进一步使公有制经济充满活力,使非公有制经济平等地参与经济活动,稳定市场秩序。

(二) 社会主义市场经济的重要组成部分

通过我国现行宪法的有关规定,可以看到我国已经实现了由计划经济向市场经济的转变。1982年制定宪法时,《宪法》第15条所提到的是计划经济的概念,而1993年宪法修正案则将计划经济改为市场经济,使我国的经济体制发生了重大的转变。1999年和2004年的宪法修正案则更具有意义,如第16条修正案规定:"在法律规定范围内的个体经济、私营经济等非公有制经济,是社会主义市场经济的重要组成部分。"第21条修正案规定:"国家保护个体经济、私营经济等非公有制经济的合法的权利和利益。国家鼓励、支持和引导非公有制经济的发展,并对非公有制经济依法实行监督和管理。"1993年、1999年、2004年的三次宪法修改反映了我国对非公有制经济在价值观念上的转变。在旧观念中,一般认为非公有制经济在性质上是一种私有制经济,与我国公有制经济是不能相提并论的,只能从属于公有制经济,国家对其政策也就不同于公有制经济。《宪法修正案》第16条、第21条就实现了观念的转变,标志着我国初步实现了由身份向契约的转变,使各种经济主体在市场经济中处于平等的地位。

1. 个体经济

个体经济是个体劳动者占有少量的生产资料和产品,以自己从事劳动为基础的一种经济形式。改革开放以来,我国的个体经济得到了空前的发展,在一定的意义上繁荣了我国的市场经济,并为私营经济的发展奠定了基础。

2. 私营经济

私营经济是一种私人占有生产资料,使用雇工8人以上,从事经营活动,自负盈亏的经济形式。私营经济建立在个体经济充分发展的基础上,可以说是个体经济的扩大化。我国《宪法修正案》第1条就确立了私营经济的存在,第16条确立了私营经济的地位即是社会主义市场经济的重要组成部分。第21条规定了国家对私营经济的政策是保护其合法权利和利益,鼓励、支持和引导其发展,并依法实行监督和管理。

3. 涉外经济

涉外经济通常称为"三资经济",有三种形式:中外合资、中外合作、外商独资。涉外经济也是我国市场经济的组成部分。《宪法》第18条规定:"中华人民共和国允许外国的企业和其他经济组织或者个人依照中华人民共和国法律的规定在中国投资,同中国的企业或者其他经济组织进行各种形式的经济合作。在中国境内的外国企业和其他经济组织以及中外合资经营的企业,都必须遵守中华人民共和国的法律。它们的合法的权利和利益受中华人民共和国法律的保护。"

（三）我国社会主义经济建设的基本方针

1. 大力发展生产力，逐步改善人们的物质和文化生活

这是社会主义生产的基本目的，也是人类需要中的最基本的需要，离开了这一点，人们从事生产活动的积极性不可能得到提高，社会主义的生产力也不可能得到较快的发展。我国宪法将其作为经济建设的指导方针于观念上彻底肃清了"以阶级斗争为纲"的"左"的思想，具有客观性和务实性。

2. 建立社会主义市场经济体制

1982年宪法规定了计划经济体制，与当时的思想、文化观念是相一致的。计划经济体制是由国家根据计划来配置社会资源，人们的生产、经营、消费等活动全部由国家计划安排；而市场经济体制是通过市场的作用来配置社会资源，人们的生产、经营、消费等活动主要依赖于市场。相对而言，市场经济体制具有灵活性的特点，能最优化地配置资源，节约成本，同时也有利于政府职能的履行和公民自我价值的实现。1993年宪法修正案确立市场经济体制可以说是一个正确的、必然的选择。建立社会主义市场经济体制是一个庞大的系统工程，宪法对市场经济的确立只是市场经济体制建立的开始，并不是市场经济体制已经完成的总结，社会主义市场经济体制还要在探索中不断完善。宪法对社会主义市场经济体制既有宏观上的部署，同时也有中观或微观上的指导，如宪法对企业的民主管理和企业经营体制的规定就为企业向市场化迈进指明了方向。中国共产党第十八届三中全会通过的《关于全面深化改革若干重大问题的决定》对我国社会主义市场经济体制改革的问题作了全方位的部署，它明确指出："建设统一开放、竞争有序的市场体系，是使市场在资源配置中起决定性作用的基础。必须加快形成企业自主经营、公平竞争，消费者自由选择、自主消费，商品和要素自由流动、平等交换的现代市场体系，着力清除市场壁垒，提高资源配置效率和公平性。"习近平同志在中国共产党十九大报告中指出："必须坚持和完善我国社会主义基本经济制度和分配制度，毫不动摇巩固和发展公有制经济，毫不动摇鼓励、支持、引导非公有制经济发展，推动新型工业化、信息化、城镇化、农业现代化同步发展，主动参与和推动经济全球化进程，发展更高层次的开放型经济，不断壮大我国经济实力和综合国力。"[①]

3. 坚持对外开放

对外开放是我国的一项基本国策，也是我国市场经济发展的必然要求。经济的全球化实际上就是市场的全球化，充分利用国际市场和国际社会中的资源对于中国的发展是有意义的。实践已经证明了这一点：封闭、保守、锁国是没有出路的。我国宪法体现了对外开放的精神，为对外开放提供了最高的法律保障。

4. 保护社会主义公共财产和公民个人的合法财产

宪法规定了社会主义公共财产神圣不可侵犯。社会主义的公共财产是国家的物

[①] 习近平：《决胜全面建成小康社会 夺取新时代中国特色社会主义伟大胜利》，载《党的十九大报告辅导读本》，人民出版社2017年版，第21—22页。

质基础,是社会主义制度实现的保证。在保护公共财产的同时也要保护公民个人的合法财产,因为它是个人权利实现的重要条件和保证。《宪法修正案》第 22 条规定:"公民的合法的私有财产不受侵犯。""国家依照法律规定保护公民的私有财产权和继承权。""国家为了公共利益的需要,可以依照法律规定对公民的私有财产实行征收或者征用并给予补偿。"

第三节　国家政权组织形式和国家结构形式

一、国家政权组织形式

(一) 政权组织形式的概念

政权组织形式是指统治阶级组织和规范国家权力的运用以及管理整个社会所采取的一定的原则和方式。政权组织形式同政体尽管在含义上基本相同,但在范围上则有一定的区分。一般而言,政权组织形式是政体中的核心内容,但政体比政权组织形式要宽泛一些,如共和政体、君主政体等都包含着一定的政权组织形式。①

政权组织形式同国家的阶级本质有着紧密的联系,一般来说有什么样的阶级本质就有与之相对应的政权组织形式,但政权组织形式对统治阶级的政权也有反作用。

(二) 我国的政权组织形式

我国的政权组织形式是人民代表大会制度。人民代表大会制度是指人民依据民主集中制的原则通过直接或者间接的方式选举代表组成代表机关,然后由代表机关产生其他的国家机关,其他国家机关对代表机关负责的一种制度。人民代表大会制度是我国基本的政治制度。

1. 人民代表大会制度是我国的根本政治制度

人民代表大会制度是马克思主义关于代议制度的基本原理同中国具体实践相结合的产物。我国的人民代表大会制度虽然借鉴了其他社会主义国家的经验,特别是苏联的经验,但主要还是根据我国的实际情况来设计的。第一,人民代表大会制度全面地反映了我国的阶级本质。人民代表大会制度从一产生起,就具有不同于以前社会中的代议制度的性质,反映的是多数人的意志和利益,目的是将国家权力牢牢地掌握在人民的手中。第二,人民代表大会制度体现了我国政治生活的全貌,是其他各项制度建立的基础。人民代表大会制度不是某一方面的具体制度,而是一种涉及国家、社会生活方方面面的综合性的制度,其他的各项制度是以它为基础,并建立在它之上,没有这项制度,其他的各项制度就缺乏合法性和正当性。第三,人民代表大会制度是人民实现国家权力的形式。一切权力属于人民是我国宪法的一项基本原则,但这项原则主要通过代议制度来实现,具体而言,就是通过人民代表大会制度来实现,没有人民代表大会制度,国家的一切权力属于人民就是一句空话。

---

① 参见魏定仁主编:《宪法学》,北京大学出版社 1999 年版,第 133 页。

2. 人民代表大会制度的优越性

人民代表大会制度具有本质上的优越性。首先,便于人民参加国家管理。人民代表大会制度将国家权力的所有者(人民)与国家权力的运用高度地结合了起来。人民选举产生各级人民代表大会代表,由人民代表大会代表将人民的意见、要求和建议反映到各级国家权力机关中,便于制定法律、法规以及决议、决定。同时,各级人民代表大会代表也将法律、法规、决议和决定带到人民群众中,便于人民群众遵守和执行。其次,人民代表大会制度便于少数民族参加国家管理。我国是多民族的国家,各民族都是国家的主人。人民代表大会制度在组织、运作以及其他各方面充分考虑到民族情况,便于少数民族参加国家事务的管理。最后,人民代表大会制度便于中央的集中领导和充分发挥地方的主动性和积极性。中央和地方之间的关系既是一个宪法理论问题,也是人民代表大会制度的一项重要内容。人民代表大会制度将中央和地方衔接了起来,建立起一种良性的、互动的机制,具体来说,中央集中行使国家权力,对主要的问题行使决定权,地方在法律、法规的范围内行使对地方事务的管理权。

3. 人民代表大会制度的完善

人民代表大会制度具有本质上的优越性,是人民的意志得到充分表达的制度。然而,在实践中人民代表大会制度的优越性并没有充分地发挥出来,原因是多方面的。从法律上讲,人民代表大会制度是一种实体和程序相结合的制度。多年以来,我国在政治、法律等领域一直关注实体以及本质问题,而忽视了程序,没有看到程序也是制度的一个重要组成部分,导致许多制度的优越性不能得到充分体现。人民代表大会制度的完善实际上主要是程序制度的完善,具体来讲,完善人民代表大会制度主要从如下几方面开展:第一,加强党的领导。《宪法修正案》第36条规定:"中国共产党领导是中国特色社会主义最本质的特征。"人民代表大会制度是坚持党的领导、人民当家做主、依法治国的根本政治制度,必须长期坚持、不断完善。党领导人民制定了宪法和法律,同时党也必须在宪法和法律范围内活动。人民代表大会依据法律行使职权在一定的意义上也体现了党的领导。从法律程序的建构层面而言,就是要进一步完善将党的主张转化为国家意志的方式、方法和步骤,实现党的主张和人民意志的统一。第二,加强人民代表大会及其常务委员会的建设,特别是一些程序制度的建设,如会期制度、某项权力行使的基本程序,等等。第三,提高人民代表大会代表的素质,特别是参政议政能力。

(三)我国的选举制度

选举制度是指关于选举代表机关代表和国家公职人员所应遵循的各项原则和制度的总称。选举制度是近代民主制度发展的产物,与国家的阶级本质有着紧密的联系,不同的阶级对选举制度的设计和要求是不同的,其目的是为了保证本阶级的代表能进入国家的统治阶层和掌握国家权力。我国的选举制度是社会主义性质的选举制度,反映了人民的意志和利益。

1. 我国选举制度的基本原则

选举制度的基本原则反映了统治阶级的价值取向,不同的阶级有着不同的追求。

我国选举制度的基本原则有：第一，选举权的普遍性原则。根据我国宪法和选举法的规定，凡是年满18岁的中国公民，不分民族、种族、性别、职业、家庭出身、宗教信仰、教育程度、财产状况和居住期限，都有选举权和被选举权。依照法律被剥夺政治权利的人没有选举权和被选举权。在我国享有选举权的基本条件有三个：有中国的国籍，是中华人民共和国公民；年满18周岁；依法享有政治权利。第二，选举权的平等性原则。选举权的平等性主要是指每个选民在每次选举中只能享有一个投票权，所投的选票具有相同的法律效力，并且都在同等的基础上参加投票，不因民族、种族、性别、职业、家庭出身、宗教信仰、教育程度、财产状况、居住期限的差异而区别对待。我国宪法和选举法中所体现的选举权的平等性原则是一种形式上的平等与实质上的平等的结合，特别是充分考虑到实质上的平等问题，如合理地处理了农村与城市、少数民族与汉族的代表在人民代表大会中所占的比例，如《全国人民代表大会和地方各级人民代表大会选举法》（简称《选举法》）第15条第1款规定："地方各级人民代表大会代表名额，由本级人民代表大会常务委员会或者本级选举委员会根据本级行政区域所辖的下一级各行政区域或者各选区的人口数，按照每一代表所代表的城乡人口数相同的原则，以及保证各地区、各民族、各方面都有适当数量代表的要求进行分配。在县、自治县的人民代表大会中，人口特少的乡、民族乡、镇，至少应有代表一人。"这一规定就是根据我国农村与城市人口的变化而作的调整。第三，直接选举与间接选举相结合的原则。我国的民主政治是一个逐步发展、逐步完善的过程，应当根据实际循序渐进。我国的宪法和选举法充分地考虑到我国的实际情况，确定了直接选举与间接选举相结合的原则，明确规定县级和县级以下实行直接选举，县级以上实行间接选举。第四，无记名投票的原则。《选举法》第40条规定："全国和地方各级人民代表大会代表的选举，一律采用无记名投票的方法。"第五，对选举权给予物质保障和法律保障的原则。我国选举的经费由国库开支，给予选举活动以较充分的物质保障。为了保证选举活动的顺利进行，使选民的选举权利得到实现，法律、法规从各种不同的方面提供了保障。

2. 我国选举的基本程序

实体与程序是制度中两个不可分割的组成部分，在实体一定的条件下，就需要有一个良好的运作程序，如果程序不能反映正义，实体也就不能体现正义。我国选举的基本程序表现在：第一，设立选举的机构。我国在间接选举时，由人民代表大会常务委员会主持，在直接选举时，由选举委员会主持。第二，划分选区，进行选民登记。按照选举法的规定，我国在划分选区时可以根据选民的居住情况划分，也可以根据生产单位、事业单位和工作单位来划分。在选民登记中采用"一次登记，长期有效"的原则，并于选举日的20天以前公布选民名单。第三，提出代表候选人。在直接选举中，各政党、各人民团体可以单独或联合推荐代表候选人。另外，选民10人以上可以联名推荐代表候选人。选举委员会汇总后将代表候选人名单及代表候选人的基本情况在选举日的15天以前公布，并交各该选区的选民小组讨论、协商，根据多数选民的意见，确定正式代表候选人，必要时可进行预选。正式代表候选人确定后，正式代表候选人名单及代表候选人基本情况应当在选举日的7日以前公布。在间接选举中,各政党、各人民团体和代表提名推荐代表候选人。第四,投票选举和当选计票。在直接选举人民代表大会代表时,选区全体选民的过半数选民参加投票,选举有效。代表候选人获得参加选举的选民过半数选票始得当选。在间接选举人民代表大会代表时,代表候选人获得全体代表过半数的选票,始得当选。第五,对代表的罢免和补选。根据选举法的规定,罢免直接选举产生的代表须经原选区过半数选民的通过;罢免间接选举产生的代表须经原选举单位过半数的代表通过,在大会闭会期间,须经各该级人民代表大会常务委员会组成人员的过半数通过。人民代表在任期内因故出缺,由原选区或原选举单位补选。全国人民代表大会代表,省、自治区、直辖市、设区的市、自治州的人民代表大会代表均可以向选举他的人民代表大会常务委员会提出辞职。

二、国家结构形式

国家结构形式是国家根据一定的原则划分内部的行政区域,调整国家整体与组成部分、中央与地方之间关系的一种形式。

(一)国家结构形式的分类

现代国家的国家结构形式主要分为两大类:单一制和联邦制。单一制是指由若干个行政单位或者自治单位所组成的单一主权国家。一般来说,单一制国家的特点有:国家只有一部宪法和一套完整的法律体系;只有一种政权机关体系和司法机关体系;地方接受中央的统一领导,没有分离权;中央是代表国家进行国际交往的唯一主体;公民也只有一个国籍。联邦制是指由两个或者两个以上的成员国所组成的联盟的国家。联邦制一般来说有这样的特征:联邦有统一的宪法和法律体系,各成员国也有自己的宪法和法律体系;在国家机构的设置上既有联邦的国家机构体系,同时各成员国也有自己的国家机构体系;在中央与地方的关系上,宪法有明确的职权划分;在对外关系上,联邦的组成单位一般不作为国际法上的主体;公民既有联邦的国籍,同时也有各成员国的国籍。

(二)我国是单一制的国家

马克思主义认为社会主义国家应当建立单一制,联邦制是一种过渡形式,是社会主义国家在特定情况下所采用的形式。我国实行单一制是坚持了马克思主义关于国家结构形式的理论,同时更主要的是根据我国的具体实际来考虑的。

1. 我国的民族成分和民族分布情况决定了只能实行单一制

我国是一个多民族的国家,汉族人口较多,约占全国总人口的92%,少数民族约占全国总人口的8%,并且分布也不平衡。在这样一种条件下,不可能建立联邦制的国家。我国的民族分布情况是"大杂居""小聚居",各民族交叉居住,现实上难以建立联邦制的国家。

2. 我国民族关系的历史发展决定了只能实行单一制

尽管我国有众多的少数民族,各民族之间的差别比较大,也存在着一些民族矛盾,但民族关系的主流是友好的、和睦的。自古以来,我国各民族互相交流、互相合作,创造了光辉灿烂的文化,中国的发展史也是各民族不断交流、共同发展的历史。各民族形成了集中统一的心理定势,无论是哪个民族掌握着中央统治权,都想把我国建成为集中统一的国家。

3. 社会主义的现代化建设决定了只能实行单一制

我国的现代化建设不是哪一个民族的事情,而是整个中华民族的事业,光靠一个民族是不能完成社会主义建设事业的,只有各民族共同繁荣,才有社会主义的发展。我国的一个重要特点是人口、资源以及经济的发展极不平衡,东部地区经济比较发达,而西部地区的经济则相对落后;东部地区人口稠密,西部地区人口稀少、资源丰富。因此,各民族间必须互相合作、互通有无,合理地利用全国的人力、物力以及其他的资源。

4. 我国的国防建设需要实行单一制

我国是一个社会主义国家,在对外关系上坚持和平共处的原则,不侵犯他国的主权和领土完整。但是,我国也是一个主权国家,国防建设是国家的一项重要任务。实行单一制在一定的意义上能将各民族团结起来,防止他国对我国主权的侵犯。

第四节　公民的基本权利和义务

一、公民基本权利和义务概述

(一) 公民与国籍

在宪法学中,"公民"与"人民"是两个不同的概念。公民是一个法律概念,指的是具有某一个国家国籍的人,与外国人和无国籍人相对应。人民是一个政治概念,与敌人相对应,且在不同的时期和不同的历史条件下其含义和范围是不同的,因此,我们在学习和研究中不能把人民与公民混同。国籍是一个人属于某一个国家在法律上的身份。在各国的国籍法中,公民取得国籍通常有两种方式:一是原始国籍,即因出生而取得国籍;二是继有国籍,即因加入而取得国籍。国籍是确定公民资格的一种依据,除了这种依据以外,再不能有其他的依据。

(二) 公民的基本权利和义务

公民的基本权利和义务也称为宪法权利和义务,是指宪法所确认的、作为公民所应当享有和履行的最起码的法律权利和义务。在范围上讲,公民的基本权利和义务属于法定权利和义务的范畴,但并不涵盖所有的法律权利和义务,在其范围之外还有其他的法律权利和义务。宪法确定基本权利和义务有客观必然性,是因为:第一,基本权利和义务对于公民和国家来说是必不可少的。基本权利是公民作为国家的主人应当享有的权利,而基本义务是公民对国家所承担的责任,也是国家从事公共管理的基础。第二,宪法确定基本权利和义务就明确了国家与公民的关系,国家依据宪法从事公共管理,不得侵犯公民权利,公民依法享有权利与自由,承担对国家和社会的责任。第三,公民的基本权利和义务构成了一般法律权利和义务的基础。

（三）现行宪法关于公民基本权利和义务的新发展

中华人民共和国成立以后，我国先后制定了四部宪法，即1954年宪法、1975年宪法、1978年宪法、1982年宪法（现行宪法）。这四部宪法都规定了公民的基本权利和义务，也反映了我国的实际，体现了发展的历史过程。现行宪法以1954年宪法为基础，是在总结新中国成立以来正反两方面经验教训的情况下制定的，许多内容有了新的发展。同前三部宪法相比，现行宪法在公民基本权利和义务方面有以下一些发展变化：第一，调整了结构，将"公民的基本权利和义务"一章由原来的第三章调整为第二章，放在第一章"总纲"之后。这表明了治国理念的转化和对公民权利保护的加强。第二，基本权利的范围得到扩大。现行宪法增加了公民基本权利的规定，内容更加充实。有关公民基本权利的条款，1954年宪法有14条，1975年宪法减至2条，1978年宪法有12条，1982年宪法规定了18条。第三，强调了权利与义务的一致性。现行宪法规定了公民在享有宪法和法律规定权利的同时，必须履行宪法和法律规定的义务；在行使权利和自由时，不得损害国家的、集体的利益以及其他公民合法的权利和自由。

二、我国公民的基本权利

根据宪法的规定，我国公民的基本权利主要有下列几类：

（一）平等权

平等权最先是作为一种政治性权利，体现的是人在社会中的地位，反映了人的尊严和价值，后来平等权的含义不断延伸，它不仅是一种政治上的权利，而且在经济、文化、社会、家庭等各方面也都有表现。我们对平等权的理解应该把它放在一个宽泛的领域中来思考，不局限于政治上。基于这样的考虑，我们认为平等权是指公民在政治、经济和社会的一切领域内与其他公民享有同等的权利，不允许区别对待。我国《宪法》第33条第2款规定："中华人民共和国公民在法律面前一律平等。"宪法的这一规定确立了"公民在法律面前一律平等"的法制原则，反映了国家对公民权利的态度，但这并非是专门对平等权的界定。公民平等权的真正确立还有一个过程，需要国家不断地创造条件。我们在理解宪法中的平等权时应当注意几个方面的问题：一是宪法中的平等权不是指立法上的平等，因为作为政治权利的平等权只能是人民享有，对敌人则不能适用；二是平等是指法律规定的同等对待，而不是权利和义务在现实中的完全等同；三是平等还包括民族平等、男女平等等内容；四是平等还包括过程的平等和结果的平等。

（二）政治权利与自由

1. 选举权与被选举权

选举权是公民享有选举国家代表机关代表和国家公职人员的权利。被选举权是公民享有被选举为国家代表机关代表和国家公职人员的权利。选举权与被选举权是公民参与国家管理的一项重要的权利，体现了政治性。我国宪法对这项权利作了较详细的规定：凡是年满18周岁的中国公民（依法剥夺政治权利的除外），不分民族、种族、性别、职业、家庭出身、宗教信仰、教育程度、财产状况、居住期限等,都有选举权和被选举权。

2. 言论、出版、结社、集会、游行、示威的自由

言论和出版自由属于表达自由,在政治权利的范畴中具有重要的地位。从一定的意义上讲,没有这样的自由也就没有政治权利和自由。言论自由是指公民对于政治和社会的各种问题有表达其思想和见解的自由。出版自由是公民言论自由的一种延伸,是言论自由得以实现的一种配套性权利,只不过在方式上不同于一般的言论自由罢了。

结社自由是公民依据法律的规定参加或者组织具有持续性的社会团体的自由。结社可分为政治性结社和非政治性结社。各国对政治性结社都作了较严格的规定和要求,其条件是在方式上的"和平"和在目的上的"维护国家政权"。

集会、游行、示威的自由在学术上归类为行动中的自由,是公民强烈表达其意愿的一种自由权利。集会、游行、示威是一种行动方式,并且是在多数人参与下进行的,往往与法律以及现存的秩序相冲突。各国对这项权利都作了严格的限制,都是将其纳入秩序的范畴中来规范。我国专门制定了《中华人民共和国集会游行示威法》,对这项权利作了较详细和具体的规定。

3. 批评、建议、申诉、控告、检举权和取得赔偿权

在学术研究中,这项权利通常被划作政治性权利,实际上它并不完全属于政治性权利的范畴,把它作为一种监督权来理解更符合该项权利的特性。批评、建议、申诉、控告、检举权和取得赔偿权一般针对的是公共权力,其中包括国家权力,虽然所维护的是特定的利益,但在客观上起到了监督的作用。批评权是指公民对于国家机关和国家工作人员在工作中的错误提出批评意见的权利。建议权是指公民对国家机关和国家工作人员的工作提出建设性意见的权利。申诉权是指公民的合法权益因有关国家机关作出错误的、违法的决定或裁判,或因违法失职行为遭受侵害时,向有关国家机关陈述理由并要求处理的权利。控告权是指公民因国家机关和国家工作人员的违法失职行为造成其合法权益的损害,有向有关国家机关揭发和指控的权利。检举权是指公民对于任何国家机关和国家工作人员的违法失职行为有向有关国家机关揭发事实,请求依法处理的权利。取得赔偿权是公民因国家机关和国家机关工作人员的职务违法行为致使其合法权益遭受损害,请求国家予以赔偿的权利。

(三)人身权利与宗教信仰自由

人身权利是一项综合性权利,由许多权利构成,就我国宪法的规定而言,包括:人身自由、人格权、住宅不受侵犯权、通信自由和通信秘密权。

1. 人身自由

人身自由是指公民的人身不受非法限制的权利。人身自由是行使其他权利的基本条件,没有人身自由,其他的权利就无从实现。根据宪法的规定,在我国,任何公民非经人民检察院批准或决定,或者非经人民法院决定,并由公安机关执行,不受逮捕。禁止非法拘禁和以其他方法非法剥夺或者限制公民的人身自由,禁止非法搜查公民

的身体。

2. 人格权

人格权是公民作为人所拥有的一种权利。法律上的人格权包括姓名权、名誉权、荣誉权和肖像权四个部分。《宪法》第 38 条规定:"中华人民共和国公民的人格尊严不受侵犯。禁止用任何方法对公民进行侮辱、诽谤和诬告陷害。"这是我国宪法第一次写入人格权,是对人身权的进一步规定。我国的其他法律又对其作了更加具体的保障。宪法对人格权的规定主要是约束公共权力,特别是国家权力的运用,体现出以人为本的精神,反映出社会主义法律之本质。

3. 住宅不受侵犯权

住宅是公民居住和生活的场所,与公民的人身自由有着紧密的联系。住宅权是一个相当宽泛的概念,包含着丰富的内容,如住宅所有权、住宅使用权、住宅相邻权等。就宪法的规定来说只是指住宅不受侵犯的权利。《宪法》第 39 条规定:"中华人民共和国公民的住宅不受侵犯。禁止非法搜查或者非法侵入公民的住宅。"

4. 通信自由和通信秘密权

通信自由是指公民有与他人通信的权利,而通信秘密权是公民通信的内容不得随意公开的一种权利。通信自由和通信秘密权与公民的人格尊严、人身权利是联系在一起的,除了由特定的国家机关依据法律规定的程序对其作适当的限制外,其他的任何国家机关、社会团体、组织和个人都不得限制该项权利的享有和运用。《宪法》第 40 条规定:"中华人民共和国公民的通信自由和通信秘密受法律保护。除因国家安全或者追查刑事犯罪的需要,由公安机关或者检察机关依照法律规定的程序对通信进行检查外,任何组织或者个人不得以任何理由侵犯公民的通信自由和通信秘密。"

5. 宗教信仰自由

宗教信仰自由属于思想自由的范围,是指公民有信仰宗教的自由,也有不信仰宗教的自由,有信仰某一种宗教或者教派的自由,有参加或不参加宗教仪式的自由。宗教作为一种社会意识形态有其产生的历史根源,也有发展和消亡的过程,具有长期性、国际性、民族性和群众性的特点,国家不能采用强制性的方法来限制、取消公民的宗教信仰自由,也不能强制公民接受某一种宗教或参加某一种宗教仪式。在现阶段,国家只能保护正常的宗教活动,对于那些利用宗教活动破坏社会秩序、损害公民身体健康、妨碍国家教育制度的行为必须进行制止和制裁。

(四) 公民的社会经济、教育和文化方面的权利

1. 财产权

财产权是指公民对其合法财产享有不受非法侵犯的权利。坚持社会主义公有制、保护公共财产是我国的国策,也体现出社会主义的本质特征。但是,社会主义公有制的存在与发展并不是以完全消灭非公有制和私有财产权为前提的。在社会主义初级阶段,非公有制经济和私有财产权的存在具有一定程度的合理性。因而,在以公有制为主体、多种经济形式共同存在的模式中,保护公民的财产权就是国家的责任。《宪法修正案》第 22 条规定:"公民的合法的私有财产不受侵犯。国家依照法律规定

保护公民的私有财产权和继承权。国家为了公共利益的需要,可以依照法律规定对公民的私有财产实行征收或征用并给予补偿。"从这一规定来看,公民的财产权包括财产所有权、继承权以及获得国家财产补偿的权利。

2. 劳动权

劳动权在性质上既是一种自由权,也是一种受益权,是指有劳动能力的公民有获得工作、选择职业、变更职业以及取得劳动报酬的权利。在市场经济的条件下,劳动权与自由权是高度地结合在一起的。从一定的意义上讲,劳动权的实现也就是劳动者自我价值的实现。《宪法》第42条第1款规定:"中华人民共和国公民有劳动的权利和义务。"宪法将劳动既作为权利,也作为义务,是根据我国的具体实际情况而定的。在权利上讲,公民有权利获得工作以及劳动报酬,并以此作为自己维持生存的必要条件;在义务上讲,公民所进行的劳动是自己对国家、社会、家庭所承担的责任。

3. 劳动者的休息权

劳动者的休息权在性质上讲也是属于劳动权的范围,是指劳动者在劳动的过程中,为了保护自己的身体健康,根据法律、法规的规定所享有的休息和休养的权利。《宪法》第43条第1款规定:"中华人民共和国劳动者有休息的权利。"我国宪法将其单列出来,体现了该项权利在整个权利体系中的地位和重要性。作为国家的一项基本义务是除了规定劳动者的工作时间和休假制度外,还应该建设和发展劳动者的休息和休养设施,为劳动者的休息和休养创造良好的条件。

4. 退休人员的生活保障权

退休人员的生活保障权包含着两个方面的内容:一是退休权,二是退休后的生活保障权。退休权是劳动者达到一定的年龄后而享有的休息和休养的一种权利;退休后的生活保障权是根据国家法律、法规的规定,公民在退休后享有获得物质保障的权利。《宪法》第44条规定:"国家依据法律规定实行企业事业组织的职工和国家机关工作人员的退休制度。退休人员的生活受到国家和社会的保障。"

5. 物质帮助权

物质帮助权是指公民在特定的情况下,不能以自己的劳动获得必要的生活资料,有从国家和社会获得生活保障,享受集体福利的一种权利。《宪法》第45条第1款规定:"中华人民共和国公民在年老、疾病或者丧失劳动能力的情况下,有从国家和社会获得物质帮助的权利。"公民的物质帮助权的实现在市场经济的条件下具有统一性和社会性的特点,反映了国家福利主义思想,有利于市场经济的发展。

6. 受教育的权利

受教育的权利是指公民有在由国家和社会提供的各种学校和机构中接受教育的权利。《宪法》第46条第1款规定:"中华人民共和国公民有受教育的权利和义务。"受教育作为一项义务是现行宪法的一项发展,主要是针对我国的现状所作的规定。相对而言,我国公民的文化教育水平还比较落后,将教育作为权利和义务对于提高中华民族的科学和文化水平是有积极意义的。

7. 进行科学研究、文学艺术创作和其他文化活动的自由

"科学技术就是生产力"已成为整个社会都能接受的观点。要提高生产力的水平和发展我国的经济,必须要大力发展科学技术事业,没有科学技术事业的充分发展,就不可能建设社会主义的现代化国家。《宪法》第47条规定:"中华人民共和国公民有进行科学研究、文学艺术创作和其他文化活动的自由。国家对于从事教育、科学、技术、文学、艺术和其他文化事业的公民的有益于人民的创造性工作,给以鼓励和帮助。"公民从事科学研究、文艺创作和其他的文化活动必须在宪法和法律允许的范围内,不得损害国家和社会的公共利益,也不得有损人民群众的身心健康。

三、我国公民的基本义务

宪法所设定的基本义务主要是公民对国家和社会所应承担的责任。按照宪法的规定,公民的基本义务主要有如下几个方面:

(一)维护祖国的统一和各民族团结

维护祖国的统一是指维护国家领土完整、国家主权完整和独立。民族团结是指各民族在平等基础上的和睦相处、合作互助。国家的统一和各民族的团结是我国革命取得胜利的成果和社会主义建设事业的根本保证。我国反对任何分裂国家和民族的行为,作为中华人民共和国的公民有义务同一切破坏国家统一、民族团结的行为作斗争。

(二)遵守宪法和法律、保守国家秘密、爱护公共财产、遵守劳动纪律、遵守公共秩序、尊重社会公德

这项义务里既有法律上的义务,也有道德上的义务。宪法将道德和法律结合起来,其主要目的是为了建构一个良好的社会秩序和法律秩序,对公民提出的不仅是法律上的要求,也是道德上的要求。

(三)维护国家的安全、荣誉和利益

国家的安全是各种权利和自由实现的先决条件,如果国家的安全受到威胁,那么公民的各种权利和自由就没有保障。因此,每一个公民都不得作出任何有损国家安全的行为。国家的荣誉和利益也是全体公民的集体荣誉和利益,公民有义务妥善处理好国家利益与个人利益的关系问题。

(四)保卫祖国,依法服兵役和参加民兵组织

《宪法》第55条规定:"保卫祖国、抵抗侵略是中华人民共和国每一个公民的神圣职责。依照法律服兵役和参加民兵组织是中华人民共和国公民的光荣义务。"保卫祖国、抵抗侵略是一项基本的义务,而依法服兵役、参加民兵组织是这种义务的延伸,是义务履行具体化的表现。

(五)依法纳税

《宪法》第56条规定:"中华人民共和国公民有依照法律纳税的义务。"税收是国家为了实现其职能,按照法律规定向纳税人根据一定的比例征收的税款。税收是调节国民经济的重要手段,也是社会再生产的基础,体现了国家利益、集体利益、个人利

益三者的一致性,也体现了目前利益和长远利益的一致性。每一个公民都有纳税的义务。在市场经济的条件下,重要的是培养公民的纳税意识,使公民能理解纳税的意义和重要性。

我国宪法除了规定公民的上述义务外,还有其他义务的设定,如计划生育、抚养子女、赡养老人等。

第五节　中央国家机关

国家机构是一定社会的统治阶级为了实现其统治职能和对整个社会进行管理而建立起来的国家机关体系。国家机构是国家构成的一个单元,也是国家存在的一种标志。国家机构依据其产生的经济基础和所表现的阶级本质的不同,可以分为资本主义类型的国家机构和社会主义类型的国家机构。在不同类型的国家里,国家机构的组织与活动原则有明显的分别,资本主义国家突出体现了三权分立的原则,社会主义国家则表现为民主集中制的原则。我国的国家机关体系是以一切权力属于人民的原则为基础,贯彻了民主集中制原则、社会主义法治原则、密切联系群众原则、责任制原则、精简和效率原则。

一、全国人民代表大会及其常务委员会

(一) 全国人民代表大会

全国人民代表大会是我国的最高国家权力机关,在国家机关体系中具有最高的地位,由它产生其他的国家机关,其他国家机关对全国人民代表大会负责。全国人民代表大会由各省、自治区、直辖市、特别行政区和军队选出的代表组成,名额不得超过3000人。按照宪法的规定,全国人民代表大会每届任期为5年。

依照宪法的规定,全国人民代表大会的职权有:

1. 立法权

全国人民代表大会有制定宪法、修改宪法和制定基本法律的权力。制定与修改宪法的权力是全国人民代表大会的专有职权,除了全国人民代表大会外,其他的任何国家机关和组织都不得制定和修改宪法。基本法律是宪法之外涉及国家生活中的一些重要问题的法律,如刑法、民法、诉讼法、组织法、选举法、民族区域自治法、特别行政区基本法等,这些法律也是由全国人民代表大会来制定,其他的法律可以由全国人民代表大会常务委员会来制定。立法权是全国人民代表大会的一项当然的职权,也是一切权力属于人民原则的表现,是代议制存在的基本要求。

2. 重大问题的决定权

全国人民代表大会是最高的国家权力机关,享有对国家重大问题的决定权。如可以审查和批准国民经济和社会发展计划及其执行情况的报告;审查和批准国家的预算及其执行情况的报告;批准省、自治区、直辖市的建制;决定特别行政区的设立;决定战争与和平问题;等等。

3. 最高监督权

全国人民代表大会既是最高的国家权力机关，也是最高的监督机关。它产生其他的国家机关，其他国家机关中的国务院、监察委员会、最高人民法院、最高人民检察院要向全国人民代表大会负责。全国人民代表大会有权改变或者撤销全国人民代表大会常务委员会不适当的决定，在会议期间，可以对国务院及其各部委、国家监察委员会、最高人民法院、最高人民检察院提出质询。在必要时还可以组成特定问题的调查委员会，对一些特定的事项进行调查和监督。

4. 人事任免权

全国人民代表大会有广泛的人事任免权，这也是其地位的体现。根据宪法的规定，全国人民代表大会有权选举全国人大常委会的组成人员、国家主席和副主席、中央军事委员会主席、国家监察委员会主任、最高人民法院院长、最高人民检察院检察长，根据国家主席的提名决定国务院总理的人选，根据国务院总理的提名决定国务院其他组成人员的人选，根据中央军事委员会主席的提名决定中央军事委员会其他组成人员的人选。对于上述人选，全国人民代表大会有权依据法定的程序罢免。

5. 其他应当由全国人民代表大会行使的职权

全国人民代表大会每年举行一次会议，在特别情况下，可以临时召集全国人民代表大会会议。

（二）全国人民代表大会常务委员会

全国人民代表大会常务委员会是全国人民代表大会的常设机关，是全国人民代表大会的组成部分，是经常行使国家权力的机关，由全国人民代表大会产生，对全国人民代表大会负责并报告工作。全国人民代表大会常务委员会由委员长、副委员长、委员、秘书长组成，组成人员不得担任国家行政机关、监察机关、审判机关、检察机关的职务。全国人民代表大会常务委员会每届任期为5年，其中委员长、副委员长的连续任期不得超过两届。

按照宪法的规定，全国人民代表大会常务委员会的职权有：

1. 解释宪法，监督宪法的实施

宪法解释权是宪法赋予全国人民代表大会常务委员会的一项专有职权，以保证宪法监督制度的实施。全国人民代表大会常务委员会对宪法所作的解释是一种正式解释，与宪法条款具有同等的效力。为了保证宪法监督制度的连续性、稳定性，宪法还将监督宪法实施的权力赋予了全国人民代表大会常务委员会，有利于维护宪法的尊严、树立宪法的权威。

2. 立法权和法律解释权

全国人民代表大会常务委员会可以制定除应由全国人民代表大会制定的基本法律以外的其他法律；在全国人民代表大会闭会期间，可以对全国人民代表大会制定的法律进行部分的修改和补充，但不得同该法律的基本原则相抵触。全国人民代表大会常务委员会有权解释法律，既可以解释自己制定的法律，也可以解释全国人民代表大会制定的法律。

3. 国家某些重大事项的决定权

在全国人民代表大会闭会期间,全国人民代表大会常务委员会可以审查和批准国民经济和社会发展计划、国家预算在执行过程中的部分调整方案;行使一定的外交权;决定特赦;决定战争状态的宣布;决定全国总动员和局部动员;决定全国或个别省、自治区、直辖市进入紧急状态;等等。

4. 人事任免权

在全国人民代表大会闭会期间,全国人民代表大会常务委员会有一定的人事任免权:根据国务院总理的提名决定部长、委员会主任、审计长、秘书长的人选;根据中央军事委员会主席的提名,决定中央军事委员会其他组成人员的人选。根据国家监察委员会主任的提请,任命国家监察委员会副主任、委员;根据最高人民法院院长的提请,任免最高人民法院副院长、审判员、审判委员会委员和军事法院院长;根据最高人民检察院检察长的提请,任免最高人民检察院副检察长、检察员、检察委员会委员和军事检察院检察长;批准省、自治区、直辖市人民检察院检察长的任免。决定驻外全权代表。

5. 全国人民代表大会授予的其他职权

全国人民代表大会常务委员会每两个月举行一次会议。

(三)全国人民代表大会代表

全国人民代表大会代表是全国人民代表大会的组成部分,代表人民行使国家权力,也是人民意志的表达者,通过间接选举的方式产生。全国人民代表大会代表出席全国人民代表大会会议,可以提出议案和审议各种议案,听取各种工作报告,对各种议案和法律草案有表决权;在大会闭会期间可以视察和参加特定问题的调查委员会的调查。为了保证人民代表履行其职务,宪法还对其授予了言论免责权和人身的特别保护权,即人民代表在各种会议上的发言和表决不受法律追究的权利;在大会开会期间不经大会主席团的许可、在大会闭会期间不经常务委员会的许可不受逮捕和刑事审判的权利。

全国人民代表大会代表应模范地遵守宪法和法律,保守国家机密,在自己的生产和工作中协助宪法和法律的实施,同原选举单位保持密切的联系,接受原选举单位的监督。

二、中华人民共和国主席

中华人民共和国主席是国家机构的重要组成部分,是对内对外的最高代表,也是我国的国家元首。根据宪法的规定,有选举权和被选举权的年满45周岁的中华人民共和国公民可以被选为国家主席、副主席。国家主席根据全国人民代表大会和全国人民代表大会常务委员会的决定,公布法律、发布命令、任免国务院的组成人员、派遣和召回驻外全权代表、批准和废除同外国缔结的条约和重要协定、授予国家的勋章和荣誉称号。

国家副主席协助国家主席工作,没有独立的职权。按照宪法的规定,国家主席、副主席的任期为5年。在任期届满前,国家主席缺位时,由副主席继位;副主席缺位时,由全国人民代表大会补选;国家主席、副主席都缺位时,由全国人民代表大会补选,在补选以前,由全国人民代表大会常务委员会委员长暂时代理主席职位。

三、国务院

(一)国务院的性质、地位、组成和任期

国务院是我国的最高国家行政机关,也是最高国家权力机关的执行机关,由总理、副总理、国务委员、各部部长、各委员会主任、审计长、秘书长组成。国务院的任期与全国人大的每届任期相同,其中总理、副总理、国务委员的连续任期不得超过两届。

(二)国务院的领导体制

在新中国成立初期,国务院的领导体制是集体负责制。现行宪法总结了历史经验,根据国务院作为最高国家行政机关的特点,改变了领导体制,实行总理负责制。总理负责制既不同于集体负责制,也不同于西方国家的个人独任制,而是将两个方面的优点结合在一起,既有个人独任制的特点,同时也保留了我国长期以来的集体负责制的某些内容,具体来讲,其特点表现在:第一,国务院的组成人员是由总理提名,全国人民代表大会决定;第二,总理主持和召集国务院全体会议和常务会议,对重大问题作出决定;第三,国务院发布的决定、命令、行政法规以及所提出的议案,均由总理签署;第四,国务院是以国务院的名义对全国人民代表大会负责和对各级行政机关实行领导。国务院副总理协助总理工作。

(三)国务院的职权

宪法对国务院的职权作了较详细的规定,一共有18项,归纳起来有:

1. 根据宪法和法律,规定行政措施,制定行政法规,发布决定和命令。行政措施是为了进行行政管理和执行法律以及最高国家权力机关的决议而采取的具体办法和手段。行政法规是由国务院制定和实施的规范性法律文件,是为行政管理和执行法律而制定,通常采用"条例"的形式。在效力上,行政法规高于行政规章、地方性法规,具有普遍的约束力。决定是对具体的行政事务发布的规范性文件。命令只是对特定的事项和特定的人作出的行政措施。

2. 提出议案的权力。国务院向全国人民代表大会及其常务委员会提出的议案有:国民经济和社会发展计划及其执行情况;国家预算以及预算执行情况;必须由全国人民代表大会常务委员会批准和废除的同外国缔结的条约和重要协定;国务院组成人员中必须由全国人民代表大会及其常务委员会决定任免的人选;在国务院职权范围内的其他必须由全国人民代表大会及其常务委员会审议或决定的事项。

3. 对所属各部委和地方各级行政机关的领导权。国务院作为最高的行政管理机关领导所属各部委和地方各级行政机关,有权发布命令、指示;有权改变或撤销地方各级行政机关以及所属各部委发布的不适当的决定和命令。国务院所属各部委和地方各级行政机关都必须接受国务院的领导和监督。

4. 对各项具体行政工作的管理权。国务院依据宪法和法律的规定,管理全国范围内的各项行政事务,包括国防、外交、民政、公安、文教、卫生、体育、经济等。

5. 对行政人员的任免和奖惩权。国务院有权依照宪法和法律的规定,任免行政机关的主要领导人员,并对先进的人员进行奖励和对违法、违纪的人员进行惩罚。

6. 行政区域划分权。按照宪法和法律的规定,国务院有权批准省、自治区、直辖市的区域划分,批准自治州、县、自治县、市的建置和区域划分。省、自治区、直辖市行政区域界线的变更,自治州、县、自治县、市的设立、撤销、更名和隶属关系的变更,自治州、自治县行政区域界线的变更,县、市行政区域界线的重大变更,都由省人民政府报国务院审批。

7. 紧急状态的决定权。国务院有权决定省、自治区、直辖市范围内部分地区进入紧急状态。

8. 最高国家权力机关授予的其他职权。

四、中央军事委员会

中央军事委员会领导全国武装力量,在国家机关体系中具有重要的地位。现行宪法在对国家权力的配制上有了一定的发展,将中央军事委员会作为独立的国家机关,是充分考虑到我国的实际和需要,也结合了我国的传统。

中央军事委员会由主席一人、副主席若干人、委员若干人组成。中央军事委员会主席由全国人民代表大会选举产生,其他组成人员由军事委员会主席提名,全国人民代表大会决定。中央军事委员会对全国人民代表大会及其常务委员会负责,每届任期5年。

五、国家监察委员会

国家监察委员会是行使国家监察职能的专责机关。按照宪法和监察法的规定,监察委员会有权对所有行使公权力的公职人员进行监察,依法调查职务违法和职务犯罪,开展廉政建设和反腐败工作,维护宪法和法律的尊严。《宪法修正案》第52条在"国家机构"中专门增加了一节"监察委员会",使国家监察制度置于宪法的框架下,获得宪法支撑。

国家监察委员会是最高的监察机关,省、自治区、直辖市、自治州、县、自治县、市、市辖区设立监察委员会。国家监察委员会由全国人大产生,对全国人大及其常委会负责;地方各级监察委员会由地方各级人大产生,对地方各级人大及其常委会和上级监察委员会负责并接受其监督。国家监察委员会依法独立行使监察权,不受行政机关、社会团体和个人的干涉,在办理职务违法和职务犯罪案件时与审判机关、检察机关、执法部门互相配合、互相制约。

国家监察委员会由主任一人、副主任若干人、委员若干人组成,主任由全国人大选举产生,副主任、委员由国家监察委员会主任提请全国人大常委会任免。国家监察委员会主任每届任期为5年,连续任职不超过两届。2021年8月20日,第十三届全国人大常委会表决通过了《中华人民共和国监察官法》,设立了监察官制度,对监察官的范围、职责、义务和权利、选用、监督、奖惩、职业保障等作了明确规定。

六、最高人民法院和最高人民检察院

最高人民法院和最高人民检察院是我国的司法机关，也是国家机关体系中的重要组成部分。按照宪法的规定，最高人民法院和最高人民检察院由全国人民代表大会产生，对全国人民代表大会负责并报告工作，每届任期为 5 年，其中最高人民法院院长、最高人民检察院检察长的连续任期不得超过两届。

最高人民法院是我国的最高审判机关，它监督地方各级人民法院和专门人民法院的审判工作。最高人民检察院是我国的最高检察机关，它领导地方各级人民检察院和专门人民检察院的工作。

本章小结

宪法是根本法，是关于国家权力与公民权利关系的法律，调整着最基本的社会关系。宪法之精神就是限制国家权力和保障公民权利，所体现出来的核心价值就是维护和保障公民权利。宪法与其他的部门法在内容、制定和修改的程序以及效力上有着明显的区分，是制定其他法律的依据。本章以宪法是什么为主线，介绍和分析了国家制度和社会制度、公民的基本权利和义务、国家机构等内容，勾画出我国的宪政体制。我国的宪政体制不同于西方国家，具有自己的特点，坚持以公有制为基础的社会主义制度是国家发展的方向；人民代表大会制度作为一项基本的政治制度，体现了宪法的本质和价值取向；单一制的国家结构形式、特别行政区制度、民族区域自治制度是马克思主义的基本原理同中国具体实际相结合的产物；公民的权利与自由具有广泛性、平等性、现实性和一致性的特点；根据民主集中制原则而建立的中央和地方国家机关是社会主义的政治制度、经济制度和文化制度的基本保障；多党合作和政治协商制度是具有中国特色的政治制度。

思考题

1. 怎样认识宪法的最高法律效力？
2. 怎样认识我国的宪法监督制度？
3. 如何理解人民代表大会制度是我国基本的政治制度？
4. 我国为何采用单一制的国家结构形式？
5. 如何理解我国选举权的平等性原则？
6. 如何理解我国公民权利与义务的一致性？
7. 如何理解我国的总理负责制？
8. 我国的监察制度有何特点？

推荐阅读书目

1. 杨海坤:《跨入新世纪的中国宪法学——中国宪法学的研究现状与评价》,中国人事出版社 2001 年版。
2. 何勤华:《20 世纪西方的宪政发展及其变革》,法律出版社 2005 年版。
3. 周叶中:《宪法政治:中国政治发展的必由之路》,中国法制出版社 2012 年版。
4. 韩大元:《宪法学基础理论》,中国政法大学出版社 2008 年版。
5. 林来梵:《宪法学讲义》,法律出版社 2015 年版。
6. 〔日〕美浓部达吉:《宪法学原理》,欧宗佑、何作霖译,中国政法大学出版社 2003 年版。
7. 中国法学会宪法学研究会编:《宪法研究》(第一卷),法律出版社 2002 年版。

主要参考文献

1. 刘茂林:《中国宪法导论》,北京大学出版社 2005 年版。
2. 周叶中主编:《宪法》,高等教育出版社、北京大学出版社 2000 年版。
3. 李龙:《宪法基础理论》,武汉大学出版社 1999 年版。
4. 张庆福主编:《宪法学基本理论(上、下)》,社会科学文献出版社 1999 年版。
5. 刘嗣元、彭俊良主编:《法学概论》,人民法院出版社、中国社会科学出版社 2004 年版。

第四章 刑 法

学习目标

1. 了解刑法的概念、基本原则、刑法的效力范围;
2. 掌握犯罪的概念与特征、犯罪构成要件、阻却犯罪的事由、故意犯罪形态、共同犯罪;
3. 掌握刑罚的概念、功能与种类,量刑制度的概念、适用条件与法律后果,行刑制度的概念、适用条件与法律后果;
4. 在了解刑法分则体系的基础上,具体掌握若干重点、难点罪名。

基本概念

刑法;罪刑法定;刑法的溯及力;犯罪;构成要件;正当防卫;犯罪未遂;犯罪中止;主刑;附加刑

第一节 我国刑法的概念、基本原则与效力范围

一、刑法的概念

刑法是规定犯罪及其刑事责任的法律。从外延上讲,刑法有广义与狭义之分。狭义刑法,是指以刑法为名称而颁布的系统规定犯罪与刑事责任的刑法典及其修正案。在我国,刑法典就是指1979年制定、1997年修订的《中华人民共和国刑法》。刑法修正案,是指最高立法机关在保留刑法典原有体系结构的基础上,集中针对某些刑法条文作出的修改补充法案,如1999年12月25日第九届全国人大常委会第十三次会议通过的《中华人民共和国刑法修正案(一)》。截至2020年12月,全国人大常委会已经通过了11个刑法修正案。广义刑法,是指一切规定犯罪及其刑事责任的法律规范的总和,除包括刑法典、刑法修正案外,还包括单行刑法与附属刑法。单行刑法,是指国家以决定、补充规定、条例等名称颁布的,规定某一类犯罪及其刑事责任或刑法某一事项的刑事法律,如全国人大常委会于1998年12月29日通过的《关于惩治骗购外汇、逃汇和非法买卖外汇犯罪的决定》。附属刑法,是指国家立法机关在经济法、行政法等非刑事法律中附带规定的刑事责任条款,如《进出口商品检验法》第33条和《传染病防治法》第66条等。

二、刑法的基本原则

刑法的基本原则,是指贯穿全部刑法规范、指导和制约刑事立法与刑事司法并体现我国刑事法治基本精神的原则。根据我国《刑法》第 3 条、第 4 条、第 5 条的规定,罪刑法定原则、适用刑法平等原则、罪责刑相适应原则是我国刑法的基本原则。

(一) 罪刑法定原则

罪刑法定原则的思想渊源,最早甚至可以追溯至 1215 年英王签署的《大宪章》第 39 条所规定的"正当的法律程序"。该条规定:"凡是自由民除经贵族依法判决或遵照国内法律之规定外,不得加以扣留、监禁、没收财产、褫夺法律保护权,或加以放逐、伤害、搜索或逮捕。"到了 17、18 世纪启蒙运动时期,针对欧洲中世纪罪刑擅断、践踏人权的黑暗现实,启蒙思想家们纷纷提出了自由、平等、人权思想,如著名的资产阶级思想家洛克提出了"天赋人权说",孟德斯鸠提出了"三权分立说",费尔巴哈提出了"心理强制说"。这些思想为罪刑法定原则提供了理论基础。意大利著名刑法学家贝卡里亚在其《论犯罪与刑罚》一书中较为明确地阐述了罪刑法定原则。1810 年《法国刑法典》第 4 条首次以刑事立法的形式明确规定了罪刑法定原则。自此,罪刑法定原则因其限制国家刑罚权、保障人权的精神内涵符合近代社会以来民主、人权、法治的发展趋势,而逐渐演变成为现代刑法最重要、最基本的原则。

我国 1979 年《刑法》中规定了"刑事类推"制度,1997 年《刑法》在废除"刑事类推"的基础上明确规定罪刑法定原则,这反映了我国刑法的价值取向由单纯重视保护社会、注重秩序向重视对个人的保障、关注自由与人权的转变,是我国刑事法治建设的一大进步。《刑法》第 3 条规定:"法律明文规定为犯罪行为的,依照法律定罪处刑;法律没有明文规定为犯罪行为的,不得定罪处刑。"这一原则要求:什么是犯罪,哪些行为属于犯罪,各种犯罪的构成条件是什么,有哪些刑罚方法,各种刑罚方法如何适用,对各种具体犯罪应在什么样的幅度内裁量决定刑罚等,均只能由刑法明文加以规定;刑法没有规定为犯罪的行为,不得定罪处罚。

(二) 适用刑法平等原则

我国《宪法》第 33 条第 2 款规定:"中华人民共和国公民在法律面前一律平等。"这一法律面前人人平等原则在刑法中的体现就是适用刑法平等原则。《刑法》第 4 条将其表述为:"对任何人犯罪,在适用法律上一律平等。不允许任何人有超越法律的特权。"适用刑法平等原则的内涵包括两方面:(1) 对于实施犯罪的任何人,都必须严格按照法律定罪量刑,任何人不享有超越法律之上的特权;(2) 对于没有犯罪的人,不得定罪量刑,即每个人都平等地受到刑法的保护。当然,刑法也规定对具有特殊身份者犯罪给予不同的处罚,如对累犯从重处罚、未成年人犯罪从宽处罚,但这并不违反适用刑法平等原则,相反正是同等情况相同对待、不同情况区别对待的表现。

(三) 罪责刑相适应原则

《刑法》第 5 条规定:"刑罚的轻重,应当与犯罪分子所犯罪行和承担的刑事责任相适应。"这一规定实际包含了刑罚轻重应与犯罪的社会危害性、犯罪人的人身危险性相适应两个方面的内容:(1)犯多大的罪,就应承担多大的刑事责任,法院也应判处相应轻重的刑罚,做到重罪重罚、轻罪轻罚,罪刑相称,罚当其罪;(2)在确定罪轻罪重和刑事责任大小时,应综合分析犯罪行为的社会危害性与犯罪人的人身危险性。

三、刑法的效力范围

(一) 刑法的空间效力

刑法的空间效力,是指刑法对地域和对人的效力,所要解决的是国家刑事管辖权限的范围问题。它包括刑法的属地管辖、属人管辖、保护管辖和普遍管辖。

属地管辖,是指根据犯罪发生的地域来确立刑法的效力范围。我国《刑法》第6条规定:"凡在中华人民共和国领域内犯罪的,除法律有特别规定的以外,都适用本法。凡在中华人民共和国船舶或者航空器内犯罪的,也适用本法。犯罪的行为或者结果有一项发生在中华人民共和国领域内的,就认为是在中华人民共和国领域内犯罪。"这里的"法律有特别规定"不适用本法的情况包括四种:(1)《刑法》第11条中关于"享有外交特权和豁免权的外国人的刑事责任,通过外交途径解决"的特别规定;(2)《刑法》第90条关于"民族自治地方不能全部适用本法规定的,可以由自治区或者省的人民代表大会根据当地民族的政治、经济、文化的特点和本法规定的基本原则,制定变通或者补充的规定,报请全国人民代表大会常务委员会批准施行"的规定;(3)《刑法》施行后由国家立法机关制定的特别刑法的规定;(4)我国香港特别行政区和澳门特别行政区基本法作出的例外规定。

属人管辖,是指根据犯罪人的国籍来确立刑法的域外效力范围。我国《刑法》第7条规定:"中华人民共和国公民在中华人民共和国领域外犯本法规定之罪的,适用本法,但是按本法规定的最高刑为三年以下有期徒刑的,可以不予追究。中华人民共和国国家工作人员和军人在中华人民共和国领域外犯本法规定之罪的,适用本法。"

保护管辖,是指根据犯罪是否严重侵害到我国国家或公民的利益来确立刑法的域外效力范围。我国《刑法》第8条规定:"外国人在中华人民共和国领域外对中华人民共和国国家或者公民犯罪,而按本法规定的最低刑为三年以上有期徒刑的,可以适用本法,但是按照犯罪地的法律不受处罚的除外。"

普遍管辖,是指以保护各国的共同利益为标准,认为凡是国际公约或条约所规定的犯罪,不管犯罪人的国籍与犯罪地的属性,缔约国或参加国只要发现罪犯在其领土之内时便可行使刑事管辖权。我国《刑法》第9条规定:"对于中华人民共和国缔结或者参加的国际条约所规定的罪行,中华人民共和国在所承担条约义务的范围内行使刑事管辖权的,适用本法。"根据该规定,对凡是我国缔结或参加的国际条约规定的罪行,即使犯罪分子是外国人,其罪行发生在我国领域外,而且也没有直接侵害我国国家和人民的利益,但只要犯罪分子在我国境内被发现,我国就可以在所承担的条约义务的范围内行使刑事管辖权。

(二) 刑法的时间效力

刑法的时间效力,是指刑法的效力时段。它所涉及的是刑法生效和失效的时间以及刑法是否具有溯及力的问题。我国现行《刑法》自 1997 年 10 月 1 日起生效,与此同时,《中华人民共和国惩治军人违反职责罪暂行条例》等列入刑法典附件一的单行刑法被废止。

刑法的溯及力,即刑法溯及既往的效力,所要解决的是刑法生效后,对其生效以前未经审判或判决尚未确定的行为是否适用的问题。如果适用,就说明刑法具有溯及力;反之,刑法就不具有溯及力。对此,我国《刑法》采用的是"从旧兼从轻"原则,《刑法》第 12 条第 1 款规定:"中华人民共和国成立以后本法施行以前的行为,如果当时的法律不认为是犯罪的,适用当时的法律;如果当时的法律认为是犯罪的,依照本法总则第四章第八节的规定应当追诉的,按照当时的法律追究刑事责任,但是如果本法不认为是犯罪或者处刑较轻的,适用本法。"该条第 2 款规定:"本法施行以前,依照当时的法律已经作出的生效判决,继续有效。"根据这一规定,对于 1949 年 10 月 1 日中华人民共和国成立至 1997 年 9 月 30 日这段时间内发生的行为,应按以下几种情况处理:(1) 当时的法律不认为是犯罪,而《刑法》认为是犯罪的,适用当时的法律,即《刑法》没有溯及力;(2) 当时的法律认为是犯罪,而《刑法》不认为是犯罪的,只要这种行为未经审判或判决尚未确定,就应当适用《刑法》,即《刑法》具有溯及力;(3) 当时的法律和《刑法》都认为是犯罪,并且按照《刑法》规定应当追诉的,原则上按当时的法律追究刑事责任,即《刑法》不具有溯及力,但如果《刑法》比当时的法律处刑较轻,则适用《刑法》;(4) 如果依照当时的法律已经作出了生效判决,该判决继续有效。

第二节 犯 罪

一、犯罪的概念与特征

犯罪概念要解决的即"什么是犯罪"的问题。各国刑法学者和刑事立法对犯罪概念的表述多种多样,归纳起来可分为犯罪的形式概念、实质概念和混合概念三种。犯罪的形式概念,仅从犯罪的法律特征上给犯罪下定义,认为犯罪就是违反刑事法律且应受到刑罚处罚的行为,而不解释法律为何将该行为规定为犯罪。犯罪的实质概念,仅从犯罪的实质特征上给犯罪下定义,即主要说明某种行为之所以被刑法规定为犯罪的根据和理由。犯罪的混合概念,将犯罪的实质概念与犯罪的形式概念合而为一,既强调犯罪的本质特征,又不忽视犯罪的法律特征。

我国《刑法》采取的是犯罪的混合概念,即坚持了犯罪的实质内容与法律形式的统一。我国《刑法》第 13 条明确规定,一切危害国家主权、领土完整和安全,分裂国家、颠覆人民民主专政的政权和推翻社会主义制度,破坏社会秩序和经济秩序,侵犯国有财产或者劳动群众集体所有的财产,侵犯公民私人所有的财产,侵犯公民的人身权利、民主权利和其他权利,以及其他危害社会的行为,依照法律应当受刑罚处罚的,都是犯罪,但是情节显著轻微危害不大的,不认为是犯罪。根据这一定义,犯罪具有三个基本特征:

1. 犯罪是严重危害社会的行为,即具有相当程度的社会危害性

行为具有相当程度的社会危害性,是犯罪最本质的特征。这里的社会危害性,是指行为对刑法所保护的社会关系造成这样或那样损害的特性。犯罪的本质就在于危害了国家或人民的利益,如果某种行为根本不可能给社会带来危害,法律就没有必要把它规定为犯罪;某种行为虽然具有社会危害性,但情节显著轻微危害不大的,也不认为是犯罪。行为的社会危害性的有无和大小,是认定犯罪、区分罪与非罪的根本依据。在认定行为是否具有犯罪的社会危害性时,应当注意用历史的观点、全面的观点和辩证的观点看问题。首先,从历史的角度看,社会危害性的有无及其程度轻重不是固定不变的,它是随着社会物质生活条件的变化而变化的。其次,行为的社会危害性的有无及其程度如何是由多种因素决定的,在具体考察行为时必须综合各种主客观情况进行全面衡量。最后,在分析具体行为的社会危害性时还应当辩证看问题,即必须透过现象抓住事物的本质,而不能为表面现象所迷惑。

2. 犯罪是刑法所禁止的行为,即具有刑事违法性

犯罪虽然从本质上讲是具有相当程度的社会危害性的行为,但并非行为只要有严重危害社会的性质就当然是犯罪。在崇尚法治、坚持罪刑法定原则的时代,认定犯罪的标准只能是刑法的规定,只有刑法明文禁止的行为,才属于犯罪行为。尽管行为具有严重的社会危害性,但如果刑法没有将其规定为犯罪的,也不能认定为犯罪。由此可见,刑事违法性也是犯罪的一个基本特征。刑事违法性是行为的严重社会危害性在法律上的体现,严重的社会危害性是刑事违法性存在的根据,两者之间是内容和形式的关系。但刑事违法性这一特征也具有独立的不可替代的意义。这是因为:(1)它表明犯罪不是一般的违法行为或不道德行为,而是触犯刑法的行为,从而有助于把握犯罪和一般违法行为的区别;(2)从司法角度讲,它是犯罪的社会危害性的唯一表现方式和判断尺度,即达到犯罪程度的社会危害性只能以刑事违法性为载体,舍此便无法存在和表现出来,而评价现实中的某种行为是否为犯罪,也只能以行为是否为刑法所禁止为唯一尺度。

3. 犯罪是应受到刑罚处罚的行为,即具有刑罚当罚性

任何违法行为都应当承担相应的法律后果,犯罪的法律后果就其具体表现而言主要是刑罚。刑罚作为最严厉的制裁方法,只能适用于犯罪这种严重危害社会并违反刑法规范的行为。刑罚当罚性这一特征也是从犯罪的严重社会危害性中派生出来的,它与刑事违法性一样,必须以严重的社会危害性为根据。同时,刑罚当罚性又是行为严重社会危害性和刑事违法性的必然结果。值得注意的是,犯罪具有刑罚当罚性不等于实际上一定要判处刑罚。换言之,它并不排斥对有关犯罪适用刑法中"免除处罚"或"免予刑事处罚"的规定。这是因为,刑罚当罚性是指行为具有应当受刑罚处罚的性质,属于应然层面的问题,所表明的是对行为的评价,而事实上是否判处刑罚,是对犯罪行为的实际处理,属于实然层面的问题,两者虽有联系但并非同一概念。刑法规定在一定情况下可以或应当对某种犯罪行为"免予刑事处罚",即不判处刑罚,这并不与犯罪的刑罚当罚性特征相矛盾。而且,"免予刑事处罚"本身是以行为具有刑

罚当罚性为前提的,因为行为属于犯罪同时又具备免除处罚情节,如防卫过当、避险过当等,才可能或应当被"免予刑罚处罚";否则,倘若行为本不应受刑罚处罚,例如情节显著轻微危害不大的行为,就只能对其依法宣告无罪而不是免除处罚。由此可见,刑法中"免除处罚""免予刑事处罚"的规定恰恰表明,刑罚当罚性也是犯罪的一个基本特征。

综上所述,严重的社会危害性、刑事违法性和刑罚当罚性是犯罪的三个基本特征,三者既有机联系,又各自从不同角度说明犯罪这一现象。其中,严重的社会危害性是犯罪的本质特征,是刑事违法性和刑罚当罚性的存在根据;刑事违法性和刑罚当罚性则是一定的社会危害性在法律上的表现和后果。

二、犯罪构成

(一) 犯罪构成的概念和特点

犯罪构成,是指刑法规定的、反映某种行为的社会危害性及其程度而为该行为成立犯罪所必须具备的一切客观要件和主观要件的有机整体。犯罪构成与犯罪概念既有联系又有区别。两者的联系在于:犯罪概念是犯罪构成的基础,犯罪构成是犯罪概念的具体化。两者的区别在于:犯罪概念揭示犯罪的基本特征,回答什么是犯罪的问题,它有助于我们从原则上把犯罪行为与其他行为加以区别;犯罪构成则在犯罪概念的基础上,进一步回答犯罪是怎样成立的以及构成犯罪需要具备哪些法定的具体条件,所要解决的是构成犯罪的规格和标准问题。犯罪构成具有三个特征:(1) 犯罪构成是一系列主观要件和客观要件的有机统一;(2) 犯罪构成是行为的社会危害性的法律标志;(3) 犯罪构成是刑法规定的。

(二) 犯罪构成的要件

我国刑法中规定的犯罪是多种多样的,不同犯罪的具体构成要件各不相同。但在将各个具体犯罪的构成要件加以抽象和概括后可以发现,任何犯罪的成立都必须具备犯罪客体要件、犯罪客观要件、犯罪主体要件和犯罪主观要件。

1. 犯罪客体要件

犯罪客体要件,简称犯罪客体,是指刑法规定的、行为成立犯罪所必须侵犯的法益。根据犯罪行为所侵犯的法益范围的不同,可以将犯罪客体要件分为一般客体、同类客体与直接客体。一般客体是指一切犯罪所侵犯的法益的整体,它反映了犯罪行为的共同本质即社会危害性。同类客体是指某一类型犯罪所共同侵犯的某一类法益,它是我国刑法分则体系建立的重要依据,如危害国家安全罪的同类客体为国家安全,危害公共安全罪的同类客体是公共安全。直接客体是指具体犯罪所直接侵犯的特定法益,如故意杀人罪侵犯的是人的生命权,盗窃罪侵犯的是财产所有权。犯罪的一般客体、同类客体与直接客体,是抽象与具体、一般与特殊、整体与局部的关系。认定犯罪时常常先调查行为是否侵犯了法益整体,再考虑行为侵犯了哪一类法益,最后确定行为侵犯了何种特定法益。

2. 犯罪客观要件

犯罪客观要件，又称犯罪客观方面，是刑法规定的、行为成立犯罪必须具备的客观事实特征。犯罪客观要件的内容首先是危害行为，危害行为是一切犯罪的共同要件，即任何犯罪的成立都必须有刑法规定的危害行为，"无行为就无犯罪"。除危害行为之外，行为对象、行为所造成的危害结果、行为时间与地点等也是犯罪客观要件的内容，但它们不是一切犯罪的共同要件，只是某些犯罪的构成要件。

危害行为，是指行为人在自己的意识支配下实施的危害社会的身体举止或活动。首先，危害行为是人的身体举止或活动，包括积极活动与消极活动，这是危害行为的客观要素，这样就将单纯的思想排除在危害行为之外。其次，危害行为是人的意识支配的产物，这是危害行为的主观要素。这样就排除了无意识的身体举动，如人在睡梦中或精神错乱时的举动、因不能预见或不能抗拒所导致的举动、某些突然受到外界刺激而作出的本能性条件反射动作等。最后，危害行为必然是危害社会的行为。危害行为可分为两种基本形式：作为与不作为。作为是指行为人以积极的身体活动实施刑法所禁止的危害行为。不作为是指负有特定作为义务的行为人能够履行该种义务而不履行义务。不作为构成犯罪必须具备以下客观条件：(1) 行为人负有实施特定积极行为的法律性质的义务；(2) 行为人能够履行特定义务；(3) 行为人不履行特定义务，造成或可能造成危害结果。在我国刑法中，绝大多数犯罪是由作为构成的，也有少数犯罪只能由不作为构成，有些犯罪则既可以作为的形式实施，也可以不作为的形式实施。

危害结果，是指危害行为给刑法所保护的法益造成的具体侵害事实。危害结果并不是所有犯罪的共同要件，而只是某些犯罪的构成要件。以危害结果是否属于具体犯罪构成要件要素为标准，可将危害结果划分为属于构成要件的危害结果和不属于构成要件的危害结果。属于构成要件的危害结果，是指成立某一具体犯罪所必须具备的危害结果，如果行为没有造成这一结果，就不构成犯罪。过失犯罪一般以危害结果为构成要件。不属于构成要件的危害结果，是指不是成立犯罪所必需的结果，即构成要件之外的危害结果。这种危害结果是否发生以及轻重如何，并不影响犯罪的成立，只是在行为构成犯罪的基础上，对行为社会危害性大小及处罚轻重起一定作用。

危害行为的对象，又称犯罪对象，是指危害行为直接指向或直接作用的具体物或具体人。特定的行为对象只有在某些犯罪中才是客观要件的内容之一，换言之，在这样的场合，行为只有作用于特定的对象，才能构成犯罪。如《刑法》第262条规定的拐骗儿童罪，其行为对象只能是不满14周岁的未成年人。这里要强调的是，应注意危害行为的对象与犯罪客体要件之间的区别。危害行为的对象只是某些犯罪的构成要件，而犯罪客体要件是一切犯罪的共同构成要件；行为对象并非在任何犯罪中都受到侵害，而犯罪客体在一切犯罪中都受到了侵犯。

危害行为的时间、地点，一般情况下不影响犯罪的成立。但对某些犯罪来讲，一定的时间、地点是构成犯罪的必要条件。如《刑法》第340条就把"禁渔区""禁渔期"

作为构成非法捕捞水产品罪的构成要件。

3. 犯罪主体要件

犯罪主体要件,简称犯罪主体,是刑法规定的、实施犯罪行为的主体本身必须具备的条件。犯罪主体要件包括自然人犯罪主体要件和单位犯罪主体要件。

自然人成为犯罪主体必须具备以下条件:(1)必须是实施了危害行为的人。无行为就无犯罪,没有实施危害行为的人当然就不能成为犯罪主体。(2)必须达到了法定的刑事责任年龄。刑事责任年龄是刑法规定的、行为人的行为构成犯罪所必须达到的年龄。根据我国《刑法》第17条的规定,已满16周岁的人犯罪,应当负刑事责任;已满14周岁不满16周岁的人,犯故意杀人、故意伤害致人重伤或死亡、强奸、抢劫、贩卖毒品、放火、爆炸、投放危险物质罪的,应当负刑事责任;已满12周岁不满14周岁的人,犯故意杀人、故意伤害罪,致人死亡或者以特别残忍手段致人重伤造成严重残疾,情节恶劣,经最高人民检察院核准追诉的,应当负刑事责任。不过,上述应当追究刑事责任的人因不满18周岁,属于未成年人,所以对他们应当从轻或者减轻处罚。此外,《刑法》第17条之一规定:"已满75周岁的人故意犯罪的,可以从轻或者减轻处罚;过失犯罪的,应当从轻或者减轻处罚。"应注意的是,刑事责任年龄是指实足年龄,其计算一律按照公历的年、月、日进行。(3)必须具有刑事责任能力。刑事责任能力,是指行为人辨认和控制自己行为的能力。刑法对刑事责任年龄的规定,意味着法律认为正常人达到了规定的年龄就具有对相应犯罪负刑事责任的能力。但有些人由于精神上或生理上的缺陷而丧失或减弱了辨认或控制自己行为的能力,相应地也就不负刑事责任或可减轻其刑事责任。根据我国《刑法》第18条、第19条的规定,精神病人在不能辨认或不能控制自己行为的时候造成危害结果,经法定程序鉴定确认的,不负刑事责任;间歇性的精神病人在精神正常的时候犯罪,应当负刑事责任;尚未完全丧失辨认或控制自己行为能力的精神病人犯罪的,应当负刑事责任,但是可以从轻或减轻处罚;醉酒的人犯罪,应当负刑事责任;又聋又哑的人或者盲人犯罪,可以从轻、减轻或免除处罚。值得注意的是,某些犯罪要求犯罪主体除必须具备上述条件之外,还必须具备特殊身份,即特定的地位或资格,只有具备了特殊身份的人才可能构成这些犯罪,如构成受贿罪,要求犯罪主体必须是国家工作人员;构成徇私舞弊不征、少征税款罪,要求犯罪主体必须是税务机关的工作人员。在认定犯罪主体的特殊身份时,应该注意两点:其一,特殊身份必须是行为人开始实施犯罪行为时就具有的特殊资格或已经形成的特殊地位、状态。行为人在实施犯罪后才形成的特殊地位,不属于特殊身份。其二,作为犯罪主体要件的特殊身份,主要是针对犯罪的实行犯而言的,至于教唆犯和帮助犯则不受特殊身份的限制。

单位犯罪,是指由公司、企业、事业单位、机关、团体实施的依法应当承担刑事责任的危害社会的行为。我国《刑法》第30条及全国人大常委会《关于〈中华人民共和国刑法〉第三十条的解释》规定,公司、企业、事业单位、机关、团体实施的危害社会的行为,法律规定为单位犯罪的,应当负刑事责任。刑法分则和其他法律未规定追究单位的刑事责任的,对组织、策划、实施该危害社会行为的人依法追究刑事责任。单位犯罪主体具有如下特征：(1) 单位犯罪的主体为公司、企业、事业单位、机关、团体；(2) 单位犯罪主体必须是依法成立、拥有一定财产或经费、能以自己名义承担责任的公司、企业、事业单位、机关、团体。(3) 单位犯罪以法律明文规定单位构成的犯罪为限。

对单位犯罪的处罚，在世界各国刑事立法上主要有两种原则：(1) 双罚制，即单位犯罪的，对单位和单位直接责任人员均予以刑罚处罚；(2) 单罚制，即单位犯罪的，只对单位予以刑罚处罚而对直接责任人员不予处罚，或只对直接责任人员予以刑罚处罚而不处罚单位。我国《刑法》第 31 条规定："单位犯罪的，对单位判处罚金，并对其直接负责的主管人员和其他直接责任人员判处刑罚。本法分则和其他法律另有规定的，依照规定。"据此可以认为，我国刑法对单位犯罪一般采取双罚制，但刑法分则和其他法律另有不采取双罚制而采取单罚制的规定的，则应实行单罚。

4. 犯罪主观要件

犯罪主观要件，又称犯罪主观方面，是指刑法规定的成立犯罪必须具备的、犯罪主体对其实施的危害行为及其危害结果所持的心理态度。犯罪心理态度的基本内容包括主观罪过（即犯罪的故意或犯罪的过失）以及犯罪目的和犯罪动机这几种因素。其中，行为人的主观罪过是一切犯罪的共同要件，而犯罪目的只是某些犯罪的特有构成要件；犯罪动机不是犯罪构成要件，一般不影响定罪，只影响量刑。

(1) 犯罪故意

犯罪故意，是指行为人明知自己的行为会发生危害社会的结果，并且希望或放任这种结果发生的一种主观心理态度。犯罪故意与故意犯罪是两个密切联系的概念，没有前者便没有后者，但两者并非等同，前者是一种罪过心理，后者则是一种犯罪行为。犯罪故意由两个因素构成：一是认识因素，即明知自己的行为会发生危害社会的结果。这里的"明知"是指对法律规定的构成某种故意犯罪所不可缺少的客观危害事实的明知，包括对行为本身的认识、对行为结果的认识、对与危害行为和危害结果相联系的其他犯罪构成要件的认识，如对特定的犯罪对象、犯罪时间或地点的认识。二是意志因素，即希望或放任危害结果的发生。犯罪故意是认识因素与意志因素的有机统一。犯罪故意可划分为直接故意和间接故意。

直接故意，是指行为人明知自己的行为会发生危害社会的结果，并且希望这种结果发生的主观心理态度。这里的"明知自己的行为会发生危害社会的结果"包括行为人明知自己的行为必然发生危害社会的结果和行为人明知自己的行为可能发生危害社会的结果这两种情况。希望危害结果的发生，是指行为人对危害结果抱着积极追求的态度。

间接故意，是指行为人明知自己的行为可能发生危害社会的结果，并且放任这种结果发生的心理态度。所谓放任危害结果发生，是对危害结果发生的一种听之任之的态度，即行为人为了追求一定的目的而实施一定行为时，明知该行为可能发生某种危害结果，但仍然实施该行为，听任危害结果的发生。在这种场合，行为人既不是希望危害结果发生，也不是希望危害结果不发生，危害结果发生与否，都不违背行为人的意志。在司法实践中,犯罪的间接故意大致有三种情况:一是行为人为追求某一犯罪目的而放任另一危害结果发生。例如,丈夫为了杀妻,在妻子碗里投放毒药,明知孩子可能分食毒药,但由于杀妻心切而放任孩子死亡。二是行为人为追求一个非犯罪目的而放任某种危害结果发生,如狩猎人为了击中野猪,而对可能击中路人持放任态度。三是在突发性的犯罪中,不计后果,放任严重结果发生。如现实中的一些突发性"捅刀子"致人死亡的案件,行为人对被害人的死亡结果就是持放任的态度。

直接故意与间接故意的区别在于:就认识因素而言,直接故意的认识因素包括明知自己的行为必然发生或可能发生危害结果,而间接故意只能是明知自己的行为可能发生危害结果;就意志因素而言,直接故意是希望、追求危害结果发生,而间接故意是放任危害结果发生,即既不是希望危害结果发生,也不是希望危害结果不发生。可见,直接故意的主观恶性大于间接故意。

(2)犯罪过失

犯罪过失,是指应当预见自己的行为可能发生危害社会的结果,因为疏忽大意而没有预见,或者已经预见而轻信能够避免,以致发生这种结果的心理态度。犯罪过失与过失犯罪是既有联系又有区别的概念。《刑法》第15条第2款规定:"过失犯罪,法律有规定的才负刑事责任。"

犯罪过失可分为疏忽大意的过失和过于自信的过失。疏忽大意的过失,是指行为人应当预见到自己的行为可能发生危害社会的结果,但因为疏忽大意而没有预见到,以致发生这种结果的心理态度。它包括两个构成要素:一是应当预见,即行为人在行为时负有预见到危害结果可能发生的义务;二是因为疏忽大意而没有预见到。应当预见到是前提,没有预见到是事实。具备这两点,就表明行为人是疏忽大意。过于自信的过失是指行为人预见到自己的行为可能发生危害社会的结果,但轻信能够避免,以致发生这种结果的心理态度。行为人已预见到危害结果可能发生,这是过于自信过失的认识因素;轻信能够避免,则是指行为人在预见到结果可能发生的同时,又相信自己凭借一定主客观条件能避免结果的发生,但其所凭借的主客观条件并不可靠,这是过于自信过失的意志因素。

过于自信的过失与疏忽大意的过失,在认识因素和意志因素上有所不同:在认识因素上,对危害结果的发生,过于自信的过失已经有所预见,而疏忽大意的过失则根本没有预见;在意志因素上,对危害结果的发生,两者虽都持排斥态度,但过于自信的过失是轻信能够避免,而疏忽大意的过失是以为根本不可能发生。

过于自信的过失与间接故意,在认识因素上都预见到行为可能发生危害社会的结果,在意志因素上都不是希望危害结果的发生,故两者容易混淆。但过于自信的过失与间接故意又有重要的区别:一是间接故意是放任危害结果的发生,结果的发生并不违背行为人的意志,而过于自信的过失是希望危害结果不发生,结果的发生违背行为人的意志;二是间接故意的行为人主观上根本不考虑是否可以避免危害结果的发生,客观上也没有采取避免措施,而过于自信过失的行为人主观上相信可以避免危害结果的发生,客观上通常也采取了避免措施;三是间接故意是明知危害结果可能发生,而过于自信的过失是预见到危害结果可能发生,这表明间接故意的行为人认识到结果发生的可能性较大一些。

(3) 犯罪目的和犯罪动机

犯罪目的,是行为人希望通过实施犯罪行为达到某种危害结果的心理态度,即危害结果在犯罪人主观上的表现。犯罪目的只存在于直接故意犯罪中,法律对许多犯罪的犯罪目的一般不作明文规定,分析这些犯罪的构成便可明确其犯罪目的。但对于某些犯罪,刑法条文特别规定了其犯罪目的,如《刑法》第 152 条规定的走私淫秽物品罪,法律特别载明应"以牟利或者传播为目的";第 363 条规定的制作、复制、出版、贩卖、传播淫秽物品牟利罪,法律规定必须"以牟利为目的"。这些法律有明文规定的犯罪目的属于犯罪主观构成要件的内容。

犯罪动机,是指刺激行为人实施某种行为以达到犯罪目的的内心冲动或内心起因,它回答了犯罪人基于何种心理原因实施犯罪行为这一问题。产生犯罪动机需具备两个条件:一是行为人内在的需要和愿望,二是外界的诱因与刺激。如对于直接故意杀人的犯罪而言,剥夺他人生命是犯罪目的,而促使行为人实施杀人行为的动机则可以是贪财、奸情、仇杀、报复等心理。

犯罪目的与犯罪动机是既有联系又有区别的概念。两者的联系表现在两个方面:一是两者都是犯罪人实施犯罪行为过程中存在的主观心理活动,都反映行为人的主观恶性程度和行为的社会危害性程度;二是两者有时表现为直接的联系,即它们所反映的需要是一致的,如出于贪利动机实施以非法占有为目的的侵犯财产犯罪便是如此。两者的区别表现在四个方面:一是两者形成的时间先后顺序不同。动机产生在前,目的产生于后。二是同种犯罪的犯罪目的相同,但同种犯罪的动机则往往不同。如出于直接故意的故意杀人罪的犯罪目的只有一个,即剥夺他人的生命,而其动机却可以是多样的,如谋财、奸情、报复等。此外,同一个犯罪动机也可以导致不同的犯罪目的,如出于报复动机,可以导致行为人产生追求伤害他人健康、剥夺他人生命或毁坏他人财产等不同的犯罪目的。三是两者的内容、作用不同。犯罪动机是表明行为人为什么实施犯罪的内心起因,比较抽象,是更为内在的发动犯罪的力量,起的是推动犯罪实施的作用;犯罪目的则是实施犯罪行为所追求的客观危害结果在主观上的反映,起的是为犯罪定向、确定目标的作用。四是犯罪目的是某些犯罪的主观构成要件,影响定罪;犯罪动机不是犯罪构成要件的要素,一般不影响定罪,但可影响量刑。

(4) 意外事件与不可抗力

我国《刑法》第 16 条规定:"行为在客观上虽然造成了损害结果,但是不是出于故意或者过失,而是由于不能抗拒或者不能预见的原因所引起的,不是犯罪。"这就是意外事件与不可抗力。

意外事件,是指行为在客观上虽然造成了损害结果,但不是出于故意或过失,损害结果是由于不能预见的原因引起的。意外事件不是犯罪。意外事件具有三个特征:一是行为在客观上造成了损害结果。行为人的行为是造成损害结果的原因;如果出现了损害结果,但不是行为人的行为造成的,而是由自然现象、动物自发攻击等造成的,则不能称为刑法上的意外事件。二是行为人主观上没有故意与过失。三是损害结果是由不能预见的原因引起的,行为人没有预见到自己的行为可能造成损害结果,而且根据当时情况也不可能预见、不应当预见。意外事件与疏忽大意的过失犯罪有相似之处,表现在主观上都没有预见到自己行为的结果,客观上又都发生了损害结果。区别在于:意外事件是由于不能预见的原因引起的,行为人主观上不可能预见、不应当预见到自己行为可能造成损害结果,因而不是犯罪;而疏忽大意的过失犯罪是行为人主观上对危害结果的发生能够预见、应当预见,只是由于疏忽大意才没有预见。

不可抗力,是指行为在客观上虽然造成了损害结果,但不是出于故意或过失,损害结果是由不能抗拒的原因引起的。不可抗力同样不是犯罪。不可抗力也具有三个特征,前两个特征与意外事件相同,第三个特征是损害结果是由不能抗拒的原因引起的。所谓不能抗拒,是指行为人虽然认识到自己的行为会发生损害结果,但由于当时主客观条件的限制,不可能排除或防止结果的发生。不可抗力与过于自信的过失犯罪有相似之处,即都预见到结果的发生,客观上也都发生了损害结果。区别在于:不可抗力是在不能抗拒、不能避免的情况下发生损害结果的,而过于自信的过失犯罪是在行为人轻信能够避免、事实上也能够避免的场合发生危害结果的。

三、阻却犯罪的事由

阻却犯罪的事由,是指虽然在客观上造成了一定损害结果,表面上似乎符合某些犯罪的客观要件,但实际上没有犯罪的社会危害性,也不具备刑事违法性,依法不成立犯罪的事由。对于阻却犯罪的事由,我国刑法明文规定了两种:正当防卫和紧急避险。

(一) 正当防卫

正当防卫是指为了使国家利益、公共利益、本人或他人的人身、财产和其他权利免受正在进行的不法侵害,而对不法侵害者所实施的不明显超过必要限度的损害行为。

正当防卫是法律赋予公民的一项合法权利,但行使权利不能超越一定的界限。因此,成立正当防卫,必须具备下列条件:

第一,必须是针对现实存在的人的不法侵害才能实施。这是成立正当防卫的前提条件。不法侵害,是指危害国家、公共利益、本人或他人合法权益的具有破坏性、紧迫性的各种违法犯罪行为。这里的不法侵害既可以是犯罪行为,也可以是一般违法行为,不法侵害必须现实地存在,且只能是人的不法侵害。司法实践中对这一条件的适用,应注意:(1) 当遭受受人驱使的动物侵袭时,可以对驱使人实施正当防卫。这是因为此时的动物侵袭实际上就是驱使人的侵害,动物不过是行为人不法侵害的工具,这意味着完全可以对工具的使用人进行正当防卫。(2) 假想防卫问题。防卫人由于认识上的错误,出于防卫意图,将实际上并未实施不法侵害的他人误认为不法侵害人而实施所谓的正当防卫,在刑法理论上称为"假想防卫"。假想防卫不是正当防卫,对于假想防卫,依据对事实认识错误的处理原则,基于行为人的正当防卫意图,阻却防卫人的犯罪故意成立;造成实际损害结果的,如果主观上有过失,则可能成立过失犯罪;没有过失,则是意外事件。

第二,必须针对正在进行的不法侵害。这是实行正当防卫的时间条件。所谓正在进行,是指不法侵害已经开始,但尚未结束。不法侵害已经开始,一般是指不法侵害人已经着手实行不法侵害行为,但当不法侵害的现实威胁已经十分明显、紧迫,待其着手实行后再进行防卫已来不及减轻或避免危害结果时,也应认为不法侵害已经开始。如开枪杀人,当其掏出枪支或瞄准时,就可以视为不法侵害已经开始,从而可以进行防卫。不法侵害结束,是指合法权益不再处于紧迫、现实的侵害、威胁之中,或者说不法侵害人已经不再侵害或威胁合法权益,如不法侵害人已经终止了不法侵害、不法侵害已经造成危害后果等。应注意的是,在财产性犯罪情况下,行为虽已完成,但在现场还来得及挽回损失的,也应认为不法侵害尚未结束,即可以进行正当防卫。对在不法侵害尚未开始或已经结束的情况下进行的防卫行为,刑法理论称为防卫不适时。防卫不适时不是正当防卫,应根据实际情况认定为故意犯罪、过失犯罪或意外事件。

第三,必须针对不法侵害人本人。这是进行正当防卫的对象条件。正当防卫的目的在于制止正在进行的不法侵害,因而正当防卫的对象只能是不法侵害人本人,而不能是不法侵害人以外的其他人。

第四,防卫人必须具有正当防卫意图。这是主观条件。正当防卫的防卫意图应包括防卫认识和防卫目的两方面内容。防卫认识,是指防卫人对正在进行的不法侵害的诸多事实因素的认识和对自己防卫行为的认识。防卫目的,是指防卫人希望通过防卫行为达到制止不法侵害、保护合法权益不受侵害的心理愿望。适用这一条件应注意以下问题:(1)防卫挑拨。防卫挑拨是指行为人因为意欲加害他人,事先以挑衅、引诱等方法促使对方向自己或第三人进行不法侵害,而后借口正当防卫加害对方的行为。防卫挑拨不具有正当防卫意图,不是正当防卫,构成犯罪的,应追究刑事责任。(2)互殴行为。互殴行为是指双方行为人都以加害对方的意图而实施相互侵害的行为。由于在互殴过程中,双方行为人都有加害对方的意图,都有侵害对方的行为,故双方的行为都不是正当防卫。但如果其中一方已退出互殴,他方仍继续攻击,退让方对正在继续进行的不法侵害,则可以实施正当防卫。(3)偶然防卫。偶然防卫,是指行为人故意实施侵害合法权益的行为,偶然防止了他人不法侵害行为的发生。如甲故意用枪射击乙时,乙刚好正在持枪瞄准丙实施故意杀人的行为,但甲对此毫无所知。在偶然防卫的情况下,行为人的行为虽然在客观上防止了不法侵害的进行,但由于主观上不具有防卫意图,因此不成立正当防卫。

第五,正当防卫不能明显超过必要限度造成重大损害。这是限度条件。防卫是否明显超过必要限度而造成重大损害,是区分正当防卫与防卫过当的标准。明显超过必要限度而造成重大损害的,是防卫过当而非正当防卫。

防卫过当是在实行防卫时明显超过必要限度造成重大损害的行为。根据《刑法》

第20条第2款的规定,防卫过当应当负刑事责任。防卫过当在客观上明显超过了必要限度而造成了重大损害,这也是防卫过当与正当防卫的差别;防卫过当在主观上是过失或间接故意。

防卫过当不是独立的罪名,对防卫过当应根据防卫人的主观罪过形式及客观上造成的具体危害结果来确定罪名。如防卫人过失造成不法侵害人重伤、死亡的,分别定为过失致人重伤罪与过失致人死亡罪;如防卫人基于间接故意造成不法侵害人伤害、死亡的,则分别定为故意伤害罪与故意杀人罪。《刑法》第20条第2款规定:"正当防卫明显超过必要限度造成重大损害的,应当负刑事责任,但是应当减轻或者免除处罚。"

值得注意的是,《刑法》第20条第3款明确规定:"对正在进行行凶、杀人、抢劫、强奸、绑架以及其他严重危及人身安全的暴力犯罪,采取防卫行为,造成不法侵害人伤亡的,不属于防卫过当,不负刑事责任。"这一规定表明,对特定的严重危及人身安全暴力犯罪的防卫,不存在防卫过当情况。刑法理论上将这一规定称为特殊防卫、特别防卫等。适用这一规定时应注意以下几点:(1) 对于非暴力犯罪以及作为一般违法行为的暴力行为不适用该规定;(2) 对于轻微暴力犯罪或一般暴力犯罪也不适用该规定,只有对行凶、杀人、抢劫、强奸、绑架等严重暴力犯罪才可以实行特殊防卫;(3) 并非对一切行凶、杀人、抢劫、强奸、绑架等暴力性犯罪进行防卫时都适用上述规定,只有当这些暴力犯罪严重危及人身安全时才适用该规定;(4) 该款规定对严重危及人身安全的暴力犯罪采取了列举式与概括式相结合的立法方法,即严重危及人身安全的暴力犯罪不限于刑法条文所列举的上述犯罪,还包括其他严重危及人身安全的暴力犯罪,如劫持航空器罪、爆炸罪等。

(二) 紧急避险

紧急避险,是指为了使国家、公共利益、本人或他人的人身、财产和其他权利免受正在发生的危险,不得已而采取的损害另一较小合法权益的行为。由于紧急避险是以损害某种合法权益的方法来保护另一种合法权益的行为,故成立紧急避险必须符合法定的条件。

第一,必须发生了现实危险。现实危险,是指客观存在着的、某种迫在眉睫的、足以对合法权益造成严重危害的紧迫事实状态,如自然灾害、动物侵袭等。事实上并不存在危险,而行为人误认为存在危险而实施的避险行为,不属于紧急避险。

第二,必须是正在发生的危险。危险正在发生,是指将立即造成损害或正在造成损害的危险已经出现而尚未结束。在危险尚未发生或已经消除的情况下实行的避险行为,不属于紧急避险。

第三,必须出于不得已而损害另一合法权益。不得已,是指在合法权益面临正在发生的危险时,没有合理的其他办法可以排除危险,只有通过损害另一较小合法权益才能保护较大合法权益;如果当时存在其他的办法可以排除危险,就不允许实行紧急避险。之所以如此,是因为合法权益无论大小都是受法律保护的,如果能以其他方法来保护合法权益免受正在发生的危险,就不允许采取损害某一合法权益的办法来保护另一合法权益。紧急避险只能在不得已的情况下实施,这是紧急避险与正当防卫的重要区别。

第四,必须是为了使合法权益免受正在发生的危险。这具体包括两方面的内容:(1)行为人认识到了合法权益面临着正在发生的危险;(2)行为人采取的行为是为了保护合法权益免受危险。故意引起危险后,借口紧急避险侵犯他人合法权益的,是故意侵害行为,而非紧急避险;根本没有避险意图,故意或过失实施的侵害行为碰巧符合了紧急避险客观要件的,是偶然避险,属违法犯罪行为。

第五,必须没有超过必要限度而造成不应有的损害。由于紧急避险是用损害一种合法权益来保护另一种合法权益,所以刑法规定紧急避险的限度远比正当防卫要严格,其限度只能是"没有超过必要限度造成不应有的损害";否则,就是避险过当。《刑法》第21条第2款规定:"紧急避险超过必要限度造成不应有的损害的,应当负刑事责任,但是应当减轻或者免除处罚。"避险过当属于犯罪,但不是独立的罪名,具体避险过当行为符合何种犯罪构成要件,就认定为何种犯罪。

除以上五个成立紧急避险的必备条件外,《刑法》第21条第3款还规定,关于避免本人危险的规定,不适用于职务上、业务上负有特定责任的人。即职务上、业务上负有同危险作斗争职责的人,不能以紧急避险为理由而逃避面对危险的义务。否则,不成立紧急避险。构成犯罪的,应依法追究刑事责任。

四、故意犯罪的形态

故意犯罪的形态,是指故意犯罪在其发展过程中由于某种原因而出现的结局性状态,包括犯罪预备、犯罪未遂、犯罪中止、犯罪既遂四种形态。故意犯罪的形态具有三个特征:(1)它只能是在犯罪过程中出现的某种状态,而不可能在犯罪过程之外出现;(2)它只能存在于直接故意犯罪过程中;(3)故意犯罪形态是直接故意犯罪过程中出现的某种结局性状态,故意犯罪的不同形态之间不可能相互转化,即犯罪呈现出某种形态后,就不可能再呈现出其他犯罪形态。

(一)犯罪预备

犯罪预备,是指为了实行犯罪,准备工具,制造条件,但由于行为人意志以外的原因而未能着手实行犯罪的形态。

犯罪预备具有以下四个特征:(1)行为人主观上是为了实行犯罪。(2)行为人客观上实施了犯罪预备行为。犯罪预备行为是为实施犯罪而创造便利条件,以便犯罪顺利实现的行为,包括准备工具与制造条件。前者如制造武器、购买毒药等,后者如前往犯罪地查看情况、制订犯罪计划等。犯罪预备行为是对犯罪顺利实现起促进作用的行为,因而对刑法保护的合法权益构成了威胁。这里要特别注意犯罪预备行为与犯意表示的区别。犯意表示是以口头、文字或其他方式对犯罪意图的单纯表露,对犯罪的实现并无促进作用,因而不是犯罪。(3)行为人事实上未能着手实行犯罪。未能着手实行犯罪包括两种情况:一是预备行为没有实施终了,且由于某种原因不能继续实施预备行为,因而不可能着手实行犯罪;二是预备行为已经实施终了,但由于某种原因未能着手实行犯罪。(4)未能着手实行犯罪是由于行为人主观意志以外的原因造成的。即行为人本欲继续实施预备行为或着手实行犯罪,但意志以外的原因迫使其未能着手实行犯罪,即未能着手实行是违背行为人主观意愿的。

犯罪预备的行为人主观上具有犯罪的故意,客观上实施了准备犯罪工具、制造犯罪条件的预备行为,因而应承担刑事责任。但其毕竟未能着手实行犯罪,故《刑法》第22条第2款规定:"对于预备犯,可以比照既遂犯从轻、减轻处罚或者免除处罚。"

(二)犯罪未遂

犯罪未遂,是指行为人已经着手实行犯罪,但由于行为人意志以外的原因而未得逞的犯罪形态。

成立犯罪未遂必须具备以下特征:(1)行为人已经着手实行犯罪。这是犯罪未遂与犯罪预备的根本区别。着手是犯罪实行行为的起点,着手实行犯罪标志着犯罪开始由预备阶段进入到实行阶段。在认定是否着手实行犯罪时,应注意以下几点:一是着手实行的行为对于犯罪的客体具有直接侵害性,即行为人的行为已经能够直接侵害到直接客体;二是着手实行的行为可以直接造成危害结果的发生,即行为人着手实行犯罪后,只要没有受到外力的阻止或自动放弃,行为就能顺利地造成危害结果;三是着手实行的行为能够比较明显地反映出行为人的犯罪意图。(2)犯罪未得逞。这是犯罪未遂与犯罪既遂的根本区别。对什么是犯罪未得逞,我国刑法理论界还存在较大争论。代表性的观点有三种:第一种观点认为,犯罪未得逞是指犯罪行为没有齐备刑法分则规定的某一犯罪的全部构成要件;第二种观点认为,犯罪未得逞是指没有发生法律规定的犯罪结果;第三种观点认为,犯罪未得逞是指行为人所追求的、行为性质所决定的危害结果没有发生。其中,第一种观点为较多的人所认同。(3)犯罪未得逞是由于犯罪人意志以外的原因。这是犯罪未遂与犯罪中止的重要区别。犯罪人意志以外的原因,是指始终违背犯罪人意志的、客观上使犯罪不可能既遂或使犯罪人认为不可能既遂从而被迫停止犯罪的原因。在犯罪未遂的情况下,行为人希望发生危害结果的意志并未改变或放弃,之所以没有发生行为人所希望的结果,并非由于行为人自愿放弃犯意,而是由于某种原因使其希望发生的结果没有发生,这种原因违背了犯罪人的本意。

犯罪未遂完全符合犯罪构成要件,因为行为人在主观犯罪心理的支配下着手实行了犯罪,其社会危害性达到了应追究刑事责任的程度。犯罪未遂以行为成立犯罪为前提,如果行为本身不成立犯罪,就无所谓犯罪未遂。由于犯罪未遂没有造成特定的危害结果,其社会危害性通常小于犯罪既遂。因而,《刑法》第23条第2款规定:"对于未遂犯,可以比照既遂犯从轻或者减轻处罚。"

(三)犯罪中止

《刑法》第24条第1款规定:"在犯罪过程中,自动放弃犯罪或者自动有效地防止犯罪结果发生的,是犯罪中止。"根据这一规定,犯罪中止有两种情况:(1)自动放弃犯罪,即在犯罪过程中,犯罪分子自动中止其犯罪行为,因而没有发生特定危害结果;(2)自动有效地防止犯罪结果的发生,即在犯罪行为实行终了以后、犯罪结果发生之前,犯罪分子自动、有效地防止犯罪结果的发生。

犯罪中止必须具备以下特征:(1)中止的时间性,即犯罪中止只能发生在犯罪过程中。所谓犯罪过程,就是从开始预备行为到犯罪既遂以前的全部过程。如果犯罪已经既遂,则不存在犯罪中止问题。犯罪人在犯罪既遂后返还原物、赔偿损失的,不能成立犯罪中止。(2)中止的自动性,即必须是犯罪分子自动放弃了犯罪或自动有效地防止了犯罪结果发生。中止的自动性是犯罪中止的本质特征,是其区别于犯罪预备和犯罪未遂的根本标志。只要犯罪分子主观上认为完全有条件完成犯罪而自愿停止犯罪或自动有效地防止犯罪结果发生,即使客观上实际不可能完成犯罪,也不影响成立犯罪中止。反之,客观上本可能完成犯罪,但行为人主观上却认为没有条件完成犯罪而被迫中断犯罪的,不符合中止的自动性,不成立犯罪中止。(3)中止的有效性,即必须有效地防止了犯罪结果的发生。这里的有效防止犯罪结果,不是指没有发生任何危害结果,而是指有效防止了行为人当时追求的危害结果的发生。只有犯罪分子在故意犯罪过程中,不仅自动放弃犯罪,采取积极措施防止犯罪结果发生,而且在事实上有效地防止了犯罪结果的发生,犯罪中止才能成立;虽然自动放弃了犯罪,或采取了一定的防范措施,却未能防止犯罪结果发生的,就不成立犯罪中止,而是犯罪既遂。

中止犯应当负刑事责任,但因为其主观上自动中止了犯罪,主观恶性降低,客观上有效地防止了犯罪结果的发生,因而其社会危害性减小,刑事责任相应减轻。故《刑法》第24条第2款规定:"对于中止犯,没有造成损害的,应当免除处罚;造成损害的,应当减轻处罚。"

(四)犯罪既遂

犯罪既遂,是指犯罪分子实施了犯罪行为并且得逞的犯罪形态。犯罪既遂是故意犯罪四种形态中唯一的一种完成形态。对于犯罪既遂的含义,刑法理论上存在争议,这种争议与对犯罪未遂中"未得逞"含义的争议是一致的。通说认为,犯罪既遂可以分为三种类型:(1)行为犯的既遂,即只要实施了刑法分则所规定的某种危害行为,就构成既遂。(2)结果犯的既遂,即只要发生法定的犯罪结果,犯罪就既遂。(3)危险犯的既遂,即只要行为足以造成某种危害结果发生,就构成既遂。

五、共同犯罪

(一)共同犯罪的概念和成立条件

《刑法》第25条第1款规定:"共同犯罪是指二人以上共同故意犯罪。"据此,共同犯罪的成立必须具备以下条件:

第一,在犯罪主体上,必须有两人以上。一个人不可能成立共同犯罪。应该注意,这里的两人以上并非自然意义上的两人以上,而是指两个以上符合犯罪主体条件的人,如一个未达到负刑事责任法定年龄的人与一个已达到法定刑事责任年龄的人就不可能成立共同犯罪。

第二,在犯罪主观方面,必须有共同的犯罪故意。共同的犯罪故意,是指共同犯罪人通过相互的犯意联络而形成的、明知自己在和他人配合共同实施犯罪,并且明知共同的犯罪行为会发生某种危害社会的结果而希望或放任这种危害结果发生的心理态度。根据该条件,共同过失犯罪不成立共同犯罪;故意犯罪行为与过失犯罪行为之间不成立共同犯罪;同时犯(即两人以上同时以各自行为侵害同一对象,但彼此之间并无犯意联络的)不成立共同犯罪;事前无通谋的窝藏、包庇、窝赃、销赃等行为不构成共同犯罪;超出共同故意之外的犯罪,不是共同犯罪。

第三,在犯罪客观方面,必须有共同的犯罪行为。共同的犯罪行为,是指各行为人的行为都指向同一犯罪,并且相互联系、相互配合,形成一个有机的犯罪整体。在发生危害结果的情况下,各共犯人的行为作为一个整体与危害结果之间具有因果关系,各共犯人的行为也都与危害结果具有因果关系。

(二) 共同犯罪人的种类及其刑事责任

我国《刑法》主要根据共同犯罪人在共同犯罪中所起的作用,同时兼顾其分工,将共同犯罪人分为主犯、从犯、胁从犯与教唆犯四种。

1. 主犯

《刑法》第26条第1款规定:"组织、领导犯罪集团进行犯罪活动的或者在共同犯罪中起主要作用的,是主犯。"据此,主犯包括两类:(1) 组织、领导犯罪集团进行犯罪活动的犯罪分子,即犯罪集团的首要分子;(2) 其他在共同犯罪中起主要作用的犯罪分子。

对于犯罪集团首要分子的刑事责任,《刑法》第26条第3款规定:"对组织、领导犯罪集团的首要分子,按照集团所犯的全部罪行处罚。"据此,犯罪集团的首要分子,不仅要对自己实施的犯罪负刑事责任,而且要对集团其他成员按照集团的计划实施的犯罪负刑事责任。当然,对于其他成员超出集团计划而自己实施的犯罪,不能要求首要分子负责。对于犯罪集团首要分子之外的其他主犯,根据《刑法》第26条第4款,"应当按照其所参与的或者组织、指挥的全部犯罪处罚"。

2. 从犯

《刑法》第27条第1款规定:"在共同犯罪中起次要或者辅助作用的,是从犯。"据此,从犯也可分为两种:在共同犯罪中起次要作用的犯罪分子,主要包括起次要作用的实行犯与教唆犯;在共同犯罪中起辅助作用的犯罪分子,主要指帮助犯。

《刑法》第27条第2款规定:"对于从犯,应当从轻、减轻处罚或者免除处罚。"由于从犯在共同犯罪中起次于主犯的作用,其行为的社会危害性小于主犯行为的社会危害性,故刑法对从犯规定的刑事责任也相应减轻。

3. 胁从犯

根据《刑法》第28条的规定,被胁迫参加犯罪的,是胁从犯。被胁迫参加犯罪,是指在他人的暴力威胁或精神强制下,被迫参加共同犯罪。胁从犯主观上并不完全愿意参加犯罪,其参加犯罪是被胁迫的,但胁从犯并没有因胁迫而完全丧失意志自由,所以对其参加犯罪的行为仍然应追究刑事责任。行为人如果在身体完全受强制、完全丧失意志自由时实施了某种行为,由于主观上没有罪过,不构成胁从犯。如果行为人虽然起先是被胁迫参加共同犯罪,但后来发生变化,积极主动实施犯罪行为,在共同犯罪中起主要作用或次要作用的,则应认定为主犯或从犯,而不能再按胁从犯来处理。

因为胁从犯主观上并不完全自愿参加犯罪,主观恶性小,客观上在共同犯罪中所起作用小,所以其刑事责任相应较轻。《刑法》第28条规定:"对于被胁迫参加犯罪的,应当按照他的犯罪情节减轻处罚或者免除处罚。"

4. 教唆犯

教唆犯,是指故意唆使他人实施犯罪的人。成立教唆犯,必须具备以下三个条件:(1)在主观上,必须有教唆他人犯罪的故意。即行为人明知自己的教唆行为会使他人产生犯罪意图进而实施犯罪造成危害结果,并且希望或放任这种结果的发生。(2)在客观上,必须有教唆他人犯罪的行为。(3)在对象上,教唆犯教唆的对象必须是达到了刑事责任年龄且具有刑事责任能力的人。教唆未达到负刑事责任年龄的人以及不具有刑事责任能力的人实施犯罪行为的,不成立教唆犯,属于间接实行犯。

教唆犯不是独立的罪名。对于教唆犯,应按照其所教唆的罪定罪,而不能笼统地定教唆罪。关于教唆犯的刑事责任,《刑法》第29条分为三种情况加以规定:(1)"教唆他人犯罪的,应当按照他在共同犯罪中所起的作用处罚。"这是指被教唆者犯了被教唆的罪,从而与教唆犯构成共同犯罪的情况。在这种场合,对教唆犯应按其在共同犯罪中的作用处罚:如果起的是主犯作用,就按主犯处罚;如果起从犯作用,就按从犯处罚。(2)"教唆不满十八周岁的人犯罪的,应当从重处罚。"这是因为选择不满18周岁的人作为教唆对象,说明行为人主观恶性大,且客观上对未成年人危害大,所以应从重处罚。(3)"如果被教唆的人没有犯被教唆的罪,对于教唆犯,可以从轻或者减轻处罚。"被教唆的人没有犯被教唆的罪,包括以下情况:被教唆的人拒绝了教唆;被教唆的人虽然接受了教唆,但没有实施任何犯罪;被教唆的人所犯之罪并非被教唆之罪;被教唆的人实施了犯罪,但并非教唆犯的教唆行为所致。

第三节 刑 罚

一、刑罚概述

刑罚,是指刑法规定的、由国家审判机关依法对犯罪人适用的限制或剥夺其某种权益的最严厉强制制裁方法。刑罚具有以下几个特征:(1)刑罚的根据在于刑法的明文规定;(2)刑罚只能由国家审判机关依法适用;(3)刑罚只能对犯罪人适用;(4)刑罚的内容是限制或剥夺犯罪人的某种权益。

国家创制、适用与执行刑罚所产生的社会效应被称作刑罚的功能。刑罚具有惩罚功能、改造功能、感化功能、教育功能、威慑功能、安抚功能、鼓励功能和保障功能。国家制定、适用和执行刑罚所追求的效果被称为刑罚的目的。刑罚目的包括特殊预防与一般预防。特殊预防是指通过对犯罪分子适用刑罚,预防他们重新犯罪;一般预防是指通过制定刑罚和对犯罪分子适用刑罚,防止其他社会成员犯罪。

二、刑罚的体系与种类

(一) 刑罚的体系

刑罚体系是指刑法规定的按照一定次序排列的各种刑罚方法的总和。我国刑罚体系结构严谨,体系完整,宽严相济。根据我国《刑法》的规定,我国刑罚体系由主刑和附加刑组成。

(二) 主刑

主刑是对犯罪分子适用的主要的刑罚方法。主刑只能独立适用,不能附加适用;对于一个犯罪,只能适用一个主刑,而不能适用两个以上主刑。我国的主刑包括管制、拘役、有期徒刑、无期徒刑和死刑五种。

1. 管制

管制,是指对犯罪分子不予关押,但限制其一定自由,由公安机关予以执行的刑罚方法。管制是我国独创的一种刑罚方法,适用于罪行较轻、不需要关押的犯罪分子。管制的期限为 3 个月以上 2 年以下,数罪并罚时不得超过 3 年。管制的刑期从判决执行之日起计算;判决执行以前先行羁押的,羁押 1 日折抵刑期 2 日。

被判处管制的犯罪分子,仍留在原工作单位或居住地点工作或劳动。《刑法》第 39 条规定,被判处管制的犯罪分子在执行期间,应当遵守下列规定:遵守法律、行政法规,服从监督;未经执行机关批准,不得行使言论、出版、集会、结社、游行、示威自由的权利;须按照执行机关规定报告自己的活动情况;遵守执行机关关于会客的规定;离开所居住的市、县或者迁居,应当报经执行机关批准。

对于被判处管制的犯罪分子,在劳动中应同工同酬。根据 2011 年通过的《刑法修正案(八)》的规定,判处管制,可以根据犯罪情况,同时禁止犯罪分子在执行期间从事特定活动,进入特定区域、场所,接触特定的人。违反禁止令的,由公安机关依照《中华人民共和国治安管理处罚法》的规定处罚。对判处管制的犯罪分子,依法实行社区矫正。

2. 拘役

拘役,是指短期剥夺犯罪人的人身自由,由公安机关就近执行的刑罚方法。拘役意味着剥夺人身自由,因而比管制严厉;但拘役又是短期剥夺人身自由,所以比有期徒刑轻。拘役适用于那些犯罪较轻但仍需短期关押的犯罪分子。

拘役的刑期为 1 个月以上 6 个月以下,数罪并罚时最高不能超过 1 年。拘役的刑期,从判决执行之日起计算;判决执行以前先行羁押的,羁押 1 日折抵刑期 1 日。拘役由公安机关就近执行;执行期间被判处拘役的犯罪分子每月可以回家 1—2 天;执行期间参加劳动的,可以酌量发给报酬。

3. 有期徒刑

有期徒刑是剥夺犯罪分子一定期限的人身自由,并强制其进行劳动和接受教育改造的刑罚方法。有期徒刑是我国刑法中适用范围最为广泛的刑种,我国刑法分则条文中凡规定了法定刑的,都规定了有期徒刑。

有期徒刑的期限一般为6个月以上15年以下,死刑缓期执行期满后减为有期徒刑或者数罪并罚后决定执行有期徒刑时最高不能超过25年。刑期从判决执行之日起计算;判决以前先行羁押的,羁押1日折抵刑期1日。

4. 无期徒刑

无期徒刑是指剥夺犯罪分子终身自由,强制其参加劳动并进行教育改造的刑罚方法。无期徒刑是一种非常严厉的刑种,其程度仅次于死刑,适用于那些罪行非常严重而又不够判处死刑的犯罪分子。对判处无期徒刑的,应当附加剥夺政治权利终身。被判处无期徒刑的犯罪分子,可以依法获得减刑或假释。无期徒刑减为有期徒刑的刑期,从裁定减刑之日起计算。

5. 死刑

死刑是指剥夺犯罪分子生命的一种刑罚方法。我国是保留死刑的国家,我国的死刑政策是保留死刑、坚持少杀、防止错杀。从立法沿革上看,近年来我国规定死刑的罪名数量呈逐步减少的趋势。1997年《刑法》修订后,我国刑法规范中设定死刑的罪名共68个,2011年《刑法修正案(八)》取消了13个罪名中适用死刑的规定,2015年《刑法修正案(九)》又进一步废除了9个罪名的死刑规定,至此,我国刑法中适用死刑的罪名减少至46个。从我国刑法废除死刑规定的整体情况来看,其特点主要体现在以下三个方面:一是从废除死刑规定的罪名数量来看,是成批量的。二是从司法实践中的使用频率看,废除的主要是备而不用、备而少用的死刑规定。三是从犯罪类型来看,废除的主要是破坏社会主义市场经济秩序类犯罪和妨害社会管理秩序类犯罪的死刑。

死刑作为一种最严厉的刑种,其适用的对象受到严格限制:一方面,死刑只适用于罪行极其严重的犯罪分子;另一方面,对犯罪的时候不满18周岁的人和审判的时候怀孕的妇女不适用死刑。根据《刑法修正案(八)》,审判的时候已满75周岁的人,不适用死刑,但以特别残忍手段致人死亡的除外。这里的不适用死刑,是指根本不能判处死刑,包括死刑立即执行和死刑缓期执行。死刑适用程序也很严格,根据《刑法》第48条第2款的规定,死刑除依法由最高人民法院判决的以外,都应当报请最高人民法院核准。死刑缓期执行的,可以由高级人民法院判决或核准。

如前所述,死刑的执行方式有立即执行和缓期执行(简称死缓)两种。我国《刑法》第48条第1款规定:"对于应当判处死刑的犯罪分子,如果不是必须立即执行的,可以判处死刑同时宣告缓期二年执行。"死缓不是独立的刑种,而是死刑的一种执行方式。死缓的适用对象是应当判处死刑而又不是必须立即执行的犯罪分子。死缓的考察期为2年,从判决确定之日起计算。

根据《刑法修正案(九)》对《刑法》第50条所作的修订,死缓的法律后果有:判处死刑缓期执行的,在死刑缓期执行期间,如果没有故意犯罪,2年期满以后,减为无期徒刑;如果确有重大立功表现,2年期满以后,减为25年有期徒刑;如果故意犯罪,情节恶劣的,报请最高人民法院核准后执行死刑;对于故意犯罪未执行死刑的,死刑缓期执行的期间重新计算,并报最高人民法院备案。

对被判处死刑缓期执行的累犯以及因故意杀人、强奸、抢劫、绑架、放火、爆炸、投放危险物质或者有组织的暴力性犯罪被判处死刑缓期执行的犯罪分子,人民法院根据犯罪情节等情况可以同时决定对其限制减刑。另外,根据《刑法修正案(九)》的规定,对贪污罪、受贿罪的犯罪人,具有"数额特别巨大,并使国家和人民利益遭受特别重大损失"的情形,在其被判处死刑缓期执行的前提下,人民法院可以根据犯罪情节等情况同时决定,在其死刑缓期执行期满依法减为无期徒刑后,予以终身监禁,不得减刑、假释。

(三) 附加刑

附加刑是补充主刑适用的刑罚方法。它的特点是既能独立适用,又能附加适用。附加刑有罚金、剥夺政治权利、没收财产与驱逐出境四种。

1. 罚金

罚金是人民法院判处犯罪分子向国家交纳一定金钱的刑罚方法。罚金不同于行政罚款:(1) 性质不同。罚金是刑罚方法,罚款是行政处罚。(2) 适用对象不同。罚金适用于触犯刑律的犯罪个人与单位,罚款适用于一般违法个人与违法单位。(3) 适用机关不同。罚金只能由人民法院依照刑法的规定适用,罚款则由公安机关、海关等有关行政部门依照有关法律法规的规定适用。

关于罚金的数额,《刑法》第52条规定:"判处罚金,应当根据犯罪情节决定罚金数额。"关于罚金的缴纳,《刑法修正案(九)》对《刑法》第53条作出了修订,即:"罚金在判决指定的期限内一次或者分期缴纳。期满不缴纳的,强制缴纳。对于不能全部缴纳罚金的,人民法院在任何时候发现被执行人有可以执行的财产,应当随时追缴。由于遭遇不能抗拒的灾祸等原因缴纳确实有困难的,经人民法院裁定,可以延期缴纳、酌情减少或者免除。"

2. 剥夺政治权利

剥夺政治权利是剥夺犯罪分子参加国家管理和政治活动权利的刑罚。剥夺政治权利的内容,根据《刑法》第54条的规定,是指剥夺下列权利:选举权和被选举权;言论、出版、集会、结社、游行、示威自由的权利;担任国家机关职务的权利;担任国有公司、企业、事业单位和人民团体领导职务的权利。

剥夺政治权利可以附加适用,也可以独立适用。剥夺政治权利附加适用时,主要适用于重罪。根据《刑法》第56条的规定,对于危害国家安全的犯罪分子应当附加剥夺政治权利;对于故意杀人、强奸、放火、爆炸、投放危险物质、抢劫等严重破坏社会秩序的犯罪分子,可以附加剥夺政治权利。剥夺政治权利独立适用时,主要适用于情节较轻的犯罪。

根据《刑法》第55条、第57条、第58条的规定,剥夺政治权利的期限及刑期计算有以下几种情况:(1) 独立适用剥夺政治权利的,期限为1年以上5年以下,从判决执行之日起计算。(2) 判处管制附加剥夺政治权利的,剥夺政治权利的期限与管制的期限相同,同时执行。(3) 判处有期徒刑、拘役附加剥夺政治权利的,期限为1年以上

5年以下，刑期从有期徒刑、拘役执行完毕之日或者从假释之日起计算，但剥夺政治权利的效力当然施用于主刑执行期间。（4）对被判处死刑、无期徒刑的犯罪分子，应当剥夺政治权利终身。在死刑缓期执行减为有期徒刑或无期徒刑减为有期徒刑时，应当把剥夺政治权利的期限改为3年以上10年以下。

3. 没收财产

没收财产是将犯罪分子个人所有财产的一部或全部强制无偿地收归国有的刑罚方法。它是我国附加刑中较重的一种。

关于没收财产的范围，《刑法》第59条规定："没收财产是没收犯罪分子个人所有财产的一部或者全部。没收全部财产的，应当对犯罪分子个人及其扶养的家属保留必需的生活费用。在判处没收财产的时候，不得没收属于犯罪分子家属所有或者应有的财产。"没收财产以前犯罪分子所负的正当债务，需要以没收的财产偿还的，经债权人请求，应当偿还。

4. 驱逐出境

驱逐出境，是指强迫犯罪的外国人离开中国国（边）境的刑罚方法。它是一种专门适用于犯罪的外国人的特殊附加刑，既可独立适用，也可附加适用。

三、刑罚裁量制度

（一）累犯

累犯，是指因犯罪受过一定的刑罚处罚，在刑罚执行完毕或者赦免以后，又犯一定之罪的犯罪分子。

累犯分为普通累犯和特别累犯。普通累犯，是指因故意犯罪被判处有期徒刑以上刑罚，在刑罚执行完毕或赦免以后5年内，又故意犯应当被判处有期徒刑以上刑罚之罪的犯罪分子。但是不满18周岁的人，不构成累犯。特别累犯，是指因犯危害国家安全犯罪、恐怖活动犯罪、黑社会性质的组织犯罪被判处刑罚，在刑罚执行完毕或赦免以后，任何时候再犯上述任一类罪的犯罪分子。

对于累犯，应当从重处罚，并且不得适用缓刑与假释。对被判处死刑缓期执行的累犯，人民法院根据犯罪情节等情况可以同时决定对其限制减刑。

（二）自首、坦白、立功

自首，是指犯罪分子在犯罪之后自动投案，如实供述自己罪行的行为。被采取强制措施的犯罪嫌疑人、被告人和正在服刑的罪犯，如实供述司法机关还未掌握的本人其他罪行的，以自首论。《刑法》第67条第1款规定，对于自首的犯罪分子，可以从轻或者减轻处罚。其中，犯罪较轻的，可以免除处罚。

坦白，是指犯罪分子虽不具有自首情节，但如实供述自己的罪行。《刑法修正案（八）》增设的第67条第3款规定，对于坦白的犯罪分子，可以从轻处罚；因坦白而避免了特别严重后果发生的，可以减轻处罚。

立功，是指犯罪分子检举、揭发他人的犯罪行为，查证属实的，或者提供重要线索，从而得以侦破其他案件的，或者阻止他人的犯罪活动，或者协助司法机关抓捕其他犯罪嫌疑人，或者有其他有利于国家和社会的突出表现或重大贡献的行为。根据《刑法》第 68 条的规定，犯罪分子有立功表现的，可以从轻或者减轻处罚；有重大立功表现的，可以减轻或者免除处罚。

（三）数罪并罚

1. 罪数的认定

数罪并罚，首先必须认定行为人犯罪的罪数，即区分犯罪人是犯了一罪还是数罪。关于区分一罪与数罪的标准，刑法理论上有行为标准说、结果标准说、犯意标准说与构成要件标准说等诸种观点。其中，我国刑法主要采用犯罪构成标准说，即以行为符合犯罪构成的个数来作为区分一罪与数罪的标准。一般来说，行为符合一个犯罪构成的，即为一罪；行为符合数个犯罪构成的，即为数罪。

2. 数罪并罚的概念、原则

数罪并罚，是指人民法院对行为人在法定时间界限内所犯数罪分别定罪量刑后，按照法定的并罚原则及刑期计算方法决定其应执行的刑罚的制度。

根据《刑法修正案（九）》对《刑法》第 69 条的修订，对于犯罪分子因犯有数罪而被判处的数个刑罚，应按以下原则决定合并执行的刑罚：(1) 数罪中有判处死刑、无期徒刑的，采取吸收原则，即只执行数刑中的死刑或无期徒刑，不执行其他主刑。(2) 数罪均被判处有期徒刑、拘役或管制的，采取限制加重原则，即在数刑中总和刑期以下、最高刑期以上，酌情决定执行的刑期；但是管制最高不能超过 3 年，拘役最高不能超过 1 年，有期徒刑总和刑期不满 35 年的，最高不能超过 20 年，总和刑期在 35 年以上的，最高不能超过 25 年。(3) 数罪中有判处有期徒刑和拘役的，执行有期徒刑。数罪中有判处有期徒刑和管制，或者拘役和管制的，有期徒刑、拘役执行完毕后，管制仍须执行。(4) 数罪既判处主刑，又判处附加刑的，采用并科原则，即对主刑按照一定的原则并罚时，附加刑仍须执行。其中附加刑种类相同的，合并执行，种类不同的，分别执行。

根据《刑法》第 69 条、第 70 条、第 71 条的规定，适用数罪并罚主要有以下三种情况：(1) 判决宣告以前一人犯数罪的，依据《刑法》第 69 条规定的上述并罚原则来决定应执行的刑罚。(2) 判决宣告以后刑罚执行完毕以前，发现被判刑的犯罪分子在判决宣告以前还有其他罪没有判决的，应对新发现的罪作出判决，把前后两个判决所判处的刑罚，依照《刑法》第 69 条的规定，决定应执行的刑罚。已经执行的刑期应当计算在新判决决定的刑期以内。(3) 判决宣告以后刑罚执行完毕以前，被判刑的犯罪分子又犯罪的，应当对其新犯的罪作出判决，把前罪没有执行的刑罚和后罪所判处的刑罚，依照《刑法》第 69 条的规定，决定执行的刑罚。

（四）缓刑

缓刑，是指对于被判处拘役、3 年以下有期徒刑的犯罪分子，如果其犯罪情节较轻、有悔罪表现、没有再犯罪的危险、宣告缓刑对所居住社区没有重大不良影响的，规定一定的考验期，在此期间暂缓刑罚的执行，如果在考验期内没有发生撤销缓刑的法定事由，原判刑罚就不再执行的制度。缓刑并非刑种，而是一种刑罚裁量制度。

根据《刑法修正案（八）》对《刑法》第72条的修改,适用缓刑必须具备以下条件：(1)适用缓刑的对象必须是被判处3年以下有期徒刑或者拘役的犯罪人；(2)缓刑只能适用于犯罪情节较轻、有悔罪表现、没有再犯罪的危险、宣告缓刑对所居住社区没有重大不良影响的犯罪人；(3)缓刑不能适用于累犯和犯罪集团的首要分子。对符合上述条件的犯罪分子,可以宣告缓刑,对其中不满18周岁的人、怀孕的妇女和已满75周岁的人,应当宣告缓刑。宣告缓刑,可以根据犯罪情况,同时禁止犯罪分子在缓刑考验期限内从事特定活动,进入特定区域、场所,接触特定的人。被宣告缓刑的犯罪分子,如果被判处附加刑,附加刑仍须执行。

缓刑的考验期,是指对被宣告缓刑的犯罪人进行考察的一定期限。根据《刑法》第73条的规定,拘役的缓刑考验期为原判刑期以上1年以下,但是不能少于2个月；有期徒刑的缓刑考验期为原判刑期以上5年以下,但是不能少于1年。缓刑的考验期,从判决确定之日起计算。根据《刑法》第75条的规定,被宣告缓刑的犯罪人,在缓刑考验期内应遵守以下规定：(1)遵守法律、行政法规,服从监督；(2)按照考察机关的规定报告自己的活动情况；(3)遵守考察机关关于会客的规定；(4)离开所居住的市、县或者迁居,应当报经考察机关批准。被宣告缓刑的犯罪分子,在缓刑考验期内,依法实行社区矫正。

根据《刑法》第76条、第77条的规定,被判缓刑后可能出现的法律后果有三种：(1)缓刑犯在缓刑考验期内又犯新罪,或者被发现其在判决宣告前还有其他罪没有判决的,应当撤销缓刑,对新犯的罪或新发现的罪作出判决,按照《刑法》第69条的规定,将原判之罪与新判之罪进行数罪并罚。(2)缓刑犯在缓刑考验期内违反法律、行政法规或国务院有关部门关于缓刑的监督管理规定,或者违反人民法院判决中的禁止令,情节严重的,应当撤销缓刑,执行原判刑罚。(3)如果缓刑者在缓刑考验期内没有上述情况,缓刑考验期满,其原判刑罚不再执行,并且应当公开予以宣告。

四、刑罚执行制度

(一)减刑

减刑,是对被判处管制、拘役、有期徒刑或无期徒刑的犯罪分子,因其在刑罚执行期间认真遵守监规,接受教育改造,确有悔改或立功表现,而适当减轻其原判刑罚的制度。减刑可以是刑种的减轻,也可以是刑期的减轻。

根据《刑法》第78条的规定,适用减刑必须具备下列条件：(1)减刑的适用对象是被判处管制、拘役、有期徒刑、无期徒刑的犯罪分子；(2)减刑的根据是在刑罚执行期间,犯罪分子认真遵守监规,接受教育改造,确有悔改表现,或有立功表现；(3)减刑以后实际执行的刑期,判处管制、拘役、有期徒刑的,不能少于原判刑期的1/2；判处无期徒刑的,不能少于13年；被人民法院依照《刑法》第50条第2款规定限制减刑的死刑缓期执行的犯罪分子,缓期执行期满后依法减为无期徒刑的,不能少于25年,缓期执行期满后依法减为25年有期徒刑的,不能少于20年。无期徒刑减为有期徒刑的刑期,从裁定减刑之日起计算。

(二) 假释

假释,是指对被判处有期徒刑、无期徒刑的犯罪分子,在执行一定的刑期之后,因其认真遵守监规,接受教育改造,确有悔改表现,不致再危害社会,而附条件地予以提前释放的制度。根据《刑法》第 81 条的规定,适用假释必须遵守以下条件:(1) 假释的对象限于被判处有期徒刑、无期徒刑的犯罪分子,但对累犯以及因故意杀人、强奸、抢劫、绑架、放火、爆炸、投放危险物质或者有组织的暴力性犯罪被判处 10 年以上有期徒刑、无期徒刑的犯罪分子,不得假释。(2) 假释只适用于已经执行一部分刑罚的犯罪分子。即被判处有期徒刑的犯罪分子,执行原判刑期 1/2 以上,或者被判处无期徒刑的犯罪分子,实际执行 13 年以上的,才能适用假释。但是,如果有特殊情况,经最高人民法院核准,可以不受上述执行刑期的限制。(3) 只有对在执行期间认真遵守监规,接受教育改造,确有悔改表现,没有再犯罪危险的犯罪分子,才可以适用假释。对犯罪分子决定假释时,应当考虑其假释后对所居住社区的影响。

假释是附条件的提前释放,因而需要设立一定的考验期限,以便对被假释罪犯继续进行监督改造。根据《刑法》第 83 条的规定,有期徒刑的假释考验期限,为没有执行完毕的刑期;无期徒刑的假释考验期限为 10 年。假释考验期限,从假释之日起计算。被假释的犯罪分子,在假释考验期限内,依法实行社区矫正。同时,被假释的罪犯应当遵守下列规定:(1) 遵守法律、行政法规,服从监督;(2) 按照监督机关的规定报告自己的活动情况;(3) 遵守监督机关关于会客的规定;(4) 离开所居住的市、县或者迁居,应当报经监督机关批准。

根据《刑法》第 85 条、第 86 条的规定,由于假释是附条件地予以提前释放,故适用假释后可能出现以下四种情况:(1) 在假释考验期内犯新罪的,应当撤销假释,依照《刑法》第 71 条的规定实行数罪并罚;(2) 在假释考验期内,发现被假释的犯罪分子在判决宣告以前还有其他罪没有判决的,应当撤销假释,依照《刑法》第 70 条的规定实行数罪并罚;(3) 在假释考验期内,有违反法律、行政法规或国务院有关部门关于假释的监督管理规定的行为,尚未构成新的犯罪的,应当依照法定程序撤销假释,收监执行未执行完毕的刑罚;(4) 假释考验期满,没有上述情况的,应认为原判刑罚已经执行完毕,并公开予以宣告。

五、刑罚消灭制度

刑罚消灭,是指由于一定的法定原因,针对特定的犯罪人的刑罚权归于消灭。导致刑罚消灭的法定原因主要有时效、赦免、告诉才处理的犯罪没有告诉或撤回告诉。

(一) 时效

时效,是指经过一定的期限,对犯罪不得追诉或对所判刑罚不得执行的制度。时效可分为追诉时效与行刑时效。追诉时效,是指依法对犯罪分子追究刑事责任的有效期限。行刑时效,是指法律规定对被判处刑罚的犯罪分子执行刑罚的有效期限。我国刑法只规定了追诉时效。

根据《刑法》第 87 条的规定,犯罪经过下列期限不再追诉:法定最高刑为不满 5

年有期徒刑的,经过5年;法定最高刑为5年以上不满10年有期徒刑的,经过10年;法定最高刑为10年以上有期徒刑的,经过15年;法定最高刑为无期徒刑、死刑的,经过20年,如果20年以后认为必须追诉的,须报请最高人民检察院核准。追诉期限从犯罪之日起计算,犯罪行为有连续或继续状态的,从犯罪行为终了之日起计算。在追诉期限内又犯罪的,前罪追诉的期限从犯后罪之日起计算。《刑法》第88条规定了两种不受追诉时效限制的例外情况:(1)在人民检察院、公安机关、国家安全机关立案侦查或人民法院受理案件以后,逃避侦查或审判的,不受追诉期限的限制;(2)被害人在追诉期限内提出控告,人民法院、人民检察院、公安机关应当立案而未予立案的,不受追诉期限的限制。

(二)赦免

赦免,是国家对于犯罪分子宣告免予追诉或免除执行全部或部分刑罚的法律制度。赦免分为大赦和特赦。大赦,是指国家对不特定的多数犯罪分子的赦免,其效力及于罪与刑两方面。特赦,是指国家对特定的犯罪分子的赦免,只免其刑,不免其罪。我国法律只规定了特赦。我国《宪法》规定,特赦由全国人大常委会决定,并由国家主席发布特赦令。

第四节 刑法分则的基本内容

一、刑法分则概述

(一)刑法分则体系

刑法分则体系,是指刑法分则对具体犯罪的分类和排序。我国《刑法》分则按照犯罪的同类客体将犯罪分为十章,并主要是按照由重至轻的顺序进行排列,其具体排序依次为:危害国家安全罪,危害公共安全罪,破坏社会主义市场经济秩序罪,侵犯公民人身权利、民主权利罪,侵犯财产罪,妨害社会管理秩序罪,危害国防利益罪,贪污贿赂罪,渎职罪,军人违反职责罪。在安排各章中的具体犯罪时,刑法分则是根据各种犯罪的社会危害性程度来进行排列的。

(二)罪状与法定刑

《刑法》分则条文通常由罪状和法定刑组成。罪状是《刑法》分则条文对犯罪具体状况的描述,其用意在于指明适用该分则条文的条件。根据叙述方式的不同,罪状可以分为简单罪状、叙明罪状、空白罪状与引证罪状。

法定刑,是指《刑法》分则条文对各种具体犯罪所规定的刑种与刑罚幅度,它是依照刑法总则的规定确定的、与具体犯罪的社会危害性相适应的刑种和刑罚幅度。法定刑不同于宣告刑。宣告刑是人民法院对具体犯罪判决宣告的应当执行的刑罚。法定刑是立法机关制定刑法时确定的,是立法上的规定;宣告刑是人民法院在处理具体案件时确定的,是司法上的运用。法定刑是宣告刑的法律依据。法定刑也不同于执行刑。执行刑是对犯罪人实际执行的刑罚,以宣告刑为根据。

二、危害国家安全罪

危害国家安全罪是《刑法》分则第一章规定的类罪名,它是指故意危害中华人民共和国国家安全、应受刑罚处罚的行为。危害国家安全罪的犯罪客体是国家安全,其客观方面表现为实施了危害国家安全的行为,犯罪主体除个别犯罪要求特殊身份外,多数为一般主体,犯罪主观方面只能是故意。

我国《刑法》分则第一章共规定了12个具体的危害国家安全罪的罪名:背叛国家罪、分裂国家罪、煽动分裂国家罪、武装叛乱、暴乱罪、颠覆国家政权罪、煽动颠覆国家政权罪、资助危害国家安全犯罪活动罪、投敌叛变罪、叛逃罪、间谍罪、为境外窃取、刺探、收买、非法提供国家秘密、情报罪、资敌罪。

三、危害公共安全罪

(一)危害公共安全罪概述

危害公共安全罪,是指故意或者过失地实施危害不特定或多数人的生命、健康或者重大公私财产的安全的行为。本类犯罪具有如下特征:(1)犯罪客体是公共安全;(2)客观方面表现为实施了危害不特定或多数人的生命、健康或者重大公私财产的行为;(3)犯罪主体多数是一般主体,少数是特殊主体,如重大飞行事故罪的犯罪主体就属于特殊主体;(4)在主观方面,有些犯罪是故意,有些犯罪是过失。

(二)若干具体罪名分述

1. 放火罪

放火罪,是指故意以引起公私财物等对象燃烧的方法危害公共安全的行为。本罪的构成要件如下:(1)本罪的客体为公共安全。(2)行为人客观上实施了危害公共安全的放火行为。(3)本罪的主体是一般主体。(4)本罪主观方面只能是故意。

依照《刑法》第114条、第115条的规定,犯本罪,尚未造成严重后果的,处3年以上10年以下有期徒刑;致人重伤、死亡或者使公私财产遭受重大损失的,处10年以上有期徒刑、无期徒刑或者死刑。

2. 破坏交通工具罪

破坏交通工具罪,是指故意破坏火车、汽车、电车、船只、航空器,足以使火车、汽车、电车、船只、航空器发生倾覆、毁坏危险的行为。破坏交通工具罪的构成要件如下:(1)本罪的客体为交通运输方面的公共安全。(2)本罪在客观方面表现为破坏火车、汽车、电车、船只、航空器,足以使其发生倾覆、毁坏危险。(3)本罪的主体是一般主体。(4)本罪的主观方面是故意,即明知自己破坏火车、汽车、电车、船只、航空器的行为会发生使其倾覆或者毁坏的危害结果,并且希望或者放任这种结果的发生。

根据《刑法》第116条、第119条的规定,犯本罪,尚未造成严重后果的,处3年以上10年以下有期徒刑;造成严重后果的,处10年以上有期徒刑、无期徒刑或者死刑。

3. 组织、领导、参加恐怖组织罪

组织、领导、参加恐怖组织罪,指组织、领导或者参加恐怖活动组织的行为。本罪构成要件如下:(1)本罪客体为公共安全。(2)本罪在客观方面表现为组织、领导或者参加恐怖活动组织。恐怖活动组织,指3人以上出于政治或报复社会的动机,为实施绑架、杀人、爆炸等恐怖性犯罪活动而结成的具有稳定性的犯罪组织。(3)本罪的主体是一般主体。(4)本罪的主观方面是故意,即行为人明知自己组织、领导、参加的是恐怖活动组织而故意实施组织、领导、参加行为。

根据2001年《刑法修正案(三)》和2015年《刑法修正案(九)》对《刑法》第120条所作的修改,组织、领导恐怖活动组织的,处10年以上有期徒刑或者无期徒刑,并处没收财产;积极参加的,处3年以上10年以下有期徒刑,并处罚金;其他参加的,处3年以下有期徒刑、拘役、管制或者剥夺政治权利,可以并处罚金。犯本罪并实施杀人、爆炸、绑架等犯罪的,依照数罪并罚的规定处罚。

4. 帮助恐怖活动罪

本罪是《刑法修正案(三)》增设的罪名,《刑法修正案(九)》又对相关规定作了修订。帮助恐怖活动罪,是指资助恐怖活动组织、实施恐怖活动的个人、恐怖活动培训,或者为恐怖活动组织、实施恐怖活动或者恐怖活动培训招募、运送人员的行为。其构成要件如下:(1)本罪的客体是公共安全。(2)本罪的客观方面表现为资助恐怖活动组织、实施恐怖活动的个人、恐怖活动培训,或者为恐怖活动组织、实施恐怖活动的个人或者恐怖活动培训招募、运送人员。(3)本罪的主体包括自然人和单位。(4)本罪的主观方面是故意,即行为人明知是恐怖活动组织、实施恐怖活动的个人、恐怖活动培训,而故意进行资助,或者明知是恐怖活动组织、实施恐怖活动的个人或者恐怖活动培训,而故意招募、运送人员。

《刑法》第120条之一规定:犯本罪的,处5年以下有期徒刑、拘役、管制或者剥夺政治权利,并处罚金;情节严重的,处5年以上有期徒刑,并处罚金或者没收财产。单位犯本罪的,对单位判处罚金,并对其直接负责的主管人员和其他直接责任人员,依照前述规定处罚。

5. 准备实施恐怖活动罪

准备实施恐怖活动罪是《刑法修正案(九)》增设的罪名。本罪是指为实施恐怖活动而进行准备的行为。其构成要件如下:(1)本罪的客体是公共安全。(2)本罪的客观方面表现包括:为实施恐怖活动准备凶器、危险物品或者其他工具;组织恐怖活动培训或者积极参加恐怖活动培训;为实施恐怖活动与境外恐怖活动组织或者人员联络;为实施恐怖活动进行策划或者其他准备的。(3)本罪的主体是一般主体。(4)本罪的主观方面是故意。

《刑法》第120条之二规定:犯本罪的,处5年以下有期徒刑、拘役、管制或者剥夺政治权利,并处罚金;情节严重的,处5年以上有期徒刑,并处罚金或者没收财产。犯本罪同时构成其他犯罪的,依照处罚较重的规定定罪处罚。

6. 宣扬恐怖主义、极端主义、煽动实施恐怖活动罪

宣扬恐怖主义、极端主义、煽动实施恐怖活动罪是《刑法修正案(九)》增设的罪名。本罪是指以制作、散发宣扬恐怖主义、极端主义的图书、音频视频资料或者其他

物品,或者通过讲授、发布信息等方式宣扬恐怖主义、极端主义的行为或者煽动实施恐怖活动的行为。其构成要件如下:(1)本罪的客体是公共安全。(2)本罪的客观方面表现为以制作、散发宣扬恐怖主义、极端主义的图书、音频视频资料或者其他物品,或者通过讲授、发布信息等方式宣扬恐怖主义、极端主义的行为或者煽动实施恐怖活动的行为。所谓"制作",是指编写、出版、印刷、复制载有恐怖主义、极端主义思想内容的图书、音频资料或者其他物品的行为。"散发"是指通过发行、邮寄、短信、电子邮件等方式发送、转载,使他人接触到恐怖主义、极端主义信息的行为。"讲授",是指为宣扬的对象讲解传授恐怖主义、极端主义思想、观念、主张的行为。"发布",是指面向特定或不特定的人,通过网络平台、短信、电子邮件等方式宣扬恐怖主义、极端主义的行为。"煽动",是指以口头、书面、视频音频等方式对他人进行鼓动、宣传,意图使他人产生犯意,去实施恐怖活动。(3)本罪的主体是一般主体,既可以是中国人,也可以是外国人或无国籍人。(4)本罪的主观方面是故意,且只能是直接故意。

《刑法》第120条之三规定:犯本罪的,处5年以下有期徒刑、拘役、管制或者剥夺政治权利,并处罚金;情节严重的,处5年以上有期徒刑,并处罚金或者没收财产。

7. 利用极端主义破坏法律实施罪

利用极端主义破坏法律实施罪是《刑法修正案(九)》增设的罪名。本罪是指利用极端主义煽动、胁迫群众破坏国家法律确立的婚姻、司法、教育、社会管理等制度实施的行为。其构成要件如下:(1)本罪的客体是公共安全。(2)本罪的客观方面是利用极端主义煽动、胁迫群众实施破坏国家法律确立的婚姻、司法、教育、社会管理等制度实施的行为。"煽动",是指以语言、文字、图像或者其他方式对他人进行鼓动、宣传,意图使他人去实施破坏国家法律确立的婚姻、司法、教育、社会管理等制度实施的行为。"胁迫",是指通过暴力、威胁或者其他方式对他人形成心理强制,使他人实施破坏国家法律确立的婚姻、司法、教育、社会管理等制度实施的行为。(3)本罪的主体是一般主体。(4)本罪的主观方面是故意,且只能是直接故意。

《刑法》第120条之四规定:犯本罪的,处3年以下有期徒刑、拘役或者管制,并处罚金;情节严重的,处3年以上7年以下有期徒刑,并处罚金;情节特别严重的,处7年以上有期徒刑,并处罚金或者没收财产。

8. 强制穿戴宣扬恐怖主义、极端主义服饰、标志罪

强制穿戴宣扬恐怖主义、极端主义服饰、标志罪是《刑法修正案(九)》增设的罪名。本罪是指以暴力、胁迫等方式强制他人在公共场所穿着、佩戴宣扬恐怖主义、极端主义服饰、标志的行为。其构成要件如下:(1)本罪的客体是复杂客体,主要客体是公共安全,次要客体是他人的宗教信仰自由以及生活自由。(2)本罪的客观方面是以暴力、胁迫等方式强制他人在公共场所穿着、佩戴宣扬恐怖主义、极端主义服饰、标志的行为。"暴力",是指对他人实施身体上的强制或打击,如殴打、捆绑、伤害等,使被强制者处于不能反抗或不敢反抗的状态。"胁迫",是指对他人实施威胁、恐吓而对他人形成心理强制,迫使其就范。(3)本罪的主体是一般主体。(4)本罪的主观方面是故意,且只能是直接故意。

《刑法》第 120 条之五规定:犯本罪,处 3 年以下有期徒刑、拘役或者管制,并处罚金。

9. 非法持有宣扬恐怖主义、极端主义物品罪

非法持有宣扬恐怖主义、极端主义物品罪是《刑法修正案(九)》增设的罪名。本罪是指明知是宣扬恐怖主义、极端主义的图书、音频视频资料或者其他物品而非法持有,情节严重的行为。其构成要件如下:(1)本罪的客体是公共安全。(2)本罪的客观方面是明知是宣扬恐怖主义、极端主义的图书、音频视频资料或者其他物品而非法持有,情节严重的行为。"非法持有",是指没有法律规定的权利,而占有、支配或者控制宣扬恐怖主义、极端主义的图书、音频视频资料或者其他物品的一种持续状态。本罪的成立要求情节严重。(3)本罪的主体是一般主体。(4)本罪的主观方面是故意,即明知自己持有宣扬恐怖主义、极端主义的图书、音频视频资料或者其他物品会给公共安全带来危害,故意为之。

《刑法》第 120 条之六规定:犯本罪,处 3 年以下有期徒刑、拘役或者管制,并处或者单处罚金。

10. 劫持航空器罪

劫持航空器罪,是指以暴力、胁迫或者其他方法劫持航空器的行为。本罪的构成要件如下:(1)本罪客体为航空公共安全。(2)本罪在客观上表现为以暴力、胁迫或者其他方法劫持航空器。(3)本罪主体为一般主体。(4)本罪主观方面只能是故意,即明知劫持航空器的行为会发生危害航空安全的严重后果,并且希望或放任这种结果的发生。

《刑法》第 121 条规定:犯本罪的,处 10 年以上有期徒刑或者无期徒刑;致人重伤、死亡或者使航空器遭受严重破坏的,处死刑。

11. 非法制造、买卖、运输、邮寄、储存枪支、弹药、爆炸物罪

非法制造、买卖、运输、邮寄、储存枪支、弹药、爆炸物罪,是指违反法律规定,非法制造、买卖、运输、邮寄、储存枪支、弹药、爆炸物的行为。本罪具有以下构成要件:(1)本罪的客体是社会公共安全和国家对枪支、弹药、爆炸物的管理制度;(2)本罪客观上表现为非法制造、买卖、运输、邮寄、储存枪支、弹药、爆炸物的行为;(3)本罪主体为一般主体;(4)本罪主观方面是故意,即明知是枪支、弹药、爆炸物而非法制造、买卖、运输、邮寄、储存。

《刑法》第 125 条第 1 款规定:犯本罪的,处 3 年以上 10 年以下有期徒刑;情节严重的,处 10 年以上有期徒刑、无期徒刑或者死刑。

12. 交通肇事罪

交通肇事罪,是指违反交通运输管理法规,因而发生重大事故,致人重伤、死亡或者使公私财产遭受重大损失的行为。本罪构成要件如下:(1)本罪客体是交通运输安全;(2)本罪在客观方面表现为违反交通运输管理法规,因而发生重大事故,致人重伤、死亡或者使公私财产遭受重大损失的行为;(3)本罪主体是一般主体;(4)本罪主观方面只能是过失,即行为人对自己行为的严重后果应当预见,却由于疏忽大意而

未预见,或者虽然已预见,但轻信能够避免。这种过失是行为人对所造成的严重后果的心理态度,而对违反交通运输管理法规本身,行为人则可能是明知的。

《刑法》第 133 条规定:犯本罪的,处 3 年以下有期徒刑或者拘役;交通运输肇事后逃逸或者有其他特别恶劣情节的,处 3 年以上 7 年以下有期徒刑;因逃逸致人死亡的,处 7 年以上有期徒刑。

13. 危险驾驶罪

这是 2011 年《刑法修正案(八)》增设的罪名,《刑法修正案(九)》又对其进行了修订。危险驾驶罪,是指在道路上驾驶机动车追逐竞驶,情节恶劣的,或者在道路上醉酒驾驶机动车,或者从事校车业务或者旅客运输,严重超过额定乘员载客,或者严重超过规定时速行驶的,或者违反危险化学品安全管理规定运输危险化学品,危及公共安全的行为。本罪构成要件如下:(1) 本罪的客体是交通运输安全;(2) 本罪客观方面的表现方式有:一是在道路上驾驶机动车追逐竞驶,情节恶劣的行为;二是在道路上醉酒驾驶机动车的行为;三是从事校车业务或者旅客运输,严重超过额定乘员载客,或者严重超过规定时速行驶的行为;四是违反危险化学品安全管理规定运输危险化学品,危及公共安全的行为;(3) 本罪的主体是一般主体。但根据《刑法修正案(九)》的修订,本罪中第三、四种情形下,机动车所有人、管理人负有直接责任的,按本罪定罪处罚。也就是说,本罪的主体,不仅包括机动车驾驶人,还在一定条件下包括机动车的所有人和管理人。所谓负有直接责任,是指机动车所有人、管理人与危险驾驶行为之间具有直接的因果关系。(4) 本罪主观方面是故意,即明知自己的危险驾驶行为会对交通运输安全造成极大威胁,仍然故意为之。

《刑法》第 133 条之一规定:犯本罪的,处拘役,并处罚金。行为人实施本罪行为,同时构成其他犯罪的,依照处罚较重的规定定罪处罚。

14. 妨害安全驾驶罪

本罪系 2020 年《刑法修正案(十一)》增设的新罪名。妨害安全驾驶罪,是指对行驶中的公共交通工具的驾驶人员使用暴力或抢控驾驶操纵装置,干扰公共交通工具正常行驶,或者公共交通工具的驾驶人员在行驶的公共交通工具上擅离职守,与他人互殴或殴打他人,危及公共安全的行为。本罪构成要件如下:(1) 本罪客体是公共交通安全。(2) 本罪在客观方面表现为两种情形:一种是其他人对正在行驶中的公共交通工具的驾驶人员使用暴力或者抢控驾驶操纵装置,干扰公共交通工具正常行驶,危及公共安全;另一种是公共交通工具的驾驶人员在行驶的公共交通工具上擅离职守,与他人互殴或殴打他人,危及公共安全。(3) 本罪主体在前一种情形中为符合一般主体条件的其他人员,在后一种情形中为正在行驶中的公共交通工具的驾驶人员。(4) 本罪主观方面是故意。

《刑法》第 133 条之二规定:犯本罪的,处 1 年以下有期徒刑、拘役或者管制,并处或者单处罚金。行为人实施本罪行为,同时构成其他犯罪的,依照处罚较重的规定定罪处罚。

15. 重大劳动安全事故罪

本罪是2006年《刑法修正案(六)》对《刑法》第135条修改后形成的罪名。重大劳动安全事故罪,是指安全生产设施或者安全生产条件不符合国家规定,因而发生重大伤亡事故或者造成其他严重后果的行为。本罪构成要件如下:(1)本罪客体是生产安全。(2)本罪客观方面表现为安全生产设施或安全生产条件不符合国家规定,导致重大伤亡事故或者其他严重后果产生。(3)本罪主体是单位,但《刑法》只规定处罚单位直接负责的主管人员和其他直接责任人员。(4)本罪主观方面是过失,即行为人对重大伤亡事故或其他严重后果的发生应当预见,却由于疏忽大意而未预见,或者虽然已经预见,但轻信能够避免。至于对安全生产设施、生产条件不符合国家规定,则行为人可能是明知,也可能不知道。

《刑法》第135条规定:犯本罪的,对直接负责的主管人员和其他直接责任人员,处3年以下有期徒刑或者拘役;情节特别恶劣的,处3年以上7年以下有期徒刑。

四、破坏社会主义市场经济秩序罪

(一)破坏社会主义市场经济秩序罪概述

破坏社会主义市场经济秩序罪,是指违反国家市场经济管理法规,干扰国家对市场经济的管理活动,破坏社会主义市场经济秩序,使社会主义市场经济发展遭受严重损害的行为。本类罪具有如下构成特征:(1)侵犯的客体是社会主义市场经济秩序。(2)客观方面表现为违反国家市场经济管理法规,破坏国家经济管理活动,扰乱市场经济秩序,情节严重的行为。(3)本类罪的主体多数为一般主体。(4)本类罪主观方面一般是故意,但个别罪只能由过失构成,如《刑法》第167条规定的签订、履行合同失职被骗罪。

(二)若干具体罪名分述

1. 生产、销售伪劣产品罪

生产、销售伪劣产品罪,是指生产者、销售者故意在产品中掺杂、掺假,以假充真,以次充好或者以不合格产品冒充合格产品,销售金额在5万元以上的行为。本罪具有如下构成要件:(1)本罪的客体为国家产品质量管理秩序。(2)本罪的客观方面表现为三种情形:一是掺杂、掺假,即在生产、销售的产品中掺入杂物或其他非产品元素的东西;二是以假充真,以次充好,即以假的产品冒充真的产品,以质量低劣或失效、变质的产品冒充优质产品;三是以不合格产品冒充合格产品,即以不符合有关产品质量标准的检验不合格产品或未经检验合格的产品冒充经检验合格的产品。此外,销售金额还应在5万元以上。(3)本罪的主体为一般主体。(4)本罪的主观方面为故意,过失不构成本罪。

依照《刑法》第140条、第150条的规定,犯本罪,销售金额在5万元以上不满20万元的,处2年以下有期徒刑或者拘役,并处或者单处销售金额50%以上2倍以下罚金;销售金额在20万元以上不满50万元的,处2年以上7年以下有期徒刑,并处销售金额50%以上2倍以下罚金;销售金额在50万元以上不满200万元的,处7年以上有期徒刑,并处销售金额50%以上2倍以下罚金;销售金额在200万元以上的,处15年有期徒刑或者无期徒刑,并处销售金额50%以上2倍以下罚金或者没收财产。单位犯本罪的,对单位处以罚金,并对其直接负责的主管人员和其他直接责任人员,依照上述规定处罚。

2. 走私普通货物、物品罪

走私普通货物、物品罪,是指违反海关法规,逃避海关监管,非法运输、携带、邮寄普通货物、物品进出国(边)境,偷逃应缴税额较大或一年内曾因走私被给予二次行政处罚后又走私的行为。本罪构成要件如下:(1)本罪的客体为国家外贸管理秩序和海关监管制度。(2)本罪的客观方面表现为违反海关法规,逃避海关监管,非法运输、携带、邮寄一般货物、物品进出国(边)境,偷逃关税,数额较大,或1年内曾因走私被给予二次行政处罚后又走私。对偷逃税额不大且不存在1年以内曾因走私被给予两次行政处罚后又走私情形的,则作为一般走私行为处理。(3)本罪的主体为一般主体,单位也可以成为本罪主体。(4)本罪在主观方面是故意。如果行为人由于不懂海关法规或疏忽大意而过失未申报、漏报或错报关税,不构成本罪。另外,本罪不要求行为人必须具有牟利的目的。

依照《刑法》第153条的规定,犯本罪的,应根据如下不同情形分别处罚:(1)走私货物、物品偷逃应缴税额较大或者1年内曾因走私被给予二次行政处罚后又走私的,处3年以下有期徒刑或者拘役,并处偷逃应缴税额1倍以上5倍以下罚金。(2)走私货物、物品偷逃应缴税额巨大或者有其他严重情节的,处3年以上10年以下有期徒刑,并处偷逃应缴税额1倍以上5倍以下罚金。(3)走私货物、物品偷逃应缴税额特别巨大或者有其他特别严重情节的,处10年以上有期徒刑或者无期徒刑,并处偷逃应缴税额1倍以上5倍以下罚金或者没收财产。单位犯本罪的,对单位判处罚金,并对其直接负责的主管人员和其他直接责任人员,处3年以下有期徒刑或者拘役;情节严重的,处3年以上10年以下有期徒刑;情节特别严重的,处10年以上有期徒刑。对多次走私未经处理的,按照累计走私货物、物品的偷逃应缴税额处罚。

3. 虚报注册资本罪

虚报注册资本罪,是指申请注册资本实缴登记制的公司登记时,使用虚假证明文件或者采取其他欺诈手段虚报注册资本,欺骗公司登记主管部门,取得公司登记,虚报注册资本数额巨大、后果严重或者有其他严重情节的行为。申请公司登记可采用注册资本实缴登记制和认缴登记制两种形式,根据全国人大常委会《关于〈中华人民共和国刑法〉第158条、第159条的解释》,该罪只适用于依法实行注册资本实缴登记制的公司。本罪具有如下构成要件:(1)本罪的客体为国家对公司的登记管理制度。(2)本罪在客观方面必须是在依法申请注册资本实缴登记制公司时,具有虚报注册资本,欺骗公司登记主管部门,取得公司登记,虚报注册资本数额巨大、后果严重或有其他严重情节的行为。(3)本罪的主体为申请公司登记的自然人和单位。(4)本罪的主观方面只能是故意,即行为人明知其注册资本不符合法定要求,而有意欺骗公司登记主管部门。

《刑法》第 158 条规定：犯本罪的，处 3 年以下有期徒刑或者拘役，并处或者单处虚报注册资本金额 1% 以上 5% 以下罚金。单位犯本罪的，对单位判处罚金，并对其直接负责的主管人员和其他直接责任人员判处 3 年以下有期徒刑或者拘役。

4. 虚假出资、抽逃出资罪

虚假出资、抽逃出资罪，是指依法实行注册资本实缴登记制的公司发起人、股东违反公司法的规定未交付货币、实物或未转移财产权，虚假出资，或者在公司成立后又抽逃其出资，数额巨大、后果严重或者有其他严重情节的行为。根据全国人大常委会《关于〈中华人民共和国刑法〉第 158 条、第 159 条的解释》，该罪只适用于依法实行注册资本实缴登记制的公司。本罪构成要件如下：(1) 本罪客体是国家对公司的登记管理制度。(2) 本罪客观方面表现为依法实行注册资本实缴登记制的公司违反公司法的规定，未交付货币、实物或未转移财产权，虚假出资，或者在公司成立后又抽逃其出资，数额巨大、后果严重或有其他严重情节。(3) 本罪的主体是特殊主体，即必须是公司发起人和股东。(4) 本罪主观方面是故意。

《刑法》第 159 条规定：犯本罪的，处 5 年以下有期徒刑或者拘役，并处或单处虚假出资金额或者抽逃出资金额 2% 以上 10% 以下罚金。单位犯本罪的，对单位判处罚金，并对其直接负责的主管人员和其他直接责任人员，处 5 年以下有期徒刑或者拘役。

5. 非国家工作人员受贿罪

本罪是 2006 年《刑法修正案（六）》对《刑法》第 163 条修订后形成的罪名。2020 年《刑法修正案（十一）》再次对该条进行了修订。非国家工作人员受贿罪，是指国家工作人员之外的公司、企业或者其他单位工作人员利用职务上的便利，索取他人财物或者非法收受他人财物，为他人谋取利益，数额较大的行为。本罪构成要件如下：(1) 本罪客体是公司、企业、其他单位工作人员业务活动的廉洁性；(2) 本罪客观方面表现为利用职务上的便利，索取他人财物或者非法收受他人财物，为他人谋取利益，数额较大；(3) 本罪主体为国家工作人员之外的公司、企业或者其他单位工作人员；(4) 本罪主观方面只能是故意。

修订后的《刑法》第 163 条第 1 款规定：犯本罪的，处 3 年以下有期徒刑或者拘役，并处罚金；数额巨大或者有其他严重情节的，处 3 年以上 10 年以下有期徒刑，并处罚金；数额特别巨大或者有其他特别严重情节的，处 10 年以上有期徒刑或者无期徒刑，并处罚金。

6. 伪造货币罪

伪造货币罪是指违反国家货币管理法规，依照货币的图案、形状、色彩、防伪技术等特征，非法制造假货币，以冒充真货币的行为。本罪具有如下构成要件：(1) 本罪客体为国家对货币的管理制度。(2) 本罪客观方面表现为违反国家货币管理法规，伪造货币。这里所说的货币，包括我国的国家货币和外币。所谓伪造货币，是指仿照真人民币或外币的样式、票面、图案、颜色、质地、防伪技术等，用描绘、复印、影印、石印、机器印刷等方法，制造假货币冒充真货币的行为。(3) 本罪主体是一般主体。

(4) 本罪主观方面必须是故意。

根据2015年《刑法修正案(九)》对《刑法》第170条的修改,犯本罪的,处3年以上10年以下有期徒刑,并处罚金;对伪造货币集团的首要分子、伪造货币数额特别巨大或者有其他特别严重情节的,处10年以上有期徒刑或者无期徒刑,并处罚金或者没收财产。

7. 变造货币罪

变造货币罪,是指对真币采用挖补、剪贴、揭层、拼凑、涂改等方法进行加工处理,改变货币的真实形状、图案、面值或张数,增大票面面额或增加票张数量,数额较大的行为。本罪主观方面只能是故意,客观方面表现为对真币进行加工处理,使其面额或张数由少变多。本罪的客体与主体要件与前述伪造货币罪相同。

《刑法》第173条规定:变造货币,数额较大的,处3年以下有期徒刑或者拘役,并处或者单处1万元以上10万元以下罚金;数额巨大的,处3年以上10年以下有期徒刑,并处2万元以上20万元以下罚金。

8. 高利转贷罪

高利转贷罪,是指以转贷牟利为目的,套取金融机构信贷资金高利转贷他人,谋取非法经济利益,违法所得数额较大的行为。本罪构成要件如下:(1)本罪客体为国家对信贷资金的管理秩序;(2)本罪客观方面表现为套取金融机构信贷资金,高利转贷他人,违法所得数额较大;(3)本罪主体是符合一般主体条件的个人或单位;(4)本罪主观方面只能是故意,且具有非法转贷牟利的目的。

《刑法》第175条规定:犯本罪的,处3年以下有期徒刑或者拘役,并处违法所得1倍以上5倍以下的罚金;数额巨大的,处3年以上7年以下有期徒刑,并处违法所得1倍以上5倍以下的罚金。单位犯本罪的,对单位判处罚金,并对其直接负责的主管人员和其他直接责任人员,处3年以下有期徒刑或者拘役。

9. 非法吸收公众存款罪

非法吸收公众存款罪,是指违反国家金融管理法规,非法吸收公众存款或变相吸收公众存款,扰乱金融秩序的行为。本罪具有如下构成要件:(1)本罪客体为国家的金融信贷管理制度。(2)本罪客观方面表现为违反国家金融管理法规,非法吸收公众存款或变相吸收公众存款。非法吸收公众存款,包括两种情形:第一,没有取得经营金融业务许可证的单位或个人,在根本不具有吸收公众存款资格的情况下,面向社会非法吸收公众存款;第二,取得经营金融业务许可证并具有吸收公众存款资格的银行或其他金融机构,违反法律法规的规定,面向社会非法吸收公众存款,如以高于中国人民银行规定的同期利率为诱饵,吸收公众存款。变相吸收公众存款,是指不经中国人民银行或者其他有权批准的国家机关的批准,通过投资、集资入股、成立各种名目的基金会等形式或名义,面向社会,吸收公众资金,从而达到吸收公众存款的目的。(3)本罪主体既可以是自然人,也可以是单位。(4)本罪主观方面只能是故意。

《刑法修正案(十一)》对《刑法》第176条作了修订:犯本罪的,处3年以下有期徒刑或者拘役,并处或者单处罚金;数额巨大或者有其他严重情节的,处3年以上10年以下有期徒刑,并处罚金;数额特别巨大或者有其他特别严重情节的,处 10 年以上有期徒刑,并处罚金。单位犯本罪的,对单位判处罚金,并对其直接负责的主管人员和其他直接责任人员,依照上述规定处罚。犯本罪的个人或单位在被提起公诉前积极退赃退赔,减少损害结果发生的,可以从轻或者减轻处罚。

10. 妨害信用卡管理罪

妨害信用卡管理罪是 2005 年《刑法修正案(五)》增设的罪名。本罪的构成要件如下:(1) 本罪客体是国家信用卡管理制度。(2) 本罪客观方面表现为以下几种情形:明知是伪造的信用卡而持有、运输的,或者明知是伪造的空白信用卡而持有、运输,数量较大的;非法持有他人信用卡,数量较大的;使用虚假的身份证明骗领信用卡的;出售、购买、为他人提供伪造的信用卡或者以虚假的身份证明骗领的信用卡的。(3) 本罪主体是一般主体,单位不能构成本罪。(4) 本罪主观方面只能是故意。

《刑法》第 177 条之一规定:犯本罪的,处 3 年以下有期徒刑或者拘役,并处或者单处 1 万元以上 10 万元以下罚金;数量巨大或者有其他严重情节的,处 3 年以上 10 年以下有期徒刑,并处 2 万元以上 20 万元以下罚金。

11. 内幕交易、泄露内幕信息罪

本罪是 1999 年《刑法修正案》对《刑法》第 180 条加以修订后形成的罪名。2009 年《刑法修正案(七)》又对本条进行了修订。内幕交易、泄露内幕信息罪,是指证券、期货交易内幕信息的知情人员或者非法获取证券、期货内幕信息的人员,在涉及证券、期货的发行、交易或者其他对证券、期货的价格有重大影响的信息尚未公布前,买入或者卖出该证券、期货或者泄露该信息,或者明示、暗示他人从事上述交易活动,情节严重的行为。本罪具有如下构成要件:(1) 本罪客体是国家的证券交易管理制度。(2) 本罪客观方面表现为行为人在内幕信息公开前,买入或卖出该证券,或者泄露该信息,或者明示、暗示他人从事上述交易活动,情节严重的行为。(3) 本罪主体是证券、期货交易内幕信息的知情人员以及非法获取证券内幕交易信息的人员和单位。内幕信息、知情人员的范围,依照法律、行政法规的规定确定。(4) 本罪主观方面是故意,即行为人明知自己所获取到的是内幕信息,并且明知此信息事关证券市场的稳定,而利用知情优势在信息尚未公开前买入或者卖出有关证券,或从事与该内幕信息有关的期货交易,或者向他人泄露信息,或者明示、暗示他人从事上述交易活动。如果内幕信息知情人员由于工作失误或者保密意识薄弱而过失泄露信息,则不构成本罪。

修订后的《刑法》第 180 条规定:犯本罪的,处 5 年以下有期徒刑或者拘役,并处或者单处违法所得 1 倍以上 5 倍以下罚金;情节特别严重的,处 5 年以上 10 年以下有期徒刑,并处违法所得 1 倍以上 5 倍以下罚金。单位犯本罪的,对单位判处罚金,并对其直接负责的主管人员和其他直接责任人员,处 5 年以下有期徒刑或者拘役。

12. 操纵证券、期货市场罪

操纵证券、期货市场罪是《刑法》第 182 条规定的罪名,1999 年《刑法修正案》、2006 年《刑法修正案(六)》和 2020 年《刑法修正案(十一)》先后三次对该条进行了修订。操纵证券、期货市场罪,是指以法律明令禁止的方式操纵证券、期货市场,影响证券、期货交易价格或者证券、期货交易量,情节严重的行为。本罪的构成要件是:(1)本罪的客体为国家证券、期货市场的管理秩序。(2)本罪客观方面表现为以下列方式之一,操纵证券、期货市场,影响证券、期货交易价格或者证券、期货交易量,情节严重的:单独或合谋,集中资金优势、持股或持仓优势或利用信息优势联合或连续买卖的;与他人串通,以事先约定的时间、价格和方式相互进行证券、期货交易的;在自己实际控制的账户之间进行证券交易,或者以自己为交易对象,自买自卖期货合约的;不以成交为目的,频繁或者大量申报买入、卖出证券、期货合约并撤销申报的;利用虚假或者不确定的重大信息,诱导投资者进行证券、期货交易的;对证券、证券发行人、期货交易标的公开作出评价、预测或者投资建议,同时进行反向证券交易或者相关期货交易的;以其他方法操纵证券、期货市场的。(3)本罪主体是既可以是自然人,也可以是单位。(4)本罪在主观方面只能是故意。

根据修订后的《刑法》第182条的规定,犯本罪的,处5年以下有期徒刑或者拘役,并处或者单处罚金;情节特别严重的,处5年以上10年以下有期徒刑,并处罚金。单位犯本罪的,对单位判处罚金,并对其直接负责的主管人员和其他直接责任人员,依照前述规定处罚。

13. 骗购外汇罪

骗购外汇罪,是指骗购外汇、数额较大的行为。本罪的构成要件如下:(1)本罪客体为国家外汇管理制度。(2)本罪客观方面表现为以下列方式骗取外汇,数额较大:使用伪造、变造的海关签发的报关单、进口证明、外汇管理部门核准件等凭证和单据的;重复使用海关签发的报关单、进口证明、外汇管理部门核准件等凭证和单据的;以其他方式骗购外汇的。(3)本罪主体是一般主体。(4)本罪主观方面必须是故意。

根据《关于惩治骗购外汇、逃汇和非法买卖外汇犯罪的决定》第1条的规定,犯本罪的,处5年以下有期徒刑或者拘役,并处骗购外汇数额5%以上30%以下罚金;数额巨大或者有其他严重情节的,处5年以上10年以下有期徒刑,并处骗购外汇数额5%以上30%以下罚金;数额特别巨大或者有其他特别严重情节的,处10年以上有期徒刑或者无期徒刑,并处骗购外汇数额5%以上30%以下罚金或没收财产。

14. 洗钱罪

洗钱罪是《刑法》第191条规定的罪名,2001年《刑法修正案(三)》、2006年《刑法修正案(六)》和2020年《刑法修正案(十一)》先后三次对该条进行了修订。洗钱罪,是指明知是毒品犯罪、黑社会性质的组织犯罪、恐怖活动犯罪、走私犯罪、贪污贿赂犯罪、破坏金融管理秩序犯罪、金融诈骗犯罪的所得及其产生的收益,而以各种方法掩饰、隐瞒其来源和性质的行为。本罪的构成要件是:(1)本罪的客体为国家的金融管理秩序和司法机关的正常活动。(2)本罪客观方面表现为以下列方式,掩饰、隐瞒毒品犯罪、黑社会性质的组织犯罪、恐怖活动犯罪、走私犯罪、贪污贿赂犯罪、破坏金融管理秩序犯罪、金融诈骗犯罪的所得及其收益的来源和性质:提供资金账户的;协助将财产转换为现金、金融票据、有价证券的;通过转账或者其他支付结算方式转移资金的;跨境转移资产的;以其他方法掩饰、隐瞒犯罪所得及其收益的来源和性质的。(3)本罪的主体为一般主体,单位亦可成为本罪主体。(4)本罪主观方面只能是故意,即明知是毒品犯罪、黑社会性质的组织犯罪、恐怖活动犯罪、走私犯罪、贪污贿赂犯罪、破坏金融管理秩序犯罪、金融诈骗犯罪的所得及其产生的收益,为掩饰、隐瞒其来源和性质而实施上述行为。

根据修订后的《刑法》第191条的规定,犯本罪的,没收实施以上犯罪的所得及其产生的收益,处5年以下有期徒刑或者拘役,并处或者单处罚金;情节严重的,处5年以上10年以下有期徒刑,并处罚金。单位犯本罪的,对单位判处罚金,并对直接负责的主管人员和其他直接责任人员,依照前述规定处罚。

15. 集资诈骗罪

集资诈骗罪,是指以非法占有为目的,使用诈骗方法非法集资,数额较大的行为。本罪构成要件如下:(1)本罪的客体是国家金融管理秩序和投资者的财产利益。(2)本罪客观方面表现为使用诈骗方法非法集资,数额较大的行为。所谓集资,是指自然人或者法人为了实现某种目的而募集资金的行为。(3)本罪的主体为一般主体,单位也可以构成本罪。(4)本罪主观方面是故意,并且具有非法占有的目的。

依照《刑法修正案(十一)》对《刑法》第192条和第200条的修订,犯本罪的,处3年以上7年以下有期徒刑,并处罚金;数额巨大或者有其他严重情节的,处7年以上有期徒刑或者无期徒刑,并处罚金或者没收财产。单位犯本罪的,对单位判处罚金,并对其直接负责的主管人员和其他直接责任人员,依照前述规定处罚。

16. 贷款诈骗罪

贷款诈骗罪,是指以非法占有为目的,用虚构事实或者隐瞒真相的方法,诈骗银行或者其他金融机构的贷款,数额较大的行为。本罪的构成要件如下:(1)本罪侵犯的客体为国家金融管理秩序和银行或其他金融机构的财产所有权。(2)本罪客观方面表现为以下列方式,诈骗银行或者其他金融机构贷款,数额较大:编造引进资金、项目等虚假理由的;使用虚假的经济合同的;使用虚假的证明文件的;使用虚假的产权证明作担保或者超出抵押物价值重复担保的;以其他方法诈骗贷款的。(3)本罪主体为一般主体。(4)本罪主观方面只能是故意,并且行为人具有非法占有银行或其他金融机构的贷款的目的。

《刑法》第193条规定:犯本罪的,处5年以下有期徒刑或者拘役,并处2万元以上20万元以下罚金;数额巨大或者有其他严重情节的,处5年以上10年以下有期徒刑,并处5万元以上50万元以下罚金;数额特别巨大或者有其他特别严重情节的,处10年以上有期徒刑或者无期徒刑,并处5万元以上50万元以下罚金或者没收财产。

17. 票据诈骗罪

票据诈骗罪,是指以非法占有为目的,进行金融票据诈骗活动,数额较大的行为。本罪构成要件如下:(1)本罪客体是复杂客体,即票据诈骗罪既破坏了国家对金融票据的管理制度,又侵犯了公私财产所有权。(2)本罪客观方面表现为有下列情形之一,进行金融票据诈骗,数额较大:明知是伪造、变造的汇票、本票、支票而使用的;明知是作废的汇票、本票、支票而使用的;冒用他人的汇票、本票、支票的;签发空头支票或者与预留印鉴不符的支票,骗取财物的;汇票、本票的出票人签发无资金保证的汇票、本票或者在出票时作虚假记载,骗取财物的。(3) 本罪主体是一般主体,单位也可构成本罪。(4) 本罪主观方面只能是故意,且具有非法占有的目的。

根据《刑法》第 194 条和《刑法修正案(八)》对《刑法》第 200 条的修订,犯本罪的,处 5 年以下有期徒刑或者拘役,并处 2 万元以上 20 万元以下罚金;数额巨大或者有其他严重情节的,处 5 年以上 10 年以下有期徒刑,并处 5 万元以上 50 万元以下罚金;数额特别巨大或者有其他特别严重情节的,处 10 年以上有期徒刑或者无期徒刑,并处 5 万元以上 50 万元以下罚金或者没收财产。

单位犯本罪的,对单位判处罚金,并对其直接负责的主管人员和其他直接责任人员,处 5 年以下有期徒刑或者拘役,可以并处罚金;数额巨大或者有其他严重情节的,处 5 年以上 10 年以下有期徒刑,并处罚金;数额特别巨大或者有其他特别严重情节的,处 10 年以上有期徒刑或者无期徒刑,并处罚金。

18. 信用证诈骗罪

信用证诈骗罪,是指以非法占有为目的,利用信用证进行诈骗活动的行为。本罪的构成要件如下:(1) 本罪的客体是国家对信用证的管理制度和公私财产所有权。(2) 本罪客观方面表现为具有下列情形之一,进行信用证诈骗活动:使用伪造、变造的信用证或附随的单据、文件;使用作废的信用证;骗取信用证;以其他方法进行信用证诈骗活动。"信用证",是指开证银行根据作为进口商的开证申请人的请求,开具给受益人(一般是出口商)的一种在其具备了约定的条件后,即可得到由开证银行或支付银行支付约定的金额的保证付款凭证。(3) 本罪的主体是一般主体,单位也可构成本罪。(4) 本罪主观方面是故意,且具有非法占有目的。

依照《刑法》第 195 条和《刑法修正案(八)》对《刑法》第 200 条的修订,犯本罪的,处 5 年以下有期徒刑或者拘役,并处 2 万元以上 20 万元以下罚金;数额巨大或者有其他严重情节的,处 5 年以上 10 年以下有期徒刑,并处 5 万元以上 50 万元以下罚金;数额特别巨大或者有其他特别严重情节的,处 10 年以上有期徒刑或者无期徒刑,并处 5 万元以上 50 万元以下罚金或者没收财产。单位犯本罪的,对单位判处罚金,并对其直接负责的主管人员和其他直接责任人员,处 5 年以下有期徒刑或者拘役,可以并处罚金;数额巨大或者有其他严重情节的,处 5 年以上 10 年以下有期徒刑,并处罚金;数额特别巨大或者有其他特别严重情节的,处 10 年以上有期徒刑或者无期徒刑,并处罚金。

19. 信用卡诈骗罪

本罪是《刑法》第 196 条规定的罪名,《刑法修正案(五)》对其进行了修订。信用卡诈骗罪,是指通过使用伪造的信用卡或者以虚假的身份证明骗领的信用卡或者作废的信用卡、冒用他人信用卡或者恶意透支的方法进行诈骗,数额较大的行为。本罪构成要件如下:(1) 本罪客体是国家有关信用卡的管理制度和公私财产所有权。(2) 本罪客观方面表现为具有下列情形之一,进行信用卡诈骗活动,数额较大:第一,使用伪造的信用卡或者以虚假的身份证明骗领的信用卡;第二,使用作废的信用卡;第三,冒用他人信用卡;第四,恶意透支。所谓信用卡,根据2004年全国人大常委会《关于〈中华人民共和国刑法〉有关信用卡规定的解释》,是指由商业银行或者其他金融机构发行的具有消费支付、信用贷款、转账结算、存取现金等全部功能或者部分功能的电子支付卡。使用伪造的信用卡,是指使用伪造的假信用卡购买商品、在银行或自动取款机上支取现金以及接受用信用卡进行支付结算的各种服务。冒用他人的信用卡,即非持卡人以持卡人的名义使用持卡人的信用卡进行购物、消费或者提取现金,骗取财物。恶意透支,是指持卡人以非法占有为目的,超过规定限额或期限透支,并且经发卡银行催收后仍不归还的行为。(3)本罪主体为一般主体,单位不能构成本罪。(4)本罪主观方面为故意。

根据修订后的《刑法》第196条的规定,犯本罪的,处5年以下有期徒刑或者拘役,并处2万元以上20万元以下罚金;数额巨大或者有其他严重情节的,处5年以上10年以下有期徒刑,并处5万元以上50万元以下罚金;数额特别巨大或者有其他特别严重情节的,处10年以上有期徒刑或者无期徒刑,并处5万元以上50万元以下罚金或者没收财产。

20. 有价证券诈骗罪

有价证券诈骗罪,是指以非法占有为目的,使用伪造、变造的国库券或者国家发行的其他有价证券,进行诈骗活动,数额较大的行为。本罪的构成要件是:(1)本罪客体是复杂客体,即同时侵犯了国家对有价证券的管理制度和公私财产的所有权。(2)本罪客观方面表现为使用伪造、变造的国库券或者国家发行的其他有价证券,骗取公私财物,数额较大。(3)本罪主体是一般主体。(4)本罪主观方面只能是故意,即明知是伪造、变造的国家有价证券而故意予以使用。

《刑法》第197条规定:犯本罪的,处5年以下有期徒刑或者拘役,并处2万元以上20万元以下罚金;数额巨大或者有其他严重情节的,处5年以上10年以下有期徒刑,并处5万元以上50万元以下罚金;数额特别巨大或者有其他特别严重情节的,处10年以上有期徒刑或者无期徒刑,并处5万元以上50万元以下罚金或者没收财产。

21. 保险诈骗罪

保险诈骗罪,是指投保人、被保险人或受益人,以非法占有为目的,用虚构事实或者隐瞒真相的办法,进行保险诈骗活动,数额较大的行为。保险诈骗罪具有以下构成要件:(1)本罪客体是复杂客体,即既侵犯了国家对保险活动的管理制度,又侵犯了保险人的财产所有权。(2)本罪客观方面表现为行为人虚构事实或隐瞒真相,进行保险诈骗,数额较大。《刑法》第198条规定,保险诈骗罪的具体行为方式有以下五种:第一,投保人故意虚构保险标的,骗取保险金的;第二,投保人、被保险人或受益人对发生的保险事故编造虚假的原因或夸大损失的程度,骗取保险金的;第三,投保人、被保险人或受益人编造未曾发生的保险事故,骗取保险金的;第四,投保人、被保险人故意造成财产损失的保险事故,骗取保险金的;第五,投保人、受益人故意造成被保险人死亡、伤残或疾病,骗取保险金的。(3)本罪主体是特殊主体,即必须是投保人、被保险人或受益人,可以是自然人,也可以是单位。保险事故的鉴定人、证明人、财产评估人故意提供虚假的证明文件,为他人诈骗提供条件的,以保险诈骗罪的共犯论处。(4)本罪主观方面是故意,且行为人具有骗取保险金的目的。

犯本罪的,处 5 年以下有期徒刑或者拘役,并处 1 万元以上 10 万元以下罚金;数额巨大或者有其他严重情节的,处 5 年以上 10 年以下有期徒刑,并处 2 万元以上 20 万元以下罚金;数额特别巨大或者有其他特别严重情节的,处 10 年以上有期徒刑,并处 2 万元以上 20 万元以下罚金或者没收财产。行为人有上述第四、五种行为,同时构成其他犯罪的,依照数罪并罚的规定处罚。

单位犯本罪的,对单位判处罚金,并对其直接负责的主管人员和其他直接责任人员,处 5 年以下有期徒刑或者拘役;数额巨大或者有其他严重情节的,处 5 年以上 10 年以下有期徒刑;数额特别巨大或者有其他特别严重情节的,处 10 年以上有期徒刑。

22. 逃税罪

本罪是《刑法修正案(七)》对《刑法》第 201 条修改而形成的。逃税罪,是指纳税人或扣缴义务人采取欺骗、隐瞒手段进行虚假纳税申报或不申报,逃避缴纳税款数额较大并且占应纳税额 10% 以上的行为。本罪具有如下构成要件:(1)本罪客体是国家的税收征管制度。(2)本罪客观方面表现为:纳税人违反纳税义务,采取欺骗、隐瞒手段进行虚假纳税申报或不申报,逃避缴纳税款数额较大并且占应纳税额 10% 以上,或者扣缴义务人采取欺骗、隐瞒手段,不缴或少缴已扣、已收税款,数额较大。但纳税人有上述行为,经税务机关依法下达追缴通知后,补缴应纳税款,缴纳滞纳金,已受行政处罚的,不予追究刑事责任;但是,5 年内因逃避缴纳税款受过刑事处罚或者被税务机关给予二次以上行政处罚的除外。(3)本罪主体是特殊主体,即纳税人与扣缴义务人。纳税人,是指法律、行政法规规定负有纳税义务的单位和个人;扣缴义务人,是指法律和行政法规规定负有代扣代缴、代收代缴义务的单位和个人。非纳税人和扣缴义务人虽然不能成为偷税罪的主体,但可以成为偷税罪的共犯。(4)本罪主观方面是故意,且通常表现出明显的不缴或少缴税款的目的。如果行为人因过失而漏税,则不构成本罪。

依照《刑法》第 201 条、第 211 条的规定,构成本罪的,处 3 年以上有期徒刑或者拘役,并处罚金;数额巨大并且占应纳税额 30% 以上的,处 3 年以上 7 年以下有期徒刑,并处罚金。单位犯本罪的,对单位判处罚金,并对其直接负责的主管人员和其他直接责任人员,依照自然人犯本罪的规定处罚。另据《刑法》第 212 条的规定,犯本罪被判处罚金的,执行前应先由税务机关追缴税款。

23. 骗取出口退税罪

骗取出口退税罪,是指以假报出口或者其他欺骗手段,骗取国家出口退税,数额较大的行为。本罪的构成要件如下:(1)本罪客体是国家的出口退税制度。所谓国家的出口退税制度,是指除明确规定不予退税的产品外,国家对在国内已征收产品税、增值税、营业税、特别消费税的产品,在其出口时将已征收的税款予以归还的制度。(2)本罪客观方面表现为利用国家出口退税制度,以假报出口或其他欺骗手段,骗取国家出口退税,数额较大。(3)本罪主体是一般主体。(4)本罪主观方面只能是故意,且具有骗取国家出口退税款的目的。

在认定骗取出口退税罪时,应注意其与逃税罪的界限。根据《刑法》第204条第2款的规定,纳税人在缴纳税款后,采取假报出口或者其他欺骗手段,以出口退税的名义骗取所缴纳的税款的,按照逃税罪定罪处罚;骗取税款超过所缴纳的税款部分,依照本罪定罪处罚。

根据《刑法》第204条的规定,犯本罪的,处5年以下有期徒刑或者拘役,并处骗取税款1倍以上5倍以下罚金;数额巨大或者有其他严重情节的,处5年以上10年以下有期徒刑,并处骗取税款1倍以上5倍以下罚金;数额特别巨大或者有其他特别严重情节的,处10年以上有期徒刑或者无期徒刑,并处骗取税款1倍以上5倍以下罚金或者没收财产。另外,《刑法》第211条关于单位犯罪、第212条关于优先追缴税款的规定,也适用于本罪。

24. 虚开增值税专用发票、用于骗取出口退税、抵扣税款发票罪

虚开增值税专用发票、用于骗取出口退税、抵扣税款发票罪,是指虚开增值税专用发票或者用于骗取出口退税、抵扣税款的其他发票的行为。本罪构成要件如下:(1)本罪客体为国家的税收征管制度。(2)本罪客观方面表现为对增值税专用发票、用于出口退税、抵扣税款发票的虚开行为,有两种具体表现:一是没有货物销售或者提供应税劳务而开具有关发票;二是虽然有货物销售或提供了应税劳务,但是所开具的发票内容不实。这里的"虚开"包括为自己虚开、为他人虚开、让他人为自己虚开、介绍他人虚开四种情况。根据2005年全国人大常委会通过的《关于〈中华人民共和国刑法〉有关出口退税、抵扣税款的其他发票规定的解释》,"出口退税、抵扣税款的其他发票",是指除增值税专用发票以外的,具有出口退税、抵扣税款功能的收付款凭证或者完税凭证。(3)本罪主体为一般主体,单位也可以构成本罪。(4)本罪主观方面表现为故意。

根据《刑法修正案(八)》对《刑法》第205条所作的修改,犯本罪的,处3年以下有期徒刑或者拘役,并处2万元以上20万元以下罚金;虚开的税款数额较大或者有其他严重情节的,处3年以上10年以下有期徒刑,并处5万元以上50万元以下罚金;虚开的税款数额巨大或者有其他特别严重情节的,处10年以上有期徒刑或者无期徒刑,并处5万元以上50万元以下罚金或者没收财产。

单位犯本罪的,对单位判处罚金,并对其直接负责的主管人员或者其他直接责任人员,处3年以下有期徒刑或者拘役;虚开的税款数额较大或者有其他严重情节的,处3年以上10年以下有期徒刑;虚开的税款数额巨大或者有其他特别严重情节的,处10年以上有期徒刑或者无期徒刑。

25. 假冒注册商标罪

假冒注册商标罪,是指违反国家商标管理法规,未经注册商标所有人许可,在同一种商品、服务上使用与其注册商标相同的商标,情节严重的行为。本罪构成要件如下:(1)本罪客体为国家商标管理制度和他人的注册商标专用权。(2)本罪客观方面

表现为违反商标管理法规,未经注册商标人许可,在同一种商品或服务上使用与其注册商标相同的商标,情节严重的行为。(3)本罪主体为一般主体,单位也可以构成本罪。(4)本罪主观方面为故意。

《刑法》第213条、第220条规定:自然人犯本罪的,处3年以下有期徒刑,并处或者单处罚金;情节特别严重的,处3年以上10年以下有期徒刑,并处罚金。单位犯本罪的,对单位判处罚金,并对其直接负责的主管人员和其他直接责任人员,依照自然人犯本罪的规定处罚。

26. 侵犯商业秘密罪

侵犯商业秘密罪是《刑法》第219条规定的罪名,《刑法修正案(十一)》对该条作了修订。本罪是指违反商业保密规定,具有法定情形之一,给商业秘密权利人造成损害,情节严重的行为。商业秘密的权利人,是指商业秘密的所有人和经商业秘密所有人许可的商业秘密使用人。本罪具有如下构成要件:(1)本罪客体是国家对商业秘密的保护制度和商业秘密权利人的合法权益。(2)本罪客观方面表现为有以下四种情形之一,情节严重的行为:第一,以盗窃、贿赂、欺诈、胁迫、电子侵入或者其他不正当手段获取权利人的商业秘密的;第二,披露、使用或者允许他人使用以前项手段获取的权利人的商业秘密的;第三,违反保密义务或者权利人有关保守商业秘密的要求,披露、使用或者允许他人使用其所掌握的商业秘密的;第四,明知是上述所列行为,获取、披露、使用或者允许他人使用该商业秘密的。(3)本罪主体为一般主体,单位也可以构成本罪。(4)本罪主观方面为故意。

根据修订后的《刑法》第219条、第220条的规定:自然人犯本罪的,处3年以下有期徒刑,并处或者单处罚金;情节特别严重的,处3年以上10年以下有期徒刑,并处罚金。单位犯本罪的,对单位判处罚金,并对其直接负责的主管人员和其他直接责任人员,依照自然人犯本罪的规定处罚。

27. 合同诈骗罪

合同诈骗罪,是指以非法占有为目的,在签订、履行合同过程中,以虚构事实或者隐瞒真相的方法,骗取对方当事人财物,数额较大的行为。本罪具有如下构成要件:(1)本罪的客体为复杂客体,即国家对经济合同的管理秩序和公私财物所有权。(2)本罪的客观方面表现为在签订、履行经济合同过程中,实施下列行为之一,骗取对方当事人财物,数额较大的行为:第一,以虚构的单位或者冒用他人的名义签订合同的;第二,以伪造、变造、作废的票据或者其他虚假的产权证明作担保的;第三,没有实际履行能力,以先履行小额合同或者部分履行合同的方法,诱骗对方当事人继续签订和履行合同的;第四,收受对方当事人给付的货物、货款、预付款或者担保财产后逃匿的;第五,以其他方法骗取对方当事人财物的。(3)本罪的主体为一般主体,单位也可以构成本罪。(4)本罪的主观方面为故意,并且具有非法占有对方当事人财物的目的。

《刑法》第224条、第231条规定:自然人犯本罪的,处3年以下有期徒刑或者拘役,并处或者单处罚金;数额巨大或者有其他严重情节的,处3年以上10年以下有期徒刑,并处罚金;数额特别巨大或者有其他特别严重情节的,处10年以上有期徒刑或者无期徒刑,并处罚金或者没收财产。单位犯本罪的,对单位判处罚金,并对其直接负责的主管人员和其他直接责任人员,依照自然人犯本罪的规定处罚。

28. 非法经营罪

本罪是《刑法》第225条所规定的罪名,1999年《刑法修正案》和2009年《刑法修正案(七)》两次对该条文进行了修订。非法经营罪,是指违反国家规定,非法经营,扰乱市场秩序,情节严重的行为。本罪的构成要件是:(1)本罪客体是市场经营许可制度。(2)本罪客观方面表现为违反国家规定,有下列非法经营行为,扰乱市场秩序,情节严重:未经许可经营法律、行政法规规定的专营、专卖物品或者其他限制买卖的物品;买卖进出口许可证、进出口原产地证明以及其他法律、行政法规规定的经营许可证或者批准文件;未经国家有关主管部门批准,非法经营证券、期货或者保险业务,或者非法从事资金支付结算业务;其他严重扰乱市场秩序的非法经营行为。(3)本罪主体是一般主体,单位亦可构成本罪。(4)本罪主观方面必须是故意。

《刑法》第225条、第231条规定:自然人犯本罪的,处5年以下有期徒刑或者拘役,并处或者单处违法所得1倍以上5倍以下罚金;情节特别严重的,处5年以上有期徒刑,并处违法所得1倍以上5倍以下罚金或者没收财产。单位犯本罪的,对单位判处罚金,并对其直接负责的主管人员和其他直接责任人员,依照自然人犯本罪的规定处罚。

五、侵犯公民人身权利、民主权利罪

(一)侵犯公民人身权利、民主权利罪概述

侵犯公民人身权利、民主权利罪,是指故意或过失地侵犯公民的人身权利、民主权利以及与人身有直接关系的其他权利的行为。本类罪客体是公民的人身权利、民主权利以及与人身直接相关的其他权利。本类罪客观方面表现为以各种方法侵犯公民的人身权利、民主权利以及其他与人身直接相关的权利的行为。本类罪的主体多为一般主体,少数为特殊主体;犯罪主观方面多数为故意,也有少数犯罪由过失构成。

(二)若干具体罪名分述

1. 故意杀人罪

故意杀人罪,是指故意非法剥夺他人生命的行为。本罪构成要件如下:(1)本罪客体为他人的生命权利。(2)本罪在客观方面表现为非法剥夺他人生命的行为。(3)本罪主体为一般主体。已满14周岁的具有刑事责任能力的自然人即可构成本罪;根据2020年《刑法修正案(十一)》的规定,已满12周岁不满14周岁的人故意杀人,致人死亡或者以特别残忍的手段致人重伤造成严重残疾,情节恶劣,经最高人民检察院核准追诉的,也应追究刑事责任。(4)本罪在主观方面是故意。

根据《刑法》第232条的规定:犯本罪的,处死刑、无期徒刑或者10年以上有期徒刑;情节较轻的,处3年以上10年以下有期徒刑。

2. 故意伤害罪

故意伤害罪,是指故意非法损害他人身体健康的行为。本罪构成要件如下:(1)本罪侵犯的客体是他人的身体健康权利。(2)本罪在客观方面表现为非法损害他人身体健康的行为。(3)本罪主体是一般主体。其中,故意伤害致人重伤或者死亡的,一般要求行为人必须年满14周岁,但根据《刑法修正案(十一)》的规定,已满12周岁不满14周岁的人故意伤害致人死亡或者以特别残忍的手段致人重伤造成严重残疾,情节恶劣,经最高人民检察院核准追诉的,也应追究刑事责任;故意伤害致人轻伤的,要求行为人必须年满16周岁。(4)本罪在主观方面是故意。

《刑法》第234条规定:犯本罪的,处3年以下有期徒刑、拘役或者管制。致人重伤的,处3年以上10年以下有期徒刑;致人死亡或者以特别残忍的手段致人重伤造成严重残疾的,处10年以上有期徒刑、无期徒刑或者死刑。

3. 强奸罪

强奸罪,是《刑法》第236条规定的罪名,《刑法修正案(十一)》对该条作了修订。本罪是指以暴力、胁迫或者其他方法,违背妇女意志,强行与妇女发生性关系,或者故意与不满14周岁的幼女发生性关系的行为。本罪构成要件如下:(1)本罪客体为女性不可侵犯的性权利和幼女的身心健康权利。(2)本罪客观方面表现为以暴力、胁迫或者其他方法,违背妇女意志,强行与妇女发生性交,或者与不满14周岁幼女发生性关系的行为。(3)本罪主体是已满14周岁、具有刑事责任能力的男性。(4)本罪主观方面是故意,并且行为人具有奸淫目的。

根据《刑法》第236条的规定,犯本罪的,处3年以上10年以下有期徒刑。奸淫不满14周岁幼女的,从重处罚。有下列情形之一的,处10年以上有期徒刑、无期徒刑或者死刑:强奸妇女、奸淫幼女情节恶劣的;强奸妇女、奸淫幼女多人的;在公共场所当众强奸妇女、奸淫幼女的;两人以上轮奸的;奸淫不满10周岁的幼女或者造成幼女伤害的;致使被害人重伤、死亡或者造成其他严重后果的。

4. 负有照护职责人员性侵罪

本罪是《刑法修正案(十一)》新增设的一个罪名。负有照护职责人员性侵罪,是指对已满14周岁不满16周岁的未成年女性负有监护、收养、看护、教育、医疗等特殊职责的人员,与该未成年女性发生性关系的行为。本罪构成要件如下:(1)本罪客体是已满14周岁不满16周岁女性不可侵犯的性权益;(2)本罪客观方面表现为与已满14周岁不满16周岁女性发生性关系的行为;(3)本罪主体为特殊主体,即对已满14周岁未满16周岁的女性负有监护、收养、看护、教育、医疗等职责的人员;(4)本罪主观方面是故意。

根据《刑法》第236条之一的规定,犯本罪的,处3年以下有期徒刑;情节恶劣的,处3年以上10年以下有期徒刑。有前述行为,同时又构成强奸罪的,依照处罚较重的规定定罪处罚。

5. 强制猥亵、侮辱罪

1997年《刑法》第237条第1、2款规定了强制猥亵、侮辱妇女罪,2015年《刑法修正案(九)》对规定该罪的条款进行了修改。本罪是指以暴力、胁迫或者其他方法强制猥亵他人或者侮辱妇女的行为。本罪的构成要件如下：(1) 本罪的客体是人身权利，具体是指人的人格尊严和身心健康权利。本罪中猥亵行为的对象，不仅包括女性，也包括男性。(2) 本罪的客观方面是暴力、胁迫或者其他方法强制猥亵他人或者侮辱妇女的行为。(3) 本罪的主体是一般主体。(4) 本罪的主观方面是故意，并且一般具有满足自己性欲要求或者侵害他人人格和身心健康的目的。

根据《刑法》第 237 条第 1、2 款的规定：犯本罪的，处 5 年以下有期徒刑或者拘役；聚众或者在公共场所当众犯前款罪的，或者有其他恶劣情节的，处 5 年以上有期徒刑。

6. 绑架罪

绑架罪是《刑法》第 239 条规定的罪名，2009 年《刑法修正案（七）》和 2015 年《刑法修正案（九）》对规定本罪的条文进行了两次修改。绑架罪，是指以勒索财物为目的绑架他人或者绑架他人作为人质的行为。本罪构成特征如下：(1) 本罪的客体是他人的人身自由权利。(2) 本罪在客观方面表现为绑架他人的行为。所谓绑架，是指以暴力、胁迫、麻醉或者其他方法非法剥夺他人的人身自由，使他人处于自己的实力支配之下。(3) 本罪的主体是一般主体，即任何已满 16 周岁，具有刑事责任能力的自然人均可构成本罪。(4) 本罪主观方面是故意，且具有勒索财物或者获取其他不法利益的目的。

根据《刑法》第 239 条的规定：犯本罪的，处 10 年以上有期徒刑或者无期徒刑，并处罚金或者没收财产；情节较轻的，处 5 年以上 10 年以下有期徒刑，并处罚金。杀害被绑架人，或者故意伤害被绑架人，致人重伤、死亡的，处无期徒刑或者死刑，并处没收财产。以勒索财物为目的偷盗婴幼儿的，依照前述规定处罚。

7. 拐卖妇女、儿童罪

拐卖妇女、儿童罪，是指以出卖为目的，拐骗、绑架、收买、贩卖、接送、中转妇女、儿童的行为。本罪的构成要件如下：(1) 本罪的客体是妇女、儿童的人身自由权利和人格尊严。犯罪对象是妇女、儿童。(2) 本罪客观方面表现为，以出卖为目的，实施拐骗、绑架、收买、贩卖、接送、中转妇女、儿童的行为之一。"拐骗"，是指以欺骗、利诱等非暴力方法将妇女、儿童拐走并置于自己的控制之下。"绑架"，是指以暴力、胁迫或者麻醉方法劫持、控制妇女、儿童。"收买"，是指以金钱或其他财物作价购买妇女、儿童。"贩卖"，是指将妇女、儿童当作商品出售。接送，是指在拐卖妇女、儿童的犯罪活动中负责接收、运送妇女、儿童。"中转"，是指在拐卖妇女、儿童的犯罪活动中负责提供中转场所或者相关机会。行为人只要实施拐骗、绑架、收买、贩卖、接送、中转妇女、儿童行为之一，即构成本罪，同时实施其中两种或两种以上行为的，仍应以一罪论。(3) 本罪的主体是一般主体。(4) 本罪主观方面是直接故意，且行为人具有出卖妇女、儿童的目的。

根据《刑法》第 240 条的规定，犯本罪的，处 5 年以上 10 年以下有期徒刑，并处罚金；有下列情形之一的，处 10 年以上有期徒刑或者无期徒刑，并处罚金或者没收财产;情节特别严重的,处死刑,并处没收财产:拐卖妇女、儿童集团的首要分子;拐卖妇女、儿童3人以上的;奸淫被拐卖妇女的;诱骗、强迫被拐卖的妇女卖淫或者将被拐卖的妇女卖给他人迫使其卖淫的;以出卖为目的,使用暴力、胁迫或者麻醉方法绑架妇女、儿童的;以出卖为目的,偷盗婴幼儿的;造成被拐卖的妇女、儿童或者其亲属重伤、死亡或者其他严重后果的;将妇女、儿童卖往境外的。

8. 收买被拐卖的妇女、儿童罪

收买被拐卖的妇女、儿童罪,是指不以出卖为目的,明知是被拐卖的妇女、儿童而予以收买的行为。本罪的构成要件如下:(1)本罪的客体是妇女、儿童的人身自由和人格尊严。本罪的对象必须是妇女、儿童。(2)本罪的客观方面表现为对被拐卖的妇女、儿童实施收买的行为。(3)本罪的主体是一般主体。(4)本罪的主观方面是故意,但不具有出卖的目的,这是本罪与拐卖妇女、儿童罪的一个重要区别。

根据《刑法修正案(九)》对《刑法》第241条的修订,犯本罪的,处3年以下有期徒刑、拘役或者管制。收买被拐卖的妇女、儿童,对被买儿童没有虐待行为,不阻碍对其进行解救的,可以从轻处罚;按照被买妇女的意愿,不阻碍其返回原居住地的,可以从轻或者减轻处罚。

另外,强行与被收买的妇女发生性关系的,依照本罪和强奸罪进行数罪并罚;对被收买的妇女、儿童,非法剥夺、限制其人身自由或者有伤害、侮辱等犯罪行为的,以本罪与刑法规定的相关犯罪进行数罪并罚。收买被拐卖的妇女、儿童又出卖的,以拐卖妇女、儿童罪定罪处罚。

9. 诬告陷害罪

诬告陷害罪,是指捏造事实诬告陷害他人,意图使他人受到刑事追究,情节严重的行为。本罪具有如下构成特征:(1)本罪侵害的客体是复杂客体,主要客体是公民的人身权利、民主权利,次要客体是司法机关的正常活动。(2)本罪客观方面表现为捏造他人犯罪事实,向有关机关、单位告发的行为。捏造,即无中生有、凭空杜撰。没有捏造,而是据实或者误认为是事实而报告、检举、控告的,不构成犯罪。此外,构成本罪,还要求行为达到情节严重之程度。(3)本罪的主体是一般主体。(4)本罪主观方面只能是直接故意,并且行为人具有使他人受到刑事追究的目的。所谓刑事追究,是指公安、检察、审判机关按照法律规定的程序,对某人的犯罪事实进行侦查、起诉、审理、判决等活动。行为人的目的是否实现,对本罪成立没有影响。

《刑法》第243条规定:犯本罪的,处3年以下有期徒刑、拘役或者管制;造成严重后果的,处3年以上10年以下有期徒刑。国家机关工作人员犯本罪的,从重处罚。

10. 刑讯逼供罪

刑讯逼供罪,是指司法工作人员对犯罪嫌疑人、被告人使用肉刑或者变相肉刑逼取口供的行为。本罪具有如下构成特征:(1)本罪的客体是公民的人身权利和司法机关的正常活动。(2)本罪在客观方面表现为对犯罪嫌疑人、被告人使用肉刑或者变相肉刑,逼取口供的行为。本罪的对象是犯罪嫌疑人和被告人。犯罪嫌疑人,是指在公诉案件中,在侦查起诉阶段,被追诉、被怀疑犯有某种罪行的人。被告人,是指在自诉案件中被公民个人指控犯有某种罪行的人,以及在公诉案件中被检察机关起诉到法院的人。正在服刑的罪犯,因涉嫌其他犯罪又被立案侦查、起诉和审判的,属于再次处于犯罪嫌疑人、被告人的地位,故可以成为本罪的对象。(3)本罪的主体是特殊主体,即有侦查、检察、审判、监管职责的司法工作人员。(4)本罪在主观方面是直接故意,且行为人具有逼取口供的目的。行为人出于其他目的对犯罪嫌疑人、被告人使用肉刑或者变相肉刑的,不能以本罪论。

《刑法》第247条规定:犯本罪的,处3年以下有期徒刑或者拘役。致人伤残、死亡的,依照本法第234条、第232条的规定定罪从重处罚。

11. 侵犯公民个人信息罪

侵犯公民个人信息罪是《刑法修正案(九)》对《刑法修正案(七)》增订的《刑法》第253条之一进行修改而形成的罪名。本罪是指违反国家有关规定,向他人出售或者提供公民个人信息,情节严重的,或者违反国家有关规定,将在履行职责或者提供服务过程中获得的公民个人信息,出售或者提供给他人,或者窃取或以其他方法非法获取公民个人信息的行为。本罪的构成要件如下:(1)本罪的客体是公民的个人信息安全和自由。本罪的侵害对象仅包括公民的个人信息,不包括单位信息。(2)本罪的客观方面表现为:违反国家有关规定,向他人出售或者提供公民个人信息,情节严重的行为;或者违反国家有关规定,将在履行职责或者提供服务过程中获得的公民个人信息,出售或者提供给他人的行为,或者窃取或者以其他方法非法获取公民个人信息的行为。(3)本罪的主体包括自然人和单位。(4)本罪的主观方面是故意。即明知会发生"公民个人信息被不应当知道的人知道"这种危害结果,而希望或者放任这种危害结果发生。

犯本罪的,处3年以下有期徒刑或者拘役,并处或者单处罚金;情节特别严重的,处3年以上7年以下有期徒刑,并处罚金。违反国家有关规定,将在履行职责或者提供服务过程中获得的公民个人信息出售或者提供给他人的,从重处罚。单位犯本罪的,对单位判处罚金,并对其直接负责的主管人员和其他直接责任人员,依照前述规定处罚。

12. 重婚罪

重婚罪,是指有配偶而又与他人结婚,或者明知他人有配偶而又与之结婚的行为。本罪具有如下构成特征:(1)本罪的客体为一夫一妻制的婚姻关系。(2)本罪客观方面表现为有配偶而又与他人结婚,或者与有配偶者结婚的行为。(3)本罪的主体有两种人:一是已有配偶而且尚未解除婚姻关系,又与他人结婚的人,即重婚者;二是本人无配偶,但明知对方有配偶而与之结婚的人,即相婚者。(4)本罪在主观方面只能是故意。

《刑法》第258条规定:犯本罪的,处2年以下有期徒刑或者拘役。

13. 虐待罪

虐待罪,是指对共同生活的家庭成员从肉体上、精神上肆意摧残、折磨,情节恶劣的行为。本罪的构成特征如下:(1)本罪的客体是复杂客体,既包括家庭成员之间的平等权,又包括被害人的人身权利。(2)本罪的客观方面是对共同生活的家庭成员从肉体上、精神上肆意摧残、折磨,情节恶劣的行为。虐待行为一般有两类:一是肉体摧残,如殴打、冻饿、捆绑、有病不给治、禁闭等;二是精神折磨,如侮辱、咒骂、讽刺、凌辱人格等。虐待行为既可以由作为方式实施,也可以由不作为方式实施。虐待行为应该是经常性的,偶尔一次,不构成本罪。本罪的成立要求情节恶劣。(3)本罪的主体是特殊主体,即必须是与被害人共同生活的家庭成员。(4)本罪的主观方面是故意,即行为人已经预见到其行为会造成被害人肉体或精神上的痛苦,仍故意为之。动机不影响本罪成立。

《刑法》第 260 条规定:犯本罪的,处 2 年以下有期徒刑、拘役或者管制。致使被害人重伤、死亡的,处 2 年以上 7 年以下有期徒刑。根据《刑法修正案(九)》的修订,本罪告诉的才处理,但被害人没有能力告诉,或者因受到强制、威吓无法告诉的除外。

14. 虐待被监护、看护人罪

虐待被监护、看护人罪,是《刑法修正案(九)》增设的第 260 条之一规定的罪名。本罪是指对未成年人、老年人、患病的人、残疾人等负有监护、看护职责的人虐待被监护、看护的人,情节恶劣的行为。其构成特征如下:(1)本罪的客体是复杂客体,即被害人的人格尊严和生命健康权利。(2)本罪的客观方面表现为经常对被害人进行肉体上、精神上的摧残折磨,情节恶劣的行为。(3)本罪的主体是特殊主体,即对未成年人、老年人、患病的人、残疾人等负有监护、看护职责的人,既可以是自然人,也可以是单位。(4)本罪的主观方面是故意。

《刑法》第 260 条之一规定:犯本罪的,处 3 年以下有期徒刑或者拘役。单位犯本罪的,对单位判处罚金,并对其直接负责的主管人员和其他直接责任人员,依照前述规定处罚。实施本罪行为,同时构成其他犯罪的,依照处罚较重的规定定罪处罚。

六、侵犯财产罪

(一)侵犯财产罪概述

侵犯财产罪,是指非法占有、挪用以及故意毁坏公私财物或者破坏生产经营,依法应受刑罚处罚的行为。本类罪的同类客体为公私财产所有权;客观方面表现为非法占有、挪用或毁坏公私财产的行为。本类罪的主体只能是自然人,单位不能实施这类犯罪;其主观方面只能是故意,过失不构成这类犯罪。

(二)若干具体罪名分述

1. 抢劫罪

抢劫罪,是指以非法占有为目的,当场对财物的所有人、占有人或其他有关人员采用暴力、胁迫或其他方法,迫使其当场交出财物或当场夺走其财物的行为。本罪具有如下构成特征:(1)本罪侵犯的是复杂客体,即既侵犯了公私财物所有权,又侵犯了他人的人身权利。(2)本罪在客观方面表现为对财物所有人或占有人当场采用暴力、胁迫或其他方法,迫使其当场交出财物或当场夺走其财物。此外,《刑法》第 269 条规定,犯盗窃、诈骗、抢夺罪,为窝藏赃物、抗拒抓捕或者毁灭罪证而当场使用暴力或以暴力相威胁的,以抢劫罪定罪处罚。《刑法》第267条第2款规定,携带凶器抢夺的,应以抢劫罪定罪处罚。(3)本罪的主体是一般主体,即任何已满14周岁并具有刑事责任能力的自然人,均可以成为本罪的主体。(4)本罪在主观方面只能是故意,并具有非法占有的目的。

《刑法》第263条规定:犯本罪的,处3年以上10年以下有期徒刑,并处罚金;有下列情形之一的,处10年以上有期徒刑、无期徒刑或者死刑,并处罚金或者没收财产:入户抢劫的;在公共交通工具上抢劫的;抢劫银行或者其他金融机构的;多次抢劫或者抢劫数额巨大的;抢劫致人重伤、死亡的;冒充军警人员抢劫的;持枪抢劫的;抢劫军用物资或者抢险、救灾、救济物资的。

2. 盗窃罪

2011年《刑法修正案(八)》对《刑法》第264条所规定的盗窃罪构成要件和法定刑作了修订。盗窃罪,是指以非法占有为目的,窃取他人财物数额较大或者多次盗窃、入户盗窃、携带凶器盗窃、扒窃的行为。本罪构成特征如下:(1)本罪的客体为公私财物所有权;(2)本罪在客观方面表现为行为人采用非暴力的平和方法取得公私财物、数额较大或者多次盗窃、入户盗窃、携带凶器盗窃、扒窃;(3)本罪的主体为一般主体;(4)本罪主观方面只能是故意,并具有非法占有的目的。

《刑法》第264条规定:犯本罪的,处3年以下有期徒刑、拘役或者管制,并处或者单处罚金;数额巨大或者有其他严重情节的,处3年以上10年以下有期徒刑,并处罚金;数额特别巨大或者有其他特别严重情节的,处10年以上有期徒刑或者无期徒刑,并处罚金或者没收财产。

3. 诈骗罪

诈骗罪,是指以非法占有为目的,采用虚构事实或者隐瞒真相的欺骗方法,使财物的所有人或保管人陷于认识错误,从而骗取数额较大的财物的行为。本罪构成要件如下:(1)本罪的客体为公私财物所有权。(2)本罪客观方面表现为实施了虚构事实或者隐瞒真相的欺骗方法,使被害人陷于错误,从而骗取其财物,数额较大的行为。(3)本罪的主体为一般主体。(4)本罪在主观方面只能是故意,且行为人具有非法占有目的。根据全国人大常委会《关于〈中华人民共和国刑法〉第266条的解释》:以欺诈、伪造证明材料或者其他手段骗取养老、医疗、工伤、失业、生育等社会保险金或者其他社会保障待遇的,属于《刑法》第266条规定的诈骗公私财物的行为。

《刑法》第266条规定:犯本罪的,处3年以下有期徒刑、拘役或者管制,并处或者单处罚金;数额巨大或者有其他严重情节的,处3年以上10年以下有期徒刑,并处罚金;数额特别巨大或者有其他特别严重情节的,处10年以上有期徒刑或者无期徒刑,并处罚金或者没收财产。本法另有规定的,依照规定。

4. 抢夺罪

抢夺罪,是指以非法占有为目的,乘人不备,夺取数额较大的公私财物或者多次抢夺的行为。本罪的构成特征如下:(1)本罪的客体是他人的财产所有权,对象是公私财物中的动产。(2)本罪的客观方面表现为公然夺取公私财物数额较大,或者多次抢夺的行为。抢夺行为具有两个特征：一是抢夺的公然性,是指当着财物的所有人、管理人的面或者使其可以立即发觉的方法夺取财物。这是本罪与盗窃罪在客观方面的主要区别。二是行为人公然抢夺的行为,并没有使用暴力或者以暴力相威胁等侵害被害人人身的手段。行为人的"力"是施加于财物,使财物脱离被害人的控制而取得财物。这是本罪与抢劫罪在客观方面的主要区别。(3)本罪的主体是一般主体,即年满16周岁,具有刑事责任能力的自然人。(4)本罪的主观方面是故意,并具有非法占有目的。

《刑法》第267条规定：犯本罪的,处3年以下有期徒刑、拘役或者管制,并处或者单处罚金；数额巨大或者有其他严重情节的,处3年以上10年以下有期徒刑,并处罚金；数额特别巨大或者有其他特别严重情节的,处10年以上有期徒刑或者无期徒刑,并处罚金或者没收财产。携带凶器抢夺的,依照抢劫罪定罪处罚。

5. 侵占罪

侵占罪,是指以非法占有为目的,将代为保管的他人财物或者他人遗忘物、埋藏物非法占为己有,数额较大,拒不退还或拒不交出的行为。本罪构成特征如下：(1)本罪的客体为公私财物所有权。(2)本罪客观方面表现为将自己代为保管的他人财物或者遗忘物、埋藏物非法占为己有,数额较大,拒不退还或拒不交出。(3)本罪的主体为一般主体。(4)本罪主观方面只能是故意,且必须具有非法占有的目的。

《刑法》第270条规定：犯本罪的,处2年以下有期徒刑、拘役或者罚金；数额巨大或者有其他严重情节的,处2年以上5年以下有期徒刑,并处罚金。犯本罪的,告诉才处理。

6. 职务侵占罪

职务侵占罪,是指国家工作人员以及受国家机关、国有公司、企业、事业单位、人民团体委托管理、经营国有财产人员之外的公司、企业或者其他单位工作人员,以非法占有为目的,利用职务上的便利,将本单位财物非法占为己有,数额较大的行为。本罪构成特征如下：(1)本罪的客体是公司、企业或其他单位的财产所有权。(2)本罪客观方面表现为利用职务上的便利,将本单位的财物非法占为己有,数额较大的行为。(3)本罪的主体是特殊主体,即只能是国家工作人员以及受国家机关、国有公司、企业、事业单位、人民团体委托管理、经营国有财产人员之外的公司、企业或者其他单位工作人员。(4)本罪主观方面只能是故意,并具有非法占有的目的。

2020年《刑法修正案(十一)》对《刑法》第271条第1款作出了修改：犯本罪的,处3年以下有期徒刑或者拘役,并处罚金；数额巨大的,处3年以上10年以下有期徒刑,并处罚金；数额特别巨大的,处10年以上有期徒刑或者无期徒刑,并处罚金。

7. 挪用资金罪

挪用资金罪,是指国家工作人员之外的公司、企业或者其他单位工作人员,利用职务上的便利,挪用本单位资金归个人使用或者借贷给他人的行为。本罪构成特征如下：(1)本罪的客体是公司、企业或者其他单位的财产所有权。(2)本罪客观方面表现为利用职务上的便利,挪用本单位资金归个人使用或者借贷给他人,数额较大、超过3个月未退还;或者虽未超过3个月,但数额较大、进行营利活动;或者进行非法活动。(3)本罪的主体是特殊主体,即只能是国家工作人员之外的公司、企业或者其他单位工作人员。(4)本罪主观方面只能是故意,但不具有非法占有目的。

《刑法》第272条第1款规定:犯本罪的,处3年以下有期徒刑或拘役;挪用本单位资金数额巨大的,处3年以上7年以下有期徒刑;数额特别巨大的,处7年以上有期徒刑。

七、妨害社会管理秩序罪

(一)妨害社会管理秩序罪概述

妨害社会管理秩序罪,是指妨害国家对社会的管理活动,破坏社会秩序,情节严重的行为。本类罪具有如下构成特征:本类罪的客体是国家对社会的管理活动,客观方面均表现为妨害国家对社会的管理活动,破坏社会管理秩序的行为。除自然人外,单位也可以构成部分妨害社会管理秩序罪的主体。本类罪主观方面大多数是故意,但也有少数犯罪是过失犯罪。

(二)若干具体罪名分述

1. 妨害公务罪

妨害公务罪是《刑法》第277条规定的罪名,2015年《刑法修正案(九)》和2020年《刑法修正案(十一)》两次对本条进行了修订。本罪是指以暴力、威胁方法,阻碍国家机关工作人员、人大代表、"红十字会"工作人员依法执行职务或履行职责,或者故意阻碍国家安全机关、公安机关依法执行国家安全工作任务,虽未使用暴力、威胁方法,但造成严重后果的行为。其构成要件如下:(1)本罪的客体是国家机关的正常公务活动。(2)本罪在客观方面表现为四种情况:以暴力、威胁方法阻碍国家机关工作人员依法执行职务;以暴力、威胁方法阻碍全国人民代表大会和地方各级人民代表大会代表依法执行代表职务;在自然灾害或者突发事件中,以暴力、威胁方法阻碍"红十字会"工作人员依法履行职责;故意阻碍国家安全机关、公安机关依法执行国家安全工作任务,未使用暴力、威胁方法,但造成严重后果的。(3)本罪的主体是一般主体。(4)本罪主观方面只能是故意,即行为人明知对方是在依法执行职务或履行职责,而有意加以阻碍。

犯本罪的,处3年以下有期徒刑、拘役、管制或者罚金。

2. 袭警罪

本罪原为《刑法修正案(九)》对《刑法》第277条妨害公务罪进行修正时增设的一种情形;《刑法修正案(十一)》将袭警行为独立为一种新罪名。袭警罪是指暴力袭击正在依法执行职务的人民警察的行为。其构成要件如下:(1)本罪客体是公安机关的正常公务活动和人民警察的人身安全;(2)本罪客观方面表现为以暴力手段袭击正在依法执行职务的人民警察的行为;(3)本罪主体为一般主体;(4)本罪主观方面为故意。

根据《刑法》第277条第5款的规定,犯本罪的,处3年以下有期徒刑、拘役或者管制;使用枪支、管制刀具,或者以驾驶机动车撞击等手段,严重危及其人身安全的,处 3 年以上 7 年以下有期徒刑。

3. 伪造、变造、买卖身份证件罪

伪造、变造、买卖身份证件罪是《刑法修正案(九)》修改《刑法》第 280 条第 3 款规定的伪造、变造居民身份证罪而形成的新罪名。本罪是指违反国家管理规定,伪造、变造、买卖居民身份证、护照、社会保障卡、驾驶证等依法可以用于证明身份的证件的行为。其构成要件如下:(1) 本罪的客体是国家对身份证件的管理制度。(2) 本罪的客观方面是伪造、变造、买卖居民身份证、护照、社会保障卡、驾驶证等依法可以用于证明身份的证件的行为。所谓伪造,是指无权制作身份证件的人,擅自制作居民身份证件的行为,实际上也可以包括有权制作者制作虚假身份证件的行为。所谓变造,是指对真实有效的居民身份证件的非本质部分进行加工、修改的行为。所谓买卖,是指用金钱或者其他物质性利益进行交易的行为。(3) 本罪的主体是一般主体,单位不构成本罪。(4) 本罪的主观方面是故意,且为直接故意。

犯本罪的,处 3 年以下有期徒刑、拘役、管制或者剥夺政治权利,并处罚金;情节严重的,处 3 年以上 7 年以下有期徒刑,并处罚金。

4. 使用虚假身份证件、盗用身份证件罪

使用虚假身份证件、盗用身份证件罪是《刑法修正案(九)》新增的罪名。本罪是指依照国家规定应当提供身份证明的活动中,使用伪造、变造的或者盗用他人的居民身份证、护照、社会保障卡、驾驶证等依法可以用于证明身份的证件,情节严重的行为。其构成要件如下:(1) 本罪的客体是国家对身份证件的管理制度。(2) 本罪的客观方面是使用伪造、变造的或者盗用他人的居民身份证、护照、社会保障卡、驾驶证等依法可以用于证明身份的证件,情节严重的行为。本罪的成立要求情节严重。(3) 本罪的主体是一般主体,单位不构成本罪。(4) 本罪的主观方面是故意,且为直接故意。

《刑法》第 280 条之一规定:犯本罪,处拘役或者管制,并处或者单处罚金。行为人实施本罪行为,同时构成其他犯罪的,按照处罚较重的规定定罪处罚。

5. 冒名顶替罪

冒名顶替罪是《刑法修正案(十一)》新增设的一个罪名。本罪是指盗用、冒用他人身份,顶替他人取得的高等学历教育入学资格、公务员录用资格、就业安置待遇的行为。其构成要件如下:(1) 本罪客体是国家对身份的管理制度和他人的人格权益;(2) 本罪客观方面表现为盗用、冒用他人身份,顶替他人取得的高等学历教育入学资格、公务员录用资格、就业安置待遇;(3) 本罪主体为一般主体;(4) 本罪主观方面为直接故意。

根据《刑法》第 280 条之二的规定,犯本罪的,处 3 年以下有期徒刑、拘役或者管制,并处罚金;组织、指使他人实施前述行为的,依照前述规定从重处罚;国家工作人员实施上述行为,又构成其他犯罪的,依照数罪并罚的规定处罚。

6. 非法生产、销售专用间谍器材、窃听、窃照专用器材罪

非法生产、销售专用间谍器材、窃听、窃照专用器材罪是《刑法》第 283 条规定的罪名,《刑法修正案(九)》对其进行了修订。本罪是指非法生产、销售专用间谍器材或者窃听、窃照专用器材的行为。其构成要件如下:(1)本罪的客体是国家对专用间谍器材或者窃听、窃照专用器材的生产、销售管理制度。(2)本罪的客观方面是非法生产、销售专用间谍器材或者窃听、窃照专用器材的行为。非法生产,既包括无资格生产而生产,也包括有资格生产而不按规定生产;非法销售,既包括无资格销售而销售,也包括有资格销售而不按规定销售。(3)本罪的主体既包括自然人也包括单位。(4)本罪的主观方面为故意。

自然人犯本罪的,处 3 年以下有期徒刑、拘役或者管制,并处或者单处罚金;情节严重的,处 3 年以上 7 年以下有期徒刑,并处罚金。单位犯本罪的,对单位判处罚金,并对其直接负责的主管人员和其他直接责任人员,依照自然人犯罪的规定进行处罚。

7. 组织考试作弊罪

组织考试作弊罪是《刑法修正案(九)》新增的罪名。本罪是指在法律规定的国家考试中,组织作弊的行为。其构成要件如下:(1)本罪的客体是国家正常的考试秩序。(2)本罪的客观方面是组织作弊的行为,即使用各种方法,试图影响考试结果,扰乱考试秩序的行为。(3)本罪的主体是一般主体,即年满16周岁,具有刑事责任能力的自然人。(4)本罪的主观方面是故意,且为直接故意。

《刑法》第 284 条之一第 1、2 款规定:犯本罪,处 3 年以下有期徒刑或者拘役,并处或者单处罚金;情节严重的,处 3 年以上 7 年以下有期徒刑,并处罚金。为他人实施组织考试作弊行为提供作弊器材或者其他帮助的,按前述规定处罚。

8. 非法出售、提供试题答案罪

非法出售、提供试题答案罪是《刑法修正案(九)》新增的罪名。本罪是指为实施考试作弊行为,向他人非法出售或者提供法律规定的国家考试的试题、答案的行为。其构成要件如下:(1)本罪的客体是国家正常的考试秩序。(2)本罪的客观方面是为实施考试作弊行为,向他人非法出售或者提供法律规定的国家考试的试题、答案的行为。(3)本罪的主体是一般主体。(4)本罪的主观方面是故意,且为直接故意。

《刑法》第 284 条之一第 1、3 款规定:犯本罪,处 3 年以下有期徒刑或者拘役,并处或者单处罚金;情节严重的,处 3 年以上 7 年以下有期徒刑,并处罚金。

9. 代替考试罪

代替考试罪是《刑法修正案(九)》新增的罪名。本罪是指代替他人或者让他人代替自己参加法律规定的国家考试的行为。其构成要件如下:(1)本罪的客体是国家正常的考试秩序。(2)本罪的客观方面是代替他人或者让他人代替自己参加法律规定的国家考试的行为。(3)本罪的主体是一般主体。(4)本罪的主观方面是故意,且为直接故意。

《刑法》第 284 条之一第 4 款规定:犯本罪,处拘役或者管制,并处或者单处罚金。

10. 拒不履行信息网络安全管理义务罪

拒不履行信息网络安全管理义务罪是《刑法修正案（九）》新增的罪名。本罪是指网络服务提供者不履行法律、行政法规规定的信息网络安全管理义务，经监管部门责令采取改正措施而拒不改正，情节严重的行为。其构成要件为：(1) 本罪的客体是国家对网络安全的管理制度。(2) 本罪的客观方面表现为：不履行法律、行政法规规定的信息网络安全管理义务，经监管部门责令采取改正措施而拒不改正，情节严重的行为，包括致使违法信息大量传播的；致使用户信息泄露，造成严重后果的；致使刑事案件证据灭失，情节严重的；有其他严重情节的。(3) 本罪的主体是特殊主体，即网络服务提供者。(4) 本罪的主观方面是故意。

《刑法》第286条之一规定：犯本罪的，处3年以下有期徒刑、拘役或者管制，并处或者单处罚金。单位犯本罪的，对单位判处罚金，并对其直接负责的主管人员和其他直接责任人员，依照前述规定处罚。实施本罪行为，同时构成其他犯罪的，依照处罚较重的规定定罪处罚。

11. 非法利用信息网络罪

非法利用信息网络罪是《刑法修正案（九）》新增的罪名。本罪是指利用信息网络，设立用于实施诈骗、传授犯罪方法、制作或者销售违禁物品、管制物品等违法犯罪活动的网站、通讯群组，或者发布有关制作或者销售毒品、枪支、淫秽物品等违禁物品、管制物品或者其他违法犯罪信息，或者为实施诈骗等违法犯罪活动发布信息，情节严重的行为。其构成要件如下：(1) 本罪的客体是国家正常的信息网络管理秩序和信息安全。(2) 本罪的客观方面是利用信息网络，设立用于实施诈骗、传授犯罪方法、制作或者销售违禁物品、管制物品等违法犯罪活动的网站、通讯群组，或者发布有关制作或者销售毒品、枪支、淫秽物品等违禁物品、管制物品或者其他违法犯罪信息，或者为实施诈骗等违法犯罪活动发布信息，情节严重的行为。(3) 本罪的主体是一般主体，包括自然人和单位。(4) 本罪的主观方面是故意。

《刑法》第287条之一规定：犯本罪的，处3年以下有期徒刑或者拘役，并处或者单处罚金。单位犯本罪的，对单位判处罚金，并对其直接负责的主管人员和其他直接责任人员，依照前述规定处罚。实施本罪行为，同时构成其他犯罪的，依照处罚较重的规定定罪处罚。

12. 帮助信息网络犯罪活动罪

帮助信息网络犯罪活动罪是《刑法修正案（九）》新增的罪名。本罪是指明知他人利用信息网络实施犯罪，为其犯罪提供互联网接入、服务器托管、网络存储、通讯传输等技术支持，或者提供广告推广、支付结算等帮助，情节严重的行为。其构成特征如下：(1) 本罪的客体是国家对信息网络环境的正常管理秩序。(2) 本罪的客观方面表现为：为他人信息网络犯罪提供互联网接入、服务器托管、网络存储、通讯传输等技术支持，或者提供广告推广、支付结算等帮助，情节严重的行为。(3) 本罪的主体是一般主体，包括自然人和单位。(4) 本罪的主观方面是故意。

《刑法》第287条之二规定：犯本罪的，处3年以下有期徒刑或者拘役，并处或者单处罚金。单位犯本罪的,对单位判处罚金,并对其直接负责的主管人员和其他直接责任人员,依照前述规定处罚。实施本罪行为,同时构成其他犯罪的,依照处罚较重的规定定罪处罚。

13. 扰乱无线电管理秩序罪

扰乱无线电管理秩序罪是《刑法》第 288 条规定的罪名,《刑法修正案(九)》对其进行了修订。本罪是指违反国家规定,擅自设置、使用无线电台(站),或者擅自使用无线电频率,干扰无线电通讯秩序,情节严重的行为。其构成要件如下:(1) 本罪的客体是国家对无线电通讯及无线电频谱资源的管理秩序。(2) 本罪的客观方面是违反国家规定,擅自设置、使用无线电台(站),或者擅自使用无线电频率,干扰无线电通讯秩序,情节严重的行为。(3) 本罪的主体包括自然人和单位。(4) 本罪的主观方面是故意。

犯本罪的,处 3 年以下有期徒刑、拘役或者管制,并处或者单处罚金;情节特别严重的,处 3 年以上 7 年以下有期徒刑,并处罚金。单位犯本罪的,对单位判处罚金,并对其直接负责的主管人员和其他直接责任人员,依照自然人犯本罪的规定处罚。

14. 聚众扰乱社会秩序罪

聚众扰乱社会秩序罪是《刑法》第 290 条第 1 款规定的罪名,《刑法修正案(九)》对其进行了修订。本罪是指聚众扰乱社会秩序,情节严重,致使工作、生产、营业和教学、科研、医疗无法进行,造成严重损失的行为。其构成要件如下:(1) 本罪的客体是有关单位的运行秩序和社会公共秩序。(2) 本罪的客观方面是聚众扰乱社会秩序,情节严重,致使工作、生产、营业和教学、科研、医疗无法进行,造成严重损失的行为。所谓扰乱社会秩序,是指对正常的社会秩序进行干扰、破坏,既包括暴力性扰乱,也包括非暴力性扰乱。前者如殴打有关工作人员,毁坏公私财物等;后者如在有关单位哄闹、纠缠、围堵等。(3) 本罪的主体是一般主体。(4) 本罪的主观方面是故意,动机不影响本罪成立。

犯本罪的,对首要分子,处 3 年以上 7 年以下有期徒刑;对其他积极参加的,处 3 年以下有期徒刑、拘役、管制或者剥夺政治权利。

15. 扰乱国家机关工作秩序罪

扰乱国家机关工作秩序罪是《刑法修正案(九)》增设的罪名。本罪是指多次扰乱国家机关工作秩序,经行政处罚后仍不改正,造成严重后果的行为。其构成特征如下:(1) 本罪的客体是国家机关工作秩序和社会公共秩序。(2) 本罪的客观方面是多次扰乱国家机关工作秩序,经行政处罚后仍不改正,造成严重后果的行为。(3) 本罪的主体是一般主体。(4) 本罪的主观方面是故意,动机不影响本罪成立。

《刑法》第 290 条第 3 款规定:犯本罪,处 3 年以下有期徒刑、拘役或者管制。

16. 组织、资助非法聚集罪

组织、资助非法聚集罪是《刑法修正案(九)》增设的罪名。本罪是指多次组织、资助他人非法聚集,扰乱社会秩序,情节严重的行为。其构成特征如下:(1) 本罪的客体是社会公共秩序。(2) 本罪的客观方面是多次组织、资助他人非法聚集,扰乱社会秩序,情节严重的行为。所谓组织,是指召集多人为首发起或实施招募、雇佣、拉拢、鼓动、劝说多人参与非法聚集活动。所谓资助,是指通过提供场所、经费、物资等进行支持和帮助。(3) 本罪的主体是一般主体。(4) 本罪的主观方面是故意,动机不影响本罪成立。

根据《刑法》第 290 条第 4 款的规定:犯本罪,处 3 年以下有期徒刑、拘役或者管制。

17. 高空抛物罪

本罪是《刑法修正案(十一)》增设的一个罪名。高空抛物罪是指从建筑物或者其他高空抛掷物品,情节严重的行为。本罪构成要件如下:(1) 本罪客体是公共场所秩序和他人人身安全;(2) 本罪客观方面表现为从建筑物或者其他高空抛掷物品且情节严重;(3) 本罪主体为一般主体;(4) 本罪主观方面为故意。

《刑法》第 291 条之二规定:犯本罪的,处 1 年以下有期徒刑、拘役或者管制,并处或者单处罚金;同时构成其他犯罪的,依照处罚较重的规定定罪处罚。

18. 组织、领导、参加黑社会性质组织罪

2011 年《刑法修正案(八)》对规定该罪的《刑法》第 294 条进行了修订。组织、领导、参加黑社会性质组织罪,是指组织、领导或者参加黑社会性质的组织的行为。本罪具有如下构成要件:(1) 本罪客体为经济、社会生活秩序。(2) 本罪在客观方面表现为组织、领导、参加黑社会性质组织的行为。根据《刑法修正案(八)》增设的第 294 条第 5 款,黑社会性质的组织应具备以下特征:形成较稳定的犯罪组织,人数较多,有明确的组织者、领导者,骨干成员基本固定;有组织地通过违法犯罪活动或者其他手段获取经济利益,具有一定的经济实力,以支持该组织的活动;以暴力、威胁或者其他手段,有组织地多次进行违法犯罪活动,为非作恶,欺压、残害群众;通过实施违法犯罪活动,或者利用国家工作人员的包庇或者纵容,称霸一方,在一定区域或者行业内,形成非法控制或者重大影响,严重破坏经济、社会生活秩序。(3) 本罪主体为一般主体。(4) 本罪主观方面是故意,即明知是黑社会性质组织而决意组织、领导、参加。

修订后的《刑法》第 294 条第 1、4 款规定:组织、领导黑社会性质的组织的,处 7 年以上有期徒刑,并处没收财产;积极参加的,处 3 年以上 7 年以下有期徒刑,可以并处罚金或者没收财产;其他参加的,处 3 年以下有期徒刑、拘役、管制或者剥夺政治权利,可以并处罚金。犯本罪又有其他犯罪行为的,依照数罪并罚的规定处罚。

19. 侵害英雄烈士名誉、荣誉罪

侵害英雄烈士名誉、荣誉罪是《刑法修正案(十一)》增设的罪名。本罪是指侮辱、诽谤或者以其他方式侵害英雄烈士的名誉、荣誉,损害社会公共利益,情节严重的行为。本罪构成要件如下:(1) 本罪客体是国家对英雄烈士名誉、荣誉的保护制度;(2) 本罪客观方面表现为侮辱、诽谤或者以其他方式侵害英雄烈士的名誉、荣誉,损害社会公共利益,情节严重;(3) 本罪主体为一般主体;(4) 本罪主观方面是故意。

《刑法》第 299 条之一规定:犯本罪,处 3 年以下有期徒刑、拘役、管制或者剥夺政治权利。

20. 组织、利用会道门、邪教组织、利用迷信破坏法律实施罪

组织、利用会道门、邪教组织、利用迷信破坏法律实施罪是《刑法》第 300 条第 1 款规定的罪名,《刑法修正案(九)》对其进行了修订。本罪是指组织、利用会道门、邪教组织或者利用迷信破坏国家法律、行政法规实施的行为。本罪的构成要件具有以下特征:(1) 本罪的客体是国家法律、行政法规实施的正常秩序。(2) 本罪的客观方面表现为组织、利用会道门、邪教组织或者利用迷信破坏国家法律、行政法规实施的行为。(3) 本罪的主体是一般主体。(4) 本罪的主观方面是故意。

犯本罪的,处 3 年以上 7 年以下有期徒刑,并处罚金;情节特别严重的,处 7 年以上有期徒刑或者无期徒刑,并处罚金或者没收财产;情节较轻的,处 3 年以下有期徒刑、拘役、管制或者剥夺政治权利,并处或者单处罚金。实施本罪行为,又有奸淫妇女、诈骗财物等犯罪行为的,依照数罪并罚的规定处罚

21. 组织、利用会道门、邪教组织、利用迷信致人重伤、死亡罪

这一罪名是《刑法修正案(九)》对《刑法》第 300 条第 2 款规定加以修订而形成的。本罪是指利用会道门、邪教组织或者利用迷信蒙骗他人,致人重伤、死亡的行为。其构成要件如下:(1) 本罪的客体是复杂客体,既侵犯了社会管理秩序,又侵犯了他人的生命健康权利。(2) 本罪的客观方面表现为利用会道门、邪教组织或者利用迷信蒙骗他人,致人重伤、死亡的行为。(3) 本罪的主体是一般主体。(4) 本罪的主观方面是故意。

犯本罪的,处 3 年以上 7 年以下有期徒刑,并处罚金;情节特别严重的,处 7 年以上有期徒刑或者无期徒刑,并处罚金或者没收财产;情节较轻的,处 3 年以下有期徒刑、拘役、管制或者剥夺政治权利,并处或者单处罚金。

22. 盗窃、侮辱、故意毁坏尸体、尸骨、骨灰罪

盗窃、侮辱、故意毁坏尸体、尸骨、骨灰罪是由《刑法修正案(九)》对《刑法》第 302 条修订而形成的罪名。本罪是指盗窃、侮辱、故意毁坏尸体、尸骨、骨灰的行为。其构成要件如下:(1) 本罪的客体是国家对社会风尚的管理秩序和死者家属的感情。(2) 本罪的客观方面表现为盗窃、侮辱、故意毁坏尸体、尸骨、骨灰的行为。所谓盗窃,是指采取窃取方式,使尸体、尸骨、骨灰处于行为人本人或者第三人的支配之下。所谓侮辱,是指以暴露、猥亵、奸淫、践踏等方式损害尸体、尸骨、骨灰的行为。所谓故意毁坏,是指焚烧、肢解、割裂尸体、尸骨或者非法解剖、毁坏尸体的面容,抛洒、倾倒骨灰等行为。(3) 本罪的主体是一般主体。(4) 本罪的主观方面是故意。

犯本罪的,处 3 年以下有期徒刑、拘役或者管制。

23. 伪证罪

伪证罪,是指在刑事诉讼中,证人、鉴定人、记录人、翻译人对与案件有重要关系的情节,故意作虚假证明、鉴定、记录、翻译,意图陷害他人或者隐匿罪证的行为。本罪具有如下构成要件:(1) 本罪的客体为司法机关在刑事诉讼中的正常活动。(2) 本罪客观方面表现为在刑事诉讼中,对与案件有重要关系的情节,作虚假证明、鉴定、记录、翻译。(3) 本罪的主体是特殊主体,特指刑事诉讼中的证人、鉴定人、记录人、翻

译人。(4)本罪主观方面只能是故意,且行为人必须具有陷害他人或者隐匿罪证的意图。

《刑法》第 305 条规定:犯本罪的,处 3 年以下有期徒刑或者拘役;情节严重的,处 3 年以上 7 年以下有期徒刑。

24. 虚假诉讼罪

虚假诉讼罪是《刑法修正案(九)》增列的罪名。本罪是指以捏造的事实提起民事诉讼,妨害司法秩序或者严重侵害他人合法权益的行为。其构成要件如下:(1)本罪的客体是复杂客体,包括国家正常的司法秩序和个人、单位的合法权益。(2)本罪的客观方面是以捏造的事实提起民事诉讼,妨害司法秩序或者严重侵害他人合法权益的行为。所谓捏造,是指无中生有、凭空虚构虚假事实。在司法实践中,也有可能存在行为人捏造的事实部分虚假,部分真实的情形。(3)本罪的主体包括自然人和单位。(4)本罪的主观方面是故意,且只能是直接故意。

《刑法》第 307 条之一规定:自然人犯本罪,处 3 年以下有期徒刑、拘役或者管制,并处或者单处罚金;情节严重的,处 3 年以上 7 年以下有期徒刑,并处罚金。单位犯本罪的,对单位判处罚金,并对其直接负责的主管人员和其他直接责任人员,依照自然人犯本罪的规定处罚。实施本罪行为,非法占有他人财产或者逃避合法债务,又构成其他犯罪的,依照处罚较重的规定定罪从重处罚。司法工作人员利用职权,与他人共同实施本罪行为的,从重处罚;同时构成其他犯罪的,依照处罚较重的规定定罪从重处罚。

25. 泄露不应公开的案件信息罪

泄露不应公开的案件信息罪是《刑法修正案(九)》增列的罪名。本罪是指明知相关案件信息不应公开而泄露,造成信息公开传播或者其他严重后果的行为。其构成要件如下:(1)本罪的客体是国家正常的司法秩序。(2)本罪的客观方面是明知相关案件信息不应公开而向他人泄露。所谓泄露,是指知悉不应公开审理案件中不应公开的案件信息而将相关信息泄露给不应知悉的人。本罪的成立要求造成信息公开传播或者其他严重后果。(3)本罪的主体是特殊主体,主要是司法工作人员、辩护人、诉讼代理人以及其他诉讼参与人,单位不成立本罪。(4)本罪的主观方面是故意。

《刑法》第 308 条之一第 1、2 款规定:犯本罪的,处 3 年以下有期徒刑、拘役或者管制,并处或者单处罚金。行为人实施本罪行为,泄露国家秘密的,按照泄露国家秘密罪定罪处罚。

26. 披露、报道不应公开的案件信息罪

披露、报道不应公开的案件信息罪是《刑法修正案(九)》增设的罪名。本罪是指明知相关案件信息不应公开,而予以披露、报道的行为。其构成要件如下:(1)本罪的客体是国家正常的司法秩序。(2)本罪的客观方面是明知相关案件信息不应公开,而予以披露、报道。(3)本罪的主体是一般主体,单位亦可构成本罪。(4)本罪的主观方面是故意,只能是直接故意。

《刑法》第 308 条之一第 1、3、4 款规定:自然人犯本罪,处 3 年以下有期徒刑、拘役或者管制,并处或者单处罚金。单位犯本罪,对单位判处罚金,并对其直接负责的主管人员和其他直接责任人员,依照自然人犯本罪的规定处罚。

27.扰乱法庭秩序罪

扰乱法庭秩序罪是《刑法》第309条规定的罪名,《刑法修正案(九)》对其进行了修订。本罪是指聚众哄闹、冲击法庭,或者殴打司法工作人员或者诉讼参与人,或者侮辱、诽谤、威胁司法工作人员或者诉讼参与人,不听法庭制止,严重扰乱法庭秩序,或者毁坏法庭设施,抢夺、损毁诉讼文书、证据等扰乱法庭秩序,情节严重的行为。其构成要件如下:(1)本罪的客体是法庭的正常秩序。(2)本罪的客观方面包括以下情形:聚众哄闹、冲击法庭的行为;殴打司法工作人员或者诉讼参与人的行为;侮辱、诽谤、威胁司法工作人员或者诉讼参与人,不听法庭制止,严重扰乱法庭秩序的行为;毁坏法庭设施,抢夺、损毁诉讼文书、证据等扰乱法庭秩序行为,情节严重。(3)本罪的主体是年满16周岁具有刑事责任能力的自然人。(4)本罪的主观方面是故意。

《刑法》第309条规定:犯本罪的,处3年以下有期徒刑、拘役、管制或者罚金。

28.拒不执行判决、裁定罪

拒不执行判决、裁定罪,是《刑法》第313条规定的罪名,《刑法修正案(九)》对其进行了修订。本罪是指对人民法院已经发生法律效力的判决、裁定有能力执行而拒不执行,情节严重的行为。其构成要件如下:(1)本罪的客体是司法机关执行判决、裁定的正常活动。(2)本罪的客观方面是对人民法院已经发生法律效力的判决、裁定有能力执行而拒不执行,情节严重的行为。(3)本罪的主体是特殊主体,即有义务执行判决、裁定的当事人,包括自然人和单位。(4)本罪的主观方面为故意。

根据《刑法修正案(九)》对《刑法》第313条的修订,自然人犯本罪的,处3年以下有期徒刑、拘役或者罚金;情节特别严重的,处3年以上7年以下有期徒刑,并处罚金。单位犯本罪的,对单位判处罚金,并对其直接负责的主管人员和其他直接责任人员,依照自然人犯本罪的规定处罚。

29.脱逃罪

脱逃罪,是指依法被关押的罪犯、被告人、犯罪嫌疑人逃脱司法机关的羁押和监管的行为。本罪具有如下构成要件:(1)本罪客体是司法机关的正常监管秩序。(2)本罪客观方面表现为脱逃。脱逃,是指脱离司法机关实力支配的行为,如行为人逃离司法机关的监管场所,或者在押解途中逃跑。脱逃的方式没有限制,有趁监管人员疏忽而逃离关押场所,趁外出劳动逃离关押场所,对监管人员使用暴力、威胁手段而逃离关押场所等。(3)本罪主体是特殊主体,即依法被关押的犯罪嫌疑人、被告人和罪犯。(4)本罪的主观方面只能是故意,且出于逃避监管机关监管的目的。

《刑法》第316条第1款规定:犯本罪的,处5年以下有期徒刑或者拘役。

30.组织他人偷越国(边)境罪

组织他人偷越国(边)境罪,是指违反国(边)境管理法规,组织他人偷越国(边)境的行为。本罪具有如下构成要件:(1)本罪客体是国家对出入国(边)境的管理制度。(2)本罪客观方面表现为违反出入境管理法规,组织他人偷越国(边)境。(3)本罪主体是一般主体。(4) 本罪主观上只能是故意,过失不可能构成本罪。

《刑法》第318条规定:犯本罪的,处2年以上7年以下有期徒刑,并处罚金;有下列情形之一的,处7年以上有期徒刑或者无期徒刑,并处罚金或没收财产:组织他人偷越国(边)境集团的首要分子;多次组织他人偷越国(边)境或组织他人偷越国(边)境人数众多的;造成被组织人重伤、死亡的;剥夺或者限制被组织人人身自由的;以暴力、威胁方法抗拒检查的;违法所得数额巨大的;有其他特别严重情节的。在犯本罪的过程中,对被组织人有杀害、伤害、强奸、拐卖等犯罪行为,或对检查人员有杀害、伤害等犯罪行为的,依照数罪并罚的规定处罚。

31. 偷越国(边)境罪

偷越国(边)境罪是《刑法》第322条规定的罪名,《刑法修正案(九)》对其进行了修订。本罪是指违反国(边)境管理法规,偷越国(边)境,情节严重的行为。其构成要件如下:(1)本罪的客体是国家对国(边)境的管理秩序。(2)本罪的客观方面是违反国(边)境管理法规,偷越国(边)境,情节严重的行为。(3)本罪的主体是一般主体。(4)本罪的主观方面是故意。

《刑法》第322条规定:犯本罪,处1年以下有期徒刑、拘役或者管制,并处罚金;为参加恐怖活动组织、接受恐怖活动培训或者实施恐怖活动,偷越国(边)境的,处1年以上3年以下有期徒刑,并处罚金。

32. 故意损毁文物罪

故意损毁文物罪,是指故意损毁国家保护的珍贵文物或者被确定为全国重点文物保护单位、省级文物保护单位的文物的行为。本罪具有如下构成要件:(1)本罪客体是国家对珍贵文物的管理秩序。(2)本罪客观方面表现为故意损毁珍贵文物的行为,损毁包括损坏和毁灭。(3)本罪主体是一般主体。(4)本罪主观方面只能是故意。

《刑法》第324条第1款规定:犯本罪的,处3年以下有期徒刑或者拘役,并处或者单处罚金;情节严重的,处3年以上10年以下有期徒刑,并处罚金。

33. 医疗事故罪

医疗事故罪,是指医务人员由于严重不负责任,造成就诊人死亡或严重损害就诊人身体健康的行为。本罪具有如下构成要件:(1)本罪客体为国家对医疗工作的管理秩序和就诊人的生命、健康权利。(2)本罪客观方面表现为严重不负责任,造成就诊人死亡或者严重损害就诊人身体健康。严重不负责任,是指医务人员在诊疗护理过程中,违反规章制度与诊疗护理常规,不履行或者不正确履行诊疗护理职责。(3)本罪主体是特殊主体,即必须是医务人员。(4)本罪主观方面只能是过失。

《刑法》第335条规定:犯本罪的,处3年以下有期徒刑或者拘役。

34. 污染环境罪

根据《刑法修正案(八)》和《刑法修正案(十一)》对《刑法》第338条的修订,污染环境罪,是指违反国家规定,排放、倾倒或者处置有放射性的废物、含传染病病原体的废物、有毒物质或者其他有害物质,严重污染环境的行为。本罪具有如下构成要件:

(1) 本罪客体是环境法益。(2) 本罪客观方面表现为违反国家规定,排放、倾倒或者处置有放射性的废物、含传染病病原体的废物、有毒物质或者其他有害物质,严重污染环境。(3) 本罪主体是一般主体,单位也可构成本罪。(4) 本罪主观方面只能是过失。

根据修订后的《刑法》第 338 条以及《刑法》第 346 条的规定:自然人犯本罪的,处 3 年以下有期徒刑或者拘役,并处或者单处罚金;情节严重的,处 3 年以上 7 年以下有期徒刑,并处罚金。有下列情形之一的,处 7 年以上有期徒刑,并处罚金:(1) 在饮用水水源保护区、自然保护地核心保护区等依法确定的重点保护区域排放、倾倒、处置有放射性的废物、含传染病病原体的废物、有毒物质,情节特别严重的;(2) 向国家确定的重要江河、湖泊水域排放、倾倒、处置有放射性的废物、含传染病病原体的废物、有毒物质,情节特别严重的;(3) 致使大量永久基本农田基本功能丧失或者遭受永久性破坏的;(4) 致使多人重伤、严重疾病,或者致人严重残疾、死亡的。有本罪行为,同时构成其他犯罪的,依照处罚较重的规定定罪处罚。单位犯本罪的,对单位判处罚金,并对直接负责的主管人员和其他直接责任人员,依照自然人犯本罪的规定处罚。

35. 走私、贩卖、运输、制造毒品罪

走私、贩卖、运输、制造毒品罪,是指违反国家毒品管制法规,走私、贩卖、运输、制造毒品的行为。本罪具有如下构成要件:(1) 本罪客体为国家对毒品的管理制度。(2) 本罪客观方面表现为走私、贩卖、运输、制造毒品。(3) 本罪主体既可以是自然人,也可以是单位。对于贩卖毒品罪来说,已满 14 周岁具有辨认和控制能力的人可以成为其主体;而走私、运输、制造毒品罪的主体必须是已满 16 周岁、具有辨认和控制能力的人。(4) 本罪只能由故意构成,即行为人明知是毒品而走私、贩卖、运输、制造。

犯本罪的,应依照《刑法》第 347、356 条和第 357 条第 2 款的规定裁量刑罚。

36. 非法生产、买卖、运输制毒物品、走私制毒物品罪

非法生产、买卖、运输制毒物品、走私制毒物品罪,是《刑法》第 350 条规定的罪名,《刑法修正案(九)》对其进行了修订。本罪是指违反国家规定,非法生产、买卖、运输醋酸酐、乙醚、三氯甲烷或者其他用于制造毒品的原料、配剂,或者携带上述物品进出境,情节较重的行为。其构成要件如下:(1) 本罪的客体是国家对制毒物品的管理制度。(2) 本罪的客观方面表现为违反国家规定,非法生产、买卖、运输醋酸酐、乙醚、三氯甲烷或者其他用于制造毒品的原料、配剂,或者携带上述物品进出境,情节较重的行为。但是,明知他人制造毒品而为其生产、买卖、运输前述制毒物品的,以制造毒品罪的共犯论处。(3) 本罪的主体包括自然人和单位。(4) 本罪的主观方面只能是故意。

自然人犯本罪的,处 3 年以下有期徒刑、拘役或者管制,并处罚金;情节严重的,处 3 年以上 7 年以下有期徒刑,并处罚金;情节特别严重的,处 7 年以上有期徒刑,并处罚金或者没收财产。单位犯本罪的,对单位判处罚金,并对其直接负责的主管人员和其他直接责任人员,依照自然人犯本罪的规定处罚。

37. 组织卖淫罪

组织卖淫罪是《刑法》第 358 条第 1 款规定的罪名,《刑法修正案(九)》对该条款作了修订。本罪是指以招募、雇佣、引诱、容留等手段,控制他人从事卖淫活动的行为。本罪具有如下构成要件:(1) 本罪的客体为社会道德风尚。(2) 本罪在客观方面表现为组织他人卖淫。组织,是指以招募、雇佣、引诱、容留等手段,控制他人从事卖淫活动的行为。(3) 本罪的主体是一般主体。(4) 本罪主观方面只能是故意。

根据《刑法修正案(九)》对《刑法》第 358 条第 1、2、3 款的修订,犯本罪的,处 5 年以上 10 年以下有期徒刑,并处罚金;情节严重的,处 10 年以上有期徒刑或者无期徒刑,并处罚金或者没收财产。组织未成年人卖淫的,从重处罚。实施本罪行为,并有杀害、伤害、强奸、绑架等犯罪行为的,依照数罪并罚的规定处罚。

38. 强迫卖淫罪

强迫卖淫罪,是指使用暴力、威胁、虐待等强制方式迫使他人卖淫的行为。本罪的构成特征如下:(1) 本罪的客体是社会道德风尚和公民的人身权利。(2) 本罪的客观方面表现为暴力、威胁、虐待等强制方式迫使他人卖淫的行为。行为方法具有强迫性,即采用了违背他人意志的手段;行为内容具有特定性,即必须是强迫他人进行卖淫活动。(3) 本罪的主体是一般主体。(4) 本罪主观方面只能是故意。

根据《刑法修正案(九)》对《刑法》第 358 条第 1、2、3 款的修订,犯本罪的,处 5 年以上 10 年以下有期徒刑,并处罚金;情节严重的,处 10 年以上有期徒刑或者无期徒刑,并处罚金或者没收财产。强迫未成年人卖淫的,从重处罚。实施本罪行为,并有杀害、伤害、强奸、绑架等犯罪行为的,依照数罪并罚的规定处罚。

八、危害国防利益罪

危害国防利益罪,是指公民或单位危害国防物质基础,危害军事行动,危害作战,妨害国防管理秩序,拒绝或逃避履行国防义务的行为。本类罪具有以下特征:本类罪侵犯的客体是国防利益;本类罪客观方面表现为危害国防利益的行为;本类罪多数由一般主体构成,少数由特殊主体构成;本类罪多数犯罪主观方面是故意,少数犯罪主观方面只能是过失。

九、贪污贿赂罪

(一) 贪污贿赂罪概述

贪污贿赂罪,是指国家工作人员利用职务便利,贪污、挪用公共财物,收受贿赂,或者拥有与合法收入差额巨大的财产或支出却不能说明来源,或者私分国有资产或罚没财物,以及其他人员行贿、介绍贿赂的行为。本类罪具有如下特征:本类罪侵犯的客体主要是国家工作人员职务行为的廉洁性、不可收买性;客观方面表现为侵犯职务行为的廉洁性、不可收买性的行为,如贪污、受贿、私分国有资产或罚没财物、行贿、介绍贿赂行为;本类罪的主体绝大多数是特殊主体,即国家工作人员,也有些犯罪的主体是一般主体;本类罪主观方面均由故意构成,过失不能构成本罪。

(二) 若干具体罪名分述

1. 贪污罪

贪污罪,是指国家工作人员和受国家机关、国有公司、企业、事业单位、人民团体委托管理、经营国有财产的人员,利用职务上的便利,侵吞、窃取、骗取或以其他手段非法占有公共财物的行为。本罪具有如下构成要件:(1) 本罪的客体为复杂客体,即贪污行为既侵犯了国家工作人员职务行为的廉洁性,又侵犯了公共财产所有权。(2) 本罪在客观方面表现为利用职务上的便利,侵吞、窃取、骗取或以其他手段非法占有公共财物。根据《刑法》第 394 条的规定,国家工作人员在国内公务活动或者对外交往中接受礼物,依照国家规定应当交公而不交公,数额较大的,属于贪污罪。(3) 本罪的主体是特殊主体,具体包括两类人员:一类是国家工作人员。国家工作人员包括:在国家机关中从事公务的人员;国有公司、企业、事业单位、人民团体中从事公务的人员;国家机关、国有公司、企业、事业单位委派到非国有公司、企业、事业单位、社会团体中从事公务的人员以及其他依照法律从事公务的人员。另一类是受国家机关、国有公司、企业、事业单位、人民团体委托管理、经营国有财产的人员。这是指虽不属于国家工作人员,但受国家机关、国有公司、企业、事业单位、人民团体委托,以承包、租赁等方式管理、经营国有财产的人员。(4) 本罪主观方面只能是故意,且行为人具有非法占有公共财物的目的。

根据 2015 年《刑法修正案(九)》对《刑法》第 383 条的修改,犯本罪的,根据情节轻重,分别依照下列规定处罚:(1) 贪污数额较大或者有其他较重情节的,处 3 年以下有期徒刑或者拘役,并处罚金。(2) 贪污数额巨大或者有其他严重情节的,处 3 年以上 10 年以下有期徒刑,并处罚金或者没收财产。(3) 贪污数额特别巨大或者有其他特别严重情节的,处 10 年以上有期徒刑或者无期徒刑,并处罚金或者没收财产;数额特别巨大,并使国家和人民利益遭受特别重大损失的,处无期徒刑或者死刑,并处没收财产。对多次贪污未经处理的,按照累计贪污数额处罚。

犯本罪,在提起公诉前如实供述自己罪行、真诚悔罪、积极退赃,避免、减少损害结果的发生,有上述第 1 项规定情形的,可以从轻、减轻或者免除处罚;有第 2、3 项规定情形的,可以从轻处罚。

犯本罪,有上述第 3 项规定情形被判处死刑缓期执行的,人民法院根据犯罪情节等情况可以同时决定在其死刑缓期执行 2 年期满依法减为无期徒刑后,终身监禁,不得减刑、假释。

2. 挪用公款罪

挪用公款罪,是指国家工作人员利用职务上的便利,挪用公款归个人使用,进行非法活动的,或者挪用公款数额较大、进行营利活动的,或者挪用公款数额较大、超过 3 个月未还的行为。本罪具有如下构成要件:(1) 本罪客体为国家工作人员职务行为的廉洁性和公款的占有、使用、收益权。(2) 本罪客观方面表现为利用职务上的便利,挪用公款归个人使用,进行非法活动,或挪用公款数额较大,进行营利活动,或挪用公款数额较大、超过3个月未还。根据全国人大常委会《关于〈中华人民共和国刑法〉第384条第1款的解释》,有下列情形之一的,属于挪用公款归个人使用:将公款供本人、亲友或者其他自然人使用的;以个人名义将公款供其他单位使用的;个人决定以单位名义将公款供其他单位使用,谋取个人利益的。(3)本罪主体是特殊主体,即国家工作人员。(4)本罪主观方面是故意,但行为人不具有非法占有的目的。

《刑法》第384条规定:犯本罪的,处5年以下有期徒刑或者拘役;情节严重的,处5年以上有期徒刑。挪用公款数额巨大不退还的,处10年以上有期徒刑或者无期徒刑。挪用救灾、抢险、防汛、优抚、扶贫、移民、救济款物归个人使用的,从重处罚。

3. 受贿罪

受贿罪,是指国家工作人员利用职务上的便利,索取他人财物,或者非法收受他人财物为他人谋取利益的行为。本罪具有如下构成要件:(1)本罪客体是国家工作人员职务行为的廉洁性与不可收买性。(2)本罪在客观方面表现为利用职务上的便利,索取他人财物,或者非法收受他人财物并为他人谋取利益的行为。利用职务上的便利,是指利用本人因现有职务而主管、负责或者承办某种公共事务所形成的便利条件。此外,根据《刑法》第385条第2款的规定,国家工作人员在经济往来中,违反国家规定,收受各种名义的回扣、手续费归个人所有的,以受贿论处。(3)本罪主体只能是特殊主体,即国家工作人员。(4)本罪的主观方面只能是故意。

依据《刑法》第388条的规定,国家工作人员利用本人职权或者地位形成的便利条件,通过其他国家工作人员职务上的行为,为请托人谋取不正当利益,索取请托人财物或者收受请托人财物的,以受贿论处。这种情况被称作斡旋受贿。成立斡旋受贿必须具备以下条件:(1)必须是通过其他国家工作人员职务上的行为。(2)行为人之所以能通过其他国家工作人员的职务行为为请托人谋取不正当利益,乃是利用了本人的职权或地位形成的便利条件。(3)为请托人谋取不正当利益。(4)索取请托人财物或收受请托人财物。

《刑法》第386条规定:犯本罪的,根据受贿所得数额及情节,依照《刑法》第383条贪污罪的处罚规定处罚。索贿的,从重处罚。

4. 利用影响力受贿罪

本罪是2009年《刑法修正案(七)》增设的罪名。利用影响力受贿罪,是指国家工作人员的近亲属或者其他与该国家工作人员关系密切的人,通过该国家工作人员职务上的行为,或者利用该国家工作人员职权或者地位形成的便利条件,通过其他国家工作人员职务上的行为,为请托人谋取不正当利益,索取请托人财物或者收受请托人财物,数额较大或者有其他较重情节的,以及离职的国家工作人员或者其近亲属以及其他与其关系密切的人,利用该离职的国家工作人员原职权或者地位形成的便利条件实施的前述行为。本罪的构成要件如下:(1)本罪的客体是国家工作人员职务行为的廉洁性与不可收买性。(2)本罪在客观方面表现为:第一,国家工作人员的近亲属或其他与该国家工作人员关系密切的人,通过该国家工作人员职务上的行为,或利用国家工作人员职权或地位形成的便利条件,通过其他国家工作人员职务上的行为;

离职的国家工作人员或者其近亲属以及其他与其关系密切的人,利用该离职国家工作人员原职权或地位形成的便利条件,通过其他国家工作人员的职务行为。第二,为请托人谋取不正当利益,索取请托人财物或收受请托人财物,数额较大或有其他较重情节。(3) 本罪的主体是国家工作人员的近亲属或其他与该国家工作人员关系密切的人,离职的国家工作人员或者其近亲属以及其他与其关系密切的人。(4) 本罪的主观方面是故意。

根据《刑法》第388条之一的规定,犯本罪的,处3年以下有期徒刑或者拘役,并处罚金;数额巨大或者有其他严重情节的,处3年以上7年以下有期徒刑,并处罚金;数额特别巨大或者有其他特别严重情节的,处7年以上有期徒刑,并处罚金或者没收财产。

5. 行贿罪

行贿罪,是指为谋取不正当利益,给予国家工作人员以财物的行为。本罪的构成要件如下:(1) 本罪的客体是国家工作人员职务行为的廉洁性。(2) 本罪的客观方面为给予国家工作人员财物的行为。其具体表现,一是为谋取不正当利益,给予国家工作人员以财物;二是在经济往来中,违反国家规定,给予国家工作人员以财物,数额较大的,或者违反国家规定,给予国家工作人员以各种名义的回扣、手续费。因被勒索给予国家工作人员以财物,没有获得不正当利益的,不是行贿。(3) 本罪的主体是一般主体。(4) 本罪的主观方面是故意,且为直接故意,并具有谋取不正当利益的目的。如果为了获得合法利益向国家工作人员给予财物的行为,不构成本罪。

根据《刑法修正案(九)》对《刑法》第390条的修改,犯本罪,处5年以下有期徒刑或者拘役,并处罚金;因行贿谋取不正当利益,情节严重的,或者使国家利益遭受重大损失的,处5年以上10年以下有期徒刑,并处罚金;情节特别严重的,或者使国家利益遭受特别重大损失的,处10年以上有期徒刑或者无期徒刑,并处罚金或者没收财产。行贿人在被追诉前主动交代行贿行为的,可以从轻或者减轻处罚。其中,犯罪较轻的,对侦破重大案件起关键作用的,或者有重大立功表现的,可以减轻或者免除处罚。

6. 对有影响力的人行贿罪

对有影响力的人行贿罪是《刑法修正案(九)》增设的罪名。本罪是指为谋取不正当利益,向国家工作人员的近亲属或者其他与该国家工作人员关系密切的人,或者向离职的国家工作人员或者其近亲属以及其他与其关系密切的人行贿的行为。其构成要件如下:(1) 本罪的客体是国家工作人员职务行为的廉洁性。(2) 本罪的客观方面是为利用影响力而行贿的行为。主要表现为两种:一是向国家工作人员的近亲属或者其他与该国家工作人员关系密切的人行贿;二是向离职的国家工作人员或者其近亲属以及其他与其关系密切的人行贿。(3) 本罪的主体包括自然人和单位。(4) 本罪的主观方面是故意,且为直接故意。

《刑法》第390条之一规定:犯本罪,处3年以下有期徒刑或者拘役,并处罚金;情节严重的,或者使国家利益遭受重大损失的,处3年以上7年以下有期徒刑,并处罚金;情节特别严重的,或者使国家利益遭受特别重大损失的,处7年以上10年以下有期徒刑,并处罚金。单位犯本罪的,对单位判处罚金,并对其直接负责的主管人员和其他直接责任人员,处3年以下有期徒刑或者拘役,并处罚金。

7. 巨额财产来源不明罪

本罪是《刑法》第395条规定的罪名,《刑法修正案(七)》对其进行了修改。巨额财产来源不明罪,是指国家工作人员的财产或支出明显超过其合法收入,且差额巨大,经责令说明来源,本人不能说明其合法来源的行为。本罪的构成要件如下:(1) 本罪的客体是国家工作人员职务行为的廉洁性。(2) 本罪客观方面表现为行为人的财产或支出明显超过其合法收入,且差额巨大,而本人又不能说明其合法来源。(3) 本罪的主体是特殊主体,即只能由国家工作人员构成。(4) 本罪主观方面是故意。

犯本罪的,处5年以下有期徒刑或者拘役;差额特别巨大的,处5年以上10年以下有期徒刑。财产的差额部分予以追缴。

十、渎职罪

(一) 渎职罪概述

渎职罪,是指国家机关工作人员滥用职权、玩忽职守或者徇私舞弊,妨害国家机关的正常活动,致使公共财产或者国家和人民利益遭受重大损失的行为。本类罪具有如下构成特征:本类罪的客体是国家机关的正常活动;本类罪在客观方面表现为滥用职权、玩忽职守,致使公共财产或国家和人民利益遭受重大损失;本类罪的主体是特殊主体,即国家机关工作人员,根据2002年全国人大常委会《关于〈中华人民共和国刑法〉第九章渎职罪主体适用问题的解释》,在依照法律、法规规定行使国家行政管理职权的组织中从事公务的人员,或者在受国家机关委托代表国家机关行使职权的组织中从事公务的人员,或者虽未列入国家机关人员编制但在国家机关中从事公务的人员,在代表国家机关行使职权时,有渎职行为,构成犯罪的,依照刑法关于渎职罪的规定追究刑事责任;本类罪在主观方面有的由故意构成,有的由过失构成。

(二) 若干具体罪名分述

1. 滥用职权罪

滥用职权罪,是指国家机关工作人员滥用职权,致使公共财产、国家和人民利益遭受重大损失的行为。本罪具有如下构成要件:(1) 本罪的客体是国家机关的正常管理活动。(2) 本罪客观方面表现为滥用职权,致使公共财产、国家和人民利益遭受重大损失。滥用职权可以表现为非法地行使本人职务范围内的权力和超越其职权范围而实施有关行为,即包括"有权而滥用"和"无权而擅用"两种形式。(3) 本罪的主体是国家机关工作人员。(4) 本罪主观方面是故意,即行为人明知自己滥用职权的行为会使公共财产、国家和人民利益遭受重大损失,而希望或者放任该结果的发生。

《刑法》第397条规定:犯本罪的,处3年以下有期徒刑或者拘役;情节特别严重的,处3年以上7年以下有期徒刑。国家机关工作人员徇私舞弊,犯本罪的,处5年以下有期徒刑或者拘役;情节特别严重的,处5年以上10年以下有期徒刑。本法另有规定的,依照规定。

2. 玩忽职守罪

玩忽职守罪,是指国家机关工作人员严重不负责任,不履行或不认真履行职责,致使公共财产、国家和人民利益遭受重大损失的行为。本罪构成要件如下:(1)本罪客体是国家机关的正常工作。(2)本罪客观方面表现为玩忽职守,并使公共财产、国家和人民利益遭受了重大损失。这里的玩忽职守,是指行为人严重不负责任,工作中草率马虎,不履行或不正确履行职责。(3)本罪主体为国家机关工作人员。(4)本罪主观方面只能是过失。

《刑法》第397条规定:犯本罪的,处3年以下有期徒刑或者拘役;情节特别严重的,处3年以上7年以下有期徒刑。

3. 徇私枉法罪

徇私枉法罪,是指司法工作人员徇私枉法、徇情枉法,对明知是无罪的人而使他受追诉,对明知是有罪的人而故意包庇不使他受追诉,或者在刑事审判活动中故意违背事实和法律作枉法裁判的行为。本罪具有如下构成要件:(1)本罪客体是国家司法机关的正常活动。(2)本罪在客观方面表现为三种行为:第一,使无罪者受追诉。其中既包括使根本没有实施违法行为的人受追诉,也包括使实施了一般违法行为但尚不构成犯罪的人受追诉。第二,对有罪者进行包庇,使其不受追诉。这是指对有罪的人该立案侦查而不立案侦查,该采取强制措施而不采取强制措施,该提起公诉而不提起公诉等行为。第三,在刑事审判活动中违背事实和法律作枉法裁判。这既可以是将无罪者裁判为有罪、罪轻者裁判为罪重,也可以是将有罪者裁判为无罪、罪重者裁判为罪轻。(3)本罪的主体是特殊主体,即只能是司法工作人员。(4)本罪主观方面是故意,在犯罪动机上可以是为了获取个人利益,即徇私枉法;也可以是为了照顾私人关系或感情,即徇情枉法。

《刑法》第399条第1款规定:犯本罪的,处5年以下有期徒刑或者拘役;情节严重的,处5年以上10年以下有期徒刑;情节特别严重的,处10年以上有期徒刑。

4. 枉法仲裁罪

本罪是2006年《刑法修正案(六)》增设的罪名。枉法仲裁罪,是指依法承担仲裁职责的人员,在仲裁活动中故意违背事实和法律作枉法裁决,情节严重的行为。本罪构成要件如下:(1)本罪客体是国家仲裁机关的正常活动;(2)本罪在客观方面表现为在仲裁活动中故意违背事实和法律作枉法裁决,情节严重;(3)本罪主体为依法承担仲裁职责的人员;(4)本罪主观方面为故意。

《刑法》第399条之一规定:犯本罪的,处3年以下有期徒刑或者拘役;情节特别严重的,处3年以上7年以下有期徒刑。

十一、军人违反职责罪

军人违反职责罪,是指军人违反职责,危害国家军事利益,依照法律应当受刑罚处罚的行为。这类犯罪的构成特征如下:(1)本类罪的犯罪客体是国家军事利益。(2)犯罪客观方面表现为军人违反职责,危害国家军事利益的行为。(3)本类罪的犯罪主体是特殊主体,包括中国人民解放军的现役军官、文职干部、士兵及具有军籍的学员和中国人民武装警察部队的现役警官、文职干部、士兵及具有军籍的学员以及文职人员、执行军事任务的预备役人员和其他人员。(4)本类犯罪的主观方面多数是故意,但有少数犯罪只能由过失构成,如擅离、玩忽军事职守罪的主观方面是过失。

思 考 题

1. 简述罪刑法定原则的基本含义。
2. 简述我国刑法的溯及力规定。
3. 简述我国刑法对负刑事责任年龄的规定。
4. 简述间接故意与过于自信过失的区别。
5. 简述正当防卫与紧急避险的区别。
6. 简述犯罪中止与犯罪未遂的界限。
7. 简述我国教唆犯的刑事责任情况。
8. 简述我国刑法规定的刑罚种类
9. 简述抢劫罪与敲诈勒索罪的区别。
10. 简述贪污罪与挪用公款罪的区别。

推荐阅读书目

1. 高铭暄:《中华人民共和国刑法的孕育诞生和发展完善》,北京大学出版社2012年版。
2. 马克昌:《比较刑法原理》,武汉大学出版社2002年版。
3. 赵秉志:《当代刑法问题新思考》,中国法制出版社2015年版。
4. 陈兴良:《刑法的启蒙》,法律出版社2007年版。
5. 张明楷:《刑法格言的展开》(第三版),北京大学出版社2013年版。

主要参考文献

1. 高铭暄、马克昌主编:《刑法学》(第七版),北京大学出版社、高等教育出版社2016年版。
2. 马克昌主编:《刑法学》,高等教育出版社2010年版。
3. 张明楷:《刑法学》(第五版),法律出版社2016年版。
4. 贾宇主编:马克思主义理论研究和建设工程重点教材《刑法学》,高等教育出版社2019年版。

第五章　刑事诉讼法

学习目标

1. 掌握刑事诉讼中的专门机关及其权力、义务；
2. 掌握刑事诉讼中的诉讼参与人及其权利、义务；
3. 掌握刑事诉讼的基本原则和基本制度；
4. 掌握刑事证据的收集与运用；
5. 掌握刑事诉讼的具体程序。

基本概念

刑事诉讼；管辖；辩护；证据；强制措施；立案；侦查；起诉；审判；执行；特别程序

第一节　刑事诉讼法概述

一、刑事诉讼的概念和特征

诉讼是国家司法机关在当事人和其他诉讼参与人的参加下，依照法定程序，处理具体案件的活动。从实质意义上讲，诉讼是国家活动的组成部分，是历史发展的产物。

在现代，根据诉讼所要处理的案件性质、内容和表现形式的不同，诉讼可以分为刑事诉讼、民事诉讼、行政诉讼和宪法诉讼。

所谓刑事诉讼，简言之，是指国家专门机关依照法定程序办理刑事案件的活动。在我国，刑事诉讼是指公安机关(含国家安全机关，以下同)、人民检察院、人民法院在当事人及其他诉讼参与人的参加下，依照法定程序，追诉犯罪，解决被追诉人刑事责任的活动。其具有以下特征：

1. 刑事诉讼是为了实现国家刑罚权而进行的一种活动。刑事诉讼所要解决的主要问题是被诉者的刑事责任问题，即确定被追诉者是否有罪，应否处以刑罚，以及处以何种刑罚的问题。

2. 刑事诉讼属于国家的司法活动。刑事诉讼必须由法定的专门机关主持进行。根据我国宪法和法律的规定，只有公安机关、人民检察院和人民法院才能依法分别行使侦查权、检察权和审判权。

3. 刑事诉讼是在多方主体共同参加下进行的活动。刑事诉讼是公安司法机关在诉讼参与人参加下共同进行的活动，或者说刑事诉讼是公安司法机关的活动与诉讼参与人活动的有机结合。

4. 刑事诉讼是严格依照法定程序和方式进行的活动。刑事诉讼法所规定的程序、方法和法律手续，是公安司法机关和诉讼参与人进行刑事诉讼的依据和行为准则，只有依法进行的刑事诉讼活动，才能具有法律效力。

二、刑事诉讼法的概念和表现形式

刑事诉讼法是规范刑事诉讼活动的法律，是关于刑事诉讼程序的法律规范的总称，即有关刑事诉讼程序的进行、诉讼进行的方式、内容及其效力的各项规定的总和。其有广义和狭义两种表现形式。所谓狭义的刑事诉讼法，专指单一的一部刑事诉讼法典，如《法国刑事诉讼法典》，以及《中华人民共和国刑事诉讼法》。

广义的刑事诉讼法是指国家制定或认可的涉及刑事诉讼程序的全部法律规范，它包括了法典在内的一切法律、法令、决议、命令、条例、规定中有关刑事诉讼程序的内容。在我国，广义的刑事诉讼法主要包括：《中华人民共和国刑事诉讼法》（以下简称《刑事诉讼法》）、《中华人民共和国宪法》和全国人民代表大会及其常务委员会制定的其他法律中有关刑事诉讼程序的规定，如《中华人民共和国人民法院组织法》《中华人民共和国人民检察院组织法》等；全国人民代表大会常务委员会就有关刑事诉讼的问题所作的补充规定和立法解释；最高人民法院、最高人民检察院、公安部、国家安全机关、司法部等，就办案过程中如何具体适用刑事诉讼法及有关法律、法规所作的解释。

三、我国刑事诉讼法的立法目的、根据和任务

（一）刑事诉讼法的立法目的

刑事诉讼的立法目的，是指国家制定和规范刑事诉讼法律和刑事诉讼程序所要达到的预期目标。根据我国《刑事诉讼法》第1条的规定，我国刑事诉讼法的立法目的应当包含以下几个相互联系、不可分割的方面：

1. 保证刑法的正确实施。刑法和刑事诉讼法的关系是相辅相成、缺一不可的。刑法是实体法，它规定什么是犯罪以及对犯罪如何运用刑罚进行惩罚。但是，当犯罪行为发生后，只有严格按照刑事诉讼法规定的一系列诉讼程序处理案件，才能准确惩罚犯罪，保证案件质量，保护公民的合法权益，维护国家和社会的利益。如果没有刑事诉讼法，关于定罪量刑的规定就会成为一纸空文。概言之，制定刑事诉讼法的一个重要目的就是保证刑法的正确实施。

2. 惩罚犯罪，保护人民。刑事诉讼法通过保证刑法的正确实施，在科学收集运用证据、准确认定案件事实和正确适用法律的基础上，对犯罪分子加以惩罚，从而有效地保护人民群众的根本利益和合法权益不受犯罪分子的侵害，完成刑事诉讼任务。

刑事诉讼法不仅仅是赋予国家机关一定权力的法律，也应当是限制国家权力滥用以防止公民个人权利受到侵害的法律。因此,通过及时惩处犯罪人来保护公民的人身、财产和生命等合法权利,以及在打击犯罪的同时保障无罪的人不受刑事追究,只是保护人民的一个重要方面。刑事诉讼中的"保护人民"还应包括另外一层意思,即保障包括犯罪嫌疑人、被告人、被害人在内的所有诉讼参与人的诉讼权利,使之得到充分的行使,保障有罪的人受到公正的惩罚,做到程序公正合法,事实认定准确,定罪正确,量刑适当。

需要指出的是,2012年3月颁布的《刑事诉讼法》已将"尊重和保障人权"列入其中,以充分体现宪法精神,规范公权力行使,从而实现司法公正。

3. 保障国家安全和社会公共安全,维护社会主义社会秩序。刑事诉讼法通过保证刑法的正确实施,准确及时地查明犯罪,严惩危害国家和社会利益的犯罪,从而有力地保障国家安全和社会公共安全,维护社会主义社会秩序。

(二)刑事诉讼法的立法根据

刑事诉讼法的立法根据是《中华人民共和国宪法》。宪法规定了国家的社会制度、政治制度、公民的基本权利义务以及国家机构的组成和活动原则等,是国家的根本大法,在国家的法律体系中具有最高的法律效力,是制定包括刑事诉讼法在内的各部门法的渊源和根本依据,任何法律、法规的制定都不得与宪法相违背。

刑事诉讼法以宪法为根据,主要表现在刑事诉讼法的基本原则、诉讼制度和诉讼程序都是根据宪法规定的精神制定的。其中有些内容是宪法基本精神的具体化,有些内容甚至直接来源于宪法的具体规定。

(三)刑事诉讼法的任务

我国刑事诉讼法的任务与刑事诉讼法的立法目的密切相关,前者是后者的具体化。根据《刑事诉讼法》第2条的规定,我国刑事诉讼法的任务可以划分为两个具体任务和一个根本任务:

1. 保证准确、及时地查明犯罪事实,正确应用法律,惩罚犯罪分子,保障无罪的人不受刑事追究。刑事诉讼法的一个重要功能就是从诉讼程序方面保证刑法的正确实施,以实现国家的刑罚权。与此同时,在准确认定犯罪事实的基础上正确应用法律,才能在惩罚犯罪分子的同时,保障无罪的人不受刑事追究。因此,准确、及时地查明犯罪事实,正确应用法律,惩罚犯罪分子,保障无罪的人不受刑事追究就成为刑事诉讼法的一项首要而又具体的任务。

2. 教育公民自觉遵守法律,积极同犯罪行为作斗争。这是我国刑事诉讼法的又一项重要的具体任务。公安司法机关通过立案、侦查、起诉活动,特别是通过法庭的公开审判活动,运用具体、生动的实例,揭露犯罪、证实犯罪,对旁听人员进行法制宣传教育,既可以增强公民的法律意识,提高公民遵守法律的自觉性和同犯罪作斗争的积极性,同时也可以儆戒教育那些具有犯罪潜在因素、可能实施犯罪行为的危险分子,使他们不敢轻举妄动,以身试法,从而有利于预防、减少犯罪,实现刑事诉讼的法制宣传教育功能。

3. 维护社会主义法制,尊重和保障人权,保护公民人身权利、财产权利、民主权利和其他权利,保障社会主义建设事业的顺利进行。这是刑事诉讼法的根本任务。维护社会主义法制就是指维护我国社会主义法制的权威和尊严,做到有法必依,执法必严,违法必究。刑事诉讼法正是通过保证刑罚权的行使,惩罚破坏社会主义法律秩序的犯罪行为,以使社会主义法制的尊严得到维护。保护公民人身权利、财产权利、民主权利和其他权利,实际上指的就是尊重和保障人权,刑事诉讼法一方面通过追究犯罪来保护公民的合法权利,另一方面通过规范公安司法机关的行为,约束国家权力不被滥用,从而保护公民人身权利、财产权利、民主权利和其他权利。特别值得注意的是在刑事诉讼程序中强调尊重和保障人权,其核心就是要在刑事诉讼程序领域中保障犯罪嫌疑人、被告人和罪犯的诉讼权利,特别是为其充分行使辩护权提供保障。与此同时,刑事诉讼法通过保证正确地行使国家刑罚权和有效地保障人权,为社会主义的政治、经济、文化等各个方面的发展提供良好的环境,从而保障社会主义建设事业的顺利进行。

第二节　刑事诉讼基本原则

一、刑事诉讼基本原则的概念和特点

一般而言,原则有起源、基础和原理之意,它从属于一门学科的理论部分,并不具有不证自明性。在法学中,原则是指构成法律规则和法律学说基础和本源的综合性、稳定性原理或准则。[①] 刑事诉讼的基本原则,是指由刑事诉讼法规定的,贯穿于刑事诉讼全过程或主要诉讼阶段,体现刑事诉讼目的和价值,对刑事诉讼的进行具有普遍指导意义,为国家专门机关和诉讼参与人进行或参与刑事诉讼活动所必须遵循的基本准则。

作为一国特定时期刑事诉讼立法精神和刑事诉讼民主文明程度的充分体现,刑事诉讼基本原则具有以下特点[②]:

1. 刑事诉讼基本原则是由刑事诉讼法明确规定的法律原则。原则体现法律的基本精神,任何具体的法律规定都必须和基本原则相符合。与此相对,原则应当由法律作出明确的规定,那些在法律适用过程中所应遵循的政治或理论原则,只要没有在刑事诉讼法中明确予以规定,就不属于刑事诉讼中的基本原则。

2. 刑事诉讼基本原则包含着丰富的诉讼原理,体现了刑事诉讼活动的基本规律。例如,审判公开原则要求法院的审判活动从形式到内容应当向社会公开,使审判活动的公正性"以人们看得见的方式得以实现"。这不仅符合司法审判活动的基本要求,也是审判程序公正的基本保证。

3. 刑事诉讼基本原则一般贯穿于刑事诉讼全过程,具有普遍的指导意义。刑事诉讼基本原则是规范和调整整个刑事诉讼活动的原则,适用于刑事诉讼的各个阶段,

---

[①] 陈瑞华:《刑事审判原理论》,北京大学出版社 1997 年版,第 120 页。
[②] 参见陈光中:《刑事诉讼法》,北京大学出版社、高等教育出版社 2001 年版,第 74 页。

不仅国家专门机关及其工作人员应当遵守,而且各诉讼参与人也应当遵守。一些具体的制度或原则,由于只适用于刑事诉讼的某一阶段或仅适用于某专门机关或诉讼参与人,解决具体的诉讼问题,因此不是刑事诉讼的基本原则,如两审终审原则、上诉不加刑原则等。

4. 刑事诉讼基本原则具有法律约束力。基本原则虽然一般较为抽象和概括,但各项具体的诉讼制度和程序设计都必须与之相符。换言之,刑事诉讼制度和程序只是刑事诉讼法基本原则的制度化和具体化,如果违背了基本原则,就会违反制度和程序,就会导致不利的法律后果。

二、我国刑事诉讼基本原则的体系

我国现行的《刑事诉讼法》第一章明确规定了刑事诉讼的基本原则,这些原则相互联系、相辅相成,形成了一个完整的体系。

(一)侦查权、检察权、审判权由专门机关依法行使原则

《刑事诉讼法》第3条第1款规定:"对刑事案件的侦查、拘留、执行逮捕、预审,由公安机关负责。检察、批准逮捕、检察机关直接受理案件的侦查、提起公诉,由人民检察院负责。审判由人民法院负责。除法律特别规定的以外,其他任何机关、团体和个人都无权行使这些权力。"这一规定明确确立了侦查权、检察权、审判权由专门机关依法行使的基本原则。这一原则包含着以下基本内容:

1. 只有公检法三机关有权行侦查权、检察权和审判权,其他机关、团体和个人都无权行使这些权力。所谓"除法律特别规定的以外",是指根据《刑事诉讼法》第4条和附则的规定,以下三机关对特定的刑事案件行使侦查权:(1)国家安全机关对危害国家安全的刑事案件行使侦查权;(2)军队保卫部门对军队内部发生的刑事案件行使侦查权;(3)监狱对罪犯在监狱内犯罪的案件行使侦查权。

2. 公检法三机关分别行使国家的侦查权、检察权和审判权。公检法三机关在诉讼中居于主导地位,代表国家分别行使侦查权、检察权和审判权。对于这三机关行使职权的行为,任何机关、团体、企事业单位和个人均无权拒绝,在法律规定的情形下,还须配合其进行刑事诉讼。

3. 公检法三机关只能分别依照法律行使各自的职权,不能相互混淆或取代。公检法三机关行使职权,必须在法律明确规定的权限内依法进行,不能各行其是,也不能由其中任何一个机关同时行使这三种职权,更不能相互混淆、相互取代。

(二)人民法院、人民检察院依法独立行使职权原则

《宪法》第131条和《人民法院组织法》第4条规定:"人民法院依照法律规定独立行使审判权,不受行政机关、社会团体和个人的干涉。"《宪法》第136条和《人民检察院组织法》第4条规定:"人民检察院依照法律规定独立行使检察权,不受行政机关、社会团体和个人的干涉。"据此,《刑事诉讼法》第5条规定:"人民法院依照法律规定独立行使审判权,人民检察院依照法律规定独立行使检察权,不受行政机关、社会团体和个人的干涉。"上述规定是人民法院、人民检察院依法独立行使职权原则的直接

法律依据。

一般而言,人民法院、人民检察院依法独立行使职权原则包含着以下几个方面的基本内容:一是人民法院、人民检察院独立地行使审判权、检察权,不受行政机关、社会团体和个人的干涉;二是人民法院、人民检察院独立行使审判权、检察权必须依法进行;三是独立行使审判权、检察权的主体是人民法院、人民检察院的组织整体,即人民法院、人民检察院作为一个整体,集体对审判权、检察权的行使负责。

(三)依靠群众原则

《刑事诉讼法》第6条规定:"人民法院、人民检察和公安机关进行刑事诉讼,必须依靠群众……"依靠群众原则是就是要在刑事诉讼中坚持群众路线和群众观点,注意借助群众的智慧和力量,采取向群众进行调查研究等工作方法完成刑事诉讼法规定的任务。

依靠群众是我国司法工作的优良传统,也是我国刑事诉讼活动的一个重要特色,其在刑事诉讼法条文中有明确的体现。如《刑事诉讼法》第84条规定,对于正在实行犯罪或者犯罪后即时被发觉的、通缉在案的、越狱逃跑的、正在被追捕的人,任何公民都可以立即扭送公安机关、人民检察院、人民法院处理。此外,在审判过程中,可以吸收公民参加陪审,允许公民旁听公开审判的案件。在执行阶段,也贯彻了这一原则,如监外执行中的群众监督、管制刑的执行,等等。

(四)以事实为根据,以法律为准绳原则

《刑事诉讼法》第6条规定:"人民法院、人民检察院和公安机关进行刑事诉讼,……必须以事实为根据,以法律为准绳。"这项原则充分体现了我国社会主义法制原则的精神和刑事诉讼法的根本要求。

以事实为根据,就是指公安司法机关在刑事诉讼中,不论作出什么样的决定,采取什么样的措施,不论是解决实体问题,还是解决程序问题,都必须以查证属实的证据和凭借这些证据认定的案件事实为基础,而不能以主观想象、推测和查无实据的设想、议论为根据。以事实为根据,其核心的要求就是重证据、重调查研究,以证据作为查明和认定案件事实的唯一手段。

以法律为准绳,是指必须以刑法、刑事诉讼法和其他法律的有关规定作为定罪量刑和处理案件的标准。即一方面要坚持以罪刑法定、法律面前人人平等、罪刑相适应原则处理实体问题,另一方面必须严格地按照刑事诉讼法规定的原则、制度和程序办事,切实保障公民的合法权利。

以事实为根据,以法律为准绳两者之间是相辅相成、紧密联系的。如果不以事实为根据,运用法律就会没有了客观标准;如果不以法律为准绳,案件的处理就会失去方向和尺度。只有将两个方面结合起来,才能做到既准确地惩罚犯罪,不枉不纵,又有效地保障人权。

(五)对一切公民在适用法律上一律平等原则

根据《宪法》的规定,中华人民共和国公民,不分民族、种族、性别、职业、家庭出身、宗教信仰、教育程度、财产状况、居住期限,在法律上一律平等,不允许任何人拥有超越宪法和法律的特权。《刑事诉讼法》第 6 条规定:"人民法院、人民检察院、公安机关进行刑事诉讼,……对于一切公民,在适用法律上一律平等,在法律面前,不允许有任何特权。"这样的规定确立了对一切公民在适用法律上一律平等的刑事诉讼原则。据此,公安司法机关在进行刑事诉讼时,要采取同样的原则、程序,适用同样的法律,对一切公民的合法权益都应依法给予保护,对一切公民的违法犯罪行为,都应依法予以追究,在法律面前,不允许有任何特权。

(六)分工负责、互相配合、互相制约原则

我国《宪法》第 135 条、《刑事诉讼法》第 7 条规定:"人民法院、人民检察院、公安机关进行刑事诉讼,应当分工负责,互相配合,互相制约,以保证准确有效地执行法律。"这是调整人民法院、人民检察院、公安机关相互关系的一项重要原则,也是我国刑事诉讼活动须遵循的一项颇具特色的原则。

所谓分工负责,是指在刑事诉讼中公检法三机关分别按照法律的规定行使职权,各负其责,各司其职,不能混淆也不可代替,应按职权分工的要求进行刑事诉讼活动。关于各专门机关的分工,《刑事诉讼法》第 3 条第 1 款明确规定:"对刑事案件的侦查、拘留、执行逮捕、预审,由公安机关负责。检察、批准逮捕、检察机关直接受理案件的侦查、提起公诉,由人民检察院负责。审判由人民法院负责。"

所谓互相配合,是指在刑事诉讼中,公检法三机关应通力合作,协调一致,共同完成刑事诉讼的任务。如,对于公安机关提请逮捕、移送审查起诉的案件,人民检察院要认真审查并作出相应决定;对于人民检察院提起公诉的案件,人民法院应当审理并作出判决;对于人民检察院的批准逮捕、决定逮捕和人民法院应当逮捕及需要公安机关执行的判决、裁定、决定,公安机关应当执行。各机关不应各自为政、相互推诿甚至互相刁难。

所谓互相制约,是指公检法三机关在分工负责、互相配合的基础上,相互牵制、相互制衡,不仅各自要认真履行应尽的职责,而且要对其他机关发生的错误及时予以纠正,防止权力的滥用,以做到不枉不纵、不错不漏。

分工负责、互相配合、互相制约是一个完整的、统一的整体,三者相辅相成,辩证统一,任何一项均不可偏废。分工负责是互相配合、互相制约的基础和前提,没有分工,配合和制约就无从谈起。互相配合、互相制约是分工负责的落实和保障。只有实行互相配合,才能协调三机关间的工作,提高刑事诉讼的效率;只有互相制约,才能防止出现错误,高质量地完成刑事诉讼的任务。

(七)人民检察院依法对刑事诉讼实行法律监督原则

《刑事诉讼法》第 8 条规定:"人民检察院依法对刑事诉讼实行法律监督。"根据宪法规定,人民检察院是国家的法律监督机关,在刑事诉讼中不仅要负责刑事案件的检察、批准逮捕、检察机关直接受理案件的侦查和提起公诉,还要对专门机关及诉讼参与人的刑事诉讼活动进行监督,是刑事诉讼的法律监督机关。具体而言,人民检察院的法律监督主要体现在以下几个方面:

1. 立案监督。人民检察院认为公安机关应当立案侦查而不立案侦查的,应当要求公安机关说明不立案的理由;人民检察院认为公安机关不立案的理由不能成立的,应当通知公安机关立案,公安机关接到通知后应当立案。

2. 侦查监督。人民检察院审查逮捕、审查起诉时,应当审查公安机关的侦查活动是否合法,发现违法情况,应当通知公安机关纠正,公安机关应当将纠正情况通知人民检察院。同时,人民检察院根据需要可以派员参加公安机关对于重大案件的讨论和其他侦查活动,发现违法行为,应当即时纠正。在审查起诉阶段,发现有应当排除的非法证据的,应当予以排除,不得作为起诉的依据。

3. 审判监督。人民法院审判公诉案件,人民检察院应当派员出庭支持公诉,并对审判活动是否合法进行监督。人民检察院发现人民法院审理案件违反法律规定的诉讼程序,有权向法院提出纠正意见。对人民法院的判决、裁定认为确有错误的,有权按照第二审程序或审判监督程序提出抗诉。在复核死刑案件过程中,最高人民检察院可以向最高人民法院提出意见。最高人民法院应当将死刑复核结果通报最高人民检察院。

4. 执行监督。人民检察院对执行机关执行刑罚的活动是否合法实行监督,如果发现有违法的情况,应当通知执行机关纠正。如果认为司法行政机关对罪犯暂予监外执行的决定或者人民法院减刑、假释的裁定不当,应当书面提出纠正意见,有关机关应当在法定期限内重新审查处理。

(八) 使用本民族语言文字进行诉讼原则

《刑事诉讼法》第 9 条规定:"各民族公民都有用本民族语言文字进行诉讼的权利。人民法院、人民检察院和公安机关对于不通晓当地通用的语言文字的诉讼参与人,应当为他们翻译。在少数民族聚居或者多民族杂居的地区,应当用当地通用的语言进行审讯,用当地通用的文字发布判决书、布告和其他文件。"

这一规定确立了使用本民族语言文字进行诉讼原则,这也是我国宪法关于"各民族一律平等""各民族都有使用和发展自己语言文字的自由"的规定在刑事诉讼立法中的具体体现。

(九) 审判公开原则

《宪法》第 130 条规定:"人民法院审理案件,除法律规定的特别情况外,一律公开进行。"根据这一精神,《刑事诉讼法》第 11 条规定:"人民法院审判案件,除本法另有规定的以外,一律公开进行。"上述规定确立了审判公开原则。

所谓审判公开,是指人民法院审理案件和宣告判决都必须公开进行,既要允许公民到法庭旁听,又要允许记者采访和报道。据此,公开审判的案件,应当在开庭 3 日以前先期公布案由、被告人姓名、开庭的时间和地点,以便群众能够到庭旁听;定期宣判的案件,宣判的日期也应先期公告。依法不公开审理的案件,在开庭时,应当庭宣布不公开审理的理由。不论是否公开审理,宣告判决一律公开进行。

所谓"另有规定"是指审判公开的例外情况。一是根据《刑事诉讼法》第 188 条的规定,有关国家秘密或者个人隐私的案件,不公开审理;涉及商业秘密的案件,当事人申请不公开审理的,可以不公开审理。二是根据《刑事诉讼法》第 285 条的规定,审判的时候被告人不满18周岁的案件,不公开审理。但是,经未成年被告人及其法定代理人同意,未成年被告人所在学校和未成年人保护组织可以派代表到场。

(十)犯罪嫌疑人、被告人有权获得辩护原则

犯罪嫌疑人、被告人有权获得辩护是《宪法》和《刑事诉讼法》规定的重要原则。《宪法》第130条规定:"被告人有权获得辩护。"《刑事诉讼法》第11条规定:"被告人有权获得辩护,人民法院有义务保证被告人获得辩护。"第14条第1款规定:"人民法院、人民检察院和公安机关应当保障犯罪嫌疑人、被告人和其他诉讼参与人依法享有的辩护权和其他诉讼权利。"

根据刑事诉讼法的相关规定,这一原则包含着以下几个方面的基本内容:

1. 犯罪嫌疑人、被告人在刑事诉讼过程中有权为自己辩护。辩护权是宪法和法律专门赋予犯罪嫌疑人、被告人的权利,也是犯罪嫌疑人、被告人所享有的最基本、最重要的诉讼权利。因此,刑事诉讼中的任何案件中的任何犯罪嫌疑人、被告人,不论其案件性质和身份地位如何,都依法享有为自己进行辩护的权利。

2. 犯罪嫌疑人、被告人有委托辩护人为自己辩护的权利。犯罪嫌疑人、被告人的辩护权,可以自己行使,也可以委托律师、亲友、监护人行使。根据刑事诉讼法的规定,犯罪嫌疑人自被侦查机关第一次讯问或者采取强制措施之日起,就有权委托辩护人。只是在侦查期间,只能委托律师作为辩护人。被告人有权随时委托辩护人。犯罪嫌疑人、被告人在押的,也可以由其监护人、近亲属代为委托辩护人。

3. 公安司法机关有义务保障犯罪嫌疑人、被告人行使辩护权。公安机关、人民检察院有义务保证犯罪嫌疑人在侦查、起诉过程中获得辩护。人民法院有义务保证被告人在审判阶段获得辩护。

(十一)未经人民法院依法判决不得确定有罪原则

《刑事诉讼法》第12条规定:"未经人民法院依法判决,对任何人都不得确定有罪。"这是从1996年《刑事诉讼法》开始确立的一项基本原则,它吸收了世界通行的无罪推定原则的基本精神,体现了我国刑事诉讼制度向着人权保障方向的重大发展。

未经人民法院依法判决不得确定有罪原则包含着以下基本内容:

1. 确定被告人有罪的权力只能由人民法院统一行使。定罪是刑事诉讼中的重要环节,定罪权则是刑事审判权的核心,人民法院作为我国唯一的审判机关,代表国家统一行使刑事审判权。不论被告人在事实上是否犯了罪,对其确定有罪的权力只能由人民法院来行使,其他任何机关、团体和个人均无权行使这一权力。

2. 人民法院确定任何人有罪,必须经过依法判决。人民法院判决被告人有罪,必须严格依法进行。未经依法开庭审理,依据相关的法律作出判决并正式宣判,人民法院也不得确定任何人有罪。

3. 未经人民法院依法判决,任何人都不得被确定为有罪。在刑事诉讼中,犯罪嫌疑人、被告人只是被追究刑事责任的对象,在未经生效判决、裁定确定他们有罪前,不能将其当用罪犯来看待。因此,犯罪嫌疑人、被告人在一般情况下没有证明自己有罪或无罪的责任,但有说明自己无罪、罪轻的权利。在没有确实、充分的证据证明其

有罪的情况下,法院应当作出无罪的判决。

为贯彻这一原则,刑事诉讼法作出了一系列的相应规定:一是区分犯罪嫌疑人与被告人的称谓。公诉案件在提起公诉之前将被追诉者称为犯罪嫌疑人,提起公诉后始称为被告人,同时取消"人犯"这一带有明显有罪推定色彩的称谓。二是明确由控诉方负举证责任。三是规定疑案作无罪处理。刑事诉讼法明确规定,在审查起诉阶段,对于经过两次补充侦查的案件,人民检察院仍然认为证据不足不符合起诉条件的,应当作不起诉处理;在审判阶段,对于证据不足、不能认定被告人有罪的,人民法院应当作出证据不足、指控的罪名不能成立的无罪判决。

(十二)保障诉讼参与人诉讼权利原则

《刑事诉讼法》第14条规定:"人民法院、人民检察院和公安机关应当保障犯罪嫌疑人、被告人和其他诉讼参与人依法享有的辩护权和其他诉讼权利。诉讼参与人对于审判人员、检察人员和侦查人员侵犯公民诉讼权利和人身侮辱的行为,有权提出控告。"这条规定是保障诉讼参与人诉讼权利原则的法律依据。

根据刑事诉讼法的规定,诉讼参与人是除公安司法人员以外的所有参加刑事诉讼活动并且享有一定诉讼权利和承担一定诉讼义务的人,包括当事人、法定代理人、诉讼代理人、辩护人、证人、鉴定人和翻译人员。这些人员中,有的与案件结果有切身的利害关系,如当事人;有的则与案件结果没有利害关系,如证人、鉴定人和翻译人员等。前者参加诉讼是为了保护他们自己的合法权益,后者参加诉讼是为了履行法律规定的义务或职责。因此,赋予并保障诉讼参与人的诉讼权利,是刑事诉讼活动顺利进行的现实需要和必不可少的重要保证。根据刑事诉讼法的规定,保障诉讼参与人诉讼权利原则有以下几个方面的内容:

(1)公安司法机关有义务保障犯罪嫌疑人、被告人和其他诉讼参与人充分行使其诉讼权利,不允许侵犯或加以剥夺,对于刑事诉讼中妨碍犯罪嫌疑人、被告人和其他诉讼参与人诉讼权利行使的各种行为,有责任采取措施予以制止。与其他诉讼参与人相比,犯罪嫌疑人和被告人的诉讼权利更容易受到侵犯,是需要保护的重点。辩护权的保障对犯罪嫌疑人、被告人而言具有重要意义。

(2)犯罪嫌疑人、被告人和其他诉讼参与人的诉讼权利受到侵害时,有权依法维护自己的合法权利。诉讼参与人对于审判人员、检察人员和侦查人员侵犯公民诉讼权利和人身侮辱的行为,有权提出控告。

(十三)依照法定情形不予追究刑事责任原则

《刑事诉讼法》第16条确立了依照法定情形不予追究刑事责任原则。根据该条,具有法定情形之一的,不追究刑事责任,已经追究的,应当撤销案件,或者不起诉,或者终止审理,或者宣告无罪。依法不追究刑事责任的情形有以下六种:一是情节显著轻微、危害不大,不认为是犯罪的;二是犯罪已过追诉时效的;三是经特赦令免除刑罚的;四是依照刑法告诉才处理的犯罪,没有告诉或者撤回告诉的;五是犯罪嫌疑人、被告人死亡的;六是其他法律规定免予追究刑事责任的。

贯彻这一原则需要根据诉讼的不同阶段和案件的不同情况作出不同的处理。对于公诉案件,在立案审查阶段有上述六种情形之一的,就应作出不立案的决定;在侦查阶段的,就应作出撤销案件的决定;在审查起诉阶段的,就应作出不起诉的决定;在审判阶段,如遇到上述第一种情形就应宣判无罪,遇到其余五种情形的,就应裁定终止审理。

(十四)追究外国人犯罪适用我国刑事诉讼法原则

《刑事诉讼法》第17条规定:"对于外国人犯罪应当追究刑事责任的,适用本法的规定。对于享有外交特权和豁免权的外国人犯罪应当追究刑事责任的,通过外交途径解决。"这条规定确立了追究外国人犯罪适用我国刑事诉讼法原则。

这项原则明确了我国刑事诉讼法对外国人的效力,是国家主权原则在刑事诉讼法中的具体体现。依据国家主权原则,《刑事诉讼法》对处于我国领域内的一切人都具有法律效力,因此,对于中国公民和外国人,包括无国籍人,在我国领域内进行的犯罪,均应适用我国《刑事诉讼法》进行处理。对于在我国境外对我国公民和国家所进行的犯罪,也有权适用《刑事诉讼法》进行审判。但是,根据国际惯例和国家互惠原则,对于享有外交特权和豁免权的外国犯罪人应当追究刑事责任的,不能由我国的公安司法机关进行追究,而是应当由外事部门通过外交途径解决。

(十五)认罪认罚从宽原则

《刑事诉讼法》第15条规定:"犯罪嫌疑人、被告人自愿如实供述自己的罪行,承认指控的犯罪事实,愿意接受处罚的,可以依法从宽处理。"认罪认罚从宽原则是2018年修订《刑事诉讼法》中新增加的一项基本原则,是贯彻宽严相济刑事政策在实体法与程序法上的双重体现。

所谓"认罪",是指犯罪嫌疑人、被告人自愿如实供述犯罪事实,对指控的犯罪事实没有异议。承认主要犯罪事实,仅仅对个别事实提出异议,或者对行为性质提出辩解,但表示接受司法机关认定意见的,不影响"认罪"的认定。

所谓"认罚",是指犯罪嫌疑人、被告人真诚悔罪,愿意接受处罚。在侦查阶段表现为愿意接受处罚;在审查起诉阶段表现为接受检察机关提出的包括主刑、附加刑以及是否适用缓刑等的具体的量刑建议,签署认罪认罚具结书。人民检察院可以就具体量刑建议与犯罪嫌疑人及其辩护人进行"协商",即在提出量刑建议时,要听取犯罪嫌疑人及其辩护人、值班律师等的意见;在审判阶段表现为当庭确认自愿签署的具结书,愿意接受刑事处罚。

所谓"从宽",是指对认罪认罚的犯罪嫌疑人、被告人,公安司法机关依法给予较为宽大的刑事处理。从宽处理,一方面是指实体上的从宽,即在遵循罪责刑相适应原则的基础上,给予相对宽大的刑事处罚。另一方面是指程序上的从宽,即对认罪认罚的犯罪嫌疑人、被告人,公安司法机关会尽量采取更为轻缓的强制措施和程序处理措施,适用更为便利的诉讼程序,尽量使刑事诉讼程序对其各种权利造成较小的影响,使案件能够尽快得到处理。

第三节 刑事诉讼基本制度

一、管辖

(一) 管辖的概念与确定管辖的原则

刑事诉讼法中的管辖,是指公检法三机关依照法律规定立案受理刑事案件以及人民法院系统内审判第一审刑事案件的分工制度。

刑事诉讼中的管辖实质上就是公安司法机关在受理刑事案件上的权限划分。公安司法机关受理刑事案件的范围称为管辖范围。公安司法机关在一定范围内受理刑事案件的职权则称为管辖权。一般而言,确定管辖应遵循下列原则:

1. 依法管辖的原则。现行刑事诉讼法对公安机关、人民检察院、人民法院案件管辖的分工作了重新划分和调整,这不仅是对各专门机关在受理刑事案件中管什么、怎样管作出的具体规定,也是各专门机关依法管辖的法律依据。只有遵循这些规定,才能有效防止刑事管辖中的任意性和职责不清,以更好地贯彻落实分工负责、互相配合、互相制约原则。

2. 准确及时的原则。刑事诉讼法关于刑事案件管辖的规定,充分考虑到了均衡各专门机关的工作负担,与各专门机关的性质和职权相适应,以有利于它们有效地履行各自的职责,从而准确、及时地查明案件事实,正确地适用法律,在保证案件质量的前提下提高办案效率。

3. 便利诉讼的原则。刑事诉讼法关于管辖的规定,一方面有利于各专门机关调查收集证据,防止因分工不明、职责不清而导致的程序拖延,有利于诉讼参与人参与诉讼,节省财力和时间;另一方面有利于接受群众对审判工作的监督,扩大办案的社会效果。

4. 维护合法权益的原则。为解决被害人"告状难"的问题,保障当事人的诉讼权利,刑事诉讼法还从维护公民合法权益的角度出发,将被害人有证据证明对被告人侵犯自己人身、财产权利的行为依法应当追究刑事责任的案件,划归自诉案件的范围,要求人民法院依法受理,这显然是体现了法律对公民合法权益的尊重和维护。

5. 原则性与灵活性相结合的原则。为了适应办案工作的实际情况和刑事案件复杂性的特点,刑事诉讼法对于管辖的规定除体现了原则性外,还体现了一定的灵活性。如《刑事诉讼法》第24条关于上下级人民法院间的变通管辖、第27条关于指定管辖的规定,就是依法管辖的原则性前提下的灵活规定。

(二) 管辖的分类

1. 立案管辖

立案管辖,又称职能管辖或部门管辖,是指人民法院、人民检察院和公安机关之间直接受理刑事案件职权范围上的分工。立案管辖与公安司法机关的职能分工相适应,主要是针对刑事案件的受理立案,即指哪一类案件首先应由哪一个机关立案受理。

（1）人民法院直接受理的刑事案件。人民法院直接受理的刑事案件是自诉案件，根据《刑事诉讼法》第 210 条的规定，这些案件包括：第一，告诉才处理的案件。第二，被害人有证据证明的轻微刑事案件。第三，被害人有证据证明对被告人侵犯自己人身、财产权利的行为应当依法追究刑事责任，而公安机关或者人民检察院不予追究被告人刑事责任的案件。①

（2）人民检察院直接受理的刑事案件。人民检察院是国家的法律监督机关，它们除了代表国家对刑事案件提起公诉外，还有权直接受理和侦查某些特定的刑事案件。根据《刑事诉讼法》第 19 条第 2 款的规定，属于人民检察直接立案侦查的案件是人民检察院在对诉讼活动实行法律监督中发现的司法工作人员利用职权实施的侵犯公民权利、损害司法公正犯罪。

除上述犯罪案件②外，《刑事诉讼法》第 19 条第 2 款还规定了"公安机关管辖的国家机关工作人员利用职权实施的重大犯罪案件"。需要指出的是，对这一弹性规定不宜作扩大解释，只有极个别的国家机关工作人员利用职权实施的其他重大犯罪案件，确实不宜由公安机关立案侦查，需要由人民检察院直接管辖的，经省级以上人民检察院决定，才可以由人民检察院立案侦查。

（3）公安机关直接受理的刑事案件。《刑事诉讼法》第 19 条第 1 款规定："刑事案件的侦查由公安机关进行，法律另有规定的除外。"可见，除法律另有规定的外，其他所有刑事案件的侦查都由公安机关负责。所谓"法律另有规定的"是指：第一，不需要侦查由人民法院直接受理的案件；第二，由人民检察院直接立案侦查的案件；第三，由国家安全机关立案侦查的危害国家安全的案件；第四，由军队保卫部门立案侦查的军队内部发生的案件；第五，由监狱侦查的罪犯在监狱内犯罪的案件。

2. 审判管辖

刑事诉讼中的审判管辖，是指人民法院审判第一审刑事案件的权限分工，包括各级人民法院之间、同级人民法院之间以及普通人民法院与专门人民法院之间，在审判第一审刑事案件上的权限划分。根据我国《人民法院组织法》的规定，人民法院除设有最高人民法院作为国家的最高审判机关外，还设有地方各级人民法院和军事法院等专门人民法院。地方各级人民法院又分为：基层人民法院、中级人民法院和高级人民法院。与人民法院的设置相适应，刑事案件的审判管辖，分为级别管辖、地区管辖、指定管辖和专门管辖。

（1）级别管辖

所谓级别管辖，是指各级人民法院审判第一审刑事案件的职权范围。级别管辖所解决的是各级人民法院之间，在审判第一审刑事案件上的权限分工问题。我国刑

---

① 关于前两类案件所涉及的具体罪名，可进一步参阅 2012 年最高人民法院《关于适用〈中华人民共和国刑事诉讼法〉的解释》第 1 条。

② 关于这些案件所涉及的具体罪名，可进一步参阅最高人民检察院《关于人民检察院立案侦查司法工作人员相关职务犯罪案件若干问题的规定》。

事诉讼法划分级别管辖的主要依据是:案件的性质;罪行的轻重程度和可能判处的刑罚;案件涉及面和社会影响的大小;以及各级人民法院在审判体系中的地位和职责等。

《刑事诉讼法》第 20 条规定:"基层人民法院管辖第一审普通刑事案件,但是依照本法由上级人民法院管辖的除外。"可见,基层人民法院是普通刑事案件第一审的基本审级,普通刑事案件的第一审原则上由基层人民法院管辖。

《刑事诉讼法》第 21 条规定,中级人民法院管辖下列第一审刑事案件:第一,危害国家安全、恐怖活动案件;第二,可能判处无期徒刑、死刑的案件。上述两类案件,属于性质严重,危害极大,案情重大、复杂,或者影响较大的案件,由中级人民法院作第一审,是适宜的,也是必要的,有利于保证案件的正确处理。

《刑事诉讼法》第 22 条规定:"高级人民法院管辖的第一审刑事案件,是全省(自治区、直辖市)性的重大刑事案件。"高级人民法院是一个省(自治区、直辖市)的最高一级的审判机关,它的主要任务是审理对中级人民法院裁判的上诉、抗诉案件,复核死刑案件,核准死刑缓期 2 年执行的案件,以及监督全省(自治区、直辖市)的下级人民法院的审判工作。所以,高级人民法院管辖的第一审刑事案件,不宜过宽。

《刑事诉讼法》第 23 条规定:"最高人民法院管辖的第一审刑事案件,是全国性的重大刑事案件。"最高人民法院是全国的最高审判机关,除核准死刑案件外,由最高人民法院作为第一审审判的刑事案件,只应当是极个别的,在全国范围内具有重大影响的、性质、情节都特别严重的刑事案件。只有这样,才有利于它集中主要精力监督、指导全国法院的审判工作。

需要注意的是,级别管辖的划分并非是一成不变的,在某些特殊情况下,上级法院可以提审本应由下级法院审理的第一审刑事案件,下级法院也可以请求向上级法院移送本应由自己审理的第一审刑事案件。《刑事诉讼法》第 24 条对此作了明文规定:"上级人民法院在必要的时候,可以审判下级人民法院管辖的第一审刑事案件;下级人民法院认为案情重大、复杂需要由上级人民法院审判的第一审刑事案件,可以请求移送上一级人民法院审判。"

(2) 地区管辖

所谓地区管辖,是指同级人民法院之间,在审判第一审刑事案件上的权限划分。

《刑事诉讼法》第 25 条规定:"刑事案件由犯罪地的人民法院管辖。如果由被告人居住地的人民法院审判更为适宜的,可以由被告人居住地的人民法院管辖。"可见,犯罪地为主、被告人居住地为辅,是确定地区管辖的一般原则。根据最高人民法院的相关解释,犯罪地是指犯罪行为发生地。对于以非法占有为目的的财产犯罪,犯罪地还包括犯罪分子实际取得财产的犯罪结果发生地。

为解决刑事案件犯罪地确定中的复杂性问题,《刑事诉讼法》在规定地区管辖确定中的一般原则的基础上,还作出了移送管辖和指定管辖的灵活性规定:

几个同级人民法院都有权管辖的案件,由最初受理的人民法院审判。在必要的时候,可以移送主要犯罪地的人民法院审判。

上级人民法院可以指定下级人民法院审判管辖不明的案件,也可以指定下级人民法院将案件移送其他人民法院审判。

(3) 专门管辖

所谓专门管辖,是指专门人民法院之间,以及专门人民法院与普通人民法院之间对第一审刑事案件在受理范围上的分工。

目前已建立的受理刑事案件的专门法院有军事法院和铁路运输法院。属于专门人民法院管辖的刑事案件带有一定的特殊性,普通法院不宜行使管辖权。

现役军人(含军内在编职工)和非军人共同犯罪的,分别由军事法院和地方法院管辖,涉及国家军事秘密的,全案由军事法院管辖。

地方法院或军事法院以外的其他专门法院管辖以下案件:非军人、随军家属在部队营区内犯罪的;军人在办理退役手续后犯罪的;现役军人入伍前犯罪的(需与服役期内犯罪一并审判的除外);退役军人在服役期内犯罪的(军人违反职责罪的除外)。

铁路运输法院管辖的刑事案件,主要是铁路公安机关负责侦破的刑事案件,在火车上发生的犯罪案件,铁路职工违反规章制度、玩忽职守造成严重后果的犯罪案件等。由于改制的原因,2012年7月以后,铁路运输法院划归地方高级人民法院和组织部管理,经费列入地方财政,法官任命方也由铁路局党委变成地方人大常委会。改制后,铁路运输法院名称不变、案件管辖不变。

二、回避

(一) 回避的概念与理由

刑事诉讼中的回避,是指侦查人员、检察人员和审判人员及其他人员,因与案件或案件的当事人具有某种利害关系或其他特殊关系,可能影响案件的公正处理,而不得参与办理该案的一项诉讼制度。

回避的理由也就是法律规定的应当回避的具体情形,根据《刑事诉讼法》第29条和第30条的规定,侦查人员、检察人员、审判人员和书记员、翻译人员、鉴定人需要回避的理由包括:(1) 是本案的当事人或者是当事人的近亲属的。(2) 本人或者他的近亲属和本案有利害关系的。(3) 担任过本案证人、鉴定人、辩护人、诉讼代理人的。(4) 与本案有其他关系,可能影响案件公正处理的。(5) 接受当事人及其委托的人的请客送礼,或者违反规定会见当事人及其委托的人的。

(二) 回避的种类

1. 自行回避。指审判人员、检察人员、侦查人员等在诉讼过程中遇有法定回避情形时,自行主动地要求退出刑事诉讼活动的制度。

2. 申请回避。指案件当事人及其法定代理人、辩护人、诉讼代理人认为审判人员、检察人员、侦查人员等具有法定回避情形,而向他们所在的机关提出申请,要求他们回避。

3. 指令回避。指审判人员、检察人员、侦查人员等遇有法定的回避情形而没有自行回避,当事人及其法定代理人、辩护人、诉讼代理人也没有申请其回避,法院、检察机关、公安机关等有关组织或行政负责人有权作出决定,令其退出诉讼活动。

(三)回避的程序

回避适用于侦查、起诉和审判三个诉讼阶段。审判人员、检察人员、侦查人员的回避,应分别由院长、检察长、公安机关负责人决定;院长的回避,由本院审判委员会决定;检察长和公安机关负责人的回避,由同级人民检察院检察委员会决定。值得注意的是,对于侦查人员的回避作出决定以前,侦查人员不得停止侦查工作。

对于法定的组织或个人所作的驳回申请回避的决定,当事人及其法定代理人、辩护人、诉讼代理人享有申请复议的权利。有权对驳回申请回避决定进行复议的是原作出该决定的组织或个人,对于这种复议申请,当事人及其法定代理人、辩护人、诉讼代理人只能提出一次。

三、辩护

(一)辩护制度的概念

辩护针对刑事诉讼中的控诉而产生,是犯罪嫌疑人、被告人及其辩护人针对控方的指控,提出有利于犯罪嫌疑人、被告人的事实和理由,以证明犯罪嫌疑人、被告人无罪、罪轻、应当减轻或者免除刑罚,维护犯罪嫌疑人、被告人合法权益的诉讼活动。而作为犯罪嫌疑人、被告人针对指控进行辩解,维护自己合法权益的一项重要诉讼权利,辩护权则是近代各国保障司法人权的基石。对辩护制度进行界定显然离不开这两个方面的内容。

概言之,辩护制度是一国法律中关于保障犯罪嫌疑人、被告人辩护权的所有法律规范的总称,也就是法律规定的关于辩护权、辩护种类、辩护方式、辩护人的范围、辩护人的责任、辩护人的权利与义务等一系列规则的总称。

(二)辩护的种类

1. 自行辩护。犯罪嫌疑人、被告人对自己是否实施了被指控的犯罪最为了解,也对维护自己的合法权益有着最为强烈的愿望,因此这种可以贯穿于刑事诉讼始终的辩护方式,也就成为犯罪嫌疑人、被告人行使辩护权的主要方式。在我国,从犯罪嫌疑人第一次被讯问或被采取强制措施之时起直到审判阶段的被告人最后陈述,犯罪嫌疑人和被告人都可以提出证明自己无罪或罪轻,以及减轻、免除自己刑事责任的主张和理由,为自己辩护。

2. 委托辩护。犯罪嫌疑人、被告人可以依法委托律师或其他公民担任辩护人,帮助其提出无罪、罪轻、减轻或免除处罚的意见,代为反驳指控,为自己辩护。根据《刑事诉讼法》第34条规定,犯罪嫌疑人自被侦查机关第一次讯问或者采取强制措施之日起,有权委托辩护人。被告人有权随时委托辩护人。侦查机关在第一次讯问犯罪嫌疑人或者对犯罪嫌疑人采取强制措施的时候,应当告知犯罪嫌疑人有权委托辩护人。人民检察院自收到移送审查起诉的案件材料之日起3日以内,应当告知犯罪嫌疑人有权委托辩护人。人民法院自受理案件之日起3日以内,应当告知被告人有权委托辩护人。犯罪嫌疑人、被告人在押期间要求委托辩护人的,人民法院、人民检察院和公安机关应当及时转达其要求。犯罪嫌疑人、被告人在押的,也可以由其监护人、近亲属代为委托辩护人。辩护人接受犯罪嫌疑人、被告人委托后,应当及时告知办理案件的机关。

3. 指定辩护。对于没有委托辩护人的犯罪嫌疑人、被告人,在法律规定的某些特殊情况下,由法律援助机构为其指定辩护人协助其辩护。被指定的辩护人只能是承担法律援助义务的律师。我国刑事诉讼法规定了两种指定辩护的情况。

第一种情况:《刑事诉讼法》第35条第1款规定,犯罪嫌疑人、被告人因经济困难或者其他原因没有委托辩护人的,本人及其近亲属可以向法律援助机构提出申请。对符合法律援助条件的,法律援助机构应当指派律师为其提供辩护。

第二种情况:《刑事诉讼法》第35条第2款规定,犯罪嫌疑人、被告人是盲、聋、哑人,或者是尚未完全丧失辨认或者控制自己行为能力的精神病人,没有委托辩护人的,人民法院、人民检察院和公安机关应当通知法律援助机构指派律师为其提供辩护。该条第3款规定,犯罪嫌疑人、被告人可能被判处无期徒刑、死刑,没有委托辩护人的,人民法院、人民检察院和公安机关应当通知法律援助机构指派律师为其提供辩护。对于这三类对象,即盲、聋、哑人,尚未完全丧失辨认或者控制自己行为能力的精神病人,可能被判处无期徒刑、死刑的人,根据所处的不同诉讼阶段,由人民法院、人民检察院和公安机关各自通知法律援助机构,再由法律援助机构指派律师为其提供辩护。

(三) 辩护人的范围

所谓辩护人,是指刑事案件中受犯罪嫌疑人、被告人的委托或法律援助机构的指定,帮助犯罪嫌疑人、被告人行使辩护权,依法维护其合法权益的诉讼参与人。根据《刑事诉讼法》第33条第1款的规定,辩护人的范围主要包括:律师,人民团体或者犯罪嫌疑人、被告人所在单位推荐的人,犯罪嫌疑人、被告人的监护人、亲友。

需要明确的是,法律规定的辩护人范围虽然相当广泛,但并不是任何人都可以成为辩护人。《刑事诉讼法》第33条第2款规定:"正在被执行刑罚或者依法被剥夺、限制人身自由的人,不得担任辩护人。"具体而言,下列几种人不能担任辩护人:(1) 被宣告缓刑和刑罚尚未执行完毕的人;(2) 依法被剥夺、限制人身自由的人;(3) 无行为能力的人。《刑事诉讼法》第33条第3款规定:"被开除公职和被吊销律师、公证员执业证书的人,不得担任辩护人,但系犯罪嫌疑人、被告人的监护人、近亲属的除外。"此外,在司法实践中,下列人员除非是被告人的近亲属或者监护人,否则也不得担任辩护人:(1) 人民法院、人民检察院、公安机关、国家安全机关、监狱的现职人员;(2) 本院的人民陪审员;(3) 与本案审理结果有利害关系的人;(4) 外国人或无国籍人。

(四) 辩护人的诉讼权利和诉讼义务

辩护人是犯罪嫌疑人、被告人合法权益的专门维护者。为保证其有效地开展辩护活动,《刑事诉讼法》和《律师法》规定了辩护人一系列的诉讼权利和诉讼义务。辩护人的诉讼权利主要有:

1. 独立辩护权。辩护人有权依据事实和法律独立地进行各种辩护活动,国家司法机关、社会团体、个人不得进行非法干预和限制。

2. 阅卷权。辩护律师自人民检察院对案件审查起诉之日起，可以查阅、摘抄、复制本案的案卷材料。其他辩护人经人民法院、人民检察院许可，也可以查阅、摘抄、复制上述材料。

3. 会见通信权。辩护律师可以同在押的犯罪嫌疑人、被告人会见和通信。其他辩护人经人民法院、人民检察院许可，也可以同在押的犯罪嫌疑人、被告人会见和通信。辩护律师持律师执业证书、律师事务所证明和委托书或者法律援助公函要求会见在押的犯罪嫌疑人、被告人的，看守所应当及时安排会见，至迟不得超过 48 小时。危害国家安全犯罪、恐怖活动犯罪、特别重大贿赂犯罪案件，在侦查期间辩护律师会见在押的犯罪嫌疑人，应当经侦查机关许可。辩护律师会见在押的犯罪嫌疑人、被告人，可以了解案件有关情况，提供法律咨询等；自案件移送审查起诉之日起，可以向犯罪嫌疑人、被告人核实有关证据。辩护律师会见犯罪嫌疑人、被告人时不被监听。

4. 调查取证权。辩护人认为在侦查、审查起诉期间公安机关、人民检察院收集的证明犯罪嫌疑人、被告人无罪或者罪轻的证据材料未提交的，有权申请人民检察院、人民法院调取。辩护律师经证人或者其他有关单位和个人同意，可以向他们收集与本案有关的材料，也可以申请人民检察院、人民法院收集、调取证据，或者申请人民法院通知证人出庭作证。辩护律师经人民检察院或者人民法院许可，并且经被害人或者其近亲属、被害人提供的证人同意，可以向他们收集与本案有关的材料。

5. 获得开庭通知权。人民法院在确定开庭日期时，应当考虑给辩护人一定的准备时间。据此，刑事诉讼法规定，人民法院决定开庭后，至迟在开庭 3 日前将通知书送达辩护人。

6. 参加法庭调查和辩论权。在法庭审理过程中，辩护人经审判长许可，可以向被告人、证人、鉴定人发问；辩护人有权向法庭出示物证，让当事人辨认；有权申请通知新的证人到庭，调取新的物证，申请重新鉴定或者勘验。在法庭辩论阶段，辩护人可以对证据和案件情况发表意见并且可以和控方平等地展开辩论。

7. 司法文书获取权。辩护人有权得到与其行使辩护权相关的法律文书副本。人民检察院的起诉书和抗诉书副本，应当由人民法院转交给辩护人。人民法院的判决书和裁定书副本，也应当送达给辩护人。

8. 经被告人同意后的上诉权。辩护人经被告人同意，可以就第一审未生效的判决、裁定提出上诉。

9. 拒绝辩护权。委托事项违法，或者委托人故意隐瞒与案件有关的重要事实的，辩护人有权拒绝辩护。

10. 控告权。辩护人认为公安机关、人民检察院、人民法院及其工作人员阻碍其依法行使诉讼权利的，有权向同级或者上一级人民检察院申诉或者控告。人民检察院对申诉或者控告应当及时进行审查，情况属实的，通知有关机关予以纠正。

此外，辩护人还有权要求公安司法机关对采取强制措施超过法定期限的犯罪嫌疑人、被告人解除强制措施，还可以在审查起诉阶段就案件的有关情况向人民检察院发表有关的意见。辩护律师对在执业活动中知悉的委托人的有关情况和信息,有权予以保密。

辩护人应当履行的义务主要有:(1)忠于职守的义务;(2)保守秘密的义务;(3)证据方面的义务,即不得帮助犯罪嫌疑人、被告人隐藏、毁灭、伪造证据,不得威胁、引诱证人改变证言或者作伪证;(4)遵守法庭规则的义务;(5)不得违反规定会见法官、检察官;(6)不得向法官、检察官及其他有关工作人员请客送礼或行贿,或者指使、诱导委托人及其亲友行贿;(7)告知义务,即辩护人收集的有关犯罪嫌疑人不在犯罪现场、未达到刑事责任年龄、属于依法不负刑事责任的精神病人的证据,应当及时告知公安机关、人民检察院。

四、代理

(一)代理的概念

刑事诉讼中的代理,是指代理人接受公诉案件的被害人及其法定代理人或者近亲属、自诉案件的自诉人及其法定代理人、附带民事诉讼的当事人及其法定代理人的委托,以被代理人的名义参加诉讼,由被代理人承担代理行为法律后果的一种法律制度。

(二)公诉案件中的代理

公诉案件中的代理指的是,诉讼代理人接受公诉案件的被害人及其法定代理人或者近亲属的委托,代理被害人参加诉讼,以维护被害人合法权益的一种诉讼代理。

根据《刑事诉讼法》第46条的规定,公诉案件的被害人及其法定代理人或者近亲属自案件移送审查起诉之日起,有权委托诉讼代理人。同时,为了保证被害人的这一权利能得以落实,刑事诉讼法还规定,人民检察院自收到移送审查起诉的案件之日起3日内应当告知被害人及其法定代理人或近亲属有权委托诉讼代理人。

(三)自诉案件中的代理

自诉案件中的代理指的是,诉讼代理人接受自诉人及其法定代理人的委托参加诉讼,以维护自诉人合法权益的一种诉讼代理。

根据刑事诉讼法的规定,自诉案件的自诉人可以随时委托诉讼代理人。人民法院自受理案件之日起3日内,应当告知自诉人及其法定代理人有权委托诉讼代理人。

自诉人与诉讼代理人应签订委托合同,载明代理事项、代理权限、代理期间等重要事项。自诉人作为自诉案件中具有独立的诉讼地位的一方当事人,在诉讼中有起诉、撤诉、与被告人和解、上诉等特殊权利,这些权利的行使将导致诉讼程序的启动、发展与终结。因此,应在委托合同中写明代理人是否享有这些权利。如果没有特别注明的,诉讼代理人就不能享有上述权利。

(四)附带民事诉讼中的代理

附带民事诉讼中的代理指的是,诉讼代理人接受附带民事诉讼的当事人及其法定代理人的委托,在受托权限范围内,代理参加诉讼,以维护当事人及其法定代理人合法权益的一种诉讼代理。

根据刑事诉讼法的规定,公诉案件附带民事诉讼的当事人及其法定代理人,自案件移送审查起诉之日起,有权委托诉讼代理人。自诉案件附带民事诉讼的当事人及其法定代理人,有权随时委托诉讼代理人。人民检察院自收到移送审查起诉的案件材料之日起3日以内,应当告知附带民事诉讼当事人及其法定代理人有权委托诉讼代理人。人民法院自受理自诉案件之日起3日以内,应当告知附带民事诉讼当事人及其法定代理人有权委托诉讼代理人。

五、附带民事诉讼

(一) 附带民事诉讼的概念和特点

《刑事诉讼法》第101条规定:"被害人由于被告人的犯罪行为而遭受物质损失的,在刑事诉讼过程中,有权提起附带民事诉讼。被害人死亡或者丧失行为能力的,被害人的法定代理人、近亲属有权提起附带民事诉讼。如果是国家财产、集体财产遭受损失的,人民检察院在提起公诉的时候,可以提起附带民事诉讼。"第102条规定:"人民法院在必要的时候,可以采取保全措施,查封、扣押或者冻结被告人的财产。附带民事诉讼原告人或者人民检察院可以申请人民法院采取保全措施。人民法院采取保全措施,适用民事诉讼法的有关规定。"

可见,附带民事诉讼或曰刑事附民事诉讼,是指公安司法机关在解决被告人刑事责任的同时,附带解决由于被告人的犯罪行为造成的物质损失赔偿问题而进行的诉讼活动。

附带民事诉讼具有以下几个方面的特点:

(1) 性质的特殊性。附带民事诉讼要解决的问题是物质损失赔偿问题,这与民事诉讼中的损害赔偿一样,属于民事损害赔偿,因此附带民事诉讼首先是一种民事诉讼。但由于这种要求损害赔偿的诉讼是因被告人的犯罪行为而引起的,又是在刑事诉讼过程中提起的,所以它又是刑事诉讼的一部分,是一种特殊的刑事诉讼。

(2) 法律依据的复合性。附带民事诉讼要解决的是刑事犯罪行为所引起的民事赔偿问题,这使得在认定其所涉及的实体问题时,既要考虑刑法的规定也要考虑民法的规定,在诉讼程序的运作过程中,既要遵守刑事诉讼法的有关规定又要遵守民事诉讼法的有关规定。

(3) 处理程序的附属性。从成立条件上看,附带民事诉讼以刑事案件的成立为前提,必须在刑事诉讼过程中提起;从具体操作上看,附带民事诉讼的起诉时效、上诉期限、管辖法院等都取决于刑事案件的具体情况,附带民事部分的判决也不得与刑事部分的判决相抵触。因此,附带民事诉讼在处理程序上是依附于刑事诉讼的,刑事诉讼如果不存在,附带民事诉讼也就无从谈起。

(二) 附带民事诉讼的当事人

1. 附带民事诉讼原告人

被害人由于被告人的犯罪行为而遭受物质损失的,在刑事诉讼过程中,有权提起附带民事诉讼。被害人死亡或者丧失行为能力的,被害人的法定代理人、近亲属有权提起附带民事诉讼。如果是国家财产、集体财产遭受损失的,人民检察院在提起公诉的时候,可以提起附带民事诉讼。

附带民事诉讼的原告人是指在刑事诉讼过程中,向人民法院提起附带民事诉讼,要求被告人赔偿因其犯罪行为所遭受物质损失的人。具体包括：

(1) 刑事被害人。任何公民由于被告人的犯罪行为而遭受物质损失的,在刑事诉讼进行过程中,都有权向人民法院提起附带民事诉讼。

(2) 被害人的法定代理人和近亲属。刑事案件中,被害人已死亡或丧失行为能力的,被害人的法定代理人和近亲属可以代为提起附带民事诉讼。根据刑事诉讼法的规定,近亲属是指夫、妻、父、母、子、女、同胞兄弟姐妹。

(3) 有关单位或组织。由于被告人的犯罪行为而遭受物质损失的企事业单位、机关、团体等其他组织,在刑事诉讼过程中也有权向人民法院提起附带民事诉讼。保险人在向投保人预先支付因犯罪行为而遭受的物质损失的情形下,即取得向第三人追偿的权利,因此也可以作为原告人提起附带民事诉讼。

(4) 人民检察院。在国家财产、集体财产遭受损失,而受损单位又没有提起附带民事诉讼的情况下,人民检察院在提起公诉时可以提起附带民事诉讼。

2. 附带民事诉讼被告人

附带民事诉讼的被告人是指对犯罪行为造成的物质损失依法负有赔偿责任,而被附带民事诉讼的原告人起诉要求赔偿经济损失的人。具体包括：(1) 刑事被告人(公民、法人和其他组织)及没有被追究刑事责任的其他共同致害人。(2) 未成年被告人的监护人。(3) 已被执行死刑的被告人的遗产继承人。(4) 共同犯罪案件中,案件审结前已死亡的被告人的遗产继承人。(5) 其他对刑事被告人的犯罪行为依法应当承担民事赔偿责任的单位和个人。

(三) 附带民事诉讼程序

1. 附带民事诉讼的提起。附带民事诉讼应当在刑事案件立案以后至一审判决宣告之前提起。提起附带民事诉讼一般应当提交附带民事诉状,书写诉状确有困难的,可以口头起诉。

2. 附带民事诉讼的保全和先予执行。人民法院在必要的时候,可以采取保全措施,查封、扣押或者冻结被告人的财产。附带民事诉讼原告人或者人民检察院可以申请人民法院采取保全措施。人民法院采取保全措施,适用民事诉讼法的有关规定。

人民法院在受理附带民事诉讼之后,为了保证将来发生效力的判决能够得到切实的执行,可以查封、扣押或者冻结被告人财产。人民法院采取保全措施,适用民事诉讼法的有关规定。人民法院受理附带民事诉讼之后、作出判决前,根据民事原告人的请求,可以决定民事被告人先付给民事原告人一定款项或特定物并立即执行。

3. 附带民事诉讼的审理。附带民事诉讼应当同刑事案件一并审判,只是为了防止刑事案件审判的过分迟延,才可以在刑事案件审判后,由同一审判组织继续审理附带民事诉讼。人民法院审理附带民事诉讼案件,可以进行调解,或者根据物质损失情况作出判决、裁定。在具体的审理过程中,还应当遵守《刑事诉讼法》和《民事诉讼法》关于受理、送达、调解、举证等环节的相关规定。

第四节 证 据

一、证据的概念和特征

刑事诉讼中的证据,是进行刑事诉讼的依据。可以用于证明案件事实的材料,都是证据。与一般意义上的证据相比,刑事诉讼中的证据或曰刑事证据具有以下本质特征:

1. 客观性。所谓证据的客观性,是指证据事实是随着案件的发生、发展过程而遗留下来,不以人的主观意志为转移而存在的事实。它意味着证据必须是客观存在的事物,而不是人们主观臆想或道听途说的产物;它独立于办案人员和诉讼参与人的意志之外,能够为人们所认识。

2. 关联性。证据的关联性,是指证据必须和案件事实之间存在某种联系,并因此而对证明案情具有实际意义。由于证据是伴随着刑事案件的发生而形成的,其与案情之间应当具有必然的客观联系。在判断一项证据是否具有相关性时,应当依次考察三个问题[①]:(1)所提出的证据是用来证明什么问题的?(2)这是本案中的实质性问题吗?(3)所提出的证据对该问题有证明性吗?如果答案全部是肯定的,该证据就具有关联性。

3. 合法性。证据的合法性是指证据必须依法收集和运用。证据的合法性,是证据客观性和相关性的重要保证,也是证据具有法律效力的重要条件,它包括以下几个方面的基本内容:收集、运用证据的主体合法;证据的来源和程序合法;证据所具有的形式合法;证据必须经法定程序查证属实。

刑事诉讼中的证据所具有的客观性、关联性、合法性三者之间互相联系、缺一不可。客观性和关联性涉及的是证据的内容,合法性涉及的是证据的形式。刑事证据的内容需要通过诉讼程序加以审查和确认,合法性是刑事证据客观性和关联性的法律保证。客观性、关联性和合法性正确全面地揭示了证据的基本属性,表明了刑事证据内容和形式的统一。

二、证据的种类

所谓证据的种类,也称为证据的法定形式,是立法所规定的各种证据资料纳入诉讼所应具有的法定名称。根据《刑事诉讼法》第 50 条的规定,证据有以下 8 种:物证;书证;证人证言;被害人陈述;犯罪嫌疑人、被告人供述和辩解;鉴定意见;勘验、检查、辨认、侦查实验等笔录;视听资料、电子数据。

---

① 〔美〕乔恩·R. 华尔兹:《刑事证据大全》,何家弘等译,中国人民公安大学出版社 1993 年版,第 14 页。

（一）物证

物证是指以其外部特征、存在场所、物质属性证明案件事实的一切物品和痕迹。作为物证的物品一般是指在刑事案件发生之前已经存在的与案件存在一定关系的客观实在物；作为物证的痕迹是指与案件有联系的人体或物体相互作用产生的印痕或轨迹。一般而言，常见的物证包括：(1) 犯罪使用的工具。(2) 犯罪遗留下来的物质痕迹。(3) 犯罪行为侵犯的客体物。(4) 犯罪现场留下的物品。(5) 其他可以用来发现犯罪行为和查获犯罪分子的存在物。

（二）书证

书证是指用文字、符号、图画等所表达的思想内容来证明案件事实的书面材料。书证的表现形式相当广泛，有反映行为人主体身份的，如出生证、营业执照等；有反映人们各种经济关系的，如收据、经济合同等；有反映人与人之间关系的，如车票、船票、个人日记等；有反映产品质量的，如认证书、检验文书等；还有各种公证文书、裁判文书；等等。

书证是以一定的物质材料作为载体的书面材料。正因其具有这种物质属性，从广义上讲，书证也属于物证的范畴，因而刑事诉讼法将物证和书证并列归为一类证据。但是，从狭义上来说，书证和物证是有区别的：物证是以其外部特征、存在场所、物质属性来证明案件事实，而书证则是以文字、符号、图画等所表达的思想内容来证明案件事实。作为证据的某份文件，如果用它所表达的思想内容来证明案件事实，而它的外部特征、存在情况与案件事实无关，该文件就是书证而不是物证；同理，如果用它的外部特征和存在来证明案件事实，而它所表达的思想内容与案件无关，则该文件就是物证而不是书证；如果某种文件所表达的思想内容和它的外部特征、存在情况都能证明案件事实，该文件就具有物证和书证两种属性，既是物证也是书证。

（三）证人证言

证人证言，是指了解案件情况的当事人以外的第三人，向公安司法机关所作的有关案件事实的陈述。

证人证言是证人直接向公安司法机关口头或书面陈述其所了解的案件事实，属于言词证据。同实物证据相比，其优点是生动、形象、具体，但往往容易失真，客观性较差，因此必须认真进行审查判断。

《刑事诉讼法》第62条规定："凡是知道案件情况的人，都有作证的义务。生理上、精神上有缺陷或者年幼，不能辨别是非、不能正确表达的人，不能作证人。"根据这一规定，应当明确以下几点：

1. 凡是知道案件情况并有作证能力的人，都可以作为证人。"知道案件情况"，并且"能够辨别是非，能够正确表达"的人，是成为证人的条件。应否作为证人，不受性别、年龄、民族、出身、文化程度、财产状况、社会身份等限制，也不受是否与案件的当事人有亲属或其他利害关系的影响。

2. 生理上、精神上有缺陷或者年幼，不能辨别是非、不能正确表达的人，不能作证人。需要明确的是，"生理上、精神上有缺陷或者年幼"，只是丧失作证资格的相对条件而不是绝对条件。如果在生理上或精神上虽然有某种缺陷,但是还能够辨别是非、能够正确表达的,仍然可以作为证人。

3. 证人只能是当事人以外知道案件情况的人。只有知道案件情况的人才能作为证人,但知道案件情况的人并非都是证人。证人是与案件没有直接利害关系而知道案件情况的人,案件的当事人由于与案件有直接利害关系,因此不能作为证人。

4. 证人具有不可代替性。证人作证是以其知道案件情况为条件的,证人身份是由其知道案件事实所决定的,因此,证人是特定的人,具有不可代替性。凡是在刑事诉讼开始以前知道案件情况的人,都应优先地作为证人参加诉讼,而不应作为本案的侦查人员、检察人员、审判人员、辩护人、鉴定人、翻译人员参加诉讼。

5. 证人只能是自然人,法人和非法人团体不具有证人资格。这是因为只有自然人才能运用自己的感官感知并陈述案件事实,法人和非法人团体本身不具备这种能力。同时,由于了解案件情况而产生的作证义务,是公民个人的法定义务,故意作伪证或隐匿罪证须负相应的法律责任,而法人和非法人团体则无法承担这种法律责任。实践中,法人和非法人团体所提供的档案材料、证明文件和其他书面材料,属于书证而非证人证言。

(四) 被害人陈述

被害人陈述,是指受犯罪行为直接侵害的人向公安司法人员就其遭受犯罪行为侵害的事实和有关犯罪嫌疑人、被告人情况所作的陈述。

被害人是遭受犯罪行为直接侵害的人,其对犯罪嫌疑人、被告人犯罪的经过和自己的受害情况比较清楚。一般而言,由于其合法权益遭到了侵害,被害人都能积极主动地向公安司法机关揭发、控告、举报犯罪行为,要求公安司法机关追究犯罪嫌疑人、被告人的刑事责任,保护自己的合法权益。因此,被害人陈述具有双重性质:一方面,它是追究犯罪嫌疑人、被告人刑事责任,保护被害人合法权益的法律手段,具有揭发犯罪、控诉犯罪的性质;另一方面,被害人作为诉讼的主体,其陈述是公安司法机关查明和认定案件事实的一种独立的诉讼证据。

(五) 犯罪嫌疑人、被告人的供述与辩解

犯罪嫌疑人、被告人的供述与辩解,是指犯罪嫌疑人、被告人就有关案件情况,向公安司法人员所作的陈述,也就是通常所说的口供。它通常包括以下三个方面的内容。

1. 犯罪嫌疑人、被告人承认自己犯罪并就有关事实所作的供述。即犯罪嫌疑人、被告人承认,并向公安司法机关讲清其实施犯罪的具体事实和情节。

2. 犯罪嫌疑人、被告人说明自己无罪或罪轻的辩解。即犯罪嫌疑人、被告人否认自己有犯罪行为,或者在承认自己犯了罪的同时,提出存在不应追究刑事责任或应当从轻、减轻或者免除处罚的情形。这在现实中主要表现为针对指控予以否认、申辩、反驳、提出反证等。

3. 犯罪嫌疑人、被告人揭发举报同案其他人犯罪行为的陈述,也叫攀供。

在收集犯罪嫌疑人、被告人的供述与辩解的时候,严禁刑讯逼供和以威胁、引诱、欺骗以及其他非法方法收集证据,不得强迫任何人证实自己有罪。

（六）鉴定意见

鉴定意见,是指鉴定人根据公安司法机关的要求,运用自己的专门知识,就案件中某种专门性问题进行鉴定以后所作出的书面意见。鉴定意见与证人证言虽然在证据分类上同属人证,但两者各有特点,有着明显的区别：

1. 鉴定意见是鉴定人对于与案件事实有关的某些专门性问题进行鉴别、判断后所作出的意见,是鉴定人运用自己的专门知识和技能进行研究分析后所形成的一种判断,是一种具有科学根据的意见。而证人证言是证人就其所了解的案件情况向公安司法机关所作的陈述,是对案件事实的客观反映,而不是对案件事实所作的评断。

2. 鉴定意见是公安司法机关为解决案件中的专门性问题,指派或聘请鉴定人而作出的书面意见,由于鉴定人是司法机关有选择地指派或聘请的,具有可替代性,因而鉴定意见也具有可替代性。而证人是由案件的发生而产生的,不可替代,因此证人证言具有不可替代性。

3. 鉴定意见所反映的判断性意见,是鉴定人在案件发生后形成的。而证人证言所反映的案件事实,是证人在案件发生过程中形成的。

需要指出的是,鉴定意见尽管是利用科学知识作出的评判,但其有时也会因为种种原因而出现错误,并不是"科学的判决",同样需要经过查证属实才能作为定案的根据。

（七）勘验、检查、辨认、侦查实验等笔录

勘验、检查笔录,是指公安司法人员对于同案件有关的场所、物品、人身、尸体进行勘验、检查所作的书面记录。在司法实践中,勘验、检查笔录包括现场勘验笔录、尸体检验笔录、物证检验笔录、人身检查笔录等,其形式以文字记载为主,也包括绘制的现场图样、拍摄的现场照片。

辨认笔录是指侦查人员为了查明案情,在必要时让被害人、证人以及犯罪嫌疑人对与犯罪有关的物品、文件、尸体、场所或犯罪嫌疑人等进行辨认时制作的书面记录。

侦查实验笔录是侦查人员为了确定和判明与案件有关的某些事实和行为,在某种条件下能否发生或怎样发生,而按照原来的条件进行模拟试验时所作的书面记录。

勘验、检查、辨认、侦查实验等笔录与鉴定意见的对象虽然在某些情况下是相同的,但二者之间是有区别的：(1)勘验、检查、辨认、侦查实验等笔录是办案人员制作的,而鉴定意见是由办案人员指派或聘请的鉴定人制作的。(2)勘验、检查、辨认、侦查实验等笔录是办案人员就所直接观察到的情况作出的客观记载,而鉴定意见是鉴定人运用专门知识对送检材料作出的分析判断。

（八）视听资料、电子数据

视听资料,是指以录音、录像、电子计算机以及其他科技设备所储存的信息证明案件情况的资料。广义上的电子数据是指借助现代信息技术形成的一切证据。狭义上的电子数据是指以数字形式保存在计算机存储器或外部存储介质中,能够证明案件真实情况的数据或信息。电子数据主要包括电子邮件、电子数据交换、网上聊天记录、网络博客、手机短信、电子签名、域名等形式。

视听资料、电子数据是现代科技发展的产物,其具有不同于其他证据的特点,因此,刑事诉讼法将其规定为独立的诉讼证据。

视听资料不同于书证。视听资料是通过声音、影像、储存的信息资料所反映的内容来证明案件事实的。而书证则是以文字、符号、图形所表达的思想来发挥证明作用的。视听资料不同于物证。视听资料无特殊的外形,是以其内容发挥证明作用的。而物证是以其外形、特征和存在情况来证明案件事实的。视听资料不同于证人证言、被害人陈述、犯罪嫌疑人、被告人供述和辩解。视听资料一般形成于案件发生前或案件发生过程中,能客观地记录案件的有关情况。而证人证言、被害人陈述及犯罪嫌疑人、被告人供述和辩解形成之案件发生后的诉讼过程中,是向公安司法人员所作的语言陈述,包含有人的主观感受。

电子数据与书证、物证、证人证言等证据类别也存在显而易见的区别。值得注意的是电子数据与视听资料的区别。电子数据必须通过一定手段才能转换成人们能直接感知的形式,与视听资料有着相似之处。但电子数据不属于视听资料,视听资料也不能包含电子数据。电子数据有区别于视听资料的独有的特征:(1)无形性。电子数据实质上只是一堆按编码规则处理成的零和一的数据,看不见,摸不着。(2)易破坏性。由于电子数据是以数据的形式存在的,容易被人为改变,而且不易被识别。(3)表现形式的多样性。电子数据可以表现为文字、声音、图像(包括静态图片和动态影像),也可以是两者以上的组合,具有多媒体性质。这些都是视听资料所不具备的特点。

然而需要注意的是,虽然任何一种传统的证据种类都无法将电子数据完全囊括进去,考虑到其在司法活动中起的作用越来越大,将其独立出来大有必要,但在某些特殊情况下,如计算机网页的视频文件,就难以截然区分属于视听资料还是电子数据。因此将两者合并进行规定在立法技术上是稳妥的。

三、证明标准

刑事诉讼中的证明标准又称证明要求,是指公安司法人员在诉讼活动中运用证据证明案件事实需要达到的程度。《刑事诉讼法》第55条第1款规定,对一切案件的判处都要重证据,重调查研究,不轻信口供。只有被告人供述,没有其他证据的,不能认定被告人有罪和处以刑罚;没有被告人供述,证据确实、充分的,可以认定被告人有罪和处以刑罚。《刑事诉讼法》第162条规定,公安机关侦查终结的案件,应当做到犯罪事实清楚,证据确实、充分。第176条规定,人民检察院认为犯罪嫌疑人的犯罪事实已经查清,证据确实、充分,依法应当追究刑事责任的,应当作出起诉决定。第200条规定,案件事实清楚,证据确实、充分,依据法律认定被告人有罪的,应当作出有罪判决。

可见,我国刑事诉讼中的证明标准是"犯罪事实清楚,证据确实、充分",具体而言,包括两层含义:一是诉讼证明必须达到案件事实、情节清楚;二是证明案件事实情节的证据必须达到确实、充分的程度。《刑事诉讼法》第 55 条第 2 款还规定了"证据确实、充分"的认定标准:"证据确实、充分,应当符合以下条件:(1)定罪量刑的事实都有证据证明;(2)据以定案的证据均经法定程序查证属实;(3)综合全案证据,对所认定事实已排除合理怀疑。"

四、证明责任

(一)证明责任的概念

证明责任又称举证责任,是指当事人就自己的主张有义务提供证据加以证明,并在无法证明时承担败诉风险的责任。在刑事诉讼中,检察机关或某些当事人必须提供证据证明自己所主张的案件事实。否则,他们将承担其控告或主张不能成立的后果。从这个意义上来看,证明责任包括四个方面的内容:(1)提出诉讼主张。(2)收集或提出有关的证据。(3)运用证据证明诉讼主张,使之达到法定的证明标准。(4)证明无法达到证明标准时,承担不利后果。

(二)证明责任的承担

根据无罪推定原则,每个人在被依法确定有罪前应当推定其无罪,要想推翻无罪的推定就必须进行证明。因此《刑事诉讼法》第 51 条规定:"公诉案件中被告人有罪的举证责任由人民检察院承担,自诉案件中被告人有罪的举证责任由自诉人承担。"《刑事诉讼法》第 52 条规定,不得强迫任何人证实自己有罪。

公诉案件的证明责任由公诉机关承担。在一般情况下,犯罪嫌疑人、被告人不承担证明责任,即没有义务提出证据证明自己无罪,办案人员不能因被告人没有提出证据证明自己无罪就以有罪论处。

自诉案件中的证明责任由自诉人承担。自诉案件的自诉人向人民法院提出控诉时,必须提供确实充分的证据,以证明自己的主张。如果人民法院认为缺乏罪证,自诉人又提不出补充证据时,人民法院应当说服自诉人撤回自诉,或者裁定驳回。如果自诉案件的被告人在诉讼过程中提起反诉,反诉适用自诉规定。被告人对提出的反诉主张负有证明责任,必须提供证据加以证明。

第五节 强制措施

一、强制措施的概念和特征

我国刑事诉讼中的强制措施是指公安机关、人民检察院和人民法院在刑事诉讼过程中,为了保证刑事诉讼的顺利进行,依法对犯罪嫌疑人、被告人、现行犯和重大嫌疑分子采取的在一定期限内暂时限制或剥夺其人身自由的法定的强制方法。具体而言,刑事诉讼强制措施具有以下主要特征:

1. 适用主体的特定性。根据刑事诉讼法的规定,适用强制措施的法定机关只能是公安机关、人民检察院和人民法院。另外,国家安全机关、军队保卫部门和监狱,在侦查其管辖的案件时,也有权实施强制措施。除上述法定机关之外,其他任何机关、团体和个人都无权实施强制措施。

2. 适用对象的限定性。强制措施的适用对象,只能是犯罪嫌疑人、被告人,包括现行犯和重大嫌疑分子;对其他诉讼参与人,即使其严重违反诉讼程序,或有妨害诉讼的行为,只要不构成犯罪,就不能适用强制措施。

3. 性质的诉讼性。强制措施的性质,只是暂时限制或剥夺某些犯罪嫌疑人、被告人的人身自由,它只是诉讼过程中的一种强制方法,不是惩罚手段,本身不具有实体惩罚性,因此不能将其理解为刑罚方法。①

4. 目的的保证性。实施强制措施的目的,只是为了防止犯罪嫌疑人、被告人逃避侦查、起诉和审判,防止被适用对象可能实施的自杀、逃跑、匿藏或伪造、隐藏、毁灭证据及串供等妨碍诉讼的行为,以保证诉讼活动的顺利进行。因而并非对所有的犯罪嫌疑人、被告人都要适用强制措施。

5. 程序的法定性。适用强制措施,必须严格依照法律规定。刑事诉讼法对适用强制措施的种类、条件、程序和期限等,都作了较为严格的规定,适用时必须严格依照法定的条件、程序及期限进行,不得自行其是,滥用权力,否则是违法的。

二、强制措施的种类

根据刑事诉讼法的规定,强制措施包括拘传、取保候审、监视居住、拘留和逮捕。

(一) 拘传

拘传是指人民法院、人民检察院和公安机关强制未被羁押的犯罪嫌疑人、被告人到指定地点接受讯问的一种强制方法。根据《刑事诉讼法》第66条、第119条以及有关的司法解释,拘传具有以下特征:

1. 拘传的适用对象是未被羁押的犯罪嫌疑人、被告人,即没有被拘留或逮捕的犯罪嫌疑人、被告人,对已经在押的犯罪嫌疑人、被告人,可随时进行讯问,不需要拘传。

2. 拘传的目的是强制犯罪嫌疑人、被告人到案接受讯问,以便迅速及时地查清案情。被拘传人的人身自由会受到一定限制,但并没有羁押的效力,在讯问后,应当立即将被拘传人放回。

需要注意的是,在刑事诉讼中,传唤和拘传都是要求犯罪嫌疑人或被告人到案接受讯问的方法,但两者有着原则的区别。传唤是公安机关、人民检察院和人民法院使用传票通知当事人在指定的时间自行到指定的地点接受讯问的诉讼活动。它不仅可以对犯罪嫌疑人、被告人适用,还可以对其他当事人适用,如自诉人、被害人、附带民事诉讼的原告人和被告人等;而拘传只能适用于犯罪嫌疑人、被告人。传唤是以传票的形式通知犯罪嫌疑人、被告人到案接受讯问,它不属于强制措施,不能使用械具;而

---

① 刑事强制措施与管制、拘役、徒刑等刑罚方法作为同犯罪作斗争的有力武器,虽然从形式上都是对适用对象的人身自由予以限制或剥夺,但两者在法律性质、适用的机关、适用的对象、实施的目的等方面存在原则性区别。具体可参阅姚莉:《刑事诉讼法学》,中国法制出版社1999年版,第137页。

拘传是强制犯罪嫌疑人、被告人到案接受审讯,具有强制性,如果犯罪嫌疑人、被告人抗拒拘传,还可以使用械具。

采取拘传措施应当严肃、合法。《刑事诉讼法》第119条第2款规定:"传唤、拘传持续的时间不得超过十二小时;案情特别重大、复杂,需要采取拘留、逮捕措施的,传唤、拘传持续的时间不得超过二十四小时。"该条第3款规定:"不得以连续传唤、拘传的形式变相拘禁犯罪嫌疑人。传唤、拘传犯罪嫌疑人,应当保证犯罪嫌疑人的饮食和必要的休息时间。"该规定一方面考虑了侦查实践的需要,对于"案情特别重大、复杂,需要采取拘留、逮捕措施"的案件适当延长了其适用期限;另一方面,为了保障被追诉人的合法权益,规定不得以连续传唤、拘传的形式变相拘禁犯罪嫌疑人,防止拘传异化为变相拘禁手段,并明确规定应当保证犯罪嫌疑人的饮食和必要的休息时间。

(二)取保候审

取保候审是指公安机关、人民检察院、人民法院责令犯罪嫌疑人、被告人提供保证人或者交纳保证金,以保证其不逃避或不妨碍侦查、起诉和审判,并随传随到的一种强制方法。

取保候审主要是对罪行较轻,不需要拘留、逮捕,但对其行动自由又必须作出一定限制的犯罪嫌疑人、被告人采用。具体而言,对于符合下列条件之一的犯罪嫌疑人、被告人,人民法院、人民检察院和公安机关根据案件情况,可以决定是否采取取保候审这一强制措施:

1. 可能判处管制、拘役或独立适用附加刑的。可能判处管制、拘役或者独立适用附加刑,说明罪行较轻,没有必要逮捕,对有可能逃避侦查、起诉和审判及其他妨碍诉讼顺利进行的,可以采用取保候审。

2. 可能判处有期徒刑以上刑罚,采取取保候审不致发生社会危险性的。有期徒刑是相对于管制、拘役较重的刑罚。犯罪嫌疑人、被告人如果可能判处有期徒刑以上的刑罚,说明其罪行较重,如果采取取保候审不致发生社会危险性,且没有逮捕必要的,可以采用取保候审。

3. 患有严重疾病、生活不能自理,怀孕或者正在哺乳自己婴儿的妇女,采取取保候审不致发生社会危险性的。这主要是基于人道主义考虑。

4. 羁押期限届满,案件尚未办结,需要采取取保候审的。由于刑事诉讼法对侦查羁押期限有明文规定,对犯罪嫌疑人不允许超期羁押。如果侦查羁押期限届满,但案件尚未办结,需要取保候审的,可以变更为取保候审措施。

《刑事诉讼法》第68条规定:"人民法院、人民检察院和公安机关决定对犯罪嫌疑人、被告人取保候审,应当责令犯罪嫌疑人、被告人提出保证人或者交纳保证金。"可见,取保的方式有两种:保证人担保(人保)和保证金担保(财产保)。

在采取保证人担保这种方式过程中,人民法院、人民检察院和公安机关应当责令犯罪嫌疑人、被告人提供保证人,并对其提供的保证人进行严格的审查,看其是否符合保证人的条件,能否承担保证人的责任。根据《刑事诉讼法》第69条的规定,担任取保候审保证人的,必须符合下列条件:(1)与本案无牵连;(2)有能力履行保证义务;(3)享有政治权利,人身自由未受到限制;(4)有固定的住处和收入。根据《刑事诉讼法》第 70 条的规定,在取保候审期间,保证人应当履行的义务是:监督被保证人遵守刑事诉讼法有关取保候审的规定;发现被保证人可能发生或已经发生违反应遵守的规定的行为的,应当及时向执行机关报告。保证人应当如实履行以上义务,被保证人有违反应遵守的规定的行为,保证人未履行保证义务的,对保证人处以罚款,构成犯罪的,依法追究刑事责任。

对采取财产保方式的,取保候审的决定机关应当综合考虑保证诉讼活动正常进行的需要,被取保候审人的社会危险性,案件的性质、情节,可能判处刑罚的轻重,被取保候审人的经济状况等情况,确定保证金的数额。提供保证金的人应当将保证金存入执行机关指定银行的专门账户。犯罪嫌疑人、被告人在取保候审期间未违反应遵守的规定的,取保候审结束的时候,凭解除取保候审的通知或者有关法律文书到银行领取退还的保证金。

根据《刑事诉讼法》第 71 条的规定,被取保候审的犯罪嫌疑人、被告人应当遵守以下规定:(1)未经执行机关批准不得离开所居住的市、县;(2)住址、工作单位和联系方式发生变动的,在 24 小时以内向执行机关报告;(3)在传讯的时候及时到案;(4)不得以任何形式干扰证人作证;(5)不得毁灭、伪造证据或者串供。人民法院、人民检察院和公安机关可以根据案件情况,责令被取保候审的犯罪嫌疑人、被告人遵守以下一项或者多项规定:(1)不得进入特定的场所;(2)不得与特定的人员会见或者通信;(3)不得从事特定的活动;(4)将护照等出入境证件、驾驶证件交执行机关保存。被取保候审的犯罪嫌疑人、被告人违反前述规定,已交纳保证金的,没收部分或者全部保证金,并且区别情形,责令犯罪嫌疑人、被告人具结悔过,重新交纳保证金、提出保证人,或者监视居住、予以逮捕。对违反取保候审规定,需要予以逮捕的,可以对犯罪嫌疑人、被告人先行拘留。

取保候审的期限最长不得超过 12 个月。

(三)监视居住

监视居住,是指公安机关、人民检察院、人民法院责令犯罪嫌疑人、被告人在一定期限内未经批准不得擅自离开住处或指定居所,并对其行动进行监视和控制,以保证侦查、起诉和审判活动顺利进行的一种强制方法。其特点是相对严厉地限制被监视居住人的人身自由。

根据《刑事诉讼法》第 74 条的规定,人民法院、人民检察院和公安机关对符合逮捕条件,有下列情形之一的犯罪嫌疑人、被告人,可以监视居住:(1)患有严重疾病、生活不能自理的;(2)怀孕或者正在哺乳自己婴儿的妇女;(3)系生活不能自理的人的唯一扶养人;(4)因为案件的特殊情况或者办理案件的需要,采取监视居住措施更为适宜的;(5)羁押期限届满,案件尚未办结,需要采取监视居住措施的。对符合取保候审条件,但犯罪嫌疑人、被告人不能提出保证人,也不交纳保证金的,可以监视居住。

根据《刑事诉讼法》第 77 条的规定,被监视居住的犯罪嫌疑人、被告人在监视居住期间应当遵守以下规定：(1) 未经执行机关批准不得离开执行监视居住的处所；(2) 未经执行机关批准不得会见他人或者通信；(3) 在传讯的时候及时到案；(4) 不得以任何形式干扰证人作证；(5) 不得毁灭、伪造证据或者串供；(6) 将护照等出入境证件、身份证件、驾驶证件交执行机关保存。被监视居住的犯罪嫌疑人、被告人违反上述规定，情节严重的，可以予以逮捕；需要予以逮捕的，可以对犯罪嫌疑人、被告人先行拘留。

监视居住由公安机关执行。监视居住应当在犯罪嫌疑人、被告人的住处执行；无固定住处的，可以在指定的居所执行。对于涉嫌危害国家安全犯罪、恐怖活动犯罪、特别重大贿赂犯罪，在住处执行可能有碍侦查的，经上一级人民检察院或者公安机关批准，也可以在指定的居所执行。但是，不得在羁押场所、专门的办案场所执行。

监视居住最长不得超过6个月。指定居所监视居住的期限应当折抵刑期。被判处管制的，监视居住1日折抵刑期1日；被判处拘役、有期徒刑的，监视居住2日折抵刑期1日。

（四）拘留

刑事诉讼中的拘留，主要是指公安机关、人民检察院对直接受理的案件，在侦查活动中遇到法定的紧急情况，对现行犯或重大嫌疑分子依法采用的临时剥夺其人身自由的一种强制方法。

由于拘留涉及限制公民人身自由，使用拘留这一强制措施必须严肃谨慎。拘留的对象和条件有其特定性，必须是紧急情况下，对现行犯或重大嫌疑分子采用。关于拘留的条件，《刑事诉讼法》第82条有明确的规定："公安机关对于现行犯或者重大嫌疑分子，如果有下列情形之一的，可以先行拘留：(1) 正在预备犯罪、实行犯罪或者在犯罪后即时被发觉的；(2) 被害人或者在场亲眼看见的人指认他犯罪的；(3) 在身边或者住处发现有犯罪证据的；(4) 犯罪后企图自杀、逃跑或者在逃的；(5) 有毁灭、伪造证据或者串供可能的；(6) 不讲真实姓名、住址，身份不明的；(7) 有流窜作案、多次作案、结伙作案重大嫌疑的。"

根据刑事诉讼法的有关规定，人民检察院在办理自侦案件过程中，对现行犯或重大嫌疑分子行使拘留权的条件是《刑事诉讼法》第82条第4项、第5项规定的情况，即人民检察院对现行犯或重大嫌疑分子，如果有"犯罪后企图自杀、逃跑或者在逃的"，或者"有毁灭、伪造证据或者串供可能的"情形时，可以决定拘留，由公安机关执行。

根据刑事诉讼法的规定，决定拘留的机关在拘留后，应当立即将被拘留人送看守所羁押，至迟不得超过24小时。除无法通知或者涉嫌危害国家安全犯罪、恐怖活动犯罪，通知可能有碍侦查的情形以外，应当在拘留后24小时以内，通知被拘留人的家属。有碍侦查的情形消失以后，应当立即通知被拘留人的家属。公安机关对被拘留的人，应当在拘留后的24小时以内进行讯问。在发现不应当拘留的时候，必须立即释放，发给释放证明。对需要逮捕而证据不足的，可以取保候审或者监视居住。经过讯问，认为被拘留人犯有严重罪行依法需要逮捕，但在拘留的期限内无法收集到证据而达不到逮捕条件的,拘留的法定期限届满,如果释放可能继续危害社会或者有逃跑、串供、毁灭证据等可能妨害侦查活动顺利进行的,应依法改用取保候审或监视居住。

根据《刑事诉讼法》第91条的规定,公安机关对于被拘留的犯罪嫌疑人,羁押的期限分为下列情形:一是对被拘留人认为需要逮捕的,应当在拘留后的3日以内,提请人民检察院审查批准。人民检察院应当在接到公安机关提请批准逮捕书后的7日以内,作出批准或不批准逮捕的决定。所以,加上检察机关审查批捕的7日,羁押的最长期限为10日。二是在特殊情况下,提请审查批准的时间可以延长1—4日,加上检察机关审查批捕的7日,羁押的最长期限是14日。三是对于流窜作案、多次作案、结伙作案的重大嫌疑分子提请审查批准的时间可以延长至30日,加上检察机关审查批捕的7日,羁押的最长期限是37日。此外,根据《刑事诉讼法》第167条的规定,人民检察院对直接受理的案件中被拘留的人,认为需要逮捕的,应当在14日以内作出决定。在特殊情况下,决定逮捕的时间可以延长1—3日。据此,人民检察院对直接受理的案件的犯罪嫌疑人拘留羁押的期限分别为:一是认为需要逮捕的,应当在14日内作出决定,即此种情况下羁押的最长时间为14日;二是在特殊情况下,决定逮捕的时间可以延长1—3日,即羁押的最长时间为17日。

(五) 逮捕

逮捕,是指公安机关、人民检察院和人民法院在刑事诉讼中,为了保证侦查、起诉和审判工作的顺利进行,在一定期限内依法剥夺犯罪嫌疑人、被告人的人身自由并予以羁押的一种强制措施。

由于逮捕直接涉及公民的人身自由以及其他合法权利,所以我国宪法、刑事诉讼法对有权决定或批准逮捕的机关、有权执行逮捕的机关都作了明确的规定。我国《宪法》第37条第2款规定:"任何公民,非经人民检察院批准或者决定或者人民法院决定,并由公安机关执行,不受逮捕。"《刑事诉讼法》第80条规定:"逮捕犯罪嫌疑人、被告人,必须经过人民检察院批准或者人民法院决定,由公安机关执行。"可见,在我国有权决定或批准逮捕的机关,只能是人民法院、人民检察院,有权执行逮捕的机关,只能是公安机关。除此以外,任何团体、单位或者个人都无权决定或执行逮捕。

根据《刑事诉讼法》第165条的规定,人民检察院在直接受理的案件中,对于符合逮捕条件,需要逮捕犯罪嫌疑人的,由人民检察院作出决定,由公安机关执行。因此,人民检察院与人民法院一样,也享有决定逮捕权,并且人民检察院还享有批准逮捕权。但是在多数情况下,逮捕犯罪嫌疑人、被告人是由公安机关提请人民检察院批准,公安机关本身并无权自行决定逮捕。人民检察院只有在自侦案件中才行使决定逮捕权,而人民法院也只有在下列情况下才发生决定逮捕犯罪嫌疑人、被告人的问题:(1)人民检察院起诉的案件,对被告人未实施逮捕的,人民法院在审理过程中认为需要逮捕时,可以自行决定逮捕。(2)人民法院受理的自诉案件,发现情况严重够逮捕条件并且必须逮捕的。人民法院决定逮捕犯罪嫌疑人、被告人时,由本院院长决定,或由本院审判委员会讨论决定。

逮捕并不是提起公诉和进行审判的前提条件,更不能认为,凡是犯罪的人都应当逮捕。逮捕是一种最严厉的强制措施,法律对逮捕的运用规定了严格的条件。《刑事诉讼法》第 81 条规定,对有证据证明有犯罪事实,可能判处徒刑以上刑罚的犯罪嫌疑人、被告人,采取取保候审尚不足以防止发生下列社会危险性的,应当予以逮捕:(1)可能实施新的犯罪的;(2)有危害国家安全、公共安全或者社会秩序的现实危险的;(3)可能毁灭、伪造证据,干扰证人作证或者串供的;(4)可能对被害人、举报人、控告人实施打击报复的;(5)企图自杀或者逃跑的。对有证据证明有犯罪事实,可能判处 10 年有期徒刑以上刑罚的,或者有证据证明有犯罪事实,可能判处徒刑以上刑罚,曾经故意犯罪或者身份不明的,应当予以逮捕。被取保候审、监视居住的犯罪嫌疑人、被告人违反取保候审、监视居住规定,情节严重的,可以予以逮捕。据此可以看出,逮捕一般必须具备以下条件:(1)有证据证明有犯罪事实。(2)可能判处徒刑以上刑罚。(3)采取取保候审、监视居住等方法,尚不足以防止社会危险性,而有逮捕必要的。这三个条件缺一不可,是公、检、法三机关决定是否逮捕的法律依据,严格依此办事,就能防止错捕、漏捕现象的发生。但是,对有证据证明有犯罪事实,可能判处 10 年有期徒刑以上刑罚的,或者有证据证明有犯罪事实,可能判处徒刑以上刑罚,曾经故意犯罪或者身份不明的,就应当予以逮捕,无需满足第三个条件,即无需以"采取取保候审、监视居住等方法,尚不足以防止社会危险性"为前提条件。

同时,《刑事诉讼法》第 74 条第 1 款规定,人民法院、人民检察院和公安机关对符合逮捕条件,有下列情形之一的犯罪嫌疑人、被告人,可以监视居住:(1)患有严重疾病、生活不能自理的;(2)怀孕或者正在哺乳自己婴儿的妇女;(3)系生活不能自理的人的唯一扶养人;(4)因为案件的特殊情况或者办理案件的需要,采取监视居住措施更为适宜的;(5)羁押期限届满,案件尚未办结,需要采取监视居住措施的。这主要是出于人道主义的考虑,由于这些人一般不具有现实的危险性,对他们可以暂不逮捕而采取其他相对较轻的强制措施。同时也考虑到侦查实践的需要和遵守法定侦查羁押期限的要求,可以适用监视居住。但需要注意的是,立法上规定的是"可以"而不是"应当"采取监视居住,如果案情需要,也可以实施逮捕。

人民法院、人民检察院对各自决定逮捕的犯罪嫌疑人、被告人,以及公安机关提请人民检察院批准逮捕的犯罪嫌疑人,一律交由公安机关执行。公安机关逮捕人的时候,必须出示逮捕证。逮捕后,应当立即将被逮捕人送看守所羁押。除无法通知的以外,应当在逮捕后 24 小时以内,通知被逮捕人的家属。人民法院、人民检察院对于各自决定逮捕的人,公安机关对于经人民检察院批准逮捕的人,都必须在逮捕后的 24 小时以内进行讯问。在发现不应当逮捕的时候,必须立即释放,并发给释放证明。犯罪嫌疑人、被告人被逮捕后,人民检察院仍应当对羁押的必要性进行审查。对不需要继续羁押的,应当建议予以释放或者变更强制措施。有关机关应当在 10 日以内将处理情况通知人民检察院。如果发现对犯罪嫌疑人、被告人采取的逮捕措施不当的,应当及时撤销或变更。犯罪嫌疑人、被告人及其法定代理人、近亲属或者辩护人有权申请变更强制措施。人民法院、人民检察院和公安机关收到申请后,应当在 3 日以内作出决定；不同意变更强制措施的，应当告知申请人，并说明不同意的理由。人民法院、人民检察院或者公安机关对被采取强制措施法定期限届满的犯罪嫌疑人、被告人，应当予以释放、解除取保候审、监视居住或者依法变更强制措施。犯罪嫌疑人、被告人及其法定代理人、近亲属或者辩护人对于人民法院、人民检察院或者公安机关采取强制措施法定期限届满的，有权要求解除强制措施。

第六节 刑事诉讼程序

一、立案

刑事诉讼中的立案，是指公安机关、人民检察院、人民法院对于报案、控告、举报、自首等方面的材料，依照管辖范围进行审查，以判明是否确有犯罪事实存在和应否追究刑事责任，并依法决定是否作为刑事案件进行侦查或审判的一种诉讼活动。

立案必须有一定的事实材料为依据，但这并不意味着有了一定的事实材料就能够立案。只有当这些材料所反映的事实符合立案的法定条件时，才能做到正确、合法、及时立案。《刑事诉讼法》第 112 条规定："人民法院、人民检察院或者公安机关……认为有犯罪事实需要追究刑事责任的时候，应当立案；认为没有犯罪事实，或者犯罪事实显著轻微，不需要追究刑事责任的时候，不予立案。"根据这一规定，立案必须同时具备两个条件：(1) 有犯罪事实。(2) 需要追究刑事责任。法律规定的立案的两个条件必须同时具备，缺一不可。在司法实践中，公检法三机关办理刑事案件，一定要准确把握立案的条件，并将法律规定的立案条件作为审查确定是否开始刑事诉讼程序的根本依据，保证刑事诉讼活动从一开始就能正确、合法、及时地进行，并保证案件的质量，顺利完成刑事诉讼法的任务。

二、侦查

（一）侦查的概念与行为表现

《刑事诉讼法》第 108 条第 1 项明确规定：侦查是指侦查机关在办理刑事案件过程中，依照法律进行的收集证据、查明案情的工作和有关的强制性措施。

在我国，侦查是全部刑事诉讼程序中的一个独立诉讼阶段，在刑事诉讼中具有非常重要的地位，是国家专门机关同犯罪作斗争的强有力的手段。因为刑事案件立案以后，侦查机关为查明案情、查获犯罪嫌疑人，必须依法开展侦查活动，收集确实、充分的证明犯罪嫌疑人有罪或者无罪、罪重或者罪轻的各种证据材料，从而为检察机关提起公诉和人民法院进行审判做好充分的准备和奠定坚实的基础。刑事诉讼法规定的侦查行为主要有以下几种：

1. 讯问犯罪嫌疑人。这是指侦查人员依照法定程序，以言词方式向犯罪嫌疑人查问案件事实和其他与案件有关问题的一种侦查活动。

2. 询问证人、被害人。这是指侦查人员依照法定程序，以言词方式向证人、遭受犯罪行为侵害的人调查了解案件情况的一种侦查行为。

3. 勘验、检查。勘验、检查是指侦查人员对与犯罪有关的场所、物品、尸体、人身等进行勘查和检验，以发现、收集和固定犯罪活动所遗留下来的各种痕迹和物品的一种侦查行为。勘验、检查的主体、任务和性质相同，但适用对象有所区别，勘验的对象是现场、物品和尸体，而检查的对象则是活人的人身。

4. 搜查。搜查是指侦查人员依法对于犯罪嫌疑人以及可能隐藏罪犯或者罪证的人的身体、物品、住处和其他有关地方进行搜索、检查的一种侦查行为。

5. 查封、扣押物证、书证。查封、扣押物证、书证，是指侦查机关依法强制提取、留置和封存与案件有关的物品、文件的一种侦查行为。扣押物证、书证通常与勘验、搜查同时进行，即在勘验、搜查过程中发现可以用于证明犯罪嫌疑人有罪或无罪的物品和文件都应当扣押，但同时，扣押物证、书证又是一种独立的侦查行为，可以单独进行。

6. 鉴定。鉴定是指侦查机关指派或聘请具有专门知识的人就案件中某些专门性问题进行科学鉴别和判断并作出鉴定意见的一种侦查行为。在侦查实践中，鉴定的适用范围极其广泛，凡是与刑事案件有关的能够证明犯罪嫌疑人有罪、无罪的各种物品、文件、痕迹、人身、尸体等都可以进行鉴定。在侦查中经常采用的鉴定主要有：刑事技术鉴定、人身伤害的医学鉴定、精神病的医学鉴定、扣押物品的价格鉴定、文物鉴定、司法会计鉴定等。

7. 通缉。通缉是指公安机关以发布通缉令的方式对应当逮捕而在逃的犯罪嫌疑人，通报缉拿归案的一种侦查行为。这是公安机关内部通力合作、协同作战，及时制止和打击犯罪的一种重要手段，同时又是公安机关动员和依靠广大人民群众积极同犯罪作斗争的一项有力措施。

8. 技术侦查措施。公安机关在立案后，对于危害国家安全犯罪、恐怖活动犯罪、黑社会性质的组织犯罪、重大毒品犯罪或者其他严重危害社会的犯罪案件，根据侦查犯罪的需要，经过严格的批准手续，可以采取技术侦查措施。人民检察院在立案后，对于重大的贪污、贿赂犯罪案件以及利用职权实施的严重侵犯公民人身权利的重大犯罪案件，根据侦查犯罪的需要，经过严格的批准手续，可以采取技术侦查措施，按照规定交有关机关执行。追捕被通缉或者批准、决定逮捕的在逃的犯罪嫌疑人、被告人，经过批准，可以采取追捕所必需的技术侦查措施。

技术侦查措施是侦查机关根据国家有关规定，采取的一种特殊侦查措施，包括电子侦听、电子监控、秘密拍照、录像、秘密获取某些物证、邮件检查等技术手段。为了查明案情，在必要的时候，经公安机关负责人决定，可以由有关人员隐匿其身份实施侦查。但是，不得诱使他人犯罪，不得采用可能危害公共安全或者发生重大人身危险的方法。对涉及给付毒品等违禁品或者财物的犯罪活动，公安机关根据侦查犯罪的需要，可以依照规定实施控制下交付。

（二）侦查终结

侦查终结是指侦查机关对于立案侦查的案件，经过一系列的侦查活动，认为案件事实已经查清，证据确实、充分，足以认定犯罪嫌疑人是否有罪和应否对其追究刑事责任而决定结束侦查，并对案件依法作出结论和处理的一种诉讼活动。

根据《刑事诉讼法》第162条第1款的规定，公安机关负责侦查的案件和人民检察院自行侦查的案件，侦查终结都必须具备下列三个条件：(1)犯罪事实清楚。(2)证据确实、充分。(3)法律手续完备。

以上三个条件必须同时具备，缺一不可。根据刑事诉讼法的规定，侦查终结的案件，应当根据案件的不同情况，分别作出起诉、不起诉或者撤销案件的决定。

公安机关侦查的案件，侦查终结后，对于犯罪事实清楚，证据确实、充分，犯罪性质和罪名认定正确，法律手续完备，依法应当追究犯罪嫌疑人刑事责任的案件，应当写出《起诉意见书》，连同案卷材料、证据，一并移送同级人民检察院审查决定，同时将案件移送情况告知犯罪嫌疑人及其辩护律师。如果犯罪嫌疑人自愿认罪的，应当记录在案，随案移送，并在起诉意见书中写明有关情况。共同犯罪案件的《起诉意见书》，应当写明每个犯罪嫌疑人在共同犯罪中的地位、作用、具体罪责和认罪态度，并分别提出处理意见；对于犯罪情节轻微，依法不需要判处刑罚或者免除刑罚的案件，公安机关在移送起诉时，应当注明具备不起诉的条件，由人民检察院审查决定起诉或者不起诉；对于侦查中发现不应对犯罪嫌疑人追究刑事责任的案件，应当作出撤销案件的决定，并制作《撤销案件决定书》。犯罪嫌疑人已被逮捕的，应当立即释放，发给释放证明，并通知原批准的人民检察院。

三、起诉

(一) 起诉的概念

刑事起诉，是指国家公诉机关和享有控诉权的公民，针对所发生的犯罪行为，依法向法院提起诉讼，要求法院对指控的犯罪进行审判，以确定被告刑事责任以及刑事处罚的诉讼活动。

按照行使追诉权的主体不同，刑事起诉可以分为公诉和自诉两种方式。公诉是指依法享有刑事起诉权的国家专门机关，代表国家向法院提起诉讼，要求法院通过审判确定被告人犯有被指控的罪行并给予相应的刑事制裁的诉讼活动。自诉则是指刑事被害人及其法定代理人、近亲属等，以个人的名义向法院起诉，要求保护自己的合法权益，追究被告人刑事责任的诉讼活动。

(二) 审查起诉

审查起诉，是指人民检察院对于公安机关侦查终结移送起诉的案件和自行侦查终结的案件进行审查，依法对犯罪嫌疑人作出提起公诉、不起诉或者撤销案件决定的诉讼活动。

《刑事诉讼法》第169条规定："凡需要提起公诉的案件，一律由人民检察院审查决定。"同时第170条第1款规定："人民检察院对于监察机关移送起诉的案件，依照本法和监察法的有关规定进行审查。"可见，在我国，无论是公安机关侦查终结移送起诉的案件，人民检察院自行侦查终结的案件，还是监察机关调查终结的案件，凡是需要对犯罪嫌疑人提起公诉的,只能由人民检察院代表国家行使审查起诉的权力,除此以外,其他任何机关、团体和个人都无权行使该项权力。

人民检察院审查案件,应当讯问犯罪嫌疑人,听取辩护人、被害人及其诉讼代理人的意见,并记录在案。辩护人、被害人及其诉讼代理人提出书面意见的,应当附卷。可以要求公安机关提供法庭审判所必需的证据材料;认为可能存在以非法方法收集证据情形的,可以要求其对证据收集的合法性作出说明。

办案人员对案件进行审查后,应当制作审查意见书,根据案件的具体情况,提出起诉或者不起诉以及是否需要提起附带民事诉讼的意见,经审查起诉部门负责人审核,报请检察长或者检察委员会决定。

(三)提起公诉和不起诉

提起公诉,是人民检察院代表国家向被告人提出控告,要求人民法院通过审判追究被告人刑事责任的活动。根据《刑事诉讼法》第176条的规定,人民检察院提起公诉必须具备下列条件:(1)犯罪嫌疑人的犯罪事实已经查清,证据确实、充分。(2)依法应当追究犯罪嫌疑人的刑事责任。(3)属于受诉人民法院管辖。人民检察院作出起诉决定时,应当制作起诉书并向人民法院移送案卷材料、证据。

所谓不起诉,是指人民检察院对于公安机关侦查终结移送起诉的案件和自行侦查的案件进行审查后,认为犯罪嫌疑人的行为不符合起诉条件,而依法作出的不将犯罪嫌疑人提交人民法院进行审判、追究刑事责任的一种处理决定。根据刑事诉讼法的规定,我国的不起诉决定可以分为以下几种:

1. 法定不起诉。根据《刑事诉讼法》第177条第1款的规定,犯罪嫌疑人没有犯罪事实,或者有本法第16条规定的情形之一的,人民检察院应当作出不起诉决定。在这两种情况下,人民检察院没有自由裁量权,只能依法作出不起诉决定。

2. 轻罪不起诉。《刑事诉讼法》第177条第2款规定:"对于犯罪情节轻微,依照刑法规定不需要判处刑罚或者免除刑罚的,人民检察院可以作出不起诉决定。"针对刑事诉讼法规定的情形,人民检察院可以斟酌具体案情和犯罪嫌疑人的具体情况,或者提起公诉,追究犯罪嫌疑人的刑事责任,或者终结诉讼。轻罪不起诉是人民检察院行使起诉裁量权的表现,其条件有二:一是犯罪情节轻微;二是依照刑法规定不需要判处刑罚或者免除刑罚的。这两个条件应当同时具备。犯罪嫌疑人的行为不构成犯罪以及虽构成犯罪但不应当追究其刑事责任的,都不能依此款规定作不起诉处理。

3. 证据不足不起诉。《刑事诉讼法》第175条第4款规定:"对于二次补充侦查的案件,人民检察院仍然认为证据不足,不符合起诉条件的,应当作出不起诉的决定。"根据刑事诉讼法的上述规定,证据不足的不起诉须符合两个条件:一是在程序上,人民检察院在审查起诉中发现案件证据不足,不能径行作出不起诉的处理决定,而必须将案件退回补充侦查,而且必须补充侦查两次;二是在实体上,只有在人民检察院认为证据不足以达到起诉的条件时,才能作出不起诉的处理决定。

(四)自诉

自诉案件,是指享有起诉权的人依法提起刑事诉讼,并由人民法院直接受理的案件。在我国,其是指被害人及其法定代理人或近亲属,为追究被告人的刑事责任,自行向人民法院起诉,由人民法院直接受理的刑事案件。

根据法律规定,提起自诉必须具备以下条件:(1)自诉人是本案的被害人或者其法定代理人、近亲属。(2)案件属于《刑事诉讼法》第210条规定的案件范围。根据《刑事诉讼法》第210条的规定,我国的刑事自诉案件包括三类:一是告诉才处理的案件;二是被害人有证据证明的轻微刑事案件;三是被害人有证据证明对被告人侵犯自己人身、财产权利的行为应当依法追究刑事责任,而公安机关或者人民检察院不予追究被告人刑事责任的案件。(3)案件属于受诉人民法院管辖。(4)有明确的被告人、具体的诉讼请求和能证明被告人犯罪事实的证据。

四、审判

刑事诉讼中的审判,是指人民法院依法对刑事案件进行审理和裁判的诉讼活动。依照刑事诉讼法的规定,我国的刑事审判程序包括第一审程序、第二审程序、死刑复核程序和审判监督程序。

(一)第一审程序

第一审程序是指人民法院对人民检察院提起公诉或者自诉人提起自诉的案件进行初次审判时所采取的程序,是审判第一审案件的方式、方法和应当遵循的顺序等内容的总称。它包括公诉案件的第一审程序和自诉案件的第一审程序。

1. 公诉案件的第一审程序

人民法院对提起公诉的案件进行审查后,对于起诉书中有明确的指控犯罪事实的,应当决定开庭审判。人民法院决定开庭后,应当进行一系列的审判前准备活动,主要是:(1)确定合议庭的组成人员。(2)依法向被告人送达起诉书副本和保证被告人获得辩护。(3)召集公诉人、当事人和辩护人、诉讼代理人,对回避、出庭证人名单、非法证据排除等与审判相关的问题,了解情况,听取意见。(4)依法向人民检察院和诉讼参与人送达开庭通知。(5)将公开审判的案件先期公告。

根据刑事诉讼法的规定,法庭审判分为开庭、法庭调查、法庭辩论、被告人最后陈述、评议和宣判五个阶段。

开庭是法庭审理的开始,是正式进行审判时的准备阶段。根据《刑事诉讼法》第190条和其他有关规定,这一阶段的具体活动内容有:(1)由审判长宣布开庭,并传唤当事人到庭,问明当事人的姓名、年龄、职业、籍贯、住址等。对于没有被逮捕的被告人,经合法传唤无正当理由不到庭的,人民法院可以拘传,强制其到庭。(2)审判长宣布案由,使诉讼参与人和旁听者知道法庭审理的是什么案件,被告人被指控犯有什么罪行。(3)审判长宣布合议庭的组成人员、书记员、公诉人、辩护人、诉讼代理人、鉴定人和翻译人员的名单。(4)告知当事人、法定代理人有权对合议庭的组成人员、书记员、公诉人、鉴定人和翻译人员申请回避。如果当事人、法定代理人提出要求回避的申请,应当问明理由,并依法采取相应的措施。(5)告知被告人享有辩护等诉讼权利。(6)对于不公开审理的案件,应当庭宣布不公开审理的理由。

法庭调查是指审判人员在公诉人和诉讼参与人的参加下,当庭对案件事实和证据进行调查核实的诉讼活动。它是法庭审判的中心环节,主要任务是核实证据以查明案件事实。法庭调查的具体程序和步骤如下:(1)公诉人宣读起诉书。(2)被告人、被害人进行陈述。(3)在被告人、被害人就起诉书的内容陈述后,公诉人可以讯问被告人;被害人、附带民事诉讼的原告人以及辩护人、诉讼代理人,经审判长允许,也可以向被告人发问。(4)询问证人、询问鉴定人。(5)出示物证、宣读作为证据的文书。此外,在法庭审理过程中,当事人和辩护人、诉讼代理人有权申请新的证人到庭,调取新的证据,申请重新鉴定或者勘验;合议庭对于证据有疑问的,可以宣布休庭,对证据进行调查核实。

法庭辩论是在法庭调查的基础上,控诉方与辩护方就案件的事实、证据与法律适用等问题进行相互争论和反驳的一种诉讼活动。根据刑事诉讼法的规定,法庭审理过程中,对与定罪、量刑有关的事实、证据都应当进行调查、辩论。法庭辩论的顺序是,先由公诉人、被害人及其诉讼代理人发言,然后再由被告人、辩护人发言、辩护,并且控辩双方可以互相进行辩论。

《刑事诉讼法》第198条规定,审判长在宣布辩论终结后,被告人有最后陈述的权利。被告人最后陈述不仅是法庭审判中的一个独立的诉讼阶段,也是被告人的一项不可剥夺的诉讼权利,合议庭应为被告人进行最后陈述提供充分的机会。

被告人最后陈述完毕后,审判长应当宣布休庭,由审判人员进行评议和宣判。评议是合议庭的组成人员,对法庭审理情况进行讨论,根据法庭审理查明的事实、证据和有关法律规定,解决被告人有罪还是无罪等实体问题,并对案件作出判决的诉讼活动。宣判可以分为当庭宣判和定期宣判。

2. 自诉案件的第一审程序

自诉案件是指被害人或者其法定代理人,为追究被告人的刑事责任,自行向人民法院提起诉讼,由人民法院直接受理的案件。

人民法院接到自诉人的起诉后,应对案件进行审查以查明:(1)案件是否属于自诉案件范围,是否归本院管辖。(2)被告人的行为是否属于犯罪行为。(3)自诉人的控告是否有足够的证据。人民法院对自诉案件进行审查后,可以根据不同的情况,作出相应的处理:符合立案条件的,予以受理;对不符合立案条件的,人民法院应当在15日以内书面通知自诉人,并说明不予受理的理由。自诉人坚持告诉的,人民法院应当裁定驳回起诉。对于驳回起诉的裁定,自诉人可以上诉。

与公诉案件的审判程序相比,自诉案件的审判程序有以下特点:(1)人民法院对告诉才处理的案件和被害人有证据证明的轻微刑事案件,可以在查明事实、分清是非的基础上进行调解。(2)自诉人在宣告判决前可以同被告人自行和解或者撤回起诉。(3)自诉案件的被告人在诉讼过程中,可以对自诉人提出反诉。

3. 简易程序

简易程序是基层人民法院对某些简单轻微刑事案件进行审判时所采用的,比第一审普通程序简便、快捷的审判程序。

与普通程序相比,简易程序主要具有以下特征:

(1) 只有基层人民法院审判的第一审刑事案件,才可以依法适用简易程序。

(2) 可以适用简易程序审判的案件,包括如下几类:案件事实清楚、证据充分的;被告人承认自己所犯罪行,对指控的犯罪事实没有异议的;被告人对适用简易程序没有异议的。

(3) 适用简易程序,审理程序大大简化。如,适用简易程序审理案件,对可能判处3年有期徒刑以下刑罚的,可以组成合议庭进行审判,也可以由审判员一人独任审判。适用简易程序审理案件,不受刑事诉讼法有关送达期限、讯问被告人、询问证人、鉴定人、出示证据、法庭辩论程序规定的限制。

(二) 第二审程序

第二审程序又称上诉审程序,是第二审人民法院根据上诉人的上诉或者人民检察院的抗诉,就第一审人民法院尚未发生法律效力的判决或裁定认定的事实和适用的法律进行审理时所应当遵循的步骤和方式、方法。它是刑事诉讼中一个独立的诉讼阶段,是一种普通救济程序。

第二审程序并不是审理刑事案件的必经程序,它的运行以上诉或抗诉的提起为前提。所谓上诉,是指当事人及其法定代理人不服第一审法院的判决或裁定,在法定期限内依法定程序提请上级法院重新审理和裁判该案的一种诉讼权利或活动。而抗诉则是指,代表国家行使监督权的人民检察院,对认定有错的第一审法院的判决或裁定,在法定期限内依法定程序提请上级法院重新审理和裁判原案的一种诉讼活动。

根据刑事诉讼法的规定,有权提起上诉的人员是:自诉人、被告人或者他们的法定代理人,以及经被告人同意的辩护人、近亲属,还有附带民事诉讼的当事人及其法定代理人。有权对一审未生效判决、裁定抗诉的机关,是一审人民法院的同级人民检察院。此外,被害人及其法定代理人不服地方各级人民法院第一审的判决的,自收到判决书后5日以内,有权请求人民检察院提出抗诉。对此人民检察院应当立即对请求人的资格、请求的时间和理由进行审查,并自收到请求后5日内作出是否抗诉的决定,答复请求人。

对地方各级人民法院第一审判决、裁定的上诉或者抗诉,应当在法定的上诉或抗诉期间内提出。《刑事诉讼法》第230条规定:不服判决的上诉和抗诉的期限为10日,不服裁定的上诉和抗诉的期限为5日,从接到判决书、裁定书的第二日起算。

《刑事诉讼法》第233条规定:第二审人民法院应当就第一审判决认定的事实和适用法律进行全面审查,不受上诉或者抗诉范围的限制。共同犯罪的案件只有部分被告人上诉的,应当对全案进行审查,一并处理。第二审案件的审理有开庭和调查讯问两种方式。根据《刑事诉讼法》第234条的规定,第二审人民法院对于下列案件,应当组成合议庭,开庭审理:被告人、自诉人及其法定代理人对第一审认定的事实、证据提出异议,可能影响定罪量刑的上诉案件;被告人被判处死刑的上诉案件;人民检察院抗诉的案件;其他应当开庭审理的案件。第二审人民法院决定不开庭审理的,应当讯问被告人,听取其他当事人、辩护人、诉讼代理人的意见。第二审人民法院开庭审理上诉、抗诉案件,可以到案件发生地或者原审人民法院所在地进行。

经审理,第二审人民法院应当按不同情形分别予以处理:(1)原判决认定事实和适用法律正确、量刑适当的,应当裁定驳回上诉或者抗诉,维持原判。(2)原判决认定事实没有错误,但适用法律有错误,或者量刑不当的,应当改判;原判决认定事实没有错误,但适用法律有错误或者量刑不当的,例如混淆了罪与非罪的界限,认定犯罪性质不准、罪名不当,量刑畸轻、畸重,或者重罪轻判,或者轻罪重判等,第二审法院应当撤销原判,重新判决,并在判决中阐明改判的根据和理由。(3)原判决事实不清楚或者证据不足的,可以在查清事实后改判;也可以裁定撤销原判,发回原审人民法院重新审判。原审人民法院对发回重新审判的案件作出判决后,被告人提出上诉或者人民检察院提出抗诉的,第二审人民法院应当依法作出判决或者裁定,不得再发回原审人民法院重新审判。(4)发现一审法院有违反法律规定的诉讼程序的情形的,应当裁定撤销原判,发回原审人民法院重新审判。(5)对于人民检察院抗诉的案件,经第二审人民法院审查后,按照上述规定处理,即第二审人民法院认为原判决认定事实没有错误,但适用法律有错误,或者量刑不当的,应当改判;认为原判决事实不清或者证据不足的,可以在查清事实后改判或者发回重审。其中,对于第二审人民法院直接改判死刑的案件,应当报请最高人民法院核准。

需要注意的是,《刑事诉讼法》第237条规定了第二审程序中的上诉不加刑原则,是指人民法院审判被告人或者他的法定代理人、辩护人、近亲属上诉的案件,不得加重被告人的刑罚。第二审人民法院发回原审人民法院重新审判的案件,除有新的犯罪事实,人民检察院补充起诉的以外,原审人民法院也不得加重被告人的刑罚。当然,对于人民检察院提出抗诉或者自诉人提出上诉的案件,如果原判决确实量刑过轻,第二审人民法院就不受上诉不加刑原则的限制,可以改判加重被告人的刑罚。

(三)死刑复核程序

死刑复核程序是人民法院对判处死刑的案件进行审查核准所应遵循的特别审判程序。

按照两审终审的原则,一般的刑事案件,凡是已过法定期限没有上诉、抗诉的一审判决和裁定,或者提起上诉、抗诉以后的第二审判决和裁定,都是发生法律效力的判决和裁定,应该交付执行。但与此不同的是,死刑复核程序是死刑案件必经的终审程序。具体而言,就是判处死刑的一审判决和裁定,即使已过法定期限没有上诉、抗诉,或者是二审的判决和裁定,都不是生效的判决和裁定。即一切判处死刑案件的判决和裁定,都只有经过核准后才能发生法律效力和交付执行。

刑事诉讼法对死刑案件的复核问题作了明确的原则性规定:死刑由最高人民法院核准。中级人民法院判处死刑的第一审案件,被告人不上诉的,应当由高级人民法院复核后报请最高人民法院核准。高级人民法院不同意判处死刑的,可以提审或者发回重新审判。高级人民法院判处死刑的第一审案件被告人不上诉的,以及判处死刑的第二审案件,都应当报请最高人民法院核准。中级人民法院判处死刑缓期二年执行的案件,由高级人民法院核准。最高人民法院复核死刑案件,高级人民法院复核死刑缓期执行的案件,应当由审判员 3 人组成合议庭进行。最高人民法院复核死刑案件,应当作出核准或者不核准死刑的裁定。对于不核准死刑的,最高人民法院可以发回重新审判或者予以改判。最高人民法院复核死刑案件,应当讯问被告人,辩护律师提出要求的,应当听取辩护律师的意见。在复核死刑案件过程中,最高人民检察院可以向最高人民法院提出意见。最高人民法院应当将死刑复核结果通报最高人民检察院。

(四) 审判监督程序

审判监督程序,又称再审程序,是指人民法院、人民检察院对已经发生法律效力的判决和裁定,在认定事实或适用法律上确有错误时,予以提出并对案件进行重新审判的一种诉讼程序。

审判监督程序只是对于那些已经发生法律效力而又确有错误的判决、裁定而采用的,并不是每个刑事案件都必须经过的诉讼程序,是一种对错误判决、裁定进行纠正的补救性程序。

根据《刑事诉讼法》第 252 条、第 253 条的规定,当事人及其法定代理人、近亲属,对已经发生法律效力的判决、裁定,可以向人民法院或者人民检察院提出申诉。申诉具有以下五种情形之一的,人民法院应当重新审判:

(1) 有新的证据证明原判决、裁定认定的事实确有错误,可能影响定罪量刑的;(2) 据以定罪量刑的证据不确实、不充分、依法应当予以排除,或者证明案件事实的主要证据之间存在矛盾的;(3) 原判决、裁定适用法律确有错误的;(4) 违反法律规定的诉讼程序,可能影响公正审判的;(5) 审判人员在审理该案件的时候,有贪污受贿,徇私舞弊,枉法裁判行为的。

《刑事诉讼法》第 254 条对有权提起审判监督程序的机关、人员及其权限作了明确规定:(1) 各级人民法院院长对本院已经发生法律效力的判决和裁定,如果发现在认定事实上或者在适用法律上确有错误,必须提交审判委员会处理。(2) 最高人民法院对各级人民法院已经发生法律效力的判决和裁定,上级人民法院对下级人民法院已经发生法律效力的判决和裁定,如果发现确有错误,有权提审或指令下级人民法院再审。(3) 最高人民检察院对各级人民法院已经发生法律效力的判决和裁定,上级人民检察院对下级人民法院已经发生法律效力的判决和裁定,如果发现确有错误,有权按照审判监督程序向同级人民法院提出抗诉。

人民法院按照审判监督程序重新审理案件,除人民检察院抗诉的外,应制作再审裁定书。依照审判监督程序重审时,由原审人民法院审理的,应当依法另行组成合议庭进行。人民法院理审理案件,应当在作出提审、再审决定之日起 3 个月内审结。需要延长期限的,不得超过 6 个月。经过审理,应当区别情形作出相应的处理:

(1) 原判决、裁定认定事实和适用法律正确、量刑适当的,应当裁定驳回申诉或者抗诉,维持原判。

(2) 原判决、裁定认定事实没有错误,但适用法律有错误,或者量刑不当的,应当判决撤销原判,予以改判。如果是按照第二审程序审理的案件,认为必须判处被告人死刑的,应当发回第一审人民法院重新审判或者指定有管辖权的人民法院依照第一审程序重新审判。

(3) 应当对被告人实行数罪并罚的案件,原判决、裁定没有分别定罪量刑的,应当撤销原裁判,重新定罪量刑并决定执行的刑罚。

(4) 原判决、裁定事实不清,证据不足的,经过再审查清事实的,应当依法作出判决。

(5) 原判决、裁定事实不清,证据不足的,应当作出证据不足,指控的犯罪不能成立的无罪判决。

需要注意的是,再审的审理方式和审判程序依照原来案件的审级予以确定。即如果原来是第一审案件,应当依照第一审程序进行审判,所作的判决、裁定可以上诉、抗诉;如果原来是第二审案件,或者是上级人民法院提审的案件,应当依照第二审程序进行审判,所作的判决、裁定,是终审的判决、裁定。

五、执行

刑事诉讼中的执行,是指公安司法机关和法律授权的其他组织,依照法定程序将已经发生法律效力的判决、裁定所确定的刑罚等内容付诸实施,以及解决实施过程中出现的特定问题而进行的各种活动。

(一) 各类判决、裁定的执行

1. 宣告无罪和免除刑事处罚判决的执行程序

《刑事诉讼法》第 260 条规定:第一审人民法院判决被告人无罪、免除刑事处罚的,如果被告人在押,在审判后应当立即释放。人民法院应当立即通知公安机关,由公安机关的看守所填发《释放证明书》。

2. 判处死刑立即执行判决的执行程序

(1) 签发执行死刑的命令。《刑事诉讼法》第 261 条规定:最高人民法院判处和核准的死刑立即执行的判决,应当由最高人民法院院长签发执行死刑的命令。执行死刑命令应按照统一样式填写,然后由院长签名,并加盖人民法院印章。

(2) 执行死刑的机关和时限。最高人民法院院长签发的执行死刑命令,均由高级人民法院交付原审人民法院执行。原审人民法院接到执行死刑命令后,应当在 7 日以内执行。执行死刑,由人民法院指派的审判人员指挥,人民检察院指派的人员临场监督。

(3) 对有法定应当停止执行死刑情形的判决的处理。在执行前如果发现有下列情形之一的,应当停止执行,并且立即报告核准死刑的人民法院,由其作出裁定:判决可能有错误的;罪犯揭发重大犯罪事实或者有其他重大立功表现,可能需要改判的;罪犯正在怀孕的。

(4) 执行死刑的方法和场所。死刑采用枪决或者注射等方法执行。死刑可以在刑场或者指定的羁押场所内执行。

(5) 其他规定。被判处死刑的罪犯可以在被执行死刑前同其近亲属会见。执行死刑应对罪犯验明正身并作必要的讯问。执行死刑应当公布,不应示众。

3. 判处死刑缓期二年执行、无期徒刑、有期徒刑判决的执行程序

被判处死刑缓期二年执行、无期徒刑、有期徒刑的罪犯,应当由交付执行的人民法院在判决生效后10日以内将有关的法律文书送达公安机关、监狱或者其他执行机关,由公安机关依法将该罪犯送交监狱执行刑罚。公安机关应当自收到上述文件之日起1个月内将该罪犯送交监狱执行刑罚。对被判处有期徒刑的罪犯,在被交付执行刑罚前,剩余刑期在3个月以下的,由看守所代为执行。

判处有期徒刑的罪犯,以及原判死缓、无期徒刑经依法减刑改判为有期徒刑的罪犯,执行期满,监狱应当按期释放并发给释放证明书。

4. 判处拘役的判决的执行程序

《刑事诉讼法》第264条第2款规定,对于被判处拘役的罪犯,由公安机关执行。《刑法》第43条第1款还规定:被判处拘役的犯罪分子,由公安机关就近执行。

5. 对未成年犯判处徒刑、拘役判决的执行

《刑事诉讼法》第264条第3款规定:对未成年犯应当在未成年犯管教所执行刑罚。

《监狱法》第76条规定,未成年犯年满18周岁时,剩余刑期不超过2年的,仍可以留在未成年犯管教所执行剩余刑期。

6. 判处管制、拘役缓刑和有期徒刑缓刑判决的执行程序

《刑事诉讼法》第269条规定:"对被判处管制、宣告缓刑、假释或者暂予监外执行的罪犯,依法实行社区矫正,由社区矫正机构负责执行。"社区矫正是非监禁刑罚执行方式,是指将符合法定条件的罪犯置于社区内,由专门的国家机关在相关社会团体、民间组织和社会志愿者的协助下,在判决、裁定或决定确定的期限内,矫正其犯罪心理和行为恶习,促进其顺利回归社会的非监禁刑罚执行活动。司法行政机关负责指导管理、组织实施社区矫正工作。对于适用社区矫正的罪犯,人民法院、公安机关、监狱应当核实其居住地,在向其宣判时或者在其离开监所之前,书面告知其到居住地县级司法行政机关报到的时间期限以及逾期报到的后果。社区矫正人员应当自人民法院判决、裁定生效之日或者离开监所之日起10日内到居住地县级司法行政机关报到。县级司法行政机关应当及时为其办理登记接收手续,并告知其3日内到指定的司法所接受社区矫正。司法所应当为社区矫正人员确定专门的矫正小组,制定矫正方案,建立社区矫正执行档案。社区矫正人员应当定期向司法所报告。社区矫正人员应当参加学习活动、参加社区服务。

《刑法》第76条规定,被宣告缓刑的罪犯,在缓刑考验期限内,如果没有该法第77条规定的应当撤销缓刑的情形,缓刑考验期满,原判的刑罚就不再执行,并公开予以宣告。

7. 判处剥夺政治权利判决的执行程序

《刑事诉讼法》第270条规定:"对被判处剥夺政治权利的罪犯,由公安机关执行。"……人民法院对于判处剥夺政治权利的,应当及时将执行通知书、判决书一并送

达执行地的县级公安机关和人民检察院,由公安机关执行。公安机关在执行时应向其所在单位或者居住地群众宣布犯罪事实、剥夺政治权利的期限和应当遵守的规定。剥夺政治权利的期限届满时,由县级公安机关向本人和其所在单位或者居住地的群众宣布解除管制或者恢复政治权利。

8. 判处罚金和没收财产判决的执行程序

判处罚金和没收财产,无论是附加适用或者独立适用,都由人民法院执行。

人民法院执行没收财产的判决,必要时可以会同公安机关进行。在没收财产时,不得没收属于罪犯家属所有或者应有的财产;对于没收财产以前罪犯所负的正当债务,需要以没收的财产偿还的,经债权人请求,人民法院应当裁定用没收的财产偿还。

(二) 变更执行程序

变更执行,是指刑罚执行机关对于发生法律效力的刑事判决和裁定在交付执行过程中,由于出现了法定的情形,依照法定程序变更执行的内容和方法。具体而言,包括死刑缓期二年执行的变更、监外执行、减刑、假释等。

1. 死刑缓期二年执行的变更。《刑事诉讼法》第261条第2款规定:被判处死刑缓期二年执行的罪犯,在死刑缓期执行期间,如果没有故意犯罪,死刑缓期执行期满,应当予以减刑的,由执行机关提出书面意见,报请高级人民法院裁定;如果故意犯罪,查证属实,应当执行死刑,由高级人民法院报请最高人民法院核准。

2. 监外执行。这是对本应在监狱或者其他执行机关内执行的罪犯,由于有某种法定的特殊情形,而将其暂时放在监外,由其居住地的公安机关负责执行判处的刑罚的一种执行制度。

3. 减刑。这是指被判处管制、拘役、有期徒刑或者无期徒刑的罪犯,实际执行一定刑期以后,确有悔改或立功表现,可以依法减轻其刑罚的制度。

4. 假释。这是指被判处有期徒刑或者无期徒刑的罪犯,实际执行一定刑期以后,确有悔改表现,不致再危害社会,将其附条件地予以提前释放的制度。

六、特别程序

(一) 未成年人刑事案件诉讼程序

1. 未成年人刑事案件诉讼程序的含义

未成年人刑事案件是指已满14周岁不满18周岁的人实施了危害社会,依照刑法规定应受刑事处罚的行为所引起的刑事案件。未成年人刑事案件诉讼程序,是指公安司法机关在诉讼参与人的参加下,追究未成年犯罪嫌疑人、被告人刑事责任,应当遵守的特殊的诉讼程序。未成年人正处在成长发育时期,思想观念没有定型,可塑性大,是我国公民中的特殊群体。为了保护未成年人利益,刑事诉讼法设立了专门的未成年人刑事案件诉讼程序。

2. 未成年人刑事案件诉讼程序的特有原则和制度

(1) 教育为主、惩罚为辅的原则。《刑事诉讼法》第277条第1款规定:"对犯罪的未成年人实行教育、感化、挽救的方针,坚持教育为主、惩罚为辅的原则。"未成年人犯罪的动机相对简单，犯罪行为带有很大的盲目性和随意性，很多是由于意志薄弱或者情感冲动造成的，主观恶性不深。因此，公安司法人员在处理未成年人刑事案件的诉讼过程中，对违法犯罪的未成年人要通过采取教育、感化的措施使其分清是非、认识其罪行的社会危害性，促使其悔罪服法，重新做人，以达到挽救目的。

（2）保障未成年犯罪嫌疑人、被告人诉讼权利原则。人民法院、人民检察院和公安机关办理未成年人刑事案件，应当保障未成年人行使其诉讼权利。

保障未成年犯罪嫌疑人、被告人诉讼权利原则具体体现为一些特别的诉讼程序。第一，对未成年犯罪嫌疑人、被告人实行强制辩护。未成年犯罪嫌疑人、被告人没有委托辩护人的，人民法院、人民检察院、公安机关应当通知法律援助机构指派律师为其提供辩护。第二，规定了办案人员专业化。未成年犯罪嫌疑人、被告人案件由熟悉未成年人身心特点的审判人员、检察人员、侦查人员承办。第三，讯问和审判未成年人时须有合适的成年人在场。在讯问和审判的时候，应当通知未成年犯罪嫌疑人、被告人的法定代理人到场。无法通知、法定代理人不能到场或者法定代理人是共犯的，也可以通知未成年犯罪嫌疑人、被告人的其他成年亲属，所在学校、单位、居住地基层组织或者未成年人保护组织的代表到场，并将有关情况记录在案。到场的法定代理人可以代为行使未成年犯罪嫌疑人、被告人的诉讼权利。到场的法定代理人或者其他人员认为办案人员在讯问、审判中侵犯未成年人合法权益的，可以提出意见。讯问笔录、法庭笔录应当交给到场的法定代理人或者其他人员阅读或者向他宣读。讯问女性未成年犯罪嫌疑人，应当有女工作人员在场。审判未成年人刑事案件，未成年被告人最后陈述后，其法定代理人可以进行补充陈述。

（3）全面调查原则。《刑事诉讼法》第279条规定："公安机关、人民检察院、人民法院办理未成年人刑事案件，根据情况可以对未成年犯罪嫌疑人、被告人的成长经历、犯罪原因、监护教育等情况进行调查。"公安司法人员对未成年人刑事案件在侦查、审查起诉、审判的各个阶段，既要对案件事实和证据进行调查，又要对未成年人的生理、心理特征、性格特点以及对社会环境的依存关系进行调查。

（4）分案处理原则。分案处理原则是指在刑事诉讼中公安司法机关对未成年人刑事案件与成年人刑事案件实行诉讼程序分离，分别关押，分别执行的原则。分案处理原则包含以下内容：公安司法机关在处理未成年人与成年人共同犯罪案件或者牵连的案件时，在不妨碍案件审理的前提下，应当分开处理。对被拘留、逮捕和执行刑罚的未成年人与成年人应当分别关押、分别管理、分别教育。

（5）限制适用逮捕措施原则。《刑事诉讼法》第280条规定，对未成年犯罪嫌疑人、被告人应当严格限制适用逮捕措施。人民检察院审查批准逮捕和人民法院决定逮捕，应当讯问未成年犯罪嫌疑人、被告人，听取辩护律师的意见。"严格限制适用逮捕措施"是指对未成年犯罪嫌疑人、被告人应当尽量不适用逮捕措施，可捕可不捕的不捕。"应当讯问未成年犯罪嫌疑人、被告人，听取辩护律师的意见"是指人民检察院审查批准逮捕和人民法院决定逮捕时，不仅必须讯问犯罪嫌疑人、被告人，还需要听取犯罪嫌疑人、被告人辩护律师的意见。

(6) 附条件不起诉制度。《刑事诉讼法》第 282 条第 1 款规定:"对于未成年人涉嫌刑法分则第四章、第五章、第六章规定的犯罪,可能判处一年有期徒刑以下刑罚,符合起诉条件,但有悔罪表现的,人民检察院可以作出附条件不起诉的决定。人民检察院在作出附条件不起诉的决定以前,应当听取公安机关、被害人的意见。"第 3 款规定:"未成年犯罪嫌疑人及其法定代理人对人民检察院决定附条件不起诉有异议的,人民检察院应当作出起诉的决定。"

附条件不起诉与法定不起诉、证据不足不起诉、相对不起诉均存在明显区别。第一,适用对象的区别。附条件不起诉的适用对象限定为未成年人,其他几种不起诉没有对象限制。第二,适用的案件范围不同。附条件不起诉适用的案件限定为涉嫌刑法分则第四章、第五章、第六章规定的犯罪,可能判处 1 年有期徒刑以下刑罚的案件;法定不起诉适用于犯罪嫌疑人有《刑事诉讼法》第 16 条规定的情形之一的案件;证据不足不起诉适用的案件范围是经补充侦查仍不符合起诉条件的案件。

附条件不起诉有一个考验期,考验期为 6 个月以上 1 年以下,从人民检察院作出附条件不起诉的决定之日起计算。在附条件不起诉的考验期内,由人民检察院对被附条件不起诉的未成年犯罪嫌疑人进行监督考察。未成年犯罪嫌疑人的监护人,应当对未成年犯罪嫌疑人加强管教,配合人民检察院做好监督考察工作。被附条件不起诉的未成年犯罪嫌疑人,应当遵守下列规定:遵守法律法规,服从监督;按照考察机关的规定报告自己的活动情况;离开所居住的市、县或者迁居,应当报经考察机关批准;按照考察机关的要求接受矫治和教育。被附条件不起诉的未成年犯罪嫌疑人,在考验期内有下列情形之一的,人民检察院应当撤销附条件不起诉的决定,提起公诉:实施新的犯罪或者发现决定附条件不起诉以前还有其他犯罪需要追诉的;违反治安管理规定或者考察机关有关附条件不起诉的监督管理规定,情节严重的。被附条件不起诉的未成年犯罪嫌疑人,在考验期内没有上述情形,考验期满的,人民检察院应当作出不起诉的决定。

(7) 不公开审理制度。审判的时候被告人不满 18 周岁的案件,不公开审理。但是,经未成年被告人及其法定代理人同意,未成年被告人所在学校和未成年人保护组织可以派代表到场。

(8) 未成年人犯罪记录封存制度。未成年人犯罪记录封存又称前科消灭、前科封存,是对曾经受过有罪宣告的未成年人,当其具备条件时,由相关部门封存其犯罪记录,以减少社会对其的歧视的制度。在《刑法修正案(八)》免除被判处 5 年以下刑罚未成年犯罪人的前科报告义务的基础之上,《刑事诉讼法》第 286 条正式确定了未成年人犯罪记录封存制度。《刑事诉讼法》第 286 条规定,犯罪的时候不满 18 周岁,被判处 5 年有期徒刑以下刑罚的,应当对相关犯罪记录予以封存。犯罪记录被封存的,不得向任何单位和个人提供,但司法机关为办案需要或者有关单位根据国家规定进行查询的除外。依法进行查询的单位,应当对被封存的犯罪记录的情况予以保密。该制度对未成年犯的复学、就业以及保证其顺利回归社会具有重要现实意义。

(二) 当事人和解的公诉案件诉讼程序

1. 当事人和解的概念

当事人和解是指特定刑事案件的加害方与被害方在自愿、平等的基础上,自行或者经由第三方进行对话、协商,加害方通过赔偿损失、赔礼道歉等形式取得被害方谅解和宽恕并达成和解协议,以获得撤回起诉或从轻处理结果。

2. 当事人和解的案件范围和条件

《刑事诉讼法》第288条规定,下列公诉案件,犯罪嫌疑人、被告人真诚悔罪,通过向被害人赔偿损失、赔礼道歉等方式获得被害人谅解,被害人自愿和解的,双方当事人可以和解:因民间纠纷引起,涉嫌刑法分则第四章、第五章规定的犯罪案件,可能判处3年有期徒刑以下刑罚的;除渎职犯罪以外的可能判处7年有期徒刑以下刑罚的过失犯罪案件。据此,当事人和解适用的案件严格限定为因民间纠纷引起,涉嫌侵犯人身权利、民主权利、侵犯财产权,可能判处3年有期徒刑以下刑罚的案件,以及除渎职犯罪以外的可能判处7年有期徒刑以下刑罚的过失犯罪案件。但是犯罪嫌疑人、被告人在5年以内曾经故意犯罪的,不适用和解。当事人和解的条件是:(1)犯罪嫌疑人、被告人真诚悔罪;(2)通过向被害人赔偿损失、赔礼道歉等方式获得被害人谅解;(3)被害人自愿和解。

3. 当事人和解的方式、程序和结果

根据《刑事诉讼法》第288条的规定,当事人和解的方式为犯罪嫌疑人、被告人向被害人赔偿损失、赔礼道歉等获得被害人谅解。《刑事诉讼法》第289条规定:"双方当事人和解的,公安机关、人民检察院、人民法院应当听取当事人和其他有关人员的意见,对和解的自愿性、合法性进行审查,并主持制作和解协议书。"当事人之间的和解应该是在公安机关、检察机关或是法院的主持下进行,不允许双方当事人之间"私了",强调公安机关、人民检察院、人民法院对和解的自愿性、合法性进行审查。《刑事诉讼法》第290条规定:"对于达成和解协议的案件,公安机关可以向人民检察院提出从宽处理的建议。人民检察院可以向人民法院提出从宽处罚的建议;对于犯罪情节轻微,不需要判处刑罚的,可以作出不起诉的决定。人民法院可以依法对被告人从宽处罚。"需要注意的是,对达成和解协议的,并不必然会导致从轻处理,只是可能从轻。

(三) 缺席审判程序

1. 缺席审判程序的概念

缺席审判程序,是指在特定刑事案件中,当被告人因潜逃、严重疾病、死亡等原因未到庭接受审判时,人民法院根据控诉方的起诉对案件进行审理,依法追究缺席被告人刑事责任的一种特殊审判程序。由缺席审判程序形成的判决,称为缺席判决。

2. 缺席审判程序的适用条件

与普通刑事诉讼程序相比,缺席审判程序中被告人未亲自出庭,若适用不当,将会损害被告人的诉讼权利,影响审判的公正性,因此应当严格限定缺席审判的适用条件。按照《刑事诉讼法》的相关规定,缺席审判程序的适用包括三种情形:

(1) 犯罪嫌疑人、被告人潜逃境外的缺席审判。《刑事诉讼法》第291条第1款规

定:"对于贪污贿赂犯罪案件,以及需要及时进行审判,经最高人民检察院核准的严重危害国家安全犯罪、恐怖活动犯罪案件,犯罪嫌疑人、被告人在境外,监察机关、公安机关移送起诉,人民检察院认为犯罪事实已经查清,证据确实、充分,依法应当追究刑事责任的,可以向人民法院提起公诉。人民法院进行审查后,对于起诉书中有明确的指控犯罪事实,符合缺席审判程序适用条件的,应当决定开庭审判。"此为严格意义上的缺席审判。

(2) 被告人患有严重疾病的缺席审判。《刑事诉讼法》第296条规定:"因被告人患有严重疾病无法出庭,中止审理超过六个月,被告人仍无法出庭,被告人及其法定代理人、近亲属申请或者同意恢复审理的,人民法院可以在被告人不出庭的情况下缺席审理,依法作出判决。"此种类型的缺席审判集中体现了诉讼及时性原则,以尽早案结事了,实现诉讼效益。

(3) 审理中被告人死亡的缺席审判。《刑事诉讼法》第297条第1款规定:"被告人死亡的,人民法院应当裁定终止审理,但有证据证明被告人无罪,人民法院经缺席审理确认无罪的,应当依法作出判决。"此种类型的缺席审判旨在贯彻司法公正的要求。一般而言,对于被告人死亡的案件,人民法院应当裁定终止审理,但是对于有证据证明被告人无罪的案件,裁定终止审理对被告人而言有失公允,因此人民法院应当继续审理后依法作出无罪判决。

3. 犯罪嫌疑人、被告人潜逃境外的缺席审判的程序

(1) 程序启动。缺席审判案件与普通刑事案件的程序设置基本相似,均需要经过监察机关调查或公安机关侦查、检察机关审查起诉以及人民法院审理。因此,监察机关或者公安机关不能直接向人民法院提出缺席审判申请,而应当将案件移送至检察机关进行审查起诉,由检察机关决定是否向人民法院提起公诉。

(2) 审理程序。对于人民检察院提起公诉适用缺席审判的案件,人民法院应当审查起诉书中是否有明确的指控犯罪事实,以及是否符合缺席审判程序的适用条件。经过审查,认为起诉书中有明确的指控事实,符合缺席审判适用条件的,应当决定开庭审理。

(3) 救济程序。根据《刑事诉讼法》第295条的规定,在一定条件下,被告人享有重新审判权、程序异议权和进行财产救济的权利。

(四) 犯罪嫌疑人、被告人逃匿、死亡案件违法所得的没收程序

1. 违法所得没收程序的概念

违法所得没收程序,是指对于贪污贿赂犯罪、恐怖活动犯罪等重大犯罪案件,犯罪嫌疑人、被告人逃匿或者死亡,人民检察院可以向人民法院提出没收违法所得的申请,由人民法院进行审理,并依法作出是否没收的裁定的特别诉讼程序。它是一种在刑事诉讼法中设置的定罪与违法所得分离处理的特别程序,只针对赃款、赃物或犯罪所得的审理,不涉及犯罪嫌疑人、被告人的定罪量刑的审理,与普通诉讼程序中的缺席审判制度有根本的区别。在2012年《刑事诉讼法》修正前,由于追缴违法所得程序附属于普通的刑事定罪程序,对于潜逃未到案的犯罪嫌疑人、被告人所拥有的违法所

得,即使侦查机关已采取了查封、冻结或扣押等法律措施,也没有任何机关有权在犯罪嫌疑人、被告人缺席法庭审判的情况下对其违法所得进行处置。违法所得没收程序解决了原普通刑事诉讼没收程序中无法克服的法律障碍,专门规定了犯罪嫌疑人、被告人潜逃一定时间或死亡时,检察机关可以启动特别没收程序。

2. 违法所得没收程序的启动

《刑事诉讼法》第 298 条规定,对于贪污贿赂犯罪、恐怖活动犯罪等重大犯罪案件,犯罪嫌疑人、被告人逃匿,在通缉一年后不能到案,或者犯罪嫌疑人、被告人死亡,依照刑法规定应当追缴其违法所得及其他涉案财产的,人民检察院可以向人民法院提出没收违法所得的申请。公安机关认为有前款规定情形的,应当写出没收违法所得意见书,移送人民检察院。

没收违法所得程序针对的案件为贪污贿赂犯罪、恐怖活动犯罪等重大犯罪案件。必须在犯罪嫌疑人、被告人逃匿,通缉一年后不能到案,或者犯罪嫌疑人、被告人死亡的,才可以启动该程序。但是,即使符合这些条件,也并非一定要启动该程序。人民检察院可以根据现实情况,选择是否提出没收违法所得的申请或继续通缉犯罪嫌疑人、被告人。

该程序的启动必须符合一定的证据要求。没收违法所得的申请应当提供与犯罪事实、违法所得相关的证据材料,并列明财产的种类、数量、所在地及查封、扣押、冻结的情况。

3. 没收违法所得案件的审理

《刑事诉讼法》第 299 条第 1 款规定,没收违法所得的申请,由犯罪地或者犯罪嫌疑人、被告人居住地的中级人民法院组成合议庭进行审理。这主要是考虑到犯罪地便于人民法院调查、核实证据,而犯罪嫌疑人、被告人居住地往往是违法所得所在地。

《刑事诉讼法》第 299 条第 2 款规定,人民法院受理没收违法所得的申请后,应当发出公告。公告期间为 6 个月。犯罪嫌疑人、被告人的近亲属和其他利害关系人有权申请参加诉讼,也可以委托诉讼代理人参加诉讼。该条第 3 款规定,人民法院在公告期满后对没收违法所得的申请进行审理。利害关系人参加诉讼的,人民法院应当开庭审理。

4. 没收违法所得案件的裁定及救济

人民法院经审理,对经查证属于违法所得及其他涉案财产,除依法返还被害人的以外,应当裁定予以没收;对不属于应当追缴的财产的,应当裁定驳回申请,解除查封、扣押、冻结措施。对于人民法院依照规定作出的裁定,犯罪嫌疑人、被告人的近亲属和其他利害关系人或者人民检察院可以提出上诉、抗诉。在审理过程中,在逃的犯罪嫌疑人、被告人自动投案或者被抓获的,人民法院应当终止审理。没收犯罪嫌疑人、被告人财产确有错误的,应当予以返还、赔偿。

(五)依法不负刑事责任的精神病人的强制医疗程序

我国《刑法》第 18 条第 1 款规定,精神病人在不能辨认或者控制自己行为的时候造成危害结果,经法定程序鉴定确定的,不负刑事责任。但是,考虑到精神病人的特殊性,倘若不加妥善管理,他们很可能会继续危害社会,因此,《刑法》第18条第1款同时规定,对于符合法定条件的精神病人实施犯罪行为的,应当责令他的家属或者监护人严加看管和医疗;必要的时候,由政府强制医疗。但由于缺乏有力的保障措施,在实践中可能出现以下几种情形:一是被免予刑事处罚的精神病人被遗弃在家中或者社会上,因缺乏有效的看管和治疗而对社会造成新的危害;二是公安、检察机关可能基于其造成的严重后果而不启动鉴定程序,造成"被不精神病"并最终对其处以刑罚;三是公安机关自行启动并决定强制治疗,导致精神正常的群众"被精神病"的情况。因此,《刑事诉讼法》增加了依法不负刑事责任的精神病人的强制医疗程序。

1. 强制医疗的适用条件

《刑事诉讼法》第302条规定,实施暴力行为,危害公共安全或者严重危害公民人身安全,经法定程序鉴定依法不负刑事责任的精神病人,有继续危害社会可能的,可以予以强制医疗。对精神病人实施强制医疗必须同时满足三个条件:一是行为人实施了暴力行为,严重危害社会公共安全或者公民人身安全;二是行为人具有严重的人身危险性,有继续危害社会可能;三是符合医学上的精神病成立标准,经法定程序鉴定确认属于不具有刑事责任能力的精神病人。

2. 强制医疗的决定主体

《刑事诉讼法》第303条规定,对精神病人强制医疗的,由人民法院决定。公安机关发现精神病人符合强制医疗条件的,应当写出强制医疗意见书,移送人民检察院。对于公安机关移送的或者在审查起诉过程中发现的精神病人符合强制医疗条件的,人民检察院应当向人民法院提出强制医疗的申请。人民法院在审理案件过程中发现被告人符合强制医疗条件的,可以作出强制医疗的决定。据此,只有人民法院有权决定强制医疗,除人民法院以外的其他任何机构都无权作出强制医疗的决定。但是,对实施暴力行为的精神病人,在人民法院决定强制医疗前,公安机关可以采取临时的保护性约束措施。法院作出强制医疗的决定,既可以依人民检察院的申请,也可以自行主动作出。

3. 强制医疗的审理程序

人民法院受理强制医疗的申请后,应当组成合议庭进行审理。人民法院审理强制医疗案件,应当通知被申请人或者被告人的法定代理人到场。被申请人或者被告人没有委托诉讼代理人的,人民法院应当通知法律援助机构指派律师为其提供法律帮助。人民法院经审理,对于被申请人或者被告人符合强制医疗条件的,应当在一个月以内作出强制医疗的决定。

4. 对强制医疗的救济

被决定强制医疗的人、被害人及其法定代理人、近亲属对强制医疗决定不服的,可以向上一级人民法院申请复议。

5. 强制医疗的终止

强制医疗机构应当定期对被强制医疗的人进行诊断评估。对于已不具有人身危险性,不需要继续强制医疗的,应当及时提出解除意见,报决定强制医疗的人民法院批准。被强制医疗的人及其近亲属有权申请解除强制医疗。

思 考 题

被告人袁某,男,35岁,原系北京市海淀区一造鞋厂工人。被告人邵某,女,20岁,原系四川省成都市某县农民。袁某与邵某在一次偶然的机会中在北京相识,后两人越来越熟,都想找一条容易赚钱的途径,经反复考虑,二人认为想来北京打工的人很多,可以采取欺骗的手段,以帮人介绍工作为名拐骗女青年。后由邵某出面,先后在成都火车站拐骗15岁至22岁的女青年18人,交由袁某卖往江苏、山东、河南等地,共得赃款2万余元。同时,在拐卖过程中,邵某还怂恿、帮助袁某先后将被拐骗的8名女青年强奸。后根据群众举报,海淀区公安分局在袁某、邵某再一次行骗时当场将二人抓获。在侦查期间,侦查机关发现邵某已怀孕四个月,便让她做了人工流产。

一审法院公开审理了此案,经审理证实本案的事实清楚,证据确实充分,二被告人也供认不讳,故依法以拐卖妇女罪判处袁某、邵某二人死刑缓期二年执行,剥夺政治权利终身。袁某不服此判,向上一级人民法院上诉,一审法院将有关袁某的卷宗材料移送给二审法院。二审法院经书面审理后,改判袁某死刑。

问:1. 本案的立案管辖权和审判级别管辖应如何确定?
2. 本案的一审法院应当是哪个人民法院?
3. 本案在诉讼程序上有哪些错误?

推荐阅读书目

1. 陈光中:《21世纪域外刑事诉讼立法最新发展》,中国政法大学出版社2004年版。
2. 卞建林:《诉讼法学研究》(多卷本),中国检察出版社。
3. 陈瑞华:《刑事审判原理论》,北京大学出版社1997年版。

主要参考文献

1. 姚莉:《刑事诉讼法学》,中国法制出版社2006年版。
2. 陈光中、徐静村:《刑事诉讼法学》,中国政法大学出版社2010年版。
3. 陈卫东:《2012刑事诉讼法修改条文理解与适用》,中国法制出版社2012年版。
4. 〔美〕乔恩·R. 华尔兹:《刑事证据大全》,何家弘等译,中国人民公安大学出版社1993年版。

第六章 民 法

学习目标

1. 掌握民法的概念、体系及主要内容；
2. 掌握民事主体和民事法律行为；
3. 掌握民事代理和诉讼时效制度；
4. 掌握物权法、合同法、知识产权法、人身权法、亲属法、继承法的精神和主要内容；
5. 掌握民事责任的构成要件等。

基本概念

民法；民事主体；民事法律行为；诉讼时效；物权法；合同法；知识产权法；人身权法；亲属法；继承法；民事责任

第一节 民法概述

一、民法的概念和基本原则

（一）民法的概念

民法，是一个仅次于宪法的重要法律部门。一般认为，民法是指调整平等主体间的人身关系和财产关系的法律规范的总称。

"民法"一词来源于罗马法中的市民法，取其调整私人之间的权利义务关系的含义。罗马法是罗马奴隶制法律规范的总称，罗马时代的法学家将法律分为三种：自然法、市民法（ius civile）和万民法。欧洲中世纪以来，随着法典化运动的展开，市民法的拉丁语表述被作为法典名称。

在汉语中，近现代意义上的"民法"源自日本。日本明治维新后，箕作麟祥在制定民法典时把法语中的"droit civil"翻译为"民法"。[①] 在我国清朝末年，清政府任命沈家本等人为修订法律大臣，聘请日本学者松冈义正等人起草民法，于1911年完成《大

[①] 参见梅仲协：《民法要义（总则编）》，上海昌明书店1947年版，第9页。

清民律草案》,民法一词遂为我国法律所采用。

要了解什么是民法,得先了解民法的调整对象。法律的调整对象就是法律所调整的社会关系。不同的法律部门的区别在于其所调整的社会关系性质的不同。社会关系从主体地位的角度看,可以分为横向的和纵向的两种,主体地位平等的社会关系是横向社会关系,主体地位不平等的社会关系是纵向社会关系。我国民法调整的是平等主体之间的社会关系,即横向的社会关系。我国《民法典》总则编第2条规定:"民法调整平等主体的自然人、法人和非法人组织之间的人身关系和财产关系。"这就是我国民法的调整对象,即我国民法调整平等主体之间的人身关系和财产关系。

人身关系是指与民事主体的人身密切相关的、不具有直接财产内容的社会关系,包括人格关系和身份关系。财产关系是指具有直接经济内容的社会关系,包括财产所有关系和财产流转关系。在现实生活中,人身关系往往是财产关系的前提,财产关系往往是人身关系的必然延伸。我国民法既要调整人身关系,也要调整财产关系。民法对财产关系的调整形成了财产权制度,包括物权、债权等;对人身关系的调整形成了人身权制度,包括人格权和身份权等;还有一些既有人身关系内容也有财产关系内容的权利,如继承权、知识产权等。

由此可以得出民法的概念,即民法是调整平等主体之间的人身关系和财产关系的法律规范的总称。

新中国成立以来,我国民事立法围绕着民法典的制定,经历了"四起三落"的过程。1986年颁布的《中华人民共和国民法通则》确定了民法的调整对象,在我国民事立法史上具有里程碑式的意义。以此为基础,我国陆续制定了《合同法》《物权法》《侵权责任法》等民事单行法律。2016年,立法机关正式开启了民法典的编纂工作,并于2017年3月通过了《中华人民共和国民法总则》(以下简称《民法总则》)。《民法总则》确定了民法基本原则、民事主体、民事权利、民事法律行为、民事责任等纲领性内容,构建了我国民事法律制度的基本框架,在民事法律体系中起到了统领性作用。《中华人民共和国民法典》已由中华人民共和国第十三届全国人民代表大会第三次会议于2020年5月28日表决通过,包括总则编、物权编、合同编、人格权编、婚姻家庭编、继承编、侵权责任编,自2021年1月1日起施行。

(二)民法的基本原则

民法的基本原则是其效力贯穿民法始终的民法根本规则,是对作为民法主要调整对象的商品经济关系的本质和规律的集中反映,是克服法律局限性的工具。它具有以下功能:(1)立法准则功能。民法的基本原则在立法上具有指导意义,是一切民事立法的指导方针,其他民事法规不能违反民法的基本原则。(2)行为准则功能。民法的基本原则既是人们在民事活动中必须遵守的准则,又是执法机关、司法机关在执法、司法中必须遵循的原则。(3)法律补充功能。在没有法律规定的某些领域,可依据民法的基本原则来确定法律的适用,补充立法的不足。同时,民法的基本原则具有普遍意义,其他民事法律均应反映这些原则。

《民法典》总则编规定的基本原则主要有:平等原则、自愿原则、公平原则、诚信原则、绿色原则以及公序良俗原则。其中,平等原则反映了民事法律关系的基本特征,是民法的核心原则;自愿原则是民法私法性的集中体现;公平原则是社会主义核心价值观的精神表达;诚信原则适用范围最广,素有"帝王条款"之称,许多新民事法律制度的创立都是依据该原则推导出来的;绿色原则要求民事主体从事民事活动,应当有利于节约资源、保护生态环境,既传承了我国天地人和的传统文化理念,也是我国国情的要求;公序良俗即公共秩序和善良风俗,当具体的法律规定不足以评价主体行为时,公序良俗原则可以限制主体的意思自治和权利滥用,在司法实践中运用较为广泛。

二、民法的体系和主要内容

民事法律关系是平等主体之间发生的、符合民事法律规范的、以权利义务为内容的社会关系,它具有以下四个特征:(1) 主体的平等性,民事法律关系只能是平等主体之间的法律关系;(2) 民事法律关系的形成和变化是由民事主体协商决定的,在很大程度上具有任意性;(3) 民事法律关系主要是具体的财产关系,如所有权关系,当然也有很多人身关系;(4) 对破坏民事法律关系的制裁措施,如《民法典》总则编所规定的排除妨碍、恢复原状等,均具有补偿性。

主体、内容、客体是民事法律关系的三个要素。民事主体是民事法律关系的参加者,或称民事权利义务的承担者。它主要包括自然人、法人和非法人组织。民事法律关系的客体就是民事权利义务所共同指向的对象。一般认为,客体包括物、行为、智力成果(如作品、发明创造、商标)、人身利益(如名誉、姓名)等。民事法律关系的内容就是民事权利和义务。所谓民事权利,指的是由法律所承认并加以保护的、民事主体为获取某种正当利益而要求他人为或不为一定行为的可能性,包括债权、物权、知识产权、亲属权、继承权、人身权等六大类权利。相应地,民事义务指民事主体为他人获得某种利益而实施或不实施某种行为的必要性。民事权利与民事义务是一个事物的两个方面,有民事权利必定有民事义务的存在,反之亦然。

民事法律关系的产生、变更或消灭必须借助一定的事实来实现,这种事实被称为民事法律事实,指能够引起民事法律关系发生、变更和消灭的客观现象,包括事件与行为两大类。事件是与人意志无关的,能够引起民事法律关系发生、变更和消灭的客观现象,如地震、死亡等;行为是人的有意识的活动,在理论上可把它区分为事实行为和法律行为。

通常所说的民法体系,就是指民法学的体系。民法学的体系一般由民法总论、民事权利制度、民事责任制度构成。民法总论解决的是民法上的一般问题,主要包括民法的调整对象、民法的基本原则、民事主体制度、法律行为制度、时效制度;民事权利制度是各种具体民事权利的集合,主要包括物权、债权、亲属权、知识产权、人身权、继承权等;民事责任制度是对民事权利进行保护的必然要求,是民事权利的最后屏障。

三、民事主体

民事主体即民事法律关系主体的简称,指民事法律关系的参加者,或者说,是民事权利的享有者和义务的承担者。根据《民法典》总则编的规定,我国民事主体的范围包括自然人、法人、非法人组织,其中自然人还包括个体工商户和农村承包经营户。国家在特殊情况下也可以成为民事主体,比如在发行国债时。

民事主体必须具有民事权利能力和民事行为能力。民事权利能力,简称权利能力,指民事主体能以自己的名义参加民事活动,享有权利、承担义务的资格;民事行为能力,简称行为能力,指民事主体能以自己的行为参加民事活动,取得民事权利、承担民事义务的资格。民事权利能力与民事行为能力共同构成民事法律能力,是民事主体资格不可分割的两个方面。其中,民事权利能力是民事行为能力的前提和基础,民事行为能力是民事权利能力实现的条件。

(一) 自然人

自然人是指基于自然状态而出生的人。自然人的主体资格是法律赋予的,不同时代的法律对自然人主体资格的规定不尽相同。自然人的权利能力是指,自然人能以自己的名义享有民事权利、承担民事义务的资格。根据《民法典》总则编的规定,自然人的权利能力始于出生,终于死亡。但值得注意的是,在涉及遗产继承、接受赠与等与胎儿利益保护有关的事项时,胎儿被视为具有民事权利能力。一般而言,自然人的权利能力是平等的,人与人之间的差别主要表现在行为能力之上。

自然人的行为能力是自然人能以自己的行为取得民事权利,承担民事义务的资格。自然人的行为能力取决于识别力的大小,在我国分为三类:完全行为能力人、限制行为能力人和无行为能力人。以年龄为标准划分,不满8周岁的未成年人是无行为能力人,8周岁以上的未成年人是限制行为能力人,18周岁以上为成年人,具有完全民事行为能力。以识别能力为标准划分,完全不能辨认自己行为的人是无行为能力人,不能完全辨认自己行为的人为限制行为能力人。原则上说,无行为能力人不能进行民事法律行为,只能由其法定代理人代理进行;但也可进行一些纯获利的行为,即只享有权利不承担义务的行为。限制行为能力人只能进行与其年龄和智力状况相适应的民事活动,也可以独立实施纯获利益的民事法律行为,其他行为需征得其法定代理人的同意、追认或由法定代理人代为进行。

为了保护行为能力受限制的人的合法利益,法律规定了监护制度。根据《民法典》总则编的规定,未成年人的法定监护人是他们的父母、祖父母、外祖父母、成年兄姐等人;无民事行为能力人或者限制民事行为能力的成年人的监护人则由其配偶、父母、成年子女等担任。监护人应当履行监护职责,保护被监护人的人身、财产及其他合法权益,除为被监护人的利益外,不得处理被监护人的财产。监护人依法履行监护职责的权利,受法律保护。监护人不履行监护职责或者侵害被监护人的合法权益的,应当承担责任;给被监护人造成财产损失的,应当赔偿损失。人民法院可以根据有关人员或者有关单位的申请,撤销监护人的资格。被监护人的父母或者子女被人民法院撤销监护人资格后,除对被监护人实施故意犯罪的外,确有悔改表现的,经其申请,人民法院可以在尊重被监护人真实意愿的前提下,视情况恢复其监护人资格。

为了稳定社会经济秩序,及时结束以失踪人为中心的法律关系,民法规定了死亡宣告和失踪宣告制度。死亡宣告制度是指自然人下落不明达到一定期限,经利害关系人申请,法院宣告其死亡的制度。死亡宣告发生同自然死亡一样的法律后果,即被宣告死亡的人的权利能力归于消灭,婚姻关系终结,财产发生继承。

由于死亡宣告对以失踪人为中心的法律关系影响甚大,法律规定死亡宣告必须符合以下条件:(1)必须有下落不明的事实。下落不明指自然人离开其最后居所没有音讯的状况。(2)下落不明必须达到一定的期间。因普通原因而下落不明的期间是4年,因意外事件而下落不明的特别期间是2年。(3)须有利害关系人提出申请。利害关系人包括与失踪人有人身上或财产上利益关系的人。(4)须经公告。公告期为1年,因意外事件下落不明,经有关机关证明该公民不可能生存的,宣告死亡的公告期间为3个月。

失踪宣告是指自然人下落不明达到一定的期限,经利害关系人提出申请,由法院宣告其为失踪人的法律制度。失踪宣告后,以失踪人为中心的法律关系处于中止状态,财产发生代管,婚姻关系暂时中止。同死亡宣告一样,失踪宣告也要求有自然人下落不明达到法定期限的事实,同时要求有利害关系人向法院提出申请。不同的是,失踪宣告的失踪人下落不明的期间只需2年即可,而且公告期为3个月。

值得注意的是,在《民法典》总则编的规定中,失踪宣告制度和死亡宣告制度是两个独立的制度,死亡宣告并不以失踪宣告为前提。

(二)法人

法人是具有民事权利能力和民事行为能力,依法独立享有民事权利和承担民事义务的组织。与自然人相比,法人具有以下特征:(1)组织性,法人是一种组织体而不是生命体。(2)独立性,包括三个方面的内容:第一,独立的意志,法人的意志必须独立于其成员;第二,独立的财产,法人对其财产拥有所有权,与法人成员的财产、法人主管机关的财产相互独立;第三,独立的责任,法人必须能独立承担民事责任。(3)合法性,即只有依法成立,才能取得法人资格。

法人的成立需符合一定的条件,根据《民法典》总则编的规定,法人成立的一般条件有四个方面的内容:(1)依法成立;(2)有自己的名称、组织机构、住所、财产或者经费;(3)设立法人,法律、行政法规规定须经有关机关批准的,依照其规定;(4)能够独立承担民事责任。

《民法典》总则编将法人分为营利法人、非营利法人和特别法人三大类,其中特别法人包括机关法人、农村集体经济组织法人、城镇农村的合作经济组织法人、基层群众性自治组织法人等。这一分类与传统民法的分类不同。传统民法关于法人的分类,根据法人成立的依据不同,将法人基本分为公法人和私法人两类。根据法人成立的基础不同,将私法人进一步分为社团法人和财团法人;根据法人成立的目的不同,又进一步将社团法人分为公益性法人和营利性法人。《民法典》总则编关于法人的分类是根据中国的实际情况进行的划分,具有现实的合理性。

同自然人一样,法人也具有民事权利能力与民事行为能力。但与自然人相比,法人的民事权利能力具有以下特征:(1)法人的权利能力受其经营范围的限制,特别是企业法人的权利能力必须限制在经过核准登记的经营范围内,超出其经营范围的民事活动的法律效果要依据《民法典》关于法律行为效力的规定及关于合同效力的规定加以判断,不得仅以超越经营范围确认行为无效;(2)自然人的某些权利能力法人不具备,如结婚、继承等,法人的某些权利能力自然人也不具备;(3)由于每个法人的目的范围不同,法人的权利能力也是各不相同的。与权利能力相比,法人的行为能力具有以下特征:(1)法人的行为能力与权利能力在时间上具有同一性,都同时产生于法人成立、同时消亡于法人终止;(2)法人的行为能力与权利能力在范围上具有一致性;(3)法人行为能力的实现具有特殊性,是由法人机关来代表、最终由自然人的行为来完成的。

法人的机关是根据法律和法人章程的规定,对内管理法人事务,对外代表法人从事民事活动的法人的组织机构,包括决策机关、执行机关和监督机关。如股份有限公司中的股东大会为决策机关,董事会为执行机关,而监事会为监督机关。每一个法人均应设置法定代表人。法定代表人是依照法律或法人章程的规定,代表法人行使职责的负责人,由董事长、执行董事或者经理担任。

法人通过法人的机关及其代理人实施民事法律行为。法人以其全部财产对其行为承担民事责任。

(三)非法人组织

非法人组织是不具有法人资格,但是能够依法以自己的名义从事民事活动的组织,非法人组织包括个人独资企业、合伙企业、不具有法人资格的专业服务机构等。

非法人组织具有以下特征:(1)作为一种组织体,并非自然人;(2)不具有法人资格,当非法人组织的财产不足以清偿债务时,由设立人或者出资人承担无限责任;(3)可以以自己的名义从事民事活动,具有民事权利能力和民事行为能力,能够享有并行使民事权利,承担民事义务。

四、民事法律行为和代理

(一)民事法律行为

民事法律行为,简称法律行为,指的是民事主体实施的、旨在引起民事法律关系的产生、变更和消灭的合法行为。我国《民法典》第133条规定:"民事法律行为是民事主体通过意思表示设立、变更、终止民事法律关系的行为。"

法律行为制度萌芽于罗马法,而《德国民法典》第一次在现代意义上使用该概念。它把复杂的民事表意行为抽象化,归纳其共同点,对于规范当事人需要双方的意志协商的民事行为具有重大意义。

法律行为具有以下特征:(1)法律行为的主体是民事主体,他们彼此的地位具有平等性。(2)法律行为以意思表示为构成要素,意思表示指表意人将其内心的意愿通过某种方式表现于外部的行为。而法律行为的成立,必须有一个或数个意思表示。(3)实施法律行为以设立、变更或终止一定的民事法律关系为目的。

法律行为有多种分类,根据行为的成立与意思表示之间的关系的不同,可将其分为单方行为、双方行为与多方行为;根据行为的成立是否要求支付对价,可将其分为有偿行为与无偿行为;根据行为成立的方式不同,可将其分为要式行为与不要式行为;根据民事主体的权利义务是否对等,可将其分为单务行为与双务行为等;组织体的决议行为也是法律行为的一种。

法律行为的成立是指行为具备必要的构成要素的事实。法律行为的构成要素,包括一般构成要素和特殊构成要素。意思表示是法律行为的唯一一般构成要素。而特殊构成要素,是指成立某一具体法律行为,除一般构成要素外,依法还须具备的其他特殊要素,如合同成立除双方当事人具有意思表示外,还要求双方达成合意,即双方意思表示达成一致。合意就是合同这一法律行为的特殊构成要素。

民事行为的有效,是指已成立的民事行为符合法律规定的要求,能产生行为人预期的法律效果。民事行为的有效要件,就是民事行为的生效必须符合的条件,同样也可区分为一般生效要件与特殊生效要件。

民事行为的一般生效要件,是指已成立的行为能发生法律效果的普遍性共同条件。我国《民法典》第143条的规定就是民事法律行为的一般生效要件:(1)行为人具有相应的民事行为能力;(2)意思表示真实;(3)不违反法律、行政法规的强制性规定,不违背公序良俗。

通常,民事行为具备一般有效要件即可发生完全法律效力。但在有些情况下,法律允许行为人设定某些特定的事实作为行为生效的特别条件。行为人可以把将来发生的某一事实设定为条件,并以条件的成就与否作为确定行为效力的依据,这种行为称为附条件的民事法律行为。行为人也可以把某一期限的到来设定为行为效力发生的依据,这种行为称为附期限的民事法律行为。

民事行为的效力,可基本分成有效和无效两种,但在有效和无效之间,尚有可撤销和效力待定这两种行为。民事行为的有效是指依法成立的行为符合法律规定的生效条件,能产生行为人预期的法律效果。可撤销行为是指行为的效力取决于行为人撤销权行使状况的行为。效力待定的行为是指成立时效力尚未确定,有待将来某种事实的发生才能确定的行为。无效行为是指因欠缺有效要件而不能发生行为人预期法律效果的行为。

可撤销民事法律行为一般是因行为人意思表示不真实而发生的,根据我国现行法律的规定,它主要包括:(1)重大误解的行为;(2)一方或者第三人以欺诈、胁迫的手段进行的行为;(3)一方利用对方处于危困状态、缺乏判断力等情形致使显失公平的行为。可撤销民事法律行为一旦被撤销,行为自始无效,产生与无效民事法律行为相同的法律后果。

效力待定的行为一般是因形成权的存在而影响了行为的效力发生,根据我国现行法律的规定,这类行为主要包括:(1)限制行为能力人所进行的行为;(2)无权代理人所进行的行为;(3)法定代表人超越权限进行的行为;(4)无权处分人所进行的处分行为。在这些效力待定的行为中,限制行为能力人的法定代理人享有追认权,无权代理的被代理人享有追认权,无权处分行为的处分权人享有追认权。追认权的行使或拒绝追认,可以使行为的效力确定为有效或无效。

无效民事行为一般是因行为内容违反法律规定而无效的,根据我国现行法律的规定,它主要包括:(1)无民事行为能力人实施的行为;(2)恶意串通,损害他人合法权益的行为;(3)以虚假的意思表示实施的行为;(4)违反法律、行政法规的强制性规定的行为;(5)违背公序良俗的行为。无效民事行为从行为开始起无效。这类民事行为的无效在理论上称为绝对无效,而可撤销民事行为的被撤销、效力待定行为的无效确定所形成的行为无效,在理论上称为相对无效。

民事行为被确认无效或被撤销而无效后,从行为开始时起就没有法律效力,不产生当事人预期的法律效果。但并不是说,无效民事行为就没有任何的法律后果。根据我国现行法律的规定,无效民事行为的法律后果主要有:(1)返还财产。返还财产是指恢复到无效或可撤销民事法律行为发生之前的状态,借以消除无效或被撤销民事行为所造成的不应有后果。返还财产的范围,以全部返还为原则,如原物存在则以原物返还,不存在则作价偿还;如原物有损坏,应修复后返还或付给相当补偿;如对方给付的是金钱,除返还本金外,还应支付利息;如对方给付的是劳务、无形财产或其他不能返还的利益,应折算为一定的金钱。(2)赔偿损失。民事行为被确认无效或被撤销后,有过错的一方应赔偿对方因此所受的损失;双方都有过错的,应当根据过错的大小各自承担相应的责任。(3)法律规定的其他后果。

(二)代理

代理,是指代理人在代理权限范围内,以被代理人的名义独立与第三人为民事法律行为,由此产生的法律效果直接归被代理人承担的一种法律制度。在代理关系中,代他人实施民事法律行为的人称为代理人,由他人代替自己实施民事法律行为的人称为被代理人,被代理人也叫本人;与代理人实施民事法律行为的人称为相对人或第三人。被代理人与代理人之间形成的代理权关系被称为代理的内部关系,代理人与第三人、被代理人与第三人之间的关系被称为代理的外部关系。

代理具有以下几个法律特征:(1)代理人须以被代理人的名义进行活动;(2)代理人必须在代理权限内活动;(3)代理人在代理权限内可以独立地进行意思表示;(4)代理的法律效果归属于被代理人。

代理有法定代理和委托代理之分。法定代理是指代理人直接或者间接根据法律的规定而产生的代理。法定代理人的类型主要包括监护人、失踪人的财产代管人、清算组等。委托代理是指代理人基于被代理人的委托授权而产生的代理。根据《民法典》第135条的规定,委托代理作为一种民事法律行为,可以采取书面形式,也可以采取口头形式。法律规定用书面形式的,应当用书面形式。书面委托代理的授权委托书应当载明代理人的姓名或者名称、代理事项、权限和期间,并由委托人签名或者盖章。委托人委托的代理事项应具有合法性。代理人知道被委托代理的事项违法仍然进行代理活动的,被代理人和代理人负连带责任。

代理权,是指代理人能够以被代理人的名义进行民事活动,其法律效果直接归于被代理人承担的法律资格。代理人行使代理权时,应在代理权限范围内,本着维护被代理人的利益,谨慎和勤勉地行使,否则就构成滥用代理权。根据《民法典》总则编的规定,滥用代理权所进行的行为效力要待被代理人的同意或追认而定。滥用代理权的行为主要有以下几种情况:(1)自己代理。指代理人以被代理人的名义为意思表示,同代理人自己进行法律行为。这种代理因双方意思表示均由代理人一人独自进行,容易产生对被代理人利益的侵害,故而要加以禁止。(2)双方代理。指代理人以被代理人的名义同自己所代理的另一被代理人进行民事行为。在这一代理行为中,虽然表面上看,是代理人的两个被代理人在进行民事行为,但实际上仅有代理人一人进行独立的意思表示,也容易滋生对被代理人利益的损害。

行为人没有代理权而进行代理行为,即构成无权代理。无权代理通常有三种表现形态:(1)自始无代理权的"代理";(2)超越代理权限的"代理";(3)代理权终止后的"代理"。我国《民法典》第171条规定,无权代理行为"未经被代理人追认的,对被代理人不发生效力",即无权代理行为须经被代理人事后追认才为有效,同时,被代理人也享有拒绝权,即在知道无权代理行为后明确向相对人表示拒绝承认该无权代理行为或者在收到相对人催告之日起30日内未作表示的,视为对无权代理行为的拒绝追认。被代理人行使拒绝权后,无权代理行为确定归于无效。从相对人的角度来看,相对人享有催告权,而善意相对人还享有撤销权。对于无权代理行为的责任,行为人承担责任基于相对人是否善意而有所区别:相对人为善意时,允许相对人进行选择,或让行为人直接承担行为后果,或让行为人承担损害赔偿责任;相对人为恶意时,相对人和行为人按照各自的过错承担责任。当然,如果相对人从表面上看,有理由相信无权代理人有代理权而与之进行民事行为的,代理行为有效,被代理人仍应承担这种无权代理行为的后果,这种代理称为表见代理。

五、诉讼时效

(一)时效与诉讼时效

时效制度是指一定的事实状态持续一定的时间后即发生一定法律后果的制度。时效分为取得时效与消灭时效两种。因一定时间的经过而产生某种权利的时效称为取得时效,具体指非所有权人以所有人的意思,自主地、和平地、公开地占有他人的财产达到一定的期间,即可取得该财产所有权。例如《德国民法典》第937条规定,自主占有动产经过10年的人取得其所有权。这就是取得时效的规定。因一定时间的经过而使某种已经存在的权利消失的时效称为消灭时效。诉讼时效就是消灭时效。我国现行法律只有诉讼时效的规定,没有取得时效制度。笔者认为,应规定取得时效制度,以使我国的时效制度全面、完整。

诉讼时效指权利人在法律规定的时间内不行使权利,即丧失请求人民法院依法保护其民事权利之权的制度。诉讼时效本质上是一种消灭时效,但因立法上的差异,权利人所丧失的权利也不同。《日本民法典》规定,诉讼时效期间届满后权利人丧失的是实体权利;《德国民法典》规定,诉讼时效期间届满后权利人并不直接丧失权利,而是义务人因此取得一种拒绝履行义务的抗辩权。我国《民法典》总则编规定,诉讼时效期间届满后,权利人丧失的是请求人民法院依法保护其权利的胜诉权。超过诉讼时效,当事人自愿履行的,权利人仍有权接受履行。因此,我国的诉讼时效所消灭的只是程序意义上的部分诉权,即胜诉权,而非全部的诉权,当事人仍可起诉。

诉讼时效制度有利于督促权利人及时行使权利、稳定法律关系;也有利于人民法院调查取证,及时处理民事纠纷。

(二) 诉讼时效期间

诉讼时效期间与诉讼时效的种类有密切联系。根据《民法典》及其他法律的规定,我国的诉讼时效有普通诉讼时效、特别诉讼时效与最长诉讼时效之分。

普通诉讼时效又称一般诉讼时效,指由民法统一规定,适用于一般民事权利的诉讼时效,其效力具有普遍的意义。《民法典》总则编第 188 条第 1 款规定:"向人民法院请求保护民事权利的诉讼时效期间为三年。法律另有规定的,依照其规定。"可见,我国普通诉讼时效期间为 3 年。

特别诉讼时效是普通诉讼时效的对称。它是仅适用于法律特别指定的某些民事权利的诉讼时效。例如《产品质量法》第 45 条第 1 款规定:"因产品存在缺陷造成损害要求赔偿的诉讼时效期间为二年,自当事人知道或者应当知道其权益受到损害时起计算。"

最长诉讼时效期间是指被侵害的民事权利受到法律保护的最长期限。《民法典》总则编第 188 条第 2 款规定:"诉讼时效期间自权利人知道或者应当知道权利受到损害以及义务人之日起计算。法律另有规定的,依照其规定。但是,自权利受到损害之日起超过二十年的,人民法院不予保护,有特殊情况的,人民法院可以根据权利人的申请决定延长。"也就是说,权利人在 20 年内任何时候发现其权利受到侵害,均可请求法院保护。20 年就是最长诉讼时效期间。最长诉讼时效是针对那些不知道或不应当知道其权利被侵害的受害人所特别给予的保护措施。因为对他们而言,诉讼时效期间不是从《民法典》规定的"自权利人知道或者应当知道权利受到损害以及义务人之日起计算",而是从权利被侵害时起算。这样就有较长的时效期间,能达到保护当事人合法权益的目的。否则,便有可能发生权利人知其权利被侵害时诉讼时效已届满的后果。

(三) 诉讼时效的起算

诉讼时效的起算即从何时开始计算诉讼时效期间的问题。诉讼时效开始后,权利人就可以向法院起诉,要求义务人履行义务。诉讼时效的起算可分为一般标准与事实标准。

《民法典》第 188 条第 2 款第 1 句规定:"诉讼时效期间自权利人知道或者应当知道权利受到损害以及义务人之日起计算。"此即为诉讼时效起算的一般标准,适用于普通诉讼时效和特别诉讼时效。此外,对分期履行债务的诉讼时效,自最后一期履行期限届满之日起算;对法定代理人请求权的诉讼时效,自法定代理终止之日起算;未成年人遭受性侵害的损害赔偿请求权的诉讼时效,自受害人年满 18 周岁之日起算。

诉讼时效起算的事实标准指从权利被侵害之日开始计算诉讼时效,这种标准适用于最长诉讼时效期间的计算。但普通诉讼时效与特别诉讼时效均包含于最长诉讼时效之内。在最长诉讼时效期间内，适用普通诉讼时效和特别诉讼时效；在最长诉讼时效期间外，即使权利人知道或应当知道其权利被侵害时起未超过普通诉讼时效期间，权利人也丧失了请求人民法院保护的权利。

(四) 诉讼时效的中止、中断和延长

1. 诉讼时效的中止

诉讼时效的中止是指在诉讼时效进行的最后6个月内，因法定事由的出现而使权利人不能行使权利的，则暂时停止计算诉讼时效期间，待阻碍诉讼时效进行的法定事由消除后，继续计算6个月的诉讼时效期间。

诉讼时效中止的事由一般是由法律规定的。没有法定事由的出现就不会发生时效中止的法律后果。根据《民法典》总则编的规定，诉讼时效中止的法定事由主要包括：(1)不可抗力；(2)无民事行为能力人或者限制民事行为能力人没有法定代理人，或者法定代理人死亡、丧失民事行为能力、丧失代理权；(3)继承开始后未确定继承人或者遗产管理人；(4)权利人被义务人或者其他人控制；(5)其他导致权利人不能行使请求权的障碍。这些事由的发生，只有在时效期间的最后6个月内才会产生诉讼时效中止的法律后果。

2. 诉讼时效的中断

诉讼时效的中断是指在诉讼时效进行的过程中，由于法定事由出现而使已经经过的时效期间归于无效，待法定事由消除后诉讼时效期间重新开始进行。同诉讼时效的中止一样，诉讼时效中断的事由也是由法律直接规定的，当事人不能自由协商。根据我国法律的规定，诉讼时效中断的事由主要有：(1)权利人向义务人提出履行请求；(2)义务人同意履行义务；(3)权利人提起诉讼或申请仲裁；(4)与提起诉讼、申请仲裁具有同等效力的其他情形。

诉讼时效中止与诉讼时效中断都是在诉讼时效开始后基于一定的法定事由而产生，但它们也存在很多不同，主要表现在：(1)法定事由的性质不同。引起诉讼时效中止的只能是客观事实，而引起诉讼时效中断的则是主观行为。(2)发生的时间不同。诉讼时效中止只能发生在诉讼时效期间的最后6个月内，而诉讼时效中断则可以发生在诉讼时效期间的任何时候。(3)法律后果不同。诉讼时效中止前的时效期间仍为有效，待中止的事由消除之日起再计算6个月；而诉讼时效中断则使以前经过的诉讼时效期间统统归于无效，诉讼时效期间重新开始计算。

3. 诉讼时效的延长

诉讼时效的延长是指法院对于已经届满的诉讼时效期间给予适当的延长。《民法典》第188条第2款中规定，"有特殊情况的，人民法院可以根据权利人的申请决定延长"。所谓特殊情况实际上是一种弹性条款，是对时效中止、中断法定事由不足的一种概括性补充，是由法院决定的除时效中止、中断法定事由之外的特殊事由。

第二节 物 权 法

一、物权法概述

物权法是财产归属法,它指调整民事主体对财产的支配关系的法律规范的总称。物权法通过确立财产权的所有及利用关系,解决了财产的占有与利用问题,达到防止纠纷发生、稳定社会秩序的基本作用。

物权法是以人对物的支配而产生的社会关系为调整对象的。人对物的支配目的有二:为归属而支配,为利用而支配。因支配的目的不同,而形成物权法的两大部分内容,即物的归属法和物的利用法。此外还有关于归属和利用的一些共同的规则作为物权法的一般规范,它们共同构成物权法的完整内容。

物权法的共同规则是物权法的总论部分,它主要包括物权法的基本原则、物权的概念、物权的效力和物权的保护等制度。

物权法主要包括四个基本原则,即物权法定原则、一物一权原则、公示与公信原则、公序良俗原则。具体而言,所谓物权法定原则,是指物权的种类、内容和效力均由法律直接规定,不允许当事人自由创设。因为物权作为一种支配权、绝对权、对世权,如果允许每个人任意创设物权,则会加重义务人负担,损害义务人利益,破坏社会的经济秩序,使物权的内容无法确定,从而影响法律实施,所以必须采取由法律规定物权的方法来规范。但物权法定原则也不是对意思自治原则的绝对排斥。

一物一权原则指在同一客体物上不能同时设立两个以上内容相冲突的物权。它包含两个方面的内容:(1)在一物之上只能成立一个所有权;(2)一个所有权的客体只能是一个物,聚合物和物的某一部分均不能作为所有权的客体。当然,这里的权利并不仅限于所有权,在现代物权法上,也包括用益物权和担保物权。一物一权原则并不排除在同一标的上同时设立所有权和他物权。但他物权的内容和效力受所有权的限制,不能妨碍所有权。

公示与公信原则包括公示原则与公信原则两方面的内容。公示原则指当事人必须以公开的方式向社会展示物权变动的事实,否则,物权的变动就不会产生物权的效力。物权变动公示的方式,在动产物权为交付,在不动产物权为登记。公信原则是指一旦当事人在变动物权时依法定的方式进行公示,对社会公众就具有普遍、完全的效力;即使公示有瑕疵,善意受让人基于对公示的信赖,亦不负返还义务,仍能取得物权。公信原则与公示原则是相辅相成的,共同作用于当事人之间物权变动的过程,从而保护连续发生的交易活动的安全。

公序良俗原则是指物权的取得和行使不得违反社会公共道德和社会公共秩序,不得损害社会公共利益。这一原则是私法本位社会化之后的必然反映,既构成民法的基本原则,也是物权法的基本原则。

法律对物权的保护是通过规定物权具有的特殊效力来实现的,我国《民法典》物权编规定了物权的物上请求权效力、物权优先性效力、物权追及性效力来实现对物权的保护。

物权是权利人依法享有的,对特定的物直接支配并排除他人干涉的权利。它是人与人之间针对物之支配而发生的权利义务关系。在此关系中,权利主体享有以自己的意志支配物从而取得该物利益的权利;义务主体则负有不侵害该物,不妨碍权利主体对该物进行支配的义务。

物权具有以下特征:(1)物权为对世权,其权利主体特定而义务主体不特定,除权利人外,任何不特定的人都负有不得侵犯权利人的财产所享有的物权的义务;(2)物权为支配权,即权利人可不通过他人而对标的物直接进行支配;(3)物权客体具有特定性,如果物没有特定化,权利人对其无法支配,而且在物权发生转移时,也无法登记及交付;(4)物权在效力上具有排他性,一方面,物权具有直接排除他人不法妨碍的效力,另一方面,一个物上不能同时设立两个或两个以上效力相等互不相容的物权;(5)物权为绝对权,物权不需要义务人为积极行为进行协助就能在法定范围内实现权利;义务人所负的是不作为的义务,即不得对物权人的支配实施非法干预。

物权可以基本分为自物权与他物权,这一分类与完全物权和限制物权的分类是对应的。在自己的物之上享有的物权称为自物权,也即是完全物权,所有权是唯一的自物权。在他人的物之上享有的物权称为他物权,也即是限制物权。他物权包括用益物权与担保物权。传统民法上的用益物权主要有地上权、地役权、永佃权和用益权、典权,《民法典》物权编规定的用益物权有土地承包经营权、建设用地使用权、宅基地使用权、居住权、地役权五种;规定的担保物权有抵押权、质权和留置权三种。

二、完全物权——所有权

所有权指所有人对自己的财产依法享有占有、使用、收益、处分和排除他人干涉的权利。

所有权具有以下特征:(1)所有权为一种自物权。(2)所有权具有物权的全部内容,是一种完全物权,具有独立性。相对所有权而言,担保物权与用益物权均应依赖他物而存在,权利内容上也不完全。(3)所有权具有恒久性,只要所有权的客体未被消耗损毁,所有权就不会消失,具有永久性。

所有权的内容,又称为所有权的权能,指所有人为实现所有权而对所有物可以实施的权利,包括占有、使用、收益、处分和排除他人干涉的权利。理论上,把占有权、使用权、收益权和处分权称为所有权的积极权能,而排除他人干涉的权利被称为所有权的消极权能。

所有权可以依多种方式和途径取得。通常以所有权的取得与原所有人权利的关系为根据,分为原始取得和继受取得。原始取得指所有权的第一次产生,即直接依照法律规定,不以原所有人的所有权和意志而取得所有权的一种方式。生产、没收、添附等是所有权的原始取得方式。继受取得也称传来取得,是指从原所有人手里取得所有权的一种方式。买卖、继承、赠与等均是继受取得的常见方式。

所有权的消灭,指因某种法律事实致使财产所有人丧失其所有权。实践中所有权消灭的原因主要有以下几种:(1)所有权的转让,出让人的所有权归于消灭;(2)所有权客体的消灭;(3)作为所有权人的自然人死亡,法人破产等导致所有权主体的消灭;(4)抛弃所有权;(5)国家用强制的手段征用、征收,导致原所有权人丧失所有权。

所有权按其类型可以分成国家所有权、集体所有权和私人所有权。其中,国家所有权是指中华人民共和国对全民所有的财产享有的所有权。矿藏、水流、海域、野生动植物资源等,属于国家专有。根据我国法律,由国务院代表国家行使国家财产的所有权。

三、用益物权

用益物权是指对他人的财产依法享有使用和收益的权利。传统民法上的用益物权包括地上权、地役权、永佃权和典权。《民法典》物权编规定的用益物权包括土地承包经营权、建设用地使用权、宅基地使用权、居住权、地役权。

土地承包经营权是指农村集体经济组织的成员依法享有的对承包经营土地的占有、使用、收益的权利,耕地的承包期为30年,草地的承包期为30年至50年,林地的承包期为30年至70年。土地承包经营权是为农业目的而在土地之上设立的权利。建设用地使用权指民事主体依法享有的在国家所有的土地上进行占有、使用、收益的权利,是为营造建筑物而在土地之上设立的权利。宅基地使用权指农村集体经济组织的成员依法取得的在农村集体土地之上建造建筑物的权利。居住权指居住权人有权按照合同约定,对他人的住宅享有占有、使用,以满足生活居住需要的权利。地役权是指土地权利人为自己土地的便利而使用他人土地的权利。

四、担保物权

担保物权是以保证债务的履行和债权的实现为目的的物权,即担保人向债权人提供一定的财产来保障债务的履行,在债务人不履行债务时,债权人处分担保物并从所得价款中优先受偿的权利。担保物权是为保证主债权的实现而从属于主债权的。《民法典》物权编规定了抵押权、质权、留置权三种担保物权。

抵押指债务人或第三人不转移财产的占有,将该财产作为债权的担保,债务人不履行到期债务或者发生当事人约定的实现抵押权的情形时,债权人有权依照法律的规定,以该财产折价或拍卖、变卖该财产的价款优先受偿。除法律另有规定或当事人另有约定外,抵押合同自成立时生效,物权登记与否不影响合同的效力。以房地产等不动产进行抵押,抵押权自登记时设立;以交通运输工具、生产设备等动产进行抵押,抵押权自抵押合同生效时设立,而登记为对抗要件,未经登记,不得对抗善意第三人。

质押指债务人或第三人将动产或权利证书移交给债权人占有,并以其作为债务履行担保的担保形式,债务人不履行到期债务或者发生当事人约定的实现质权的情形时,质权人可处分质物,并从所得价款中优先受偿。与抵押相比,质押转移占有,抵押则不转移占有;而且抵押物可为动产、不动产及权利,质物只能是动产与权利。

留置指债权人按照合同的约定占有债务人的动产,在债务人没有履行债务时,债权人有权留置该财产,并以该财产折价或拍卖、变卖该财产,从中优先受偿。与抵押权、质权相比,留置权是基于法律的直接规定而产生的,除企业留置外,留置的动产应当与债权属于同一法律关系,常见于保管合同、运输合同、加工承揽合同这几种合同中。

第三节 合 同 法

一、合同的概念和特征

合同,即契约,是指平等主体之间通过意思表示设立、变更、终止民事权利义务关系的协议。合同具有以下法律特征:

1. 合同是一种民事法律行为。合同以当事人的意思表示为要素,并且按意思表示的内容发生法律效果,故为民事法律行为。先占、无因管理、拾得遗失物等事实行为,不构成合同。

2. 合同是一种双方民事法律行为。合同是两个或两个以上当事人之间真实意思表示一致的协议,因而是一种双方民事法律行为。单方民事法律行为,如遗赠、被代理人追认无权代理人的代理行为等,不是合同。

3. 合同是平等主体之间的民事法律行为。平等原则是我国《民法典》总则编的一项基本原则,即"民事主体在民事活动中的法律地位一律平等"。因而,合同是平等主体之间的民事法律行为。法律地位不平等的主体间的协议,如行政合同,不属于《民法典》合同编调整的合同。

4. 合同是明确当事人之间民事权利义务关系的民事法律行为。当事人订立合同的目的在于设立、变更、终止一定的民事权利义务关系。这里的民事权利义务主要是指债权、物权、知识产权方面的权利义务,不包括有关身份关系的民事权利义务。

5. 合同是具有法律约束力的民事法律行为。合同是当事人依法订立的协议,当事人的主体资格、合同标的及内容、订立合同的目的等各方面都必须符合国家法律、法规的规定。依法成立的合同,受法律保护,对当事人具有法律约束力。

合同法是民法体系中的一个特别法,是调整平等主体的自然人、法人、非法人组织之间利用合同设立、变更、终止民事权利义务关系的法律规范的总称。从表现形式看,合同法有广义与狭义之分。狭义的合同法指全国人大及其常委会制定的调整合同关系的专门性法律。广义上的合同法是国家机关颁布的调整合同关系的法律规范的总称。它除了包括狭义的合同法外,还包括许多法律、行政法规或其他规范性文件所包含的有关合同的法律规范,如我国《著作权法》中有关出版合同的规定,《商标法》中有关商标专用权的转让、使用许可合同的规定等。

在民法中,合同法和物权法都是调整财产关系的重要特别法,但物权法主要确认静态的财产关系,而合同法主要确认动态的财产关系,即财产流转关系。财产流转关系适用的面比较广,如没收也属于财产流转,但不属于合同规范的内容。我们认为,合同法的调整对象是平等民事主体之间发生的交易关系。

二、合同的订立与生效

(一) 合同的订立

1. 合同的订立与成立的关系

合同的订立是指两个或两个以上的当事人,在平等自愿的基础上就合同的内容经过协商达成协议的法律行为和过程。

合同成立是指合同当事人经过订立合同的程序就合同的内容达成协议而建立了合同关系。

《民法典》合同编在"合同的订立"一章既使用了合同订立的概念,也使用了合同成立的概念。两者的联系表现为:订立合同的目的在于在双方当事人之间形成合同,合同成立是当事人订立合同的直接后果。两者的区别主要表现为:合同订立强调当事人就合同的内容协商一致的行为过程,合同成立强调当事人协商一致所达成的协议这种法律后果。

2. 合同的条款

(1) 合同的提示性条款

不同的合同因其性质、特点不同,应有不同的条款。《民法典》合同编第470条规定了下列8项提示性条款,同时提倡当事人参照各类合同的示范文本订立合同。

① 当事人的姓名或者名称和住所。这一条款使合同的当事人得以特定化,是一切合同的主要条款。

② 标的。标的是合同当事人权利、义务所共同指向的对象,它是一切合同所必须具备的条款。对标的的约定应该明确、确定、合法。

③ 数量。数量是用数字和计量单位来衡量标的的尺度,是决定当事人权利义务大小的依据,也是合同不可缺少的条款。

④ 质量。质量是标的内在素质和外观形态优劣的标志,是决定产品和劳务价格的重要依据。

⑤ 价款或报酬。价款是指取得标的物一方向对方支付的一定数额的货币。报酬是指提供劳务或完成一定工作的一方向对方收取的一定数额的酬金。

⑥ 履行的期限、地点和方式。履行的期限是指合同当事人完成合同规定的各自义务的时间界限,是衡量合同是否按时履行的标准。期限应该具体、明确。履行地点是指合同当事人完成合同规定的各自义务的地方或场所。合同履行地在确定案件的管辖上具有非常重要的意义。履行的方式是指当事人履行合同义务的方式。按履行期次的不同,履行的方式可分为一次履行和分期履行。按合同标的交付方式的不同,履行方式可以分为交易现场直接交付式、送货式、代办托运式、买受方自提式、邮寄式等。

⑦ 违约责任。

⑧ 解决争议的方法。当事人可以在合同中约定仲裁条款、选择诉讼法院的条款、涉外合同中的法律适用条款等。

（2）格式条款

《民法典》合同编第 496 条第 1 款规定："格式条款是当事人为了重复使用而预先拟定，并在订立合同时未与对方协商的条款。"旅客运输合同、供电供水合同、邮政电信合同等是格式条款合同。格式条款的运用，简化了订约的程序，节省了时间，降低了成本，但容易产生权利义务不公平的结果，需要法律进行规制。《民法典》合同编对格式条款的规制表现如下：

① 规定了提供格式条款当事人一方的特别义务。其表现有二：一是提供格式条款的一方应当遵循公平原则确定当事人之间的权利和义务；二是提供格式条款的一方应当采取合理的方式提示对方注意免除或者减轻其责任等与对方有重大利害关系的条款，并且还应当按照对方的要求，对该条款予以说明。提供格式条款的一方未履行提示或者说明义务，致使对方没有注意或者理解与其有重大利害关系的条款的，对方可以主张该条款不成为合同的内容。

② 规定了格式条款无效的特别表现。除《民法典》合同编关于合同无效问题的规定同样适用于格式条款外，《民法典》合同编还特别规定提供格式条款一方不合理地免除或者减轻其责任、加重对方责任、限制对方主要权利或排除对方主要权利的格式条款无效。

③ 对格式条款适用特殊的解释原则。对格式条款的理解发生争议时，应当按照通常理解予以解释。对格式条款有两种以上理解时，应当作出不利于提供格式条款一方的解释。格式条款与非格式条款不一致时，应当采取非格式条款。

（3）合同的基本条款

合同的基本条款，是指根据合同的性质和法律规定必须具备的条款，欠缺基本条款，合同就不成立。它决定着合同的类型，确定着当事人各方权利义务的质与量。上述合同的提示性条款，并非都是每一类合同都必须具备的主要条款。

合同的基本条款主要由合同的类型和性质决定。例如，价款是买卖合同的主要条款，却不是赠与合同的基本条款。

合同的基本条款，有时是法律直接规定的。例如，根据《民法典》合同编第 668 条的规定，币种是借款合同的基本条款。合同的基本条款也可以由当事人约定产生。

3. 订立合同的形式

《民法典》合同编第 469 条第 1 款规定："当事人订立合同，可以采用书面形式、口头形式或者其他形式。"此外，《民法典》总则编第 135 条中规定，对于民事法律行为的形式，法律、行政法规规定或者当事人约定采用特定形式的，应当采用特定形式。

（1）口头形式

口头形式，指仅以当事人的口头语言来体现双方当事人的意思表示的形式。口头形式的优点在于简便、易行、迅速、即时清结；其缺点主要表现为，当发生纠纷时当事人难以举证,不易分清责任。因此,关系较复杂、合同标的较大的合同不宜采用这种形式,法律规定或当事人约定应采用书面形式的,也不宜采用口头形式。

(2) 书面形式

书面形式是合同书、信件、电报、电传、传真等可以有形地表现所载内容的形式。以电子数据交换、电子邮件等方式能够有形地表现所载内容,并可以随时调取查用的数据电文,视为书面形式。它一般适用于标的数额比较大、内容较复杂、不能立即履行的合同。合同采用书面形式有两种原因:一是法定原因,即法律、行政法规规定应当采用书面形式;二是约定原因,即当事人双方约定采用书面形式的,应当采用书面形式。

(3) 其他形式

其他形式一般为推定形式,指合同当事人以某种表明法律意图的行为间接地表示合同的存在及内容的形式。这种形式的特点在于:当事人不是通过语言文字,而是通过积极行动来进行意思表示、订立合同,而其他人只能通过这一行为来推定合同的存在与内容。

4. 订立合同的一般程序

合同的订立一般经过两个阶段,即要约和承诺。

要约,也称发盘、报价,指希望与他人订立合同的意思表示。发出要约的一方称为要约人,要约所指向的人称为受要约人、相对人。

要约的有效条件包括:(1) 要约须是特定人的意思表示。(2) 要约须以订立合同为目的。判断是否以订立合同为目的,可以根据要约所实际使用的语言文字及其他情况来确定。不以订立合同为目的的意思表示不是要约,如甲约乙去看电影。(3) 要约必须由要约人向希望与之订立合同的受要约人发出。受要约人一般是特定的,可以是一个人,也可以是若干个特定的人。根据法律规定或者交易习惯,要约也可以向不特定的受要约人发出,如商店陈列商品的标价、自动售货机等要约的受要约人是不特定的。(4) 要约的内容具体确定。"具体"主要是指要约的内容应包括足以使合同成立的主要条款。"确定"主要是指要约的内容必须清楚、明确、肯定,能让受要约人准确理解其订立合同的目的及各项条款的含义。(5) 要约须表明经受要约人承诺,要约人即受该意思表示约束。

与要约相类似的概念还有要约邀请。要约邀请是希望他人向自己发出要约的表示。根据《民法典》合同编第473条的规定,拍卖公告、招标公告、招股说明书、债券募集办法、基金招募说明书、商业广告和宣传、寄送的价目表等是要约邀请,但内容符合要约条件的商业广告和宣传,视为要约。

要约邀请与要约的区别表现为:(1) 要约的内容包括足以使合同成立的基本条款,而要约邀请的内容对于合同来说则是不完整、不确定的。(2) 要约是一种有法律约束力的意思表示,要约生效后,要约人要受要约的约束;一经受要约人承诺,要约人则应承担要约所约定的义务。要约邀请只是诱使他人主动向自己发出要约,只是传达一种信息,并不发生要约的法律约束力。(3) 要约邀请的对象通常是不特定的。

要约到达受要约人时生效。对于口头形式的要约,受要约人了解要约的内容,即为到达;对于合同书、信件等书面形式的要约,要约送达受要约人能够控制并能够了解要约内容的地方,如受要约人的住所或信箱,即为到达;对于数据电文形式的要约,收件人指定特定系统接收数据电文的,该数据电文进入该特定系统时即为到达;未指定特定系统的,相对人知道或者应当知道该数据电文进入其系统时即为到达。当事人对采用数据电文形式的意思表示的生效时间另有约定的,按照其约定。

根据《民法典》合同编第475条以及总则编第141条的规定,要约可以撤回,撤回要约的通知应当在要约到达受要约人之前或者与要约同时到达受要约人。要约的撤回是指要约人在要约生效前,作出以取消要约为目的的意思表示。要约撤回后,等同于要约人没有作出要约。

要约的法律效力,是指已经生效的要约对要约人和受要约人所具有的法律约束力。要约对于要约人的法律约束力表现为:在要约的有效期限内,要约人不得随意撤销要约,不得变更要约的内容,接受要约经承诺后即成立合同的法律后果。要约对于受要约人原则上没有约束力,受要约人只是取得了承诺的资格,对此学理上称为承诺适格;但是,依照法律规定或者商业惯例受要约人负有承诺的义务时,受要约人一般不得拒绝承诺,如出卖人不得拒绝承诺买受人依某项国家下达的指令性任务发出的要约。双方有不反对即是对要约的承诺的交易习惯时,受要约人无意订立合同则应负及时通知要约人的义务。

要约的撤销是指要约人在要约生效后,受要约人发出承诺通知之前作出的以取消要约为目的的意思表示。要约可以撤销,撤销要约的通知以对话方式作出的,应当在受要约人作出承诺之前为受要约人所知道;以非对话方式作出的,应当在受要约人作出承诺之前到达受要约人。但是,有下列情况之一的,要约不得撤销:(1)要约人确定了承诺期限或者以其他形式明示要约不可撤销;(2)受要约人有理由认为要约是不可撤销的,并已经为履行合同做了合理准备工作。

要约的失效,是指已经生效的要约因出现法定事由而丧失了法律约束力,即不再对要约人和受要约人产生拘束。要约失效的法定事由主要有以下四种:(1)要约被拒绝。(2)要约被依法撤销。(3)承诺期限届满,受要约人未作出承诺。(4)受要约人对要约的内容作出实质性变更。

承诺,也称为接盘,是指受要约人同意要约的意思表示。作出承诺的受要约人称为承诺人。

承诺的有效条件一般包括:(1)承诺必须由受要约人作出。(2)承诺必须向要约人作出。(3)承诺的内容应当与要约的内容一致。根据《民法典》合同编的规定,合同的标的、数量、质量、价款或者报酬、履行期限、履行地点和方式、违约责任和解决争议方法等条款,是合同的实质性内容。受要约人对这些内容的变更,即是对要约内容的实质性变更,不构成承诺,而是新要约。但承诺对要约的内容作出非实质性变更的,除要约人及时表示反对或者要约表明承诺不得对要约的内容作出任何变更的以外,属于有效承诺,合同的内容以承诺的内容为准。(4)承诺应当在承诺期限内到达要约人。要约确定了承诺期限的,承诺应当在要约确定的期限内到达要约人。要约没有确定承诺期限的,以对话方式作出的要约,受要约人应当即时作出承诺;以非对话方式作出的要约,承诺应当在合理期限内到达要约人。受要约人作出的在承诺期限届满后才到达要约人的承诺,是迟到的承诺。迟到的承诺有两种表现:一是逾期承诺,即受要约人超过了承诺期限才发出的"承诺",或者在承诺期限内发出承诺,按照通常情形不能及时到达要约人的;二是承诺逾期到达,即受要约人在承诺期限内发出了承诺,按照通常情形它能够及时到达要约人,但因其他原因(如邮车遇险、传递人员的失误等)超过承诺期限才到达要约人的承诺。逾期承诺,原则上属于新要约;但要约人及时通知受要约人该承诺有效的,具有承诺的效力。对于承诺逾期到达,原则上应认定其具有承诺的效力;但要约人及时通知受要约人因承诺超过期限不接受该承诺的,不具有承诺的效力。(5)承诺的方式应当符合要约的约定和法律规定。《民法典》合同编第 480 条规定:"承诺应当以通知的方式作出;但是,根据交易习惯或者要约表明可以通过行为作出承诺的除外。"

承诺通知到达要约人时,承诺生效;承诺不需要通知的,根据交易习惯或者要约的要求作出承诺的行为时,承诺生效。承诺通知到达的时间与要约到达时间的认定相同。

承诺的法律效力主要在于:承诺生效时合同成立,双方当事人订立合同的过程即告完结。此后对合同内容的协商,不属于合同的订立问题,而应属于其他问题,如属于合同的变更、转让、终止、解释等。承诺的法律效力还表现为承诺不能撤销,也不能随意撤回。

承诺的撤回,是指受要约人以阻止承诺发生法律效力为目的的意思表示。根据《民法典》合同编第 485 条以及总则编第 141 条的规定,承诺可以撤回,撤回承诺的通知应当在承诺通知到达要约人之前或者与承诺通知同时到达要约人。

5. 合同的成立

合同的成立一般要符合以下条件:(1)须有双方或多方当事人。(2)合同各方当事人的意思表示一致。(3)当事人一致的意思表示包含了合同得以成立的主要条款。(4)在形式上应符合要约人或法律对合同成立形式的特别要求。如《民法典》合同编第 890 条规定:"保管合同自保管物交付时成立,但是当事人另有约定的除外。"

《民法典》合同编第 483 条规定:"承诺生效时合同成立,但是法律另有规定或者当事人另有约定的除外。"这是对合同成立时间的原则规定,即承诺生效的时间,就是合同成立的时间。但由于合同采用的具体形式不同,其成立的具体时间也有细微差别:

(1)签订合同书时,合同成立。合同书,指有关合同内容的各项规定都集中体现在一个合同文本中的合同形式。《民法典》合同编第 490 条第 1 款第 1 句规定:"当事人采用合同书形式订立合同的,自当事人均签名、盖章或者按指印时合同成立。"最后一方在合同书上签名、盖章或者按指印的时间为合同成立的时间。

(2)签订确认书时,合同成立。确认书,是指当事人通过书面形式再次对经过要约与承诺达成的协议内容予以证实，以确认其真实性的一种形式。《民法典》合同编第491条第1款规定："当事人采用信件、数据电文等形式订立合同要求签订确认书的，签订确认书时合同成立。"最后一方在确认书上签字或者盖章的时间为合同成立的时间。

（3）提交订单成功时，合同成立。《民法典》合同编第491条第2款规定："当事人一方通过互联网等信息网络发布的商品或者服务信息符合要约条件的，对方选择该商品或者服务并提交订单成功时合同成立，但是当事人另有约定的除外。"

（4）在特殊情况下，因接受履行而成立合同。① 法律、行政法规规定或者当事人约定合同应当采用书面形式订立，当事人未采用书面形式但是一方已经履行主要义务，对方接受时，该合同成立（《民法典》合同编第490条第2款）。② 采用合同书形式订立合同，在签名、盖章或者按指印之前，当事人一方已经履行主要义务，对方接受时，该合同成立（《民法典》合同编第490条第1款第2句）。

6. 缔约过失责任

缔约过失责任，是指在缔结合同的过程中，一方或者双方当事人因主观过错违反其依据诚实信用原则和交易习惯所应承担的先契约义务，而给对方当事人造成信赖利益损失时所应承担的赔偿损失的责任。

缔约过失责任的构成一般要符合以下条件：(1) 缔约一方违反了先契约义务。先契约义务，也称为先合同义务，是指在订立合同过程中，缔约方根据诚实信用原则和交易习惯应承担的义务，如保护义务、告知义务、保密义务等。(2) 相对方受到了信赖利益的损失。信赖利益是指缔约一方因信赖对方有订立合同的诚意，并为合同的成立和履行做准备而支出的代价和费用，包括因信赖合同的成立和有效而直接支出的费用，以及因此而失去的与第三人订立合同的机会。(3) 违反先契约义务的行为与信赖利益的损失之间有因果关系。(4) 违反先契约义务的当事人在主观上有过错。

缔约过失责任的具体表现形式，在我国《民法典》合同编中有具体规定。《民法典》合同编第500条、第501条规定了四种须承担缔约过失责任的情形：(1) 假借订立合同，恶意进行磋商。(2) 故意隐瞒与订立合同有关的重要事实或者提供虚假情况。(3) 泄露或者不正当使用对方的商业秘密或者其他应当保密的信息。(4) 有其他违背诚信原则的行为，如违反订立合同的初步协议、未履行有关的通知义务等。

（二）合同的生效

合同生效，指已经成立的合同符合法律、行政法规规定的有效要件，按协议的内容在当事人之间产生了一定的法律约束力。

合同的成立是合同生效的逻辑前提，大多数情况下，合同的成立与合同的生效在时间上是一致的。两者的区别主要表现在以下几方面：(1) 两者解决的问题不同。合同的成立主要是解决合同是否存在的问题，强调当事人是否就合同的内容达成了协议。合同的生效主要是解决合同的法律效力问题，强调合同对当事人的约束力。(2) 两者体现的意志不同。合同的成立是当事人合意的成果，体现的是当事人的意志。合同的生效反映的是国家对合同关系的肯定评价,体现的是国家意志。合同的成立是一个事实判断,而合同的生效则是一种价值判断。(3)两者的法律后果不同。合同生效后,当事人的义务主要是约定义务,违反这些义务将主要承担违约责任。合同成立后不能生效,当事人将主要承担缔约过失责任;合同被确认为无效后,还可能引起行政责任,甚至刑事责任。

合同生效的要件,是指使已经成立的合同发生法律效力所应当具备的法律条件。主要包括以下五个方面:(1)当事人订立合同时具有相应的民事行为能力。判断当事人是否具有相应的民事行为能力,应以合同成立时为时间标准,以《民法典》总则编的规定为法律依据。当事人超越经营范围订立的合同的效力,应当依照总则编民事法律行为的效力和合同编的有关规定确定,不得仅以超越经营范围确认合同无效。法人的法定代表人或者非法人组织的负责人超越权限订立的合同,除相对人知道或者应当知道其超越权限的以外,属有效合同(《民法典》合同编第504条)。(2)意思表示真实。意思表示真实,是指当事人意思表示自由,且内心意思和外在表示相一致。(3)合同的内容合法。合同的内容合法,是指合同的内容不违反法律、行政法规的强制性规定,不违背公序良俗。这里的法律,指全国人大及其常委会制定的法律;行政法规,指国务院制定的行政法规。(4)合同的标的确定和可能。标的确定是指合同的标的自始确定或者能够确定。标的可能是指合同标的在合同成立时客观上是可能实现的。(5)合同的形式符合法律的特别规定。《民法典》合同编第502条第2款规定:"依照法律、行政法规的规定,合同应当办理批准等手续的,依照其规定。未办理批准等手续影响合同生效的,不影响合同中履行报批等义务条款以及相关条款的效力。应当办理申请批准等手续的当事人未履行义务的,对方可以请求其承担违反该义务的责任。"这里规定了合同有效的特别要件。

合同的效力,又称为合同的法律效力,是指依法成立的合同在当事人之间产生的一定法律约束力。合同的约束力主要体现在以下两个方面:(1)对合同当事人的约束力。对合同当事人的约束力具体体现为权利和义务两方面。从权利方面来说,合同当事人根据法律规定和合同约定所产生的权利受法律保护。合同的权利主要包括请求和接受债务人履行债务的权利、抗辩权、债权人的代位权和撤销权,以及在一方不履行合同时获得补救的权利、诉请强制执行的权利等。从义务方面来说,合同的义务包括给付义务与附随义务。给付义务是指以满足合同债权为主旨的特定行为,包括合同性质、类型决定的主给付义务,如买卖合同中出卖人交付标的物、买受人支付价款的义务;不具有独立意义而起辅助作用,从而使债权人的利益得到最大限度满足的从给付义务,如承运人为旅客运送行李的义务。附随义务,是指以诚实信用原则为基础,根据合同的性质、目的和交易习惯而发生的义务,主要包括就有关对方当事人利益的重大事项的通知义务、在合同履行中相互协助的义务、对对方当事人的商业秘密及个人隐私的保密义务等。(2)对第三人的约束力。根据债的相对性的原则,合同原则上对第三人没有约束力。但事实上,合同的履行常常受到第三人的影响,例如第三人非法引诱债务人不履行义务,或采取拘束债务人等非法强制手段迫使债务人不履行债务,或与债务人恶意串通损害债权人利益等。因此,依法成立的合同能够对第三人产生有限的约束力,主要表现在赋予合同当事人以排斥第三人妨害及在第三人非法侵害合同债权时要求其赔偿损失的权利。此外,合同对第三人有限的约束力还表现在法律允许债权人可在特定情况下主张代位权和撤销权,即采取债的保全措施。

(三) 合同的效力状态

1. 有效合同

有效合同,指已成立的合同因具备了合同生效的要件,能依合同的约定产生相应法律约束力的合同。当事人应当按照合同的约定和法律规定全面履行自己的义务,不得擅自变更或解除合同。否则,应依法承担相应的违约责任。

2. 无效合同

无效合同,是指已经成立的合同因不符合法律、行政法规规定的合同有效要件,自始不具有法律约束力的合同。

无效合同的特征主要有以下几点:(1) 具有违法性。无效合同种类很多,但都具有违法性。所谓违法性,主要是指违反了法律和行政法规的强制性规定,损害了国家利益和社会公共利益。违反了法律和行政法规的强制性规定,这是导致合同无效的主要原因。(2) 具有不得履行性。所谓不得履行性,是指合同被确认无效后,当事人自始不得依据合同实际履行,也不承担不履行合同的违约责任。(3) 自始无效。合同一旦被确认无效,则具有溯及力,该合同自始无效。(4) 确定无效。无效合同不因当事人以后的承认、无效原因的消灭等而成为有效合同。(5) 当然无效。无效合同无须当事人的主张,人民法院或仲裁机构可以依职权主动确认其无效。这反映了国家对无效合同的主动干预。

根据《民法典》总则编的规定,无效合同主要有以下五种:(1) 无民事行为能力人订立的合同;(2) 恶意串通,损害他人合法权益的合同;(3) 以虚假的意思表示订立的合同;(4) 违反法律、行政法规的强制性规定的合同;(5) 违背公序良俗的合同。

合同部分无效,不影响其他部分效力的,其他部分仍然有效。一般来说,如果合同的标的属于国家禁止流通或限制流通的物,或者合同的性质或所追求的目的危害国家利益和社会公共利益,则该合同应被确认为全部无效。相反,如果合同的当事人具有相应的民事行为能力,合同的标的符合法律、行政法规的规定,当事人所追求的目的不危害国家利益、社会公共利益和第三人的合法权益,而只是合同的其他条款有违法情况,如合同标的价格或者酬金不符合国家价格法规的规定,违约责任的约定与法律的规定相冲突等,则该合同应属于部分无效的合同。

3. 可撤销的合同

可撤销的合同,是指已经成立的合同因当事人意思表示不真实,法律允许享有撤销权的当事人在一定期限内予以撤销的合同。

可撤销的合同具有下列特征:(1) 导致合同可撤销的主要原因是当事人意思表示不真实。(2) 对可撤销合同的撤销,要由撤销权人通过行使撤销权来实现。(3) 可撤销合同在未被撤销以前,是有效的;一旦被撤销,则自始无效。

可撤销合同一般包括以下种类:(1)因重大误解订立的合同。(2)在订立时显失公平的合同。(3)一方或者第三人以欺诈、胁迫的手段,使对方在违背真实意思的情况下订立的合同。

可撤销合同具有以下效力:(1)撤销权原则上由意思表示不真实、利益受到损害的一方当事人享有和行使。具体讲,对于因重大误解订立的合同和在订立时显失公平的合同,当事人双方都有权行使撤销权;对于一方或者第三人以欺诈、胁迫的手段,使对方在违背真实意思的情况下订立的合同,受损害的一方当事人有权行使撤销权。(2)享有撤销权的当事人自知道或者应当知道撤销事由之日起1年内、重大误解的当事人自知道或者应当知道撤销事由之日起90日内、受胁迫的当事人自胁迫行为终止之日起1年内行使撤销权;否则,撤销权消灭。当事人自民事法律行为发生之日起5年内没有行使撤销权的,撤销权消灭。

4. 效力未定的合同

效力未定的合同,是指因已经成立的合同不完全符合合同有效的要件,其效力能否发生尚未确定,一般须经权利人表示追认才能生效的合同。

效力未定的合同有下列特征:(1)导致合同效力未定的主要原因是合同主体资格的欠缺。(2)效力未定合同经权利人追认后,自始有效。对于效力未定合同和可撤销合同,权利人积极行为的后果是相反的,前者的积极追认可使未生效的合同产生有效的法律后果,后者的积极主张则可使相对有效的合同无效。(3)效力未定合同在权利人追认前处于效力未确定的状态。

效力未定的合同包括以下种类:(1)限制民事行为能力人订立的其依法不能独立订立的合同。(2)无权代理人订立的合同。(3)法定代表人或负责人超越权限订立的合同。

效力未定合同,经权利人(法定代理人、被代理人)追认后,自始有效;未经追认的,自始无效。无权代理人的代理行为属于表见代理的,该合同对被代理人当然有效,无须追认。

效力未定合同的相对人可以催告限制民事行为能力人的法定代理人、无权代理中的被代理人在收到通知之日起30日内予以追认。法定代理人、被代理人到期未作表示的,视为拒绝追认。相对人如果是善意的,在法定代理人、被代理人追认前,可以通知的方式撤销该合同。

(四)合同无效和被撤销的法律后果

1. 返还财产

合同被确认无效或者被撤销后,当事人依据该合同所取得的财产应返还给对方。如果财产为有体物且在实际控制之中的,则应返还原物以及原物所产生的孳息;如果财产虽为有体物但已不存在,或者对方给付的是劳务、无形财产或者其他不能返还的利益的,则应当折价补偿。

2. 赔偿损失

合同被确认无效或者被撤销后,有过错的一方应当赔偿对方因此所受的损失;双方如果都有过错,应当各自承担相应的责任。损失的范围包括订立合同的费用、履行合同的费用以及因信赖合同生效而丧失与第三人订立有效合同的机会所蒙受的损失。

三、合同的履行

(一) 合同履行的概念与意义

合同的履行,是指合同当事人按照合同的约定或者法律的规定,全面完成各自承担的合同义务,实现合同约定权利的行为。合同的履行以有效的合同为前提和依据。当事人应当按照合同约定的标的及其质量、数量,在适当的履行期限、履行地点,以适当的方式全面履行其合同义务。

合同的履行是全部合同法律制度的核心,是合同法律效力最集中的表现。合同义务的全面履行是合同权利义务终止的最主要、最理想的原因。

(二) 合同约定不明时的履行规则

合同约定不明,是指当事人对合同标的的质量、价格或酬金,履行期限、地点和方式,履行费用等内容没有约定或者约定不明确的情况。如果当事人对关系到合同的成立或者生效的主要条款,如双方当事人、标的等,没有约定或者约定不明确的,则该合同应被确认为不成立或者无效,不存在履行问题,更不需要确定其履行规则。

根据《民法典》合同编第510条、第511条的规定,当事人对已生效合同中的某些条款没有约定或者约定不明确的,应由当事人协议补充,当事人不能达成补充协议的,应当按照合同相关条款或者交易习惯确定。依照这两种办法仍不能确定的,应适用《民法典》合同编的下列规定:(1)质量要求不明确的,按照强制性国家标准履行;没有强制性国家标准的,按照推荐性国家标准履行;没有推荐性国家标准的,按照行业标准履行;没有国家标准、行业标准的,按照通常标准或者符合合同目的的特定标准履行。(2)价款或报酬不明确的,按照订立合同时履行地的市场价格履行;依法应当执行政府定价或者政府指导价的,依照规定履行。(3)履行地点不明确,给付货币的,在接受货币一方所在地履行;交付不动产的,在不动产所在地履行;其他标的,在履行义务一方所在地履行。(4)履行期限不明确的,债务人可以随时履行,债权人也可以随时请求履行,但应当给对方必要的准备时间。(5)履行方式不明确的,按照有利于实现合同目的的方式履行。(6)履行费用的负担不明确的,由履行义务一方负担;因债权人原因增加的履行费用,由债权人负担。

(三) 双务合同履行中的抗辩权

1. 同时履行抗辩权

同时履行抗辩权,是指双务合同当事人双方未约定义务履行先后顺序的,一方当事人在对方未为对待给付以前,有权拒绝履行自己合同义务的权利。

同时履行抗辩权的构成要件是:(1)双方当事人因同一双务合同互负债务。

(2)双方互负的债务属于同时履行的情况且均已届清偿期。(3)对方未履行债务,或者对方部分履行或履行不适当。(4)对方的债务是可能履行的。

同时履行抗辩权为双务合同当事人双方都享有的一项权利,由当事人自己决定是否行使。同时履行抗辩权的效力在于:当事人在对方不履行合同义务时,可以暂时不履行自己的义务,而不承担违约责任。但同时履行抗辩权属于延期抗辩权,不能消灭对方的请求权,也不能消灭自己所负的债务,当对方为对待给付提供了有效的担保,或者已全部履行了合同债务时,同时履行抗辩权的效力即告终止,主张同时履行抗辩权的当事人一方应履行自己的合同义务。

2. 不安抗辩权

不安抗辩权,是指根据双务合同约定应先履行合同义务的当事人一方,有确切证据证明对方的财产或者履行债务的能力明显不足,以致可能难以履行合同义务,而且对方也没为履行合同提供担保时,有中止履行自己义务的权利。

不安抗辩权的构成要件是:(1)必须是双方当事人因同一双务合同互负债务。(2)当事人在双务合同中约定或按照交易习惯,一方必须向另一方先履行合同义务。(3)先履行合同义务的一方当事人有确切的证据证明对方有丧失或者可能丧失履行合同义务能力的情况。这是适用不安抗辩权的核心条件。依照《民法典》合同编第527条的规定,先履行义务的一方在四种情况下可以援引不安抗辩权:一是对方经营状况严重恶化;二是对方转移财产、抽逃资金,以逃避债务;三是对方丧失商业信誉;四是对方有其他丧失或者可能丧失履行债务能力的情况。(4)后履行合同义务的一方没有对其债务提供适当的担保。

不安抗辩权由先履行合同义务的当事人行使。该当事人在主张不安抗辩权时应承担两项附随义务:一是及时通知对方的义务,二是证明对方丧失或者可能丧失履行债务能力情况的举证义务。

不安抗辩权属于延期的抗辩权,其行使仅发生中止履行合同的效力,而不具有终止或者解除合同的效力。后履行义务一方在合理期限内恢复了履行能力或者提供了适当担保的,行使不安抗辩权的一方应当恢复履行。后履行义务一方在合理期限内未恢复履行能力并且未提供适当担保的,视为以自己的行为表明不履行主要债务,中止履行合同的一方可以解除合同并可以请求对方承担违约责任。当事人没有确切证据行使不安抗辩权而中止履行合同的,应当承担违约责任。

3. 先履行抗辩权

先履行抗辩权,是指双务合同中应当先履行义务的当事人未履行合同义务或者履行合同义务不符合约定时,后履行义务的一方有权拒绝其相应履行请求的权利。

先履行抗辩权的构成要件是:(1)双方当事人因同一双务合同互负债务。(2)双方互负的债务有先后履行顺序。(3)先履行义务的一方当事人未履行义务或者履行义务不符合约定。

先履行抗辩权由后履行合同义务的当事人一方行使。行使先履行抗辩权的效力在于:后履行义务的一方当事人可以拒绝先履行义务一方相应的履行请求。先履行抗辩权属于延期的抗辩权,当先履行义务的一方完全履行了合同债务时,先履行抗辩权即消灭。

(四) 债的保全

1. 债的保全的概念

债的保全,是指法律为防止债务人的财产不当减少而给债权人的债权带来危害,允许债权人为保障其债权的实现而采取的法律措施。

债的保全是对债的相对性原则的突破,是债的对外效力的体现,也是保护债权人利益的重要规则和制度。债的保全与债的担保以及违约责任共同筑起保护债权人债权的稳固的三角支架。债的保全的具体措施有两种:(1) 债权人的代位权;(2) 债权人的撤销权。

2. 债权人的代位权

债权人的代位权,是指当债务人怠于行使其对第三人享有的债权或者与该债权有关的从权利,而对债权人的到期债权造成损害时,债权人为保全自己的债权,可以向人民法院请求以自己的名义代位行使债务人对第三人的债权的权利。第三人也称为次债务人。

债权人的代位权的成立要件是:(1) 债权人与债务人之间存在合法的债权债务关系。(2) 债务人享有对第三人的到期债权,且该债权非专属于债务人自身。(3) 债务人怠于行使其债权或者与该债权有关的从权利。(4) 债权人的债权已届清偿期或者债务人已陷于迟延履行。(5) 债务人怠于行使其权利的行为对债权人造成了损害。司法实践中,债务人既不履行其对债权人的到期债权,又不以诉讼方式或仲裁方式向其债务人主张其享有的具有金钱给付内容的到期债权,致使债权人的到期债权未能实现的,即可认定对债权人造成了损害。

债权人的代位权的行使主体是债权人。债权人应以自己的名义,以次债务人为被告,通过诉讼的方式行使债权人的代位权。代位权的行使范围以债权人的到期债权为限。

债权人向次债务人提起代位权诉讼经人民法院审理后认定代位权成立的,由次债务人向债权人履行清偿义务,债权人与债务人、债务人与次债务人之间相应的债权债务关系消灭。债权人行使代位权的必要费用,由债务人负担。

3. 债权人的撤销权

债权人的撤销权,是指当债务人无偿处分财产权益、恶意延长其到期债权的履行期限,影响债权人的债权实现的;或债务人以不合理价格交易,影响债权人的债权实现,债务人的相对人知道或者应当知道该情形的,债权人可以依法请求人民法院撤销债务人所实施的行为的权利。

债权人的撤销权的成立要件包括客观要件和主观要件。

概括地讲,客观要件就是债务人实施了一定的有害于债权人债权的行为。具体来说,客观要件应包括以下内容:(1) 债务人实施了一定的处分财产的行为或以不合理价格交易的行为。这里的处分,仅限于法律上的处分。根据《民法典》合同编第538

条的规定,债务人处分财产的行为包括放弃到期债权、放弃债权担保、无偿转让财产、恶意延长其到期债权的履行期限四种。根据《民法典》合同编第539条的规定,债务人以不合理价格交易的行为包括以明显不合理的低价转让财产、以明显不合理的高价受让他人财产、为他人的债务提供担保三种。(2)债务人上述行为已经发生法律效力。(3)债务人处分财产的行为危害债权。即债务人处分财产的行为导致其财产减少,从而影响了债权人的债权实现。

主观要件即债务人和第三人具有主观恶意,不具有普遍意义。如果债务人是无偿处分其财产,则不必有主观要件的存在,债权人就可以主张撤销权。如果是债务人恶意延长到期债权的履行期限这种情形,则明显需要债务人主观上有恶意。债务人以明显不合理的低价转让财产、以明显不合理的高价受让财产或者为他人债务提供担保的行为,则必须以债务人和第三人在实施交易行为时都具有损害债权人的债权的主观恶意为要件;如果只有一方是恶意的,则不成立债权人的撤销权。

享有撤销权的债权人必须以自己的名义,向人民法院提起诉讼,请求人民法院撤销债务人影响债权实现的行为。债权人行使撤销权的范围以债权人的债权为限。债权人的撤销权应自债权人知道或者应当知道撤销事由之日起1年内行使,自债务人的行为发生之日起5年内债权人没有行使撤销权的,该撤销权消灭。

债务人的行为一旦被撤销,则自始无效。已受领债务人财产的第三人,负有返还该财产的义务。行使撤销权而复得的财产归债务人所有,行使撤销权的债权人无优先受偿的权利。债权人行使撤销权的必要费用,由债务人负担。

四、合同的变更与转让

(一) 合同的变更

1. 合同变更的含义与条件

合同的变更,是指合同有效成立后,履行完毕前,当事人对合同具体内容的修改或补充。合同的变更以当事人之间存在有效的合同为前提。合同的变更仅是合同具体内容的变更,合同的当事人没有变更。

《民法典》合同编第543条规定:"当事人协商一致,可以变更合同。"协议变更合同应符合下列条件:(1)当事人对合同变更的内容协商一致。当事人对合同变更的内容约定不明确的,推定为未变更。(2)变更后的合同内容合法、有效。

2. 合同变更的效力

合同变更的效力包括:(1)合同的变更无溯及力。合同的变更对已经履行的部分不产生法律效力,当事人应按变更后的合同内容作出履行。(2)合同的变更并没有完全消灭原合同关系。(3)合同的变更不影响当事人要求赔偿损失的权利。

(二) 合同的转让

合同的转让,即合同主体的变更,指在不改变合同内容的前提下,合同关系的一方当事人依法将其合同的权利或义务全部或者部分地转让给第三人的法律行为。合同的转让具有下列特点:(1)合同转让并不改变原合同的权利义务内容。(2)合同的转让是合同主体的变化,即由第三人代替原合同当事人一方而成为合同当事人,或者由第三人加入到合同关系之中成为合同当事人。(3)合同的转让通常涉及两种不同的法律关系,即原合同当事人双方之间的关系和转让人与受让人之间的关系。合同的转让有三种形态,即债权让与、债务承担和债权债务的概括转让。

1. 债权让与

债权让与,即合同权利的转让,指不改变合同关系的内容,合同债权人通过转让协议将其债权全部或部分地转让给第三人的法律行为。其中,债权人称为让与人,第三人称为受让人。

让与人和受让人必须就合同债权的转让达成合法有效的协议。债权人转让债权的,应当通知债务人;未经通知,该转让行为对债务人不发生效力。

债权让与对转让人与受让人的法律效力表现为:债权的全部或者部分由受让人享有;受让人取得与债权有关的从权利,但该从权利专属于债权人自身的除外;受让人取得从权利不因该从权利未办理转移登记手续或者未转移占有而受到影响。

债权人将债权让与的事实通知债务人后,债权让与对债务人产生法律效力。其效力表现为:债务人应当向受让人清偿已转让的债权;债务人对让与人的抗辩权可以向受让人主张;债务人对让与人享有债权,并且债务人的债权先于转让的债权到期或同时到期的,或者债务人的债权与转让的债权是基于同一合同产生的,债务人可以向受让人主张抵销。

2. 债务承担

债务承担,即合同义务的转让,是指在不改变合同内容的前提下,债权人、债务人与第三人之间达成转让债务的协议,将债务全部或部分地移转给第三人承担。第三人,也称为新债务人。其中,债务的全部转让称为免责的债务承担,债务的部分转让称为并存的债务承担。

债务承担,一般由债务人与第三人订立合法、有效的债务承担协议,该协议须经债权人同意才能产生债务承担的效力。债务承担的效力表现为:确立了第三人作为债务人的法律地位;新债务人应承担与主债务有关的从债务,但该从债务专属于原债务人自身的除外;新债务人可主张原债务人对债权人的抗辩权;原债务人对债权人享有债权的,新债务人不得向债权人主张抵销。

3. 债权债务的概括转让

债权债务的概括转让,即合同权利义务的概括转让,是指原合同当事人一方将其合同权利义务一并转让给第三人,由第三人概括地继受这些权利和义务。债权债务的概括转让包括意定概括转让和法定概括转让。

意定概括转让,是指合同当事人一方与第三人订立合同权利和义务转让协议,并且合同当事人另一方同意将合同权利和义务全部或部分地转让给该第三人,由其在转让范围内享受合同权利并承担合同义务。理论上也称为合同承受。

法定概括转让,是指由于法律规定而发生的合同权利和义务的一并转让。法定概括转让主要包括当事人合并或者分立后所发生的债权和债务的转让。

五、违约责任

(一)违约责任的概念与法律特征

违约责任,又称为违反合同的民事责任,是指合同当事人不履行合同义务或者履行合同义务不符合约定时,依合同约定或法律规定必须承担的民事责任。违约责任有以下几个主要特征:

1. 违约责任以违反合同义务为前提。违约责任承担的基础是双方当事人之间存在合法有效的合同关系。若当事人之间不存在合法有效的合同关系,则无违约责任可言。对无效合同不能追究违约责任,但对于部分无效部分有效的合同,应酌情追究违约责任。违约责任以违反合同义务为前提。合同义务是发生合同责任的前提,合同责任是违反合同义务的必然后果。违反合同义务是违约责任与侵权责任、不当得利的返还责任、缔约过失责任等的重要区别。

2. 违约责任是一种财产性的民事责任。违约责任是民事责任的一种,不包括行政责任和刑事责任。在民事责任之中,违约责任主要是财产责任,而不包括非财产责任方式,如恢复名誉、消除影响等方式。

3. 违约责任的确定具有相对的任意性。对于违约责任的确定,除法律有强制规定的以外,当事人可以在法律规定的指导下,通过合同加以确定,即当事人可以在法律规定的范围内对违约责任作出事先的安排。如当事人可以事先约定违约金的数额或幅度,可以事先约定损害赔偿额的计算方法甚至具体数额,还可以通过设立免责条款限制或免除当事人可能在未来发生的责任等。同时,为保障当事人设立的违约责任条款的公平合理,法律也要对违约责任进行干预。当事人对违约责任的约定如果不符合法律的要求,也将会被宣告无效,从而适用法定的违约责任。因此,违约责任的任意性是相对的,而不是绝对的。

4. 违约责任具有相对性。违约责任的相对性,是指违约责任只能发生在特定的当事人之间,即合同关系中的债权人与债务人之间。合同以外的第三人不对合同负违约责任,合同当事人也不对第三人承担违约责任。《民法典》合同编第593条明确规定:"当事人一方因第三人的原因造成违约的,应当依法向对方承担违约责任。当事人一方和第三人之间的纠纷,依照法律规定或者按照约定处理。"

5. 违约责任主要具有补偿性。违约责任的补偿性表现为:一方违约之后,所承担的赔偿责任应相当于另一方因此所受到的损失;同时,在多种违约责任形式并用的情况下,违约方的责任应当与违约行为造成的损害后果大致相当,受害人不能因违约方承担责任而获得超过其所受损害之外的利益。在特殊情况下,违约责任也具有一定的制裁性。这种制裁性主要表现在四个方面:(1)允许不过分高于违反合同造成损失的违约金存在;(2)消费者合法权益保护中惩罚性赔偿的规定;(3)定金罚则;(4)执行政府定价或政府指导价的价格调整时对违约方的制裁。

(二) 违约责任的归责原则及承担违约责任的一般条件

1. 违约责任的归责原则

民事责任的认定必须遵循一定的归责原则。违约责任的归责原则,是指确定违约当事人承担违约责任的根据,是贯穿整个违约责任并对违约责任的规范起着统率作用的立法指导原则。

对违约责任的归责原则,理论上主要有三种不同的观点:(1) 过错责任原则,即一方当事人违约时,应以过错作为确定责任的要件与责任范围的依据,这种主张的法律依据是已经废止的《经济合同法》第29条;(2) 无过错责任原则,或称严格责任原则,是指违约发生后,确定违约当事人的责任,应主要考虑违约的结果是否因违约方的违约行为造成,而不管违约方主观上是否存在故意或过失;(3) 以无过错责任原则为主、过错责任原则为补充。

我们认为,《民法典》合同编规定的违约责任的归责原则应是严格责任原则,同时为平衡当事人双方的利益和责任,在特定情况下也要考虑当事人的主观过错。《民法典》合同编采用严格责任原则的法律依据是该法第577条、第593条。《民法典》合同编第577条规定:"当事人一方不履行合同义务或者履行合同义务不符合约定的,应当承担继续履行、采取补救措施或者赔偿损失等违约责任。"同时,我国《民法典》合同编从公平原则出发,充分考虑到当事人之间的利益公平及权利与义务的一致,特别规定在特定情况下,一方因过错造成对方损失时才承担赔偿责任,如《民法典》合同编第660条、第662条、第824条、第841条、第897条、第929条的规定。我国《民法典》合同编还规定对因对方的过错造成的损失,违约方可不承担责任,如《民法典》合同编第823条、第832条等。这些规定并不是对严格责任原则的否认,而是该归责原则的例外。

2. 承担违约责任的一般条件

违约责任因其具体的责任形式不同,承担具体责任的条件也不完全相同。一般而言,各种违约责任共同具有的条件有二:(1) 有违约行为;(2) 不存在法定或约定的免责事由。法定的免责事由主要是不可抗力。不可抗力应发生在合同履行期限内,当事人迟延履行后发生不可抗力的,不能免除责任。当事人因不可抗力不能履行合同义务的,应根据不可抗力的影响,部分或者全部免除责任。约定的免责事由,即免责条款,是指当事人双方在合同中事先约定的、旨在限制或者免除其未来的责任的条款。这些约定只要不违反法律、行政法规的强制性规定,不违背公序良俗,则应为有效,双方当事人均可依此免责条款主张免除其不履行合同的责任。但合同中的下列免责条款无效:一是造成对方人身损害的免责条款,二是因故意或者重大过失造成对方财产损失的免责条款。

(三) 违约行为及其形态

违约行为,是指合同当事人违反合同义务的行为。《民法典》合同编表述为不履行合同义务和履行合同不符合约定的行为。

违约行为的形态,简称为违约形态,是根据违约行为违反合同义务的性质、特点而对违约行为所作的分类。根据违约行为发生的时间不同,可以分为预期违约与实际违约;根据违约行为的特点,对实际违约可进一步分为履行不能、迟延履行、瑕疵履行和不适当履行。

1. 预期违约

预期违约,又称为先期违约,是指合同履行期限到来之前,当事人一方明确表示或者以自己的行为表明不履行合同义务的行为。预期违约包括明示毁约和默示毁约两种。明示毁约是指在合同履行期限到来之前,一方当事人无正当理由而明确、肯定地向另一方当事人表示他将不履行合同。默示毁约是指在合同履行期限到来之前,一方当事人有确切的证据证明另一方当事人在履行期限到来时将不履行或不能履行合同,而另一方当事人又不提供必要的担保。预期违约表现为未来将不履行合同义务,而不是实际违反合同,守约方基于自身利益考虑,可以在履行期限届满前请求预期违约方承担违约责任,也可以不理会对方的预期违约,而等待履行期限届满后要求违约方按实际违约承担违约责任。

2. 履行不能

履行不能,是指由于某种情况的出现,合同债务人在事实上已经不可能实际履行合同义务。履行不能产生的原因有很多,如标的物已不复存在、标的物属于他人或者已转移于他人、债务人自身的原因(如债务人失去劳动力或企业停产、转产)等。这里讲的履行不能,主要是指因为可归责于合同债务人的原因而导致的履行不能。

3. 迟延履行

迟延履行,是指合同义务人在合同履行期限届满而未履行合同义务,包括债务人迟延履行和债权人迟延受领。

债务人迟延履行,是指合同约定的履行期限届满,或者合同未约定履行期限,在债权人指定的履行期限届满时,债务人未履行合同义务。

债权人受领迟延,是指债权人对于债务人的履行应当接受而无正当理由拒绝接受。一般来讲,债权人受领债务人的履行是债权人的一项权利,债权人对债务人不符合合同约定的履行可以拒绝接受。但当债务人的履行正当,而债权人无正当理由拒绝接受债务人的履行时,就会造成债务人的损害,因此为保障合同双方当事人利益的公平,我国理论及司法实践都承认,债权人受领迟延,也是一种违约行为,债权人也应对此承担相应的违约责任。《民法典》在合同编违约责任一章的第589条规定:"债务人按照约定履行债务,债权人无正当理由拒绝受领的,债务人可以请求债权人赔偿增加的费用。在债权人受领迟延期间,债务人无须支付利息。"

4. 瑕疵履行

瑕疵履行,是指债务人履行的标的物、履行行为不符合合同约定。它可以分为违约瑕疵和加害瑕疵。违约瑕疵,是指债务人履行的标的物仅在品种、规格、技术要求等方面不符合合同的约定,尚未由于质量瑕疵造成他人人身或财产损失。加害瑕疵,是指债务人因交付的标的物的缺陷而造成他人人身、财产损害。

5. 不适当履行

不适当履行,是指除瑕疵履行之外,债务人未按合同约定的标的、数量、履行方式、履行地点履行合同义务的行为。主要包括:(1)部分履行行为,如交付的标的物在数量上不足;(2)履行方式不适当;(3)履行地点不适当;(4)其他违反附随义务的行为,如违反告知义务的行为。

(四)违约责任的责任形式

1. 继续履行合同

继续履行合同,是指当事人一方不履行合同或者履行合同不符合约定时,对方有权要求人民法院或者仲裁机构强制违约方继续履行合同义务,而不得以支付违约金或者赔偿损失的方式代替履行。我国《民法典》合同编规定了两种继续履行合同的情况:(1)对于金钱债务的继续履行。当事人一方未支付价款、报酬、租金、利息,或者不履行其他金钱债务的,对方可以请求其支付。违约方还应当支付该金钱债务的逾期利息。守约方有其他损失的,违约方应当赔偿。(2)对非金钱债务的继续履行。《民法典》合同编第580条规定:"当事人一方不履行非金钱债务或者履行非金钱债务不符合约定的,对方可以请求履行,但是有下列情形之一的除外:(一)法律上或者事实上不能履行;(二)债务的标的不适于强制履行或者履行费用过高;(三)债权人在合理期限内未请求履行。有前款规定的除外情形之一,致使不能实现合同目的的,人民法院或者仲裁机构可以根据当事人的请求终止合同权利义务关系,但是不影响违约责任的承担。"

当事人一方不履行债务或者履行债务不符合约定,根据债务的性质不得强制履行的,对方可以请求其负担由第三人替代履行的费用。

2. 采取补救措施

对履行不符合约定的补救措施,《民法典》合同编第582条规定:"履行不符合约定的,应当按照当事人的约定承担违约责任。对违约责任没有约定或者约定不明确,依据本法第五百一十条的规定仍不能确定的,受损害方根据标的的性质以及损失的大小,可以合理选择请求对方承担修理、重作、更换、退货、减少价款或者报酬等违约责任。"

3. 赔偿损失

赔偿损失,是指因合同当事人一方的违约行为而给对方当事人造成财产损失时,违约方向对方所作的经济补偿。赔偿损失的目的在于补偿受害方因此所受的全部损失。因此,赔偿损失在性质上具有补偿性。

当事人承担赔偿损失的违约责任应当具备以下几个条件:(1)当事人一方有违约行为;(2)当事人一方的违约行为给对方当事人造成了经济上的损失;(3)违约行为与损失之间有因果关系;(4)不存在法定或约定的免责事由。

完全赔偿原则,是指违约方的违约使受害方遭受的全部损失都应当由违约方负赔偿责任。如果当事人在合同中约定了因违约产生的损失赔偿额的计算方法,应依照该约定进行赔偿,但损失赔偿额计算方法的约定不得显失公平。如果当事人没有在合同中约定损失赔偿额的计算方法,损失赔偿额应当相当于因违约给对方造成的损失。这里的损失包括直接损失和可得利益的损失。直接损失,是指现有财产的减少和为减少或消除财产损失所支出的费用。可得利益的损失,是指违约行为的发生导致受害方丧失了合同如期履行所能够得到的利益。应当注意,可得利益必须是纯利润,而不应包括取得这些利益所支付的费用。

对完全赔偿原则的限制有以下规则:(1)合理预见规则。即损失赔偿额不得超过违约一方订立合同时预见到或者应当预见到的因违约可能造成的损失。(2)减轻损害规则。《民法典》合同编第591条规定:"当事人一方违约后,对方应当采取适当措施防止损失的扩大;没有采取适当措施致使损失扩大的,不得就扩大的损失请求赔偿。当事人因防止损失扩大而支出的合理费用,由违约方负担。"(3)双方违约及过失相抵规则。《民法典》合同编第592条规定:"当事人都违反合同的,应当各自承担相应的责任。当事人一方违约造成对方损失,对方对损失的发生有过错的,可以减少相应的损失赔偿额。"(4)损益同销规则。即根据公平原则和补偿原则,受害方基于损失发生的同一原因而获得某种利益时,在其应得的损失赔偿数额中应扣除其所得利益部分。这种利益包括:因违约而避免的费用,如因违约停工而不必支付的工资等;因违约而避免的损失,如标的物价格在不断下跌等。我国《民法典》合同编对此规则未作规定。

4. 支付违约金

违约金是指当事人在合同中约定的,在合同债务人不履行合同义务或者履行合同义务不符合约定时,向对方当事人支付的一定数额的金钱。

承担违约金责任形式,应具备三个条件:(1)当事人有违约行为;(2)当事人对违约责任形式及其数额事先有约定;(3)不存在法定或约定的免责事由。

在司法实践中,违约金的数额应与违约所造成的损失大致相当,违约金低于或者过分高于所造成损失时会有失公平,《民法典》合同编第585条第2款规定可以进行调整:约定的违约金低于造成的损失的,人民法院或者仲裁机构可以根据当事人的请求予以增加;约定的违约金过分高于造成的损失的,人民法院或者仲裁机构可以根据当事人的请求予以适当减少。违约金的过高或过低一般以实际损失的30%作为标准来判断。

《民法典》合同编第588条规定:"当事人既约定违约金,又约定定金的,一方违约时,对方可以选择适用违约金或者定金条款。定金不足以弥补一方违约造成的损失的,对方可以请求赔偿超过定金数额的损失。"当事人就迟延履行约定违约金的,违约方支付违约金后,还应当履行债务。

5. 其他违约责任形式

除上述主要的违约责任形式外,我国《民法典》合同编还规定了承担违约责任的其他形式,主要包括价格制裁、定金罚则、解除合同等。

(1)价格制裁。《民法典》合同编第513条规定:"执行政府定价或者政府指导价的,在合同约定的交付期限内政府价格调整时,按照交付时的价格计价。逾期交付标的物的,遇价格上涨时,按照原价格执行;价格下降时,按照新价格执行。逾期提取标的物或者逾期付款的,遇价格上涨时,按照新价格执行;价格下降时,按照原价格执行。"

(2) 定金罚则。定金,是债的一种担保形式。定金有多种,这里主要是指违约定金。债务人履行债务后,定金应当抵作价款或者收回;债务人不履行债务或者履行债务不符合约定,致使不能实现合同目的时,则应适用定金罚则。定金罚则的基本内容是:给付定金的一方不履行债务或者履行债务不符合约定,致使不能实现合同目的的,无权请求返还定金;收受定金的一方不履行债务或者履行债务不符合约定,致使不能实现合同目的的,应当双倍返还定金。

(3) 解除合同。这里的解除合同,主要是指法定解除,也包括当事人因行使不安抗辩权而解除合同的法律后果。

(五) 违约责任与侵权责任的竞合

《民法典》总则编第186条规定:"因当事人一方的违约行为,损害对方人身权益、财产权益的,受损害方有权选择请求其承担违约责任或者侵权责任。"

第四节 知识产权法

一、知识产权概述

(一) 知识产权的概念

知识产权(Intellectual Property)是人们对于自己的智力活动所创造的成果和经营管理活动中的标记、信誉依法享有的权利。[①] 在我国,知识产权作为正式的法律用语是从1986年《民法通则》的颁布实施开始的。知识产权属于民事权利的一种,其范围有广义和狭义之分。狭义的知识产权,即传统意义上的知识产权,一般可分为两大类:(1) 文学产权,即文学、艺术、科学作品的创作者和传播者所享有的权利,它将作品及作品的传播媒介纳入其保护范围;(2) 工业产权,它是指工业、农业、商业、林业和其他产业中具有实用经济意义的一种无形财产权,主要包括专利权和商标权。广义的知识产权主要包括:著作权(含邻接权)、商标权、专利权、商号权、商业秘密权、产地标记权、集成电路布图设计权、植物新品种权等。广义的知识产权范围,目前已为两个主要的知识产权国际公约所认可,即1967年签订的《成立世界知识产权组织公约》和1994年关贸总协定缔约方签订的《与贸易有关的知识产权协定》(即TRIPs协定)。由此可见,知识产权的范围相当广泛。但值得说明的是,科学发现并不包括在知识产权的权利范围之内。

知识产权具有以下特点:

1. 知识产权由国家授予。有形财产权通过一定的法律事实予以设定和取得,并

---

① 参见吴汉东主编:《知识产权法》,中国政法大学出版社2002年版,第1页。

不需要国家有关机关的介入。而知识产权却不同,它具有国家授予性的特点,这是由知识产权的非物质性决定的。由于知识产权的客体不表现为有形的物质实体,不易为权利人实际控制,知识产品一旦为他人所知悉,便具有无限的延伸性。因此,知识产权一般需要由国家认定和许可,必须得到国家法律的特别保护。例如,专利权需要由权利人或其代理人向国家有关机关申请,由国家主管机关审查批准,发给权利证书予以确认。

2. 知识产权具有专有性。专有性又称为垄断性、独占性。它是指知识产权同所有权一样,具有排他性和绝对性的特点,但其效力内容和表现形式各不相同。由于知识产品是精神领域的智力成果,知识产权的专有性有其独特的法律表现:(1) 知识产权为权利人所独占,没有法律规定或未经权利人许可,其他任何第三方不得行使该项权利。(2) 对同一项知识产品而言,不允许有两项或两项以上同一属性的知识产权并存。

3. 知识产权具有地域性。知识产权的地域性即知识产权在空间上的效力范围,是指知识产权的效力局限于一国范围之内,超出一国范围知识产权便不被认可,也就不具有法律效力。除两国之间有互惠关系或签订有国际协定之外,其他国家对知识产权没有保护的义务,知识产权不具有域外效力。他国公民使用权利人的知识产品,既不需要征得权利人同意,也不需要向权利人支付报酬。这与有形财产权不同,有形财产权没有地域效力的限制,不论其标的物位于何处,权利人均可主张其权利,不存在不被法律保护的问题。

4. 知识产权具有时间性。由于知识产权表现为一定的智力成果,它对于促进社会的文明与发展具有积极的推进作用。但是如果给予知识产权永久的保护,必然阻碍智力成果的传播与利用,不利于整个社会科技与文化的发展和进步。所以各国法律一般给予知识产权一定的保护期限,超过这个期限法律即不予保护,它就成为整个社会的共同财富,为全人类所共用。这与法律对一般物权的保护具有永久性的特点不同,法律对一般物权的保护与物的自然寿命在时间上是一致的。法律对知识产权给予有期限的保护,主要是为了平衡知识产品创造者合法利益与社会公共利益之间的矛盾,使之协调发展。各国根据本国对知识产权的认识和实际情况,对著作权、专利权、商标权规定了不同的保护期限。

(二) 知识产权法的概念

知识产权法是调整因知识产品的确认、保护和使用而产生的各种社会关系的法律规范的总和,它是近代商品经济和科学技术发展的产物。

我国知识产权的立法始于清朝末年。近四十年来,我国先后颁布了一系列知识产权方面的法律、法规,主要有:《中华人民共和国商标法》(1982 年通过,1993 年第一次修正,2001 年第二次修正,2013 年第三次修正,2019 年第四次修正)、《中华人民共和国专利法》(1984 年通过,1992 年第一次修正,2000 年第二次修正,2008 年第三次修正,2020 年第四次修正)、《中华人民共和国著作权法》(1990 年通过,2001 年第一次修正,2010 年第二次修正,2020 年第三次修正)、《中华人民共和国反不正当竞争法》(1993年通过,2017年修订,2019年修正)等,迅速建立了比较完整的知识产权法律体系,在知识产权保护方面取得了举世瞩目的成就。

（三）知识产权制度的作用

知识产权作为一项重要的民事法律制度,其贯彻实施将对我国经济、文化的建设、发展发挥重要的作用。

1. 有利于调动人们从事科学技术研究和创作的积极性。知识产权制度确认主体对其创造性成果依法享有的权利,并保护其不受侵犯,不仅能给予他们极大的精神鼓舞,而且还能为他们带来一定的经济利益,从而促使人们创造出更多、更好的精神财富。

2. 有利于繁荣社会主义文化,加速社会主义物质文明和精神文明建设。知识产权制度保障学术自由,鼓励创作内容健康向上,抵御各种腐朽思想的侵蚀,能创造出良好的文化环境。

3. 有利于国际科学技术和文化的交流与协作。科学技术和文化艺术是人类的共同精神财富,各国只有互相合作、彼此交流,才能相互借鉴、共同发展。我国已加入有关国际知识产权组织和公约,并依国际惯例对外国人的知识产权提供法律保护,这必将促进我国与其他国家之间的交流与协作。

二、著作权法

（一）著作权的概念

著作权是指作者或其他著作权人依法对文学、艺术和科学、工程技术等作品所享有的各项专有权利。[①] 根据我国《著作权法》的规定,著作权与版权是同义语。

著作权是作者或其他著作权人对其作品所享有的完整权利,包括人身权和财产权。著作人身权是指作者基于作品而产生的与人身利益相联系而无直接财产内容的权利,如发表权、署名权、修改权、保护作品完整权。著作财产权是指著作权人自己使用或授权他人以一定方式使用作品而获取经济利益的权利,主要包括复制权、发行权、表演权、出租权、广播权、展览权、改编权等。文学艺术和科学作品是著作权产生的前提和基础。没有作品,就没有著作权,脱离作品的著作权是不存在的。

我国《著作权法》第1条规定:"为保护文学、艺术和科学作品作者的著作权,以及与著作权相关的权益,鼓励有益于社会主义精神文明、物质文明建设的作品的创作和传播,促进社会主义文化和科学事业的发展与繁荣,根据宪法制定本法。"由此可知,在我国,著作权法律制度担负着保护作者合法的人身权益和财产权益,鼓励积极创作的行为,协调作者个人利益与社会公共利益之间的矛盾的重要任务,也是促进文化的繁荣与发展,加强文化艺术交流的重要手段。

1. 保护作者著作权及与著作权有关的权益。国家依法保护作者的合法权益,就是要从法律上明确作者因创作所享有的各种财产权利和人身权利。这样才能从根本

---

① 参见彭万林主编:《民法学》,中国政法大学出版社1999年版,第491页。

上调动作者的创作积极性。

2. 鼓励优秀作品的传播。作品虽为作者创作,但又是整个社会财富的一部分。一部作品既有作者个人精神,又吸收了前人的成果。故各国著作权法均要求作者承担一定的义务。著作权法鼓励作者创作的目的正在于广泛传播优秀作品。

3. 加强社会主义精神文明建设,促进我国市场经济大力发展。保护著作权,有利于鼓励优秀作品的创作和传播,有利于保护广大人民群众利益,促进社会主义精神文明建设。

4. 促进国际文化交流,提高全人类科学文化水平。随着我国加入国际著作权公约以及版权贸易的发展,著作权法律制度对于促进国际文化的联系与交往,增加各国人民的相互了解,提高全人类科学文化水平起着重要的作用。

(二) 著作权的主体、客体和内容

1. 著作权的主体

(1) 著作权主体的范围

著作权的享有以作品的创作为前提,而创作是一种由构思到表达的过程,因此客观上,只有自然人才能完成这一过程,才能成为文学艺术和科学作品的事实作者。但在特定情况下,为了满足某种利益需求,在法律上也可以把自然人以外的其他民事主体视为作者,赋予他们作者的法律资格。

我国《著作权法》第 11 条规定:"著作权属于作者,本法另有规定的除外。创作作品的自然人是作者。由法人或者非法人组织主持,代表法人或者非法人组织意志创作,并由法人或者非法人组织承担责任的作品,法人或者非法人组织视为作者。"因此在我国,著作权的主体范围为:

① 我国自然人。我国自然人只要进行科学、技术、文学或者艺术等智力创作劳动,并获得一定形式的成果,均可依法成为著作权的主体。

② 法人。法人成为著作权的主体,是法人对创作的作品在特定条件下享有著作权。

③ 非法人组织。它是指不具有法人资格,但是能够依法以自己的名义从事民事活动的组织。非法人组织包括个人独资企业、合伙企业、不具有法人资格的专业服务机构等。

④ 外国人、无国籍人。我国国务院于 1992 年 9 月 25 日颁布了《实施国际著作权条约的规定》,2020 年进行了修订。该文件就外国作品在中国的著作权问题,作出了符合国际公约的保护规定。《著作权法》第 2 条第 2 款、第 3 款、第 4 款分别规定:"外国人、无国籍人的作品根据其作者所属国或者经常居住地国同中国签订的协议或者共同参加的国际条约享有的著作权,受本法保护。外国人、无国籍人的作品首先在中国境内出版的,依照本法享有著作权。未与中国签订协议或者共同参加国际条约的国家的作者以及无国籍人的作品首次在中国参加的国际条约的成员国出版的,或者在成员国和非成员国同时出版的,受本法保护。"可见,我国对外国人、无国籍人的作品实行的是有条件的保护,这与国际通行的做法是相一致的。

⑤ 国家。在一般情况下,国家是不能作为著作权人的,但也有某些例外。依《著作权法实施条例》的规定,国家享有的著作权由国务院著作权行政管理部门代表国家行使。

(2) 著作权主体的认定

① 合作作品的著作权。两人以上合作创作的作品是合作作品。根据我国《著作权法》第14条的规定,合作作品的作者共同享有著作权。合作作品的著作权由合作作者通过协商一致行使;不能协商一致,又无正当理由的,任何一方不得阻止他方行使除转让、许可他人专有使用、出质以外的其他权利,但是所得收益应当合理分配给所有合作作者。其中,无法分割使用的合作作品之著作权,适用财产共同共有原则,由合作作者共同共有。合作作品可以分割使用的,作者对自己创作的部分可以单独行使著作权。但是,行使该权利,不得构成对合作作品整体著作权的侵害。

② 职务作品的著作权。公民为完成法人或非法人组织工作任务所创作的作品为职务作品。关于职务作品著作权的归属,我国著作权法规定了两种情况:第一,一般的职务作品的著作权由作者享有,但法人或非法人组织有权在其业务范围内优先使用。作品完成后两年内,未经单位同意,作者不得许可第三人以与单位使用相同的方式使用该作品。在作品完成后两年内,经单位同意,作者许可第三人以与单位使用相同的方式使用作品所获报酬,由作者与单位按约定的比例分配。作品完成的两年期限,自作者向单位交付作品之日起计算。第二,对法律规定的某些特殊的职务作品,作者只享有署名权,著作权中的其他权利由法人或非法人组织享有,法人或非法人组织可以给予作者奖励。特殊的职务作品包括:主要是利用法人或非法人组织的物质技术条件创作,并由法人或非法人组织承担责任的工程设计图、产品设计图、示意图、计算机软件、地图等;报社、期刊社、通讯社、广播电台、电视台的工作人员创作的职务作品;法律、行政法规规定或者合同约定著作权由法人或者非法人组织享有的职务作品。

③ 汇编作品的著作权。汇编作品是指汇编若干作品、作品的片段或者不构成作品的数据或者其他材料,对其内容的选择或者编排体现独创性的作品。根据《著作权法》第15条的规定,汇编人对汇编作品享有著作权。对有著作权的作品进行汇编,要受到著作权人汇编权的制约,即汇编他人作品须取得著作权人的许可,否则要承担侵权责任。如果是汇编不受著作权法保护的作品或不构成作品的材料、数据而形成的汇编作品,汇编人仅对其设计和编排的结构或形式享有著作权。

④ 委托作品的著作权。根据雇佣合同或服务合同,为雇主所创作的作品为委托作品。在我国,受委托创作的作品的著作权的归属由委托人和受托人通过合同约定,合同未作明确约定或没有订立合同的,著作权属于受托人。

⑤ 视听作品中的电影作品、电视剧作品的著作权。这类作品主要包括影视作品、录像作品、载有音像节目的半导体芯片、激光视盘等。根据我国《著作权法》第17条的规定,视听作品中的电影作品、电视剧作品的著作权由制作者享有,但导演、编剧、作词、作曲和摄影等作者享有署名权,并有权按照与制作者签订的合同获取报酬。

上述以外的视听作品的著作权归属由当事人约定;没有约定或者约定不明确的,由制作者享有,但作者享有署名权和获得报酬的权利。视听作品中的剧本、音乐等可以单独使用的作品的作者有权单独行使其著作权。

2. 著作权的客体

著作权的客体是作品。《著作权法实施条例》第 2 条规定:"著作权法所称作品,是指文学、艺术和科学领域内具有独创性并能以某种有形形式复制的智力成果。"

(1) 著作权法意义上的作品必须具备的要件

① 应当具有独创性或原创性,即指一件作品的完成是该作者自己的选择、取舍、安排、设计、综合的结果,既不是依有形的形式复制而来,也不是依既定的程序或程式推演而来。

② 作品应当是思想或情感的客观表现,也就是说,著作权只保护思想或情感的表现形式,对主观范畴内的思想或情感,著作权法不予保护。对同样内容的思想或情感,人们都有权以自己的方式加以表现和利用。

(2) 作品的类别

依我国《著作权法》的规定,受著作权保护的作品类别为:第一,文字作品;第二,口述作品;第三,音乐、戏剧、曲艺、舞蹈作品、杂技艺术作品;第四,美术、建筑作品;第五,摄影作品;第六,视听作品;第七,工程设计图、产品设计图、地图、示意图等图形作品和模型作品;第八,计算机软件;第九,符合作品特征的其他智力成果。

(3) 著作权客体的排除领域

① 依法禁止出版、传播的作品。这些作品因其表达的思想倾向、某些感情的表达方式具有社会危害性,故不受著作权法的保护。

② 法律、法规、国家机关的决议、命令和其他属于立法、行政、司法性质的文件及其官方正式译文。这些文件因为涉及社会公众和国家整体利益,不应为任何人专有而限制其传播和利用,因此不享有著作权。

③ 单纯事实消息。这类信息的性质要求其不应被控制,故著作权法不予保护。

④ 历法、通用数表、通用表格和公式。

3. 著作权的内容

著作权的内容包括著作人身权和著作财产权两类:

(1) 著作人身权,是指作者基于作品依法享有的以人身利益为内容的权利。该权利由作者终身享有,不可转让、剥夺和限制。依据我国《著作权法》的规定,著作人身权包括:

① 发表权,即决定作品是否公之于众的权利。一般包括作者是否将作品发表、何时发表以及采取何种方式发表。

② 署名权,是指作者在自己创作的作品及复制件上标记姓名的权利。具体包括作者决定是否署名以及以怎样的方式署名。

③ 修改权,指对已完成的作品形式进行改变的权利。包括由作者自己修改和授权他人修改两种方式。

④ 保护作品完整权,即保护作品不受歪曲、篡改的权利。其中既包括作品的完整性,也包括标题的完整性。

(2) 著作财产权,是作者或其他著作权人所享有的对其作品的利用、收益和处分的权利,是作者或其他著作权人以各种形式使用作品,或许可他人使用作品,自己获得报酬的权利。著作财产权包括以下各项:

复制权,即以印刷、复印、拓印、录音、录像、翻录、翻拍、数字化等方式将作品制作一份或者多份的权利。

发行权,即以出售或赠与方式向公众提供作品的原件或者复制件的权利。

出租权,即有偿许可他人临时使用视听作品、计算机软件的原件或者复制件的权利,计算机软件不是出租的主要标的的除外。

展览权,即公开陈列美术作品、摄影作品的原件或复制件的权利。

表演权,即公开表演作品,以及用各种手段公开播送作品的表演的权利。

放映权,即通过放映机、幻灯机等技术设备公开再现美术、摄影、视听作品等的权利。

广播权,即以有线或者无线方式公开传播或者转播作品,以及通过扩音器或者其他传送符号、声音、图像的类似工具向公众传播广播的作品的权利,但不包括信息网络传播权。

信息网络传播权,即以有线或无线方式向公众提供,使公众可以在其选定的时间和地点获得作品的权利。

摄制权,即以摄制视听作品的方法将作品固定在载体上的权利。

改编权,即改变作品,创作出具有独创性的新作品的权利。

翻译权,即将作品从一种语言文字转换成另一种语言文字的权利。

汇编权,即将作品或者作品的片段通过选择或者编排,汇集成新作品的权利。

应当由著作权人享有的其他权利。

(三) 著作权的取得与期间

我国著作权法采取自动保护原则。作品一经产生,不论整体还是局部,只要具备了作品的属性即产生著作权,既不要求登记,也不要求发表,亦无须在复制物上加注著作权标记。但是我国已加入《世界版权公约》,在出版物中不少都有著作权标记,只是这对作品是否受著作权法保护没有影响。

根据我国《著作权法》第22条、第23条的规定,作者的署名权、修改权、保护作品完整权的保护期不受限制。对于自然人的作品来说,其发表权和著作财产权的保护期为作者终生及其死亡后50年,截止于作者死亡后第50年的12月31日。如果是合作作品,截止于最后死亡的作者死亡后第50年的12月31日。对于法人或者非法人组织的作品,著作权(署名权除外)由法人或非法人组织享有的职务作品来说,其发表权的保护期为50年,截止于作品创作完成后第50年的12月31日,其著作财产权的保护期为50年,截止于作品首次发表后第50年的12月31日。视听作品的发表权保护期为50年,截止于作品创作完成后第50年的12月31日,其著作财产权的保护期为50年,截止于作品首次发表后第50年的12月31日。但是,作品自创作完成后50年内未发表的,著作权法不再保护。

除上述情况外,凡是作者使用假名、笔名等发表的作品或者未署名发表的作品,也是从发表之日起受保护50年。如果这50年中明确了作者,著作财产权的保护期按照作者终生加上去世后50年来计算。作者生前未发表的作品,称为遗作。遗作的保护期和其他作品相同,即作者终生和去世后50年。超过这个期限,无论遗作发表与否,其著作财产权都归于消灭。

(四) 邻接权

1. 邻接权的概念及内容

邻接权是指与著作权相邻、相近的一种权利,即作品的传播者对其在传播作品的过程中所作出的创造性劳动成果享有的权利,该权利通常指表演者对其表演、音像制作者对其录制的音像制品、广播电视组织对其制作的广播电视节目在一定期限内,依法所享有的专有权利,属于广义上的著作权。我国《著作权法》第四章规定了邻接权制度。

2. 邻接权的种类

邻接权主要表现为以下几类:

(1) 表演者权,即表演者对其表演依法所享有的人身和财产上的专有权利。依据《著作权法》第39条之规定,表演者对其表演享有下列权利:

表明表演者身份,即表演者有权要求他人尊重其姓名,并按惯例公布其身份。

保护表演形象不受歪曲,即表演者对其表演享有完整性和表演形象不受歪曲、丑化的权利。

许可他人从现场直播和公开传送其现场表演,并获得报酬,即表演者在进行表演的过程中有权许可或者禁止他人进行实况转播。

许可他人录音录像,并获得报酬,即表演者对其现场表演享有录音录像的专有权利。

许可他人复制、发行、出租录有其表演的录音、录像制品,并获得报酬。

许可他人通过信息网络向公众传播其表演,并获得报酬。

(2) 音像制作者权,即音像制作者对其制作的音像制品所享有的人身和财产上的专有权利。依据《著作权法》第44条第1款之规定,录音录像制作者对其制作的录音录像制品享有许可他人复制、发行、出租、通过信息网络向公众传播并获得报酬的权利。

(3) 广播电视组织的权利,即广播、电视组织对其播放的广播电视节目依法享有的人身或者财产上的专有权利。依据《著作权法》第47条之规定,广播、电视组织享有以下权利:

播放权,即广播电台、电视台对其制作的广播电视节目享有的专有权利。

许可他人播放并获得报酬,即许可他人为商业目的播放其制作的或者取得专有播放权的节目,并享有获得报酬的权利。

许可他人将其制作的广播、电视录制以及复制的权利。

许可他人将其播放的广播、电视通过信息网络向公众传播的权利。

(4) 出版者权,即出版者对其出版的图书、期刊的版式设计所依法享有的人身和财产上的专有权利。出版者有权许可或者禁止他人使用其出版的图书、期刊的版式设计,此权利的保护期为 10 年,截止于使用该版式设计的图书、期刊首次出版后第 10 年的 12 月 31 日。

3. 邻接权的保护期

我国《著作权法》规定,表演者财产方面权利的保护期为 50 年,截止于该表演发生后第 50 年的 12 月 31 日。录音录像制作者权的保护期为 50 年,截止于该制品首次制作完成后第 50 年的 12 月 31 日。广播、电视节目的保护期为 50 年,截止于该广播、电视节目首次播放后第 50 年的 12 月 31 日。

(五) 著作权的利用和限制

1. 著作权的利用

(1) 著作权的许可使用。即著作权人以一定的方式,许可他人在一定的期限和一定的地域范围内使用其作品的行为。著作权的许可使用是一种重要的法律行为,可在许可人和被许可人之间产生权利义务关系,通常表现为许可使用合同。著作权人利用许可使用合同可将著作财产权中的一项或者多项内容许可他人使用,同时向被许可人收取一定数额的著作权使用费,以实现著作财产权益。

(2) 著作权的转让。即著作权作为一项财产权,包括复制权、发行权、出租权、展览权、表演权、放映权、广播权、信息网络传播权、摄制权、改编权、翻译权、汇编权等其中的任何一项或几项权能,从一个民事主体合法地转移到另一个民事主体支配的行为。我国《著作权法》2001 年修正时增加了关于著作权转让的规定,2020 年修正的《著作权法》依然保留了著作权转让的规定。

(3) 著作权的继承。著作人身权不能作为继承的标的。关于著作财产权的继承,《著作权法》第 21 条规定,著作权属于自然人的,自然人死亡后,其著作财产权在法律规定的保护期内,依照《民法典》继承编的规定转移。也就是说,作者去世后,其继承人可以成为著作财产权的新的权利人。对于合作作品来说,合作作者之一死亡后,其对合作作品享有的著作财产权无人继承又无人接受遗赠的,由其他合作作者享有。如果著作权属于法人或者非法人组织,法人或者非法人组织变更、终止后,其著作财产权在《著作权法》规定的保护期内的,由承受其权利义务的法人或者非法人组织享有。终止后的法人或非法人组织没有承受人的,其著作权由国家享有。

2. 著作权的限制

(1) 著作权的合理使用。即按照《著作权法》规定的条件,著作权人以外的人在某些情况下使用他人已经发表的作品,可以不经著作权人的许可,不向其支付报酬,但是应当指明作者的姓名或者名称、作品名称,并且不得影响该作品的正常使用,也不得不合理地损害著作权人的合法权益。我国《著作权法》第 24 条规定了合理使用的范围和具体方式,具体如下:

为个人学习、研究或者欣赏,使用他人已经发表的作品;

为介绍、评论某一作品或者说明某一问题,在作品中适当引用他人已经发表的作品;

为报道新闻,在报纸、期刊、广播电台、电视台等媒体中不可避免地再现或者引用已经发表的作品;

报纸、期刊、广播电台、电视台等媒体刊登或者播放其他报纸、期刊、广播电台、电视台等媒体已经发表的关于政治、经济、宗教问题的时事性文章,但著作权人声明不许刊登、播放的除外;

报纸、期刊、广播电台、电视台等媒体刊登或者播放在公众集会上发表的讲话,但作者声明不许刊登、播放的除外;

为学校课堂教学或者科学研究,翻译、改编、汇编、播放或者少量复制已经发表的作品,供教学或者科研人员使用,但不得出版发行;

国家机关为执行公务在合理范围内使用已经发表的作品;

图书馆、档案馆、纪念馆、博物馆、美术馆、文化馆等为陈列或者保存版本的需要,复制本馆收藏的作品;

免费表演已经发表的作品,该表演未向公众收取费用,也未向表演者支付报酬,且不以营利为目的;

对设置或者陈列在公共场所的艺术作品进行临摹、绘画、摄影、录像;

将中国公民、法人或者非法人组织已经发表的以国家通用语言文字创作的作品翻译成少数民族语言文字作品在国内出版发行;

以阅读障碍者能够感知的无障碍方式向其提供已经发表的作品;

法律、行政法规规定的其他情形。

(2) 著作权的法定许可使用。即根据法律的直接规定,以特定的方式使用他人已经发表的作品可以不经著作权人的许可,但应当向著作权人支付使用费,并尊重著作权人的其他各项人身权和财产权利的制度。依《著作权法》之规定,作品刊登后,除著作权人声明不得转载、摘编的以外,其他报刊可以转载,或者作为文摘、资料刊登;录音制作者使用他人已经合法录制为录音制品的音乐作品制作录音制品;广播电台、电视台播放他人已发表的作品;为实施义务教育和国家教育规划而编写出版教科书,在教科书中汇编已经发表的作品片段或者短小的文字作品、音乐作品或者单幅的美术作品、摄影作品、图形作品等,均属此类。

(3) 著作权的强制许可使用。即在特定的条件下,由著作权主管机关根据情况,将对已经发表的作品进行特殊使用的权利授予申请获得此项权利的人,并把授权的依据称作强制许可证,故该制度又称作强制许可证制度。根据强制许可证获得的对作品的使用权是非独占性的,不得转让。强制许可证仅限于该国内有效。我国《著作权法》没有规定强制许可证制度,但是由于我国已加入《伯尔尼公约》和《世界版权公约》,故也适用公约关于强制许可的规定。

（六）著作权的保护

1. 侵犯著作权的行为

著作权侵权行为，是指未经著作权人同意，又没有法律上的根据，擅自对享有著作权的作品进行使用以及其他擅自行使著作权的行为。我国《著作权法》第52条和第53条一共列举了19种侵犯著作权的行为。

第52条规定的侵权行为有：（1）未经著作权人许可，发表其作品的；（2）未经合作作者许可，将与他人合作创作的作品当作自己单独创作的作品发表的；（3）没有参加创作，为谋取个人名利，在他人作品上署名的；（4）歪曲、篡改他人作品的；（5）剽窃他人作品的；（6）未经著作权人许可，以展览、摄制视听作品的方法使用作品，或者以改编、翻译、注释等方式使用作品的，《著作权法》另有规定的除外；（7）使用他人作品，应当支付报酬而未支付的；（8）未经视听作品、计算机软件、录音录像制品的著作权人、表演者或者录音录像制作者许可，出租其作品或录音录像制品的原件或者复制件的，《著作权法》另有规定的除外；（9）未经出版者许可，使用其出版的图书、期刊的版式设计的；（10）未经表演者许可，从现场直播或者公开传送其现场表演，或录制其表演的；（11）其他侵犯著作权以及与著作权有关的权利的行为。

第53条规定的侵权行为有：（1）未经著作权人许可，复制、发行、表演、放映、广播、汇编、通过信息网络向公众传播其作品的，《著作权法》另有规定的除外；（2）出版他人享有专有出版权的图书的；（3）未经表演者许可，复制、发行录有其表演的录音录像制品，或通过信息网络向公众传播其表演的，《著作权法》另有规定的除外；（4）未经录音录像制作者许可，复制、发行、通过信息网络向公众传播其制作的录音录像制品的，《著作权法》另有规定的除外；（5）未经许可，播放、复制或者通过信息网络向公众传播广播、电视的，《著作权法》另有规定的除外；（6）未经著作权人或与著作权有关的权利人许可，故意避开或者破坏技术措施的，故意制造、进口或者向他人提供主要用于避开、破坏技术措施的装置或者部件的，或者故意为他人避开或者破坏技术措施提供技术服务的，法律、行政法规另有规定的除外；（7）未经著作权人或者与著作权有关的权利人许可，故意删除或者改变作品、版式设计、表演、录音录像制品或者广播、电视上的权利管理信息的，知道或者应当知道作品、版式设计、表演、录音录像制品或者广播、电视上的权利管理信息未经许可被删除或者改变，仍然向公众提供的，法律、行政法规另有规定的除外；（8）制作、出售假冒他人署名的作品的。

2. 侵犯著作权应承担的法律责任

侵犯著作权法律责任是指国家有关机关依法对实施侵害著作权的单位和个人，根据其行为的性质、危害后果和主观状态等因素所给予的法律制裁。一般来说，追究的法律责任可以分为民事责任、行政责任和刑事责任。

（1）民事责任

行为人实施了《著作权法》第52条规定的侵权行为的，应当承担下列民事责任：

停止侵害。即当行为人的侵权行为正在侵害或者有可能侵害著作权人或者与著作权有关的权利人的合法权益时，权利人有权要求侵害人停止其侵害。

消除影响、公开赔礼道歉。当著作权人或者与著作权有关的权利人的权益受到非法侵害时,受害人有权要求侵害人消除影响、恢复名誉并公开赔礼道歉。

赔偿损失。指侵害人的侵害行为对受害人造成一定的损害时,侵害人依法应向受害人进行赔偿的一种民事责任。

（2）行政责任

根据《著作权法》之规定,行为人有第53条规定的侵权行为的,除了应承担民事责任外,还可由主管著作权的部门给予以下行政处罚:责令停止侵权行为,予以警告;没收违法所得;没收、无害化销毁处理侵权复制品以及主要用于制作侵权复制品的材料、工具、设备等;违法经营额5万元以上的,可以并处违法经营额1倍以上5倍以下的罚款;没有违法经营额、违法经营额难以计算或者不足5万元的,可以并处25万元以下的罚款。

（3）刑事责任

《刑法》专门设立了一节"侵犯知识产权罪",其中规定了对侵犯著作权犯罪的刑事处罚措施,它是对侵犯著作权行为最严厉的处罚。

三、专利法

（一）专利权概述

1. 专利权的概念和特征

专利权是指法律赋予专利权人对其获得专利的发明创造在一定范围内享有的专有权利。

专利权是知识产权法律制度中的一项重要内容,它除了具备知识产权的共有特点外,还具有以下法律特征:

（1）专利权具有独占性。同一内容的发明创造只能授予一次专利,即使有两个发明人或者设计人分别独立完成内容相同的发明创造,专利权也仅能授予申请在先者。专利权人享有垄断性的权利。一旦发明创造被授予专利权,除法律另有规定外,专利权人以外的其他任何单位和个人不得以营利为目的擅自实施该专利,否则就会构成对专利权的侵犯。

（2）专利权的客体具有公开性。向社会公开发明创造是取得专利权的前提条件。申请人要想获得专利,必须通过专利申请文件公开自己的发明创造,只有其公开的范围和程度达到了专利法规定的要求,专利权人才能获得专利权。

（3）专利权具有法定授予性。专利权不是基于发明创造的事实产生,而是基于专利申请人的申请和专利行政部门的审查、批准授权而产生。

2. 专利制度的作用和意义

（1）鼓励和保护发明创造。专利制度赋予专利权人充分的物质利益和精神利益,给予发明创造人的智力成果积极的肯定和充分的法律保护。

（2）促进发明创造的推广应用。我国《专利法》规定的强制许可使用、强制推广应用制度均体现了专利法的这一立法宗旨。

(3) 促进科学技术的发展。专利制度能够促进技术信息的公开和交流,避免因重复研究而造成不应有的浪费。

(4) 促进国际技术交流与合作。专利制度有利于技术贸易的扩展和交流,并有助于维护我国和我国企业在国际经济交往中的利益。

(二) 专利权的主体、客体和内容

1. 专利权的主体

(1) 公民。公民个人如果是发明人或设计人,则对其非职务发明专利享有所有权,是专利权的所有人。发明人或者设计人是指对发明创造的实质性特点作出创造性贡献的人。

(2) 法人。法人对发明人完成的职务发明享有专利权。职务发明是指为完成本单位的任务或者主要是利用本单位的物质技术条件所完成的发明创造。但是,我国《专利法》对于利用本单位的物质技术条件所完成的发明创造,允许单位与发明人之间通过合同约定专利申请权和专利权的归属。

(3) 共同发明人。共同发明是指由两个或者两个以上的人共同完成的发明创造。

(4) 合法受让人。即依继承、赠与、转让等方式承受专利权的自然人和社会组织。

(5) 外国人。在我国,对外国人取得专利权实行国民待遇或者按照我国加入的国际条约或互惠原则办理。

2. 专利权的客体

(1) 发明

发明是指对产品、方法或者其改进所提出的新的技术方案。

具体包括:① 产品发明,即通过智力创造出以有形形式表现的各种制成品或产品。② 方法发明,即将一种物品或者物质改变成另一种状态或另一种物品或物质所采用的手段和步骤的发明。③ 改进发明,即对已有的产品发明或方法发明所作出的实质性革新的技术方案。

(2) 实用新型

实用新型是指对产品的形状、构造或者其结合所提出的适于实用的新的技术方案。实用新型是一种产品而不是工艺方法,该产品必须具备一定的形状和结构或者形状与结构相结合。实用新型在保护范围、技术水平、审查程序、保护期限等方面不如发明,但在实用性要求方面则高于发明。

(3) 外观设计

外观设计是指对产品的整体或者局部的形状、图案、色彩或者其结合所作出的富有美感并适于工业上应用的新设计。受专利法保护的外观设计必须是独立的产品,并且为该产品整体或者局部的有关形状、图案和装饰等的设计,同时,该产品可适于在产业上应用并能产生美感。外观设计通常又被称为"工业品外观设计"。

根据专利法的宗旨,有一些发明创造是不应被授予专利权的,主要包括:

第一,违反法律、社会公德或妨害公共利益的发明创造。世界各国专利法,一般均把违反法律,违背善良风俗、宗教信仰、公共道德等的发明创造排除在专利保护的范围之外。根据我国《专利法》第 5 条的规定,对违反国家法律、社会公德或者妨害公共利益的发明创造,不授予专利权。对违反法律、行政法规的规定获取或者利用遗传资源,并依赖该遗传资源完成的发明创造,不授予专利权。

实践中应当明确,发明创造本身的目的没有违反法律,但是由于被滥用而违反国家法律的不在此列。

第二,不属于专利法所称的发明创造。具体包括科学发现、智力活动的规则和方法、疾病的诊断和治疗方法。这类发明创造虽然也是智力劳动创造的成果,但因不能直接应用于工农业生产,缺乏实用性,不具备完整的专利性,因此不是专利法上所说的发明创造。另外,对动物和植物新品种、原子核变换方法、用原子核变换方法获得的物质以及对平面印刷品的图案、色彩或者二者的结合作出的主要起标识作用的设计,目前绝大多数国家不给予专利保护。

3. 专利权的内容

(1) 专利权人的权利。包括人身权利和财产权利两个方面。专利权人的人身权利是指专利权人为发明人时,其本人所享有的与其人身不可分离的权利。我国《专利法》规定,发明人或者设计人有在专利文件中写明自己是发明人或者设计人的权利。专利权的所有单位应当对职务发明创造的发明人或者设计人给予奖励;发明创造专利实施后,根据其推广应用的范围和取得的经济效益,对发明人或者设计人给予合理的报酬。

专利权人主要享有以下财产权利:

专有实施权,即专利权人依法对其获得专利的发明创造享有的独占实施权。具体包括:制造权、使用权、许诺销售权、销售权、进口权等。

转让权,即专利权人依照法律规定将拥有的专利权转让给他人的权利。

许可权,即专利权人享有的许可他人实施其专利的权利。

放弃权,即专利权人在其专利权有效期限届满前,以书面形式声明放弃其专利权的权利。

标记权,即专利权人有权在其专利产品或者该产品的包装上标明专利标记和专利号。

(2) 专利权人的义务。专利权人在获得专利权的同时,应当向国务院专利行政部门缴纳专利年费。公开发明创造也是专利权人的一项基本义务。在我国,凡是 1993 年 1 月 1 日前申请专利的专利权人,由于其专利适用 1984 年《专利法》,因而还应承担实际实施其专利的义务。

(三) 专利权的取得

1. 授予专利权的条件

我国《专利法》第 22 条、第 23 条规定,授予专利权的发明和实用新型,应当具备新颖性、创造性和实用性。授予专利权的外观设计,应当不属于现有设计;也没有任何单位或个人就同样的外观设计在申请日以前向国务院专利行政部门提出过申请,并记载在申请日以后公告的专利文件中;不得与他人在申请日以前已经取得的合法权利相冲突。

(1) 新颖性

新颖性,是指发明或者实用新型不属于现有技术;也没有任何单位或个人就同样的发明或者实用新型在申请日以前向国务院专利行政部门提出过申请,并记载在申请日以后公布的专利申请文件或者公告的专利文件中。授予专利权的外观设计,应当不属于现有设计;也没有任何单位或者个人就同样的外观设计在申请日以前向国务院专利行政部门提出过申请,并记载在申请日以后公告的专利文件中。对于新颖性要件,我国《专利法》采取了国内外公开出版+国内外公开使用的绝对新颖性原则。

(2) 创造性

创造性是指同申请日以前已有的技术相比,该发明有突出的实质性特点和显著的进步,该实用新型有实质性特点和进步。与新颖性不同,创造性旨在保证发明创造与现有技术的水平相比必须有所提高。同时,和发明相比,对实用新型的创造性要求较低。由于外观设计仅是对产品外表所作的富有美感的设计,不是技术性方案,故无法要求其在技术上具有先进性。所以《专利法》第23条规定,外观设计应与现有设计或者现有设计特征的组合有明显区别。

(3) 实用性

实用性又称工业实用性,是发明创造必须具备的实质条件之一。根据我国《专利法》第22条第4款的规定,实用性是指授予专利权的发明或者实用新型能够制造或者使用,并且能够产生积极效果。

2. 取得专利权的程序

取得专利权的程序包括专利权的申请和专利权的审查与批准两部分。

(1) 专利权的申请

我国《专利法》规定,申请发明或者实用新型专利的,应当提交请求书、说明书及其摘要和权利要求书等文件。请求书应当写明发明或者实用新型的名称,发明人或者设计人的姓名,申请人姓名或者名称、地址,以及其他事项。申请外观设计专利的,应当提交请求书以及该外观设计的图片或者照片以及对该外观设计的简要说明等文件。申请人提交的有关图片或者照片应当清楚地显示要求专利保护的产品的外观设计。申请专利有四个原则:第一,单一性原则。第二,先申请原则。第三,优先权原则。第四,禁止重复授权原则。

(2) 专利申请的审查与批准

第一,初步审查。也称为形式审查或格式审查,是指专利局对发明、实用新型和外观设计专利申请是否具备形式条件进行的审查。依我国《专利法》第40条的规定,实用新型和外观设计专利申请经初步审查没有发现驳回理由的,国务院专利行政部门应当作出授予实用新型专利权或外观设计专利权的决定。

第二,早期公开。即经过初步审查,对符合形式条件的发明专利申请,在尚未经过实质审查前进行的公开。一般应在自申请日起满18个月后进行。国务院专利行政部门可以根据申请人的请求早日公布其申请。

第三，实质审查。也称技术审查，是对申请专利的发明是否具有专利性所进行的审查。我国《专利法》规定，发明专利自申请日起3年内，国务院专利行政部门可以根据申请人随时提出的请求，对其申请进行实质审查；申请人无正当理由逾期不请求实质审查的，该申请被视为撤回。国务院专利行政部门认为必要的时候，可以自行对发明专利申请进行实质审查。

第四，授权登记公告。《专利法》第39条规定，发明专利申请经实质审查没有发现驳回理由的，由国务院专利行政部门作出授予发明专利权的决定，发给发明专利证书，同时予以登记和公告。发明专利权自公告之日起生效。

第五，复审。《专利法》第41条规定，专利申请人对国务院专利行政部门驳回申请的决定不服的，可以自收到通知之日起3个月内向国务院专利行政部门请求复审。国务院专利行政部门复审后，作出决定，并通知专利申请人。专利申请人对国务院专利行政部门的复审决定不服的，可以自收到通知之日起3个月内向人民法院起诉。

（四）专利权的期限和无效

1. 专利权的期限

专利权的期限，即专利权受法律保护的期限，它是专利权人享有的专利权从生效到正常终止的法定期间。依据《专利法》第42条的规定，在我国一般情形下，发明专利权的期限为20年，实用新型专利权的期限为10年，外观设计专利权的期限为15年，均自申请日起计算。

2. 专利权的无效

依据我国《专利法》的规定，自国务院专利行政部门公告授予专利权之日起，任何单位或个人认为该专利权的授予不符合专利法有关规定的，都可以请求国务院专利行政部门宣告该专利权无效。被宣告无效的专利权视为自始不存在。

（五）专利权的限制

1. 不视为侵犯专利权的使用行为

（1）权利用尽后的使用、许诺销售或销售。《专利法》第75条第1项规定，专利产品或者依照专利方法直接获得的产品，由专利权人或者经其许可的单位、个人售出后，使用、许诺销售或者销售、进口该产品的，不视为侵权行为。

（2）先用权人对专利产品和专利方法的制造和使用。《专利法》第75条第2项规定，在专利申请日前已经制造相同产品、使用相同方法或者已经做好制造、使用的必要准备，并且仅在原有范围内继续制造、使用的，不构成侵权。

（3）外国临时过境的交通工具上的使用。《专利法》第75条第3项规定，临时通过中国的领陆、领水、领空的外国运输工具，依照其所属国同中国签订的协议或者共同参加的国际条约，或者依照互惠原则，为运输工具自身需要而在其装置和设备中使用有关专利的，不视为侵犯专利权。

（4）非生产经营目的的利用。《专利法》第75条第4项规定，专为科学研究和实验而使用有关专利的,不视为侵犯专利权。

(5) 行政审批的需要。为提供行政审批所需要的信息,制造、使用、进口专利药品或者专利医疗器械的,以及专门为其制造、进口专利药品或者专利医疗器械的。

另外,为生产经营目的使用、许诺销售或者销售不知道是未经专利权人许可而制造并售出的专利侵权产品,能证明其合法来源的,不承担赔偿责任。这就是说,善意第三人的利用,构成侵犯专利权的行为,但能证明其产品有合法来源的,不承担赔偿责任。

2. 专利实施的强制许可

专利实施的强制许可,指国务院专利行政部门依照法律规定,可以不经专利权人的同意,直接许可申请人实施专利权人的发明或实用新型专利的行政措施。强制许可的对象仅限于发明专利和实用新型专利,对外观设计不实行强制许可。它包括:专利权人不实施、未充分实施或者构成垄断行为情况下的强制许可;在国家出现紧急状态或非常情况时,或者为了公共利益的目的实施的强制许可;药品专利的强制许可;依存专利的强制许可;限于公共利益目的和防止垄断行为的对半导体技术的强制许可。

3. 专利的强制推广应用

专利的强制推广应用,是指国务院有关主管部门和省、自治区、直辖市人民政府对我国国有企业事业单位所拥有的对国家利益或者公共利益具有重大意义的需要推广应用的发明专利,按照法定程序报经国务院批准在一定范围内推广应用,并许可指定单位实施,由实施单位按照国家规定向专利权人支付使用费的一种行政措施。

(六) 专利权的法律保护

1. 我国专利权的保护范围

我国《专利法》第64条规定,发明或者实用新型专利权的保护范围以其权利要求的内容为准,说明书及附图可以用于解释权利要求的内容。外观设计专利权的保护范围以表示在图片或者照片中的该产品的外观设计为准,简要说明可以用于解释图片或者照片所表示的该产品的外观设计。

2. 专利侵权行为

专利侵权行为,是指在专利权的有效期限内,行为人未经专利权人许可又没有法律上的根据,以营利为目的实施他人专利或者假冒他人专利的行为。专利侵权行为主要包括两种:一是未经专利权人许可的实施行为(具体有制造、使用、许诺销售、销售、进口等行为),二是假冒他人专利的行为。

3. 专利权的法律保护

对侵害专利权行为,专利权人或者利害关系人可以请求管理专利工作的部门依行政程序进行处理,也可以直接向人民法院起诉,请求按诉讼程序裁决。专利权的具体保护方式包括民事保护、行政保护和刑事保护三种。

四、商标法

(一) 商标法概述

1. 商标权的概念及特征

商标权是商标法的核心。在我国,商标权是商标注册人对其注册商标所享有的专有权利。

商标权的法律特征有:(1) 商标权具有独占性和排他性。(2) 商标权具有时间性。即商标权仅在法律规定的有效期限内有效并受到法律保护。(3) 商标权具有地域性。一般来说,商标注册人所享有的商标权,只能在授予该项权利的国家范围内受到保护。

2. 商标权法律制度的作用和意义

商标权法律制度对加强商标管理,保护商标专用权,促使生产者、经营者保证商品和服务质量,维护商标信誉,保障消费者和生产者、经营者的利益,促进社会主义市场经济的发展,具有重要意义:(1) 商标是商品质量的象征;(2) 商标具有宣传商品的作用;(3) 商标制度有利于对外贸易。

(二) 商标权的主体、客体和内容

1. 商标权的主体

商标权的主体是依法享有商标权的人。在我国一般只有依照法定程序注册商标才能取得商标权。依照《商标法》第 4 条的规定,自然人、法人或者其他组织在生产经营活动中,对其商品或者服务需要取得商标专用权的,应当向商标局申请商标注册,不以使用为目的的恶意商标注册申请,应当予以驳回。外国人或者外国企业在我国申请商标注册的,应当按照其所属国与我国签订的协议或共同参加的国际条约或者按照对等原则办理,并应委托依法设立的商标代理机构办理。

2. 商标权的客体

商标权法律关系的客体是注册商标。经商标局核准注册的商标为注册商标。商标是生产经营者在其商品或者服务项目上使用的,由文字、图形、字母、数字、三维标志、颜色组合和声音,或者上述要素的组合构成的,具有显著特征、便于区别商品或者服务来源的标记。

(1) 商标的种类

① 依识别对象的不同,商标可划分为商品商标和服务商标;② 依构成要素的不同,商标可划分为平面商标和立体商标,平面商标又可进一步分为文字商标、图形商标和组合商标;③ 依是否注册的不同,商标可划分为注册商标和未注册商标;④ 依商标使用者的性质的不同,商标可划分为制造商标和销售商标;⑤ 依商标用途的不同,商标可划分为证明商标、等级商标、防卫商标和集体商标。其中,所谓集体商标,是指以团体、协会或者其他组织名义注册,供该组织成员在商事活动中使用,以表明使用者在该组织中的成员资格的标志。所谓证明商标,是指由对某种商品或者服务具有

监督能力的组织所控制,而由该组织以外的单位或者个人使用于其商品或者服务,用以证明该商品或者服务的原产地、原料、制造方法、质量或者其他特定品质的标志。我国《商标法》规定的注册商标包括商品商标、服务商标和集体商标、证明商标。

(2) 商标注册的条件

① 商标的构成要素符合法律规定。我国《商标法》第 8 条规定:"任何能够将自然人、法人或者其他组织的商品与他人的商品区别开的标志,包括文字、图形、字母、数字、三维标志、颜色组合和声音等,以及上述要素的组合,均可以作为商标申请注册。"

② 商标不得使用法律所禁止使用的标志。我国《商标法》对禁用条款作了如下规定:

第一,绝对禁用条款。我国《商标法》第 10 条规定,下列标志不得作为商标使用:同中华人民共和国的国家名称、国旗、国徽、国歌、军旗、军徽、军歌、勋章等相同或者近似的,以及同中央国家机关的名称、标志、所在地特定地点的名称或者标志性建筑物的名称、图形相同的;同外国的国家名称、国旗、国徽、军旗等相同或者近似的,但经该国政府同意的除外;同政府间国际组织的名称、旗帜、徽记等相同或者近似的,但经该组织同意或者不易误导公众的除外;与表明实施控制、予以保证的官方标志、检验印记相同或者近似的,但经授权的除外;同"红十字""红新月"的名称、标志相同或者近似的;带有民族歧视性的;带有欺骗性,容易使公众对商品的质量等特点或者产地产生误认的;有害于社会主义道德风尚或者有其他不良影响的。县级以上行政区划的地名或者公众知晓的外国地名,不得作为商标。但是,地名具有其他含义或者作为集体商标、证明商标组成部分的除外;已经注册的使用地名的商标继续有效。

第二,相对禁用条款。我国《商标法》第 11 条规定,下列标志不得作为商标注册:仅有本商品的通用名称、图形、型号的;仅直接表示商品的质量、主要原料、功能、用途、重量、数量及其他特点的;其他缺乏显著特征的。上述三种标志如果经过使用取得显著特征,并便于识别的,可以作为商标注册。

第三,立体商标的禁用规定。我国《商标法》第 12 条规定,以三维标志申请注册商标的,仅由商品自身性质产生的形状、为获得技术效果而需有的商品形状或者使商品具有实质性价值的形状,不得注册。

③ 申请注册的商标必须具有显著特征,便于识别。我国《商标法》第 9 条第 1 款规定,申请注册的商标应当有显著特征,便于识别,并不得与他人在先取得的合法权利相冲突。商标是区别商品的标志,无论使用什么标志作商标,都必须具有显著特征,使之成为区别于他人同类商品或服务的明显标志。商标的独特性和可识别性是相互联系的,商标特征越显著,越具有自己的特点,它的区别作用就越大,也就越便于人们识别。另外,申请注册的商标还不得与他人在先取得的合法权利相冲突,这里的在先权利,是指在申请商标注册前已存在的合法权利,其内容既可能涉及其他知识产权,也可能涉及民法保护客体,主要包括:著作权、商号权、外观设计权、地理标记权、姓名权、肖像权等。

3. 商标权的内容

（1）商标权人的权利

① 专有使用权。即商标权人对其注册商标享有专用的权利。它的法律特征表现为商标权人可在核定的商品上使用核准注册的商标，并取得合法利益。专用权的这一特征即是财产所有权的一般属性，体现了不受他人干涉的排他性。我国对商标专用权的保护范围是从商标和商品两个方面的结合加以界定的。我国《商标法》第56条规定："注册商标的专用权，以核准注册的商标和核定使用的商品为限。"

② 禁用权。即商标注册人禁止他人未经许可使用其注册商标的权利。它涉及的是其他人非法使用注册商标的问题。根据我国《商标法》第57条的规定，商标权人对他人未经许可，在同一种或者类似商品上使用与其注册商标相同或近似的商标的，均有权禁止。它包括：在同一种商品上使用相同商标；在类似商品上使用相同商标；在同一种商品上使用近似商标；在类似商品上使用近似商标。其中后三种还需满足容易导致混淆这一条件。商标权人有权禁止其他人在类似商品上使用近似商标，但却不能自行将与注册商标相近似的商标使用于与核定使用的商品相类似的商品上。

③ 使用许可权。即商标权人有权通过订立许可使用合同，许可他人使用其注册商标，并收取使用费。

④ 转让权。即商标注册人有权将其所有的注册商标，依照法定程序转移给他人。

（2）商标权人的义务

《商标法》第7条规定，商标使用人应当对其使用商标的商品质量负责。这是我国商标法赋予商标权人必须履行的一项重要义务。而且，未注册的商标虽然可以使用，但不受法律保护，也不能取得商标专用权。同时，法律、行政法规规定必须使用注册商标的商品，必须申请商标注册，未经核准注册的，不得在市场上销售。另外，商标权人在办理有关申请商标注册、转移注册、续展注册等手续时，应当按照法律规定缴纳申请费、商标注册费、转移注册费和续展注册费。

（三）商标注册制度

商标注册是指商标使用人为了取得商标专用权，就其使用的商标，依照法定的注册条件和程序，向商标主管机关提出注册申请，商标主管机关经过审核，准予注册的制度。

1. 商标注册原则

（1）自愿注册原则。即商标使用人是否申请商标注册取决于自己的意愿。自愿注册原则是一种国际惯例。商标权是一种民事权利，商标使用人取得或者放弃这种权利，都是在行使自己的民事权利。依自愿注册原则，商标无论注册与否均可使用，但注册商标和未注册商标在法律上的地位不相同，注册商标享有商标权，未注册商标一般不受法律保护。

（2）强制注册原则。又称全面注册原则，是指商标使用人在其生产或者经营的商品上使用商标的，就一律必须注册，不注册的商标禁止使用。目前我国仅对极少数与国计民生关系密切的商品实行强制注册办法，例如烟草制品必须使用注册商标。

上述商品如果不使用注册商标,就不能在市场上销售。这是一项强制性和义务性规定,商标使用人应当自觉遵守,否则将受到法律的制裁。

2. 商标注册的申请

商标注册申请是指商品的生产经营者及服务的提供者依照商标法的有关规定,按照自愿注册原则向商标局提交商标注册申请书及相关文件,并缴纳规定的费用的程序。办理商标注册申请是获得商标注册,取得商标权的前提和必经程序。

(1) 申请。即商标注册申请人向商标主管部门作出的请求注册商标的意思表示。根据我国《商标法》的规定,申请注册商标的,应当按照规定的商品分类表填报使用商标的商品类别和商品名称。商标注册申请人可以通过一份申请就多个类别的商品申请注册同一商标。注册商标需要在核定使用范围之外的商品上取得商标专用权的,应当另行提出注册申请。如果需要改变其标志的,应当重新提出注册申请。注册商标需要变更注册人的名义、地址或者其他注册事项的,应当提出变更申请。

(2) 审查和核准。即对申请注册的商标依法予以审查。对申请注册的商标是初步审定、予以公告,还是驳回申请、不予公告,是核准注册还是不予注册,都要经过主管机关的审查而后确定。

形式审查。即对商标注册申请的文件、手续是否符合法律规定的审查,主要是就申请书的填写是否属实、准确、清晰和有关手续是否完备进行审查。通过形式审查决定商标注册申请能否受理。

实质审查。即对商标是否具备注册条件的审查。申请注册的商标能否初步审定并予以公告取决于是否通过了实质审查。实质审查包括:商标是否违背商标法禁用条款;商标是否具备法定的构成要素,是否具有显著特征;商标是否与他人在同一种或类似商品上注册的商标相混同,是否与在先的合法权利冲突,是否与申请在先的商标权及已撤销、失效不满一年的注册商标相混同。

商标注册申请的初步审定与公告。初步审定是指对申请注册的商标经过形式审查和实质审查,认为符合商标法的有关规定,得出可以核准注册的结论的程序。初步审定的商标未经正式核准注册,就还未取得商标权。依照商标法的规定,初步审定的商标需要在《商标公告》上公布,这次公告是初步审定公告。

商标异议。《商标法》第33条规定,对初步审定公告的商标,自公告之日起3个月内,在先权利人、利害关系人或者其他任何人认为违反本法相关规定的均可以提出异议。这3个月的期间就是异议期。所谓异议就是对初步审定公告的商标提出反对意见,要求撤销初步审定、不予注册。

核准注册。初步审定公告的商标从公告之日起经过3个月,没有异议或者异议不成立的,由商标局核准注册,发给商标注册证,并予公告。核准注册标志着商标注册申请人取得商标专用权。商标一经注册,即为注册商标,受国家法律保护。

(四) 注册商标的期限、续展和终止

1. 注册商标的期限

注册商标的期限,即注册商标具有法律效力的期限,亦称注册商标的有效期。在我国,只有经过注册的商标才能获得商标权,才受法律保护,所以注册商标的期限即商标权的期限。我国《商标法》第 39 条规定,注册商标的有效期为 10 年,自核准注册之日起计算。所谓核准注册之日是指核准注册公告之日,而不是商标初步审定公告之日。

2. 注册商标的续展

注册商标的续展,即通过一定的程序,延续原注册商标的有效期限,使商标注册人继续保持对其注册商标的专用权。我国《商标法》第 40 条规定,注册商标有效期满,需要继续使用的,应当申请续展注册。续展注册经商标局核准后,商标所有人即可继续享有商标权。续展注册可以无限制地重复申请,每次续展注册的有效期均为 10 年。只要商标注册人需要,并按规定在法定期间内办理续展手续,就可以永远享有商标专用权。

商标注册人需要续展其商标的,应在商标有效期满前 12 个月内提出续展注册申请。在此期间内未提出续展注册申请的,在期限届满后 6 个月内还可以提出申请,这 6 个月的时间称为宽展期。宽展期满仍未提出续展申请的,商标所有人便失去了延长其注册商标有效期的机会。其注册商标将被商标局注销。

3. 注册商标的终止

注册商标的终止,即商标权的消灭,是指注册商标因法律规定的原因发生而归于消灭。注册商标终止的原因分为被撤销、被宣告无效和被注销。

(1) 注册商标的撤销。即商标局因注册商标所有人违反商标法的有关规定而强制废除商标的注册,剥夺商标所有人的专用权的行政行为。

注册商标在下列情况下因被商标局撤销而终止:① 自行改变注册商标的;② 自行改变注册商标的注册人名义、地址或其他注册事项的;③ 注册商标成为其核定使用的商品的通用名称的;④ 没有正当理由连续 3 年不使用其注册商标的。

(2) 注册商标的无效宣告。注册商标在下列情况下因被商标局宣告无效而终止:① 违反《商标法》第 4 条、第 10 条、第 11 条、第 12 条、第 19 条第 4 款规定的;② 以欺骗手段或者其他不正当手段取得注册的;③ 违反《商标法》第 13 条第 2 款和第 3 款、第 15 条、第 16 条第 1 款、第 30 条、第 31 条、第 32 条规定的,自商标注册之日起 5 年内,经在先权利人或者利害关系人向商标评审委员会请求宣告该注册商标无效的;④ 恶意注册驰名商标的。

(3) 注册商标的注销。即因商标权主体消灭或商标权人自愿放弃商标权等原因,而由商标局采取的终止其商标权的一种形式。注销注册商标的原因有下列几种:① 未进行续展。② 自动放弃。即通过办理放弃该注册商标的登记手续,商标权即告终止。③ 其他事由。

(五) 商标使用管理

1. 注册商标使用的管理

使用注册商标必须遵守商标法的有关规定,商标管理机关依照商标法对注册商标使用的管理包括以下四种:(1) 注册商标必须使用的义务;(2) 不得自行转让注册商标;(3)使用商标注册标记;(4)注册商标的使用不得违背有关禁止性规定。

2. 未注册商标的管理

依照《商标法》的规定,使用未注册商标应遵守如下规定:(1)不得使用违反公序良俗或其他禁止作为商标使用的标记;(2)不得冒充注册商标;(3)使用未注册商标的企业应保证商品质量,不得粗制滥造,以次充好,欺骗消费者;(4)必须使用注册商标的商品不得使用未注册商标。

(六) 商标权的法律保护

1. 商标权利范围

商标权的保护范围是指商标权的效力范围。依我国《商标法》第56条的规定,注册商标的专用权,以核准注册的商标和核定使用的商品为限。可见,对注册商标专用权的保护,限制在核准注册的商标和核定使用的商品的范围内。

2. 商标侵权行为

商标侵权行为是指侵犯他人注册商标专用权的行为。依据我国《商标法》第57条的规定,商标侵权行为主要表现为以下几种形式:(1)未经商标注册人的许可,在同一种商品上使用与其注册商标相同的商标的;(2)未经商标注册人的许可,在同一种商品上使用与其注册商标近似的商标,或者在类似商品上使用与其注册商标相同或者近似的商标,容易导致混淆的;(3)销售侵犯注册商标专用权的商品的;(4)伪造、擅自制造他人注册商标标识或者销售伪造、擅自制造的注册商标标识的;(5)未经商标注册人同意,更换其注册商标并将该更换商标的商品又投入市场的;(6)故意为侵犯他人商标专用权行为提供便利条件,帮助他人实施侵犯商标专用权行为的;(7)给他人的注册商标专用权造成其他损害的。

3. 商标侵权行为的法律责任

实施侵犯商标权的行为应承担的法律责任主要有以下几种:(1)行政责任;(2)民事责任;(3)刑事责任。

第五节 人身权法

一、人身权与人身权法

人身权为民事主体依法享有的,与其人身不可分离且无直接财产内容的民事权利。人身权包括人格权与身份权两类。

人身权具有以下特征:(1)人身权为一种绝对权,权利主体特定,义务主体不特定。义务人负有不得侵犯人身权的消极义务。(2)人身权不具有直接的财产内容,但这并不意味着人身权不具备任何财产内容,行使某些人身权可为权利人带来某种财产利益,权利人在其人身权受到损害时也可得到财产上的补偿。(3)人身权与人身紧密相连,是一种专属权利;离开权利主体的人身,人身权无法存在。

人身权法即规定人身权内容、种类及对其保护的法律规范或调整人身关系的法律规范的总称。

一般认为人身利益为人身权的客体，人身包括人体、人格尊严、身份三部分内容。法律上的人身指的是人格，即作为人的资格、身份、尊严，从生命、健康、肖像、姓名、自由、名誉、荣誉等表现出来；而身份，特指人在社会关系中的各种特定地位，如父母的身份、子女的身份等。

二、人格权

人格权指做人的资格及尊严不受非法侵害的权利。

我国《民法典》人格权编规定的人格权有生命权、身体权、健康权、姓名权、名称权、肖像权、名誉权、荣誉权、隐私权等权利。此外，还包括自然人享有的基于人身自由、人格尊严产生的其他人格权益。

所谓生命权是自然人以其生命安全和生命尊严为内容的人格权，而健康权指自然人以其身心健康为内容的人格权。健康权必须建立在生命权的基础上。至于身体权，则是指自然人维护自己身体完整和行动自由的权利。侵犯生命权、身体权、健康权应承担的赔偿责任包括医疗费、护理费、交通费、营养费、住院伙食补助费等为治疗和康复支出的合理费用，以及因误工减少的收入。造成残疾的，还应当赔偿辅助器具费和残疾赔偿金；造成死亡的，还应当赔偿丧葬费和死亡赔偿金。

姓名权、名称权、肖像权、名誉权、荣誉权以及隐私权均属于尊严权。姓名权指主体有权依法决定、使用、变更或者许可他人使用自己的姓名的权利。名称权指主体有权依法决定、使用、变更、转让或者许可他人使用自己的名称的权利。只有自然人才能成为姓名权的主体，而名称权的主体只能是法人和非法人组织。除此之外，名称权的可转让性，也是名称权与姓名权的重要区别。侵犯姓名权、名称权的行为有三种，分别是：(1) 干涉，即干涉他人决定、使用、变更或者许可他人使用自己的姓名、名称；(2) 盗用，即未经他人同意，擅自以他人的姓名、名称进行活动。(3) 假冒，即假借他人姓名、名称，未经授权故意利用相同或近似的姓名、名称，冒充他人参加民事活动，以牟私利，损害他人权益的行为。

肖像权指自然人有权依法制作、使用、公开或者许可他人使用自己的肖像。《民法典》人格权编第1019条规定："任何组织或者个人不得以丑化、污损，或者利用信息技术手段伪造等方式侵害他人的肖像权。未经肖像权人同意，不得制作、使用、公开肖像权人的肖像，但是法律另有规定的除外。未经肖像权人同意，肖像作品权利人不得以发表、复制、发行、出租、展览等方式使用或者公开肖像权人的肖像。"但法律规定的合理实施行为可以不经肖像权人同意，例如为实施新闻报道，不可避免地制作、使用、公开肖像权人的肖像。

名誉权包括两层意思：(1) 民事主体在社会生活中应得到社会好的评价或公正评价的权利；(2) 民事主体的名誉不受非法侵犯的权利。侵犯名誉权主要有两种情况：侮辱与诽谤。侮辱指采用口头的或书面的形式损害他人名誉；诽谤则指捏造且散布虚假事实，损害他人名誉。采用以上两种行为侵犯他人名誉权的，还要求侵犯名誉的行为必须有特定指向,能够认定被侵害人以及该行为需为第三人所知悉。

荣誉权指民事主体有权依法获得并享有荣誉称号。荣誉指特定的民事主体从特定的组织依法获得的积极评价。而荣誉权是公民、法人依法享有的保持自己的荣誉并不受非法剥夺的权利。荣誉与名誉相比,共同点在于两者均为社会对特定民事主体行为的一种评价,获得荣誉称号能提高人的名誉,侵害荣誉权的行为也侵害名誉权。但两者也存在以下区别:(1)取得方式不同。名誉为社会上一般公众对特定人的评价;而荣誉则是国家或有关组织对特定人的评价,其取得一般要经过一定的程序。(2)范围不同。荣誉权只能由特定的人所有,而名誉权则每个人均享有。(3)内容不同。荣誉只能为积极评价,名誉则既可能为积极的,也可能为消极的。(4)名誉权无法剥夺或限制,荣誉权可依法取消。侵犯荣誉权行为的表现形式主要有:非法剥夺荣誉称号;诋毁、贬损他人荣誉。

隐私权是指自然人享有的私人生活安宁和不愿为他人知晓的私密空间、私密活动、私密信息依法受到保护,不被任何组织或者个人刺探、侵扰、泄露、公开的一种人格权。隐私权内容主要包括生活安宁权和生活秘密权两项基本权利。侵害隐私权的情形主要有非法公开他人隐私和非法收集他人隐私等,一般采用要求行为人停止侵害、恢复原状、消除影响、赔礼道歉以及赔偿损失等方式加以救济。同时《民法典》还规定了自然人的姓名、出生日期、身份证件号码、生物识别信息、住址、电话号码、电子邮箱、健康信息、行踪信息等个人信息受法律保护。

三、身份权

民法上的身份指主体根据民法规定所具有的特定地位,身份权则是基于人的身份所产生的一种权利。身份权包括夫权、妻权、亲权等存在于婚姻家庭关系中的身份权;监护权;知识产权中的身份权。

四、人身权的民法保护

人身权的民法保护同其他民事权利的民法保护一样,也是通过民事责任的承担来实现的。而侵害人身权的民事责任中,最具特色的是侵害人身权造成精神损害进行的物质赔偿,即精神损害赔偿。精神损害赔偿指违法行为人依法承担的,对因侵害他人人身权益的行为而给受害人造成精神上的损失,或因故意或者重大过失侵害自然人具有人身意义的特定物造成严重精神损害的,给予物质赔偿的民事责任。精神损害赔偿具有两个特征:行为人侵犯的为人身权益以及具有人身意义的特定物,赔偿的是精神损害而非物质损害。

《民法典》总则编第109条、第110条以及《民法典》侵权责任编第1183条规定了精神损害赔偿的适用范围。按规定,只有自然人的人身权益以及具有人身意义的特定物被侵害时,才适用精神损害赔偿制度。当法人或者其他组织以人格权利遭受侵害为由,向人民法院起诉请求赔偿精神损害的,人民法院不予受理。

在适用上,由于精神损害赔偿是民事责任的一种表现形式,所以必须具备民事责任的构成要件,即:(1)主观上,根据侵权行为的类型,过错责任以侵权人有过错为要件,无过错责任不强调侵权人的过错,其中侵害具有人身意义的特定物这种情形下,要求侵害人具有故意或者重大过失;(2)侵权行为客观上必须造成了"严重精神损害"的损害后果,即行为人侵犯他人人身权益或具有人身意义的特定物,给受害人造成精神上的严重损害;(3)侵权行为与损害后果间应存在因果关系。

根据最高人民法院《关于确定民事侵权精神损害赔偿责任若干问题的解释》第5条的规定,精神损害赔偿数额一般综合考虑以下几个方面的因素来确定:(1)侵权人的过错程度,但是法律另有规定的除外;(2)侵权行为的目的、方式、场合等具体情节;(3)侵权行为所造成的后果;(4)侵权人的获利情况;(5)侵权人承担责任的经济能力;(6)受理诉讼法院所在地的平均生活水平。

第六节 婚姻家庭法

一、婚姻家庭法概述

婚姻是指男女两性之间为社会所承认的,且以长期共同生活为目的的结合。家庭是人类基于一定的婚姻关系、血缘关系而形成的生活共同体。组成家庭除成员之间应具备婚姻关系与血缘关系外,还应以共同生活为目的。

婚姻法为调整婚姻家庭关系的法律规范的总称。我国于1950年即制定了《中华人民共和国婚姻法》,1980年、2001年又进行了修订。2021年1月1日《民法典》生效后,《民法典》中有关婚姻家庭的规定起着婚姻基本法作用,其他的如《妇女权益保障法》《未成年人保护法》《老年人权益保障法》中均有关于婚姻家庭的规定,它们共同构成了我国婚姻家庭法的渊源。我国《民法典》婚姻家庭编所规定的婚姻法基本原则有婚姻自由,一夫一妻,男女平等,保护妇女、未成年人、老人、残疾人的合法利益等;其中某些原则为民法的基本原则在婚姻法中的表现,如婚姻自由原则、男女平等原则,其余的则是婚姻法的专有原则。我国《民法典》婚姻家庭编第1042条指出:"禁止包办、买卖婚姻和其他干涉婚姻自由的行为。禁止借婚姻索取财物。禁止重婚。禁止有配偶者与他人同居。禁止家庭暴力。禁止家庭成员间的虐待和遗弃。"此条规定从另一角度对上述原则作了必要的补充。

婚姻自由是指公民有权在法律规定的范围内,完全自愿决定本人的婚姻问题,不受任何人的强制或干涉。婚姻自由的内容包括结婚自由与离婚自由两个方面。为了保障婚姻自由原则的实现,必须禁止包办、买卖婚姻和其他干涉婚姻自由的行为,禁止借婚姻索取财物。一夫一妻指婚姻是一男一女为配偶的合法结合。任何一夫多妻或一妻多夫的结合都是非法的。不符合一夫一妻的婚姻不予办理结婚登记;有配偶的在婚姻终止即配偶死亡(包括宣告死亡)或离婚前不得再行结婚。坚持一夫一妻原则必须禁止重婚,禁止姘居、通奸与婚外性关系。依法取缔卖淫嫖娼活动,是维护和巩固一夫一妻制的必然要求。男女平等是我国社会主义婚姻家庭制的本质特征,按此原则,男女双方在结婚、离婚问题上的权利义务是平等的,夫妻在人身关系、财产关系上的权利义务是平等的。亲属主体依法享有的权利和承担的义务,均不因性别不同而产生差异。

二、结婚和离婚

夫妻关系是最基本的家庭关系,形成于结婚。结婚,即男女双方按照法律规定的条件和程序,确立夫妻关系的法律行为。结婚自由是结婚的原则。

结婚首先应满足以下条件:男女双方完全自愿;达到法定结婚年龄(男 22 周岁、女 20 周岁);符合一夫一妻原则;不是直系血亲或三代以内的旁系血亲。在满足上述条件后,男女双方即可到一方当事人常住户口所在地婚姻登记机关申请结婚,婚姻登记机关审查后,办理结婚登记,婚姻即成立。须注意的是,依我国法律规定,订婚并不是结婚的必经程序。

婚姻一旦成立,男女双方之间即产生夫妻关系。夫妻关系包括人身关系与财产关系。夫妻间的人身关系为夫妻关系的基础,包括以下内容:(1) 夫妻双方均有使用自己姓名的权利。(2) 夫妻双方均有参加生产、工作、学习和社会活动的自由。(3) 夫妻双方平等享有对未成年子女抚养、教育和保护的权利,共同承担对未成年子女抚养、教育和保护的义务。(4) 夫妻双方有相互扶养的义务。(5) 夫妻在日常家事处理方面互为代理人,互有代理权。

夫妻财产制是关于夫妻间财产归属的制度,有联合制、共同制、统一制、分别制等形式。我国法律规定的夫妻财产制为婚后所得共同制,即夫妻婚后取得的财产归夫妻双方共有。但夫妻双方也可约定婚姻关系存续期间所得的财产以及婚前财产归各自所有、共同所有或者部分各自所有、部分共同所有。此外,夫妻双方负有相互帮助、相互扶养的义务。

离婚是指夫妻双方通过法定程序解除夫妻关系的法律事实。离婚有两种方式:双方自愿离婚的协议离婚和采用诉讼方式的诉讼离婚。只要双方自愿,且离婚意思表示真实,并已经对子女抚养、财产以及债务处理等事项协商一致的,即可到一方当事人常住户口所在地的婚姻登记机关申请,由其审查,予以登记,发给离婚证。

《民法典》婚姻家庭编第 1077 条新增了离婚冷静期的规定,即"自婚姻登记机关收到离婚登记申请之日起三十日内,任何一方不愿意离婚的,可以向婚姻登记机关撤回离婚登记申请。前款规定期限届满后三十日内,双方应当亲自到婚姻登记机关申请发给离婚证;未申请的,视为撤回离婚登记申请"。

当一方要求离婚,但另一方不同意,或者双方虽然同意离婚,但在财产分配、子女抚养上达不成统一意见时,可以向法院提起离婚诉讼。但在以下三种情况下离婚诉讼是受到限制的:(1) 现役军人的配偶要求离婚的,应当征得军人的同意,但军人一方有重大过错的除外;(2) 法院判处不准离婚和调解和好的离婚案件,没有新情况、新理由,6 个月内又提出离婚诉讼的;(3) 女方在怀孕期间、分娩后 1 年内或者终止妊娠后 6 个月内,男方不得提出离婚。但是,女方提出离婚或者人民法院认为确有必要受理男方离婚请求的除外。对于离婚诉讼,法院必须进行调解,调解不成才能判决是否离婚。

离婚后,夫妻的人身关系解除,并分割夫妻的共同财产,清偿债务,对经济有困难的一方给予经济上的帮助。但子女仍为双方子女,父母与子女间的权利义务关系并未发生改变。离婚后,不满2周岁的子女,以由母亲直接抚养为原则。已满2周岁的子女,父母双方对抚养问题协议不成的,人民法院按照最有利于未成年子女的原则判决。子女已满8周岁的,应当尊重其真实意愿。另一方则应当支付抚养费。

三、家庭关系

家庭是指成员间具有婚姻或血缘关系,且彼此间以长期生活为目的的生活共同体。家庭作为社会的基本单位具有三个方面的职能:繁衍后代;从事物质资料生产;消费。

家庭关系中最主要的关系是夫妻关系和父母子女关系。其中父母子女关系为一种直系血缘关系,且在所有的直系血缘关系中,是最近的。父母子女间依法具有以下的权利义务:(1)父母有抚养、教育和保护未成年子女的权利和义务;(2)成年子女对父母负有赡养、扶助和保护的义务;(3)父母子女有相互继承遗产的权利。需要注意的是,无论是婚生子女,还是非婚生子女、继子女、养子女,他们之间的法律地位是平等的。也就是说,非婚生子女、继子女、养子女与婚生子女一样,享有共同的权利,承担同等的义务。

四、收养

收养即按照一定的法律程序,将他人子女作为自己子女进行抚养教育的行为。收养制度使被收养人能够健康成长,有利于维护被收养人的正当权益,也有利于收养人的老年生活。我国于1991年12月颁布了《收养法》,并于1998年作了修订,现相关法律内容被纳入《民法典》婚姻家庭编。

按《民法典》婚姻家庭编的规定,收养人应无子女或者只有一名子女,年龄应满30周岁,未患有在医学上认为不应当收养子女的疾病,有抚养、教育和保护被收养人的能力,而且无不利于被收养人健康成长的违法犯罪记录。有配偶者收养子女,应当夫妻共同收养;无配偶者收养异性子女的,收养人与被收养人的年龄应当相差40周岁以上。无子女的收养人可以收养两名子女;有子女的收养人只能收养一名子女。至于被收养人,《民法典》婚姻家庭编规定丧失父母的孤儿、查找不到生父母的未成年人、生父母有特殊困难无力抚养的子女,均可以被收养。收养孤儿、残疾未成年人或者儿童福利机构抚养的查找不到生父母的未成年人,可以不受"收养人无子女或者只有一名子女"和"无子女的收养人可以收养两名子女;有子女的收养人只能收养一名子女"的限制。

第七节 继 承 法

一、继承法概述

继承,是指继承人在被继承人死亡后,依法取得被继承人遗产的行为,法律上表现为所有权的转移;而关于财产继承的法律规范总称为继承法。2021年1月1日《民法典》生效后,《民法典》中有关继承的规定起着继承基本法作用。

继承法的基本原则是:

1. 保护自然人合法财产继承权的原则。此原则包含两方面的意思:(1)对自然人依法继承遗产的权利,任何人不得干涉;(2)公民在继承权受到非法侵害时,有权请求司法机关依法予以保护。

2. 继承权男女平等原则。自然人的继承权不因性别的不同而有差异;而且,同一亲等的继承人的继承权平等,遗嘱处分财产的权利、遗嘱继承权、受遗赠权男女平等。

3. 抚幼赡老原则。在法定继承中,对于生活有特殊困难又缺乏劳动能力的继承人,分配遗产时,应予以照顾;在遗嘱继承中,遗嘱应给缺乏劳动能力又没有生活来源的继承人保留份额;在遗产分配时,应保留胎儿的应继份额;继承人如故意杀害被继承人、遗弃被继承人或虐待被继承人情节严重的,丧失继承权。以上这些均为此原则的表现。

4. 权利与义务一致原则。这主要表现在以下规定中:(1)丧偶儿媳、女婿对公婆、岳父母,尽了主要赡养义务的,作为第一顺序继承人;(2)同一顺序继承人中对被继承人尽了主要扶养义务或者与被继承人共同生活的继承人,在分配遗产时,可以多分,有扶养能力和有扶养条件而不尽扶养义务的,应当不分或少分;(3)继承人在接受遗产的同时,应在遗产份额内缴纳被继承人所应缴纳的税款,清偿被继承人应偿还的债务;(4)有遗赠扶养协议的,扶养人只有按协议尽了扶养义务,才有权取得遗赠。

二、法定继承

法定继承是指按照法律规定的继承人的范围、顺序和遗产分配规则所进行的继承。法定继承是最基本、最古老的继承方式。

法定继承适用于以下几种情况:

1. 被继承人生前未订立遗嘱或遗赠扶养协议的;
2. 被继承人订立的遗嘱或遗赠扶养协议无效或部分无效;
3. 发生了下列几种情形:(1)遗嘱继承人放弃继承或者受遗赠人放弃受遗赠;(2)遗嘱继承人、受遗赠人先于遗嘱人死亡或者终止;(3)遗嘱继承人丧失继承权或者受遗赠人丧失受遗赠权;(4)遗嘱无效部分有涉及遗产;(5)有财产在遗嘱中未被处分。

法定继承人的范围包括配偶、子女、父母、兄弟姐妹、祖(外祖)父母。上述法定继承人根据其与被继承人的亲属关系远近被分为两个顺序：配偶、子女、父母为第一顺序；兄弟姐妹、祖(外祖)父母为第二顺序。第一顺序的继承人较第二顺序的继承人有优先继承权。只有在没有第一顺序继承人或第一顺序继承人均放弃或丧失继承权的情况下，才由第二顺序继承人继承；但同一顺序继承人之间，并无先后顺序之分。

同一顺序继承人原则上继承份额均等，但生活有特殊困难且缺乏劳动能力的继承人应当予以照顾；而且，根据权利义务一致性原则，继承人尽了主要扶养义务或者与被继承人共同生活的，可多分；能尽义务而不尽义务的，应少分或不分。

三、遗嘱继承

遗嘱，又称遗言，是遗嘱人生前作出并于死后才生效的有关自己死后财产及其他事务安排的法律行为。遗嘱继承即按照被继承人所订立的有效遗嘱进行的继承。实行遗嘱继承，更为充分地尊重了财产所有人的自由意志，有助于调动其生产积极性和积累财产的积极性；同时有助于增进家庭的和睦团结，也有利于遗嘱人生前得到较好的扶养。

遗嘱一般应采用书面形式，由遗嘱人亲笔书写的遗嘱称自书遗嘱。自书遗嘱的遗嘱人应签名盖章，并注明订立日期。由遗嘱人口述遗嘱全部或基本内容，由他人书写或录音的分别称为代书遗嘱与录音遗嘱。遗嘱人在生命垂危等紧急情况下还可订立口头遗嘱。但代书遗嘱、录音遗嘱、口头遗嘱必须有两个以上的见证人方可能有效。无民事行为能力人、限制民事行为能力人以及其他不具有见证能力的人，继承人或受遗赠人，与继承人或受遗赠人有利害关系的人均不能作为见证人。

一份遗嘱，须满足以下条件方为有效：(1) 遗嘱人在订立遗嘱时应具有完全民事行为能力；(2) 遗嘱须为遗嘱人的真实意思表示；(3) 遗嘱必须合法，不得违反法律、行政法规的强制性规定和公序良俗，应为缺乏劳动能力又没有生活来源的继承人保留必要的继承份额；(4) 形式上必须合法，特别是代书遗嘱、录音遗嘱、口头遗嘱应满足见证人的规定。

立有数份遗嘱，内容相抵触的，以最后的遗嘱为准。

四、继承的进行

继承从被继承人死亡时开始。但如遇有相互继承关系的几个人在同一事件中死亡，又不能确认死亡的先后时间的，一般推定没有其他继承人的人先死亡；如都有其他继承人，几个死亡人辈分不同，推定长辈先死亡；如几个死亡人辈分相同，推定同时死亡，相互不发生继承。

《民法典》继承编规定，遗产是自然人死亡时遗留的个人合法财产。依照法律规定或者根据其性质不得继承的遗产，不得继承。

对于遗产，继承人可接受或放弃继承，但放弃继承只能在继承开始之后，遗产分割之前，以书面形式作出放弃继承的表示方为有效。继承人也可因下列行为而丧失继承权:(1)故意杀害被继承人;(2)为争夺遗产杀害其他继承人;(3)遗弃被继承人或虐待被继承人,情节严重;(4)伪造、篡改、隐匿或销毁遗嘱,情节严重;(5)以欺诈、胁迫手段迫使或者妨碍被继承人设立、变更或者撤回遗嘱,情节严重。但继承人有第三项至第五项行为,确有悔改表现,被继承人表示宽恕或者事后在遗嘱中将其列为继承人的,该继承人不丧失继承权。

继承开始后,如有两个以上的继承人,则要对遗产进行分割。被继承人死亡时,遗留的财产属于与他人共有的(例如为夫妻共同财产),应从共有的财产中分割出属于被继承人的财产作为遗产,然后在各继承人之间按法定或遗嘱进行分割。我国《民法典》继承编规定,分割遗产应有利于生产和生活,不损害遗产的效用;对于不宜分割的遗产,如汽车,则可采取折价、适当补偿或共有等方法来处理;对胎儿也应保留继承份额。

继承人在继承遗产的同时,也应清偿被继承人依法应缴纳的税款和债务;但是,应当为缺乏劳动能力又没有生活来源的继承人保留必要的遗产。缴纳税款和清偿债务以其遗产的实际价值为限,如税款和债务超过遗产的实际价值,继承人也可自愿加以偿还。

第八节 民事责任

一、民事责任概述

民事责任即民事法律责任,是指由民法规定的对民事违法行为人所采取的一种以恢复被损害的权利为目的并与一定的民事制裁措施相联系的国家强制形式。民事责任是民法具有强制性的表现,也是民法的基本要求。

法律责任可分为民事责任、刑事责任与行政责任。与刑事责任、行政责任相比,民事责任具有以下特征:(1)财产性。民事责任内容主要是财产责任。(2)补偿性,又称平等性。指的是追究民事责任的目的是对受害人进行补偿,而不是惩罚。因为行为人与受害人在法律地位上是平等的,一般情况下,一方没有惩罚另一方的权利。因此,受害人原则上不能通过追究行为人责任来获利。(3)任意性。这表现在以下两个方面:一方面,行为人给受害人造成损失的,受害人是否追究行为人责任,取决于受害人的意愿,法院、仲裁机关不得主动干预;另一方面,受害人可以与行为人就责任的承担进行协商。

二、民事责任的形式

民事责任的形式即行为人承担民事责任的具体方式,对受害人而言,民事责任的形式即其受到的损害得到恢复的方式。我国《民法典》总则编第179条规定了民事责任的十一种形式:停止侵害,排除妨碍,消除危险,返还财产,恢复原状,修理、重作、更换,继续履行,赔偿损失,支付违约金,消除影响、恢复名誉,赔礼道歉。其中消除影响、恢复名誉、赔礼道歉涉及人的名誉问题,称为人身责任,其余的九种称为财产责任。上述十一种民事责任形式既可单独适用,也可合并适用,应根据情况使用合理的形式,以使受害人的利益得到充分保护。

三、民事责任的构成要件

民事责任的构成要件,也就是行为人承担民事责任所必须具备的条件。从理论上讲,构成民事责任一般必须具备以下四个方面的条件,民法学上称为构成民事责任的"四要件":

1. 行为的违法性。指行为人的行为违反了法律的规定。

2. 造成了损害后果。这是构成民事责任的首要条件。只有民事违法行为造成了损害事实,行为人才承担民事责任。如果行为人虽然实施了违法行为,但并无损害事实,也不承担民事责任。

3. 违法行为与损害后果间存在因果关系。如果损害后果不是因违法行为产生的,行为人也不承担民事责任。

4. 行为人主观上应存在过错。过错是一种心理状态,指的是行为人对自己的行为及其行为后果的违法倾向,它分为故意与过失两种。故意指行为人明知自己行为的不良后果,而希望或放任该后果的发生,例如故意伤害。过失则指行为人应当预见自己的行为可能发生不良后果而没有预见,或者已经预见而轻信不会发生或可以避免的心理,例如疏忽大意而造成事故。

在大多数场合,一般民事责任的构成,法律如没有特别规定,则应同时具备这四个方面的要件,缺一不可。

四、民事责任的基本分类

民事责任作为违反民事义务或侵犯民事权利产生的法律后果,因产生的根据、适用的原则以及性质和形式的不同而不同。但最基本的分类是按照产生根据的不同而将其分为违约责任与侵权责任。

违约责任指违反合同所规定的义务而产生的民事责任,对此,我们已在"合同法"一节中专门论述。

侵权责任指侵害他人财产或人身权利而依法应当承担的民事责任。侵权责任依其成立条件和表现形式不同,可分为一般侵权责任和特殊侵权责任。一般侵权责任指行为人出于故意或过失直接侵害他人财产或人身权利而应依法承担的民事责任。特殊侵权责任是相对于一般侵权责任而言的,指行为人虽然没有过错,但法律特别规定应当承担责任的一种民事责任。我国《民法典》侵权责任编规定了七类特殊侵权责任。

在现实生活中,同一民事违法行为可能既违反了当事人之间订立的合同的约定,又直接侵害了他人的人身或财产权利,这样就发生了责任竞合。如在买卖合同中,出卖人因故意或过失而出卖有害健康的商品给买受人,使买受人的身体受到损害,此时,出卖人的行为既侵害买受人的人身权利构成侵权,又同时违反了买卖合同所规定的应提供合乎质量安全标准商品的义务,构成了违约责任。此时,法律规定受害人可以在违约责任与侵权责任间选择对自己有利的一种责任,要求行为人承担,但不能同时既要求行为人承担侵权责任,又要求行为人承担违约责任。

五、民事责任的归责原则

民事责任的归责原则指作为认定承担民事责任根据的基本准则。依行为人主观心理的不同,我国民法实行的是以过错责任原则为主,以无过错责任原则为辅的归责原则。而公平责任在《民法典》侵权责任编中已不是民事责任的归责原则,而是损失分担的一种规则。

过错责任原则是民事责任的一般归责原则。它是以行为人主观上的过错作为承担民事责任依据的原则。按过错责任原则,行为人仅在有过错的情况下,才承担民事责任。没有过错,则不承担民事责任。我国《民法典》侵权责任编第1165条就是关于过错责任原则的立法规定。

无过错责任原则指不论行为人有无过错,但法律特别规定要由其对受害人受到损害的民事权益承担民事责任的原则。根据这一原则承担民事责任,主要不是根据行为人的过错,而是基于损害的客观存在,法律根据行为人与造成损害后果的关系度所作出的特别规定。无过错责任原则适用于一些特殊侵权责任的情况,我国《民法典》侵权责任编第1166条对此作出了规定,但该条文仅仅是一种宣示性的规定,不具有直接引用性。

公平责任指在当事人对造成的损害都无过错,法律又没有特别规定要求行为人承担赔偿责任时,由法院根据实际情况,按"公平合理负担"确定损失分担的规则。我国《民法典》侵权责任编第1186条对此作出了规定,从法条所在的位置上看,已不是把它作为归责原则来对待,而是仅仅作为损失分担的规则了。

六、民事责任的抗辩

民事责任的抗辩指在民事责任适用过程中,行为人就其造成损害的行为不承担民事责任或应减轻责任承担所进行的辩解。抗辩必须基于合法的理由才能成立,才能产生抗辩的效力。

抗辩理由也称抗辩事由,指行为人能够证明自己依法不承担民事责任或少承担民事责任的合法事实。根据《民法典》侵权责任编的规定,侵权民事责任的抗辩事由主要有:(1)被侵权人的过错。(2)受害人故意。(3)第三人的行为。即损害是因第三人的行为造成的,由第三人承担责任。(4)自甘风险。即自愿参加具有一定风险的文体活动,因其他参加者的行为受到损害的,受害人不得请求其他参加者承担侵权责任,除非其他参加者有故意或者重大过失。(5)自助行为。合法权益受到侵害,情况紧迫且不能及时获得国家机关保护,不立即采取措施将使其合法权益受到难以弥补的损害的,受害人可以在保护自己合法权益的必要范围内采取扣留侵权人的财物等合理措施。(6)不可抗力。不可抗力指行为人事先不能预见、不能避免、不能克服的自然事件或社会事件。(7)正当防卫。(8)紧急避险。这些抗辩事由在违约责任的承担中也可以适用。

思 考 题

1. 什么是民法?
2. 民法的主要内容有哪些?
3. 什么是民事法律关系?它的构成要素有哪些?
4. 什么是法律行为?它的有效条件是什么?
5. 什么是代理?代理具有哪些特征?
6. 什么是诉讼时效?诉讼时效的计算从何时开始?
7. 什么是物权?物权的分类有哪些?
8. 物权法的基本原则是什么?
9. 什么是合同?合同的有效条件是什么?
10. 合同的订立要经过哪些阶段?
11. 违约责任的构成要件是什么?
12. 什么是知识产权?知识产权包括哪些主要内容?
13. 什么是民事责任?民事责任的构成要件是什么?
14. 什么是人身权?人身权的基本分类是什么?
15. 什么是精神损害赔偿?

推荐阅读书目

1. 陈小君:《合同法学》,高等教育出版社2003年版。
2. 梁慧星:《民法总论》,法律出版社1999年版。
3. 王家福:《中国民法学·民法债权》,法律出版社1991年版。
4. 吴汉东:《知识产权法》,法律出版社2002年版。

主要参考文献

1. 陈小君:《海峡两岸亲属法比较研究》,中国政法大学出版社1996年版。
2. 梁慧星等:《物权法》,法律出版社1999年版。
3. 张新宝:《中国侵权行为法》,中国社会科学出版社1999年版。

第七章　民事诉讼法

学习目标

1. 掌握民事诉讼及民事诉讼法的概念、特征和民事诉讼法的任务；
2. 掌握民事诉讼法规定的基本原则；
3. 掌握主管和管辖的各项规定；
4. 掌握有关民事诉讼主体的规定；
5. 掌握证据及其运用的基本原理；
6. 了解诉讼保障制度和各种类型的审判程序、执行程序。

基本概念

民事纠纷；民事诉讼；主管；管辖；诉讼主体；证据；诉讼保障制度；审判程序；执行程序

第一节　民事诉讼法概述

一、民事诉讼的概念和特征

民事诉讼，是指人民法院在各方当事人和其他诉讼参与人的参加下，依法审理和解决民事纠纷所进行的各种诉讼活动，以及由此产生的各种诉讼法律关系的总和。

民事诉讼最重要的功能是解决民事纠纷。民事纠纷广泛存在于我们的日常生活中，如债务纠纷、合同纠纷、侵权纠纷、婚姻家庭纠纷、邻里纠纷等。这些纠纷的及时解决不仅有利于保护当事人的合法权益，而且有利于社会的和谐稳定。民事诉讼是国家为解决民事纠纷的需要而建立的，应当在制度构建与运行中努力实现让人民群众通过司法程序感受到公平正义的目标。

与和解、调解、仲裁等其他纠纷解决手段相比，民事诉讼具有下列特征。

1. 民事诉讼是以国家强制力解决民事纠纷的手段

在解决民事纠纷的多种手段中，民事诉讼是一种最常规、最规范，同时也最为有效的手段。和解是纠纷的双方自行协商解决争议，体现的是纠纷主体本身的意志和情感；调解与仲裁是中立的第三方主持解决纠纷，主要依靠主持调解或仲裁的第三方的威望与影响；而民事诉讼则始终以国家强制力作为解决民事纠纷的后盾。正因为如此,当纠纷主体不能通过和解、调解等方式使民事纠纷得到解决时,往往诉诸民事诉讼。民事诉讼被称作是实现社会正义的最后一道防线。

2. 民事诉讼由诉讼活动和诉讼关系构成

民事诉讼既包括诉讼活动,又包括诉讼关系。诉讼活动,是指人民法院、当事人及诉讼参与人围绕纠纷的解决而进行的能够产生一定法律后果的活动。既包括人民法院的审判活动,也包括当事人、诉讼参与人的诉讼活动。诉讼关系,是指人民法院和一切诉讼参与人之间在诉讼过程中发生的权利义务关系,通常称之为民事诉讼法律关系。

3. 民事诉讼必须严格按照法定程序和方式进行

为了保证民事诉讼的公正性和权威性,依法保障当事人的合法权益,民事诉讼法规定了一套比其他民事争议解决机制更为复杂的程序,人民法院和所有诉讼参与人都必须严格按照规定的程序进行诉讼,否则将导致诉讼行为的无效。相比之下,和解、调解和仲裁在程序和方式上显得比较灵活。

由于民事诉讼是职业化、专门化程度较高的技术性活动,设有严格的程序制度,因而操作复杂、耗时较长、成本较高,加之许多当事人对我国实体法和程序法的规定存在认知方面的障碍,因此对诉讼结果的认可与接受程度不及相对更能体现当事人意思自治的和解、仲裁等方式。正因为诉讼、调解、和解、仲裁等各具特色,并构成了一个系统的纠纷解决机制,民事纠纷中的冲突主体可根据其各自的特点、自身的利益需求及法律的规定从中作出选择。

二、民事诉讼法的概念

民事诉讼法,即国家制定或者认可的,调整民事诉讼法律关系主体的行为和诉讼权利义务关系的法律规范的总称。民事诉讼应当依照民事诉讼法进行。

民事诉讼法有狭义和广义之分。狭义的民事诉讼法是指国家最高权力机关制定的关于民事诉讼的专门法律。第七届全国人民代表大会第四次会议于1991年4月9日通过并公布施行的《中华人民共和国民事诉讼法》(以下简称《民事诉讼法》),就是狭义的民事诉讼法。这部法律于2007年、2012年、2017年、2021年经历了四次修正。狭义的民事诉讼法又称形式意义上的民事诉讼法。广义的民事诉讼法,指除了民事诉讼法典之外,还包括宪法和其他法律中有关民事诉讼程序的规定,以及最高人民法院发布的指导民事诉讼的司法解释、批复等,例如2015年实施的《最高人民法院关于适用〈中华人民共和国民事诉讼法〉的解释》(以下简称《民事诉讼法解释》,2020年、2022年修正)。广义的民事诉讼法又称实质意义上的民事诉讼法。

在我国的法律体系中,民事诉讼法属于公法、部门法、基本法和程序法。

三、民事诉讼法的任务

根据我国《民事诉讼法》第2条的规定,民事诉讼法的任务有:

1. 保护当事人行使诉讼权利

诉讼权利是宪法规定的公民基本权利在民事诉讼中的体现。民事诉讼法明确规定保护当事人行使诉讼权利,目的在于保证当事人在诉讼中能够通过行使诉讼权利维护自己的合法权益,同时这也是保证人民法院查明案件事实、正确处理案件的需要。

2. 保证人民法院正确行使审判权

民事诉讼法为人民法院查明案件事实、正确适用法律和及时审理民事案件提供了程序上的规则和保障,如规定了管辖、公开审判、回避制、合议制、两审终审制等人民法院应当遵守的基本诉讼制度,以及案件的一审、上诉、再审等程序。人民法院必须依照法定的制度与程序正确行使审判权。

3. 确认民事权利义务关系,制裁民事违法行为,保护当事人的合法权益

人民法院审理民事案件,就是要依照实体法的规定确认双方当事人之间的权利义务关系。对于合法的民事权益要依法予以保护,对违法的民事行为要给予制裁,从而保障民法等实体法的实施,解决当事人之间的权利义务纠纷。

4. 教育公民自觉遵守法律

民事诉讼的过程应当是实现正义的过程,人民法院对每一个案件的审判,都是一堂生动的法治教育课,人们通过对案件审判的旁听和报道可以了解什么是正确、合法的行为,什么是不正确、违法的行为,我国法律支持什么、保护什么、反对什么、制裁什么,从而自觉地遵守法律法规,防止民事纠纷的发生。

四、民事诉讼法的基本原则

民事诉讼法的基本原则,是指贯穿在民事诉讼法典中,指导着整个民事诉讼活动的基本准则。基本原则是立法者制定法律的基本指导思想和要求,是本部门法精神实质的集中体现,也是对人民法院、当事人的诉讼地位和相互关系以及审判活动与诉讼活动应当恪守的基本规则和活动方式的基本定位。

(一) 当事人诉讼权利平等原则

《民事诉讼法》第 8 条规定:"民事诉讼当事人有平等的诉讼权利。人民法院审理民事案件,应当保障和便利当事人行使诉讼权利,对当事人在适用法律上一律平等。"该条规定确立了当事人诉讼权利平等原则及其基本内容。

1. 当事人享有平等的诉讼权利

民事诉讼当事人不论是自然人还是法人或其他组织,也不论其社会地位高低、政治倾向如何,以及性别、民族等有何差异,在法律上一律平等,均享有平等的诉讼权利。人民法院在诉讼中不得对任何当事人加以歧视和非法限制,也不得给予当事人法律规定以外的特权。当事人诉讼权利平等的基础在于当事人在民事法律关系中的地位完全平等,为了保障这种实体上的平等能够在诉讼中实现,法律赋予当事人平等的诉讼权利。

当事人诉讼权利平等,主要表现为在诉讼中他们有均等的机会和手段维护自己的合法权益,而不是指当事人的诉讼权利完全相同。事实上,由于当事人双方在诉讼中的具体地位不同,他们的诉讼权利不可能完全一样。例如,原告起诉后,被告就不

能针对同一纠纷行使起诉的权利,但他可以通过答辩和反驳来对抗原告的请求;具备条件的,被告还可以对原告提起反诉。这些诉讼权利的表现形式虽然不同,但在本质上是平等的。

根据权利义务对等的原理,当事人双方平等地享有诉讼权利意味着他们必须平等地履行诉讼义务。一方当事人诉讼权利的实现常常需要以对方当事人履行一定的诉讼义务为前提条件。因此,只有在平等地享有诉讼权利的同时平等地履行诉讼义务,才能使当事人诉讼权利平等、诉讼地位平等成为现实。

2. 人民法院有责任保障和便利当事人行使诉讼权利

保障和便利当事人行使诉讼权利,要求人民法院在诉讼中为当事人行使诉讼权利提供机会,使当事人的诉讼权利能够充分行使,而不致发生障碍。例如,在合议庭组成人员确定后,应当在 3 日内告知当事人双方,使他们有时间考虑是否申请审判人员回避;对决定开庭审理的案件,人民法院应当在开庭 3 日前将传票送达当事人,使当事人有充足的时间准备出庭诉讼。

3. 对当事人在适用法律上一律平等

民事诉讼法规定当事人诉讼权利平等,人民法院应当保障和便利当事人行使诉讼权利,其目的在于使当事人合法的实体权益得到公正的保护,这就进一步要求人民法院对当事人在适用法律上一律平等,不允许厚此薄彼。对当事人在适用法律上一律平等,既是保护当事人具体的合法权益的需要,也是我国社会主义法治原则的根本要求。

(二)同等原则与对等原则

1. 同等原则

诉讼权利同等原则,是国家间基于平等互惠关系普遍采用的诉讼原则,即一国公民在另一国进行民事诉讼,只要遵守该国的法律,就应同等地享有诉讼权利,承担诉讼义务,受诉法院应当对他与对待本国人一样,给予同等对待。我国在同各国发展关系时,一贯坚持独立自主的外交政策与"和平共处"的五项原则。因此,我国《民事诉讼法》第 5 条规定了诉讼权利同等原则,即外国人、无国籍人、外国企业和组织在我国领域内进行民事诉讼,其诉讼权利义务与中国公民、法人和其他组织相同。

2. 对等原则

在国际关系中,由于各国对外政策的不同,有时会出现一国对他国公民、企业和组织的诉讼权利予以限制或增加诉讼义务的现象,在这种情况下,受限制的一方可以采取相应的回击措施,这就是"对等"的含义。

实行对等原则,以限制抵消限制,是得到国际法认可的、国际上通行的一种做法,其目的仍然在于追求平等互惠。尽管互惠与对等的实质意义不同,但其在涉外民事诉讼中起着相同的作用,具有相同的效果,因此有人把对等原则也称作对等互惠原则。

对等与互惠,不仅适用于处理与一般外国人、外国企业和组织的关系,而且也是处理司法豁免权问题的准则。我国在涉外民事诉讼中采用对等原则,正是为了促进国家之间在涉外案件的审理中积极实行不加限制的互惠。

(三) 辩论原则

《民事诉讼法》第12条规定:"人民法院审理民事案件时,当事人有权进行辩论。"本条规定确立了我国民事诉讼中的辩论原则。

辩论原则,是指当事人在民事案件审理过程中有权就案件事实和争议问题相互辩论,人民法院通过当事人的辩论来明辨是非,从而作出裁判的一项诉讼准则。具体来说,辩论原则包含以下基本内容:

1. 辩论原则建立在双方当事人实体权利和诉讼权利完全平等的基础上

法律所规定的实体权利和诉讼权利的平等性,为当事人充分地行使辩论权提供了基础。同时,辩论原则又是当事人法律地位和诉讼权利平等的重要体现。在当事人的诉讼权利中最具实际意义的便是陈述自己主张、反驳对方主张的权利。辩论原则从法律上确认了当事人双方享有辩论权,从而使当事人双方法律地位平等得到了进一步落实。

2. 辩论原则适用于民事诉讼的全过程,法庭辩论是辩论原则的集中体现

辩论原则不仅在第一审程序中适用,而且在第二审程序、审判监督程序中也同样适用。同时辩论原则适用于解决各种争议问题,辩论的具体形式灵活多样。法庭辩论既是法定的审判程序,也是辩论原则的集中体现,凡是当事人主张的事实和理由,都必须在法庭上提出并经当事人质证和辩论。

在民事诉讼中,当事人辩论的内容相当广泛,他们可以就实体争议问题进行辩论,也可以就程序问题进行辩论;可以就案件事实进行辩论,也可以就有关证据的真伪进行辩论;可以就某一事实的认定进行辩论,也可以就有关法律的适用进行辩论。总之,凡是对与案件有关的事实和争议问题,当事人均可陈述自己的观点,进行辩论。

3. 作为定案根据的事实,必须经过法庭上当事人的质证和辩论

为了保证人民法院切实做到以事实为根据审判民事案件,将判决和裁定建立在牢固的客观事实基础之上,作为定案根据的事实,应当在开庭审理中经当事人当庭质证、辩论无误后方可采用。也就是说,不论是当事人按照证明责任的要求提供的证据,还是人民法院依法调查收集的证据,都必须在开庭审理时按照法定的方式提交法庭,由双方当事人进行质证和辩论。没有经过法庭质证和辩论的事实不能作为人民法院认定案件事实的根据。

(四) 处分原则和诚实信用原则

《民事诉讼法》第13条规定:"民事诉讼应当遵循诚实信用原则。当事人有权在法律规定的范围内处分自己的民事权利和诉讼权利。"民事诉讼中的处分原则与诚实信用原则就是根据这一规定确立的。

1. 处分原则

处分原则,是指民事诉讼当事人有权在法律规定的范围内自主决定行使或放弃自己享有的诉讼权利和实体权利,其处分行为受到人民法院普遍尊重的一项基本准

则。这一原则包含以下基本内容:

(1) 处分原则以民事实体法的意思自治原则为基础。民事诉讼源于当事人之间出现私权争议,即实体权利义务的争议。民事诉讼中处分原则确立的直接依据是"意思自治"的理念,当事人有权对自己依法享有的实体权利进行处分,只要这种处分不损害国家、社会或他人的合法利益,法律便不加干预。例如,权利人将自己的财产有偿转让或者无偿赠与他人,将自己生产的产品出卖或者留归自己使用等,均属于对自己实体权利的处分。诉讼上的处分权便源自这种实体处分权,当事人既然可以处分自己的实体权利,那么在诉讼中当然可以处分自己的权利。因此,实体处分权是民事诉讼处分原则赖以存在的基础和前提。

(2) 处分原则广泛适用于民事权利和诉讼权利,并且贯穿民事诉讼的各个阶段。根据当事人意思自治的原理,当事人对自己所享有的实体权利和诉讼权利都可以处分,并且这两种权利的处分常常是结合在一起的。例如,原告在起诉后撤诉,即放弃了诉讼权利;当事人在一审判决后放弃上诉,就意味着既放弃了诉讼权利,又放弃了利用二审进一步追求实体权利的机会。

处分原则贯穿于诉讼的全过程,无论在审判阶段,还是在执行阶段,当事人均有权处分自己的权利。例如,在一审程序中,原告有权撤诉,被告有权提出反诉;在二审程序中,上诉人可以撤回上诉;无论在一审程序或者二审程序中,当事人均有权请求调解;在执行程序中,双方当事人有权自行和解。这些都是处分原则的具体体现。

(3) 当事人的处分应当依法进行。处分原则虽然赋予当事人广泛的处分权,但应在法律规定的范围内行使,不能违反法律的基本精神,不能损害国家、社会或他人合法权益。对当事人处分行为是否合法的审查,由人民法院依法进行。凡符合法律的基本原则且不损害国家、社会和他人合法权益的,人民法院应予批准,该处分行为具有法律上的效力;否则该处分行为无效。

2. 诚实信用原则

诚实信用原则,又称诚信原则,是指人民法院、当事人及其他诉讼参与人在进行诉讼和审判活动时必须公正、诚实和善意。这对于规范民事诉讼法律关系主体的行为、遏制虚假诉讼有着重要意义。这一原则主要从当事人和法官两个方面发生规范作用:

(1) 诚信原则对当事人的制约。诚信原则对当事人的制约主要体现在四个方面:(1) 排除以不正当方式形成的有利于自己的诉讼状态,即不允许一方当事人为攫取私利而采取不正当的诉讼行为、形成损害他方当事人的诉讼状态。(2) 禁止诉讼权利的滥用,即不允许当事人假借行使诉讼权利来达到不正当的目的。(3) 禁反言,即禁止诉讼活动参与人作前后矛盾的陈述、实施前后矛盾的诉讼行为。(4) 禁止虚假陈述,即不允许当事人在诉讼中违背真实义务、进行虚假陈述。在此基础上,法律对当事人违背诚实信用的诉讼行为设置了不利的诉讼后果,从而为人民法院正确判断案件事实减少障碍,以更好地实现公正审判。

(2) 诚信原则对法官的制约。诚信原则对法官行使审判权时的制约,主要表现在禁止滥用自由裁量权与禁止突袭性裁判。禁止滥用自由裁量权,要求法官在法律赋予的裁量空间内,应当根据法律的原则和精神,公正、诚实和善意地行使法律条文的选择适用、证据与事实的认定等权力,以保证裁判结果的合理性与合法性;禁止突袭性裁判,则要求法官充分尊重当事人的程序主体地位,保证当事人在案件审理过程中享有攻击和防御的机会,从而保障诉讼过程的公开性、公正性与平等性。

民事诉讼法在确立诚信原则的同时,规定了相应的法律后果,将自律性和强制性有机结合起来。例如,民事诉讼法增加了对虚假诉讼行为予以制裁的规定;增加了关于当事人签署据实陈述保证书、证人签署如实作证保证书有关程序及其法律后果的规定。法官滥用司法自由裁量权,应当依据其行为的情节与后果依法追究其司法责任。

(五)法院调解原则

法院调解原则,又称自愿合法调解原则,是指人民法院在审理民事案件的过程中应当多做说服疏导工作,促使当事人在对自己的权利和义务正确认识的基础上心悦诚服地达成协议,解决纠纷,结束诉讼。这种纠纷解决方式具有缓和当事人对立情绪,恢复当事人之间和睦关系的优点,有利于社会的安定。同时,以这种方式解决争议往往比较彻底,双方当事人对协议一般愿意履行。所以,我国历来重视对民事案件的调解工作,并且将其作为民事诉讼法的一项基本原则。

法院调解原则以当事人的处分权为基础,又是当事人处分权的重要体现。根据建立在"意思自治"基础上的处分原则,当事人依法享有对实体权利和诉讼权利的处分权,这就为当事人双方相互作出让步和妥协,从而达成协议、解决争议提供了可能性和合理性。调解的过程,就是当事人双方相互不断协商,纠纷不断消除的过程,在这一过程中,没有当事人对民事权利的处分行为是不可能的。同时,法院调解又为当事人行使处分权创造了条件和机会,使之能够对诉讼的进程乃至诉讼的结果发生重要的影响。

法院调解应当坚持自愿、合法原则。如果调解不成,应当及时审理和裁判。调解必须在当事人自愿的基础上进行,调解协议应当是当事人双方共同的真实意愿的结果。如果当事人不愿接受调解方式或经调解无法达成协议以及在调解书送达前反悔的,人民法院应当及时判决,不得久调不决。同时,法院调解应当合法,表现为调解协议的内容不得违反法律的基本精神,不得损害国家、社会和他人的合法权益。

第二节 主管和管辖

一、主管

(一)主管的概念

民事诉讼中的主管,是指人民法院受理和解决一定范围内民事案件的权限,是确定人民法院与其他机构和组织之间处理民事纠纷的职权分工。

社会生活中大量存在的民事纠纷,除可通过人民法院按诉讼程序解决,也可通过其他国家机关、社会团体采用其他方法,如调解、仲裁或行政的方法予以解决。因此,合理地划分人民法院同其他国家机关、社会团体在处理民事纠纷方面的职权分工和权限,有利于人民法院正确行使民事审判权和履行审判职责,有利于当事人及时地获得权利保护。明确法院与其他国家机关、社会团体在解决民事纠纷方面的分工,还将保证他们各司其职、各尽其能,避免对民事纠纷的解决互相推诿或者是互争管辖权,以保证民事纠纷及时得到解决。

(二)主管的标准和范围

《民事诉讼法》第3条规定:"人民法院受理公民之间、法人之间、其他组织之间以及他们相互之间因财产关系和人身关系提起的民事诉讼,适用本法的规定。"

我国主要是根据案件的性质,亦即争议法律关系的性质为标准来确定法院主管的。具体来说包括三类:(1)凡属有关平等主体之间财产关系和人身关系方面的民事案件,均由人民法院主管,如财产所有权、担保物权、用益物权、合同、人格权和身份权等。(2)由经济法、劳动法调整的经济关系、劳动关系所引起的纠纷,法律规定需依民事诉讼程序审理和解决的,也归人民法院主管。(3)法律规定人民法院适用民事诉讼法解决的其他案件,由人民法院主管,这类案件主要有两种情形,第一类是选举法和民事诉讼法规定的选民资格案件,第二类是民事诉讼法规定的宣告公民失踪或者宣告公民死亡案件、认定公民无民事行为能力或限制民事行为能力案件、认定财产无主案件等非讼案件。

二、管辖概述

民事诉讼中的管辖,是指各级人民法院及同级各地人民法院之间受理第一审民事案件的分工和权限。

管辖与主管不同,主管解决的是人民法院同其他国家机关、社会团体之间处理民事纠纷的分工和权限问题;而管辖解决的是人民法院内部审理第一审民事案件的分工和权限问题。二者的联系是,主管是确定管辖的前提,只有先解决主管问题,才能进一步解决管辖问题。

确定管辖的意义,首先在于明确各个人民法院在受理第一审民事案件上的分工,以便于人民法院正确、及时地行使审判权,防止因管辖不明,造成人民法院之间相互推诿或相互争夺管辖权的情况出现,从而影响案件的及时审理;其次有利于当事人行使诉权,及时起诉与应诉,避免因管辖不明使当事人投诉无门、到处奔波费时耗资,致使其合法权益得不到及时保护。

我国《民事诉讼法》在确定管辖时,主要依据和遵循以下原则:便利当事人诉讼原则;便利人民法院行使审判权原则;兼顾各级人民法院的职能和工作负担的均衡原则;维护国家主权原则;确定性规定和灵活性规定相结合原则。

三、级别管辖

级别管辖,是指划分上下级人民法院之间受理第一审民事案件的分工和权限。

我国的级别管辖与人民法院的组织体系有一定联系。我国设有四级人民法院,即基层人民法院、中级人民法院、高级人民法院和最高人民法院。依据民事诉讼法的分级管辖原则,这四级法院都有权受理一定范围的一审民事案件。级别管辖就是按人民法院组织体系存在的层次结构,从纵向上解决哪些第一审民事案件应当由哪一级人民法院受理的问题。

我国民事诉讼法对于级别管辖的划分标准,主要是案件的性质和影响范围的大小以及繁简程度。最高人民法院对于财产纠纷案件,则以诉讼标的金额的大小为标准,规定了不同级别法院受理第一审民事案件的范围。

我国《民事诉讼法》第18—21条,采用列举式规定和原则性规定相结合的方法,对各级人民法院管辖的第一审民事案件作了明确的规定。

(一) 基层人民法院管辖的第一审民事案件

《民事诉讼法》第18条规定:"基层人民法院管辖第一审民事案件,但本法另有规定的除外。"我国民事诉讼法规定的由其他各级法院管辖的案件为数较少,所以这一规定实际上把大多数民事案件划归基层人民法院管辖。这是因为,基层人民法院是我国法院系统内最基层的单位,数量众多,分布广泛,当事人所在地、案件发生地、争议财产所在地或者行为地总在其一定的辖区之内,由其管辖绝大多数一审民事案件,既便于当事人诉讼,又便于法院办案。因此,除法律规定应由中级人民法院、高级人民法院和最高人民法院管辖的第一审民事案件外,其他第一审民事案件都归基层人民法院管辖。

(二) 中级人民法院管辖的第一审民事案件

根据《民事诉讼法》第19条的规定,由中级人民法院管辖的第一审民事案件有:

(1) 重大涉外案件。重大涉外案件是指争议标的额大,或者案情复杂,或者居住在国外的当事人人数众多的涉外案件。其他一般涉外案件,仍由基层人民法院管辖。

(2) 在本辖区有重大影响的案件。当案件本身涉及的范围或案件处理结果可能产生的影响超出了基层人民法院的辖区,在中级人民法院的辖区范围内产生或可能产生重大影响时,该案件应由中级人民法院管辖。

(3) 最高人民法院确定由中级人民法院管辖的案件。即最高人民法院根据某一案件的特殊情况,以意见、通知、决定等形式确定由中级人民法院管辖的案件。这种确定管辖的方式是动态发展的,体现了在管辖问题上原则性规定与灵活性规定相结合的原则。

(三) 高级人民法院管辖的第一审民事案件

《民事诉讼法》第20条规定:"高级人民法院管辖在本辖区内有重大影响的第一审民事案件。"

高级人民法院是地方各级人民法院中最高一级的审判机关,主要是审理不服中级人民法院第一审判决的上诉案件,并对下级人民法院的审判工作进行指导和监督。正因为如此,高级人民法院不宜管辖太多的第一审民事案件,只应管辖在全省、自治区、直辖市范围内有重大影响的第一审民事案件。

(四) 最高人民法院管辖的第一审民事案件

根据《民事诉讼法》第 21 条的规定,最高人民法院管辖的第一审民事案件是在全国有重大影响的案件和认为应当由本院审理的案件。

最高人民法院是国家的最高审判机关,负责指导和监督地方各级人民法院和各专门人民法院的审判工作,对于在审判过程中如何具体应用法律的问题进行解释,同时审理不服高级人民法院第一审裁判的上诉和抗诉案件,所以一般不受理第一审民事案件。但民事诉讼法仍赋予最高人民法院在管辖上很大的自由裁量权,当其认为某个案件应当由自己审理时,就可取得对该案的管辖权,而不受案件是否有重大影响等因素的限制。

四、地域管辖

地域管辖,又称土地管辖或区域管辖,是指确定同级人民法院之间在各自辖区内受理第一审民事案件的分工和权限。地域管辖是在案件的级别管辖确定之后对管辖权的进一步划分,主要解决在同级法院之间案件由哪一个法院管辖的问题。

我国《民事诉讼法》根据两个因素来确定地域管辖:(1) 各人民法院的辖区。这是因为我国除专门人民法院(如军事法院、海事法院、知识产权法院、铁路运输法院等)外,地方各级人民法院的辖区是按行政区域确定的,与行政区域相一致。辖区表明该人民法院行使审判权的空间范围和管辖权的效力界域。(2) 当事人、诉讼标的或法律事实与人民法院辖区的关系。确定辖区只是划分地域管辖的必要前提,此外还需要当事人、诉讼标的或法律事实与人民法院辖区存在着一定联系,该地的人民法院才能对案件具有管辖权。以这两个因素为标准,地域管辖可分为一般地域管辖、特殊地域管辖和专属管辖,以及在适用这三种管辖规定时出现的共同管辖、选择管辖与合并管辖。

(一) 一般地域管辖

一般地域管辖,又称普通管辖或一般管辖,是指以当事人所在地与法院辖区的关系来确定的管辖。确定一般地域管辖的原则是"原告就被告",即由被告住所地人民法院管辖。所谓住所地,是指公民户籍所在地,或者法人、其他组织的主要营业地或者主要办事机构所在地。如果公民住所地与经常居住地不一致的,由经常居住地人民法院管辖。

在一般地域管辖中,根据"原告就被告"原则确定案件的管辖法院,是世界各国普遍采用的立法通则。但在特殊情况下,作为"原告就被告"原则的例外和补充,有些民事案件也可适用"被告就原告"原则,由原告所在地人民法院管辖。原告住所地与经常居住地不一致的,由原告经常居住地人民法院管辖。根据《民事诉讼法》第 23 条的规定,下列民事诉讼由原告住所地人民法院管辖:

(1) 对不在中华人民共和国领域内居住的人提起的有关身份关系的诉讼。

(2) 对下落不明或者宣告失踪的人提起的有关身份关系的诉讼。

(3) 对被采取强制性教育措施的人提起的诉讼。

(4) 对被监禁的人提起的诉讼。

(二) 特殊地域管辖

特殊地域管辖,又称特别管辖,是指以被告住所地、诉讼标的所在地或者引起法律关系发生、变更和消灭的法律事实所在地与人民法院辖区的关系为标准确定的管辖。我国《民事诉讼法》第24—33条规定了下述10种诉讼,适用特殊地域管辖:

(1) 因合同纠纷提起的诉讼,由被告住所地或者合同履行地人民法院管辖。合同约定履行地点的,以约定的履行地点为合同履行地。合同对履行地点没有约定或者约定不明确,争议标的为给付货币的,接收货币一方所在地为合同履行地;交付不动产的,不动产所在地为合同履行地;其他标的,履行义务一方所在地为合同履行地。即时结清的合同,交易行为地为合同履行地。

(2) 因保险合同纠纷提起的诉讼,由被告住所地或者保险标的物所在地人民法院管辖。如果被保险标的物是运输工具或者运输途中的货物,由被告住所地或者运输工具登记注册地、运输目的地、保险事故发生地人民法院管辖。

(3) 因票据纠纷提起的诉讼,由票据支付地或者被告住所地人民法院管辖。

(4) 因公司设立、确认股东资格、分配利润、解散等纠纷提起的诉讼,由公司住所地人民法院管辖。

(5) 因铁路、公路、水上、航空运输和联合运输合同纠纷提起的诉讼,由运输始发地、目的地或者被告住所地人民法院管辖。

(6) 因侵权行为提起的诉讼,由侵权行为地或者被告住所地人民法院管辖。侵权行为地,包括侵权行为实施地和侵权行为结果发生地。

(7) 因铁路、公路、水上和航空事故请求损害赔偿提起的诉讼,由事故发生地或者车辆、船舶最先到达地、航空器最先降落地或者被告住所地人民法院管辖。

(8) 因船舶碰撞或者其他海事损害事故请求损害赔偿提起的诉讼,由碰撞船舶最先到达地、加害船舶被扣留地或者被告住所地人民法院管辖。

(9) 因海难救助费用提起的诉讼,由救助地或者被救助船舶最先到达地人民法院管辖。

(10) 因共同海损提起的诉讼,由船舶最先到达地、共同海损理算地或者航程终止地的人民法院管辖。

(三) 专属管辖

专属管辖,是指法律规定某些特殊类型案件必须由特定的人民法院管辖。凡属专属管辖的案件,只能由法律规定的人民法院管辖,其他法院无权管辖,既不能适用一般地域管辖和特殊地域管辖的规定,也不允许当事人以协议的方式变更管辖法院。

根据《民事诉讼法》第34条的规定,下列案件适用专属管辖的规定:

(1) 因不动产纠纷提起的诉讼,由不动产所在地人民法院管辖。

(2) 因港口作业中发生纠纷提起的诉讼,由港口所在地人民法院管辖。

(3) 因继承遗产纠纷提起的诉讼,由被继承人死亡时住所地或者主要遗产所在地人民法院管辖。

(四)协议管辖

协议管辖,又称约定管辖或合意管辖,是指当事人双方用书面形式约定管辖法院。根据《民事诉讼法》第35条的规定,协议管辖应当具备以下条件:

(1) 当事人只能对合同或其他财产权益纠纷案件协议管辖,对其他案件不适用协议管辖。

(2) 当事人双方必须以书面形式确定协议管辖,以口头形式或协议约定不明确的无效。

(3) 协议管辖选择的人民法院应当是在地域上与纠纷有实际联系的人民法院,包括但不限于被告住所地、合同履行地、合同签订地、原告住所地、合同标的物所在地的法院。

(4) 协议管辖不能违反级别管辖和专属管辖的规定。

五、裁定管辖

裁定管辖,是指根据人民法院依法作出的裁定或者决定确定管辖法院。根据《民事诉讼法》第37条、第38条和第39条的规定,裁定管辖有三种。

(一)移送管辖

移送管辖,是指人民法院受理案件后,发现本院对该案件没有管辖权,而依法通过裁定的方式将案件移送给有管辖权的人民法院管辖。受移送的人民法院对移送的案件不得拒绝受理。如果受移送的人民法院认为对移送来的案件本院也无管辖权时,只能依照有关规定报请上级人民法院指定管辖。

(二)指定管辖

指定管辖,是指上级人民法院以裁定的方式,指定下级人民法院对某个案件行使管辖权。其实质是法律赋予上级人民法院在特殊情况下变更和重新确定案件的管辖法院的权力。指定管辖适用于两种情况:(1) 由于特殊原因,有管辖权的人民法院不能行使管辖权。(2) 由于管辖权发生争议,各争议法院又无法达成协议。

(三)管辖权的转移

管辖权的转移,是指经上级人民法院决定或同意,将某个案件的管辖权由上级人民法院移交给下级人民法院,或者由下级人民法院移交给上级人民法院。管辖权的转移主要用于调节级别管辖。

管辖权的转移与移送管辖不同:(1) 管辖权的转移是有管辖权的人民法院,将案件的管辖权转移给原来没有管辖权的人民法院,所转移的是案件管辖权;而移送管辖则是无管辖权的人民法院将不属自己管辖的案件移送有管辖权的人民法院,所移送的是案件。(2) 管辖权的转移是在上下级人民法院之间进行的,是对级别管辖的补充;而移送管辖一般是在同级人民法院之间进行的,主要是落实地域管辖的一种规定。(3) 管辖权的转移必须由上级人民法院决定或同意,下级人民法院只能遵照执行或提出建议;而移送管辖则无须受移送的人民法院同意或决定,受移送的人民法院不得拒绝移送或再行移送。

六、管辖权异议

管辖权异议,是指人民法院受理案件后,一方当事人提出的,认为受理案件的人民法院对该案件并无管辖权的意见或主张。民事诉讼确立这一制度的目的在于,在管辖环节中体现对当事人意愿的尊重,平等保护双方当事人,若确实存在管辖错误,受诉法院也可通过这种方式予以纠正。

管辖权异议是当事人的一项重要的诉讼权利,因诉讼是由原告向受诉法院提起的,故管辖权异议一般由被告提出。管辖权异议应当以书面形式、在答辩期间(即被告收到起诉状副本的15日内)提出。

受诉人民法院对当事人提出的符合上述条件的管辖权异议,应依法进行审查。在对当事人所提管辖权的异议未经审查或审查后尚未作出决定前,不得进入对该案的实体审理。经审查,管辖权异议成立的,裁定将案件移送至有管辖权的人民法院;异议不成立的,则应裁定驳回。裁定应当送达双方当事人。当事人对裁定不服的,可以在10日内向上一级人民法院提起上诉。当事人在第二审人民法院确定该案的管辖权以后,即应按人民法院的通知参加诉讼。

第三节 民事诉讼参加人

诉讼参加人是重要的诉讼主体,其诉讼行为对民事诉讼程序的发生、变更和消灭有着重大影响。诉讼参加人包括两大类:当事人和诉讼代理人。其中,当事人包括原告与被告、共同诉讼人、诉讼代表人和第三人。

一、当事人概述

(一)当事人的概念

民事诉讼当事人,是指以自己的名义,就特定的民事争议请求法院行使审判权予以裁判的人及其相对人。当事人是民事诉讼的基本构成要素之一,没有当事人就没有民事诉讼。

当事人有广义与狭义之分。广义的当事人包括原告、被告、共同诉讼人、诉讼代表人、法律规定的机关及有关组织和第三人;狭义的当事人则仅指原告和被告。

当事人在不同的诉讼程序中有不同的称谓。在审判程序中,一审称原告、被告;二审称上诉人、被上诉人;再审适用一审程序的称原审原告和原审被告,适用二审程序的称原上诉人和原被上诉人;在执行程序中称申请人和被申请人。当事人的称谓不同,表明他们在不同的程序中具有不同的诉讼地位,因而享有不同的诉讼权利,承担不同的诉讼义务。

(二)当事人的诉讼权利能力与诉讼行为能力

诉讼权利能力,是指享有民事诉讼权利和承担民事诉讼义务的资格。有诉讼权利能力方可成为民事诉讼当事人,因此诉讼权利能力又称当事人能力。

诉讼权利能力通常是与民事权利能力相一致的。一般来说,具有民事权利能力的人同时也具有诉讼权利能力,诉讼权利能力以民事权利能力为依据,同时又是民事权利能力的保障。但二者又有区别,民事权利能力是作为民事法律关系主体的资格,诉讼权利能力是作为诉讼法律关系主体的资格。既然是两种不同性质法律关系的主体,所承担的权利义务不同,由此产生的法律后果也是不同的。

公民(自然人)的诉讼权利能力与民事权利能力相适应,自成为民事权利主体时开始,因死亡而消灭。法人和其他组织(非法人组织)的诉讼权利能力,自成立或设立时开始,在撤销、合并等情况下消灭。

诉讼行为能力,是指以自己的行为实现诉讼权利和履行诉讼义务的能力,也就是能够亲自进行诉讼活动的能力。

在一般的情况下,诉讼行为能力与诉讼权利能力是相一致的,即具有诉讼权利能力的人同时具有诉讼行为能力。但在某些情况下,如未成年人、精神病人等,虽有诉讼权利能力,却无诉讼行为能力。公民(自然人)的诉讼行为能力自具有完全的民事行为能力时开始,于死亡时消灭;而法人和其他组织(非法人组织)的诉讼权利能力和诉讼行为能力始终是一致的,其诉讼行为能力与诉讼权利能力同时产生,同时消灭。未成年人、精神病人等没有诉讼行为能力,不能亲自诉讼,应当由其法定诉讼代理人代为诉讼。

(三)当事人的诉讼权利和诉讼义务

根据我国《民事诉讼法》的规定,当事人的诉讼权利主要有以下各项:(1)起诉和反诉。(2)用本民族语言、文字进行诉讼。(3)委托诉讼代理人。(4)提出回避申请。(5)收集、提供证据和申请保全证据。(6)进行辩论。(7)放弃、变更、承认、反驳诉讼请求。(8)查阅和复制本案有关材料。(9)请求调解。(10)提起上诉。(11)申请执行。(12)进行和解。(13)申请再审。

当事人在享有诉讼权利的同时,也应承担相应的诉讼义务。当事人的诉讼义务主要包括以下三个方面:(1)当事人必须正确地行使诉讼权利,即必须依照民事诉讼法律规范行使自己的诉讼权利,不能滥用法律赋予的诉讼权利。(2)在整个诉讼过程中,必须遵守诉讼秩序,服从法庭指挥,尊重对方当事人和其他诉讼参与人的诉讼权利。(3)对发生法律效力的判决书、裁定书和调解书,义务人必须履行。

(四)诉讼权利义务的承担

诉讼权利义务的承担,是指在诉讼过程中,一方当事人的诉讼权利义务转移给另一人,由其担任诉讼当事人。

诉讼权利义务的承担,是由于民事权利义务的转移而引起的。随着民事权利义务的转移,诉讼上的权利义务也随之转移。这种情形在公民(自然人)、法人或者其他组织(非法人组织)中都可能发生。例如,当事人在诉讼过程中死亡,死者的民事权利义务转移给继承人,诉讼权利义务也同时转移给继承人。又如,两个法人合并,如果合并前的法人诉讼活动正在进行的,就应由合并后的新的法人担任诉讼当事人,继续参加诉讼活动,并承担原法人的诉讼权利义务。

诉讼权利义务的承担,在第一审程序、第二审程序、再审程序中均可能发生。不论发生在哪个程序、哪个阶段,诉讼权利的承担都是新的当事人承续原当事人已经开始的诉讼,诉讼程序是继续进行而不是重新开始。因此,原当事人进行的一切诉讼行为,对新当事人均有约束力。

（五）当事人的追加与更换

当事人的追加,是指人民法院在受理案件后,发现有必须共同进行诉讼的当事人没有参加诉讼的,通知其参加诉讼的一种活动。追加当事人的目的,是为了保证应当共同享受权利或共同承担义务的人不会被遗漏,保证纠纷的彻底解决。

当事人的更换,是指在诉讼过程中,人民法院发现起诉或应诉的人不符合当事人条件的,通知符合条件的当事人参加诉讼,让不符合条件的当事人退出诉讼的一种活动。更换当事人的目的,是为了保证诉讼在符合条件的当事人之间进行,避免无意义的诉讼,真正解决纠纷。

二、原告与被告

民事诉讼中的原告,是指认为自己的民事权益或者受其管理支配的民事权益受到侵害,或者与他人发生争议,为维护其合法权益而向人民法院提起诉讼,引起诉讼程序发生的人。

民事诉讼中的被告,是指被诉称侵犯原告民事权益或与原告发生民事权益争议,被人民法院传唤应诉的人。

民事诉讼是以解决原告与被告之间的争议为中心的活动,因此,原告和被告是民事诉讼中重要的诉讼主体,他们的诉讼行为对民事诉讼的发生、发展、消灭有重大影响。

原告与被告可由公民、法人或其他组织充当。公民亦称自然人;法人是指具有民事权利能力和民事行为能力,依法独立享有民事权利和承担民事义务的组织;其他组织又称非法人组织,是指合法成立、有一定的组织机构和财产,但又不具备法人资格的组织。这些组织包括:(1)依法登记领取营业执照的个人独资企业。(2)依法登记领取营业执照的合伙企业。(3)依法登记领取我国营业执照的中外合作经营企业、外资企业。(4)依法成立的社会团体的分支机构、代表机构。(5)依法设立并领取营业执照的法人的分支机构。(6)依法设立并领取营业执照的商业银行、政策性银行和非银行金融机构的分支机构。(7)经依法登记领取营业执照的乡镇企业、街道企业。(8)其他符合条件的组织。

此外,在2012年、2017年修订的《民事诉讼法》中,对于公益诉讼的原告,民事诉讼法赋予"法律规定的机关和有关组织"以诉讼主体资格。公益诉讼是为维护公共利益而进行的诉讼,没有传统意义上的实体利害关系人,民事诉讼法的这一规定表明了我国立法已经承认公益诉讼适格当事人的扩张,弥补了"直接利害关系"原则在公益诉讼主体资格方面的不足,其意义十分重大。

三、共同诉讼人

共同诉讼人,是指当事人一方或双方为两人以上,诉讼标的是共同的,或者诉讼标的是同一种类、人民法院认为可以合并审理并经当事人同意,一同在人民法院进行诉讼的人。共同诉讼人是当事人的一种,属广义的当事人。原告一方为两人以上的,称为共同原告;被告一方为两人以上的,称为共同被告。一同在人民法院起诉的共同原告,或一同在人民法院应诉的共同被告,统称为共同诉讼人。

《民事诉讼法》设立共同诉讼人制度,是为了保证必须共同参加诉讼的人都能参加到诉讼中来,以利于人民法院查明案件的全部事实,彻底解决当事人之间的纠纷,避免对同一问题作出互相矛盾的判决;有利于节省人力、物力,符合诉讼效益原则;有利于全面保护当事人的合法权益。

共同诉讼人分为两种:

1. 必要的共同诉讼人

必要的共同诉讼人,是指必要的共同诉讼中人数为两人或两人以上(复数)的当事人。必要共同诉讼的特征是,复数的当事人对诉讼标的享有共同的权利或负有共同的义务,而且是不可分割的。例如,合伙人对合伙财产共同享有权利,该财产被他人侵犯,合伙人作为共同诉讼人提起诉讼,即为必要的共同诉讼,各合伙人为共同原告。这类案件的各个当事人不能分别提起不同的诉讼,而是必须共同进行诉讼,人民法院也必须对此合并审理,作出同一判决。

2. 普通的共同诉讼人

普通的共同诉讼人,是指当事人一方或双方为两人以上,具有同种类诉讼标的,经当事人同意,人民法院允许其在同一诉讼程序中一并进行诉讼的共同诉讼人。人民法院合并审理的各诉讼,为普通的共同诉讼。例如,房东将自己的房屋分别出租给五位承租人,后因单方面涨租金被这五位承租人分别起诉到法院,虽然是五个案子,但诉讼标的同种类,法院可在征得当事人同意后合并审理。

普通共同诉讼人的形成源于诉的合并。由于各当事人之间的诉讼都是基于各自独立之诉产生的,如果没有人民法院对这些独立的、同种类的诉进行合并,就没有普通共同诉讼人的形成。因此,每一个普通共同诉讼人都是各自独立的。法院合并审理后,可通过一个诉讼程序一并解决几个纠纷,但判决应分别作出。

四、诉讼代表人

诉讼代表人,是代表人诉讼中的为全体当事人的利益进行诉讼的人。

代表人诉讼,是指当事人一方人数众多,由其中一人或者数人作为代表人进行的诉讼。其特征是:当事人一方人数众多,不可能全部参加诉讼,因而由代表人代表全体当事人进行诉讼,人民法院对代表人诉讼所作的裁判对全体当事人具有约束力。这一制度是在共同诉讼的基础上,吸收了诉讼代理人的某些特征而设立的。根据《民事诉讼法》第56条、第57条的规定,代表人诉讼有两种:人数确定的代表人诉讼和人数不确定的代表人诉讼。这两种代表人诉讼的特点有所不同,故程序设置也不同,诉讼代表人应遵循法定的程序规则,否则将不能产生相应的法律效果。

(一) 人数确定的代表人诉讼

人数确定的代表人诉讼,是指共同诉讼的一方人数众多,但起诉时人数能够确定,由其成员推选代表人进行的诉讼。《民事诉讼法解释》第 76 条规定,当事人一方人数众多但在起诉时能够确定的,可以由全体当事人推选共同的代表人,也可以由部分当事人推选自己的代表人;推选不出代表人的当事人,在必要的共同诉讼中可以自己参加诉讼,在普通的共同诉讼中可以另行起诉。代表人代为诉讼的,代表人的诉讼行为对其所代表的当事人发生效力,但代表人变更、放弃诉讼请求或者承认对方当事人的诉讼请求,进行和解,必须经被代表的当事人同意。

(二) 人数不确定的代表人诉讼

人数不确定的代表人诉讼,是指诉讼标的是同一种类,当事人一方人数众多,在起诉时人数尚未确定,由向人民法院登记的权利人推选或由人民法院与其商定代表人,并由其代表当事人进行的诉讼。

由于这种诉讼的人数不确定,因此人民法院受理部分当事人的起诉后,应当发出公告,向未起诉的权利人说明案件情况、诉讼请求、管辖法院,并通知权利人在一定的期间内向人民法院登记,以便共同推选代表人进行诉讼。

人民法院审理代表人诉讼案件,应当公开进行,被代表的当事人应当被允许到庭旁听,有权监督诉讼代表人是否在为维护被代表人的合法权益而进行诉讼。由于诉讼代表人的诉讼行为涉及众多当事人的权益,人民法院应针对这种案件的特点,加强监督。

未参加登记的权利人在诉讼时效内提起诉讼主张权利的,人民法院受理后,经审查,认为诉讼请求成立的,可以不另作判决,直接裁定适用人民法院已经作出的判决、裁定。诉讼请求不能成立的,人民法院应当判决驳回诉讼请求。超过诉讼时效期间起诉的,人民法院受理案件后可以用判决驳回诉讼请求,但侵害人愿意按生效裁判履行义务的,人民法院不予干预。

五、第三人

民事诉讼中的第三人,是指对他人之间争议的诉讼标的,享有独立的请求权,或者虽无独立的请求权,但案件的处理结果与其有法律上的利害关系,因而参加到他人之间已经开始的诉讼中进行诉讼的人。

第三人是相对于正在进行诉讼的原告、被告而言的。原告、被告之间已经开始的诉讼,称为本诉。第三人参加的诉讼,称为参加之诉。民事诉讼法设立第三人制度的目的,在于通过合并审理简化诉讼程序,维护利害关系人的合法权益,提高诉讼效率,将相关联的纠纷一并彻底解决。

根据《民事诉讼法》的规定,第三人分为两种:有独立请求权的第三人、无独立请求权的第三人。

（一）有独立请求权的第三人

有独立请求权的第三人，是指对原告、被告之间争议的诉讼标的，认为有独立的请求权，参加到原告、被告已经开始的诉讼中进行诉讼的人。

所谓"独立请求权"，是指第三人对本诉的诉讼标的主张独立的权利，即第三人认为本诉争议的权利，全部或者部分是属于自己的，因而将本诉的原告、被告作为被告而提起诉讼。有独立请求权的第三人与正在进行诉讼的原告、被告双方对立，既不同意原告的主张，也不同意被告的主张。他认为无论原告胜诉还是被告胜诉，都是对自己合法权益的侵犯。因此，他有权以本诉的原告、被告作为被告提起并参加诉讼，请求人民法院保护自己的合法权益。

（二）无独立请求权的第三人

无独立请求权的第三人，是指对原告、被告双方争议的诉讼标的没有独立的请求权，但案件的处理结果可能与其有法律上的利害关系，为维护自己利益而参加到原告、被告已经开始的诉讼中进行诉讼的人。

所谓"法律上的利害关系"，是指当事人双方争议的诉讼标的所涉及的法律关系，与无独立请求权的第三人参加的另一个法律关系有牵连，而在后一个法律关系中，无独立请求权的第三人是否行使权利、履行义务，对前一个法律关系中的当事人行使权利、履行义务有直接影响。在原告、被告进行诉讼的法律关系中，因一方当事人不履行或者不适当履行义务给对方造成的损失，虽应由不履行或不适当履行义务的一方当事人承担直接责任，但造成这种损失的原因，则往往是源于无独立请求权的第三人的过错。如果法院判决一方当事人败诉，承担某种法律责任或履行某种义务，该当事人有权请求无独立请求权的第三人赔偿损失或履行相应的义务；如果法院判决该当事人胜诉，他也就在法律上维护了自己的某种权利。因此，无独立请求权的第三人参加诉讼后，常常是协助当事人一方进行诉讼，通过这种特定方式维护自己的权益。

（三）第三人撤销之诉

第三人撤销之诉，是指未参加本诉的第三人以已经结束的本诉之原告、被告为共同被告，向人民法院提出的，旨在撤销或改变生效法律文书所确定的法律状态或权利义务关系的诉讼。未参加本诉的第三人，是指前述有独立请求权的第三人和无独立请求权的第三人。

《民事诉讼法》第59条第3款规定："前两款规定的第三人，因不能归责于本人的事由未参加诉讼，但有证据证明发生法律效力的判决、裁定、调解书的部分或者全部内容错误，损害其民事权益的，可以自知道或者应当知道其民事权益受到损害之日起六个月内，向作出该判决、裁定、调解书的人民法院提起诉讼。"第三人撤销之诉具有重要意义：第三人制度本来就具有保护第三人合法权益的功能，但如果第三人因故未参加诉讼，他将无法通过行使诉讼权利来维护其实体权利，人民法院在其未出庭陈述时针对本诉作出的生效裁判，有可能损害其合法权益。因此，立法赋予该第三人提起第三人撤销之诉的权利是对该第三人的救济。

根据《民事诉讼法》的规定，人民法院对第三人撤销之诉，应重点审查该当事人是否有证据证明原生效裁判确有错误,是否损害了其合法权益。经审理,认定诉讼请求成立的,应当改变或者撤销原判决、裁定、调解书;诉讼请求不成立的,应当予以驳回。

六、诉讼代理人

诉讼代理人,是指以当事人的名义,在代理权限范围内代为进行诉讼行为的人。

根据《民事诉讼法》第60条、第61条的规定,诉讼代理人依其诉讼代理权产生的根据不同,分为法定诉讼代理人和委托诉讼代理人。诉讼代理人代理权限产生的原因不同,代理的权限范围也就不同,代理人在诉讼上的地位以及权利义务也有所区别。

(一)法定诉讼代理人

法定诉讼代理人,是指依照法律规定,代理无诉讼行为能力的当事人进行诉讼活动的人。

根据我国法律的有关规定,法定诉讼代理权与监护权同步取得。监护权的取得有三种情况:(1)因身份关系而产生。(2)因自愿而发生的某种扶养义务而产生。(3)基于社会保障措施而产生。监护权一旦取得,监护人便同时获得法定诉讼代理的资格,一旦被监护人与他人发生民事权利义务纠纷,监护人即可以法定诉讼代理人的身份代为起诉或应诉。

由于被代理人为无民事行为能力的当事人,应当认为法定诉讼代理人的代理权限与被代理的当事人实际享有的权利是一致的,也就是说,法定诉讼代理人的代理权限是比较广泛的。但法定诉讼代理人毕竟不是当事人,不是本案的实体权利义务的直接承担者,因此法定诉讼代理人代为诉讼所产生的一切法律后果,仍应直接由被代理人承担。

(二)委托诉讼代理人

委托诉讼代理人,是指受当事人、法定代理人的授权委托,代理当事人进行诉讼行为的人。

委托诉讼代理是基于当事人、法定代理人的授权产生,代理权限的范围一般也是由委托人自行决定,因此,委托人必须向人民法院提交授权委托书,并且授权委托书必须记明委托事项和权限,并由委托人签名或者盖章。侨居国外的中国公民委托诉讼代理人的授权委托书,必须依法定程序进行公证或证明。

委托诉讼代理人,依法可以是律师、基层法律服务工作者;当事人的近亲属或者工作人员;当事人所在社区、单位以及有关社会团体推荐的公民。

委托诉讼代理人的代理权限,取决于被代理人的授权委托范围,可分为普通委托和特别委托两种。普通委托,即当事人在授权委托书内未特别记明代理人进行某项诉讼行为的委托。在普通委托中,代理人只是对在诉讼过程中发生的事项进行代理,例如提出证据、询问证人、进行辩论、申请保全等;特别委托,即当事人在授权委托书中特别记明代理人有权进行某些重大诉讼行为的委托,例如,记明代理人有权代为承认、放弃、变更诉讼请求,进行和解,提起反诉或者上诉。对这些有关处分实体权利的事项,只有在授权委托书中加以特别授权的,代理人才有权进行代理。

对于离婚诉讼,《民事诉讼法》第 65 条规定,离婚案件的当事人有诉讼代理人的,本人除不能表达意志的以外,仍应出庭。确因特殊情况无法出庭的,本人应向人民法院提交离婚与否的书面意见。

第四节 民事诉讼证据

一、证据的概念和特征

民事诉讼证据,是指能够证明民事案件事实的根据。

在民事诉讼中,不论是人民法院审判案件,还是当事人进行诉讼维护自己的合法权益,都必须有证据的支持。证据的运用是一个十分重要且复杂的问题。证据是诉讼开始的基础,也是诉讼继续进行的推进器,还是引导诉讼走向终结的决定性因素。为此,《民事诉讼法》《民事诉讼法解释》和最高人民法院《关于民事诉讼证据的若干规定》(以下简称《民事证据规定》)均对证据作出了规定。

证据具有三个基本特征:

(1) 客观性。即证据必须是客观存在的事实,是独立于人的主观意志之外,不以人的意志为转移的客观存在。

(2) 关联性。即作为证据的事实必须与案件中的待证事实有客观的联系,能够证明案件中的有关待证事实。

(3) 合法性。即作为证据的某些事实必须以法律规定的特殊形式存在,并且证据的提供、收集、调查和保全应符合法定程序。证据的合法性是法律为人们追求证据客观真实性的活动提供的基本规范,也是程序正义的必然要求。

二、证据的分类

(一) 本证和反证

以证明责任来划分,可把证据分为本证和反证。本证是指负有证明责任的一方当事人提出的证据材料,如原告就其请求的原因事实或被告就其抗辩的事实所提出的证据材料。反证是指当事人为推翻相对方的主张,用来证明相反事实存在的证据材料。

本证与反证的划分是与法律规定的举证责任紧密相连的,区分本证和反证的意义在于:法院在对争议事实进行判断时,应比较本证和反证的证明力的大小,如本证的证明力明显大于反证的证明力,就可作出本证事实存在的判断;如反证的证明力明显大于本证的证明力,就可作出本证事实不存在的判断;如反证的证明力与本证的证明力相当,无法作出本证事实是否存在的结论时,就应依据证明责任判决本证方承担不利的诉讼后果。

(二) 原始证据和派生证据

以证据的来源为标准,可以把诉讼证据分为原始证据和派生证据。原始证据是指来源于原始出处的证据,即证据本身直接来源于案件的事实,也就是人们通常所说的"第一手资料"。派生证据是指从原始证据衍生出来的证据,即通常所说的"第二手资料",如证人根据第三人的传言而在法庭上所作的证言,物证的照片、复制品,书证的抄本、影印件等。

审判实践经验表明,原始证据比派生证据更具可信性。也就是说,"第一手材料"要比"第二手材料"更贴近真实。因此,在诉讼中,要让当事人尽量提供原始证据。在没有原始证据或原始证据不充分的情况下,派生证据也不是没有证明力的。派生证据可以印证或补充原始证据,派生证据也可以形成证据的锁链,从而起到证明案件事实的作用。

(三) 直接证据和间接证据

以证据与证明对象的联系来划分,证据可分为直接证据和间接证据。直接证据,是指能够直接证明案件事实的证据。例如,借据可以直接证明双方当事人存在借贷关系。直接证据的最大特点是能直接证明案件事实。一般说来,直接证据具有较强的证明力。

间接证据,是指不能单独或直接证明案件事实,但与案件事实存在某种间接联系的证据,若干个间接证据联合起来形成一个证明体系,也可以证明案件事实。由于间接证据只能间接地证明案件中的某一事实或某个片段,因此,使用间接证据的难度更大、更复杂。当事人和办案人员在提供、审查核实、判断和运用间接证据时应把握以下几点:(1) 在运用间接证据证明案件事实时,必须有足够的数量,使诉讼中所有间接证据形成一个完整的严密的证据锁链,而且这个证据链是合乎逻辑的、无懈可击的。(2) 间接证据所证明的事实与案件本身的事实之间要有关联,如果没有关联,就不能成为案件的间接证据。(3) 诸间接证据之间必须协调一致,都是围绕着案件中的一个主要事实加以证实的。如果间接证据之间有矛盾,而且无法排除,案件事实就无法认定。(4) 进行综合性的分析研究,既能从正面证实案件的事实,又能从反面排除案件的虚假成分,从而得出正确的结论。

根据民事诉讼法的规定,上述证据种类可通过下列八种法定形式表现出来:

(1) 当事人陈述。即当事人就有关案件的事实情况向人民法院所作的口头表述。包括当事人自己说明的案件事实和对案件事实的承认(即自认)。

(2) 书证。即用文字、符号、图表等表达一定的思想或者行为,其内容能够证明案件真实情况的证据。书证的特征是以其记载或表示的内容来证明案件事实。例如各种文件、文书、合同、票据、提单、商品图案、借据、委托书、房产证、法人及其他组织的函件、公民之间的来往信件等。

(3) 物证。指以自身存在的外形、重量、规格、质量等标志来证明待证事实的一部或全部的物品或痕迹。民事诉讼中常见的物证有:所有权有争议的物品;履行合同时有争议的标的物;因侵权行为而被损害的物体和侵权所用工具;遗留在现场的痕迹等。

(4) 视听资料。即利用图像、音响及电脑贮存的数据和资料来证明案件真实情况的证据。包括录像带、录音带、传真资料、电影胶卷、微型胶卷、电话录音、雷达扫描资料等。视听资料借助于现代科学技术记载和反映某一案件事实,具有形象生动、易于保存和携带方便等特点。

（5）电子数据。又称电子证据,是指通过电子邮件、电子数据交换、网上聊天记录、博客、微博客、手机短信、电子签名、域名等形成或者存储在电子介质中的信息,借用电子技术或电子设备而形成的以电子形式存在的数据和信息来证明案件真实情况的证据。常见的有电子合同、电子提单、电子保险单、电子发票、电子邮件、QQ 聊天记录、短信、微信聊天记录、网页、域名等。

（6）证人证言。即证人就所了解的案件事实向法庭所作的陈述。这里所说的陈述包括口头陈述,也包括文字陈述,但应以口头陈述为主。在口头陈述中还应当包括特殊证人的"动作陈述",例如聋哑人所用的"哑语"。

（7）鉴定意见。即鉴定人运用自己的专门知识,对民事案件某些专门性问题进行分析研究所得出的结论性意见。民事诉讼中的鉴定意见,通常包括但不限于通过医学鉴定、文书鉴定、痕迹鉴定、事故鉴定、产品质量鉴定、会计鉴定、行为能力鉴定等所得出的专业性意见。

（8）勘验笔录。勘验是人民法院审判人员,在诉讼过程中,为了查明一定的事实,对与案件争议有关的现场、物品或物体亲自进行或指定有关人员进行查验、拍照、测量的行为。对查验的情况与结果制成的笔录即勘验笔录。

三、证据的收集调查与保全

（一）证据的收集、调查

证据的收集、调查,是指诉讼主体对进行诉讼所需要的各种证据,依照法定程序收集和调查的活动及程序。在民事诉讼中,证据的收集、调查是一项最基础的工作,对于当事人来说,这项工作与证明责任紧密相关,当事人提供证据证明自己的主张,需以获取并占有一定的证据为前提；对于人民法院来说,这项工作是人民法院审查、核实证据的基础,并且关系到法院对案件的最终裁判。证据的收集、调查活动主要解决证据的来源问题,是当事人承担证明责任、质证以及人民法院审查核实证据的基础。

根据《民事诉讼法》《民事证据规定》以及《民事诉讼法解释》的规定,证据原则上应由当事人提供,由此所需的收集、调查证据的活动也应由当事人进行。当事人确因客观原因无法收集证据的,可以申请人民法院收集调查。这些证据包括：证据由国家有关部门保存,当事人及其诉讼代理人无权查阅调取的；涉及国家秘密、商业秘密或者个人隐私的；当事人及其诉讼代理人因客观原因不能自行收集的其他证据。当事人申请人民法院调查收集证据,应当在举证期限届满前提交书面申请,并提供被调查人的姓名或者单位名称、住所地等基本情况、所要调查收集的证据名称或者内容、需要由人民法院调查收集证据的原因及其要证明的事实以及明确的线索。

下列证据无需当事人申请,人民法院可依职权收集、调查：(1) 涉及可能有损于国家利益、社会公共利益或者他人合法权益的事实。(2)涉及身份关系的。(3)涉及《民事诉讼法》第58条规定的公益诉讼的。(4)当事人有恶意串通损害他人合法权益可能的。(5)涉及依职权追加当事人、中止诉讼、终结诉讼、回避等与实体争议无关的程序事项。

(二)证据的保全

证据保全,是指在证据可能灭失或以后难以取得的情况下,人民法院根据诉讼参加人的请求或依职权采取措施对证据加以固定和保护的制度。在情况紧急时,利害关系人可以在诉讼或仲裁程序启动前向有关法院提出诉前证据保全申请。

根据《民事诉讼法》第84条的规定,证据保全适用于如下情形:(1)证据可能灭失,如证人因年老、疾病,有可能死亡的。(2)证据在将来难以取得,如证人马上要出国留学或到国外定居。及时采取证据保全措施可有效防止因不能提供证据证明自己的主张而导致败诉。

四、证明对象及其范围

证明对象是指证明主体运用证据予以证明的对审理案件有重要意义的事实。包括以下几个方面:

(1)案件的主要事实。民事案件的主要事实总是同当事人的民事权利义务相关联的。证明的对象首先就是要用证据查明的当事人之间到底有无权利义务关系、权利义务的具体内容及范围如何、为什么权利义务会出现分歧、现状如何、谁真正享有权利、谁确实负有义务。

(2)当事人主张的程序法律事实。这些事实虽不直接涉及实体问题,但在具体案件中,如不加以证明,会影响诉讼活动的顺利进行,影响实体问题的正确解决。这类事实包括:有关当事人条件的事实、有关主管和管辖的事实、有关审判组织形式的事实、有关回避的事实、有关诉讼期间的事实等。

(3)证据事实。《民事诉讼法》第66条第2款规定:"证据必须查证属实,才能作为认定事实的根据。""查证属实"的过程就是证明过程。在审判实践中,是常常把证据事实作为证明对象的,特别是遇到使用间接证据时,就更应把证据事实作为证明对象之一。

(4)外国法律和我国地方性法规。在涉外民事诉讼中,如果当事人要求援引外国法律来解决纠纷,该项外国法律应作为证明的对象。另外,我国地方性法规较多,审判人员不可能全部了解,诉讼中涉及的地方性法规,也会成为诉讼证明对象。

《民事证据规定》第10条规定:下列事实当事人无需举证:自然规律以及定理、定律;众所周知的事实;根据法律规定推定的事实;根据已知的事实和日常生活经验法则推定出的另一事实;已为仲裁机构的生效裁决所确认的事实;已为人民法院发生法律效力的裁判所确认的基本事实;已为有效公证文书所证明的事实。上述事实可不必证明即视为成立,这些事实称为免证事实或无需证明的事实。

五、证明责任

证明责任的基本含义是，在民事诉讼中，应当由当事人对其主张的事实提供证据并予以证明，若在诉讼终结时本案证据仍不能证明当事人主张的事实是真实的，则由该当事人承担不利的诉讼后果。证明责任又称举证责任、立证责任。

根据我国《民事诉讼法》《民事诉讼法解释》及《民事证据规定》，证明责任分配的一般原则为"谁主张，谁举证"，即当事人对自己提出的诉讼请求所依据的事实或者反驳对方诉讼请求所依据的事实负有证明责任；如果不能证明，则自己提出的诉讼请求或反驳对方诉讼请求的主张就不能成立，法院不予支持。

民事诉讼是平等主体的私权之争，而当事人是纠纷的亲历者，对案件事实最清楚，由其对自己的主张举证理所应当。通常情况下，原告起诉应当对自己诉讼请求所依据的事实举证；被告反驳或者反诉，应当就反驳或反诉所依据的事实举证。原告若不能举证，或者虽举证但不足以证明自己的主张成立，法院将驳回原告的诉讼请求；如原告证明了自己的主张，被告反驳或反诉却不能举证证明，法院将支持原告的请求。但针对特殊情况，民事实体法也规定了一些例外情形，将原本应当由原告证明的部分事项倒置给被告证明。例如，因环境污染引起的损害赔偿诉讼，法律规定由加害人就法律规定的免责事由及其行为与损害结果之间不存在因果关系承担证明责任。环境污染损害赔偿责任适用无过错责任原则，受害人起诉无需对加害人的主观过错进行证明，加害人也不得以自己没有过错进行抗辩。因此，这类诉讼的原告只需证明被告有污染行为和自己受损害的事实即可，被告若要免责，则须证明环境污染是由于不可抗力或者其他单位、个人的过错造成的。在诉讼中，当事人应当根据证明责任的规定，提供证据证明自己的主张或反驳对方的主张，这既是维护自己合法权益的需要，同时也为法院审核判断证据并认定案件事实奠定基础。

六、证据的审核认定

审核认定证据，是指审判人员对各种证据材料进行审查、分析研究，鉴别其真伪，找出其与案件事实之间的客观联系，确定其真实性和证明力，从而对案件事实作出结论的活动。审核认定证据是法院行使审判职权的重要活动，也是证明案件事实的决定性步骤。所有证据，都必须经过当事人的质证、法院审核认定后才能作为定案的根据。

根据《民事证据规定》第85条第2款的规定，审判人员应当依照法定程序，全面、客观地审核证据，依据法律的规定，遵循法官职业道德，运用逻辑推理和日常生活经验，对证据有无证明力和证明力大小独立进行判断，并公开判断的理由和结果。审核认定证据的具体方法，一般是由审判人员根据每类证据的特点对单个证据一一审核认定，保障作为定案根据的证据具有客观性、关联性和合法性；在此基础上，审判人员对案件的全部证据，从各证据与案件事实的关联程度、各证据之间的联系等方面进行综合审查判断，并以证据能够证明的案件事实为根据依法作出裁判。

第五节 诉讼保障制度

一、保全

(一) 保全的概念和种类

保全,是指人民法院为了保证将来发生法律效力的判决得以执行,依法对当事人的财产或者争议的标的物采取临时性强制保护措施,或者责令被申请人实施或者不得实施一定行为的制度。根据《民事诉讼法》的规定,保全的对象包括争议财产和特定的行为,前者称为财产保全,后者称为行为保全。民事诉讼大多表现为财产之争,因而实践中以财产保全居多。

以时间为标准,保全可以分为诉前保全和诉讼保全两种。

诉前保全,是指在起诉之前,因情况紧急,可能给利害关系人造成难以弥补的损失,人民法院依利害关系人的申请,对与案件有关的财产采取的临时性强制保护措施,或者责令被申请人实施或者不得实施一定的行为。

根据《民事诉讼法》第104条的规定,采取诉前保全措施应当具备以下条件:

(1) 必须是情况紧急,不立即采取保全措施,将会使申请人的合法权益受到难以弥补的损失。如债务人有可能马上要转移、处分财产,或由于某种客观原因,有关财产可能发生毁损、灭失。

(2) 必须是利害关系人提出申请。人民法院不得依职权主动采取诉前保全的措施。利害关系人即对某项财产权益发生争议的人。

(3) 申请人应当提供担保。申请人提起诉前财产保全的申请,必须提供与被保全财产相应的担保。这是为了防止因财产保全发生错误,使被申请一方的合法权益遭受损失。法律要求申请人提供担保,申请人不提供担保的,人民法院应当裁定驳回申请。

(4) 诉前保全的申请应当向被保全财产所在地、被申请人住所地或者对案件有管辖权的人民法院提出;如收到申请的法院认为自己没有管辖权的,应当及时将采取诉前保全的全部材料移送有管辖权的人民法院。

人民法院接受申请人的申请后,认为具备上述条件的,必须在48小时内作出裁定,采取保全措施并立即开始执行。同时应告知申请人必须在人民法院采取保全措施后30日内向人民法院起诉,逾期不起诉的,人民法院将解除保全。认为不具备上述条件的,裁定驳回申请人的申请。

诉讼保全,是指人民法院受理案件后,因一方当事人的行为或其他原因,可能导致将来的生效判决难以执行或不能执行时,依另一方当事人的申请或者人民法院依职权对当事人争议的财产或标的物采取临时性强制保护措施,或者责令被申请人实施或者不得实施一定行为。

根据《民事诉讼法》第103条的规定,采取诉讼保全措施应具备以下条件:

(1) 采取诉讼财产保全的案件必须具有财产给付内容。

(2) 确实存在因一方当事人的行为或者其他原因,使将来的生效判决不能执行的可能性。

(3) 诉讼保全的申请应在诉讼开始后、判决作出前提出。

(4) 诉讼财产保全原则上应由当事人提出申请,人民法院认为确有必要时也可以依职权采取保全措施。

(5) 依当事人的申请决定采取保全措施的,可以责令申请人提供担保,申请人不提供担保的,驳回其申请。

(二) 财产保全的范围和措施

《民事诉讼法》第 105 条规定:"保全限于请求的范围,或者与本案有关的财物。"财产保全的范围,不论是诉前财产保全还是诉讼财产保全,应限于诉讼请求的范围,或者是与本案有关的财物。所谓限于诉讼请求的范围,是指保全财物的价值与诉讼请求的数额大致相当。所谓与本案相关的财物,是指被保全的财物是本案的诉讼标的物,或者虽然不是本案的诉讼标的物,但与本案有牵连。在这个范围内采取保全措施,一般可以达到保全的目的,有利于全面保护申请人和被申请人双方的合法权益。

根据《民事诉讼法》第 106 条的规定,财产保全的措施包括:查封、扣押、冻结或者法律规定的其他方法。

(三) 财产保全的解除

根据《民事诉讼法》第 104 条第 3 款和第 107 条的规定,有下列情形之一的,人民法院应作出裁定,解除财产保全措施:

(1) 诉前财产保全的申请人在法定期间内不起诉的。

(2) 财产纠纷案件中,人民法院裁定采取保全措施后,被申请人提供了可以满足申请人一方请求的担保。

(3) 财产保全的原因已不存在。

最高人民法院相关司法解释补充规定,有下列情形之一的,也应当解除保全措施:保全错误的;申请人撤回保全申请的;申请人的起诉或者诉讼请求被生效裁判驳回的;人民法院认为应当解除保全的其他情形。

(四) 保全的裁定及其效力

根据《民事诉讼法》第 103 条第 3 款和第 104 条第 2 款的规定,人民法院采取保全措施的裁定,一经作出,立即生效。当事人不服的,不得上诉,但可以申请复议一次,复议期间不停止裁定的执行。诉讼保全裁定的效力,从时间上看,一般应维持到生效法律文书执行时止。如被保全的财物属于应予执行的,应维持到执行完毕才失效。

对财产保全的裁定有协助执行义务的有关单位或个人,在接到人民法院的协助通知书后,必须及时予以协助。在整个财产保全期间,除作出裁定的人民法院和其上级人民法院有权决定解除财产保全的裁定外,其他任何单位和个人均无权解除财产保全措施。

二、先予执行

（一）先予执行的概念

先予执行，是指法院受理案件以后、裁判生效之前，基于申请人生活上或者经营上的急需，根据当事人的申请，裁定被申请人先行给付申请人一定的财物或者实施、停止某种行为，并立即执行的诉讼制度。

在民事诉讼中，人民法院从受理案件到作出裁判并付诸执行，往往需要经过一段时间，甚至可能是较长的一段时间。在这段时间内，如果原告生活困难，或难以维持正常的生产经营，可由人民法院采取一定的措施，让被告预先给付原告一定的财物，使原告的基本生活或生产经营能够继续维持。先予执行制度有利于及时保护当事人的合法权益。

（二）先予执行的适用范围

根据《民事诉讼法》第109条的规定，人民法院对下列案件，根据当事人的申请，可以裁定先予执行：

（1）追索赡养费、扶养费、抚育费、抚恤金、医疗费用的；

（2）追索劳动报酬的；

（3）因情况紧急需要先予执行的。根据最高人民法院的司法解释，因情况紧急需要先予执行的案件包括：需要立即停止侵害、排除妨碍的；需要立即制止某项行为的；需要立即返还社会保险金、社会救助资金的；追索恢复生产、经营急需的保险理赔费用的；不立即返还款项，将严重影响权利人生活和生产经营的。

（三）先予执行的条件

先予执行制度是针对特定案件规定的，是在判决作出以前部分地实现原告的权利，如果适用不当，可能会损害另一方当事人的合法权益，甚至可能会给将来判决的执行增加难度。因此，适用先予执行必须符合法定条件。根据《民事诉讼法》第110条的规定，人民法院裁定先予执行，应符合下列条件：

（1）当事人之间权利义务关系明确。在诉讼的双方当事人之间必须存在民事法律关系，并且在这一民事法律关系中，原告是享有权利的一方，被告是应当履行义务的一方。

（2）不先予执行将会严重影响申请人的生活或生产经营。如果不存在这样的紧迫性，就不能也没有必要采取先予执行的措施，可等待判决作出后再付诸执行。

（3）被申请人有履行能力。如果被申请人没有履行能力或者暂时没有履行能力，即使作出了先予执行的裁定，也不能满足权利人的要求。

以上条件必须同时具备，人民法院才能裁定先予执行。

三、对妨害民事诉讼的强制措施

（一）强制措施的概念

对妨害民事诉讼的强制措施，又称民事诉讼强制措施，指人民法院在民事诉讼过程中,为维护正常的诉讼秩序,保障审判和执行活动的顺利进行,依法对故意妨害民事诉讼秩序的人采取的制止其继续妨害的强制手段。

强制措施对于维护正常的诉讼秩序、保障人民法院审判和执行活动的顺利进行、保障当事人和其他诉讼参与人充分行使诉讼权利以及教育公民自觉遵守法律,都具有重要意义。

(二)妨害民事诉讼行为的概念与构成要件

妨害民事诉讼行为,是指在民事诉讼中当事人、诉讼参与人或其他人故意实施的干扰诉讼秩序,阻碍诉讼活动正常进行的行为。

妨害民事诉讼的行为需要同时具备以下几个构成要件:

(1)必须是已经实施并且在客观上妨害了民事诉讼活动正常进行的行为。妨害民事诉讼的行为包括作为和不作为两种方式。例如,哄闹、冲击法庭的行为就是作为;有义务协助执行的人,对人民法院的协助执行通知书无故推脱、拒不执行就是不作为。如果行为人只有妨害行为的意图,而未实施行为,不能认为其有妨害民事诉讼的行为。

(2)必须是行为人主观故意的行为。如果行为人主观上是出于过失,其行为即便在客观上影响了民事诉讼活动的正常进行,也不构成民事诉讼法所规定的妨害民事诉讼的行为。

(3)必须是在诉讼过程中实施的行为。采取强制措施的目的在于排除妨碍,保障诉讼程序的正常进行,如果行为人的行为不是在诉讼过程中实施的,就不存在妨碍诉讼程序正常进行的问题,因而也就不能构成妨害民事诉讼的行为。

根据《民事诉讼法》第112—117条的规定以及最高人民法院的司法解释,妨害民事诉讼的行为主要有:

(1)依法必须到庭的被告经人民法院两次传票传唤,无正当理由拒不到庭。根据最高人民法院的解释,必须到庭的被告,是指负有赡养、抚育、扶养义务和不到庭就无法查清案情的被告。

(2)违反法庭规则扰乱法庭秩序的行为。这种行为包括一般违反法庭规则的行为,如未经法庭许可在庭审时录音、录像、拍照以及其他严重违反法庭规则的行为。

(3)妨害人民法院调查、审理案件的行为。如伪造、毁灭重要证据,以暴力、威胁、贿买方法阻止证人作证或者指使、贿买、胁迫他人作伪证等。

(4)妨害执行的行为。如隐藏、转移、变卖、毁损向人民法院提供执行担保的财产;被执行人与案外人恶意串通转移被执行人财产或通过诉讼、仲裁、调解等方式逃避履行法律文书确定的义务的行为等。

(5)当事人之间恶意串通,企图通过诉讼、调解等方式侵害他人合法权益的行为。

(6)其他妨害诉讼的行为。如非法拘禁他人,非法扣押他人财物追索债务,非法解除保全措施,等等。

(三)强制措施的种类及适用

根据《民事诉讼法》的规定,对妨害民事诉讼行为采取的强制措施有五种,即拘传、训诫、责令退出法庭、罚款、拘留。在民事诉讼中,妨害民事诉讼行为的情节不同,造成的危害后果也不同,人民法院应当根据妨害民事诉讼行为的不同情节以及特定条件,采取不同的强制措施。

(1) 拘传。即人民法院对必须到庭的被告依法强制其到庭应诉的措施,适用于必须到庭的被告经过两次传票传唤无正当理由拒不到庭。

适用拘传措施时,应当报经本院院长批准,并签发拘传票。拘传票必须直接送达被拘传人,由被拘传人签字或者盖章。拘传前应对被拘传人晓以利害,向其说明拒不到庭的后果,如果被拘传人经批评教育后仍拒不到庭的,可以拘传其到庭。

(2) 训诫。即人民法院开庭审理时对于违反法庭规则情节显著轻微的人,由审判长或者独任审判员当庭进行的公开批评和告诫,并责令其加以改正或不得再犯的措施。这种措施可以根据需要随时采取,训诫的内容应记入笔录。

(3) 责令退出法庭。即人民法院对开庭审理过程中违反法庭规则情节比较轻微的人,责令其退出法庭的强制措施。这种措施可以在训诫无效之后适用,也可以直接适用。责令退出法庭应当记入笔录。

(4) 罚款。即人民法院对于妨害诉讼,情节比较严重的行为人,令其在一定限期内缴纳一定数额金钱的措施。对自然人的罚款金额,为人民币10万元以下;对单位的罚款金额,为人民币5万元以上100万元以下,具体应罚数额由人民法院根据妨害诉讼行为的情节在法定幅度内确定。

(5) 拘留。即人民法院对于妨害民事诉讼情节严重,但尚不构成犯罪的人依法采取在一定期限内限制其人身自由的措施,以防止其继续实施妨害民事诉讼顺利进行的行为。拘留是民事诉讼强制措施中最严厉的一种。拘留的期限为15日以下。

需要采取罚款、拘留措施时,由合议庭或独任审判员提出意见,报本院院长批准,并制作决定书。行为人对决定书不服的,可以向上一级人民法院申请复议一次,复议期间不停止执行。上级人民法院应在收到复议申请后5日内作出决定,并将复议结果通知下级人民法院和当事人。上级人民法院复议时认为强制措施不当的,应当制作决定书,撤销或变更下级人民法院的罚款、拘留决定。

第六节 民事审判程序与民事执行程序

一、民事诉讼法规定的程序结构

民事诉讼法规定的程序,主要包括三部分:诉讼程序、非讼程序和执行程序。诉讼程序包括:第一审程序(含普通程序、简易程序和小额诉讼程序)、第二审程序、再审程序(审判监督程序)。非讼程序包括:特别程序、督促程序、公示催告程序。诉讼程序和非讼程序属于审判程序,人民法院依法通过审判程序作出判决、裁定等法律文书。法律文书生效后,当事人应当自觉履行,否则胜诉一方当事人有权向人民法院申请强制执行。执行程序,即以实现生效判决、裁定等法律文书所确定的义务为目的,规范人民法院、执行当事人和其他执行参与人进行民事执行活动的程序。

二、诉讼程序

(一) 第一审普通程序

第一审普通程序是法院审理诉讼案件通常适用的程序,是民事诉讼的主体程序,也是其他各诉讼程序的基础。第一审普通程序对从当事人起诉到法院作出判决的各个环节都作了详细的规定,广泛适用于各级人民法院审理一般的和重大复杂的民事案件,同时它还针对诉讼中可能出现的特殊问题(如撤诉等)作出了应对性的制度规定,以适应审判实践的需要。掌握第一审普通程序的理论及法律规定是把握我国民事审判程序的重要环节,也是研究民事审判方式改革问题的基础和前提。

1. 起诉与受理

起诉,是指公民、法人和其他组织认为自己的民事权益受到侵犯或与他人发生争议,以自己的名义向人民法院提出诉讼,要求人民法院予以审判的诉讼行为。根据民事诉讼法的规定,当事人起诉必须具备下列条件:(1) 原告是与本案有直接利害关系的公民、法人和其他组织。(2) 有明确的被告。(3) 有具体的诉讼请求和事实、理由。(4) 属于人民法院受理民事诉讼的范围和受诉人民法院管辖。

当事人起诉应当向人民法院递交起诉状,并按照被告人数提出副本。书写起诉状确有困难的,可以口头起诉,由人民法院记入笔录,并告知对方当事人。人民法院接到原告的起诉状或者口头起诉后,应当对起诉材料进行一定的形式审查:对于符合《民事诉讼法》第122条的规定,且不属于第127条规定的情形的,应当当场立案;对当场不能判定是否符合起诉条件的,应当接收起诉材料及出具注明收到日期的书面凭证,并自收齐相关材料后7日内裁定是否予以立案。

2. 审理前的准备

审理前的准备,是指人民法院在决定受理原告的起诉后,在开庭审理之前,为保证案件审理的顺利进行,由承办案件的审判人员所进行的必要的准备活动。

审理前的准备是普通程序中开庭审理前的一个法定的必经阶段,是民事诉讼活动顺利进行尤其是庭审顺利进行的必备前提。根据《民事诉讼法》《民事诉讼法解释》的规定,开庭审理前应当根据案件的具体情况,进行以下准备工作:(1) 在法定期限内送达诉讼文书。人民法院应当在立案之日起5日内将起诉状副本发送被告,被告在收到之日起15日内提出答辩状。被告提出答辩状的,人民法院应当从收到之日起5日内将答辩状副本发送原告。(2) 通知必须共同进行诉讼的当事人参加诉讼。(3) 告知当事人有关诉讼权利和义务、合议庭组成人员。(4) 审查有关的诉讼材料,调查收集必要的证据。(5) 组织当事人交换证据。(6) 召开庭前会议。(7) 进行调解。(8) 对于符合督促程序适用条件的,转入督促程序审理。

3. 开庭审理

开庭审理,是指人民法院在当事人及其他诉讼参与人出庭的情况下,对所受理的民事纠纷进行审理和裁判。开庭审理是诉讼活动的重要阶段,也是第一审普通程序的必经阶段,是对案件的正式审理,诉讼的主要原则和制度都将在开庭审理中得到贯彻和体现。

民事诉讼法为了保证案件的审判质量,对开庭审理作了详细的规定,人民法院必须严格按照法定的程序进行。开庭审理应按以下步骤进行:(1)庭审准备(开庭前的预备阶段),即在开庭3日前通知当事人和其他诉讼参与人;公开审理的,应当公告当事人的姓名、案由和开庭的时间、地点;正式开庭前,由书记员查明当事人和其他诉讼参与人是否到庭,宣布法庭纪律。(2)审理开始,由审判长宣布开庭,然后依次核对当事人,宣布案由,宣布审判人员和书记员名单,告知当事人的诉讼权利和诉讼义务,询问当事人是否提出回避申请。(3)法庭调查。法庭调查的任务是,查清案件事实,审查、核实各种证据。根据民事诉讼法的规定,法庭调查按下列顺序进行:当事人陈述,证人作证,宣读未到庭的证人证言,出示书证、物证、视听资料和电子数据,宣读鉴定意见、勘验笔录等。(4)法庭辩论。根据辩论原则的要求,未经法庭质证和辩论的证据材料不能作为人民法院认定案件事实的根据。在这一阶段,法庭必须保障当事人双方充分地、平等地行使辩论权。通过当事人以及其他诉讼参与人的相互辩论和质证,进一步查清事实,分清是非责任,为正确适用法律、作出裁判打下基础。

4. 评议、宣判

法庭辩论终结,合议庭进行评议,根据法庭调查和辩论的事实,分清是非,正确适用法律,用判决的形式确认当事人之间的权利义务关系,解决纠纷,结束本程序。

5. 撤诉、缺席判决、延期审理

撤诉,是指对人民法院已经受理的案件,在作出判决之前,原告向人民法院要求撤回自己的诉讼请求的行为。根据民事诉讼法的规定,撤诉分为申请撤诉和按撤诉处理两种情形。前者是原告起诉后,自愿向人民法院申请撤回诉讼请求;后者是在原告没有主动申请撤诉,但经传票传唤,无正当理由拒不到庭或者未经法庭许可中途退庭,以及在诉讼费用预交期内未预交诉讼费的情况下,人民法院按撤诉处理。撤诉将导致本诉讼程序的结束。

缺席判决,是指人民法院开庭审理案件时,在一方当事人没有到庭的情况下,依法作出的判决。缺席判决适用于下列情形:(1)被告经传票传唤,无正当理由拒不到庭,或者未经法庭许可中途退庭的。(2)原告在被告反诉的情况下,经人民法院传票传唤,无正当理由拒不到庭或者未经法庭许可中途退庭的。(3)人民法院裁定不准许撤诉,原告经传票传唤,无正当理由拒不到庭的。

延期审理,是指人民法院决定了开庭审理的日期后,或者在开庭审理的过程中,由于出现了某种法定的事由,使庭审不能如期进行,或者已经开始的庭审无法继续进行,从而决定推延审理的一种诉讼制度。根据《民事诉讼法》第149条的规定,可以延期审理的情形有以下4种:(1)必须到庭的当事人和其他诉讼参与人有正当理由没有到庭。(2)当事人临时提出回避申请的。(3)需要通知新的证人到庭,调取新的证据,重新鉴定、勘验,或者需要补充调查的。(4)其他应当延期的情形。

6. 诉讼中止和诉讼终结

诉讼中止,是指在诉讼进行中,由于某种法定事由的出现,诉讼无法继续进行,由人民法院裁定暂时停止诉讼程序,待引起中止的原因消除后再恢复诉讼程序的制度。根据《民事诉讼法》第153条的规定,有下列情形之一的,中止诉讼:(1)一方当事人死亡,需要等待继承人表明是否参加诉讼的。(2)一方当事人丧失诉讼行为能力,尚未确定法定代理人的。(3)作为一方当事人的法人或者其他组织终止,尚未确定权利义务承受人的。(4)一方当事人因不可抗拒的事由,不能参加诉讼的。(5)本案必须以另一案的审理结果为依据,而另一案尚未审结。(6)其他应当中止诉讼的情形。

诉讼终结,是指在诉讼进行中,由于某种法定事由的出现,诉讼继续进行已无必要或者成为不可能时,由人民法院裁定结束诉讼程序的制度。根据《民事诉讼法》第154条的规定,有下列情形之一的,终结诉讼:(1)原告死亡,没有继承人,或者继承人放弃诉讼权利的。(2)被告死亡,没有遗产,也没有应当承担义务的人的。(3)离婚案件一方当事人死亡的。(4)追索赡养费、扶养费、抚育费以及解除收养关系案件的一方当事人死亡的。

(二) 简易程序与小额诉讼程序

简易程序,是指基层人民法院及其派出的法庭审理简单民事案件所适用的程序。简易程序是与普通程序并存的一种独立的简便易行的诉讼程序,属于第一审程序。小额诉讼程序作为简易程序的补充,对诉讼标的额在一定范围内的简单民事案件实行一审终审,以积极有效地提高民事诉讼活动的效率。

1. 简易程序的适用范围

适用简易程序的人民法院,是基层人民法院及其派出的法庭。派出的法庭,包括固定的人民法庭和巡回审理就地办案时临时组成的审判组织。

根据《民事诉讼法》第160条的规定,简易程序一般适用于审理事实清楚、权利义务关系明确、争议不大的简单的民事案件。基层人民法院和它派出的法庭审理前款规定以外的民事案件,当事人双方也可以约定适用简易程序。

当事人各方自愿选择适用简易程序,经人民法院审查同意的,可以适用简易程序;但法院不得违反当事人自愿原则,将普通程序转为简易程序。该规定将程序选择权赋予当事人,这意味着除上述规定外,本应适用普通程序的案件,当事人选择适用简易程序的,也可适用简易程序。

2. 简易程序的适用

根据《民事诉讼法》的规定,对适用简易程序的民事案件,原告本人不能书写起诉状,且委托他人代写起诉状有困难的,可以口头起诉,不需要向人民法院递交起诉状和起诉状副本。

适用简易程序审理案件时,可用简便的方式传唤当事人和通知其他诉讼参与人。既可以口头传唤,也可以采用电话、捎口信、传真、电子邮件等简便的方式传唤。在时间上也不受普通程序开庭前3日通知当事人和其他诉讼参与人规定的限制,可以随时传唤当事人和通知其他诉讼参与人。

根据《民事诉讼法》第 163 条的规定,按照简易程序审理简单的民事案件,由审判员一人独任审理。

适用简易程序审理的是简单的民事案件,事实清楚且争议不大,一般来讲调解的可能性比较大,先行调解效果较好。故对下列民事案件,人民法院在开庭审理时应先行调解:(1)婚姻家庭纠纷和继承纠纷。(2)劳务合同纠纷。(3)交通事故和工伤事故引起的权利义务关系较为明确的损害赔偿纠纷。(4)宅基地和相邻关系纠纷。(5)合伙协议纠纷。(6)诉讼标的额较小的纠纷。

适用简易程序审理案件也应当开庭。但法庭审理的方式和步骤比普通程序简便。依照普通程序审理案件,必须按照法律规定的程序分阶段进行,按照简易程序审理案件时,审判人员可以根据案件的具体情况,灵活掌握案件审理的进程,不受普通程序庭审阶段的严格限制。

3. 简易程序的裁判

庭审结束时,审判人员可以根据案件的审理情况对争议焦点和当事人各方的举证、质证和辩论的情况进行简要的总结,并就是否同意调解征询当事人的意见。

当事人对案件事实无争议的,审判人员可以在听取当事人就适用法律方面的辩论意见后径行判决、裁定。对于其他案件,审判人员则应综合案件审理的情况,适用实体法作出裁判。由于适用简易程序审理的案件是简单民事案件,因此有下列情形之一的,法院在制作裁判文书时对认定事实或者判决理由部分可以适当简化:(1)当事人达成调解协议并需要制作调解书的。(2)一方当事人在诉讼过程中明确表示承认对方全部诉讼请求或者部分诉讼请求的。(3)当事人对案件事实没有争议或者争议不大的。(4)涉及个人隐私或者商业秘密的案件,当事人一方要求简化裁判文书中的相关内容,法院认为理由正当的。(5)当事人双方一致同意简化裁判文书的。

4. 小额诉讼程序的特殊规定

小额诉讼程序,是指基层人民法院及其派出法庭审理小额争议案件所适用的、较之简易程序更为简化的一种程序。小额诉讼程序设置的目的,主要是考虑到平衡小额案件的诉讼成本与诉讼收益的关系,以更好地推动诉讼程序契合社会生活的实际需要。由于小额诉讼程序的快捷、低廉与高效,近些年得到了世界各国诉讼制度的高度重视,并被广泛应用于民事诉讼实践之中。

《民事诉讼法》对小额诉讼程序作了如下规定:

(1)适用条件。《民事诉讼法》第 165 条规定,事实清楚、权利义务关系明确、争议不大的简单金钱给付民事案件,标的额为各省、自治区、直辖市上年度就业人员年平均工资 50% 以下的,适用小额诉讼的程序审理,实行一审终审。基层人民法院和它派出的法庭审理前款规定的民事案件,标的额超过各省、自治区、直辖市上年度就业人员年平均工资 50% 但在 2 倍以下的,当事人双方也可以约定适用小额诉讼的程序。但下列案件无论金额大小,均不得适用小额诉讼程序:人身关系、财产确权案件;涉外案件;需要评估、鉴定或者对诉前评估、鉴定结果有异议的案件;一方当事人下落不明的案件;当事人提出反诉的案件;其他不宜适用小额诉讼的程序审理的案件。

(2) 适用法院。在我国,可以适用小额诉讼程序审理简单民事案件的人民法院仅限于基层人民法院及其派出法庭。中级以上人民法院审理第一审民事案件不得适用小额诉讼程序。

(3) 适用审级。为了充分发挥小额诉讼程序简便高效的优势,小额诉讼程序实行一审终审。当事人认为案件裁判有误的,不能上诉,只能通过再审程序进行纠正,从而实现对当事人合法权益的救济。

(4) 适用程序。小额诉讼程序的举证期限一般不超过7日,并且人民法院可以在当事人到庭后表示不需要举证期限和答辩期间的情况下,对案件立即开庭审理。此外,法院允许当事人就案件适用小额诉讼程序进行审理提出异议,异议成立的,适用简易程序的其他规定审理。

《民事诉讼法》和《民事诉讼法解释》对人民法院审理小额诉讼案件的程序没有规定的,适用简易程序的其他规定。

(三) 公益诉讼程序

公益诉讼程序,是指在社会公共利益受到损害时,获得法律授权的国家机关和相关组织作为原告向有管辖权的人民法院起诉,人民法院依法对此进行审理和裁判的程序。目前民事诉讼法所规定的公益诉讼,主要是生态环境公益诉讼和消费者权益保护公益诉讼两大类。随着社会发展和法律的不断完善,公益诉讼的范围将会逐步扩大。与传统民事诉讼保护民事主体的私权不同,公益诉讼所保护的对象是公共利益,具有一定的特殊性,因此法律及司法解释对具体的程序规则作出了特殊规定。人民法院审理公益诉讼时,应优先适用特殊规定;没有特殊规定的,适用普通程序的规定。

1. 公益诉讼的起诉条件

考虑到公益诉讼案件原告举证难度的问题,《民事诉讼法解释》在《民事诉讼法》第122条规定的基础上,对公益诉讼的起诉条件作出了变通的规定,即起诉时应当有明确的被告、具体的诉讼请求、社会公共利益受损害的初步证据以及属于人民法院受理民事诉讼范围和受诉法院管辖。与通常民事诉讼的起诉条件相比,公益诉讼的原告无需与案件有直接利害关系,但要求原告在提起公益诉讼时,应提交社会公共利益受损害的初步证据,即应当提交能够证明被告实施了侵权行为及有损害结果发生的证据,而对于侵权行为与损害结果之间的因果关系则由被告承担证明责任。

2. 公益诉讼的管辖法院

考虑到公益诉讼案件数量较少且社会影响、审理难度较大,最高人民法院将中级人民法院作为公益诉讼的第一审法院,同时考虑到具体案件的处理需要,规定了在上级法院认为由基层人民法院审理更为妥善的情况下,可以将该公益诉讼交由下级法院具体审理。

此外,除了因污染海洋环境提起的公益诉讼,由污染发生地、损害结果地或者采取预防污染措施地海事法院管辖外,对于其他公益诉讼案件,最高人民法院规定由侵权行为地或者被告所在地人民法院管辖。为了避免发生管辖争议,统一司法尺度,

《民事诉讼法解释》第283条还就公益诉讼案件确定了先立案原则和指定管辖原则，以实现案件审理的公正与效率平衡。

3. 公益诉讼的处理方式

根据最高人民法院的规定，对于同一侵权行为既侵害了公共利益、又侵害了私人利益的，可以对同一行为分别诉讼，无需合并审理，但法官在分别审理、分别裁判的过程中，应处理好两者的关系，避免在认定事实和适用法律上出现矛盾。

对于公益诉讼中的调解、和解与撤诉，由于公益诉讼的原告并不享有实体处分权，因此在程序上，对于和解或者调解，应当将相关调解协议向社会公告，以便于公众知晓并行使监督权，在公告期满后，人民法院需要就协议是否符合社会公共利益进行审查；而在撤诉方面，原告在法庭辩论终结后申请撤诉的，人民法院不予准许。

（四）第二审程序

第二审程序，是指当事人不服地方各级人民法院未生效的第一审判决、裁定，在法定的期限内向上一级人民法院提起上诉，上一级人民法院对案件进行审理所适用的程序。第二审程序是由当事人的上诉引起的，所以又称上诉审程序。我国实行两审终审制，一个案件经过两级法院审判即宣告终结，因此第二审程序又称终审程序。

1. 上诉的提起和受理

上诉是法律赋予当事人的一项重要的诉讼权利，是上一级人民法院开始第二审程序的依据。提起上诉必须具备下列条件：（1）提起上诉的客体必须是依法允许上诉的判决或裁定。即地方各级人民法院适用普通程序、简易程序作出的判决、第二审人民法院发回重审后作出的判决以及法律规定可以上诉的裁定。（2）提起上诉的主体必须是依法享有上诉权的人，即第一审程序中的当事人，包括原告、被告、共同诉讼人、诉讼代表人、有独立请求权的第三人和判决其承担民事责任的无独立请求权的第三人。（3）必须在法定的上诉期限内提起上诉。对判决不服的上诉期为15日，对裁定不服的上诉期为10日。（4）必须递交上诉状。

2. 上诉案件的审理

第二审人民法院应当对上诉请求的有关事实和适用的法律进行审查。

审理上诉案件，以开庭审理为原则，以不开庭审理为例外。不开庭审理，是指合议庭经过阅卷、调查、询问当事人，在全部事实核实后，对没有提出新的事实、证据或者理由，认为不需要开庭审理的，直接作出裁判的审理方式。一般适用于案情比较简单的上诉案件。

第二审人民院审理上诉案件，可以进行调解。第二审人民法院对经过调解达成协议的案件，应当制作调解书，由审判人员、书记员署名，并加盖人民法院印章。调解书送达后，原审人民法院的判决即视为撤销。

3. 上诉案件的裁判

第二审人民法院对上诉案件经过审理，应分别情况，作如下处理：（1）原判决、裁定认定事实清楚，适用法律正确的，以判决、裁定方式驳回上诉，维持原判决、裁定。

(2) 原判决、裁定认定事实错误或者适用法律错误的,以判决、裁定方式依法改判、撤销或者变更。(3) 原判决认定基本事实不清的,裁定撤销原判决,发回原审人民法院重审,或者查清事实后改判。(4) 原判决遗漏当事人或者违法缺席判决等严重违反法定程序的,裁定撤销原判决,发回原审人民法院重审。原审人民法院对发回重审的案件作出判决后,当事人提起上诉的,第二审人民法院不得再次发回重审。

(五) 再审程序

再审程序,又称审判监督程序,是指为了纠正已经发生法律效力的裁判中的错误而对案件再次进行审理的程序。

在我国两审终审制的审级制度下,再审程序并不是每一个民事案件必经的程序,而是对已经发生法律效力而且符合再审条件的判决、裁定、调解协议才能适用的一种特殊审判程序,是一项补救性制度。由于民事裁判是法官在一定条件下就过去发生的事实,根据当事人提供的诉讼资料、适用法律所作出的判断,司法实务中存在错误在所难免。再审程序的意义在于:第一,再审程序是针对已经发生法律效力的判决、裁定或调解书中的错误发动的,因而使发生法律效力的裁判中的错误,仍有机会通过法律程序得到纠正,是对合法民事权益更加完善的保护。第二,再审程序的设立有利于保证办案质量,维护法院的司法权威,保证国家法律的统一实施。第三,再审程序是对我国两审终审制的必要补充。世界上多数国家和地区实行三审终审制,三审终审制显然使错误裁判得到纠正的机会多于两审终审制。我国实行两审终审制,故有必要以再审程序作为其补充。

根据我国《民事诉讼法》的规定,再审程序的启动方式有三种。

1. 当事人申请再审

申请再审,是指民事诉讼的当事人,对已经发生法律效力的判决、裁定和调解协议,认为有错误,向上一级人民法院申请再行审理的行为。

当事人申请再审必须同时具备以下条件:(1) 当事人申请再审的对象必须是已经发生法律效力且准予提出再审申请的判决、裁定和调解协议。(2) 当事人申请再审应在判决、裁定和调解协议生效后的两年之内提出。(3) 当事人申请再审,应当向原审人民法院的上一级人民法院提出。但当事人一方人数众多或者当事人双方为公民的案件,也可以向原审人民法院申请再审。(4) 当事人的申请应当符合《民事诉讼法》第207条规定的情形:有新的证据,足以推翻原判决、裁定的;原判决、裁定认定的基本事实缺乏证据证明的;原判决、裁定认定事实的主要证据是伪造的;原判决、裁定认定事实的主要证据未经质证的;对审理案件需要的证据,当事人因客观原因不能自行收集,书面申请人民法院调查收集,人民法院未调查收集的;原判决、裁定适用法律确有错误的;审判组织的组成不合法或者依法应当回避的审判人员没有回避的;无诉讼行为能力人未经法定代理人代为诉讼或者应当参加诉讼的当事人,因不能归责于本人或者其诉讼代理人的事由,未参加诉讼的;违反法律规定,剥夺当事人辩论权利的;未经传票传唤,缺席判决的;原判决、裁定遗漏或者超出诉讼请求的;据以作出原判决、裁定的法律文书被撤销或者变更的;审判人员审理该案件时有贪污受贿,徇私舞弊,枉法裁判行为的。有上述情形之一的,人民法院应当再审。

根据《民事诉讼法》第208条的规定,当事人对调解书申请再审的,应提供证据证明调解违反自愿原则或者调解协议的内容违反法律。

当事人申请再审的,一般应当在判决、裁定发生法律效力后6个月内提出。

2. 人民法院决定再审

人民法院发现已经发生法律效力的判决、裁定确有错误的,基于审判监督权应当决定对案件再行审理。

各级人民法院院长对本院已经发生法律效力的判决、裁定、调解书,发现确有错误,认为需要再审的,应当提交审判委员会讨论,由审判委员会决定是否再审。

最高人民法院对地方各级人民法院已经发生法律效力的判决、裁定,发现确有错误的,有权提审或者指令下级人民法院再审。

上级人民法院对下级人民法院已经发生法律效力的判决、裁定,发现确有错误的,有权提审或者指令再审。

3. 人民检察院抗诉

抗诉,是指人民检察院对人民法院的判决、裁定认为符合法定抗诉条件,或者发现调解书损害国家利益、社会公共利益的,依法提请人民法院对案件重新进行审理的诉讼行为。根据《宪法》的规定,检察机关是我国的法律监督机关,对生效民事判决、裁定、调解书提起抗诉,是其法律监督职能在民事诉讼中的具体体现。

具有《民事诉讼法》第207条规定的十三种情形之一的,检察机关可以提起抗诉。

4. 再审案件的审判

凡决定再审的案件,人民法院均应作出裁定,中止原判决、裁定、调解书的执行。但追索赡养费、扶养费、抚育费、抚恤金、医疗费用、劳动报酬等案件,可以不中止执行。

再审的案件,原来是第一审审结的,再审时适用第一审普通程序进行审理(最高人民法院或上级人民法院提审的例外),经过再审后所作的判决、裁定,仍是第一审的判决、裁定,当事人不服可以上诉。再审的案件,原来是第二审审结的,再审时仍适用第二审程序进行审理,审理终结所作的裁判是终审裁判,当事人不得上诉。根据民事诉讼法的规定,人民法院审理再审案件,一律实行合议制,若原审人民法院再审,应另行组成合议庭,原合议庭成员或独任审判员不得参加新组成的合议庭。

最高人民法院或上级人民法院提审的再审案件,不论原来是第一审还是第二审,一律按第二审程序审理,所作的判决、裁定是终审的判决、裁定,当事人不得上诉。

再审后,认定原判决、裁定认定事实清楚,适用法律正确,审判程序合法的,应当维持原判决、裁定,以维护法律的尊严,保护当事人合法权益。

再审后,如果确认原审判决、裁定在认定事实或者适用法律上确有错误,或因审判程序上错误导致判决、裁定错误的,应当撤销原判决、裁定,并依法在认定事实的基础上作出正确的判决、裁定。

三、非讼程序

非讼程序,是指人民法院用以解决民事非讼案件的审判程序。所谓非讼案件,是指利害关系人或起诉人在没有民事权益争议的情况下,请求法院确认某种事实或权利是否存在,从而引起一定的民事法律关系发生、变更或消灭的案件。

民事诉讼法规定的非讼程序包括:特别程序、督促程序、公示催告程序。

(一) 特别程序

特别程序,是指人民法院审理选民资格案件,宣告公民失踪、死亡案件,认定公民无民事行为能力、限制民事行为能力案件,认定财产无主案件,确认调解协议案件和实现担保物权案件的各种程序的总称。

选民资格案件,是指公民对选举委员会公布的选民资格名单有不同意见,向选举委员会申诉后,对选举委员会就申诉所作的决定不服,而向人民法院提起诉讼的案件。

宣告公民失踪案件,是指公民离开自己的住所下落不明,经过法律规定的期限仍无音讯,经利害关系人申请,人民法院宣告该公民为失踪人的案件。

宣告公民死亡案件,是指公民下落不明满法定期限,人民法院根据利害关系人的申请,依法宣告该公民死亡的案件。

认定公民无民事行为能力、限制民事行为能力案件,是指人民法院根据利害关系人的申请,对不能正确辨认自己行为或不能完全辨认自己行为的精神病人,按照法定程序,认定并宣告该公民无民事行为能力或限制民事行为能力的案件。

认定财产无主案件,是指人民法院根据公民、法人或者其他组织的申请,依照法定程序将某项归属不明的财产认定为无主财产,并将其判归国家或集体所有的案件。

确认调解协议案件,是指人民法院根据双方当事人的申请,对人民调解委员会主持下达成的解决纠纷的调解协议,依法予以确认并赋予其强制执行力的程序。

实现担保物权案件,是指担保物权人以及其他有权请求实现担保物权的人依照《民法典》等法律,向人民法院申请拍卖或变卖担保财产,人民法院审查并作出裁定的程序。

(二) 督促程序

督促程序,是指人民法院根据债权人提出的要求债务人给付一定的金钱或者有价证券的申请,向债务人发出附条件的支付命令,以催促债务人限期履行义务;如果债务人在法定期间内不提出异议又不履行支付义务,该支付命令即具有执行力的一种程序,又称支付命令程序。

督促程序设立的目的在于通过简便快捷的方式催促法律关系明确的债务人履行义务。

申请支付令应具备下列条件:(1)债权人请求给付的标的必须是金钱和有价证券。(2)请求给付的金钱和有价证券必须到期并且数额确定。(3)债权人与债务人没有其他债务纠纷。(4)债务人在我国境内且未下落不明。(5)支付令能够送达债务人。(6) 收到申请书的人民法院有管辖权。(7) 债权人未向人民法院申请诉前保全。

人民法院受理支付令申请后,采取询问一方当事人和书面审查的方式进行处理。人民法院无须询问债务人,也无须开庭审理,仅就债权人提供的事实、证据进行审查,只要债权人提出申请的程序和内容符合法律要求和条件,债权债务关系明确、合法,人民法院并不对债权的内容进行实质性审查,就可以自受理申请之日起15日内发出支付命令,督促债务人履行债务。

债务人自收到支付令之日起15日内,有权对该债务提出异议。既不提出异议,又不清偿债务的,债权人有权向受诉人民法院申请强制执行。债务人在法定期间提出异议,经人民法院审查符合异议条件的,应当裁定终止督促程序,支付令即为失效。督促程序的申请人可与提出异议的债务人就该债务纠纷通过诉讼程序解决。

(三) 公示催告程序

公示催告程序,是指人民法院根据被盗、遗失、灭失的票据最后持有人的申请,以公示的方法,催告利害关系人在法定期间内申报权利,如无人申报权利,依法作出除权判决所适用的程序。

申请公示催告必须具备以下条件:(1) 公示催告的申请对象必须是可以背书转让的票据或者依法可以申请公示催告的其他事项。(2) 申请人必须是票据被盗、遗失或者灭失前的最后持有人。(3) 申请公示催告的理由和事实根据,必须是可以背书转让的票据被盗、遗失或者灭失。(4) 申请公示催告只能向票据支付地的基层人民法院提出,其他人民法院无权管辖。(5) 申请人应依法交纳申请费用。

人民法院在决定受理申请人申请的同时,应向支付人发出通知,令其停止支付;并应向社会发出催促利害关系人在法定期间内申报权利的公告。人民法院收到利害关系人的申报后,应当裁定终结公示催告程序,并通知申请人和支付人。

如果公示催告期间届满无人申报权利,申请人可向人民法院提出申请,要求人民法院作出宣告票据或其他事项无效的除权判决。除权判决作出后,该票据不再具有法律效力,申请人有权依据人民法院作出的除权判决向负有票据义务的人主张票据上的权利,请求支付。除权判决一经宣告即发生法律效力,不得提起上诉。

四、执行程序

(一) 执行程序的概念和特点

执行程序,又称强制执行程序,是以实现生效法律文书所确定的义务为目的,规范人民法院、执行当事人和其他执行参与人进行民事执行活动的程序。民事判决、裁定和调解协议等法律文书生效后,负有义务的一方当事人应当自觉履行生效法律文书确定的义务,当负有义务的一方当事人拒绝履行时,不仅胜诉一方当事人的合法权益不能得到实现,而且法律的尊严和司法权威也将受到损害。执行程序对于保障生效法律文书的实现,依法保护当事人的合法权益,维护司法权威具有重要意义。

执行程序具有以下特征:第一,执行程序以司法执行权为基础,执行权是专属于人民法院的法定职权；第二，执行程序以强制义务人履行义务为宗旨，致力于将生效法律文书付诸实现；第三，执行程序以各项执行措施及制度为主要内容。

(二) 执行程序的一般规定

1. 执行根据。即执行主体据以执行的生效的法律文书，又称执行文书。包括两大类，一类是人民法院制作的发生法律效力的具有给付内容的法律文书，如判决书、裁定书、调解书、支付令等；另一类是其他机关制作的依法应当由人民法院执行的生效法律文书，如仲裁机关的裁决书和调解书、公证机关依法赋予强制执行效力的债权文书、依法应当由法院执行的行政处罚决定、行政处理决定等。

2. 执行机构。即人民法院内部专门从事执行工作，履行执行职责的组织或者机构，如执行局、执行庭。执行机构的组成人员包括执行员、书记员和司法警察。

3. 执行标的。即执行工作所指向的对象，又称执行对象、执行客体。执行客体视执行根据所确定的内容而定。根据民事诉讼法的规定，执行标的主要包括两类：(1) 财产。包括金钱、物品、票证等有形财产，也包括商标、专利、著作权中的财产权等无形财产。(2) 行为。作为执行标的的行为，是指生效法律文书所确立的义务人应当向对方履行的特定行为，如修理房屋、拆除违法建筑等。

一般来说，禁止以人身作为执行标的，即不得以羁押被执行人或者限制其人身自由的方法代替法律文书的履行。对于财产上的权利义务关系，只有通过对财产性对象的执行，才能满足权利人的要求，对人身的执行是不能满足权利人的利益要求的。

4. 执行管辖。即确定人民法院之间受理执行案件的分工和权限。人民法院作出的发生法律效力的民事判决、裁定等，以及刑事判决、裁定中的财产部分，由第一审人民法院或者与第一审人民法院同级的被执行财产所在地法院管辖。仲裁机关、公证机关等依法制作的发生法律效力的执行根据，由被执行人住所地或者被执行的财产所在地的人民法院管辖。

5. 执行异议。即当事人或案外人对执行行为或执行标的提出异议。前者如执行法院在强制执行时违反了法定程序，超范围查封了被执行人的财产，被执行人即可对该执行行为提出异议；后者如案外人对执行标的提出的旨在主张实体权利的不同意见。这里的案外人，是指没有参加执行程序的人，即执行案件当事人以外的其他人。执行异议属于执行程序中对有关当事人或案外人的救济制度。

6. 协助执行。即在执行过程中，有关单位和个人按照人民法院的通知，完成人民法院指定的行为，以使法律文书所确定的内容得以实现的制度。在实践中，执行标的物有时不在被执行人手中，而由有关单位或个人保管、使用，在这种情况下，人民法院就需要通知有关单位或个人协助执行。

人民法院认为需要协助执行时，应向有关单位或个人发出协助执行通知书，写明协助执行的具体内容、方式和完成的期限，并附上作为执行根据的法律文书。收到协助执行通知书的单位和个人，应当遵照人民法院的要求积极协助执行，或者将所扣留的执行标的物直接交付权利人，或者交由法院转交权利人。如果无故拒不协助执行，甚至抗拒执行，协助执行人应承担相应的法律责任，人民法院应依照民事诉讼法的有关规定处理。

（三）执行措施

执行措施，是指人民法院根据法律的规定，依照法定程序，强制义务人履行生效法律文书所确定义务的方法和手段。执行措施是执行程序的重要内容，是执行工作得以完成的重要保障。因执行标的不同，执行的具体措施主要有三类，此外，民事诉讼法还规定了一些保障性的执行措施。

1. 对动产的执行措施

即以动产为标的的执行措施。作为执行标的的动产包括：存款、收入、财物和债权等。一般来讲，给付判决所确定的义务多半是通过对动产的执行实现的。被执行人有现金的，执行其现金；没有现金或现金不足清偿的，执行其存款；没有存款或存款不足清偿的，执行其他动产。对动产的执行措施包括：(1) 查询、冻结、划拨被执行人的存款；(2) 扣留、提取被执行人的收入；(3) 查封、扣押、冻结并依照规定拍卖、变卖被执行人的财产。

2. 对不动产的执行措施

即以不动产为执行标的的执行措施。作为执行标的的不动产主要包括：房屋、土地、山林及其附着物。根据《民事诉讼法》第257条的规定，对强制迁出房屋和强制退出土地的，应首先由院长签发公告，指定迁出房屋和退出土地的期限，被执行人仍然拒绝履行的，由执行员强制将房屋内或土地上的财物搬至指定处所，并将作为执行标的的房屋或土地交申请人。

3. 对行为的执行措施

当生效的法律文书所确定的义务，是某人必须为一定行为或不得为一定行为，而其不予履行时，民事诉讼法规定了专门的执行措施。主要有以下三种：(1) 强制被执行人交付法律文书指定交付的财物或者票证；(2) 要求有关单位办理财产权证照转移手续；(3) 强制执行法律文书所指定的行为。对行为的执行不同于对财物的执行，被执行人未按执行通知履行的，人民法院可以强制执行或者委托有关单位或者其他人完成，费用由被执行人承担。

4. 保障性的执行措施

保障性的执行措施，是指以保障、强制、配合、制裁为特征的措施，这些措施虽然并不直接产生实现当事人权利的效果，但对上述执行措施的实施有重要作用和影响，是执行程序不可或缺的内容。这些措施主要有：(1) 搜查被执行人的财产。(2) 强制被申请人支付延期利息、迟延履行金。(3) 执行被申请人对第三人的到期债权。(4) 强制被申请人申报财产。(5) 限制出境、在征信系统记录、通过媒体公布不履行义务的信息、限制高消费等。

思 考 题

1. 民事诉讼具有哪些特征?
2. 简述法院主管民事案件的范围。
3. 什么是级别管辖、地域管辖、裁定管辖?各自的标准是什么?
4. 简述广义的当事人的种类及特征。
5. 简述民事诉讼证据的特征及重要意义。
6. 简述证明责任分配的一般原则与例外规定。
7. 简述民事诉讼法规定的主要程序及其功能。

推荐阅读书目

1. 宋朝武主编:《民事诉讼法学》(第三版),高等教育出版社2022年版。
2. 蔡虹:《民事诉讼法学》(第四版),北京大学出版社2016年版。

主要参考文献

1. 张卫平:《民事诉讼的逻辑》,法律出版社2015年版。
2. 王亚新、陈杭平、刘君博:《中国民事诉讼法重点讲义》(第二版),高等教育出版社2021年版。
3. 李浩:《民事证明责任研究》,法律出版社2003年版。
4. 范愉:《非诉讼纠纷解决机制研究》,中国人民大学出版社2000年版。
5. 徐昕:《论私力救济》,中国政法大学出版社2005年版。

第八章 商　　法

学习目标

1. 掌握商法的定义、特征和原则；
2. 掌握商主体和商行为的定义和种类；
3. 掌握公司法的定义、特征和基本原则；
4. 掌握有限责任公司与股份有限公司的区别和联系；
5. 了解证券法律制度、票据法律制度、保险法律制度和破产法律制度；
6. 掌握海商法的基本概念和理论；
7. 了解海商法中的船舶法律制度和海上货物运输法律制度。

基本概念

商法；商主体；商行为；公司法；有限责任公司；股份有限公司；证券发行；信息公开制度；票据关系；票据行为；汇票、本票与支票；保险法；保险合同；破产；提单，船舶，承运人责任

第一节　商　法　总　则

一、商法概述

（一）商法的概念

商法是调整商事关系的法律规范的总称。由于立法体例的不同，学者关于商法的解释是不一样的。大陆法系国家，在立法上有民商分立和民商合一的体例区别，因此在对商法的理解上是不同的。在民商分立国家，商法是独立的法律部门，学者称之为商法，在立法上有专门以商法命名的法典，如法国、德国和日本等；而在民商合一的国家，商法不是独立的法律部门，没有以商法命名的法典，如意大利、瑞士等。旧中国也属民商合一的国家，学者往往将调整商事关系的法律称为商事法，以示其是民法的组成部分，不是独立的法律部门。在英美法系国家，因其以判例法、习惯法为传统，不注重对法律部门的严格划分，故没有大陆法意义上的民商法概念以及民商法分立和合一的认识问题，但在现实生活中，有相应的调整商事关系的单行法律和判例，也有

被称为商法的教科书和著作。在本章中,为了叙述方便及根据相关课程名称,我们将调整商事关系的法律称为商法。

商法可以分为形式意义上的商法和实质意义上的商法。形式意义上的商法是指民商分立的国家所制定的并冠以"商法典"之名的法律文件。而实质意义上的商法是指以商事关系为其调整对象的各种法律规范的总称。形式意义上的商法仅存于民商分立的国家,实质意义上的商法存在于任何国家的法律体系之中。实质意义上的商法又可以分为广义的商法和狭义的商法。广义的商法包括国际商法和国内商法两种。狭义的商法则专门指国内的商法,即商事私法。但值得注意的是,从现代各国商法的内容来看,商法日益表现出国际规范和国内规范相互交错、公法规范和私法规范相互融合的趋向。从商法的内容上看,商法可以分为商组织法和商行为法。商组织法一般是关于商业交易基础条件和手段的规定,其中包括关于商业登记、商业账簿、商事代理、商事主体、票据制度、保险制度、破产制度、海商制度以及有价证券制度等规范。商行为法是规定商事交易本身的法律,各国除在其商法典或民法典中对商行为进行规定外,一般都制定有相应的关于商事交易的单行商事法规。

我国的近代立法上和民商法学界的主流观点中均坚持民商合一。尽管我国没有形式意义上的商法,但是实质意义上的商法却是存在的。近年来,国家立法机关制定了较全面的商法制度,如公司法、票据法、保险法、海商法、破产法以及证券法等。由于篇幅所限,本章仅对商法总论和上述具体法律制度的主要内容进行叙述。

(二) 商法的特征

1. 商法规则的营利性

商法规则的营利性是指商法在规定商事主体、商事行为规则时都是以主体及其行为的营利性为出发点和归属来体现规则的规定性。营利性是商事主体具有的通过经营行为而获取经济利益的特征。商事主体的宗旨、商行为的功能、商活动的内容均是以营利为目的。

2. 商法的技术性

从法律规范包含的内容来看,无非涉及伦理性规范和技术性规范。民法、刑法中包含着大量的伦理性规范。商法是一种实践性很强的法律,它对商主体应具备的要件都作了具体、详细的规定,如公司成立的条件和程序、公司机关的设立、公司股票和债券的发行条件,票据行为的文义性、独立性、要式性和无因性,保险费用、保险金额、保险标的、损害赔偿的估定,海商法中关于共同海损、理算的规则等。这些规则均具有明显的技术性。

3. 商法性质的兼容性

商法的兼容性是指现代商法在规范的组成上、在规范的约束力上具有二元性,即现代商法中既包括传统上作为私法的规范,也含有一些公法规范;在规范的约束力上,既有任意性规范,又有强制性规范。

4. 组织法与行为法相结合

商事组织是商事交易的基础,而商事交易是商事组织设立的目的。因此,商法规范涉及的内容主要是关于商事组织与商事交易两个方面，也就是说，商事组织和商事交易都是商法的规范对象。商法中的组织规范与交易规范之间又有密切的联系，具有相互配合之功能。商事组织法包括商事主体设立的一般条件和特殊条件、机构的设置和职权、商事主体存续应具备的条件和经营状态、商事主体的终止原因和程序规定。商事行为法在大陆法系国家主要是指与商事主体组织有关的一般形式买卖以外的交易行为等事项的规范。

组织法与行为法因其涉及的社会面不同，故法律效力表现不同。组织法原则上属强行法规范，而行为法原则上属任意法规范。

5. 商法的国际性

商法属于国内法，主要调整国内的商事关系，但由于商事行为历来不可能局限于特定的领域，尤其是在全球经济日益一体化的当代，商法的国际性色彩越来越明显。

（三）商法的原则

1. 商主体法定原则

商主体法定原则是指商主体的种类、商主体的条件和商主体形成的程序由商法来规定。尽管近代以来商法理论认为商人并非是一类特殊的阶级，但现代商人远远突破历史上以自然人为基础的商人模式，形成了多类型的商主体模式。为了维护交易的安全，保护商事关系各参加主体的权益，各国商法均通过市场主体准入制度来奠定市场的信用基础，因此各国商法均采用商主体法定原则。

（1）商主体类型法定。即商法对商主体的类型作了明确规定，投资者只能按照商法规定的商主体的类型进行选择或设立商主体，而不能任意设立商法未规定的主体形式，否则就不能得到法律的承认和保护。商主体在我国依组织形式可分为个体工商户、独资企业、合伙企业和公司，依所有制形式可分为国有企业、集体企业、私营企业、外商投资企业和联合投资企业。

（2）商主体标准法定。即商法对商主体成立必须具备的实质条件进行了明确规定，投资人选择或设立的商主体必须具备这些条件才能得到法律的承认，才能成为商主体。

（3）商主体程序法定。即商法对商主体在设立时必须具备的程序条件作出规定，当事人必须按照法定程序操作，否则就不能达到预期的法律后果。

2. 公平交易、平等互利原则

商法是营利之法，但只有公平交易、平等互利的营利才是受法律保护的营利。公平交易、平等互利的含义是商主体应本着公平的观念从事商行为，享受权利和履行义务，在商事交易中追求自身利益的同时，应兼顾他人和社会的利益。具体来讲，公平交易原则的内容主要体现在以下两个方面：（1）商事交易主体的地位平等，在交易过程中，任何一方不得享有法律上的特权；（2）不得追求超商品经济规律的利益，应在规则内平衡地实现双方的交易利益。

3. 诚实信用原则

诚实信用原则指商事交易主体本着诚实信用的理念进行交易，以保证交易各方利益的可期待性和可靠性。商法奉行诚实信用原则,在许多场合规定了当事人披露有关事实的义务和忠实履行合同的义务,禁止尔虞我诈、巧取豪夺、坑蒙拐骗等背信弃义行为。

4. 交易简便、迅捷原则

商事交易反映的是资本运动规律,资本运动规律的最大特点是在最短的时间内实现最高的周期频率和最高的交易回报,以期实现资本利润的最大化。因此,商事交易必须简便、迅捷,以提高商事交易的收益率。该原则主要体现在:

(1) 交易简便。商法在商行为上一般采取要式行为和文义行为方式,并通过法律强行的预设规范及推定规范对其内容和形式进行规定,简化了当事人的协议过程,简便了交易手续,统一了商事行为的识别形式,保证了交易的迅捷。

(2) 定型化交易规则。权利证券化和权利义务格式化是商法在法律技术上的一大特点。如票据、提单、保险单就体现了商行为标准化、定型化的特点。

(3) 短期时效。商法对于各类商事请求权普遍采取了短期时效,以促使当事人迅速行使权利,保证交易迅捷。

5. 商主体意思自治原则

基于商法的本质,在强制规范外,商主体应遵循意思自治原则。意思自治是指商主体基于自己的意思形成自己私法上的权利和义务关系。该原则主要体现在商事主体所发生的契约关系上。意思自治的功能主要表现在:交易必须是在当事人的意思表示一致的基础上才具有法律效力,交易的方式、交易的对象和交易的内容等由当事人自己决定。

6. 交易明确、安全原则

该原则要求商事交易活动中各方对其行为内容予以充分提示,使相对人能够完全知晓,同时通过法律的强行规定,维护交易安全。它包括:(1) 在商事交易活动中,交易各方负有义务充分提示交易内容,并将交易的进展和变更情况及时通知对方,以使相对人或第三人完全、及时地知道交易实情;(2) 禁止欺诈和不正当竞争行为;(3) 通过对商事交易采取强制主义、公示主义、外观主义、严格责任主义等法律规范来保护交易的安全。

二、商主体

(一) 商主体的概念

商法调整的社会关系在商法上表现为商事法律关系,这种法律关系与其他法律关系一样是由主体、客体及内容所构成的。商主体就是指商事法律关系中权利的享有者和义务的承担者。简言之,商主体是商事法律关系的参加者。

商主体具有以下特征:(1) 商主体具有法律的拟制性。即在现代国家,商主体的形成一般须经过国家的特别授权程序或确认程序。(2) 商主体是以营利为目的的从事经营活动的主体。(3) 商主体是商事法律的当事人。

(二) 商主体的种类

1. 外国商法中的分类

在当代各国商法中,商主体归纳起来有以下分类:

(1) 依照商主体的组织结构或特征,即根据商主体是自然人还是组织以及组织形态等形式不同,商主体可分为商个人、商合伙、商法人。

(2) 依照法律授权或者法律设定的要件、程序和方式,商主体可分为法定商人(必然商人)、注册商人(应登记商人)、任意商人(自由登记商人)。

(3) 依照经营者的法律状态和事实状态,商主体可分为形式商人(或称固定商人)、拟制商人、表见商人。

(4) 依照经营者的经营规模,商主体可分为大商人(或称完全商人)和小商人。

(5) 依照经营种类,商主体可分为制造商、加工承揽商、销售商、供应商、租赁商、运输仓储商、餐旅服务商、金融证券商、保险商、代理商、行纪商、居间商、信托商等。

(6) 依照主体资产的权利状态,学理上可分为个体经营者、企业、商业使用人等。

2. 我国法律上的分类

由于我国没有制定商法典,在法律上并没有对商主体作统一的界定和分类,但我国根据经济发展的需要对一些商主体进行了立法。根据立法,我国目前确定的商主体有:公司(包括有限责任公司和股份有限公司)、合伙企业、个人独资企业、个体工商企业(个体工商户)、全民所有制企业、城镇集体所有制企业、乡村集体所有制企业、外商投资企业等。

不管外国或我国对商主体进行怎样的分类,根据法律主体产生的依据不同,商主体可分为商法人、商合伙和商个人;根据商主体在商关系中的地位和作用的不同,商主体可分为直接商、商中间人和商辅助人。

三、商行为

(一) 商行为的概念和特征

商行为是指商主体所从事的以营利为目的的具有法律意义的行为。商行为是大陆法系国家商法中的一个法定术语,是与民事行为相对而言的一个概念,是构筑商法律关系的基础。商行为具有以下特征:

(1) 商行为必须是以营利为目的而实施的行为。所谓营利目的是指商行为人的目的在于营利,即在于获取超过投资本身的利益。关于营利的判断并不在于最终肯定获利,而在于当事人在法律规定的商领域内其内心对利益的追逐。在大多数国家的立法中,一般多采用推定原则,即根据商主体实施的营业行为或法定的商行为推定其具有营利目的。

(2) 商行为是经营性的行为。所谓经营性是指营利行为的反复性、不间断性和计划性,它表明商主体在一段时期内有计划地、反复不断地从事的某种同一性质的经营活动,是一种职业性经营活动。

(3) 商行为体现为具体的商事交易行为。不管是何种商事行为,最终都必须以具体的交易形式表现出来,唯有如此,商主体的经济利益才可能实现,商主体才有可能达到其经营性目的,实现其营利性。

(4) 商行为是商主体所实施的行为。商行为是商主体所实施的具有法律意义的行为,非商主体实施的行为不适用商法的规定。

(二) 商行为的种类

1. 绝对商行为和相对商行为

绝对商行为是指依行为的客观性和法律规定而必然被认定为商行为的行为。它不以行为主体是否为商人和行为本身是否具有营利性为认定要件,仅以行为的形式为认定的要件,如票据行为、证券交易行为、融资租赁行为、保险行为、海商行为等均为绝对的商行为。相对商行为是指依照行为的主观性和行为的自身性质而被认定为商行为的行为。它以行为主体是否是商主体和行为是否具有营利性为认定要件。

2. 单方商行为与双方商行为

单方商行为是指行为人一方是商主体而另一方不是商主体的行为。对单方商行为,大陆法系国家通常规定应适用商法。英美法系国家商法通常规定,行为人中有一方商人的,该商人适用商法,另一方非商人不适用商法。双方商行为是指当事人双方都是商主体的营利性经营行为,该类商行为适用商法。

3. 基本商行为与辅助商行为

基本商行为是指直接从事营利性经营活动的商行为,如买卖商行为。辅助商行为是指行为本身并不直接达到商主体所要达到的目的,但却对以营利为目的的基本商行为的实现起辅助作用的商行为,如广告行为、代理行为等。

4. 固有商行为与推定商行为

固有商行为是指商主体所实施的营利行为是商法典所确定的行为。推定商行为是指拟制商主体所实施的经营性商行为。

第二节 公 司 法

一、公司法概述

(一) 公司法的概念

公司法是国家制定的关于规定公司种类、设立、组织、活动、解散、股东权利义务以及与公司组织有密切关系之行为的法律规范的总称。①

公司法有狭义和广义之分。狭义的公司法是指由国家立法机关制定的以法典形式表现的公司法。广义的公司法则是指一切由国家制定的关于公司的相关法律、法

---

① 公司是最重要的市场主体,因此,调整公司关系的《公司法》是市场经济制度的最重要的基础性法律之一。我国《公司法》于1993年颁布,1994年实施,1999年、2004年、2013年、2018年进行了四次修正,2005年进行了修订。现行《公司法》共13章218条,《公司法修订草案》被提请第十三届全国人大常委会进行审议,并向社会公开征求意见。

规及行政规章的总称。

公司法从其法律规范调整的内容上看主要涉及关于公司组织的规范和某些与公司组织有密切关系的公司活动的规范两个方面。

(二) 公司法的特征

1. 公司法在法律规范上表现为公法和私法的结合

传统上商法被称为私法,其特点是赋予当事人较大的任意性,即所谓"私法自治"。公司法习惯上被认为是商法的组成部分,属于私法。故公司法传统上存在大量的任意性规范,国家对此领域干预较少。但是在现代社会,公司的作用日益增大,其影响力已远远超出个人利益的范围。为了保障社会交易的安全和安定,保护股东和债权人的利益,现代各国公司法中都规定了大量的强制性规范,以对公司的设立、活动和内外关系依法进行干预。现代公司法一方面保留了许多"私法自治"的规定,另一方面规定了大量强制性内容,具有公法和私法结合的特征。

2. 公司法兼具组织法和活动法的双重性质,以组织法为主

从公司法调整的对象不难看出,公司法主要调整的是公司的组织关系。公司是参与市场经济活动的主体,公司法的首要任务就是确立公司独立的法律地位,对公司的基本要素和要件进行规定。另外,公司法也调整某些与公司组织有密切关系的公司活动,如公司股票、债券的发行和转让,公司的决策程序,公司的信息披露等。

3. 公司法是集程序法和实体法于一体的法律

公司法一方面在公司的设立、组织、股东与公司的关系、债权人与公司的关系等方面明确规定了各主体实体上的权利义务,另一方面又作出了许多程序上的规定,如设立程序、股东大会的召开程序、公司章程的修改程序、对债权人的保护程序等。

4. 公司法是具有国际性的国内法

公司法首先是国内法,即一国的公司法是其立法机关制定的,仅在其主权所及领域内具有法律效力。另外,由于国际经贸、投资的日益频繁,各国在制定公司法时往往借鉴他国先进的公司法律制度,使公司法在基本制度、公司机构的功能、股东的权利义务等方面有明显的共同性。

(三) 公司法的基本原则

1. 保护股东、公司和债权人合法利益原则

股东是公司组织中的基本要素,没有股东也就没有公司的资本,没有公司机构形成和产生的基础,也就没有公司。因此对股东利益的保护是公司法永恒的话题,尤其是在股份有限公司中。股东行使权利的局限性要求必须强化对股东权利的保护。保护股东权利也是保护股东投资积极性所必需的,保护股东实体上和程序上的权益是现代各国公司法的发展趋势。公司作为一个独立的法人主体,其利益是股东、债权人利益实现的保证。债权人作为公司经济利益的相关者,在法律的设计上属于公司的外部主体,对公司的经营状况、资产状况及公司的管理状况很难在第一时间获得第一手信息。公司法为了保护债权人的利益,对公司的设立行为、经营行为、财务安排、债权人的保护程序及信息披露等作出了强行规定。

2. 有限责任原则

有限责任原则是指投资人(股东)仅就自己认缴的出资额或认购的股份对公司的债务承担责任的基本规则。该原则全面的表述是：投资人(股东)仅就自己的出资额或认购的股份为限对公司负出资的义务，公司以股东投资和公司积累的财产对公司的债务承担义务。该项原则奠定了公司法人真正独立的地位，调动了股东的投资积极性。

3. 股权平等原则

股权平等原则是指股东以其出资额或所持股份为基础享有平等的权利和对待的规则。该原则要求：表决权与出资一致、同股同价、同股同利、在平等协商的基础上对表决权进行限制。

4. 公司内部权力合理配置与制衡原则

因为公司是由多股东组成的特殊经营体，必须由股东依资本多数决定原则选举产生公司的机关来负责公司的经营管理，而为了避免公司经营管理人员形成内部人控制，必须对其有一定的监督制衡机制。为实现公司经营的良性运转，公司法通过公司机构的分设来实现公司权力的合理配置，并通过不同职权的划分在公司机构之间形成监督制衡机制。

二、有限责任公司

(一) 有限责任公司的概念

有限责任公司是指依公司法设立，由符合法定人数的股东组成，股东以其认缴的出资额为限对公司承担责任，公司以其全部资产对公司的债务承担责任的企业法人。

(二) 有限责任公司的特征

1. 法律不要求资本划分为等额单位

虽然有限责任公司资本的出资计算上可以采取一定的资本单位以便于股东出资、行使权利，但法律并不要求公司严格划分出等额的出资单位，故有限责任公司在出资上有出资平等主义、出资不平等主义和基本出资制三种。

2. 有限责任公司具有人资两合性

有限责任公司的信用既基于股东个人因素，又基于公司资产因素，资金的联合与股东信用的结合是有限责任公司两个不可或缺的信用基础。

3. 股东承担有限责任

公司的资合性决定公司必须要有一定的财产基础，这为在法律上平衡股东与债权人的利益奠定了物质条件，据此立法者在股东责任的选择上采取了向投资人倾斜、限制投资人风险的有限责任。

4. 股东人数有最高限制

有限责任公司的人合性决定了股东不可能太多，其资合性决定股东人数必须具备最低限的社团性。

5. 有限责任公司具有一定的封闭性

有限责任公司的封闭性表现为股东的限定性和财务会计信息不公开性。

6. 有限责任公司设立程序简单

有限责任公司的设立往往表现为公司内部事务,公司章程的合约性也比较明显,故其设立的程序比较简单。

7. 组织机构设置灵活

有限责任公司的股东人数及其出资都极富弹性,故公司在组织机构的设置上具有很大的灵活性。

(三)有限责任公司设立的条件

有限责任公司设立的条件是指公司法规定的有限责任公司获准国家注册机关的成立注册,取得法人资格必须具备的法定条件。我国《公司法》规定这些条件有:股东符合法定人数,股东出资达到法定资本最低限额,股东共同制定公司章程,有公司的名称,建立符合有限责任公司要求的组织机构,有公司住所。

(四)有限责任公司的股东

有限责任公司的股东是指合法持有公司一定资本份额,成为公司成员的商法上的主体。根据股东取得公司资本份额时间、原因的不同,股东可以分为参与公司设立的原始股东、公司成立后的继受股东及公司成立后因增资而加入的股东。原始股东是指依法参与公司最初的设立活动,在公司章程上签名且履行了出资义务的人。继受股东是指在公司成立后因依法转让、继承、赠与和法院强制执行等原因取得股东地位的人。公司增资而加入的股东是指公司成立后经股东会决议向股东以外的投资人筹资而加入的股东。

以上分类的实际意义是,成为股东的时间和原因不同,往往在义务的承担上也有所不同。

(五)有限责任公司的资本

有限责任公司的资本是指在公司设立时及公司增资时由投资人投资形成的、作为绝对必要记载事项记载在公司章程中、在公司登记机关注册的基本资产。资本的形式有:货币、实物、知识产权、土地使用权及其他可以用货币估价并可以依法转让的非货币财产。非货币出资必须进行评估作价。全体股东的货币出资额不得低于有限责任公司注册资本的30%。

(六)有限责任公司的组织机构

1. 股东会

有限责任公司的股东会是由全体股东组成的、形成公司意思的必要非常设机构,是公司的权力机构、最高决策机构。股东会在公司机构中居于中心地位,对外不代表公司,对内不执行业务,但公司的其他机构必须执行股东会的决议,对股东会负责。股东会的职权有:决定公司的经营方针和投资计划;选举和更换公司非由职工代表担任的董事、监事;决定董事、监事的报酬;审议批准董事会、监事会或者监事的报告;审议批准公司的年度财务预算方案及决算方案、利润分配方案、弥补亏损方案;对公司增加或减少注册资本作出决议;对发行公司债券作出决议;对公司合并、分立、变更公司形式、解散和清算等事项作出决议;修改公司章程;公司章程规定的其他职权。

2. 董事会

董事会是有限责任公司常设执行机构,由股东会选举产生,并对股东会负责,对内执行公司业务,对外代表公司。如果公司股东人数较少、规模较小,公司可以不设董事会,仅设一名执行董事。

有限责任公司设董事会,其成员一般为3—13人。股东人数较少或者规模较小的有限责任公司,可以设一名执行董事,不设董事会。

董事会的职权有:负责召集股东会会议,并向股东会报告工作;执行股东会的决议;制订公司的年度财务预算方案;决定公司的经营计划和投资方案;制订公司的利润分配方案和弥补亏损方案;制订公司的增加或减少注册资本方案;制订公司的合并、分立、变更公司形式、解散方案;决定公司内部管理机构的设置;决定聘任或解聘公司经理,根据经理的提名,决定聘任或解聘公司副经理、财务负责人,决定其报酬事项;制定公司的基本管理制度。

不设董事会的有限责任公司的执行董事的职权,参照董事会职权的规定,由公司章程规定。

3. 经理

经理是由董事会聘任的主持公司日常管理工作的高级职员,对董事会负责。经理的职权有:主持公司的生产经营管理工作,组织实施董事会的决议;组织实施公司年度经营计划和投资方案;拟订公司内部管理机构的设置方案;拟订公司的基本管理制度;制定公司的具体规章;提请聘任或者解聘公司副经理、财务负责人;决定聘任或解聘除应由董事会聘任或解聘以外的管理人员;董事会授予的其他职权。

4. 监事会

监事会是有限责任公司设立的对公司执行机构业务活动进行监督的专门机构。股东人数较少、规模较小的公司可以不设监事会,设1—2名监事。

监事会由股东和职工分别选举的监事组成。监事会、监事的职权有:检查公司财务;对董事、高级管理人员执行公司职务的行为进行监督,对违反法律、行政法规、公司章程或者股东会决议的董事、高级管理人员提出罢免的建议;当董事和高级管理人员的行为损害公司利益时,要求董事、高级管理人员予以纠正;提议召开临时股东会会议,在董事会不履行公司法规定的召集和主持股东会会议职责时召集和主持股东会会议;向股东会会议提出议案;依照公司法的规定,对董事、高级管理人员提起诉讼;公司章程规定的其他职权。

(七) 一人有限责任公司

一人有限责任公司,是指只有一个自然人股东或者一个法人股东的有限责任公司。关于其设立和组织机构,除适用关于有限责任公司的一般规定以外,还有一些特殊要求,主要包括:

(1) 一人有限责任公司的注册资本最低限额为人民币10万元。股东应当一次足额缴纳公司章程规定的出资额。

（2）一个自然人只能投资设立一个一人有限责任公司。该一人有限责任公司不能投资设立新的一人有限责任公司。

（3）一人有限责任公司应当在公司登记中注明自然人独资或者法人独资，并在公司营业执照中载明。

（4）一人有限责任公司章程由股东制定，不设股东会。股东行使股东会职权作出决定时，应当采用书面形式，并由股东签名后置备于公司。

（5）一人有限责任公司应当在每一会计年度终了时编制财务会计报告，并经会计师事务所审计。

（6）一人有限责任公司的股东不能证明公司财产独立于股东自己的财产的，应当对公司债务承担连带责任。

（八）国有独资公司

1. 国有独资公司的概念

国有独资公司是指国家单独出资、由国务院或者地方人民政府授权本级人民政府国有资产监督管理机构履行出资人职责的有限责任公司。

2. 国有独资公司的章程

国有独资公司的章程由国有资产监督管理机构制定，或者由董事会制定报国有资产监督管理机构批准。

3. 国有独资公司的机构

（1）决策机构。国有独资公司不设股东会，由国有资产监督管理机构行使股东会职权。国有资产监督管理机构可以授权公司董事会行使股东会的部分职权，决定公司的重大事项，但涉及公司的合并、分立、解散、增减资本和发行公司债券的，必须由国有资产监督管理机构决定；其中，重要的国有独资公司合并、分立、解散、申请破产的，应当由国有资产监督管理机构审核后，报本级人民政府批准。

（2）执行机构。国有独资公司的执行机构是董事会，而董事会是必设机构。国有独资公司董事会的成员由国有资产监督管理机构委派；董事会成员中应当有职工代表，职工代表由公司职工代表大会选举产生。

（3）监督机构。国有独资公司必须设监事会。监事会成员不得少于5人，其中职工代表的比例不得低于1/3。监事会成员由国有资产监督管理机构委派；监事会成员中的职工代表由公司职工代表大会选举产生。

三、股份有限公司

（一）股份有限公司的概念

股份有限公司是指其资本分为等额股份，股东以其所持股份为限对公司承担责任，公司以其全部资产对公司的债务承担责任的企业法人。在不同的国家，股份有限公司的称谓是不同的，法国和德国称之为股份有限公司，日本和韩国称之为株式会社，英国称之为公众公司，美国称之为公开公司。

(二) 股份有限公司的特征

(1) 股份有限公司由法定数额以上的股东组成。许多国家的公司法规定了股份有限公司股东的最低人数，且该人数往往要高于其他种类的公司形式。我国《公司法》规定，除国有企业改建为股份有限公司的情况外，股份有限公司的发起人应当在2人以上200人以下，其中须有半数以上的发起人在中国境内有住所。这就意味着股份有限公司的股东应当在2人以上。

(2) 公司资本划分为金额相等的股份。不管公司的资本有多大，股东的出资形式是什么，公司的资本及股东的投资都必须量化成金额相等的一定单位——股份。股份是股份有限公司资本的最小单位，不可再分。

(3) 公司的股份以股票的形式公开发行、自由转让。股份本质上是观念上的东西，具有抽象性，故需借有形载体来表现。股份有限公司往往要借助资本市场筹集资本，故股票往往要公开发行。投资人出资后是不允许抽回的，故为了体现公平原则，各国公司法、证券法均规定，除法定的例外情形，股票的转让以自由转让为原则。

(4) 股份有限公司是典型的资合公司。股份有限公司以其资本的规模结合作为对外的信用基础，与无限责任公司以其股东个人信用作为公司的信用基础根本不同。

(5) 股份有限公司以其全部财产对公司的债务承担责任。公司的责任财产仅限于公司的财产，公司不得用公司章程、股东会决议或其他任何形式扩大股东的责任范围。

(6) 股东以其所认购的股份对公司承担责任。一般来讲，股东只要就自己所认购的股份向公司缴清款项，其对公司的出资责任即已履行，不必对公司的债务承担任何责任。

(7) 股份有限公司的经营财产所有权与经营权具有分离性。股份有限公司的资本为全体股东所有，并以经营财产的形式出现。但从公司法上观之，股东并无亲自参加公司经营的权利，公司的经营权是由董事会行使的，故经营财产所有权与经营权之间具有分离性。

(三) 股份有限公司的设立条件

设立股份有限公司必须具备下列条件：发起人符合法定人数；发起人认购和募集的股本达到法定资本最低限额；股份发行、筹办事项符合法律规定；发起人制定章程，采用募集方式设立的经创立大会通过；有公司名称，建立符合股份有限公司要求的组织机构；有公司住所。

(四) 股份有限公司的设立程序

股份有限公司有发起设立和募集设立两种设立方式。不同设立方式的设立程序不尽相同。现将两种设立程序综合如下：

(1) 发起人签订发起人协议。

(2) 订立公司章程。

(3) 申请设立许可、办理审批手续。

(4) 在募集情况下，发起人认足法定比例数额的股份；在发起设立的情况下，设立人履行出资的义务。

(5) 发起人募集股份(如果是发起设立,就无本募股程序及下列的创立大会召开程序)。具体步骤包括:① 募股申请;② 募股的批准;③ 公告招股说明书;④ 发起人制作认股书;⑤ 认股人认股;⑥ 缴纳股款。

(6) 召开认股人大会或创立大会。

(7) 设立登记。

(五) 股份有限公司的章程

公司章程是由公司依法制定的关于公司的组织要素、公司机构的职权等事项的规范性文件,是股份有限公司成立、存续必须具备的要件,对股东、公司的负责人均有约束力。我国《公司法》规定股份有限公司章程应当记载下列事项:公司名称和住所;公司经营范围;公司设立方式;公司股份总额、每股金额和注册资本;发起人的姓名或者名称、认购的股份数、出资方式和出资时间;董事会的组成、职权和议事规则;公司的法定代表人;监事会的组成、职权和议事规则;公司利润的分配办法;公司的解散事由与清算办法;公司的通知和公告办法;股东大会会议认为需要规定的其他事项。

(六) 股份有限公司的资本

1. 股份有限公司资本的概念

股份有限公司的资本是指公司成立时发行的以及公司成立后增加资本发行的,由股东认购的、记载于公司章程中的,并且在公司登记机关注册的、以货币数值表现的公司股本总额。

2. 股份有限公司资本的特征

(1) 股份有限公司的资本是股份资本。股份有限公司的资本在技术的处理上与其他公司不同,不管资本多大,也不管出资形式是什么,皆量化成股份。

(2) 股份有限公司的资本一般与公开资本市场相联系。股份有限公司可以在公开的资本市场上向投资人发行股票、募集资本并进行转让。

(3) 股份有限公司的资本必须是公司发起人和其他认股人实际缴纳的股款总数。

(4) 股份有限公司的资本必须是在公司登记机关注册的资本。

(七) 股份有限公司的组织机构

1. 股东大会

股东大会是由全体股东组成的公司权力机关。它集中反映股东整体意志和利益,是股份有限公司必设的非常设机构。其职权有:(1) 决定公司的经营方针和投资计划;(2) 选举和更换非由职工代表担任的董事、监事,决定有关董事、监事的报酬事项;(3) 审议批准董事会的报告;(4) 审议批准监事会的报告;(5) 审议批准公司的年度财务预算方案、决算方案;(6) 审议批准公司的利润分配方案和弥补亏损方案;(7) 对公司增加或减少注册资本作出决议;(8) 对公司发行公司债券作出决议;(9) 对公司合并、分立、解散和清算等事项作出决议;(10) 修改公司章程;(11) 公司章程规定的其他职权。

2. 董事会

董事会是由股东大会选举产生的、负责公司的业务执行、行使经营决策的管理权、对外代表公司的必须常设的机构。董事会的职权有：(1) 负责召开股东大会，并向股东大会报告工作；(2) 执行股东大会决议；(3) 决定公司的经营计划和投资方案；(4) 制订公司的年度财务预算方案、决算方案；(5) 制订公司的利润分配方案和弥补亏损方案；(6) 制订公司增加或减少注册资本方案以及发行公司债券的方案；(7) 制订公司合并、分立、解散、变更公司形式的方案；(8) 决定公司内部管理机构的设置；(9) 决定聘任或者解聘公司经理及其报酬事项，根据经理的提名，决定聘任或者解聘公司的副经理、财务负责人，决定其报酬；(10) 制定公司的基本管理制度；(11) 公司章程规定的其他职权。

3. 监事会

监事会是由股东大会从股东中选举产生的和由公司职工从职工中民主选举产生的、专事对公司经营活动进行监督的法定必设机构。其职权有：(1) 检查公司的财务；(2) 对董事、高级管理人员执行公司职务的行为进行监督，对违反法律、行政法规、公司章程或者股东会决议的董事、高级管理人员提出罢免的建议；(3) 当董事和高级管理人员的行为损害公司利益时，要求董事、高级管理人员予以纠正；(4) 提议召开临时股东大会会议，在董事会不履行公司法规定的召集和主持股东大会会议职责时召集和主持股东大会会议；(5) 向股东大会会议提出议案；(6) 依照《公司法》的规定，对董事、高级管理人员提起诉讼；(7) 公司章程规定的其他职权。

第三节　证券法律制度

一、证券法概述

证券法，是指调整在我国境内的股票、公司债券和国务院依法认定的其他证券发行和交易的法律规范的总和。证券法不调整票据、保险单证和其他不涉及投资行为的商业票证。①

证券法贯彻公开、公平、公正原则。"三公"原则是证券法最基本的原则，一切证券法律制度都依此原则进行构建。公开是证券法的精髓，它要求公开证券发行和交易的资讯，使得投资者据以作出合理判断和决策。公平要求坚持平等和等价。公正原则寻求证券市场参与者及管理者之间的利益平衡。证券发行、交易活动的当事人

---

① 我国《证券法》于2019年12月28日完成修订，2020年3月1日起施行。以此为基础，我国将全面推行证券发行注册制，完善信息披露制度，强化投资者保护制度。本次修订，开启了全面推行注册制的新纪元，标志着我国资本市场在市场化、法治化、国际化的道路上又迈出了至关重要的一步。本次证券法的修订范围涉及了证券发行与交易、上市公司收购、信息披露和证券登记结算等多项内容。相应地，首次公开发行并上市管理办法、股票上市规则、股票交易规则、上市公司收购管理办法、信息披露规则、公司债券发行与交易管理办法以及新三板的相应规则等配套制度均需要根据证券法进行相应的修改和完善，为证券市场全面深化改革落实落地、维护投资者合法权益保驾护航。

应当遵守自愿、有偿、诚实信用原则。

二、证券的发行与承销

（一）证券的发行

证券发行，是指商业组织或政府组织，以筹集资金为直接目的，依照法律规定的条件和程序向他人要约出售证券的行为。证券发行市场是证券市场的一级市场。我国证券发行市场由发行人、投资人、中介机构等参加者组成。发行人是指为筹措资金而发行证券的企业、银行和其他非银行金融机构、政府。投资人是指认购证券的个人、企业组织、金融机构、基金组织或其他机构投资人。中介机构主要包括证券承销商、律师事务所、会计师事务所、资产评估机构等。

证券发行可分为公募和私募。公募是指发行人通过中介机构向不特定的社会公众发售证券。私募是指发行人通过中介机构向机构投资者等特定投资人发售证券。

证券发行采取直接发行和间接发行两种方式。直接发行是指由发行人直接将其发行的证券出售给投资者。间接发行，又称承销，是指由发行人委托证券经营机构向社会出售证券。

（二）证券的承销

1. 概述

承销就是间接发行。证券法规定，凡是超过一定金额的证券都应采取承销方式。否则，证券主管机关将命令发行人采取承销方式，或者不批准证券的发行。当然，发行人可以选择承销机构，并与其订立承销协议，确定承销条件以及双方的权利义务。

承销包括代销与包销。代销是指证券公司等代发行人发售证券，在承销期结束时，将未售出的证券全部退还给发行人的承销方式。包销是指证券公司等将发行人发售的证券按照协议全部购入或者在承销期结束时将售后剩余的证券全部自行购入的承销方式。

2. 证券承销商

证券承销商，是指专门从事证券尤其是新发行证券买卖的金融中介机构。我国的承销商主要是证券公司、商业银行、投资银行等。承销商在证券发行过程中承担着顾问、购买、分销和保护等功能。

向不特定对象发行的证券票面总值超过人民币 5000 万元的，应当由主承销和参与承销的证券公司组成的承销团承销。

三、证券上市与交易

（一）证券上市

证券上市，是指公开发行的证券满足法定条件时，其发行者可以提请证券交易所予以审核并经其同意后，在证券交易所集中竞价买卖的法律行为。

(二) 证券交易

1. 概述

证券交易,是指证券持有人将其持有的证券转让给受让人并由受让人向持有人支付价款。证券交易的程序如下:投资人在证券商营业处开设账户,投资人向证券商报单,证券商通过其场内交易员将委托人的买卖指令输入电脑终端,各证券商的场内交易员发出指令一并输入交易所电脑主机并由主机撮合成交,成交后由证券商代理投资人办理清算、交割和过户手续。

证券交易可分为场内交易与场外交易。场内交易,是指在证券交易所市场进行的交易。经依法核准的上市交易证券应当在证券交易所挂牌交易。场外交易,是指在证券交易所市场以外的场所进行的交易。证券交易又可分为现货交易、期货交易、期权交易、信用交易。现货交易,是指证券买卖双方认可证券交易价格,并在成交后立即或在很短时间内办理交割的交易。证券法规定,证券交易必须以现货进行交易。期货交易,是指买卖双方以交易协议签订之日的证券价格作为成交价格,约定于较长的一定时日后进行交割的交易。期权交易,是指对一定时期内证券买卖权的交易。根据这种期权,买方可在规定期限内以事先约定的价格向卖方购买或出售既定数量的某一证券,或者放弃行使买卖证券的权利,而不论此时证券价格如何。信用交易,是指由证券经营机构向客户借贷一定的资金或者证券进行交易。证券法规定,证券公司不得从事向客户融资或者融券的证券交易活动。

2. 禁止的交易行为

(1) 内幕交易和短线交易行为。知悉证券交易内幕信息的知情人员,不得为使自己或他人获取利益或避免损失,利用内幕信息进行证券交易活动。知悉证券交易信息的知情人员或者非法获取内幕信息的其他人员,不得买入或者卖出所持有的该公司的证券、泄露该信息及建议他人买卖该证券。内幕信息,是指证券交易活动中,涉及公司的经营、财务或者对该公司证券的市场价格有重大影响的尚未公开的信息。

上市公司董事、监事、高级管理人员、持有上市公司股份5%以上的股东,将其所持有的该公司的股票在买入后6个月内卖出,或者在卖出后6个月内又买入的,由此所得收益归该公司所有。但是,证券公司因包销购入售后剩余股票而持有5%以上股份的,卖出该股票时不受6个月的限制。

(2) 操纵市场行为。禁止任何人以下列手段操纵证券市场:单独或者通过合谋,集中资金优势、持股优势或者利用信息优势联合或者连续买卖,操纵证券交易价格或者证券交易量;与他人串通,以事先约定的时间、价格和方式相互进行证券交易,影响证券交易价格或者证券交易量;在自己实际控制的账户之间进行证券交易,影响证券交易价格或者证券交易量。

(3) 虚假陈述行为。禁止编造并传播虚假信息,严重影响证券交易。禁止证券交易所、证券公司等在证券交易活动中作出虚假陈述或者信息误导。各种传播媒介传播证券交易信息必须真实、客观,禁止误导。

(4) 欺诈客户行为。在证券交易中,禁止证券公司及其从业人员从事违背客户的委托为其买卖证券、挪用客户委托买卖的证券或者客户账户上的资金、擅自为客户买卖证券或者假借客户的名义买卖证券、为牟取佣金收入诱使客户进行不必要的证券买卖等违背客户真实意思表示、损害客户利益的欺诈行为。

四、证券市场信息公开制度

（一）信息公开制度概述

证券信息公开制度，是指涉及发行人、承销的证券公司、持有一个上市公司已发行的股份5％以上的股东、收购人、证券交易所、证券登记结算机构、证券交易机构、社会中介机构、证券业协会、传播媒介、国家工作人员、国务院证券监督管理机构及其他有关人员等根据法律规定公开与证券发行和交易有关的重大事项的法律制度。信息公开使投资者能及时了解与其购买证券相关的重要事实和材料，从而作出有依据的投资决策。信息公开可以充分发挥证券的资金导向作用，使社会资金得到优化配置。信息公开可以使证券发行人的经营活动被置于公众监督之下，有助于及时发现并制止发行人的违约活动。

公司公告的发行和上市文件必须真实、准确、完整，不得有虚假记载、误导性陈述或者重大遗漏。发行人、承销的证券公司公告招股说明书、公司债券募集办法、财务会计报告、上市报告文件、年度报告、临时报告，存在虚假记载、误导性陈述或者有重大遗漏，致使投资者在证券交易中遭受损失的，发行人、承销的证券公司应当承担赔偿责任，发行人、承销的证券公司的负有责任的董事、监事、经理应当承担连带责任。为证券的发行、上市或者证券交易活动出具审计报告、资产评估报告或者法律意见书等文件的专业机构和人员，必须对其所出具的报告内容的真实性、准确性和完整性进行核查和验证，并就负有责任的部分承担连带责任。

（二）证券发行的信息公开制度

经国务院证券监督管理机构核准依法公开发行股票，或者经国务院授权的部门批准依法公开发行公司债券，应当公告招股说明书、公司债券募集办法。依法公开发行新股或者公司债券的，还应当公告财务会计报告。

招股说明书是发行人向股票购买者提出的要约邀请，是投资者了解发行人情况的重要途径，关系到投资者的利益。因此，招股说明书必须符合法定格式，并记载法定内容。招股说明书应可供投资者查阅，并交证券监督管理机构存档。招股说明书失效后，发行人应当立即停止股票发行工作。公司债券募集办法是发行人依法制作的记载与公司债券发行相关的重大信息的法律文件。它必须记载法定事项。

发行人、为证券发行出具有关文件的专业机构和人员，必须保证提交的申请文件或出具文件的真实性、准确性和完整性。证券发行申请经核准或者审批的，发行人应在证券公开发行前，公告公开发行募集文件。此前，发行人不得发行证券。

证券公司承销证券，应当对公开发行募集文件的真实性、准确性、完整性进行核查；发现含有虚假记载、误导性陈述或者重大遗漏的，不得进行销售活动；已经销售的，必须立即停止销售活动，并采取纠正措施。

(三)证券上市的信息公开制度

1. 概述

上市公司信息公开制度,是指发行人在证券交易过程中,公开与其发行证券相关的影响证券交易价格的重大信息的法律制度。它是证券发行信息公开制度的延续。

2. 上市公司信息公开

(1)股票上市交易申请经证券交易所审核同意后,签订上市协议的公司应在规定的期限内公告股票上市的有关文件,并公告持有公司股份最多的前 10 名股东的名单和持股数额等有关事项。

(2)公司债券上市交易申请经证券交易所审核同意后,发行人应当在规定的期限内公告公司债券上市文件及有关文件。

(四)持续公开

1. 公告中期报告

上市公司和公司债券上市交易的公司应当在每一会计年度的上半年结束之日起 2 个月内向国务院证券监督管理机构和证券交易所提交中期报告,并予以公告。

2. 公告年度报告

上市公司和公司债券上市交易的公司应当于每一会计年度结束之日起 4 个月内向国务院证券监督管理机构和证券交易所提交年度报告,并予公告。

3. 公告临时报告

发生可能对上市公司股票交易价格产生较大影响而投资者尚未得知的重大事件时,上市公司应当立即将有关该重大事件的情况向国务院证券监督管理机构和证券交易所提交临时报告,并予公告。

五、上市公司收购制度

(一)上市公司收购的概念和种类

上市公司收购,是指投资者为控制某上市公司(国有公司或非国有公司)的决策或对其兼并,在证券交易市场上公开购买其股票的行为。

按收购方式不同,上市公司收购可分为要约收购与协议收购。要约收购,是指收购人公开地向上市公司的全体股东发出要约,承诺以某一特定价格购买一定比例或数量的该公司股份,并由受要约人作出承诺。协议收购,是指收购人依照法律、行政法规的规定同被收购公司的股东以协商方式进行股权转让,从而实现收购。协议收购一般是兼并收购。兼并收购后,被收购的上市公司消灭。

按收购性质不同,上市公司收购可分为强制收购和自愿收购。强制收购,是指为了保护中小股东的合法权益,收购人根据法定条件应当收购被收购上市公司股票。自愿收购,是指由收购人自主决定收购上市公司股份。

(二)上市公司收购的条件和程序

1. 概述

收购人应向社会公开其收购意图和方案。一旦收购人作出收购上市公司的公告,国务院证券监督管理机构可以决定被收购的上市公司的股票临时停牌,即暂时停止在证券交易所公开挂牌买卖股票,以增加收购人的收购机会,减少收购成本,避免公众或者股票持有人买卖股票的盲目性。在收购行为发生后的一定期限内,收购人所持有的被收购上市公司的股票不得转让,以防收购人利用收购机会操纵股市,损害投资人的合法权益。兼并收购后,被收购上市公司解散,收购人应依法将被收购上市公司的股票更换为收购人的股票或者其他形式的凭证。同时,收购人应依法承受被收购的上市公司的全部财产、债权和债务,并按公司法规定办理公司合并登记手续。最后,为了使证券监督管理机构和社会公众及时了解收购进展,收购上市公司的行为结束后,收购人应当依法将收购情况报告国务院证券监督管理机构和证券交易所,并予以公告。

2. 要约收购程序

(1) 报送、提交和公告上市公司收购报告书。通过证券交易所的证券交易,投资者持有或者通过协议、其他安排与他人共同持有一个上市公司已发行的股份的30%时,需继续进行收购的,收购人须向国务院证券监督管理机构报送上市公司收购报告书。

(2) 发出收购要约。在报送上市公司收购报告书之后,收购人应当依法向该上市公司所有股东发出收购上市公司全部或部分股份的要约。收购人报送上市公司收购报告书之日起15日后,公告其收购要约。

(3) 被收购公司终止上市交易以及强制收购。收购要约的期限届满,被收购公司的股权分布不符合上市条件的,该上市公司的股票应当由证券交易所依法终止上市交易;其余仍持有被收购公司股票的股东,有权向收购人以收购要约的同等条件出售其股票,收购人应当收购。

3. 协议收购程序

以协议方式收购上市公司的,收购人收购或者通过协议、其他安排与他人共同持有一个上市公司已发行的股份的30%时,继续进行收购的,应当依法向该上市公司所有股东发出收购上市公司全部或部分股份的要约。经国务院证券监督管理机构免除发出要约的除外。

六、证券业务机构

(一) 证券公司

证券公司,是指依照公司法和证券法规定批准的从事证券经营业务的有限责任公司或股份有限公司。证券公司与银行、信托、保险业务机构分别设立。经国务院证券监督管理机构批准,证券公司可以经营下列部分或者全部业务:证券经纪、证券投资咨询、与证券交易及证券投资活动有关的财务顾问、证券承销与保荐、证券自营、证券资产管理、其他证券业务。

(二) 证券登记结算机构和证券服务机构

证券登记结算机构,是指为证券交易提供集中登记、存管与结算服务,不以营利为目的的法人。证券登记结算机构不得将客户的证券用于质押或者出借给他人。

投资咨询机构、财务顾问公司、资信评级机构、资产评估机构、会计师事务所从事证券服务业务,必须经国务院证券监督管理机构和有关主管部门批准。

七、证券市场

(一) 证券交易所

证券交易所,是为证券集中交易提供场所和设施,组织和监督证券交易,实行自律管理的法人。证券交易所既不持有证券,也不参与证券买卖,更不决定证券价格,而仅为买卖双方提供公开交易的场所和服务,并对证券交易进行管理。证券交易所应当制定上市规则、交易规则、会员管理规则及其他有关规则。证券交易所要求所有上市公司定期公布其经营情况和财务状况。同时,交易所应当及时公布各种证券的行情表和股价指数,并随时公布重要的股市信息及其他有关资料。

证券交易所有两种组织形式:(1) 会员制。即由证券经营机构共同组成为其证券自营或经纪业务提供集中竞价交易的法人或非法人团体。我国上海、深圳证券交易所即采用会员制。我国的交易所都是由作为其会员的证券公司出资组成。会员根据其取得的席位和特许权,向交易所派驻有资格的场内经纪人即佣金经纪人(红马甲)从事证券竞价交易。证券交易所的组织机构一般包括会员大会、理事会和专门委员会。(2) 公司制。即由投资者组成提供证券集中竞价交易的股份公司。

(二) 证券的场外交易市场

场外交易市场,是指证券经纪人或证券自营商与客户直接交易上市或未上市证券的证券交易所以外的经批准的市场。

1. 柜台交易市场

即证券公司设立的交易柜台。交易柜台分散于各地,设施规模大小不一。柜台交易便于交易双方直接买卖,迅速成交。柜台交易证券价格通过交易双方协议确定。柜台交易的交易数额没有限制,每日成交量不大。

2. 自动报价系统

是指由中心计算机设备、租赁的电话线和各会员的终端机组成的市场。我国有全国证券交易自动报价系统和全国电子交易系统两个自动报价系统。两者都实行会员制。前者主要进行国债和法人股交易,其功能有即时价、信息分析、结算。后者功能有自动交易、清算交割、信息发布。

3. 第三市场和第四市场

前者指由非交易所会员经纪人在交易所之外经营买卖已在交易所上市的证券而形成的市场。后者指机构投资者抛开证券经营人在证券交易所之外直接利用计算机网络进行大宗交易而形成的市场。

八、证券管理

证券市场活动具有复杂性,价格具有波动性,这要求对证券市场实施管理,否则证券市场就不能健康稳定发展。

（一）证券主管机关

国务院证券监督管理机构即中国证券监督管理委员会依法对全国证券市场实行集中统一监督管理。国务院证券监督管理机构根据需要可以设立派出机构，按照授权履行监督管理职责。国务院证券监督管理机构依法对证券市场实行监督管理，维护证券市场秩序，保障其合法运行。

（二）证券业自律性组织

1. 证券交易所

证券交易所依法对证券交易活动实施自我管理。

2. 证券业协会

它是证券业的自律性组织，是社会团体法人。中国证券业协会实行会员制。证券公司必须参加证券业协会。协会的目的在于加强证券业间的联系、协调、合作和自我控制，约束其业务行为，维护其合法权益，以有利于证券市场的健康发展。证券业协会必须有章程和组织机构，必须依法履行职责，接受证券主管部门的指导和监督。

九、投资基金

（一）概述

投资基金，是指通过发行基金单位，集中投资者的资金交由基金托管人托管，由基金管理人管理和运用，主要从事有价证券投资。基金单位是指由基金发起人向不特定的投资者发行的表示持有人对基金享有和承担资产所有权、收益分配权等权利及相应义务的凭证。基金托管人是具备专门知识和经验，对各种已批准的投资对象进行投资的金融机构。

（二）种类

1. 契约型与公司型

前者指由委托者（经理机构）、受托者（银行或信托公司）和受益者（投资者）订立信托投资契约，由委托者根据契约运用信托财产进行投资，由受托者负责保管信托财产，而由受益者享有投资成果的基金。后者指投资者依法组建股份公司，而由股份公司委托投资公司管理股份公司财产。

2. 开放式与封闭式

前者指原则上只发行普通股，而基金发行总额和基金单位数量不固定，投资者可以按基金的报价在国家规定的场所申购或赎回基金单位的基金。后者指事先确定发行的总额，发行期满后就不再增加股份，投资者购买后不得要求基金赎回，而只能通过证券市场转让基金单位的基金。

第四节 票据法

一、票据法概述

(一) 票据

在法律上所说的票据如无特别说明,是指狭义的票据,即出票人依票据法签发的、无条件支付一定金额或委托他人无条件支付一定金额给收款人或持票人的有价证券,也即汇票、本票和支票。

票据具有下列特点:(1) 票据是设权证券。设权证券是指票据权利的产生是以作成票据为必要。在票据作成之前,权利是不存在的,票据权利是在票据作成时才发生的。(2) 票据是无因证券。无因证券是指票据权利只要符合票据法规定的票据权利发生的情形,即产生和存在,而不需要考虑票据权利发生的原因和基础,或者说票据基础关系中的因素对票据权利不产生影响。(3) 票据是文义证券。即票据上的权利义务严格地按票据上记载的文字为准,不得以其他的事实或因素来解释。(4) 票据为金钱债权证券。(5) 票据是流通证券。票据是为了满足商事活动而产生的一种支付、信用工具,具有融资的功能,又因其在法律上为文义证券,故具有流通性。(6) 票据是要式证券,即票据的作成必须依照票据法规定的格式进行,票据上记载的事项也必须严格遵循票据法的规定。(7) 票据是完全的有价证券。即票据权利的产生以票据的作成为必要;权利的行使以提示票据为必要;权利的转移以交付票据为必要。

(二) 票据法

票据法是规范票据的发行、背书、保证、承兑及付款等行为的票据关系的法律规范的总称。广义的票据法还包括其他法律部门中与票据有关的法律规定。

二、票据法上的法律关系

(一) 票据关系

1. 票据关系的概念

票据关系是指基于票据行为在票据当事人之间形成的以金钱支付为内容的债权债务关系。

2. 票据关系的要件

票据关系与其他法律关系一样,其要件由主体、客体和内容组成。

(1) 主体。票据关系的主体是指票据关系的当事人,即票据债权人和票据债务人。票据债权人就是合法取得票据的持票人,票据债务人就是有义务依票据文义付款的人。凡是在票据上实施一定的票据行为、在票据上签章的人都承担着一定的付款义务。以是否随出票行为而出现为标准,票据主体可以分为基本当事人和非基本当事人。基本当事人是票据关系必要的原始主体,如果此种主体不存在或不完全,票据关系则不成立。票据的基本当事人是汇票和支票的出票人、付款人和收款人,本票的出票人和收款人。非基本当事人是在票据出票后,通过各种票据行为而成为票据关系的当事人,如被背书人、保证人。债务人因所处的地位不同,可以分为第一债务人和第二债务人。第一债务人是主债务人,如汇票的承兑人、本票的出票人,他们都是票据法规定的负有绝对付款义务的人。第二债务人是负担保付款义务的债务人,如汇票、支票的出票人,各种票据的背书人及汇票、本票的保证人。

(2) 客体。票据关系的客体是指票据关系主体享有的权利和承担的义务所指向的对象,即义务人应当支付的一定货币金额。

(3) 内容。票据关系的内容是指票据关系中的权利和义务。包括:基于出票在出票人与收款人之间形成的权利义务关系;基于汇票的承兑而发生的持票人与承兑人之间的权利义务关系;基于背书而发生的背书人与被背书人之间的权利义务关系;基于保证而发生的持票人与保证人之间及保证人与被保证人之间的权利义务关系等。

票据的持票人享有对主债务人的付款请示权,对背书人及其前手的追索权。前者是第一次请求权,后者是第二次请求权。

(二) 票据法上的非票据关系

票据法上的非票据关系是指票据法规定的,除票据关系以外的在票据当事人之间发生的与票据有关的法律关系。这些关系有:票据上正当权利人对法律规定不得享有票据权利的人行使票据返还请求权而发生的关系;因时效届满或手续欠缺而丧失票据权利的持票人对出票人或承兑人行使利益返还请求权发生的关系;票据的付款人付款后请求持票人交还票据的关系等。这些关系对保护持票人因某种原因不能依票据实现其权利时的权益及在证明付款人已履行付款义务上均有重要意义。

(三) 票据的基础关系

这类关系是指由民法调整的决定票据授受的基础关系。票据的基础关系都是民法上的关系,所以又叫民法上的非票据关系。票据的基础关系有三种:票据原因关系、票据资金关系和票据预约关系。票据原因关系是指票据的直接当事人之间授受票据所依据的法律关系,如合同关系、赠与关系等。票据资金关系是指汇票、支票的付款人与出票人之间关于付款资金安排的关系。票据预约关系是指在出票之前票据当事人就票据的种类、票据的记载事项等进行约定而形成的关系。

三、票据行为

(一) 票据行为的概念

票据行为有狭义和广义之分。狭义的票据行为是指能够直接产生票据关系的要式法律行为,一般包括出票、背书、承兑、保证等行为;广义的票据行为除前述票据行为外,还包括付款、参加付款、划线、涂销等。在狭义的票据行为中,出票行为是基本票据行为,又叫主票据行为,是创设票据权利的行为;背书等其他的票据行为是附属票据行为,也叫从票据行为,是在已完成的主票据行为的基础上所为的票据行为,其存在以主票据行为为前提。

（二）票据行为的特征

（1）要式性。票据行为的要式性体现为任何一种票据行为的方式都有特定的要求，如记载内容、书写格式、书写位置、签章要求等。

（2）无因性。无因性体现在票据行为与票据基础关系相分离上。

（3）独立性。独立性体现为各票据行为独立地发生效力，如票据上存在无效行为，不影响其他票据行为的效力。

（4）文义性。文义性是指票据行为的内容完全以票据上记载的文义为准，即使票据上记载的文字与实际情况不符，仍应以文字记载为准。

四、汇票

（一）汇票概述

1. 汇票的概念

汇票是由出票人签发，委托付款人在见票时或在指定的日期无条件支付确定的金额给收款人或持票人的票据。

2. 汇票的种类

（1）银行汇票和商业汇票。银行汇票是由银行签发给在本银行存有货币的收款人持往异地办理转账结算或支取现金的汇票。商业汇票是指银行以外的主体签发的由承兑人承兑，并于到期日向收款人或被背书人支付款项的汇票。

（2）即期汇票和远期汇票。即期汇票是见票即付的汇票。远期汇票是指载明于一定期间或特定日期付款的汇票，分为定期汇票、约期汇票和注期汇票。

（3）一般汇票和变式汇票。一般汇票是指出票人、收款人和付款人分别由不同的主体充任的汇票。变式汇票是指一人同时兼具出票人、收款人、付款人这三个基本当事人中的两种或两种以上身份的汇票。

（二）汇票的出票

1. 出票的概念

汇票的出票是指出票人签发票据并将其交付给收款人的票据行为。在民法层面的票据基础关系上，我国《票据法》要求汇票的出票人必须与付款人具有真实的委托付款关系，并具有支付汇票金额的可靠资金关系。

2. 汇票的记载事项

（1）绝对必要记载事项。包括表明"汇票"的字样；无条件支付的委托；确定的金额；付款人的姓名；收款人的姓名；出票日期；出票人签章。

（2）相对必要记载事项。包括付款日期，如未记载则为见票即付；付款地，如无记载则为付款人的营业场所、住所或经常居住地；出票地，如无记载则为出票人的经营场所、住所或经常居住地。

（3）任意记载事项。即汇票当事人约定的除上述事项外的汇票记载事项，如当事人对汇票支付的货币种类另有约定的从其约定。

3. 出票的效力

(1) 对出票人的效力。出票人须担保汇票承兑和付款的责任。出票人在汇票得不到承兑或付款时,应依法承担支付票款等相关责任。

(2) 对付款人的效力。出票人的行为是单方法律行为,出票行为对付款人的效力是付款人居于形式上被委托人的地位,付款人是否进行付款或承兑由其依与出票人的资金关系而定,但是付款人一旦承兑即成为票据上的主债务人。

(3) 对收款人的效力。收款人从出票人处获得票据后,即取得汇票上的权利——付款请求权和追索权。汇票持有人可依法定条件行使票据权利。

(三) 汇票的背书

1. 汇票背书的概念和特征

(1) 汇票背书的概念。狭义的背书是指持票人为转让汇票权利而在汇票的背面或者粘单上记载有关事项并签章的行为。广义的背书还包括持票人为授予他人行使一定的票据权利而在汇票的背面或粘单上进行有关事项记载并签章的行为。简言之,背书就是持票人以转让票据权利或者将一定票据权利授予他人行使为目的的票据行为。

(2) 特征:① 背书是背书人单方的票据行为。② 背书是要式行为。③ 背书是附属的票据行为。④ 背书不得附条件。背书如附条件,则不具有汇票上的效力。⑤ 背书以转让票据权利或授予他人一定的票据权利为目的。⑥ 背书如将一部分金额转让给他人或将汇票金额分别转让给两人以上的无效。

2. 汇票背书的种类

(1) 转让背书。即一般转让背书,是指持票人以转让汇票权利为目的而为的背书。一般转让背书的效力有三:① 权利转移的效力。汇票一经背书,汇票上的一切权利都从背书人转移给被背书人。② 担保付款的效力。背书人以背书转让汇票后,即承担担保承兑和付款的责任。③ 权利证明的效力。持票人以票据背书的连续证明其汇票权利。

(2) 非转让背书。非转让背书是指持票人仅以授予他人行使一定的汇票权利为目的而为的背书,即委托取款背书和设质背书。

(3) 特别背书。特别背书是指在有特殊事由存在下而进行的、在效力上与一般背书有所差异的转让背书,包括禁止转让背书、期后背书和回头背书。禁止转让背书又称禁转背书,是指背书人记载"不得转让"字样,禁止被背书人再背书转让该票据的转让背书。其效力为:背书人对其后手以外的人不承担担保承兑和付款的责任。期后背书是指在票据被拒绝承兑或拒绝付款或者超过付款提示期限之后的转让背书。其效力为:期后背书人对被背书人承担汇票责任;换言之,持票人对期后背书人有票据权利,而对其他票据债务人无票据权利。回头背书是指以票据上的债务人为被背书人的转让背书。其效力为:在回头背书的情况下,持票人为出票人的,对其(现在的)前手无追索权;持票人为背书人的,对其(过去的)后手(现在的前手,但不包括过去的前手)无追索权。

(四)汇票的承兑

1. 汇票承兑的概念

承兑是指汇票的付款人在汇票持有人提示承兑时在汇票正面用文字的方式明确地表示在汇票到期日无条件支付汇票金额的一种票据行为。汇票上的付款人在承兑之前并不是汇票上的债务人,但一旦承兑即成为汇票的主债务人,承担无条件支付汇票金额的责任,并在持票人因超过时效或票据记载事项欠缺而丧失票据权利时对持票人负有票据利益返还义务。

2. 汇票承兑的原则

(1) 承兑自由原则。承兑自由是指汇票上的付款人可以依自己的独立意思决定是否进行承兑。

(2) 完全承兑原则。完全承兑是指付款人在对汇票承兑时应该对汇票金额全部予以承兑。

(3) 单纯承兑原则。单纯承兑是指付款人在承兑时不附加条件地承兑,即无条件承兑。

3. 承兑的程序

(1) 提示承兑。提示承兑是指持票人向付款人出示票据,要求付款人必须承兑。见票即付的汇票不需承兑,其他汇票是否承兑,由持票人决定。因为在出票人签发汇票后,票据处于流通之中,对付款人来讲,票据在何人之手并不知晓,故承兑须持票人主动提示票据。提示行为在性质上不是票据行为,是保全票据权利的行为。

(2) 承兑。承兑是指汇票付款人承诺在汇票到期日支付汇票金额的票据行为。承兑不得附条件,承兑如附条件,视为拒绝承兑。付款人应自收到提示汇票之日起3日内决定是否承兑。付款人承兑的,应在汇票正面记载"承兑"字样和承兑日期并签章。

(五)汇票的保证

1. 保证的概念。 保证是票据债务人以外的人担保特定票据债务人的债务履行的票据行为。

2. 保证的法律效力。 汇票保证的效力有:(1) 除被保证人的债务因汇票记载事项欠缺而无效外,保证人对合法持票人承担责任;(2) 保证人与被保证人对持票人承担连带责任;(3) 保证人为两人以上的,保证人之间负连带责任;(4) 被保证人在保证人清偿被保证债务后,对保证人负有票据责任。

(六)汇票的付款

1. 付款的概念。 付款是指汇票上的付款人在持票人提示付款后,向持票人支付票据金额,使票据关系消灭的行为。

2. 付款的效力。 付款人依法足额付款后,全体债务人的责任解除。付款人在付款时,应审查汇票背书的连续和提示付款人的身份证明。对定日付款的、出票后定期付款及见票后定期付款的汇票,付款人在到期日前付款的,由付款人自行承担由此产生的责任。

（七）追索权

1. 追索权的概念。追索权是指持票人在不获承兑、不获付款及具有其他法定情形时，在采取保全权利行为之后，请求其前手或其他票据债务人偿还票据金额、利息和有关费用的票据权利。追索权是在付款请求权不能实现或不可能实现的情况下持票人享有的一项权利。

2. 追索权行使的要件。（1）实质要件：① 汇票到期被拒绝付款；② 汇票于到期日前被拒绝承兑；③ 承兑人或者付款人于汇票到期日前死亡或逃匿；④ 承兑人或者付款人被依法宣告破产；⑤ 承兑人或付款人因违法被责令终止业务活动的。（2）形式要件：① 按规定的期限提示承兑和提示付款；② 按规定取得拒绝证明、退票理由书或者其他合法证明。

3. 追索权的行使。持票人被拒绝后，应自收到有关拒绝证书之日起3日内通知其前手。前手收到通知后应通知其再前手。因迟延通知给前手或者出票人造成损失的，由没有按照规定期限通知汇票的当事人在汇票金额范围内承担赔偿责任。持票人行使追索权范围为汇票金额和相关费用。持票人行使追索权的对象不限于其直接前手，可以进行选择。

五、本票和支票

（一）本票

1. 本票的概念。本票是出票人签发的承诺自己在见票时无条件支付确定的金额给收款人或者持票人的票据。我国票据法所称本票是指银行本票。

本票的付款人就是出票人，本票是自付票据。本票有见票规定，但没有承兑制度。本票的背书、保证、付款行为和追索权的行使，除有关本票的专门规定外，适用汇票的规定。

2. 本票的相关规定。在我国本票是银行本票，没有商业本票，故本票出票人的资格由中国人民银行规定。出票人须具有支付本票金额可靠的资金来源。

本票必须记载：表明"本票"的字样；无条件支付的承诺；确定的金额；收款人的名称；出票日期；出票人签章。本票应当记载付款地和出票地，如无记载则为出票人的营业场所。持票人提示见票时，付款人必须承担付款的责任。本票的付款期限自出票日起，最长不得超过2个月。本票的持票人未按规定期限提示见票的，丧失对出票人以外前手的追索权。

（二）支票

1. 支票的概念。支票是出票人签发的委托办理支票业务的银行或者其他金融机构在见票时无条件支付确定金额给收款人或者持票人的票据。普通支票可用于支取现金和转账，现金支票只能用于支取现金，转账支票只能用于转账。

2. 支票的相关规定。出票人在出票前必须以其本人的名义开立存款账户，并预留其本人的签名样式和印鉴。开立账户和领用支票，应有可靠的资信并存入一定的资金。禁止签发空头支票。

支票必须记载：表明"支票"的字样；无条件支付的委托；确定的金额（金额可由出票人授权补记，补记之前的支票不能使用）；付款人名称；出票日期；出票人签章。另外，支票未记载付款地的，以付款人的营业场所为付款地；未记载出票地的，以出票人的营业场所、住所或者经常居住地为出票地。支票上未记载收款人的，推定持票人为收款人。

第五节 保 险 法

一、保险法概述

(一) 保险法的概念

保险法是指以保险关系为调整对象的各种法律规范的总称。保险法有广义和狭义之分。广义的保险法是指一切以保险为对象的法律规范的总称。狭义的保险法是指保险合同法。保险法又可分为形式意义上的保险法和实质意义上的保险法。形式意义上的保险法是指以保险法命名的法律，实质意义上的保险法是一切有关保险业和保险合同的法律规范的总称。

具体来讲，狭义的保险法是指调整保险活动中保险人与投保人、被保险人以及受益人之间法律关系的法律规范的总称。本章所讲的保险法是指狭义的保险法。

(二) 保险法的原则

(1) 自愿原则。除法律、行政法规规定的必须保险的以外，保险公司和其他单位不得强迫他人订立保险合同。除保险法另有规定或者保险合同另有约定的以外，保险合同成立后，投保人可以解除合同。

(2) 保险利益原则。保险利益又叫可保利益，是指投保人对保险标的具有的法律上承认的利益，即在保险事故发生时可能遭受的损失或推动的利益。投保人对保险标的不具备保险利益的，保险合同无效。保险利益原则可以防止保险中的单纯赌博行为，减少道德风险，限制财产保险的赔偿范畴。

(3) 损失赔偿原则。损失赔偿是指当保险事故发生使投保人或者被保险人遭受损失时，保险人必须在责任范围内对投保人所受的实际损失进行补偿。损失赔偿受保险合同条款的制约，因此在财产保险中损失补偿只限于损失财产的实际价值，但最高不得超过保险合同中约定的保险金额。在人身保险中，保险人的赔偿金额同样受保险金额的限制。

(4) 近因原则。近因是解决因某种事故的损失应否由保险人承担赔偿责任的依据。近因原则并非一般性地指损失与某种事故之间是否存在因果关系，而是要解决某种事故是否是保险事故。所谓近因是指直接促成损失结果的原因，只有对损失结果具有有效的支配力的原因，才是有效的原因。

(5) 最大诚信原则。由于保险合同的特殊性，当事人在签订、履行保险合同时必须遵守最大诚信原则。一方面，投保人在签订保险合同时应履行如实告知义务。投保人对要保财产的危险情况最清楚,对保险合同的条款也可以进行事前的了解,因而处于主动地位。若投保人陈述不实或有意欺骗,保险人是难以发现的,所以保险人在保险合同的签订过程中处于被动地位。另一方面,最大诚信原则对保险人也是适用的,它要求保险人在订立保险合同时履行说明义务,以便投保人完全了解合同的条款。

二、保险合同

(一) 保险合同的概念

保险合同是投保人和保险人在协商一致的基础上约定保险权利义务的协议。该协议的内容为:投保方应当依约定向保险方支付保险费;而保险方则对合同约定的保险事故发生后造成的损失承担赔偿责任。

保险合同具有以下特征:(1) 保险合同是双务合同;(2) 保险合同是有偿合同;(3) 保险合同是射幸合同;(4) 保险合同是最大诚信合同;(5) 保险合同一般是附合合同。

(二) 保险合同的种类

(1) 定值保险合同和不定值保险合同。定值保险合同是指当事人双方在订立合同时约定了保险标的的价值并记载于保险单中的合同。保险赔偿金额不得超过保险价值。不定值保险合同是指保险合同订立时不载明保险标的的价值,只载明保险人承担保险责任的最高限额,在保险事故发生后再行估计其价值而确定其赔偿数额的合同。

(2) 补偿性保险合同和给付性保险合同。补偿性保险合同是指在保险事故发生时,由保险人评定被保险人的实际损失从而支付保险金的保险合同。给付性保险合同属于非补偿性保险合同,是指在人身保险合同中保险人按合同约定的情形和赔偿的金额承担给付责任的合同。

(3) 足额保险合同、不足额保险合同和超额保险合同。足额保险合同是指保险金额与保险价值相等的保险合同。不足额保险合同是指保险金额小于保险价值的保险合同。如发生全损,保险人按投保的保险金额赔偿;如只有部分损失,保险人一般按约定的保险金额与保险价值的比例承担赔偿责任。保险人和投保人也可约定损失多少赔偿多少。超额保险合同是指保险金额大于保险价值的合同。超过保险价值的保险金额无效,被保险人最终只能获得等于保险价值的赔偿。

(三) 保险合同的主体

1. 保险合同的当事人

(1) 保险人。也称承保人,是指依法经营保险业务,与投保人订立保险合同,依约收取保险费,并在保险事故发生或者保险期限届满后,承担赔偿责任或者保险责任的保险公司。

(2) 投保人。又称要保人、保单持有人,是指与保险人订立保险合同,并按照保险合同负有支付保险费义务的人。

2. 保险合同的关系人

(1) 被保险人。被保险人是指其财产或者人身受保险合同保障,享有保险金请求权的人。被保险人是在保险事故发生时遭受损失的人,可以是投保人也可以是第三人。

(2) 受益人。受益人又叫保险金受领人,是指人身保险合同中由被保险人或投保人指定的享有保险金请求权的人。投保人和被保险人可以是受益人。并非每个保险合同关系中都有受益人。

(四) 保险合同的订立程序

(1) 投保人提出投保申请。投保人提出的申请可以是口头的,也可以是书面的,书面申请多为填写投保单。

(2) 投保人与保险人商定支付保险费办法。一般情况下,投保人只要确定了险种也就确定了保险费率,只有一些特殊险种才需要双方协商适用的保险费率。

(3) 保险人审核并同意承保。保险人根据告知情况对保险合同进行审核,如确认符合条件的,即表示同意承保,并向投保人出具保险单或者其他保险凭证。

(五) 保险合同的主要条款

保险合同的主要条款有:(1) 保险合同当事人的姓名或者名称、住所;(2) 保险标的;(3) 保险责任和责任免除;(4) 保险期间和保险责任的开始时间;(5) 保险金额;(6) 保险费及其支付办法;(7) 保险金赔偿或给付办法;(8) 违约责任和争议处理;(9) 保险合同订立的时间。

(六) 保险合同的履行

1. 投保人的义务

(1) 缴纳保费的义务。保险合同成立后,投保人按照约定交付保险费,保险人按约定的期间承担保险责任。

(2) 危险增加的通知义务。危险通知义务是指在保险合同的有效期内,保险标的危险程度增加的,投保人或被保险人应当按合同约定通知保险人,保险人有权要求增加保险费或者解除合同。

(3) 出险通知义务。出险通知义务是指投保人或被保险人或受益人知道保险事故发生后,应当及时通知保险人。

(4) 出险施救义务。出险施救义务是指保险事故发生时,投保人和被保险人有责任尽力采取必要措施,防止或减少损失。

2. 保险人的义务

(1) 赔偿或者给付的义务。赔偿或给付义务是指发生保险事故后,即在保险合同约定的给付保险金的条件具备时,保险人应依约向被保险人或受益人给付保险金。

(2) 及时签单的义务。保险合同成立后,保险人应及时向投保人签发保险单或其他保险凭证。

(3) 保密义务。保险人对在办理保险业务中知道的投保人、被保险人的业务和财务情况,负有保密义务。

3. 保险合同履行的保全和抗辩

在财产保险合同中,由于第三人的过错致使保险标的发生保险责任范围内的损失的,保险人按照保险合同的约定履行给付保险金义务后,有权向第三人索偿,使债权得以保全。

在履行保险合同时,保险人享有先履行的抗辩权。

4. 保险合同的索赔和理赔

(1) 保险合同的索赔。索赔是指被保险人在保险事故发生造成保险标的损失后,按保险合同条款的约定,向保险人提出要求支付保险金的行为。

(2) 保险合同的理赔。理赔是指保险人处理被保险人提出索赔的要求、处理有关保险赔偿工作的一系列行为。

三、人身保险合同

(一)人身保险合同的概念

人身保险合同是指投保人以自己或他人的寿命或者身体为保险标的,向保险人交纳保险费,在被保险人死亡、伤残、疾病或者达到约定的年限时,保险人按照约定向被保险人或受益人给付保险金的保险合同。

(二)人身保险合同的当事人

人身保险合同的当事人有保险人和投保人。投保人必须是对被保险人有保险利益的人。投保人对本人,对配偶、子女、父母,对与投保人有抚养、赡养或者扶养关系的家庭其他成员、近亲属,对与投保人有劳动关系的劳动者具有保险利益。除此之外,被保险人同意投保人为其订立人身保险合同的,视为投保人对被保险人具有保险利益。

(三)人身保险合同的关系人

1. 被保险人。被保险人只能是自然人。无民事行为能力的人不能成为以死亡为给付保险金条件的人身保险合同的被保险人。以死亡为保险事故的保险合同,应当经被保险人书面同意并确认保险金额。

2. 受益人。受益人是享有保险金请求权的人。受益人可以是投保人、被保险人,也可以是被保险人或者投保人指定的人。有民事行为能力的投保人和被保险人可以指定受益人。受益人故意造成被保险人死亡或者伤残的,或者故意杀害被保险人未遂的,丧失受益权。

(四)人身保险合同的常见条款

1. 不可抗辩条款。保险合同是最大诚信合同,要求投保人在投保时必须履行如实告知的义务。如果投保人故意隐瞒或过失遗漏,或作不实的说明,足以影响保险人对危险估计的,保险人有权解除保险合同。同时,为了保护被保险人的利益和受益人的利益,保险人只能在保险合同成立后的 2 年内,可以投保人告知不实为由解除保险合同,这个期间被称为可抗辩期间。

2. 不丧失价值任选条款。不丧失价值任选条款是指除定期保险外,一般人身保险合同在交付保险费一定期间后都有现金价值。因为在投保人交付保险费后逐年积累了相当数额的准备金,这部分积存的准备金不因保险效力的变化而丧失其价值,投保人有权任意选择有利的方式处理。在保险事故发生前,投保人可以利用这部分现金价值;在保险事故发生后,投保人可以取回全部保险金。投保人不继续投保而使保险合同无效时,不可剥夺投保人对这部分现金的权利。

3. 宽限期条款。宽限期条款是指保险合同规定的投保人未如期交付保险费时的宽限或优惠期。只要投保人在宽限期间交付保险费,保险合同继续有效。在宽限期间内发生保险事故的,保险人可以在应给付的保险金中扣除投保人欠交的保险费。

4. 复效条款。保险合同因投保人未如期交付保险费而中止或失效后,投保人可以在一定条件下,要求恢复合同的效力。

5. 年龄误报条款。保险合同订立时,如出现年龄误报或年龄不实,在履行保险合同时一经发现,保险人一般不得主张保险合同无效,但应按实付保险费与真实应付保险费的比例,调整保险合同。

6. 他伤亡和自杀、自伤条款。投保人、受益人故意造成被保险人死亡、伤残或者疾病的,保险人不承担给付保险金的责任。自保险合同成立或者复效后 2 年内发生自杀行为的,保险人列为除外责任,仅退还已交付的保险金;超过 2 年发生自杀行为的,则保险人仍应给付死亡保险金。被保险人故意犯罪导致其自身伤残或者死亡的,保险人不承担给付保险金的责任。

7. 战争条款。战争一般为除外条款。

四、财产保险合同

（一）财产保险合同的概念

财产保险合同是以财产及其有关利益为保险标的的保险合同,包括财产损失保险合同、责任保险合同、信用保险合同。

（二）财产保险合同的主要内容

1. 保险标的。财产保险合同的保险标的是投保人予以投保、保险人同意承保的财产或者其他与财产有关的保险利益。

2. 保险金额。保险金额是投保人对保险标的的实际投保金额,是保险人计算保险费的依据及承担赔偿责任的最高限额。

3. 保险责任。保险责任是保险人依保险合同应当承担的赔偿责任。

4. 除外责任。除外责任是指保险合同中列明的保险人不应承担的责任。引起除外责任的风险事故的情形有:(1) 投保人或者被保险人故意制造保险事故的;(2) 战争、军事行为或者暴力行为所引起的财产损失;(3) 核辐射和污染所造成的财产损失;(4) 堆放在露天或在罩棚下的保险财产,以及由芦苇、布、草、纸板、塑料布做棚顶的罩棚,由于风暴等造成的损失;(5) 因财产本身缺陷、保管不善而致的损失,变质、霉烂、受潮、虫咬以及自然磨损和按制度规定的正常损耗;(6) 因遭受保险责任内的灾害或者事故造成停工、停业等所造成的一切间接损失。

(三)财产保险合同的分类

1. 财产损失保险合同。财产损失保险合同即以补偿财产损失为目的的保险合同,其标的是除农作物、牲畜以外的一切动产和不动产。该类合同又可分为:企业财产保险合同、家庭财产保险合同、运输工具保险合同和运输货物保险合同。

2. 责任保险合同。责任保险合同是指以被保险人对第三人所负的赔偿责任为标的的保险合同。该类合同又可分为:雇主责任保险合同、公众责任保险合同、产品责任保险合同、职业责任保险合同。

3. 信用保险合同。信用保险合同是指保险人对被保险人的信用放贷或信用售货的一种保证形式。

4. 保证保险合同。保证保险合同是指由保险人为被保证人向权利人提供保证的一种保险形式。

(四)财产保险合同的效力

1. 投保人的义务。包括:(1)支付保险费;(2)维护保险标的的安全;(3)保险标的危险程度增加时及时通知保险人;(4)危险发生时的通知义务和防灾减损义务;(5)提供证明、资料和单证的义务。

2. 保险人的责任。保险人收到被保险人或者受益人的赔偿或者给付保险金的申请后,应当依合同的约定及时理赔。

3. 代位求偿。代位求偿是指在财产保险中,由于第三人的过错导致保险标的发生保险责任范围内的损失的,保险人在赔付了被保险人后,向第三人请求赔偿的行为。保险人行使代位求偿权的范围应以保险人向被保险人实际支出的赔偿金额为限。

第六节 破产法律制度

一、破产法概述

(一)破产

破产,是指债务人不能清偿到期债务时所适用的偿还债务的程序以及该程序终结后债务人身份地位受限制的法律状态。破产程序,是指当债务人不能以其财产清偿债务时,法院对债务人的总财产进行概括的强制执行,以使全体债权人获得公平清偿的程序。

(二)破产法

破产法,是关于债务人不能清偿债务而适用破产程序、和解程序或重整程序处理债务关系的法律及其他规范性文件的总称。我国现行破产法规主要是《企业破产法》,适用范围是一切企业法人。

二、破产的开始

（一）破产界限

《企业破产法》第 2 条规定，企业法人不能清偿到期债务，并且资产不足以清偿全部债务或者明显缺乏清偿能力的，依照该法规定清理债务。

（二）破产案件的管辖

《企业破产法》第 3 条规定，破产案件由债务人住所地人民法院管辖。

（三）破产案件的申请与受理

1. 破产案件的申请

（1）债务人提出破产申请。《企业破产法》第 7 条第 1 款规定，债务人不能清偿到期债务，可以向人民法院提出重整、和解或者破产清算申请。

（2）债权人提出破产申请。《企业破产法》第 7 条第 2 款规定，债权人可以向人民法院提出对债务人进行重整或者破产清算的申请。

（3）清算人提出破产申请。企业法人已解散但未清算或者未清算完毕，资产不足以清偿债务的，依法负有清算责任的人应当向人民法院申请破产清算。

破产申请方式有：债务人申请时应当说明企业亏损的情况，提交有关的会计报表、债务清册和债权清册。债权人申请时应当提交申请书和关于债权数额、有无财产担保以及债务人不能清偿到期债务的有关证据。

2. 法院对破产申请的审查和受理

人民法院一方面审查申请人的申请权、法院的管辖权和申请书内容，另一方面审查债务人是否具有破产能力和破产原因。审查后裁定受理与否。

3. 破产开始的效力

法院裁定受理破产申请后，债务人丧失对其财产的占有和处分权。债务人应将财产移交清算组。债务人对部分债权的个别清偿行为无效。个别清偿债务人为正常生产经营所必需时，应报法院批准。债权人必须按公告指定的期限申报登记债权，不能向法院提起新的诉讼。债权人申请登记债权时应持债权及其数额的有效证明。债权人逾期未申报的，视为自动放弃债权，既不能参加破产程序分配债务人的财产，也不能另行起诉要求清偿债务。正在进行的以破产企业为债务人或执行对象的其他民事诉讼程序和执行程序、财产保全程序必须中止或终结。以破产企业为债权人的诉讼应移送受理破产案件的法院。

三、重整程序

（一）重整的概念

重整是指不对无偿付能力债务人的财产立即进行清算，而是在法院的主持下由债务人与债权人达成协议，制订重整计划，规定在一定的期限内，债务人按一定的方式全部或部分地清偿债务，同时债务人可以继续经营其业务的再建型的债务清偿制度。

(二)重整程序过程

1. 重整申请和重整期间

债务人或者债权人可以直接向人民法院申请对债务人进行重整。债权人申请对债务人进行破产清算的,在人民法院受理破产申请后、宣告债务人破产前,债务人或者出资额占债务人注册资本 1/10 以上的出资人,可以向人民法院申请重整。人民法院经审查认为重整申请符合规定的,应当裁定债务人重整,并予以公告。

自人民法院裁定债务人重整之日起至重整程序终止,为重整期间。在重整期间,管理人负责管理财产和营业事务。经债务人申请,人民法院批准,债务人可以在管理人的监督下自行管理财产和营业事务。

2. 重整计划的制订和批准

债务人或者管理人应当自人民法院裁定债务人重整之日起 6 个月内,同时向人民法院和债权人会议提交重整计划草案。债务人自行管理财产和营业事务的,由债务人制作重整计划草案。管理人负责管理财产和营业事务的,由管理人制作重整计划草案。

重整计划草案应当包括下列内容:债务人的经营方案;债权分类;债权调整方案;债权受偿方案;重整计划的执行期限;重整计划执行的监督期限;有利于债务人重整的其他方案。

重整计划依照下列债权分类采用分组表决的方式进行表决:对债务人的特定财产享有担保权的债权;债务人所欠职工的工资和医疗、伤残补助、抚恤费用,所欠的应当划入职工个人账户的基本养老保险、基本医疗保险费用,以及法律、行政法规规定应当支付给职工的补偿金;债务人所欠税款;普通债权。出席会议的同一表决组的债权人过半数同意重整计划草案,并且其所代表的债权额占该组债权总额的 2/3 以上的,即为该组通过重整计划草案。各表决组均通过重整计划草案时,重整计划即为通过。

3. 重整计划的执行

重整计划由债务人负责执行。自人民法院裁定批准重整计划之日起,在重整计划规定的监督期内,由管理人监督重整计划的执行。

人民法院裁定批准重整计划后,已接管财产和营业事务的管理人应当向债务人移交财产和营业事务。

4. 重整计划的终止

依照《企业破产法》第 78 条、第 79 条、第 88 条、第 93 条的规定,重整程序在下列情形下终止:

在重整期间,有下列情形之一的,经管理人或者利害关系人请求,人民法院应当裁定终止重整程序,并宣告债务人破产:债务人的经营状况和财产状况继续恶化,缺乏挽救的可能性;债务人有欺诈、恶意减少财产或者其他显著不利于债权人的行为;债务人的行为致使管理人无法执行职务。

债务人或者管理人未按期提出重整计划草案的,人民法院应当裁定终止重整程序,并宣告债务人破产。

重整计划草案未获得通过,或者已通过的重整计划未获得批准的,人民法院应当裁定终止重整程序,并宣告债务人破产。

债务人不能执行或者不执行重整计划的,人民法院经管理人或者利害关系人请求,应当裁定终止重整计划的执行,并宣告债务人破产。

四、和解程序

(一) 和解制度概述

和解,是指债务人与其债权人之间就延期、分期清偿债务、免除或者部分免除债务人的债务达成协议,以中止破产程序,防止债务人破产的制度。和解协议一经法院认可,即对全体债权人具有约束力。

(二) 和解过程

1. 开始

《企业破产法》第95条规定,债务人可以直接向人民法院申请和解,也可以在人民法院受理破产申请后、宣告债务人破产前,向人民法院申请和解。债务人申请和解,应当提出和解协议草案。

2. 和解申请的受理

法院对债务人提交的和解申请应当进行审查,对符合条件的,应决定受理,裁定中止破产程序,开始和解程序,并将和解方案移交债权人会议。对不符合条件的,应裁定驳回,并同时裁定宣告债务人破产,开始破产清算程序。

3. 开始和解程序的效力

自法院作出裁定许可和解申请时,和解程序发生如下法律效力:破产程序中止;债务人对其财产行使的处分权受到限制;债权人对债务人的财产不能申请开始或继续强制执行,已经开始的强制执行程序必须中止,债务人对债权人的个别清偿行为无效。

4. 和解程序的进行

在和解程序中,应进行以下几个事项:

(1) 申报和解债权。法院开始破产程序后,应用通知或公告的方式通知债权人申报债权。这些申报的债权在和解程序中仍然有效,在破产程序中申报债权的债权人,应视为和解债权人,享有参加和解程序的资格。在法院规定的期限内未申报债权或逾期申报的,应视为放弃债权,不能参加和解程序。

(2) 召开债权人会议,讨论和解决议。

(3) 债权人会议对和解协议进行决议。

(4) 法院对债权人会议决议进行审查。债权人会议决议形成的和解方案经法院批准后产生的法律效力,对全体债权人、债务人及法院均有约束力。

5. 和解程序的终结

根据《企业破产法》第103条第1款,对因债务人的欺诈或者其他违法行为而成立的和解协议,人民法院应当裁定无效。根据《企业破产法》第104条第1款,债务人不能执行或者不执行和解协议的,人民法院经和解债权人请求,应当裁定终止和解协议的执行。

五、破产宣告

(一) 破产宣告的概念和条件

破产宣告,是指受理破产案件的法院经依法审理,裁定、宣布债务人破产并予以公告的审判行为。破产宣告的条件如下:

1. 实质条件。《企业破产法》第2条规定,企业法人不能清偿到期债务,并且资产不足以清偿全部债务或者明显缺乏清偿能力的,可以破产宣告。

2. 程序条件。在下列情形,法院可以依法对企业进行破产宣告:重整期间有《企业破产法》第78条规定的情形的;债务人或者管理人未按期提出重整计划草案的;重整计划草案未获得通过或者已通过的重整计划未获得批准的;债务人不能执行或者不执行重整计划的;和解协议草案经债权人会议表决未获得通过,或者已经债权人会议通过的和解协议未获得人民法院认可的;债务人不能执行或者不执行和解协议的。

(二) 破产宣告的程序

1. 审查破产宣告要件。在破产程序未因和解生效而中止的情形下,法院应审查债务人是否具有破产能力和破产原因以及是否出现宣告破产的障碍事由,并应审查破产宣告前的程序是否已经依法结束。在破产程序曾因和解生效而中止的情形下,法院主要审查破产程序是否应恢复。

2. 破产宣告的裁定和公告。

3. 破产宣告的效力。

(1) 破产债务人来说,一经宣告破产,债务人即丧失行为能力,而且丧失对其财产的占有、管理和处分权,破产债务人应从破产宣告之日起停止一切经营活动,但法院或清算组认为必须进行的生产经营活动除外。

(2) 债权人来说,在诉讼时效内的债权,成为破产债权,参加破产程序统一获得清偿,债权人不得再申请开始个别清偿程序;已经开始的清偿程序,应当中止,通知债权人参加破产程序;有争议的正在发生诉讼的债权,在得到执行依据后,直接参加破产程序获得执行,不得依原来的诉讼程序申请个别强制执行;尚未到期的债权,在债务人被宣告破产后视为到期,债权人参加破产程序统一分配,债权计息的,应减去到期的利息。破产债务人未履行的合同和正在履行的合同是否继续履行,由管理人根据是否对破产财产有利决定。

六、债权人会议和管理人

(一) 债权人会议

债权人会议,是由全体债权人组成并代表全体债权人的公平利益,对债务人的破产事项进行决议的机构。会议主要审查有关债权的证明材料,确认债权有无财产担保和数额;讨论通过和解协议草案;讨论通过破产财产的处理和分配方案。

债权人必须具备如下条件:其债权必须是在企业破产宣告前就已经成立的债权;其债权必须是已按企业破产法的有关规定在法定期限内申报的债权;其债权必须是经债权人会议审查核定资产后确认存在的债权。因管理人解除破产企业的未履行合同等原因致相对人损害的,相对人的损害赔偿请求权,虽发生和申报在破产之后,但也是破产债权的组成部分,其债权人也是债权人会议成员。已经放弃优先受偿权的有财产担保的债权人可以参加债权人会议。债务人的保证人在代替债务人清偿债务后也可作为债权人参加债权人会议。

(二)管理人

管理人,是指在法院受理破产申请后,由法院指定成立的,管理破产企业,负责破产财产的保管、清理、估价以及处理和分配的专门机构。管理人可以依法进行必要的民事活动。《企业破产法》第13条规定,人民法院裁定受理破产申请的,应当同时指定管理人,接管破产企业。管理人可以由有关部门、机构的人员组成的清算组或者依法设立的律师事务所、会计师事务所、破产清算事务所等社会中介机构担任。

管理人履行下列职责:接管债务人的财产、印章和账簿、文书等资料;调查债务人财产状况,制作财产状况报告;决定债务人的内部管理事务;决定债务人的日常开支和其他必要开支;在第一次债权人会议召开之前,决定继续或者停止债务人的营业;管理和处分债务人的财产;代表债务人参加诉讼、仲裁或者其他法律程序;提议召开债权人会议;人民法院认为管理人应当履行的其他职责。

七、破产债权与破产财产

(一)破产债权

破产债权,是指在破产程序中债权人享有的对破产财产公平受偿的请求权。破产债权必须是针对破产人的总财产的请求权。如果债权人只对破产人的特定财产有请求权,其债权不能转变为破产债权。破产债权是在破产宣告前成立的债权。破产宣告前成立的无财产担保的债权和放弃优先受偿权利的有财产担保的债权为破产债权。破产宣告时未到期的债权,视为已到期债权。破产宣告后的债权,包括管理人所为的民事行为产生的债权,不能为破产债权。有财产担保的债权的数额超过担保物的价款的,未受清偿的部分,作为破产债权。破产债权必须没有超过诉讼时效。

(二)债务人财产

1. 概念

债务人财产,是指在法律所规定的破产宣告后,依照破产程序用于对债权人的债权进行清偿的破产企业的财产总和。债务人财产必须是归企业所有的财产或破产企业可以独立支配的财产。破产财产必须是在破产程序终结前属于破产企业的财产。债务人财产可以依破产程序强制清偿。

2. 债务人财产的范围

根据《企业破产法》第30条的规定,债务人财产由下列财产构成:(1)宣告破产时破产企业经营管理的全部财产;(2)破产企业在破产宣告后至破产程序终结前所取得的财产。已作为担保物的财产不属于破产财产;担保物的价款超过其所担保的债务数额的,超过部分属于破产财产。破产企业内属于他人的财产,由该财产的权利人通过管理人取回。债权人对破产企业负有债务的,可以在破产清算前抵消。《企业破产法》第 31 条规定,人民法院受理破产申请前 1 年内,对涉及债务人财产的下列行为,管理人有权请求人民法院予以撤销:无偿转让财产的;以明显不合理的价格进行交易的;对没有财产担保的债务提供财产担保的;对未到期的债务提前清偿的;放弃债权的。

3. 破产财产分配

破产财产分配,是指管理人经过对破产财产的清理和变价后,将属于破产人的财产按一定程序优先拨付破产费用后,按照一定顺序清偿。破产财产在优先清偿破产费用和共益债务后,依照下列顺序清偿:破产人所欠职工的工资和医疗、伤残补助、抚恤费用,所欠的应当划入职工个人账户的基本养老保险、基本医疗保险费用,以及法律、行政法规规定应当支付给职工的补偿金;破产人欠缴的除前项规定以外的社会保险费用和破产人所欠税款;普通破产债权。破产财产不足以清偿同一顺序的清偿要求的,按照比例分配。

破产财产分配完毕后,由管理人提请法院终结破产程序。破产程序终结后,未得到清偿的债权不再清偿。破产企业有《企业破产法》第 31 条所列行为之一,自破产程序终结之日起 2 年内被查出的,由法院追回财产,依上述顺序清偿。

第七节 海 商 法

一、海商法概述

(一) 海商法的概念和特点

海商法(Maritime Law)是调整特定的海上运输关系和船舶关系的法律规范的总称,是商法的重要组成部分。

海商法是随着航海贸易的兴起而产生和发展起来的。从其发展来看,海商法起源于古代,形成于中世纪,繁荣于近现代。古代的海商法实际上是从事航海贸易的商人处理纠纷的习惯规则;中世纪的海商法主要表现为航海惯例和海事判例汇编;到了近代,欧洲各国开始制定成文海商法,海商法呈现出法典化的发展趋势;随着国际贸易和海运事业的发展,为减少各国海商法的冲突,在国际组织的推动下,现代国际海事统一立法运动逐渐兴起,一些国际海商条约陆续出台,海商法向国际统一立法方向发展。如今,海商法已成为各海运国家的重要法律部门。

1. 海商法的调整对象

海商法是一个独立的法律部门,有其特定的调整对象。海商法主要调整两类法律关系:一类是海上运输中发生的法律关系,另一类是与船舶有关的法律关系。

(1) 海上运输中的法律关系

海上运输中的法律关系是指以海上运输为目的,当事人在海上运输和其他作业中所发生的各种合同关系、侵权关系以及为适应海上运输过程中的特殊风险而产生的相应的法律关系。有关海上运输的合同关系主要有:海上货物运输合同中承运人和托运人之间的关系;海上旅客运输合同中的承运人和旅客之间的关系;海上保险合同中的保险人和被保险人之间的关系;船舶租用合同中的出租人和承租人之间的关系等。海上运输中所发生的侵权关系是指船舶碰撞、船舶污染海洋环境等侵权行为所产生的责任人与受害人之间的法律关系。为适应海上运输过程中的特殊风险而产生的相应的法律关系是指为适应海上特殊风险而产生的公平负担风险责任的法律关系,如共同海损、海难救助、海事赔偿责任限制等方面的法律关系,它们是海商法所特有的法律关系。

(2) 有关船舶的法律关系

有关船舶的法律关系主要包括:船舶的物权关系,如船舶所有权、船舶抵押权、船舶优先权;船舶与船员的管理关系,如对船舶的行政管理、船员的任用以及职责等;与船舶营运有关的合同关系,如船舶所有人、经营人、出租人、承租人之间,抵押权人与抵押人之间,救助人与被救助人之间的关系。

总之,海商法调整的与海上运输和船舶有关的法律关系以平等民事主体之间的权利义务关系为主,此外还包括国家因对海上运输和船舶进行管理而与被管理者之间形成的行政法律关系。

2. 海商法的特点

与其他法律部门相比较,海商法有其鲜明的特点,主要表现在以下几个方面:

(1) 涉外性或国际性。海商法调整的法律关系以涉外关系为主,即涉外海上运输关系和涉外船舶关系。有些国家的海商法规定,只有国际海上运输关系适用海商法,而当事人之间所发生的沿海运输关系则不适用或不完全适用海商法。我国《海商法》在海上货物运输合同、海上旅客运输合同、海事赔偿责任限制等方面都对国际海上运输关系与国内沿海运输关系作出了不同的规定,如《海商法》第2条第2款规定:"本法第四章海上货物运输合同的规定,不适用于中华人民共和国港口之间的海上货物运输。"海商法的涉外性还表现在其渊源和效力方面。除了一国制定的海商法、海事判例之外,国际条约和国际航运惯例是海商法体系中的重要组成部分,对各国海商立法产生了深刻的影响。海商法的效力可及于外国当事人或外国籍船舶。在涉外海事关系的法律适用方面,海商法一般规定可以适用外国法和国际条约。

(2) 制度的特殊性。基于海上运输业的风险大、投资大,为鼓励海上投资,同时公平合理地解决纠纷,海商法规定了一系列与海上运输相适应的特殊制度,这些制度突出表现为有关海上风险及赔偿责任的分摊制度,包括海事赔偿责任限制制度、船舶的抵押权制度和优先权制度、共同海损制度、海难救助制度、保险委付制度等。这些制度有别于一般的民商事制度,只能适用于海运领域而不能推及其他。

(3) 法律规范的多样性。从规范的性质看,海商法规范既包括私法规范,又包括公法规范;既包括强制性规范,又包括任意性规范;既包括国内法规范,又包括国际法规范;既包括实体法规范,又包括冲突法规范。各种规范有机地统一于海商法之中,共同调整海上运输关系和船舶关系。对于这种不同性质的法律规范在特定的领域里共存的现象,有人称之为规范的竞合性。

(4) 较强的专业性。海商法是一门与船舶和航海专业密切联系的法律。它涉及船舶、航海、船员、货物的运输与管理等专业和技术。海商法所涉及的许多问题,是事实问题和技术问题,需要具体问题具体分析,比如对船舶适航的认定、船舶碰撞责任的划分都和具体的技术相关。研究海商法应当掌握必要的航海专业知识。

海商法涉及面广、内容丰富、制度独特,涉及海上企业组织法、海上运输合同法、损害赔偿法、债权法等诸多领域的法律问题,囿于篇幅,本节主要对海商法的两大基本制度——船舶法律制度和海上货物运输法律制度进行介绍。

(二) 海商法的性质

关于海商法的性质,即海商法的法律属性,学界看法不一。主要有两种观点:一种认为海商法属于民法范畴,是民法的特别法;一种认为海商法属于商法范畴,是商法的特别法。实际上,海商法的性质与各国的立法原则和立法传统有很大的关系。

按照商法理论,商法是以商事为调整对象的法律。商法主要包括有公司、票据、保险、海商等方面的内容,如日本商法典的体系就包括上述四个方面的内容。从立法传统上看,有的国家采取"民商合一"原则,民商法合于一体,没有制定专门的商法典。对于商法所含的内容依据民法的基本原则,并制定单独的单行法,如保险法、海商法、公司法以及票据法。在这种体例下,海商法与民法的关系是特别法与普通法的关系。而有的国家采取"民商分立"原则,分别制定有专门的民法典和商法典。海商法被认为是规范海上运输领域的商事行为的法律,一般被归入商法典内,例如荷兰、日本等国的商法典都包括海商法编。

我国海商法学界多持海商法是民法的特别法这种观点,认为海商法所调整的法律关系实际上都是或者主要是平等民事主体之间横向的财产、经济关系;同时,海商法无论在形式上还是实质上均保持其相对独立性。由于海上运输特有的风险性,在海商法中形成了一系列特殊的法律制度,如共同海损制度、海事赔偿责任限制制度。因此,海商法又有别于一般民事法律,被视为民法的特别法。对于海上运输关系以及船舶关系,海商法未作规定的,应适用民事法律及其他有关法律。

(三) 海商法的渊源

海商法的渊源是指海商法规范的直接出处。一切法律规范均以一定的法律形式表现出来,因此海商法的渊源就是指海商法的法律表现形式。

1. 国内立法

有关海商法方面的国内立法是海商法的主要渊源。国家制定海商法始于近代,其中法国的路易十四在 1681 年制定的《海事条例》影响较大,是欧洲第一部综合性的海商法典。大陆法系国家多将海商法作为专章或专篇列入商法典之中;英美法系国家的海商法以判例法为主,同时他们也制定了一些单行法,著名的如英国 1855 年《提单法》、1894年《商船法》、1906年《海上保险法》,美国1893年《哈特法》、1936年《海上货物运输法》。上述法律对世界各国的立法以及后来的国际立法都产生了深刻的影响。

就我国而言,从法律的制定机构以及法律效力来看,除《宪法》之外,海商法的渊源主要包括:由全国人民代表大会及其常务委员会制定并颁布的有关法律,如《海商法》《海上交通安全法》《海事诉讼特别程序法》等;由国务院及其部委制定的法规和规章,如《船舶登记条例》《关于不满300总吨船舶及沿海运输、沿海作业船舶海事赔偿限额的规定》;由最高人民法院针对海事审判实践和《海商法》的应用专门制定与发布的一系列司法解释等。其中,《海商法》是最直接和最重要的渊源。《海商法》于1992年11月7日通过,1993年7月1日起施行。这部法律从我国国情出发,以当时通行的国际条约为基础,吸收了重要的国际惯例,借鉴了具有广泛影响的标准合同,总结了我国四十多年的海运实践,考虑了国际海事立法的发展趋势,对海上运输关系和船舶关系作了全面的、具体的规定。《海商法》内容丰富,体系完整,全文分15章,计278条,广泛涉及船舶、船员、海上货物运输、海上旅客运输、船舶租用、海上拖航、船舶碰撞、海难救助、共同海损、海事赔偿、海上保险、涉外海事关系的法律适用等方面的法律问题。《海商法》的通过与施行,使我国从根本上改变了在海运领域无法可依的状况,进入依法规范海上运输市场的新时代。为了更好地配合《海商法》的实施,1999年12月,全国人大常委会通过了《海事诉讼特别程序法》,并于2000年7月1日实施。该法的制定和实施,标志着我国已经形成了一个较为完备的海商法体系,这对我国的海上运输事业以及对外经济贸易建设起了重要的保障与促进作用。

2. 国际条约

国家之间签订的海商法方面的国际海事条约是海商法的重要渊源。为防止与减少各国法律之间的冲突,国际社会成立了联合国贸发会议(UNCTAD)、国际海事委员会(CMI)、国际海事组织(IMO)等国际组织,主持制定了一系列重要的国际海事公约,为国际海事统一立法作出了重要的贡献。上述三个组织先后制定了一百多个国际公约、议定书和修正案[①],内容广泛,基本涵盖了海商法的各个领域。

我国已经批准或加入了一系列重要的国际海事条约,主要包括:有关船员的《1978年海员培训、发证和值班标准国际公约》;有关海上旅客运输的《1974年海上旅客及其行李运输雅典公约》;有关船舶碰撞的《1910年船舶碰撞公约》和《1972年国际海上避碰规则》;有关海难救助的《1989年国际救助公约》;有关油污损害的《1969年国际油污损害民事责任公约》等。我国《海商法》充分吸收了这些国际条约的内容,这些国际条约已经真正成为我国《海商法》的重要渊源。为了解决国际条约与国内法律可能出现的冲突,我国《海商法》第268条第1款规定:"中华人民共和国缔结或者参加的国际条约同本法有不同规定的,适用国际条约的规定;但是,中华人民共和国声明保留的条款除外。"

---

① 参见张湘兰主编:《海商法论》,武汉大学出版社2001年版,第7页。

3. 国际惯例

国际惯例是在国际交往中逐渐形成的行为规则。海商法中所指的国际惯例主要是指国际航运惯例或称国际海事惯例。国际航运惯例是在国际航海贸易实际中所形成的、公认的且被广泛接受并遵守的行为规则。海商法是具有悠久历史的法律,存在着许多惯例。如在共同海损方面,有颇具影响的《约克—安特卫普规则》;在海上货物运输方面,有承运人在舱面上装载货物的惯例。

国际惯例的效力已经为不少国际条约和国内法所肯定和承认。我国《海商法》第268条第2款规定:"中华人民共和国法律和中华人民共和国缔结或者参加的国际条约没有规定的,可以适用国际惯例。"这表明我国《海商法》是承认国际惯例的法律效力的。但适用国际惯例是以我国法律和我国缔结或者参加的国际条约没有规定为前提的,即国际惯例是作为法律、公约的补充而适用的。值得注意的是,适用国际惯例不得违反我国的社会公共利益。

4. 海事判例

判例是否为一个国家的法律渊源,取决于该国的历史背景和立法传统。在英美法系国家,判例是法律的主要渊源。根据所谓"遵守先例"的原则,权威法院的判决作为先例,对于下级法院具有约束力,起着法律的作用。而大陆法系国家一般则不承认判例作为法律的一种形式。

在我国,判例不是海商法的渊源。判例只是法院对某一案件的判决,是一个司法文书而不是立法文书,只对有关案件的当事人有约束力。当然,判例对法院审理同类案件所起的指导作用是毋庸置疑的。此外,在发生涉外海事纠纷以后,我们难免会与判例法国家及其当事人打交道,这也要求我们必须了解和研究他们的判例。如果我国当事人在判例法国家起诉或应诉,则更可以援引判例以支持自己的主张或进行抗辩。

二、船舶法律制度

(一) 船舶的概念和性质

船舶的概念是随着社会的发展和造船技术的进步而不断发展变化的,可分为广义和狭义两种。广义的船舶,即通常意义上所讲的水上航行工具或者装置。海商法中所指的船舶是一种狭义的船舶,即各国海商法中所界定的船舶。凡制定了海商法的国家都会对船舶从用途、航行能力、船舶的吨位等方面加以界定,以对适用海商法的船舶范围进行限制。各国海商法对船舶的界定不尽一致。我国《海商法》第3条规定:"本法所称船舶,是指海船和其他海上移动式装置,但是用于军事的、政府公务的船舶和20总吨以下的小型船艇除外。前款所称船舶,包括船舶属具。"[①]

船舶的法律性质问题,对于明确船舶的所有权范围,处理与船舶有关的法律问题

[①] 需要注意的是,"船舶"一词在我国《海商法》所规定的具体制度中的含义并不完全相同。如在船舶抵押权制度与船舶留置权制度中,建造中的船舶被视为船舶;在船舶碰撞制度与海难救助制度中,船舶可以是指任何非用于军事的或者政府公务的船艇,包括非海船(主要是指内河船舶)、20总吨以下的小型船艇。

具有重要的意义。

1. 船舶的不动产性

依据民法理论,船舶属于动产,但由于船舶的特殊性,即价值高、体积大、移转难,一般不作为交易对象,大多数国家的法律将船舶作为不动产来处理,我国也不例外。在海商法中,船舶被作为不动产处理的最主要表现是船舶登记以及抵押权制度。我国《海商法》以及《船舶登记条例》明确规定了船舶所有权、抵押权、租赁权的取得(设立)、变更(转移)、消灭及其登记制度。

2. 船舶的拟人性

船舶是物,但在法律上往往将其作拟人化处理,赋予其自然人和法人的特征,将其视为当事人或权利主体。如船舶均有自己的名称、国籍、船籍港等。船舶的拟人性最突出的体现就是英美法系国家实行的"对物诉讼"制度。①

3. 船舶的合成性

船舶是由船体、船机以及属具等组合而成,每一个部分都不能离开船舶整体而单独存在。因此,船舶在法律上是不可分物。船舶的所有权移转及于船舶的各个部分。根据我国《海商法》第 3 条第 2 款的规定,船舶包括船舶的属具。

(二) 船舶所有权

根据《海商法》第 7 条的规定,船舶所有权是指船舶所有人依法对其船舶享有占有、使用、收益和处分的权利。

1. 船舶所有权的取得

船舶所有权的取得按照原因的不同,分为原始取得和继受取得两种形式。原始取得的主要方式是建造船舶,此外,国家还可以通过捕获、征用、没收等方式原始取得船舶所有权。船舶所有权继受取得,是指通过某种法律行为从原船舶所有人处取得所有权,主要方式是买卖、继承、赠与、拍卖等。

2. 船舶所有权的转让

船舶所有权的转让主要涉及船舶所有人的所有权转让从何时起具有法律效力的问题。《民法典》第 224 条规定:"动产物权的设立和转让,自交付时发生效力,但是法律另有规定的除外。"也就是说,通常情况下船舶所有权从船舶交付时转移。

3. 船舶所有权的消灭

船舶所有权的消灭主要有两方面的原因:一是由于船舶所有权的转让,如买卖、继承、赠与、保险委付等;二是由于船舶本身灭失、沉没、失踪、拆解等。

根据《海商法》以及《船舶登记条例》的规定,船舶所有权的取得、转让和消灭,均应当向船舶登记机关登记;未经登记的,不得对抗第三人。据此,当事人以依法成立的船舶买卖合同或其他合法方式取得、转让、消灭船舶所有权的行为,在有关当事人之间是有效的。但是只有依法办理登记手续后,才能对抗第三人。这表明在我国船

---

① 根据这种制度,原告可以船舶作为被告,提起诉讼。如果该船舶所有人不出庭应诉或不提供担保,原告可以申请法院判决船舶承担责任,即以强制拍卖该船舶所得价款清偿债务。

舶登记是一种对抗要件,而不是生效要件。实际上各国海商法对于船舶登记的法律效力的规定不尽相同,主要的区别是采取登记对抗制度还是登记生效制度。

(三) 船舶抵押权

我国《海商法》第11条规定:"船舶抵押权,是指抵押权人对于抵押人提供的作为债务担保的船舶,在抵押人不履行债务时,可以依法拍卖,从卖得的价款中优先受偿的权利。"船舶抵押权制度是一种担保物权制度,具有一般担保物权的特性,为债权人与债务人之间的融资关系提供了法律保障。

船舶抵押权是一种约定抵押权,基于当事人的合意而产生,当事人双方应签订书面抵押合同。设定船舶抵押权必须具备一定的条件,如抵押人必须合格,抵押权的标的必须合格,抵押人应当对被抵押的船舶进行保险,未保险的,抵押权人有权对该船舶进行保险,但保险费由抵押人承担;船舶抵押权的设定应当进行登记。《海商法》规定,船舶抵押权的实现方法是依法拍卖。实现抵押权所获得的价款,清偿主债权后,无论主债权是否得到全部清偿,船舶抵押权均消灭,未能清偿的债权将变为无担保的普通债权。同时,在同一船舶上存在数个抵押权的情况下,先次序的抵押权人实现抵押权时,无论后次序的抵押权人是否实现抵押权,或债权是否得到清偿,其抵押权均消灭。关于船舶抵押权的受偿顺序,基本原则是以船舶抵押权登记的先后顺序作为受偿顺序,顺序相同的,按照债权比例受偿。船舶抵押权因所担保的主债权消灭、被抵押船舶灭失或经法院强制拍卖等原因而消灭。

(四) 船舶优先权

船舶优先权,即海事请求人依照法律的规定,向船舶所有人、光船承租人、船舶经营人提出海事请求,对产生该海事请求权的船舶具有优先受偿的权利。其主要法律特征是:

1. 法定性。船舶优先权是一种法定的担保物权。船舶优先权直接产生于法律的规定,而不是由当事人合意产生。

2. 依附性。船舶优先权随船转移,不受船舶转让的影响,除非债务人履行债务或者法律规定的消灭船舶优先权的事由发生。

3. 秘密性。船舶优先权不需登记,不以占有为条件。船舶优先权的产生不需要签订合同,也不需要公示,这一点与船舶抵押权是不同的。船舶优先权不以占有为条件,这一点又使其有别于船舶留置权。船舶优先权的秘密性特征需要引起船舶受让人的注意。

4. 强制性。船舶优先权的行使须经过强制性的司法程序。我国《海商法》第28条规定:"船舶优先权应当通过法院扣押产生优先权的船舶行使。"船舶被扣押就能够产生两种途径实现船舶优先权:一是迫使船舶所有人提供担保以实现船舶优先权;二是在不提供担保的情况下,由法院强制变卖船舶,以变卖船舶所得价款来实现船舶优先权。

5. 优先性。船舶优先权在船舶的抵押权、留置权等有关船舶的担保物权中具有最为优先受偿的权利。我国《海商法》第25条第1款规定:"船舶优先权先于船舶留置权受偿,船舶抵押权后于船舶留置权受偿。"这一规定突破了传统担保法的规定。

6. 时效性。船舶优先权有一定的时效,逾期该项船舶优先权就归于消灭。与海事诉讼时效不同,船舶优先权时效是一种绝对时效,不得中止或中断。我国《海商法》规定的船舶优先权的时效为1年,自优先权产生之日起计算。

根据我国《海商法》的规定,下列各项海事请求具有船舶优先权:船长、船员和在船上工作的其他在编人员根据劳动法律、行政法规或者劳动合同所产生的工资、其他劳动报酬、船员遣返费用和社会保险费用的给付请求;在船舶营运中发生的人身伤亡的赔偿请求;船舶吨税、引航费、港务费和其他港口规费的缴付请求;海难救助的救助款项的给付请求;船舶在营运中因侵权行为产生的财产赔偿请求。

为保护船舶的受让人不受船舶优先权债务的困扰,一些国家的海商法规定了船舶优先权的公告制度。我国《海商法》也规定了船舶优先权的催告制度。该制度规定,在船舶转让的时候,船舶受让人可以向法院申请船舶优先权公告,催促船舶优先权人及时主张权利,自公告之日起满60日不行使的,船舶优先权消灭。这一规定保护了船舶受让人的合法权益,同时考虑到了船舶优先权人的权利,被认为是我国《海商法》对传统海商法的突破。《海事诉讼特别程序法》对"船舶优先权催告程序"进行了规定,包括船舶优先权催告的申请、审查与裁定、登记和判决等内容。

从法理上讲,船舶优先权作为一种法定的担保物权,是一种从权利,只要主债权允许转让,则从权利也可以随主权利的转移而转移。我国《海商法》第27条规定:"本法第二十二条规定的海事请求权转移的,其船舶优先权随之转移。"

在一定条件下船舶优先权将归于消灭。我国《海商法》规定的船舶优先权消灭的原因有:船舶优先权的时效届满;船舶经法院强制出售;船舶灭失;船舶转让时,船舶优先权自法院应船舶受让人申请予以公告之日起满60日不行使。

三、海上货物运输法律制度

(一)海上货物运输制度概述

海上货物运输一般是指国际海上货物运输,即两个不同国家港口之间的货物运输。[①] 根据运输方式不同,海上货物运输主要分为班轮运输和租船运输两种。班轮运输是由航运公司按照既定的航线和预先公布的船期表接受多个货主的货物进行的运输。租船运输是不定期、不定航线,由一个或几个货主租用整条船进行的运输,分为航次租船、定期租船和光船租赁三种。

海上货物运输通过当事人签订和履行海上货物运输合同来实现。海上货物运输合同,是指承运人或船舶出租人负责将托运人托运的货物经海路从一港运至另一港,而由托运人或承租人支付约定运费的合同。班轮运输通常以提单作为运输合同的证明,故也称提单运输。广义的租船运输合同有三种:航次租船合同、定期租船合同和光船租赁合同。需要注意的是,我国《海商法》将提单和航次租船合同列为海上货物

---

① 我国沿海货物运输合同适用《民法典》合同篇,而不适用《海商法》第四章"海上货物运输合同"的规定。

运输合同,而将定期租船合同和光船租赁合同列为船舶租用合同。① 研究海上货物运输合同制度,重点是研究提单及相关规则。

(二) 提单的定义、作用和分类

提单是一种用以证明海上运输合同和货物已由承运人接管或装船,以及承运人据以保证交付货物的单据。②

根据这一定义,提单的作用主要体现在三个方面:

1. 提单是托运人与承运人之间的运输合同的凭证。在班轮运输中,当托运人与承运人之间已事先就货物运输订有货运协议(包括订舱单、托运单等)时,提单是双方运输合同的证明;如事先无货运协议或其他类似性质的任何协议,则提单就是双方订立的运输合同。当托运人将提单通过背书方式转让给第三者(常为收货人)时,提单就是承运人和收货人之间的运输合同。

2. 提单是承运人从托运人处收到货物的凭证。在班轮运输中,有权签发提单的是承运人(船长或其代理人)。托运人将货物交给承运人后,承运人签发提单,证明承运人按提单所列内容收取了托运货物,日后即按提单所载内容向收货人交付货物。

3. 提单是代表货物所有权的物权凭证。承运人在收到货物并签发提单之后,负有在目的地向提单持有人交付货物的义务。谁持有提单,谁就有权提取货物。作为物权凭证,提单可以进行买卖和自由转让。

提单依据不同的标准,可有以下基本分类:

1. 已装船提单和收货待运提单。这是以货物是否已装船所作的分类。前者是指货物装船以后,承运人签发的载明装货船舶名称及装船日期的提单;后者是指承运人在收取货物以后,实际装船之前签发的提单。

2. 清洁提单和不清洁提单。这是以提单上是否有关于货物状况的批注所作的分类。前者指单据上无明显地声明货物及(或)包装有缺陷的附加条文或批注者。后者指附有该类附加条款或批注的提单。在国际贸易实践中,银行、买方或提单的受让人通常只接受已装船的清洁提单,不清洁提单很难作为物权凭证自由转让。

3. 记名提单、指示提单和不记名提单。这是按收货人抬头所作的分类。记名提单是指托运人指定特定人为收货人的提单,这种提单不能背书转让。不记名提单是指托运人不具体指定收货人,在收货人一栏只填写"交与持票人"字样的提单,又称作"空白提单"。这种提单不经背书即可转让,凡持票人均可提取货物。指示提单是指托运人在收货人栏内填写"凭指示"字样的提单。指示提单通过背书可自由转让,在国际贸易中的使用最为普遍。

(三) 海上货物运输的国际法律规则

海上货物运输领域最具影响力的国际公约是有关提单的统一规则,包括《海牙规则》《维斯比规则》和《汉堡规则》。此外,国际海事委员会还制定了《海运单统一规则》

---

① 航次租船具有明显的货物运输性;定期租船除具有货物运输性以外,还具有比较突出的财产租赁性;光船租赁则主要是一种财产租赁。因此我国《海商法》把定期租船合同和光船租赁合同列为船舶租用合同来调整。

② 见《汉堡规则》第1条(7)。

和《电子提单规则》。

1.《海牙规则》

《海牙规则》(Hauge Rules)的全称为《关于统一提单的若干法律规则的国际公约》,是1924年在布鲁塞尔修订的有关提单的国际公约。该公约的主要内容为:

(1) 适用范围。公约适用于在任何缔约国签发的一切提单。公约适用的货物排除了甲板货和活动物,承运人对这两种货物可以自由约定合同条件。

(2) 承运人最低限度的义务。承运人有保证船舶适航和妥善管理货物两项基本义务,即承运人在开航前和开航时对船舶、船员、装备和载货舱位应尽谨慎处理之责,以使船舶处于适航状态;应适当和谨慎地装载、搬运、积载、运送、保管、照料和卸下所承运的货物。

(3) 承运人的免责。在规定承运人最低限度的义务时,作为一种平衡,公约同时规定了承运人17项免责事由,承运人对于因其雇员驾驶、管理船舶的过失所造成的损失和非因其本人的过失而引发的火灾所造成的损失可以免责,即实行不完全过失责任原则。

(4) 承运人的责任期间。承运人对货物装上船起至卸下船为止的一段期间负责,具体而言,如果货物是使用岸上的装卸设备装卸,则从货物在装货港越过船舷时起到在卸货港越过船舷时止;如果货物是使用船上的吊钩装卸,则从货物装上吊钩起到离开吊钩止。这一规则通常简称为"舷到舷"或"钩到钩"。

(5) 承运人的责任限制。承运人对货物或与货物有关的灭失或损害承担的责任一般以每件或每计费单位100英镑为限。

(6) 索赔和时效。收货人应在卸货港将货物的灭失和损害的一般情况在收货之前或当时,或灭失、损害不明显的在收货后的3天以内,书面通知承运人或其代理人,否则货物交付将作为承运人已按照提单规定交付货物的表面证据。但如果收货时已对货物状况进行了联合检查,则无需书面通知。诉讼应该在交货之日或应交货之日起1年以内提出,否则任何情况下,承运人和船舶都被解除其对货物灭失或损害的一切责任。

2.《维斯比规则》

《海牙规则》主要是对提单作出的统一规则,适用范围太窄,规定本身不够明确。随着时间推移,航运技术进步,其不足更趋明显,主要表现在两个方面:一是航运安全的提高使承运人过失免责的规定因为不公平而遭到更多反对;二是集装箱的使用使承运人责任限制的计算发生矛盾。为弥补不足,1968年海事委员会又起草了维斯比议定书,对《海牙规则》进行修正,全名为《修改统一提单的若干法律规则的国际公约》,也称为《维斯比规则》(Visby Rules)或者《海牙—维斯比规则》。《维斯比规则》对《海牙规则》作出了一定的修改,如扩大了《海牙规则》的适用范围,提高了承运人的赔偿责任限额,但并未从根本上改变承运人的责任制度,仍然体现出对承运人的特别保护。

3. 《汉堡规则》

20世纪60年代后期,海上货物运输的上述两个规则受到越来越多的批评,一些国家尤其是发展中国家认为它对承运人过分偏袒,对货方极不公平。在争论中,1978年联合国主持通过了新的国际公约——《联合国海上货物运输合同公约》,简称《汉堡规则》(Hamburg Rules)。该公约在取得20个国家的批准后,于1992年11月2日正式生效。《汉堡规则》实行承运人完全过失责任制,较好地平衡了船货双方的利益。其主要内容有:

(1)适用范围。《汉堡规则》适用于一切运输合同而不管是否签发提单,因此签发海运单或其他运输单据的海运合同也适用该公约。但《汉堡规则》不适用于租船合同。此外,《汉堡规则》将"活动物"和"甲板货"包括在"货物"的范围内,扩大了《海牙规则》关于货物的限制性定义。

(2)责任基础。《汉堡规则》统一采用"推定过失"的标准,取消了《海牙规则》的免责事项。

(3)承运人责任期限和责任人。《汉堡规则》将承运人的责任期限扩展为从装运港接收货物时起至卸货港交付货物时止这一货物处于承运人掌握的全部期间(简称"接至交"规则);并规定,签订合同的承运人和实际进行运输的承运人都有责任的,须连带负责。

(4)责任限制及其丧失。《汉堡规则》规定的承运人的责任限制大大高于前两个公约,为每件或每一货运单位835SDR(特别提款权)或毛重每公斤2.5SDR,以高者为准。

(5)索赔和时效。《汉堡规则》规定诉讼和仲裁必须在货物交付或应该交付两年内提起。

《海牙规则》的制定目的是"统一关于提单的某些法律规则"。在《海牙规则》制定之初,这一目的部分地实现了。但是随着时间的推移,航运技术不断进步,《海牙规则》的一些规定开始显现出不合理性,受到越来越多的批评和质疑。与此同时,由于第二次世界大战后新产生的很多国家并没有加入《海牙规则》,其有关海商活动或者适用本国的法律,或者适用《维斯比规则》和《汉堡规则》。因此,统一海上货物运输立法的初衷没有实现,这已成为国际社会亟待解决的一个重要问题。

思 考 题

1. 商法的特征与原则有哪些?
2. 对比有限责任公司与股份有限公司的异同。
3. 试分析"三公"原则如何贯彻到证券的发行和交易中。
4. 汇票、本票和支票的异同是什么?
5. 对比财产保险合同与人身保险合同的异同。
6. 简述破产制度的法律意义。

7. 如何理解船舶的性质?
8. 简述船舶优先权的法律特征。
9. 如何理解提单的作用?
10. 试比较《海牙规则》和《汉堡规则》。

推荐阅读书目

1. 柳经纬主编:《商法》(上下册),厦门大学出版社2006年版。
2. 范健主编:《商法》(第四版),高等教育出版社2011年版。
3. 中国海商法年刊编委会编辑:《中国海商法年刊》,大连海运学院出版社。

主要参考文献

1. 范健:《商法》,高等教育出版社、北京大学出版社2003年版。
2. 司玉琢主编:《海商法》,法律出版社2012年版。

第九章 经 济 法

学习目标

1. 树立正确的社会主义市场经济法律观,了解经济法的基本精神;
2. 了解经济法的基本体系结构,作为经济法两大组成部分的宏观调控法和市场规制法又分别由哪些亚部门法所构成以及它们之间的关系;
3. 重点掌握各项具体法律制度的基本概念、体系、具体规定以及最新的发展趋势;
4. 注重理论联系实际,学以致用,依法进行经济活动,不仅知法,更要学会运用法律保护自己的合法权益以及为社会主义经济建设服务。

基本概念

经济法;经济法律关系;经济法的体系;宏观调控法;市场规制法

第一节 经济法概述

一、经济法的概念

经济法的概念是对经济法基本精神或基本观念的认识,它是连接整个经济法律规范及其实施过程的基本纽带。根据我们对经济法现象的认识,且跳出单纯的调整对象说的简单框架,可以将经济法定义如下:经济法是产生于市场经济基础之上的体现国家干预经济意志的新兴法律部门,是综合运用国家权力或宏观调控手段以不断解决个体营利性和社会公益性的矛盾、兼顾效率与公平、促进经济的稳定增长和社会良性发展的法律规范系统。

对于这一概念,我们可以从以下四个方面来理解:(1)经济法的调整对象是一定范围内的经济社会关系,这类社会关系在形式上可以表现为国家或政府、市场经营主体、消费者之间的各种行为的互动或联系。(2)经济法的作用范围是整个市场体系,而这种作用的发挥必须符合法律发展的基本规律,即经济法作用的发挥以市场机制、经济规律对经济资源的基础性配置为前提。(3)经济法的目标是解决个体营利性与社会公益性的矛盾,兼顾效率与公平,促进经济的稳定增长和社会的良性发展。经济法的这一目标主要是由宏观调控法和市场规制法来完成的。(4)经济法的概念是对经济法律规范的理性认识,因而是一个学理概念。

二、经济法的历史沿革

(一) 西方经济法的产生和发展

西方经济法的产生和发展过程实际上是随着资本主义从自由竞争发展到垄断阶段,传统民商法、行政法制度框架不断被突破并逐渐演变至最终独立的过程。深入考察西方各国经济法的历史会发现,其发展历程大致可分为三个阶段。

1. 西方经济法的萌芽时期(19世纪末至第一次世界大战结束)

自由资本主义的发展,所有权的私有化导致了垄断的产生,垄断限制了竞争,在这种情况下,西方国家开始了以调整垄断与竞争关系为目的的立法。1890年,美国颁布了被誉为经济法鼻祖或世界上第一部实质意义上的经济法的法案——《谢尔曼反托拉斯法》。1914年又颁布了《克莱顿法》和《联邦贸易委员会法》。这些应该是现代经济法最早的法律表现形式。之后,德国于1915年颁布了《卡特尔规章法》,1923年和1934年又分别颁布了《卡特尔法》和《卡特尔变更法》。德国的经济立法及法学界的研究后来传播到法国、意大利、日本等国,对这些国家的经济法立法和理论研究产生了深刻的影响。这一时期美国、德国的经济法主要表现为国家运用法律手段调整垄断与竞争的关系,限制市场主体的行为方式,限制合同自由和意思自治。

2. 西方经济法的发展时期(1929—1933年经济危机至第二次世界大战结束)

1929年开始的世界性的经济危机导致了凯恩斯主义的诞生和美国的罗斯福新政。在新政期间,美国颁布了《紧急银行条例》《金融改革法案》《产业复兴法案》等七十多个法令,开创了国家对经济进行全面、综合性和经常性调节的先河。在此期间,为了应付经济危机和支持战争,德国颁布了《煤炭经济法》《钾盐经济法》等,日本则颁布了《米谷法》《出口组合法》《重要产业统制法》《企业整顿法》等法令,这些法令都带有直接的行政干预的色彩。由于西方各国经济法主要是为了保证战争和应付经济危机,因此,这一时期的经济法又被称为战时经济法或危机对策法。

3. 西方经济法的成熟时期(第二次世界大战后至今)

这一时期,西方经济法的成熟主要表现为经济法的内容和体系逐步趋于完备,调整社会公共利益的一批重要法律相继诞生,如日本的《企业合理化促进法》《石油业法》《中小企业基本法》《消费者权益保护法》等,德国的《反限制竞争法》等。国家的宏观调控能力不断增强,其对国民经济的总体调节达到了严密化和制度化的程度,国家已成为现代市场经济运行中不可缺少的主体。

(二) 中国经济法的产生和发展

1. 中国经济法的产生时期(1979—1992年)

中共十一届三中全会后,中国开始改革过去高度集中的计划经济体制,实行计划经济与市场调节相结合的体制。国家逐步重视发挥价值规律和市场机制对国民经济运行的作用,重视以法律手段调控经济。十余年间,由全国人大及其常委会、国务院制定的有关经济管理的法律、法规达到六百余件。这一时期的经济法主要有三个特点:(1)经济法与民商法、行政法不分;(2)国家的宏观调控主要运用计划手段;(3)规制市场主体行为的反垄断法、反不正当竞争法缺位。

2. 中国经济法的迅速发展时期(1992年至今)

这一时期,国家围绕推进改革和建立社会主义市场经济体制颁布了大量的经济法律法规,以颁行《反不正当竞争法》《消费者权益保护法》为起点,进入了制定真正意义上的经济法的阶段,先后出台了有关产业政策、财政、金融等宏观调控的法律法规以及市场规制方面的法律法规。中国经济法体系正在迅速形成,经济法的理论研究也蓬勃发展。进入21世纪后,2008年《反垄断法》的实施和2014年、2018年《预算法》的系统修正标志着我国分别在市场规制和宏观调控领域经济法律制度体系的健全与成熟。但是,由于长期受计划经济体制的影响,中国经济法的发展仍存在经济转轨期的特有问题和缺陷。比如,对经济法的理解尚未完全摆脱大经济法的模式,仍停留在与经济运行有关的法律的认识上,缺乏对经济法的实质性把握;有关国有企业的立法仍为经济立法的重点,其立法指导思想却不能适应市场经济的要求;经济法的立法规划与经济体制改革和市场经济发展需要之间仍存在较大差距;经济法的立法理论基础相对薄弱;等等。

三、经济法的地位和作用

(一) 经济法的地位

经济法的地位,即经济法在法律体系中的地位,主要是指在整个法律体系中经济法是否为一个独立的法律部门。在我国,经济法学界相当一致地认为经济法是一个独立的法律部门;整个法学界绝大多数人认为经济法是一个独立的法律部门。同时,在我国经济法也是一个重要的法律部门。实践证明,传统民商法无力治愈"市场失灵",无法解决效率与公平、个体营利性与社会公益性的矛盾,不能促进经济的全面、协调与可持续发展;传统的行政法忽视和排斥价值规律和市场机制的作用,无法对公民和法人的经济行为实现有效调节,难以应对"政府失灵"。而以弥补传统民商法与行政法之缺陷为目的的经济法担负起解决"市场失灵"和"政府失灵"的伟大使命,实现以人为本,可促进经济的全面、协调、可持续发展。因此,经济法的产生机制和对发展的巨大作用,决定了经济法在法律体系中是一个重要而又独立的法律部门。

(二) 经济法的作用

不同的法律部门具有不同的作用,反映了它们各自存在的不同价值。经济法作为一个独立而又重要的法律部门,对坚持以人为本,促进经济的全面、协调、可持续发展具有重要的作用。

1. 经济法能够保障经济体制改革的顺利进行

经济法不仅用法律形式指明了经济体制改革的方向,还用法律的手段贯彻经济体制改革的各种措施,从而使这些措施具有了普遍的约束力,便于国家机关、社会组织和公民个人严格遵守,有利于维护正常的经济秩序,保障经济体制改革的顺利进行。同时,经济法也把经济体制改革的成果用法律的形式固定下来,使经济体制改革过程中建立起来的符合生产力发展要求的各项法律制度得到巩固和强化。

2. 经济法促进了以国有经济为主导的多种经济形式的发展

国有经济在整个国民经济中居于主导地位,促进国有经济的发展,是保证社会主义方向和整个经济稳定发展的决定性条件。因此,国家制定了《全民所有制工业企业法》《企业国有资产法》等一系列有关国有经济的法律法规,这有助于充分发挥国有企业实现国家经济政策目标、维护社会公共利益和社会稳定的职能,也有助于引导其他形式企业的发展,保持产业结构的基本稳定。

3. 经济法有助于推动和扩大对外经济合作与交流

对外开放是我国长期实行的基本国策,是加快我国社会主义现代化建设的战略措施,因此,必须扩大对外经济技术交流和合作。经济法律法规的制定和实施,有利于促进国内经济的发展与繁荣,增强国民经济的竞争力,有助于推动和扩大对外经济合作与交流。

4. 经济法有助于实现新时代建设现代化经济体系的任务

党的十九大宣告,经过长期努力,中国特色社会主义进入了新时代,我国社会主要矛盾已经转化为人民日益增长的美好生活需要和不平衡不充分的发展之间的矛盾。在这一新时代,我国经济已由高速增长阶段转向高质量发展阶段,正处在转变发展方式、优化经济结构、转换增长动力的攻关期,建设现代化经济体系是跨越关口的迫切要求和我国发展的战略目标。建设现代化经济体系要求正确处理好政府与市场的关系,在充分发挥市场的决定性作用下,既要"善用"国家对经济的正当干预,又要"慎用"国家对经济的刚性干预。通过经济法律制度层面对国家干预的有效运用,能够有助于实现建设现代化经济体系的六大任务,即深化供给侧结构性改革;加快建设创新型国家;实施乡村振兴战略;实施区域协调发展战略;加快完善社会主义市场经济体制;推动形成全面开放新格局。

四、经济法律关系

(一) 经济法律关系的概念

经济法律关系是指经济法主体根据经济法的规定,在参加社会经济活动过程中所形成的权利义务关系。经济法律关系是经济法律规范与经济社会关系相结合的表现形式,即只有在经济法律关系中,经济社会关系才能取得法律形式,经济法律规范才能发挥调整经济运行的作用。

(二) 经济法律关系的构成要素

法律关系的构成要素一般包括三个方面:参与法律关系的主体;构成法律关系内容的权利和义务;作为权利义务对象的法律关系的客体。经济法律关系同样也是由主体、内容、客体三要素构成的。

1. 经济法律关系的主体

经济法律关系的主体是指经济权利的享有者和经济义务的承担者,或者参加经济法律关系享有经济权利和承担经济义务的当事人。在经济法律关系中,享有权利或职权的一方为权利主体或职权主体,承担义务或职责的一方为义务主体或职责主体。在许多情况下,双方当事人既享有经济权利或经济职权,同时又承担经济义务或经济职责。

由于经济法根据调整对象分为宏观调控法和市场规制法两大类,经济法主体便可分为宏观调控法主体和市场规制法主体。无论是宏观调控法主体还是市场规制法主体都包括两个方面,即代表国家或政府对经济运行进行调控或规制的主体(简称"调控主体")和接受调控或规制的主体(简称"受控主体"),调控主体是行使经济职权的各级国家机关,受控主体是企业、公民、社会团体等。

2. 经济法律关系的内容

经济法律关系的内容是指经济法当事人的权利义务的总和。根据前述对经济法主体的分类,我们对经济法上调控主体和受控主体的权利义务分述之:(1)调控主体的权利义务。调控主体的权利可称为权力,主要包括经济管理规范制定权、经济行政处理权、处罚强制权、对国有财产的管理权、经济司法权;调控主体的义务可称为职责,它包括管理性义务、服务性义务和接受监督的义务。(2)受控主体的权利和义务。在经济法律关系中,受控主体的权利主要有:参加经济管理权、经营自主权、保障权、受益权、申诉和控诉权;受控主体的义务主要包括遵守和维护法律秩序的义务、服从国家经济调控的义务、服从制裁的义务。

3. 经济法律关系的客体

经济法律关系的客体是指经济法主体的权利和义务所能实际作用的事物。根据我们对经济法调整对象的认识,可以将经济法的客体确定为以下两类:(1)经济资源。经济法的根本任务是建立起一种弥补市场机制缺陷的资源优化配置的机制,因而,经济资源理所当然地成为经济法的基本客体。(2)经济行为。经济行为是指经济法主体在经济活动中为实现一定的经济目的而进行的有目的、有意识的活动,它包括调控主体的行为和受控主体的行为。

五、经济法的体系

(一)经济法体系的概念

经济法体系是指按照统一性和内在有机联系的要求,由经济法律规范构成的部门法体系。

经济法体系是由经济法各子部门法所组成的统一整体,这些子部门法应该是内外协调一致的。它们既要具备经济法的基本属性,体现国家调控经济的意志,保证经济法与其他法律部门相协调;又要具备特定的功能和作用,相互间能够配合和补充,以保证经济法的独立存在和经济法整体作用的发挥。

(二)经济法体系的构成

经济法体系主要由宏观调控法和市场规制法两个子部门法构成。宏观调控法中,主要包括产业政策法、财政法、税法、金融法和对外贸易管理法;市场规制法中,主要包括反垄断法、反不正当竞争法、消费者权益保护法和产品质量法。作为经济法的子部门法,它们还有各自的层次结构或亚部门法,正是这些子部门法和亚部门法构成了多层次的法律规范群,共同组成经济法体系。宏观调控法和市场规制法两类规范之间相互影响:市场规制法的有效调整能够保障良好的市场竞争秩序,这是宏观调控法发挥作用的前提和基础;而宏观调控法又为市场规制法提供有效调整的重要条件,为规制市场提供必要的手段和措施。

（三）经济法体系的外部关系

一个法律部门能不能纳入经济法体系,要以该部门是否具有经济法规范的性质而决定。下列这些与经济法有密切联系但又不完全具备经济法规范属性的法律部门一般不宜纳入经济法体系。

1. 企业法

企业法作为规定企业法律地位和企业行为规则的法律,包括两种不同性质的法律规范,即规定企业法律地位的法律(如公司法、合伙法等)和规定企业行为规则的法律(如中小企业促进法、科学技术进步法等),前者作为市场主体的组织法属于民商法的内容,后者体现了对市场主体经济行为的规制,应该是经济法的内容。

2. 金融法

金融法体系也包括两种不同性质的法律规范,其中一些规范如中国人民银行法、货币法、外汇管制法、金银管理法、投资法等体现了国家主动运用金融政策调控经济运行的特征,属于经济法的范畴,其他一些如商业银行法、票据法、证券法、保险法等不应纳入经济法体系。

3. 经济合同法

经济合同法是调整平等主体间的民事活动的法律规范,其在市场经济体系中作用的充分发挥有赖于"契约自由"精神的确立。因此,不宜将经济合同法纳入经济法的范畴,否则将有碍于中国社会主义市场经济体制的建立。

4. 劳动法、社会保障法

虽然劳动法、社会保障法也体现了国家对经济的干预性,但其干预的性质主要属于社会公共事务的职能而非经济职能方面,因而它们应纳入社会法的范畴而不是经济法。

第二节 宏观调控法律制度

一、宏观调控法概述

（一）宏观调控和宏观调控法概述

宏观调控是指国家或政府为了弥补市场失灵而采取的各种措施的综合。其基本目标是经济稳定增长、重大经济结构优化、物价总水平基本稳定、充分就业、公正的收入分配、国际收支平衡等。

宏观调控法是调整在宏观调控过程中发生的经济关系的法律规范的总称。它具有整体性、指导性、协调性等特征。

（二）宏观调控法的地位和体系结构

1. 宏观调控法的地位

如前所述,经济法调整的经济关系包括宏观调控关系和市场规制关系两大类。宏观调控法所调整的宏观调控关系在调整对象、范围和性质上有别于市场规制关系,两者共同作用于市场经济,不存在孰轻孰重、孰为核心的问题,即宏观调控法与市场规制法是同等重要的部门经济法。

2. 宏观调控法的体系结构

宏观调控是一个由宏观调控目标、各种经济政策以及经济、法律、行政手段的配合运用所构成的十分复杂的系统。由于各种宏观调控手段的调整目标、调整方式、调整内容都有相应的法律规定,所以宏观调控法也应该拥有自己的亚部门法。由这些亚部门法组成的宏观调控法理应具有自己的体系结构,主要包括五个方面：(1) 财政法；(2) 税法；(3) 金融法；(4) 产业政策法；(5) 对外贸易管理法。

二、财政法

（一）财政和财政法的概念

财政是指国家和其他公共团体为满足公共需求而取得、使用和管理财政资金的活动的总称。它包括中央财政和地方财政。财政是国家参与国民收入分配和再分配的重要手段。我国应逐步建立公共财政的职能。

财政法是调整在国家为了满足公共需求而取得、使用和管理财政资金的过程中发生的经济关系的法律规范的总称。简言之,财政法是调整国家财政收支关系的法律规范的总称。

（二）财政法的调整对象

财政法的调整对象,是在国家取得、使用和管理财政资金的过程中发生的社会关系,亦即在财政收入、财政支出、财政管理过程中发生的社会关系。这些社会关系统称为财政关系。财政法的调整对象具体包括以下几种：(1) 财政管理体制关系。财政管理体制关系是划分中央政府和地方政府财政管理权限而发生的社会关系。(2) 预算管理关系。预算管理关系是国家各级机关在进行预算活动和预算管理过程中所发生的财政关系。(3) 财政收入关系,即税收关系。(4) 国家信用管理关系。国家信用管理关系是国家作为政权主体在参与信用活动过程中所形成的财政关系。(5) 财政监督管理关系。财政监督管理关系是指国家对各部门和单位的财政活动和财务收支等进行监督和制约过程中所发生的社会关系。

（三）财政法的体系

由于财政法的调整对象是财政关系,财政法的体系也就应当是调整各种财政关系的财政法律规范所构成的整体。财政法的体系有广义和狭义之分。广义的财政法体系包括预算法、税法、国债法、政府采购法和转移支付法,狭义的财政法是不包括税法的财政法体系。

(四) 预算法

1. 预算和预算法的概念

预算,即国家预算,是指国家对会计年度内的收入和支出的预先估算,包括中央预算和地方预算。

预算法,是调整国家在进行预算资金的筹集、分配、使用和管理过程中发生的经济关系的法律规范的总称。预算法的调整对象是预算关系。

我国的《预算法》于 1995 年 1 月 1 日起实施,但其条文规定过于笼统,刚性约束不强,存在着"预算编制不科学、预算体系不完整、预算内容不透明、预算调整不合理、预算科目不科学、转移支付不规范"等问题,而其最核心问题是缺乏一系列的监督机制。基于上述问题,我国于 2014 年对《预算法》进行了系统修正和完善,2018 年又进行了第二次修正。

2. 预算管理职权

(1) 各级权力机关的预算管理职权。各级人大的预算管理职权有审查权、批准权和变更撤销权。各级人大常委会的预算管理职权有监督权、审批权和撤销权。

(2) 各级政府机关的预算管理职权,主要包括编制权、报告权、执行权、决定权、监督权和变更撤销权。

(3) 各级财政部门的预算管理职权。各级财政部门是各级政府机关具体负责财政工作的职能部门,其职权主要有编制权、执行权、提案权和报告权。

3. 预算管理程序

预算管理程序是指国家在预算管理方面依序进行的各个工作环节所构成的有秩序活动的总体。它由预算的编制、审批、执行和调整,决算的编制和批准四个环节组成。[1]

(1) 预算的编制。预算的编制是国家制定取得和分配使用预算资金的年度计划的活动,它是一种基础性的程序,此时编制的只是预算草案。

(2) 预算的审批。它是国家各级权力机关对同级政府所提出的预算草案进行审查和批准的活动,是使预算草案转变为正式预算的关键阶段。

(3) 预算的执行和调整。预算的执行是指各级财政部门和其他预算主体组织预算收入和划拨预算支出的活动。在预算执行过程中,如果发生情势变更,则需要进行相应的预算调整。

(4) 决算的编制和执行。决算,在形式上是对年度预算收支执行结果的会计报告,在实质上是对年度预算执行结果的总结。只有编制的决算草案经过权力机关依照法定程序审查和批准,政府在预算年度内的预算执行责任才能得以免除。

4. 预算法律责任

预算法律责任,即违反预算法的法律责任,是指预算主体违反了预算法规定的义务所应承担的法律后果。

---

[1] 参见杨紫烜主编:《经济法》,北京大学出版社、高等教育出版社 1999 年版,第 387 页。

我国《预算法》对预算法律责任主要有如下规定:(1)各级政府及有关部门有下列行为之一的,责令改正,对负有直接责任的主管人员和其他直接责任人员追究行政责任:未依照本法规定,编制、报送预算草案、预算调整方案、决算草案和部门预算、决算以及批复预算、决算的;违反本法规定,进行预算调整的;未依照本法规定对有关预算事项进行公开和说明的;违反规定设立政府性基金项目和其他财政收入项目的;违反法律、法规规定使用预算预备费、预算周转金、预算稳定调节基金、超收收入的;违反本法规定开设财政专户的。(2)各级政府及有关部门、单位有下列行为之一的,责令改正,对负有直接责任的主管人员和其他直接责任人员依法给予降级、撤职、开除的处分:未将所有政府收入和支出列入预算或者虚列收入和支出的;违反法律、行政法规的规定,多征、提前征收或者减征、免征、缓征应征预算收入的;截留、占用、挪用或者拖欠应当上缴国库的预算收入的;违反本法规定,改变预算支出用途的;擅自改变上级政府专项转移支付资金用途的;违反本法规定拨付预算支出资金,办理预算收入收纳、划分、留解、退付,或者违反本法规定冻结、动用国库库款或者以其他方式支配已入国库库款的。(3)各级政府、各部门、各单位违反本法规定举借债务或者为他人债务提供担保,或者挪用重点支出资金,或者在预算之外及超预算标准建设楼堂馆所的,责令改正,对负有直接责任的主管人员和其他直接责任人员给予撤职、开除的处分。(4)各级政府有关部门、单位及其工作人员有下列行为之一的,责令改正,追回骗取、使用的资金,有违法所得的没收违法所得,对单位给予警告或者通报批评;对负有直接责任的主管人员和其他直接责任人员依法给予处分:违反法律、法规的规定,改变预算收入上缴方式的;以虚报、冒领等手段骗取预算资金的;违反规定扩大开支范围、提高开支标准的;其他违反财政管理规定的行为。

(五)国债法

1. 国债和国债法的概念

国债,又称为国家公债,是国家以其信用为基础,按照债的一般原理,向社会筹集资金所形成的债权债务关系。国债已构成重要的财政收入形式和国家宏观调控的重要工具。

国债法是调整在国债的发行、使用、偿还和管理过程中发生的经济关系的法律规范的总称。国债法的调整对象是国债关系。

2. 国债的发行、偿还与管理

(1)国债的发行。国债的发行是指国债的售出或被认购的过程。国债发行的重要问题是发行条件和发行方法,前者涉及国债种类、发行对象、数额、发行价格、利率、付息方式、流动性等内容;后者则关系到国债能否顺利地发行。国债的发行方法主要有直接发行法、间接发行法、销售发行法和摊派发行法四种。

(2)国债的使用。国债的使用包括政府对国债资金的使用以及国债债权人对其债券权利的行使两个方面。前者主要是弥补财政赤字,进行经济建设和用于特定目的;后者则体现在证券的转让、抵押等方面。

(3)国债的偿还。国债的偿还是指国家依法或依照约定,对到期国债进行还本付息。偿还国债的资金来源可以是预算盈余或专门的偿还基金、预算拨款,也可以是借新债还旧债。

(4) 国债的管理。国债管理是为调控国债的规模、结构、利率等所采取的各种措施。国债管理主要包括国债规模管理和国债结构管理两类。

(六) 政府采购法

1. 政府采购和政府采购法的概念

政府采购,也称公共采购,是指各级国家机关和团体组织为了公共目的,以购买者身份使用财政性资金依法购买货物、工程和服务的行为。

政府采购法是指调整政府采购法律关系、规范政府采购行为的法律规范的总称。它不仅包括2002年6月29日第九届全国人民代表大会常务委员会第二十八次会议通过的《政府采购法》(2014年修正),还牵涉合同法、招标投标法、反不正当竞争法、公司法、刑法、行政法等法律规范。

2. 政府采购法的性质

(1) 政府采购法是以社会为本位之法。政府采购法所追求的是社会整体利益,具有强烈的社会本位属性。具体表现为以下两个方面:第一,政府采购法通过规范采购行为,达到政府采购的目的,维护社会公共利益;第二,政府采购法追求社会公正的目标,促进地区均衡发展。

(2) 政府采购法是宏观调控之法。政府采购的实质是政府支出的安排和使用行为。政府采购的品种、数量、频率等指标,反映出国家财政政策的变化,从而对国民经济运行产生直接的影响。

(3) 政府采购法是实体法和程序法相结合之法。政府采购法不仅规定了采购主体的权力和职责,而且对采购主体采购货物、工程和服务的程序作出了严格规定,以防止采购主体在采购过程中实施违法行为,从而损害社会整体利益。

3. 政府采购法的法律责任

政府采购应当遵循公开透明原则、公平竞争原则、公正原则和诚实信用原则,任何违反法律义务的法律主体都应承担其法律后果。政府采购法律责任是指实施违反政府采购法律规范的行为人依法应承担的法律后果。

(1) 政府采购法的法律责任的特征。第一,政府采购法律责任是发生在政府采购法律关系中的责任。政府采购法律关系是指政府采购法律规范在调整政府采购过程中,在政府采购主管机关、采购人、供应商、采购代理机构等主体之间所形成的权利义务关系。我国《政府采购法》第14条规定:"政府采购当事人是指在政府采购活动中享有权利和承担义务的各类主体,包括采购人、供应商和采购代理机构等。"第15条规定:"采购人是指依法进行政府采购的国家机关、事业单位、团体组织。"第二,政府采购法律责任具有综合性。政府采购法律责任通常采用民事责任、行政责任和刑事责任的方式,组成一个综合性的责任体系。

(2) 政府采购法律责任的构成要件。第一,主体要件。政府采购法律责任的主体范围广泛,既包括政府采购的当事人,即采购人、供应商和采购代理机构等,也包括政府采购监督管理部门的工作人员。第二,主观要件,即行为人有过错。第三,违法行为。政府采购中的违法行为不仅包括积极的行为,也包括消极的行为。第四,损害后果。损害必须是客观存在的事实,而非虚构的、主观臆造的。

(3) 政府采购的法律责任形式。我国《政府采购法》第8章规定了政府采购活动中采购主体违法时应承担的民事责任、行政责任和刑事责任。第一,民事责任。由于政府采购合同的双方当事人处于平等的民事法律关系地位,一方违反合同约定的义务,给另一方造成损失的,应承担赔偿损失的法律责任。第二,行政责任。采购主体的特殊性决定了行政责任是政府采购法律责任的主要形式,它包括行政处分和行政处罚两种。第三,刑事责任。《政府采购法》第72条、第76条、第80条分别规定,对采购人、采购代理机构的工作人员、供应商和政府采购监督管理部门的工作人员在政府采购活动中实施的构成犯罪的违法行为,要根据我国刑法追究刑事责任。

(七) 转移支付法

转移支付,指各级政府之间为解决财政失衡而通过一定的形式和途径转移财政资金的活动。

转移支付法,是调整政府在财政转移支付过程中发生的社会关系的法律规范的总称。

我国的转移支付主要是指政府之间的转移支付。由于各地经济发展的不均衡以及中央和地方政府在财政和税收管理权限方面的划分不科学,转移支付成为我国分配财政资金的重要形式。我国政府间的转移支付形式包括以下几类:(1) 一般转移支付,或称体制转移支付,它是最基本、最主要的形式;(2) 专项转移支付,即为实现某种特定的政治经济目标,由上级财政提供的专项补助;(3) 特殊转移支付,即当发生不可抗力或国家进行重大政策调整时,由上级政府支付的特殊补助。

三、税法

(一) 税收的概念和特征

税收是以实现国家职能为目的,基于政治权力的法律规定,由政府专门机构向居民和非居民就其财产实施的强制、非罚与不直接偿还的课征,是财政收入的一种形式。它具有强制性、无偿性、规范性的特征。

(二) 我国现行税种的分类

按照征税对象的性质不同,我国现行税种分为流转税、所得税、资源税、财产税和行为税五大类。

1. 流转税。流转税是指以商品流转额和非商品流转额为征税对象的各税种的总称。它包括三个主要税种:增值税、消费税和关税。

2. 所得税。所得税是以纳税人在一定期间内获取的所得额为征收对象的各税种的总称。所得税包括两个税种,即企业所得税、个人所得税。

3. 资源税。资源税是以开发和利用各种资源获取的收入为征收对象的各税种的总称。我国现行的资源税有:资源税、城镇土地使用税和耕地占用税。

4. 财产税。财产税是指以纳税人拥有或支配的财产为征收对象的各税种的总称。我国现行的财产税有:房产税、契税和遗产税(尚未开征)。

5. 行为税。行为税是以纳税人的某些特定行为作为课税客体征收的各税种的总称。它包括:印花税、土地增值税、城乡维护建设税、车船使用税、屠宰税、筵席税、证券交易税。

(三)税法的概念和构成要素

1. 税法的概念

税法是国家制定或认可的调整国家与纳税人以及国家税收征管机关之间所发生的各种税收关系的法律规范的总称。当前我国调整税收关系的主要法律规范有《中华人民共和国个人所得税法》《中华人民共和国企业所得税法》《中华人民共和国税收征收管理法》《中华人民共和国增值税暂行条例》等。

2. 税法的构成要素

(1)税法主体,即税法权利的享有者和义务的承担者,包括各级征税机关和纳税人、扣缴义务人。

(2)课税客体,或称征税对象,包括标的物和行为,它是引起税法权利义务发生的根据。

(3)税率,即课税客体数额与应纳税额之间的比例。各国法定的基本税率形式有比例税率、累进税率和定额税率三种。

(4)纳税环节,指在商品生产和流转过程中应当缴纳税款的环节。

(5)纳税期限,指纳税单位和个人交纳税款的期限。

(6)纳税地点,即纳税人申报纳税的场所。

(7)税收优惠,即国家为了体现鼓励和扶持政策在税收方面采取的鼓励和照顾措施,主要包括减税、免税、退税、投资抵免、延期纳税等。

(8)违章处理,指税法规定的税法主体违反税法应当承担的法律后果及其处理措施。

(四)税法的基本原则

税法基本原则是决定于税收分配规律和国家意志、调整税收关系的根本法律准则,它对各项税法制度和全部税法规范起统率作用。

1. 税收法定原则

税收法定原则又称为税收法定主义、税收法律主义、租税法律主义,它是指税法主体的权利义务必须由法律加以规定,税法的各类构成皆须且只能由法律予以明确规定。税收法定原则的具体内容有课税要素法定、课税要素明确和程序合法原则。

2. 税收中性与宏观调控相结合的原则

税收中性指的是法律规定的税收不应改变生产者和消费者的经济决策,不应扭曲资源配置格局。税法宏观调控原则是指税收主体实施的行为应当符合国家宏观经济调控目标的根本准则。

3. 税法效益原则

税法效益原则是指以最小的成本获得最大的税收收入,并利用税收的调控作用最大限度地促进经济的发展。税法效益原则具体包括税法的经济效益、税法的征收效益与税法的社会效益。

(五)税收征收管理

税收征收管理是税务机关代表国家行使征税权,指导纳税人和其他税务当事人正确履行纳税义务,并对税务活动进行规划、组织、控制、监督、检查的一系列相互联系的活动。税收征收管理一般包括税务管理、税款征收和税务检查等活动。我国现行的有关税收征收管理的法律依据是1992年通过的《中华人民共和国税收征收管理法》,该法分别于1995年、2001年、2013年和2015年进行过修正。

1. 税务管理

税务管理是指税务机关在税收征收管理中依法对纳税行为实施的基础性管理行为、管理措施和管理制度。它主要包括以下几个方面:

(1)税务登记。税务登记又称为纳税登记,是纳税人按照税法规定就其经营活动在指定的时间内向所在地的税务机关办理书面登记的一项制度。它包括开业登记、变更登记和注销登记三种。

(2)账簿、凭证管理。账簿是纳税人、扣缴义务人连续地记录其各种经济业务的账册或簿籍。凭证是纳税人用来记录经济业务、明确经济责任并据以登记账簿的书面证明。账簿和凭证是纳税人进行生产、经营活动必不可少的工具,也是税务机关进行财务监督和税务检查的重要依据。

(3)纳税申报。纳税申报是纳税人按照税法规定,向税务机关报送纳税申报表、财务会计表及其他有关资料的一项征管制度。它是纳税人履行纳税义务的法定手续。纳税申报的种类有直接申报、邮寄申报、电话申报、网上申报、同城申报等。

2. 税款征收

税款征收是纳税人按照税法规定在计算应纳税款后缴纳税款和税务机关依法组织征收税款的工作。它是税务管理的中心环节。税款征收权的享有主体是税务机关、税务人员及税务机关依照法律、行政法规委托的单位和个人。税款征收的方式主要有查账征收、查定征收、查验征收、定期定额征收以及其他方式。税务机关在税款征收过程中可依法采取税收保全措施和强制执行措施。

3. 税务检查

税务检查是税务机关以税收法律、行政法规和税收管理制度为依据,对纳税人履行纳税义务的情况及其偷税、逃税等行为的审核和查处。在税务检查时,税务机关必须出示税务检查证和税务检查通知书,否则,纳税人、扣缴义务人有权拒绝。

近年来,税务机关加强了个人所得税征收管理,主要采取了以下措施:强化对高收入者的管理;推进全员全额管理;加强税源的源泉管理;优化纳税服务;积极推进开具完税证明工作。

(六)税法的最新发展

1. 税制改革的最新发展趋势

(1)税制改革的基本原则。新时代我国税制改革的基本原则是:简税制、宽税基、低税率、严征管。简化税制是为了方便纳税人,提高征管效率,实现税法的公开化、民主化和科学化;降低税率是为了减少税收对社会经济运行的负面作用,增强税收中性;拓宽税基是为了实现税收公平,让更多的纳税人公平负担提供公共物品的费用;加强征管是为了保证税法改革的各项措施能够真正落实,提高税法的严肃性,确保国家财政收入的稳定与增长。

(2)营业税改增值税。我国税制长期实行营业税与增值税并行的格局,二者的征税对象不同,营业税对多种劳务、销售不动产或转让无形资产征收,增值税则对销售货物和加工、修理修配劳务征收。前者主要依营业额或销售额征税,无法像增值税那样进行抵扣,实际上存在重复征税,这便导致不同经营行业间的税负不平等,从长远来看,取消营业税,统一征收增值税应为必然选择。也正是在这一背景之下,2011年11月17日,财政部、国家税务总局公布了营业税改征增值税的试点方案,此改革于近年来得到稳步推行,试点地区也开始不断扩大。从2016年5月1日开始,"营改增"在各行业全面开展,营业税至此退出历史舞台。

(3)适度赋予地方税政管理自主权。社会主义市场经济体制的完善对于税法改革所提出的要求是系统性的和整体性的,税法改革与其他改革一样都是一个系统工程,既需要税法内部各项制度的配合,也需要其他与税法有关的制度的配合。因此,在统一税政的前提下,应当赋予地方适当的税政管理自主权,创造条件逐步实现城乡税制统一。

2. 个人所得税法的最新发展

2018年8月31日,第十三届全国人大常委会第五次会议表决通过《关于修改〈中华人民共和国个人所得税法〉的决定》。修改后的我国现行《个人所得税法》从2019年1月1日起实施。修订内容主要包括以下几个方面:

(1)工资薪金所得、劳务报酬所得、稿酬所得、特许权使用费所得四项合并为综合所得,固定费用减除为6万元一年(每月5000元),按新的税率表计算纳税;并引入专项附加扣除(扣除内容和计算方法尚未明确)。

(2)去掉原第2条应纳个人所得税所得列举的"十一、经国务院财政部门确定征税的其他所得",以前未在《个人所得税法》列明而财税部门认为应当征个税的项目,发文确认为"其他所得"就可以了(迄今为止财税部门已经确认了11种所得为其他所得)。去掉这个"后门"是税收法治的一大进步。

(3)关于免税、减税的规定,将由"国务院财政部门批准"修订成"国务院规定,报全国人民代表大会常务委员会备案"。

(4)参照《企业所得税法》,增加了纳税调整条款。

(5)细化应当自主申报的情形和个税申报的时间规范。

(6)细化个人所得税征收管理规范的对象,将"税务机关及其工作人员"明确纳入。

此次修订充分反映了民意,如:将减税、免税、专项扣除等由交给财政部门批准改成了由国务院规定并报全国人大常委会备案,体现"税收法定"原则;对反馈中意见较大,热议为"减税变加税"的综合所得,将其中劳务报酬所得、稿酬所得、特许权使用费所得,仍按原《个人所得税法》规定以收入减除20%的费用后的余额为收入额,稿酬所得的收入额减按70%计算。个税免征额由3500元/月提高至5000元/月,有助于降低各阶层收入群体个税缴存比例,在一定程度上提升居民消费能力。尤其是月收入20000—25000元的群体,税改后收入增幅更为明显。就房地产市场而言,2019年1月1日起,住房贷款或者租金将作为专项附加予以扣除,有望进一步降低房贷家庭以及租赁群体个税缴存比例,提振居民购房乃至租赁住房消费。当然,实际优惠力度以及对房地产市场影响程度还要看具体的实施细则。

3. 企业所得税法的最新发展

通过1994年的税制改革,我国实行内外有别的两套企业所得税体制,这两套体制的实质是外资优惠多于内资,在适用法律上不一致,在税率上也不一致。我国在2001年加入世界贸易组织,世贸组织推行国民待遇和最惠国待遇。在这样的大背景下,需要统一企业所得税法。2007年3月16日,第十届全国人民代表大会第五次会议通过了《中华人民共和国企业所得税法》(以下简称《企业所得税法》),于2008年1月1日起施行。因考虑到与《慈善法》等其他法律规范之间的协调,2017年、2018年《企业所得税法》又先后进行了两次微调。

四、金融法

(一)金融法概述

1. 金融概述

金融,意即资金的融通,是与商品生产和商品交换相联系的一类经济行为。货币的发行、流通和回笼,存款的吸收和提取,贷款的发放和收回,国内外汇兑的往来,国内国际货币结算,金银、外汇的买卖,信托投资,保险,有价证券的发行和交易等都属于金融活动的范围。迄今为止,我国已经形成了以中央银行为领导,以国有商业银行为主体,多种金融机构并存、分工协作的金融组织体系。

2. 金融法的概念和体系

金融法是调整金融关系的各类法律规范的总称。现代金融法是由一系列法律、法规组成的法律体系,包括银行法、货币法(含外汇法)、信托法、期货法、证券法、保险法、票据法等。在金融法律体系中,属于经济法范畴的有中国人民银行法(中央银行法)、货币法、外汇管制法、金银管理法、投资法等。

(二)中央银行法

1. 中央银行法的法律地位

根据《中国人民银行法》的规定,中国人民银行是国务院领导下的相对独立的国家金融行政监督管理机关,这就明确了中国人民银行的法律地位及其与其他国家机关的关系。

(1)中央银行隶属于国务院,是国务院的一个职能部门。中央银行的行长由国务院总理提名,由全国人大或常委会决定,国家主席任命;副行长由国务院总理任免。

中央银行的资本为国家所有,其下设货币政策委员会,作为制定货币政策的咨询议事机构。

(2) 中央银行是依法具有相对独立性的国务院职能部门,它独立于其他国家机关、各级地方政府、社会团体和个人。

2. 中央银行的货币政策目标和货币政策工具

货币政策是国家为了实现其特定的经济目标而采用的各种控制和调节货币供应量或信用量的方针、政策和措施的总称。正确制定和实施货币政策是中央银行的主要职责。

(1) 货币政策目标。货币政策目标是指中央银行实施货币政策所预定的要对宏观经济产生的明确效果。一般认为,货币政策目标应是一个体系,包括最终目标、中介目标和操作目标。最终目标一般为稳定物价、维持充分就业、促进经济增长、保证国际收支平衡四项;中介目标也称为中间目标,即货币供应量和信用总量;操作目标是短期利率和基础货币中的准备金。

(2) 货币政策工具。货币政策工具是中央银行实现其政策目标的政策手段。中央银行的三大货币政策工具是存款准备金率、再贴现率和公开市场业务。

(三) 金融监管法律制度

我国目前处于金融监管制度的变革期。党的十八大以来,金融混业经营不断深化,不同金融机构业务的关联性增强,新金融业态层出不穷,跨行业、跨市场的新风险不断滋生。为了提高金融监管的有效性,实现金融监管全覆盖,防范系统性金融风险,强化监管问责,尤其是弥补金融分业监管造成的风险隐患,防范实践中影子银行、资产管理行业、互联网金融以及金融控股公司等引发的风险,我国金融监管体系由"一行三会"(即中国人民银行、银监会、保监会、证监会),改革为"一行一委两会"(即中国人民银行、金稳委、银保监会、证监会);金融监管模式由过去的分业监管步入"协同监管"的新阶段。

1. 加大中国人民银行的监管权

随着我国金融业走向混业经营,中国人民银行的监管权限将进一步扩大,拟订银行业、保险业重要法律法规草案和审慎监管基本制度的职责将划入中国人民银行。

2. 设立国务院金融稳定发展委员会

2017年7月,在第五次全国金融工作会议上决定设立国务院金融稳定发展委员会(简称"金稳委"),以强化人民银行宏观审慎管理和系统性风险防范职责。金稳委的具体职责包括:落实党中央、国务院关于金融工作的决策部署;审议金融业改革发展重大规划;统筹金融改革发展与监管,协调货币政策与金融监管相关事项,统筹协调金融监管重大事项,协调金融政策与相关财政政策、产业政策等;分析研判国际国内金融形势,做好国际金融风险应对,研究系统性金融风险防范处置和维护金融稳定重大政策;指导地方金融改革发展与监管,对金融管理部门和地方政府进行业务监督和履职问责等。

3. 合并银监会和保监会

银监会和保监会现已合并成银行保险监督管理委员会,简称银保监会。两者在监管理念、规则和工具上具有相似性,其合并有助于填补金融监管空白,修正金融监管制度的缺陷,弥补基层保险监管人员缺失和专业能力不足的短板。

五、产业政策法

(一)产业政策法概述

1. 产业政策法的概念

产业政策法,是调整国家产业政策制定和实施过程中发生的经济关系的法律规范的总称。它包括体现产业政策实体性内容的法律规范与产业政策制定和实施程序的法律规范。产业政策法体现了国家运用产业政策促进产业结构升级、产业布局合理、产业转换的宏观调控要求。产业政策法具有综合性、指导性、协调性和灵活性的特征。

2. 产业政策法的体系

产业政策法是宏观调控法中政策性极强、灵活性较高的法律,对其体系进行科学的划分存在一定的难度。但一般认为,产业政策法体系应该由以下几方面组成:

(1)产业结构政策法,主要包括产业结构政策的长期构想,对战略产业和朝阳产业的保护和扶持,对夕阳产业的调整与援助等。

(2)产业组织政策法,其调整目标是促进产业合理竞争,实现规模经济,增强国际竞争力。

(3)产业技术政策法,其调整目标是促进先进技术、应用技术的研究、开发和利用,鼓励科研与生产的结合,努力提高我国的科技水平。主要包括科技进步法、科学技术成果转让法、农业技术推广法、高新技术管理法等。

(4)产业布局政策法,其调整目标是产业布局的合理化,主要表现为区域经济合理化,如西部大开发政策、振兴东北老工业基地政策等都属于产业布局政策法的内容。

在我国,中小企业和国有企业是两类特殊的产业组织。因此,下文将以中小企业促进法和国有企业法为例进行介绍。

(二)中小企业促进法

1. 中小企业促进法概述

中小企业仅指相对大企业而言在规模上较小的企业,规模大小的区分标准主要有职工人数、销售收入、资产总额和营业收入的数量。2022年年底中国中小微企业数量超过5200万户,规模以上工业中小企业经营收入超过80万亿元。创新能力显著增强,累计培育专精特新企业8万多家、专精特新"小巨人"企业9000家。[①] 第四次

---

① https://baijiahao.baidu.com/s?id=1769857065808479274&wfr=spider&for=pc,2023年2月28日访问。

全国经济普查显示,我国中小微企业法人单位占全部规模企业法人单位的99.8%,吸纳就业占全部企业就业人数达79.4%,拥有资产占77.1%,营业收入占68.2%。应该说,中小企业既为广大人民群众直接提供了大量物质产品和服务,又成为吸纳和调节就业的"蓄水池",对我国经济发展、民生改善、社会稳定作出了突出贡献。国家统计局和工信部研究显示,中小企业与区域经济增长呈高度正相关性,相关系数超过0.8,中小企业发展活跃的地区恰恰是经济发达和择业热点地区。[①] 中小企业问题不仅是一个保护经济弱者的问题,更重要的是一个国家的产业政策问题。

一般而言,中小企业促进法是指调整国家为保护、扶持和引导中小企业健康发展而形成的社会关系的法律规范的总称。中小企业促进法并不属于企业法范畴,而是属于宏观调控法中产业政策法的范畴。我国有关促进中小企业健康发展的法律法规主要是2002年6月29日通过的《中华人民共和国中小企业促进法》(2017年修订,以下简称《中小企业促进法》)。

2. 中小企业促进法的法律措施

《中小企业促进法》从资金支持、创业扶持、技术创新、市场开拓和社会服务等方面提出了促进我国中小企业健康发展的各项法律措施,并且首次以法律形式指出了国家对中小企业实行"扶持、引导、服务、规范、保障"的方针。《中小企业促进法》规定的中小企业发展的具体措施主要有:

(1) 资金支持和税收优惠措施。国家在中央财政预算中设立中小企业科目和建立中小企业发展基金,并改善中小企业融资环境,建立中小企业信用担保体系,要求中国人民银行、商业银行、政策性银行等金融机构为中小企业融资提供服务。

(2) 创业扶持措施。《中小企业促进法》第5条规定由国务院负责中小企业促进工作综合管理的部门组织实施促进中小企业发展政策,对中小企业促进工作进行宏观指导、综合协调和监督检查。具体分管中小企业工作的部门有乡镇企业局(部分地方是民营企业局)、市场监督管理局、生产力促进委员会和中小企业司,这种多头管理的局面有待改善。

(3) 加强对中小企业技术创新的扶持力度,并明确扶持重点,政府从财政、税收、金额、保险等方面采取措施鼓励中小企业进行技术创新。

(4) 中小企业市场开拓的措施。一方面,加快和完善外经贸体制,在此基础上制定有利于中小企业市场开拓的财税、金融政策;另一方面,建立健全为中小企业提供信息服务的系统,鼓励各类信息机构为中小企业提供全面的信息服务。

(5) 建立、健全中小企业社会化服务体系。中央、省、自治区、直辖市应尽快建立包括资金融通、创业辅导、技术支持、政策咨询、管理诊断、信息服务、市场开拓和人才培训为主要内容的中小企业服务体系。

(6) 重视协调大企业与中小企业之间的关系,提高其专业化协作程度。一方面,

---

① 数据参见《新京报》2022年8月30日。另见 https://baijiahao.baidu.com/s?id=1742581900226152454&wfr=spider&for=pc,2023年2月28日访问。

促进大企业与中小企业签署互助学习协议,鼓励大企业与中小企业签署专业化承包合同,以大型企业带动中小企业实现产业升级;另一方面,政府禁止或限制大企业利用其优势地位损害中小企业合法权益的行为。

(三)国有企业法

1. 国有企业的概念、属性和类型

国有企业是指国家对企业具有所有权或控制权的企业。实践中,国有企业既包括国务院和地方人民政府分别代表国家履行出资人职责的国有独资企业、国有独资公司以及国有资本控股公司,还包括中央和地方国有资产监督管理机构和其他部门所监管的企业本级及其逐级投资形成的企业。国有企业在运行过程中具有双重属性。第一,与一般企业相同,国有企业本身是一种经营性组织,这是它作为企业所具有的基本属性。国有企业是以一定的物质资料和人力资源为条件,从事一定的社会经济活动,并以收益补偿其投入或者寻求投入增值的经济组织。第二,国有企业同时又具有一定的公益性,它是为国家直接经营和管理公用事业和特殊行业的目的而设立的,在某种意义上说,它是从事企业活动的政府部门或具有行政部门职能的企业。国家设立国有企业的目的就是利用国有企业的上述双重属性来实现对国民经济的宏观调控、落实一些特定的产业政策或公共目标。

根据2015年8月中共中央、国务院《关于深化国有企业改革的指导意见》第(四)项至第(六)项的相关规定,国有企业分为商业类国企和公益类国企两类,商业类国企又进一步分为主业处于充分竞争行业和领域的国企(以下简称"竞争类国企"),以及主业处于关系国家安全、国民经济命脉的重要行业和关键领域、主要承担重大专项任务的国企(以下简称"功能类国企")。

竞争类国企、功能类国企和公益类国企各自依循不同的组织和行为规范,其在体现上述国企运行的双重属性上具有一定的差异性。从竞争类国企到功能类国企,再到公益类国企,三类国企的市场经营属性依次降低,公共利益属性依次提高。对于竞争类国企,在组织形态上,原则上都要实行公司制股份制改革,积极引入其他国有资本或各类非国有资本实现股权多元化;在运行监管上,要重点考核经营业绩指标、国有资产保值增值和市场竞争能力。对于功能类国企,在组织形态上,要保持国有资本控股地位,支持非国有资本参股;在运行监管上,应在考核经营业绩指标和国有资产保值增值情况的同时,加强对服务国家战略、保障国家安全和国民经济运行、发展前瞻性战略性产业以及完成特殊任务的考核。对于公益类国企,在组织形态上,可以采取国有独资形式,具备条件的也可以推行投资主体多元化,还可以通过购买服务、特许经营、委托代理等方式,鼓励非国有企业参与经营;在运行监管上,则要重点考核成本控制、产品服务质量、营运效率和保障能力,根据企业不同特点有区别地考核经营业绩指标和国有资产保值增值情况,考核中要引入社会评价。

2. 国有企业法的概念、地位和作用

国有企业法是调整国家在组织国有企业及其生产经营活动过程中发生的经济关系的法律规范的总称。国有企业的双重属性决定了对其需采取一般立法与特别立法相结合的立法形式。一方面,国有企业具有与一般市场主体相类似的营利性,此时,国有企业运行的法律规范应依循《民法典》《公司法》等民商事法律制度的基本规定;另一方面,在营利性市场主体的功能之外,国有企业又在落实国家产业政策、提供公共服务、维护公共利益等方面具有重要的公共职能,此时,无论是从性质、经营管理方式、经营目标上看,还是从与国家的关系上看,国有企业与其他形态的企业都具有明显的差异性,有必要通过专门立法的形式进行独立的法律调整。在这种情形下,国有企业法体现了国家干预经济的意志,具有经济法属性。在经济法领域中,国家对国有企业的有效管理主要包括对国有资产的管理、对国有企业经营者的任免、对企业经济活动的监督和财务审计检查、权力机关的监督等方面。国有企业法应当围绕这些方面进行立法,以体现国家对经济的干预意志。

国有企业法在经济法体系中具有重要的地位。国有企业是国家直接参与经营并运用经济方法调控经济的重要手段,对这一重要的企业组织和行为的规范,有助于充分发挥国有企业实现国家经济政策目标,维护社会公共利益的功能;也有助于引导其他形式企业的发展,保持产业结构的基本稳定,实现经济的全面、协调与可持续发展。

第三节 市场规制法律制度

一、市场规制法概述

(一)市场规制与市场规制法的概念

所谓市场规制,就是国家运用公共权力介入、干预社会经济生活,依法对市场主体的相关市场行为所进行的积极引导、促进或消极制约、禁止。

市场规制法,是指调整国家对市场进行规制过程中发生的社会关系的法律规范的总称。市场规制法的调整对象是市场规制关系。有关市场规制的法律主要有《反不正当竞争法》《反垄断法》《价格法》《招标投标法》《消费者权益保护法》《产品质量法》等。

(二)市场规制法的任务

市场规制法的根本任务是坚定不移地坚持培育和促进市场机制的发育、发展和成熟,稳步实现社会经济市场化。同时还须兼顾两方面的任务:一方面,要规制市场,救治市场失灵,在符合市场规律的前提下,强化市场规制力度;另一方面,要对规制市场失灵的政府行为进行规制,防止政府失灵。

(三)市场规制法的体系

市场规制法作为规定市场平等竞争条件、维护公平竞争秩序的具有普遍性的法律规范,是由一系列具有同一性质的法律规范构成的有机统一体,包括市场准入法、竞争法、竞争相关法和市场规制特别法等。

1. 市场准入法

市场准入法是规制市场主体进入(退出)市场的法律制度。竞争主体的法律资格,企业设立、变更制度,选择竞争市场、调整竞争能力的制度等明显属于市场准入法的内容。

2. 竞争法与竞争相关法

竞争法是市场规制法的核心内容,主要包括反垄断法、反不正当竞争法。竞争相关法包括消费者权益保护法、产品质量法、价格法、市场中介服务规制法等。由于反垄断法、反不正当竞争法、消费者权益保护法、产品质量法与民众的生产生活、市场经济体制的建设和国民经济的发展联系最为密切,后文将依次介绍这些法律制度。

3. 市场规制特别法

市场规制特别法的调整对象主要是一些特殊类型的市场,如金融交易中的资金市场、劳动力市场、建筑与房地产市场、技术信息市场、教育与文化市场、企业产权市场等。

二、反垄断法

(一)垄断和反垄断法概述

垄断是指经营者违反法律规定在特定市场内以单独、合谋或其他方式,排除或限制竞争,损害消费者权益,违反公共利益的行为。通常而言,经营者是垄断行为最重要的实施主体。政府及其所属部门滥用行政权力,排除、限制市场竞争的,也是垄断行为的实施主体。

反垄断法是指规制市场主体一定范围内的垄断状态或行为的法律规范的总称。现代反垄断法产生的标志是1890年美国制定的《谢尔曼法》,它与1914年通过的《克莱顿法》和《联邦贸易委员会法》构成了美国的反垄断法体系。德国于1957年颁布了《反对限制竞争法》,它被认为是当今世界上最为严厉的竞争政策之一。第二次世界大战后的日本在美国民主政策的推动下,于1947年制定了《禁止垄断法》。其他一些国家如英国、加拿大、法国、韩国、印度等也制定了反垄断法律。我国反垄断法从起草至出台历时13年,2007年8月30日,第十届全国人大常委会第二十九次会议通过了《反垄断法》,自2008年8月1日起实施。随后国务院及有关部门陆续出台了一系列配套规定,如《关于经营者集中申报标准的规定》《经营者集中审查规定》《公平竞争审查制度实施细则》《禁止垄断协议规定》《禁止滥用市场支配地位行为规定》《制止滥用行政权力排除、限制竞争行为规定》等。

近年来,伴随着大数据、人工智能的发展,数字经济反垄断问题成为《反垄断法》实施过程中的核心挑战,针对巨型互联网平台企业反垄断执法的问题日益受到关注。在2020年12月召开的中央经济工作会议上,明确将"强化反垄断与防止资本无序扩张"作为未来经济工作重点。2021年2月,国务院反垄断委员会出台了国反垄发〔2021〕1号《关于平台经济领域的反垄断指南》。第十三届全国人大常委会第三十五次会议表决通过关于修改反垄断法的决定,自2022年8月1日起施行。修订后的《反垄断法》共8章70条,既对原法部分条文进行了修改和删除,做到了"吐故",亦新增了诸多条文,做到了"纳新";既从宏观角度强化了竞争政策的基础地位,强调了公平竞争审查的法律地位,亦从微观角度强化了数字经济反垄断,增加"安全港"规则。

(二) 我国反垄断法的规制范围

我国《反垄断法》第二章至第五章规定了四种受反垄断法规制的垄断行为,即垄断协议、滥用市场支配地位、经营者集中以及行政垄断行为。

1. 垄断协议

垄断协议是指两个或者两个以上的经营者,通过协议或者其他协同一致的行为,实施固定价格、划分市场、限制产量、排挤其他竞争对手等排除、限制竞争的行为。协议、决定和其他协同行为是垄断协议的三种方式。反垄断法禁止的垄断协议主要有横向垄断协议与纵向垄断协议。横向垄断协议包括六种情形:(1) 固定或者变更商品价格;(2) 限制商品的生产数量或者销售数量;(3) 分割销售市场或者原材料采购市场;(4) 限制购买新技术、新设备或者限制开发新技术、新产品;(5) 联合抵制交易;(6) 国务院反垄断执法机构认定的其他垄断协议。纵向垄断协议包括三种情形:(1) 固定向第三人转售商品的价格;(2) 限定向第三人转售商品的最低价格;(3) 国务院反垄断执法机构认定的其他垄断协议。行业协会制定发布规则、决定、通知等,召集本行业的经营者讨论并形成协议、决议、纪要、备忘录等,为经营者达成垄断协议提供便利条件或者国务院有关部门认定的应当依法禁止的其他垄断协议都属于禁止之列。

2. 滥用市场支配地位

滥用市场支配地位,是指企业获得一定的市场支配地位后滥用这种地位,对市场的其他主体进行不公平的交易或者排除竞争对手的行为。而市场支配地位,是指经营者在相关市场内具有能够控制商品价格、数量或者其他交易条件,或者能够阻碍、影响其他经营者进入相关市场能力的市场地位。对市场支配地位的认定,我国反垄断法采用了综合性标准,同时将一定的市场份额直接作为市场支配地位的认定标准。滥用市场支配地位行为的主要表现为垄断价格行为、掠夺性定价行为、拒绝交易行为、限定交易行为、搭售或附加不合理交易条件的行为以及差别待遇行为等。

3. 经营者集中

经营者集中是指经营者通过合并、资产购买、股份购买、合同约定、人事安排、技术控制等方式取得对其他经营者的控制权或能够对其他经营者施加决定性影响的情形。经营者集中包括以下行为:(1) 经营者合并;(2) 经营者通过取得股权或者资产的方式取得对其他经营者的控制权;(3) 经营者通过合同等方式取得对其他经营者的控制权或者能够对其他经营者施加决定性影响。达到法律规定标准的集中,经营者应当事先向国务院商务主管部门申报,未申报的不得实施集中。商务主管部门对经营者集中的审查包括初步审查和进一步审查两个阶段,经过审查,可能有两类审查结果:一是禁止;二是不予禁止,具体包括无条件批准和附加限制性条件批准。

4. 行政垄断

行政垄断是指行政机关和法律、法规授权的具有管理公共事务职能的组织滥用行政权力限制、排除竞争的行为。我国反垄断法主要禁止以下行政垄断行为:强制交易行为,妨碍商品在地区间自由流通的行为,排斥或限制外地企业参与本地招投标活动的行为,排除或限制投资或设立分支机构的行为,强制经营者从事垄断行为,制定含有排除、限制竞争内容的行政规定的行为。

(三)我国反垄断法的适用除外制度

反垄断法适用除外制度,是指国家为了保障国民经济的健康发展,在反垄断法及相关法规中规定的某些垄断行为不适用反垄断法的法律制度。反垄断法适用除外范围主要包括:

1. 国家垄断

国家垄断是指国家基于社会经济总体和长远利益及政治、国防和其他国计民生等方面的政策性考虑,不仅允许垄断和限制竞争,还规定由国家直接投资经营,并在一定程度上排除非国家资本的进入。《反垄断法》第8条规定,国有经济占控制地位的关系国民经济命脉和国家安全的行业以及依法实行专营专卖的行业,国家对其经营者的合法经营活动予以保护,并对经营者的经营行为及其商品和服务的价格依法实施监管和调控。

2. 特定行业

(1)自然垄断行业。自然垄断一般出现在公用事业领域,如电力、电信、供水、供热、供气、邮政、铁路等。由于自然垄断行业投资大,关系到居民的生产生活,各国一般对自然垄断行业网开一面。但随着经济和科技的发展,自然垄断行业的部分业务变成可竞争性的,对这些竞争性业务应该由反垄断法进行规制而不是适用除外。

(2)银行业、保险业。我国现行《反垄断法》对银行业、保险业是否适用反垄断法未作明确规定。由于银行业、保险业对国民经济所起的作用巨大,如果允许其放开竞争,一旦经营不善会对国民经济产生"地震"危险。因此,各国纷纷对这些行业的一些限制性行为规定给予豁免,当然这种豁免是有条件的豁免。

(3)农、林、渔业。农、林、渔业对自然条件的依赖性强,生产者不便利用供求关系来调节生产,往往需要政府提供保护和优惠措施。《反垄断法》第69条规定:农业生产者及农村经济组织在农产品生产、加工、销售、运输、储存等经营活动中实施的联合或者协同行为,不适用本法。

3. 知识产权行为

知识产权是法律赋予知识产权所有者的一种无形的独占性权利,如专利权、商标权和版权都属于法律保护的独占性权利,是法律允许的私人垄断。因此,《反垄断法》第68条规定,经营者依照有关知识产权的法律、行政法规规定行使知识产权的行为,不适用本法;但是,经营者滥用知识产权,排除、限制竞争的行为,适用本法。

4. 国家在特殊情况下采取的特别措施

经济不景气时期为调整产业结构的企业合并,严重灾害及战争情况下的垄断行为,中小企业的联合行为等一般也予以反垄断豁免。

(四) 我国反垄断法的实施

1. 反垄断主管机关

根据《反垄断法》的规定,国务院设立反垄断委员会,负责组织、协调、指导反垄断工作,目的在于保证反垄断执法的统一性、公正性和权威性。国家市场监管总局下设反垄断局,统一负责我国的反垄断执法。

2. 法律责任

《反垄断法》第七章规定的法律责任类型主要有民事责任、行政责任和刑事责任,其中行政责任居于主导地位,民事责任与刑事责任居于辅助地位。民事责任有停止侵害,排除妨害,消除危险,返还财产,恢复原状,修理、重作、更换,赔偿损失,支付违约金,消除影响、恢复名誉,赔礼道歉。行政责任包括责令停止违法行为,没收违法所得,行政罚款,拆分企业或恢复到集中前的状态等。

三、反不正当竞争法

(一) 反不正当竞争法概述

1. 反不正当竞争法的概念

反不正当竞争法是指调整在制止不正当竞争行为过程中发生的社会关系的法律规范的总称。我国现行的反不正当竞争法是1993年9月2日第八届全国人大常委会第三次会议通过的《中华人民共和国反不正当竞争法》(以下简称《反不正当竞争法》)。2017年11月4日,该法经第十二届全国人大常委会第三十次会议进行了修订,2019年4月23日第十三届全国人大常委会第十次会议对其进行了修正。国家市场监督管理总局在2022年11月22日发布《反不正当竞争法》(修订草案征求意见稿),再次启动该法的修订。除此之外,我国还颁布了一些行政规章作为补充,如《规范促销行为暂行规定》《关于禁止仿冒知名商品特有的名称、包装、装潢的不正当竞争行为的若干规定》《关于禁止侵犯商业秘密行为的若干规定》《关于禁止商业贿赂行为的暂行规定》等。

2. 反不正当竞争法的目的和调整对象

反不正当竞争法的立法目的是:保障社会主义市场经济全面、协调、可持续发展,鼓励和保护公平竞争,制止不正当竞争行为,保护经营者和消费者的合法权益。

反不正当竞争法的调整对象是不正当竞争行为。不正当竞争行为是指经营者违反法律规定,损害其他经营者的合法权益,扰乱社会经济秩序的行为。不正当竞争行为具有主体的特定性、行为的违法性和危害性特征。《反不正当竞争法》列出了我国现阶段危害最大的7类不正当竞争行为。

(二) 不正当竞争行为的表现形式

1. 商业混淆行为

经营者不得实施下列混淆行为,引人误认为是他人商品或者与他人存在特定联系:(1)擅自使用与他人有一定影响的商品名称、包装、装潢等相同或者近似的标识;(2)擅自使用他人有一定影响的企业名称(包括简称、字号等)、社会组织名称(包括简称等)、姓名(包括笔名、艺名、译名等);(3)擅自使用他人有一定影响的域名主体部分、网站名称、网页等;(4)其他足以引人误认为是他人商品或者与他人存在特定联系的混淆行为。

2. 商业贿赂行为

经营者不得采用财物或者其他手段贿赂下列单位或者个人,以谋取交易机会或者竞争优势:(1)交易相对方的工作人员;(2)受交易相对方委托办理相关事务的单位或者个人;(3)利用职权或者影响力影响交易的单位或者个人。

经营者在交易活动中,可以以明示方式向交易相对方支付折扣,或者向中间人支付佣金。经营者向交易相对方支付折扣、向中间人支付佣金的,应当如实入账。接受折扣、佣金的经营者也应当如实入账。经营者的工作人员进行贿赂的,应当认定为经营者的行为;但是,经营者有证据证明该工作人员的行为与为经营者谋取交易机会或者竞争优势无关的除外。

3. 虚假或引人误解的商业宣传行为

经营者不得对其商品的性能、功能、质量、销售状况、用户评价、曾获荣誉等作虚假或者引人误解的商业宣传,欺骗、误导消费者。经营者不得通过组织虚假交易等方式,帮助其他经营者进行虚假或者引人误解的商业宣传。

4. 侵犯商业秘密行为

商业秘密是指不为公众所知悉、具有商业价值并经权利人采取相应保密措施的技术信息和经营信息。

经营者不得实施下列侵犯商业秘密的行为:(1)以盗窃、贿赂、欺诈、胁迫或者其他不正当手段获取权利人的商业秘密;(2)披露、使用或者允许他人使用以前项手段获取的权利人的商业秘密;(3)违反约定或者违反权利人有关保守商业秘密的要求,披露、使用或者允许他人使用其所掌握的商业秘密。第三人明知或者应知商业秘密权利人的员工、前员工或者其他单位、个人实施前述违法行为,仍获取、披露、使用或者允许他人使用该商业秘密的,视为侵犯商业秘密。

5. 不正当有奖销售行为

经营者进行有奖销售不得存在下列情形:(1)所设奖的种类、兑奖条件、奖金金额或者奖品等有奖销售信息不明确,影响兑奖;(2)采用谎称有奖或者故意让内定人员中奖的欺骗方式进行有奖销售;(3)抽奖式的有奖销售,最高奖的金额超过5万元。

6. 诋毁商誉行为

经营者不得编造、传播虚假信息或者误导性信息,损害竞争对手的商业信誉、商品声誉。

7. 互联网不正当竞争行为

经营者利用网络从事生产经营活动,应当遵守法律规定。经营者不得利用技术手段,通过影响用户选择或者其他方式,实施下列妨碍、破坏其他经营者合法提供的网络产品或者服务正常运行的行为:(1)未经其他经营者同意,在其合法提供的网络产品或者服务中,插入链接、强制进行目标跳转;(2)误导、欺骗、强迫用户修改、关闭、卸载其他经营者合法提供的网络产品或者服务;(3)恶意对其他经营者合法提供的网络产品或者服务实施不兼容;(4)其他妨碍、破坏其他经营者合法提供的网络产品或者服务正常运行的行为。

(三)反不正当竞争法的执法机关及其职权

反不正当竞争法的执法机关包括两类:第一类是司法机关,即人民法院。人民法院执行反不正当竞争法的主要职权有:(1)处理有关不正当竞争的民事纠纷;(2)依法追究不正当竞争行为人的刑事责任;(3)处理经营者不服行政执法机关处罚决定的行政争议。

第二类是行政执法机关。反不正当竞争法的行政执法机关是市场监督管理部门及其公平交易局。它们根据《反不正当竞争法》第13条的规定享有以下职权:(1)进入涉嫌不正当竞争行为的经营场所进行检查;(2)询问被调查的经营者、利害关系人及其他有关单位、个人,要求其说明有关情况或者提供与被调查行为有关的其他资料;(3)查询、复制与涉嫌不正当竞争行为有关的协议、账簿、单据、文件、记录、业务函电和其他资料;(4)查封、扣押与涉嫌不正当竞争行为有关的财物;(5)查询涉嫌不正当竞争行为的经营者的银行账户。

四、消费者权益保护法

(一)消费者权益保护法概述

1. 消费者和消费者权益保护法的概念

法学中的消费是指消费者为满足个人或家庭生活的需要,通过市场而获得、使用消费资料和消费服务的活动。而消费者是指为满足个人或家庭生活需要而购买、使用商品或接受服务的人。

现代意义上的消费者权益保护观念最初体现在1756年英国王室法庭首席法官曼斯菲尔德关于"买受人给付完整的价金即应获得完美的商品"的名言之中。从1906年美国以争取洁净食品为目标的第一个消费者运动,到1985年联合国《保护消费者准则》中消费者六项权利的提出,消费者权益保护观念已渗透到社会生活中的方方面面。消费者权益是指消费者依法享有的权利及该权利受到保护时给消费者带来的应得利益。国际消费者权益保护日是每年的3月15日。

消费者权益保护法是指调整在保护消费者权益过程中产生的社会关系的法律规范的总称。我国现行《消费者权益保护法》是1993年10月31日第八届全国人大常委会第四次会议通过的《中华人民共和国消费者权益保护法》(以下简称《消费者权益保护法》)。2009年8月27日,第十一届全国人大常委会第十次会议对该法进行了第一次修正。2013年10月25日,第十二届全国人大常委会第五次会议对该法进行了第二次修正。

2. 消费者权益保护法的地位和作用

消费者权益保护法是规范市场主体行为和维护市场秩序的重要经济法律。就组成我国法律体系的规范而言,消费者权益保护法属于经济法的范畴,具体而言,属于其中的市场规制法。

消费者权益保护法具有极其重要的作用:(1)消费者权益保护法是维护消费者正当合法权益的基本法。面对经济实力强大的商品生产者、经营者和提供服务的单位,消费者总处于弱者地位,因而经常是各种假冒伪劣商品或劣质服务的受害者。保护弱者的合法权益不受侵犯,维护社会经济秩序,促进国民经济全面、协调、可持续发展,促进经济社会和人的全面发展,是消费者权益保护立法的基本目的。(2)实施消费者权益保护法,就会有力地遏制和制止市场主体的各种违法行为,维持良好的市场秩序。(3)严格执行消费者权益保护法,能够减少或防止经营者与消费者之间的权益纠纷,促使经营者改善其经营管理,采用先进科学技术,提高产品和服务质量,增强市场竞争力,有利于提高社会经济效益。

(二) 消费者的权利

消费者的权利,是国家保护消费者权益的核心之所在,指国家通过法律所确认、许可并保障消费者在消费领域中所享有的权能,即有权作出或不作出一定的行为,以及要求经营者相应地作出或不作出一定的行为。我国《消费者权益保护法》第二章系统地规定了消费者应当享有的权利,这些权利可以归纳为九项。

1. 安全权

安全权是指消费者在购买、使用商品或接受服务时,享有人身、财产安全不受损害的权利。安全权包括人身安全权和财产安全权两项内容,这是消费者的最基本权利。人身安全权是位阶最高的权利,包括生命和健康的安全。财产安全权是指消费者在进行消费活动时所享有的财产安全不受侵害的权利,既可以指交易标的的财产安全,也包括消费者的其他财产安全。

2. 知情权

知情权又称知悉真情权、知悉权,是指消费者享有知悉其购买、使用的商品或者接受的服务的真实情况的权利。首先,消费者有权对商品和服务的真实情况进行全面了解,以使自己购买商品或接受服务的意思表示真实。其次,消费者有充分了解有关情况的权利,有关的情况包括:商品的价格、产地、生产者、用途、性能、规格、等级、主要成分、生产日期、有效期限、检验合格证明、使用方法说明书、售后服务以及服务的内容、规格、费用等。

3. 选择权

选择权又称自主选择权,是指消费者根据自己的意愿自主地选择其购买的商品或接受的服务的权利。选择权通常包括以下几方面:(1)自主选择提供商品或者服务的经营者的权利;(2)自主选择商品品种或者服务方式的权利;(3)自主决定购买或者不购买任何一种商品,接受或不接受任何一项服务的权利;(4)在自主选择商品或服务时所享有的进行比较、鉴别和挑选的权利。

4. 公平交易权

公平交易权是指消费者享有的在购买商品或接受服务时获得质量保障、价格合理、计量准确等公平交易条件,拒绝经营者的强制交易的权利。公平交易权主要体现在两个方面:(1) 交易条件公平合理;(2) 不得强制交易。

5. 索赔权

索赔权也称求偿权、赔偿权,它是指消费者享有的在购买、使用商品或接受服务的过程中人身、财产遭到损害时,依法获得赔偿的权利。其中,人身权受到损害,是指生命健康权、姓名权、名誉权、荣誉权等受到损害;财产损害包括财物灭失、毁损等,以及因受害人伤、残、死亡所支付的费用等。享有索赔权的主体包括消费者及相关第三人。

6. 结社权

结社权是消费者享有依法成立维护自身合法权益的社会团体的权利。结社权旨在使处于弱者地位的个体消费者变成一个合法存在的代表消费者群体利益的强有力的组织,同时赋予消费者组织在保护消费者合法权益方面对商品和服务进行社会监督的权利,授权消费者组织向消费者提供消费信息和咨询服务,受理消费者的投诉,支持受损害的消费者提起诉讼等。

7. 接受教育权

接受教育权是指消费者享有的获得有关消费和消费者权益的知识的权利。此权利包括两个方面的内容:(1) 获得有关消费方面的知识,包括有关商品和服务方面的基本知识和有关市场方面的知识;(2) 获得有关消费者权益保护方面的知识。

8. 受尊重权

受尊重权是指消费者在购买、使用商品和接受服务时享有人格尊严、民族风俗习惯得到尊重的权利。

9. 监督权

监督权是指消费者享有的对商品和服务以及保护消费者权益的工作进行监督的权利。消费者监督的方式包括检举、控告、批评、建议等。

(三) 经营者的义务

1. 经营者义务的概念和特征

经营者是指以营利为目的而从事商品生产和销售及提供服务的法人、其他经济组织和个人。经营者义务是指经营者在生产销售或服务领域中必须为或不为一定的行为,它具有法定性、强制性、基础性和直接约束性等特征。

2.《消费者权益保护法》规定的经营者的义务

经营者的义务包括:(1) 依照法律或约定履行义务;(2) 听取意见和接受监督的义务;(3) 保障消费者人身和财产安全的义务;(4) 提供商品和服务真实信息的义务;(5) 出具相应凭证和单据的义务;(6) 提供符合要求的商品和服务的义务;(7) 不得从事不公平、不合理的交易的义务;(8) 不得侵犯消费者人身权利的义务。

(四) 消费者协会

1. 消费者协会的概念

消费者协会是依法成立的对商品和服务进行社会监督、保护消费者合法权益的社会团体。

2. 消费者协会的职能

我国的《消费者权益保护法》第37条规定了消费者协会的下列职能:(1) 向消费者提供消费信息和咨询服务,提高消费者维护自身合法权益的能力,引导文明、健康、节约资源和保护环境的消费方式;(2) 参与制定有关消费者权益的法律、法规、规章和强制性标准;(3) 参与有关行政部门对商品和服务的监督、检查;(4) 就有关消费者合法权益的问题,向有关部门反映、查询,提出建议;(5) 受理消费者的投诉,并对投诉事项进行调查、调解;(6) 投诉事项涉及商品和服务质量问题的,可以委托具备资格的鉴定人鉴定,鉴定人应当告知鉴定意见;(7) 就损害消费者合法权益的行为,支持受损害的消费者提起诉讼或者依照本法提起诉讼;(8) 对损害消费者合法权益的行为,通过大众传播媒介予以揭露、批评。

3. 对消费者协会的限制

《消费者权益保护法》第38条对消费者协会的下列行为进行了限制规定:消费者组织不得从事商品经营和营利性服务,不得以收取费用或者其他牟取利益的方式向消费者推荐商品和服务。

(五) 消费者权益争议的解决途径

1. 消费者权益争议概述

消费者权益争议是指消费者与经营者之间发生的与消费者权益有关的争议。

消费者权益争议主要有以下四类:(1) 经营者不依法履行或不适当履行义务,或消费者认为经营者不依法履行或不适当履行义务而产生的争议;(2) 消费者和经营者对提供的商品或服务看法不一致而产生的争议;(3) 经营者侵犯消费者权利或消费者认为经营者侵犯其权利而产生的争议;(4) 在消费过程中产生的其他争议。

2. 消费者权益争议的解决途径

根据《消费者权益保护法》第39条的规定,消费者权益争议主要通过下列途径解决:(1) 消费者与经营者协商;(2) 请求消费者协会或者依法成立的其他调解组织调解;(3) 向有关行政部门投诉;(4) 根据与经营者达成的仲裁协议提请仲裁机构仲裁;(5) 向人民法院提起诉讼。

五、产品质量法

(一) 产品质量法概述

1. 产品和产品质量的概念

根据《产品质量法》第2条的规定,产品是指经过加工、制作,用于销售的产品。建设工程不属于产品,但建设工程使用的建筑材料、建筑构配件和设备,是产品。

产品质量指产品性能在正常使用条件下,满足合理使用要求所必须具备的物质、技术、心理和社会特征的总和。产品质量不合格即为产品缺陷,产品缺陷是指产品存在危及人身、他人财产安全的不合理的危险。

2. 产品质量法的概念

产品质量法,是指调整在生产、流通和消费过程中因产品质量所发生的经济关系的法律规范的总称。我国现行的产品质量法律是 1993 年 2 月 22 日通过、2000 年、2009 年、2018 年三次修正的《中华人民共和国产品质量法》。

(二) 产品质量的监督管理

1. 产品质量监督管理体制

我国的产品质量监督管理体制是：国务院市场监督管理部门主管全国产品质量监督工作。国务院有关部门在各自的职责范围内负责产品质量监督工作。县级以上地方市场监督管理部门主管本行政区域内的产品质量监督工作。县级以上地方人民政府有关部门在各自的职责范围内负责产品质量监督工作。

2. 产品质量标准制度

(1) 质量标准。产品质量标准可分为统一标准与约定标准。可能危及人体健康和人身、财产安全的产品，必须符合国家标准、行业标准；未制定国家标准、行业标准的，必须符合保障人体健康，人身、财产安全的要求。

(2) 生产许可证。生产许可证是指国家发给具备生产条件并对其产品检验合格的工业企业的，许可其生产该项产品的凭证。

3. 产品质量体系认证标准

(1) 产品质量认证。产品质量认证是指通过认证机构的独立评审，对于符合条件的，颁发认证证书和认证标志，从而证明某一产品达到相应标准。产品质量认证遵循自愿原则。

(2) 实施产品质量体系认证的机构。认证机构必须是得到国务院产品质量监督部门的认可或授权的机构，企业只能向这些机构申请认证。

(3) 企业质量体系认证的依据。企业质量体系认证的依据，即认证机构开展质量体系认证所采用的标准。企业质量体系认证应当依据国际适用的质量管理标准。

4. 产品质量监督检查制度

产品质量监督检查制度是指国家各级质量监督管理部门，依据国家有关法律、法规和规章的规定，代表国家在本行政区域内，对生产流通领域的产品质量实施的一种具有监督性质的检查活动。这项制度主要以抽查方式进行，并按期向社会发布监督抽查公报。

(三) 生产者、销售者的产品质量义务

1. 生产者的生产质量义务

(1) 生产者应当保证其产品内在质量符合法律要求，这些要求有安全、卫生、使用性能要求等；

(2) 生产者应当遵守法律有关产品标识的规定，这些规定包括产品质量检验合格证明、名称、厂址、规格、生产日期、失效日期、警示说明等；

(3) 符合产品包装要求；

(4) 不得违反法律的禁止性规定。

2. 销售者的产品质量义务

(1) 执行进货检查验收制度，验明产品合格证明和其他标识；

(2) 保持销售产品的质量；

(3) 销售符合质量要求的产品。

(四) 产品质量责任

1. 产品质量责任的概念

产品质量责任是指生产者、销售者违反法律规定的产品质量义务而应当承担的法律责任。它是一种综合性责任，包括产品侵权赔偿责任（即产品责任）、产品瑕疵担保责任、产品质量行政责任及刑事责任等。该责任具有强制性、补偿性、制裁性的特点。

2. 产品瑕疵担保责任和产品责任

(1) 产品瑕疵担保责任。产品瑕疵是指一般的质量问题，如产品的外观、使用性能等方面的问题。产品瑕疵担保责任是指销售者因所销售的产品质量不符合法定或约定的质量标准而应当承担的不利法律后果。它是一种基于合同关系的法律责任，其责任形式主要有修理、更换、重作、退货和赔偿损失等。

(2) 产品责任。产品责任是指生产者、销售者销售有缺陷的产品而使该产品的购买者、使用者乃至其他相关者遭受人身伤害或财产损失而应当承担的不利法律后果，它是一种特殊的侵权责任。产品缺陷是指产品存在可能危及人身、其他财产安全的不合理的危险，或产品有保障人体健康和人身、财产安全的国家标准、行业标准而不符合该标准。我国的产品缺陷有两种：一种是制造缺陷；另一种是危及人身、缺陷产品以外的其他财产的不合理的危险。对于产品缺陷，生产者要负瑕疵担保责任和产品责任。

3. 产品瑕疵担保责任与产品责任的区别

两者的区别在于：(1) 两者对实际损害后果的要求不同，瑕疵责任不要求实际损害。(2) 两者的性质不同，瑕疵责任是从合同中产生的，是一种合同责任，只适用于直接的合同当事人之间；而产品责任是一种侵权责任，不限于直接的合同双方。(3) 两者的归责原则不同，产品责任是严格责任，举证责任主要在于生产者；瑕疵责任主要的举证责任在购买人。

4. 产品责任的归责原则及其发展趋势

所谓归责原则，是指确定行为人的侵权民事责任的根据和标准。从总体上说，我国采取的是契约担保责任、过失责任（包括过错推定责任）相互衔接、相互补充的混合归责模式。而美国的产品责任实行的是以严格责任为主的归责原则。所谓严格责任是指行为人主观上无过错而致害于人，在没有免责事由的情况下，仅根据其行为造成的客观存在的损害结果来承担法律责任的原则。为顺应时代潮流，我国应把严格责任明确规定为产品质量侵权的归责原则。

思 考 题

1. 经济法与民商法、行政法的关系如何？

2. 如何理解税收是"取之于民、用之于民"的?
3. 我国的行政垄断是如何形成的?又该如何解决?
4. 回扣与折扣、佣金有哪些区别?

推荐阅读书目

1. 吕忠梅、刘大洪:《经济法的法学与法经济学分析》,中国检察出版社 1998 年版。
2. 漆多俊:《经济法基础理论》(第五版),法律出版社 2017 年版。
3. 张守文:《经济法学》(第二版),高等教育出版社 2018 年版。

主要参考文献

1. 韩志红、宁立志:《经济法权研究》,武汉大学出版社 2012 年版。
2. 刘大洪:《法经济学视野中的经济法研究》(第二版),中国法制出版社 2008 年版。
3. 杨紫烜:《经济法》(第五版),北京大学出版社、高等教育出版社 2015 年版。
4. 张守文:《经济法学》(第二版),高等教育出版社 2018 年版。
5. 刘大洪:《互联网经济的市场规制:理论创新与法制回应》,中国财政经济出版社 2021 年版。

第十章 行　政　法

学习目标

1. 把握行政法的概念、特征和基本原则，认识行政法在法律体系中的地位和作用；
2. 正确理解行政主体和行政相对人的含义及其法律地位；
3. 掌握行政行为的概念、特征、成立要件、合法要件、种类及其效力问题；
4. 了解行政程序的基本原则和主要制度，熟悉行政复议的受案范围、管辖、参加人及复议程序等；
5. 运用行政法原理，分析和解决行政管理实践中出现的法律现象和产生的法律问题。

基本概念

行政法；行政法的渊源；依法行政原则；合理行政原则；行政主体；行政公务人员；行政相对人；行政行为；抽象行政行为；行政立法；具体行政行为；行政许可；行政给付；行政奖励；行政处罚；行政强制；行政征收；行政裁决；行政确认；行政程序；行政复议

第一节　行政法概述

一、行政法的概念与特征

（一）行政法的概念

行政法是调整行政关系，规范行政的组织与职权、条件与程序，以及对行政予以监督和对其后果予以补救的法律规范的总称。对这一定义，可从以下方面进行理解：

1. 行政法是调整行政关系的法。这是从调整对象上揭示行政法的内涵。行政法的调整对象是行政关系。行政关系是指行政权在取得、行使以及接受监督过程中发生的各种社会关系。

2. 行政法是关于行政的组织与职权、行政的条件与程序，以及对行政予以监督和对其后果予以补救的法。这是从内容上揭示行政法的内涵。行政法的基本内容包括三大部分:第一部分为行政组织法,规定行政的组织、职权、编制及人员的任用和管理。第二部分为行政行为法,规定行政的组织行使行政职权的条件、方式与程序。行政行为法在理论上可分为行政实体法和行政程序法两类。第三部分为行政监督与救济法,规定对行政进行监督和对行政的后果进行救济,以防止行政职权被违法或不当行使,使公共利益得到维护,使公民、法人及其他组织的合法权益得到保护。

3. 行政法是有关行政的法律规范的总称。这是从表现形式上揭示行政法的内涵。行政法律规范是行政法的外在表现,没有行政法律规范的存在,我们就无从考察行政法现象。行政法律规范在效力上是多层级的,在适用范围上是有差异的,其表现形式也是多种多样的。行政法由分散于宪法、法律、法规和规章等众多法律文件中的行政法律规范构成。

(二)行政法的特征

1. 行政法在形式上的特征

(1)行政法没有一部统一完整的法典。行政法没有制定出一部统一的法典,这是由行政活动范围的广泛性、行政活动内容的复杂多变性,以及行政关系的多层次性决定的。即行政法涉及的社会生活领域十分广泛,内容纷繁复杂多变,专业性、技术性又较强,因此,制定一部完整、统一的行政法典是十分困难的。当然,行政法在整体上没有统一、完整的法典,并不意味着行政法在局部上没有单行法典。实践中,这种单行法典是大量存在的,如公务员法、行政程序法、行政处罚法、行政许可法、行政强制法、行政复议法、行政诉讼法等。

(2)行政法由不同效力层次的法律规范组成,且行政法律规范的数量众多,其数量居于各个部门法之首。这是因为制定行政法律规范的主体是多样的,而不是单一的,有权力机关的立法,也有行政机关的立法,这就形成了二元多级立法体制。各立法主体制定出的法律规范文件种类不一,名称多样,效力层次上也存有差别,不像刑法、民法通常只能由最高国家权力机关统一制定,法律形式单一,法律文件数量有限。

2. 行政法在内容上的特征

(1)行政法涉及的内容广泛。由于现代行政涉及国防、外交、经济、文化、教育、卫生、城乡建设等各个领域,因而行政法的调整范围极其广泛,行政法规不仅数量多,而且内容覆盖行政活动的各个方面。

(2)行政法具有易变性的特征。由于社会经济处于不断的变动之中,科技文化在不断发展,公共行政所面临的情况错综复杂,为了与社会的发展协调一致,行政主体需要灵敏应对社会发展中出现的新情况和新问题,行政关系就不可能一成不变,因此,作为行政关系调整器的行政法律规范,就需要经常进行废、改、立。当然,需要指出的是,行政法具有易变性的特征,并不意味着行政法可以朝令夕改,稳定性和适应性仍是其基本特征,其易变性只是相对于刑法、民法等部门法而言显现出来的。

(3)行政法的实体性规范与程序性规范通常交织在一起,没有截然分开。这一特征表现在两个方面:一是从整体上看,行政法既包括实体性规范,又包括程序性规范。这里的程序性规范除行政诉讼法外,还包括行政程序法。二是从具体的法律规定来看,行政法的实体性规范与程序性规范通常融于一个法律文件中,如我国的《行政处罚法》既规定了行政处罚的实体问题,也规定了行政处罚的程序问题;《行政许可法》既规定了行政许可的实体问题,也规定了行政许可的程序问题。行政法的实体性规范与程序性规范难以分开,主要是因为行政权在实体上被赋予的同时,需要按程序来规范运用,而且将实体性规范与程序性规范规定在一个法律文件之中,也便于行政主体掌握和操作。

二、行政法的地位和作用

(一)行政法在法律体系中的地位

行政法在法律体系中的地位可以概括为:行政法是一个独立的法律部门,是宪法的重要实施法。

1. 行政法是一个独立的法律部门。行政法之所以成为一个独立的法律部门,是因为它有自己独立的调整对象——行政关系,有独特的调整方法——追究行政责任等。它不能被其他部门法所包容,也不依附于其他部门法而存在。

2. 行政法是宪法的重要实施法。宪法是法律体系中最重要、地位最高的法律,它调整国家根本的社会关系,确定国家的基本制度。但是,宪法在许多方面的规定是抽象和原则的,不可能十分具体,这就需要不同的部门法将之具体化。刑法、民法、行政法等都是宪法的实施法,而其中行政法是实施宪法的最重要的法律部门,与宪法的关系更为密切。宪法所规定的国家基本政治、经济、文化、社会制度和公民的基本权利及义务无一不涉及行政权力的行使与监督问题,没有行政法律规范进行具体规定,这些基本制度和权利就无法落实,宪法也难以实施。

(二)行政法的作用

行政法的作用是指行政法所能产生的实际功效。人们从不同的层面和角度对行政法的作用作出了不同的归纳和总结。我们将行政法的作用概括为以下几个方面:

1. 保障公民权利与自由的实现。在现代社会,公民的权利与自由有了更丰富的内涵。公民的权利不再限于人身权和财产权,还包括经济自治权、环境权、行政参与权、发展权等。行政法正是通过对公民权利的确认及建立相应的行政法律制度来保障公民权利和自由的实现。如建立行政公开制度与听证制度可确保公民对行政的了解和参与,建立行政指导制度有利于公民经济自治权的实现。此外,行政法还通过不断拓宽服务行政的范围来保障公民权利和自由的实现。[①]

2. 合理地设定行政权,保障行政的统一和高效。现代行政活动的内容广泛、复杂、多变。为保障行政管理和行政服务活动的统一、高效,需要正确设定行政权、合理构筑行政组织及建立公务员管理机制,并确立科学的管理、服务方式,规定完整正当的行政程序。行政法的基本功能就是在设立行政组织、配置行政权力、设定权力行使的条件和程序等方面创建一套有效的制度,以保障行政统一和高效,保障行政权的运

---

① 参见方世荣主编:《行政法与行政诉讼法》(第六版),中国政法大学出版社2019年版,第11—12页。

行产生良好的社会效果。

3. 规范和控制行政权,保障公民的合法权益不受侵犯。规范和控制行政权,防止行政权被滥用,也是行政法的重要功能。行政法就其实质而言,可以界定为规范和控制行政权的法。行政法主要从三个方面规范和控制行政权:(1) 通过行政组织法,控制行政权的权源。(2) 通过行政程序法规范行政权行使的方式。(3) 通过行政监督、行政救济法制约行政权的滥用。行政组织法和行政程序法是在事前控制行政权的范围和事中规范行政权行使的方式,以防止越权和滥用权力;行政监督、行政救济法则是事后对行政权进行制约。① 控制行政权和保障公民的合法权益是相辅相成的。控权的机制从某种意义上讲也是保障公民的合法权益不受侵犯的机制,只不过是认识的角度不同而已。

4. 促进市场经济的建立与完善。市场经济在本质上是一种权利经济,要求各经济主体的地位平等、意志自由,要求建立平等、自由、开放的竞争秩序。市场经济固然离不开民商法的调整,但同样需要行政法的保障。行政法在此方面的作用表现在:(1) 通过确认公民的各种经济权利、建立公平的竞争规则、维护良好的经济秩序来促进市场经济的发展;(2) 通过严格设定行政权和规范行政权的运作,来排除政府对市场的违法与不当干预,保障市场机制的正常运行。

5. 保障社会的稳定,促进社会的和谐发展。社会的稳定与和谐发展建立在平等、自由、公正、秩序、责任和合作的基础之上,形成国家与社会、权力与权利、公共领域与私人领域的良性互动,达致社会整体结构的稳定运作与协调平衡。没有平等、自由,公民的个性就会受到束缚,公民的积极性和创造力就不能得到发挥,社会就缺乏生机与活力,发展的动力就不足;没有公正、秩序和责任,就会潜伏许多不稳定因素,容易造成公民与政府之间的对抗与摩擦,难以促成双方的信任与合作,也就不利于社会的稳定与和谐。行政法旨在通过其有效的制度构建,营造一个平等、自由、公正、秩序、责任和合作的社会,这无疑有利于社会的稳定,有利于社会的和谐发展。

三、行政法的渊源

行政法的渊源是指行政法律规范的外部表现形式或来源。不同国家的法律制度不同,行政法的渊源也不尽相同,如大陆法系国家行政法的渊源与英美法系国家行政法的渊源就存在很大差别。同一法系不同历史传统和不同经济、政治制度的国家的行政法渊源也不尽相同,如法国和德国同属大陆法系国家,但法国行政法院的判例是行政法的重要渊源,德国却有更多的行政法制定法渊源。我国行政法主要来源于各类国家机关创制的具有法律效力的规范性文件。一般来说,我国行政法的渊源包括宪法、法律、行政法规、地方性法规、自治条例、单行条例、行政规章等。此外,国际条约与协定、法律解释等也是我国行政法的渊源。

---

① 参见姜明安主编:《行政法与行政诉讼法》(第七版),北京大学出版社、高等教育出版社 2019 年版,第 27 页。

四、行政法的基本原则

行政法的基本原则,是指贯串行政法之中,指导行政法的制定、执行和遵守,规范行政行为实施和行政争议解决的基本准则。行政法的基本原则体现着行政法的精神实质,是行政法的具体原则和规则存在的基础;反映着行政法的价值目标,是行政法理论中带有根本性的问题。行政法的基本原则是行政法在控制行政权的过程中逐步形成,并由行政法学者概括和总结出来的,是人们对行政法现象的理性认识。我们认为,行政法的基本原则是行政法治原则,它包括依法行政原则和合理行政原则两方面内容。

(一)依法行政原则

依法行政是行政法的一项基本原则,它要求行政组织与职权法定,行政主体必须依法行使权力,违法行政要承担相应的法律责任。依法行政原则是行政法作为独立法律部门存在的根本性原则,也是行政法与其他部门法区别的主要标志。它贯串行政权力的始终,是指导、规范行政权力运作的基本准则,在行政法理论体系中具有重要地位。具体而言,依法行政原则的基本内涵是:

1. 行政组织与职权法定。行政组织法定,是指行政组织的权限、中央和地方权力的划分、行政机构的设置以及行政编制等都要依法设定,其他任何机关或个人都无权规定。职权法定,是指行政机关及工作人员的职责权力都应当由法律予以创设和规定,行政机关及其工作人员行使权力应当以法律为依据。非依法律取得的权力都应当被推定为无权限,非依法律规定行使的权力应推定为无效。职权法定意味着,法律未授权的,行政机关不得为之。没有法律的授权,行政机关不能剥夺或限制公民的权利,也不得为公民设定或增加义务。

2. 依法办事。依法办事的"法",包括法律、法规和规章。在法的数量上,法规、规章的数量远远超过法律,但在法的效力上,法律的效力高于法规、规章;在法规、规章与法律相冲突或相抵触时,行政机关应适用法律,而不应适用与法律相冲突或相抵触的法规、规章,除非法律对相应的法规、规章有特别的授权。依法办事要求行政主体实施行政行为时必须在法定范围之内,依照法的实体规定和程序规定办事,而不得任意行事。否则,就构成对依法行政原则的违背。

3. 违法必究。依法行政原则的关键是行政机关及其工作人员必须依法承担行使职权产生的法律责任。行政机关及其工作人员行使行政职权如违反法律规定,失职、越权、滥用职权等,均应承担相应的法律责任:该撤销的就应撤销;该变更的就应变更;不履行职责的就应责令其限期履行职责;违法行为给相对人的合法权益造成实际损害的就要承担赔偿责任,并要视主观过错程度追究实施违法行为的公务人员的法律责任。没有法律责任就没有依法行政。这里的法律责任,既包括违反行政组织法所产生的法律责任,也包括违反行政行为法所产生的法律责任;既包括行政实体违法所产生的法律责任,也包括行政程序违法所产生的法律责任;既包括行政作为行为违法所产生的法律责任,也包括行政不作为行为违法所产生的法律责任;等等。

（二）合理行政原则

合理行政原则，是行政法的又一基本原则，是随着社会的发展对行政活动提出的更高的要求，也是依法行政原则适应行政活动的发展变化的一种新的发展。所谓合理行政原则，是指行政主体不仅应当在法律、法规规定的范围内实施行政行为，而且要求行政行为要客观、适度，符合公平正义等法律理性。

合理行政原则存在的根据是行政自由裁量权的产生与扩大。所谓行政自由裁量权，是指行政机关在法定的范围和幅度内，自由进行选择或者是自由根据自己的最佳判断而采取行动的权力。控制自由裁量权，就是要使行政主体公正合理地行使自由裁量权，使行为的结果更接近立法的本意和目的。控制自由裁量权主要不是依靠制定法，而是依靠法律的原则和精神；主要不是依靠实体法，而是依靠行政程序。这样，合理性原则就在法治的土壤上生长出来，并与合法性原则一道规范和控制行政权，构筑现代行政法治的基本架构。[①]

合理行政原则主要包括以下几个方面的内容：

1. 符合法律的目的。任何法律在授予行政机关自由裁量权时都有其内在的目的。从根本上说，我国法律授予行政机关自由裁量权的目的，就是为了更好地维护公共利益和社会秩序，更好地保护行政相对人的合法权益。就每一项授权法规范而言，它又有其特殊的立法意图或授权目的。行政机关行使自由裁量权时，必须考虑法律的目的何在，必须符合法律的目的。凡是不符合法律目的的行为都是不合理的行为。

2. 出于正当的动机。所谓正当动机，是指行政机关作出某一行政行为，在其最初的出发点和动机诱因上，不得违背社会公平观念或法的精神。例如，如果行政机关进行罚款的动机不是为了制裁违法行为，而是为了增加财政收入，改善工作人员的福利待遇，就是动机不正当。动机正当要求行政机关不能以执行法律的名义，将自己的偏见、歧视、恶意等强加于行政相对人；行政机关在实施行政行为时必须出于公心，不能抱有成见、偏见，应当平等地对待所有的相对人。

3. 考虑相关因素，排除不相关的因素。所谓相关因素是指与所处理事件有内在联系并可以作为作出决定根据的因素；所谓不相关的因素，是指与事件本身没有内在的联系而不能作为作出决定根据的因素。行政机关及其工作人员在行使自由裁量权时必须考虑相关的因素，尤其要考虑法律、法规所明示的或默示的要求考虑的因素，不应该考虑与作出决定无关的因素。例如，行政机关实施行政处罚时，违法的事实、性质、情节以及社会危害程度是其应当考虑的因素，如果行政机关置这些因素于不顾，而是考虑行为人的职位高低、经济状况好坏、社会关系及政治面貌等作出处罚决定，就是考虑了不相关的因素。

4. 不得任意迟延或不作为。任意迟延或不作为是消极地滥用自由裁量权的表现。在法律、法规规定了行政机关办理某一事项的时限时，在这个时限内，行政机关对在何时办理某事有自由裁量权。但在某种特定的情况下，行政相对人的某种事项

[①] 参见姜明安：《新世纪行政法发展的走向》，载《中国法学》2002 年第 1 期。

必须被紧急处理,否则将给行政相对人的合法权益或社会公共利益造成巨大损失。在这种情况下,如果行政机关故意拖延,一定要等到时限届满之日或等到某种损失已经发生或不可避免之时再办理,即是对自由裁量权的滥用。另外,对于行政机关办理的某些事项,法律、法规有时没有或不可能规定具体的时限,何时办理完全由行政机关自由裁量。在此情况下,行政机关也应根据相应事项的轻重缓急和各种有关因素,依序办理。如果行政机关故意将某些应紧急处理的事项压后处理,应及时办理的事项故意拖延,同样构成自由裁量权的滥用。目前,我国的行政程序法还很不完备,行政机关在程序上的自由度很大,行政机关及其工作人员办事拖拉、互相推诿的现象还较为严重,特别是赋予公民权利或免除公民义务的自由裁量行为,更容易出现不当的迟延或不作为。因此,要做到合理行政,就必须对消极地滥用自由裁量权的行为加以遏制。

5. 符合公正法则。法律授予行政机关自由裁量权的目的,就在于使行政机关根据具体情况、具体对象作出公正合理的选择和判断,准确地贯彻立法精神,而不是让行政机关在法律留给的空间内随心所欲,任意施为。实施法律的目的不在于它本身,而在于实现公正的价值。公正法则的内容可以概括为:(1)平等对待,无偏见,不歧视;(2)遵循比例,不失衡;(3)前后一致,不反复无常;(4)诚信与信赖保护,不反言。

第二节 行政法律关系主体

行政法律关系主体亦称行政法主体或行政法律关系当事人,它是指行政法律关系中享有权利和承担义务的组织与个人,主要包括行政主体和行政相对人。

一、行政主体

(一) 行政主体的概念

行政主体是行政法学的一个基本范畴。它是指依法享有行政权,能以自己的名义进行行政管理活动,并能独立承担自己行为所产生的法律责任的组织。它包括以下几层含义:(1) 行政主体必须是一种组织,而不是个人;(2) 行政主体必须是享有国家行政权力、实施行政活动的组织;(3) 行政主体必须是能够以自己的名义实施行政活动的组织;(4) 行政主体必须是能独立承担自己行为所产生的法律责任的组织,主要表现为能成为行政复议的被申请人、行政诉讼的被告与行政赔偿的赔偿义务机关。

为进一步理解行政主体的概念,有必要将其与以下相关概念加以区分:

1. 行政主体与行政法主体。行政法主体是指受行政法调整和支配的有关组织和个人,包括行政主体和行政相对人。因此,行政主体只是行政法主体的一部分,而不是全部。

2. 行政主体与行政机关。行政机关是指依照宪法和组织法设立、行使国家行政权力管理国家行政事务的国家机关,是国家权力机关的执行机关。行政机关是一个法律术语,而行政主体是一个法学概念。在我国,行政主体包括了行政机关和法律、法规授权的组织两部分。一方面,行政主体的范围大于行政机关;另一方面,行政机关可以具有双重身份,它既可以是行政主体,也可以是机关法人。当行政机关行使行政权力,作为在特定的行政法律关系中与相对人相对应的一方时,它就具有行政主体身份;当行政机关从事民事活动时,其身份是机关法人,或者说它是以民事主体的身份出现。

3. 行政主体与行政行为主体。行政主体主要是从法律地位的角度来定义的,即行政主体是享有法律上所承认的行政主体资格的组织;而行政行为主体则主要是指仅仅实际上作出了行政行为的主体,即行政行为的主体是具体作出了某一行政行为的组织,但它在法律上并不一定享有行政主体的资格。行政主体和行政行为主体可以是一致的,如行政机关或依法律授权的组织作出行政行为、进行行政管理活动时,行政主体和行政行为主体就是合一的;而在另一些情况下,行政主体和行政行为主体则可能出现分离,如行政机关的内设行政机构或受委托的组织作出行政行为时,这些行政机关的内设行政机构或受委托的组织就只是作出行政行为的主体,而不是行政主体。[1]

(二) 行政主体的范围

对于行政主体的范围,行政法学界公认包括行政机关和法律、法规授权的组织。

1. 行政机关

行政机关是最主要的行政主体。在我国,具有行政主体资格的行政机关主要有:(1) 国务院;(2) 国务院各部、各委员会;(3) 国务院直属机构和办事机构;(4) 国务院部委管理的国家局;(5) 地方各级人民政府;(6) 县级以上地方各级人民政府的职能部门;(7) 地方人民政府的派出机关,即行政公署、区公所、街道办事处。

2. 法律、法规授权的组织

法律、法规授权的组织是指依据法律、法规的授权能够以自己的名义行使一定行政职权的组织。[2] 根据有关法律、法规的规定,法律、法规授权的组织主要有:(1) 行政性公司;(2) 企事业单位;(3) 社会团体、群众性组织;(4) 行政机关的内部机构;(5) 行政机关的派出机构;(6) 有关的技术检验、鉴定机构。

(三) 与行政主体相关的组织与个人

1. 受行政机关委托的组织

受行政机关委托的组织,简称受委托的组织,是指接受行政机关的委托而行使某项行政职权或从事某些行政事务管理的组织。受委托的组织不具有行政主体资格,它只能在委托的权限范围内以委托行政机关的名义实施行政活动,并接受委托行政机关的监督和指导,其行为的后果由委托的行政机关承担。

虽然受委托的组织与法律、法规授权的组织(简称被授权的组织)都行使一定的行政职权,进行行政管理活动,但两者是有区别的。主要表现在:(1) 权力来源不同。

---

[1] 参见方世荣、石佑启主编:《行政法与行政诉讼法》,北京大学出版社2005年版,第68页。
[2] 值得说明的是,对法律、法规授权的组织应作广义的理解,即包括了规章授权的组织。

受委托组织的权力来源于行政机关的委托；而被授权组织的权力来源于法律、法规及规章的授权。(2)地位不同。受委托组织不具有行政主体资格，其在行使行政职权时必须以委托的行政机关的名义进行，行为的后果归属于委托的行政机关；被授权的组织具有行政主体资格，它是以自己的名义独立地行使行政职权，并能独立承担自己行为所产生的法律后果。

受委托的组织一般应当具备下列条件：(1)组织条件。受委托组织必须是依法成立的有独立的组织机构、章程和固定办公场所的正式企事业单位、群众组织或社会团体。根据我国《行政处罚法》的规定，受委托实施行政处罚的组织必须是具有公共管理职能的事业单位。(2)人员条件。受委托组织中应有熟悉有关法律、法规和业务的正式人员，必须了解和掌握受委托事项的业务和有关法律知识，有能力行使所委托的行政职权。(3)技术条件。所委托的行政事务需要具备一定的技术知识才能完成的，该受委托组织应具有相应的技术检查或技术鉴定等条件。

2. 行政公务人员

行政公务人员，是指任职于行政机关或其他公务组织（包括被授权组织或受委托组织）中具体行使行政职权、执行国家公务的工作人员。尽管行政公务人员不是行政主体，但其是代表行政主体具体地行使行政职权、进行行政管理活动的个人。

行政公务人员的范围包括行政机关公务员和其他行政公务人员。行政机关公务员是指在各级国家行政机关中行使行政权、执行国家公务的除工勤人员以外的工作人员。其他行政公务人员，指除国家行政机关公务员之外，其他执行国家行政公务的人员。具体包括：(1)行政机关非固定性借用的执行公务的人员；(2)在紧急情况下，经行政机关认可而协助执行公务的人员；(3)在法律、法规授权的组织中不属于国家行政编制，也不由国家财政负担工资福利的执行公务的人员；(4)在受行政机关委托的组织中行使行政职权的人员等。

行政公务人员的法律地位，可以从其与行政主体和行政相对人之间的关系，以及其权利义务等方面来确定。行政公务人员与行政主体之间形成的行政职务关系，属于内部行政法律关系。其内容有：(1)行政机关的职权、职责和优益权一概溯及行政公务人员。(2)行政公务人员实施行政管理活动时必须以行政主体的名义进行，而且应当符合行政主体的意志，其行为所引起的法律后果由行政主体承担。(3)行政主体对行政公务人员的过错行为承担责任，行政主体可对有故意或重大过失的行政公务人员追究相关的行政责任或予以追偿。(4)行政主体有权要求行政公务人员以行政主体的名义并按行政主体的意志进行活动，因此，行政主体可以在法律规定的范围内规定行政公务人员的纪律，并行使监督权和奖惩权。

行政公务人员与行政相对人之间发生的法律关系的内容表现为：(1)行政公务人员有权以行政主体的名义对行政相对人实施管理，同时也有义务保护行政相对人的合法权益，并接受行政相对人的监督。(2)行政相对人有服从和协助行政公务人员实施行政管理活动的义务，同时享有批评、建议、申诉、控告和申请行政复议、提起行政诉讼的权利。

行政公务人员的权利主要有:(1)依法执行公务的保障权;(2)身份保障权;(3)职务待遇方面的权利,如依法获得报酬和享受保险、福利待遇的权利,参加培训的权利,依法提出辞职的权利等;(4)批评、建议权;(5)申诉、控告权。

行政公务人员的义务主要有:(1)守法的义务;(2)依法办事的义务;(3)忠于职守的义务;(4)保守秘密的义务;(5)不得从事与职务相悖的活动的义务。

(四)行政主体的职权、职责与法律责任

1. 行政主体的职权

行政主体依法享有的行政职权内容广泛,不同层级和类型的行政主体的行政职权不同。总体来讲,行政主体的行政职权主要包括:

(1)行政创制权。它是指行政主体根据宪法和法律规定所具有的制定、发布行政法律规范的权力;编制计划、规划和预算的权力;起草法律草案的权力等。

(2)行政命令权。它是指行政主体向行政相对人发布命令,要求其作出某种行为或不作出某种行为的权力。

(3)行政决定权。它是指行政主体依法对行政管理中的具体事项和特定相对人作出处理的权力。如行政许可、行政征收、行政给付等。

(4)行政监督权。它是指行政主体为保证行政管理目标的实现而对行政相对人遵守法律、法规,履行义务情况进行监督检查的权力。

(5)行政强制权。它包括行政强制措施权和行政强制执行权两种。行政强制措施权是指行政主体在行政管理过程中,为制止违法行为、防止证据损毁、避免危害发生、控制危险扩大等,依法对公民的人身自由实施暂时性限制,或者对公民、法人或者其他组织的财产实施暂时性控制的权力。行政强制执行权是指行政主体对拒不履行行政决定的行政相对人,依法强制其履行义务的权力。

(6)行政制裁权。它包括行政处罚权和行政处分权两种。行政处罚权是指行政主体基于行政管辖关系依法对违反行政法规范的相对人实施制裁的权力。行政处分权是指行政主体基于行政隶属关系依法对有违法违纪行为的行政公务人员实施制裁的权力。

(7)行政裁判权。它是指行政主体裁决民事或行政争议、处理纠纷的权力。

2. 行政主体的职责

行政主体所具有的行政职责是其依法应当履行的义务。概括地讲,行政主体的职责主要有:(1)积极行使行政职权,而不失职、不越权的义务;(2)依法、合理行使行政职权的义务;(3)接受各种法律监督的义务。

3. 行政主体的法律责任

行政主体的法律责任是指行政主体对其违法行为承担的不利法律后果。其责任的形式主要有:(1)承认错误,赔礼道歉;(2)恢复名誉,消除影响;(3)履行职务;(4)撤销违法;(5)纠正不当;(6)返还权益,恢复原状;(7)赔偿损失。

二、行政相对人

（一）行政相对人的概念与分类

行政相对人是指在行政法律关系中与行政主体互有权利义务的另一方当事人，即行政主体实施的行政行为影响其权益的个人和组织。

依据不同的标准，可以对行政相对人进行不同的分类：

1. 个人相对人与组织相对人。这是以行政相对人自身存在形式的不同为标准所作的分类。个人相对人是自然人形态的行政相对人，包括一人和多人两种。组织相对人是团体形态的行政相对人，包括法人和非法人组织两种。

2. 特定相对人与不特定相对人。这是以行政主体行政行为的对象是否确定为标准所作的分类。特定的相对人是行政主体行政行为所指向的、可确定的对象。这类相对人在范围上明确、具体，通常是行政主体具体行政行为的相对人。不特定的相对人是行政主体行政行为所指向的、广泛而不确定的对象，通常是行政主体抽象行政行为的相对人。

3. 直接相对人与间接相对人。这是以受行政主体行政行为约束和影响的方式不同所作的分类。直接相对人是行政主体行政行为的直接对象，其权益受到行政行为的直接影响，如行政处罚的被处罚人、行政征收的被征收人等。间接相对人是行政主体行政行为的间接对象，其权益受到行政行为的间接影响，如行政处罚中受到被处罚人行为侵害的被害人、行政许可中其权益可能受到许可行为不利影响的与申请人有利害关系的人等。

（二）行政相对人的法律地位

行政相对人的法律地位可以从其与行政主体之间的关系及其权利、义务等方面来确定。

行政相对人与行政主体之间的关系体现在三个方面：（1）行政相对人是行政主体行政管理的对象，其必须服从行政主体的管理，履行行政主体行政行为为之确定的义务，遵守行政管理秩序，否则，行政主体可以对之实施行政强制或行政制裁。（2）行政相对人也是行政管理的参与人。在现代社会，行政相对人不是消极被动地接受管理，而是可以通过各种途径和形式积极地参与到行政管理中去，成为行政活动的共同创造者，这是现代行政民主的重要体现。（3）行政相对人在行政救济法律关系和行政法制监督关系中可以转化为救济对象和监督主体。[①]

根据我国法律、法规的有关规定，行政相对人在行政法律关系中主要享有下列权利：（1）申请权；（2）参与权；（3）了解权；（4）平等地受保护的权利；（5）受益权；（6）批评、建议权；（7）申诉、控告、检举权；（8）陈述、申辩权；（9）请求救济权，包括申请行政复议、提起行政诉讼、请求行政赔偿的权利等；（10）抵制重大或者明显违法行

---

① 参见姜明安主编：《行政法与行政诉讼法》（第七版），北京大学出版社、高等教育出版社2019年版，第135页。

政行为的权利。

根据我国法律、法规的有关规定,行政相对人在行政法律关系中主要应履行下列义务:(1)服从行政管理的义务;(2)配合协助行政主体正常行使有关权力的义务,如协助行政主体执行公务,对行政主体行使调查取证权予以配合等;(3)接受行政监督的义务;(4)提供真实信息的义务;(5)遵守法定程序的义务。

第三节 行政行为

一、行政行为的概念与特征

行政行为是指具有行政权能的组织通过一定的意思表示行使行政职权或履行行政职责所实施的能产生法律效果(设定、变更或消灭行政法律关系)的行为。不具有行政权能的组织所作的行为,具有行政权能的组织非行使行政职权、非履行行政职责所作的行为以及不产生法律效果的事实行为,都不属于行政行为。

与民事法律行为相比较,行政行为具有五个方面的特征。

1. 从属性

行政行为作为具有行政权能的组织行使职权或履行职责的法律行为,其根本任务和目的是执行法律,因而必须从属于法律。任何行政行为的作出必须有法律依据,依法行政是民主与法治的基本要求。行政机关及其工作人员是人民的公仆,必须根据体现人民意志和利益的法律行事,而不能凌驾于法律之上或游离于法律之外。

2. 服务性

行政行为是具有行政权能的组织在行政相对人的参与和配合下所为的公共服务行为。它追求的是国家和社会的公共利益,这与民事法律行为的主体主要追求自身利益是不同的。

3. 单方性

行政行为是具有行政权能的组织代表公共利益所作的一种单方面意思表示。虽然行政相对人可以参与到行政行为的过程中,但其意志对于行政行为的成立不具有决定性的意义。这与民事法律行为由双方当事人意思表示一致而成立是不同的。

4. 强制性

行政行为是执行法律的活动,法律的强制性必然体现为行政行为的强制性。行政相对人对行政行为必须服从和配合。如果行政相对人不予服从和配合,就会导致强制执行。尽管现代行政法不再一味强调行政行为实施的强制性,而强调行政行为的可接受性和行政相对人的自愿接受,但这并不否定行政行为以强制性为后盾。这与民事法律行为的自愿性是不相同的。

5. 无偿性

行政行为是一种执行法律的公务活动,而执行公务活动的经费是国家无偿地向行政相对人征收的,既然行政相对人已经无偿地分担了公共负担,那么接受行政主体的公共服务也应当是无偿的。这与民事法律行为的有偿性是不同的,但是行政行为的无偿性并不排除在例外的情况下行政行为可以是有偿的。

二、行政行为的成立要件与合法要件

（一）行政行为的成立要件

行政行为的成立要件,是指构成一个行政行为所必须具备的条件,它是行政行为与非行政行为的判别标准。行政行为的成立必须同时具备主体要件、权力要件、内容要件和形式要件,即:(1) 行政行为的主体必须是具有行政权能的组织;(2) 行政行为的本质必须是行政权的实际运用;(3) 行政行为的内容必须是能产生法律效果的行为;(4) 行政行为在外观上必须具有一定的存在形式,使行为主体的内在意思表示出来。

（二）行政行为的合法要件

行政行为的合法要件,是指合法行政行为所必须具备的法定条件。

1. 行为主体必须合法

合法行政行为的主体必须是合法成立的国家行政机关、法律法规合法授权的组织或者行政机关依法委托的组织。此外,如果是合议制行政机关,还应由合法的公务员召集和主持会议讨论,出席会议的人员应符合法定要求,并以法定多数表决通过。代表行政机关实施行政行为的公务人员,必须是合法取得公务人员身份的人员。

2. 行政权限必须合法

合法行政行为必须是具有行政权能的组织在其法定的权限范围内实施的行政行为。行政机关之间依法具有一定的权限分工,不同的行政机关具有不同的行政权限,行政权限通常按照事务、地域和级别等确定。行政机关必须在自己的事务管辖权、地域管辖权和级别管辖权的范围内作出行政行为,被授权组织必须在授权范围内作出行政行为,受委托组织必须在委托范围内作出行政行为。

3. 行为内容必须合法

行政行为的内容合法,是指行政行为对权利义务的处理必须符合法律、法规的规定,包括符合法律规定的目的、原则和条件,行政行为的内容必须客观真实、明确具体。

4. 行为程序必须合法

行政行为程序合法要求行政主体实施行政行为不能缺少法定的步骤、颠倒法定的顺序、超过法定的期限、违背法定的方式等。依法应听证而未举行听证,先裁决后调查取证的行政行为,或者必须采用书面方式却采用了口头方式作出的行政行为是违反法定程序的行政行为,不能产生预期的法律效力。

三、行政行为的效力

行政行为的效力是行政行为所发生的法律效果,通常表现为某种特定的法律约束力和强制力。一般认为,行政行为的效力内容包括公定力、确定力、拘束力和执行力四个方面。

(一) 公定力

行政行为的公定力是指行政行为一经成立,不论是否合法,即对任何人都具有被推定为合法有效而应予以尊重的一种法律效力。从时间方面看,行政行为的公定力发生在行政行为成立之后,而且行政行为一旦成立即具有这种效力。从对象方面看,行政行为的公定力是一种"对世"的法律效力,它并不仅仅是对行政主体和行政相对人双方而言的一种法律效力,而是对包括行政主体和行政相对人在内的任何机关、组织和个人而言的一种法律效力。从性质方面看,行政行为的公定力是一种被推定或假定为合法有效的法律效力。一方面,已经成立的行政行为具有被推定为合法有效的法律效力,行政相对人必须服从,即使行政相对人认为行政行为违法,也不能直接抵制行政行为并否认其效力。除非行政行为具有重大、明显违法的情形,在法定机关依法定程序使之失效前,都应对行政行为作合法有效的推定。另一方面,公定力毕竟是对行政行为合法有效的一种推定,并不意味着行政行为绝对合法有效,国家有权机关可以在法定权限内依法定程序宣布已经成立的行政行为违法或者无效。

(二) 确定力

行政行为的确定力,又称为行政行为的不可改变力,它是指已成立并生效的行政行为对行政主体和行政相对人所具有的不受任意改变的法律效力。行政行为的确定力以其公定力为前提,是从行政行为的公定力引申出来的一种重要法律效力。行政行为的确定力是一种对行政主体和行政相对人双方而言的法律效力。对行政主体的确定力,称为实质确定力,它要求行政主体不得任意撤销、变更、重作或废止自己所作的行政行为,否则,行政主体应承担相应的法律责任。对行政相对人的确定力称为形式确定力或不可争力,它要求行政相对人不得任意请求撤销、变更、重作或废止已成立并生效的行政行为,否则,其请求将不被受理。

确定力是相对的。行政主体如果发现自己的行政行为确实具有违法情形,可依法予以撤销、变更、重作或废止,但对受损害的行政相对人应依法承担相应的法律责任。行政相对人也可以在法定期限内,按照法定程序向法定国家机关请求撤销、变更、重作或废止行政行为。

(三) 拘束力

行政行为的拘束力是指已成立并生效的行政行为所具有的约束和限制行政主体和行政相对人行为的法律效力。拘束力是对行政主体和行政相对人双方而言的,对他人不具有拘束力。拘束力对行政主体而言,要求其对自己所作的行政行为应予以严格遵循而不得超越于该行为之外;对行政相对人而言,要求其行为应符合行政行为的规定而不得予以违反,否则,均应承担相应的法律责任。

(四) 执行力

行政行为的执行力是指已经成立并生效的行政行为要求行政主体和行政相对人对其内容予以实现的法律效力。行政行为的执行力与其他法律效力一样,是一种潜在于行政行为内部的法律效力,而不是根据这种执行力而采取的、表现于行政行为外部的执行行为或强制措施。执行力是对行政主体和行政相对人双方而言的一种法律效力。行政主体和行政相对人双方对行政行为所设定的内容都具有实现的权利义务。当该行政行为为行政相对人设定义务时,行政主体具有要求行政相对人履行义务的权力,行政相对人负有履行义务的义务。当该行政行为为行政相对人赋予权利,即为行政主体设定义务时,行政相对人具有要求行政主体履行义务的权利,行政主体负有履行义务的义务。执行力作为实现行政行为内容的效力,其实现方式有两种,即自行履行和强制履行。其中,对行政相对人的强制履行,行政主体可依法直接强制执行或申请人民法院强制执行;对行政主体的强制履行通常应由行政相对人通过行政复议或行政诉讼实现。因此,执行力可以分为自执行力和强制执行(实现)力。

四、行政行为的生效与失效

行政行为的生效与失效所要解决的是行政行为的效力时间问题,即行政行为从何时起开始发生法律效力,持续到何时止不再具有法律效力。

（一）行政行为的生效

行政行为的生效是指行政行为从何时开始发生法律效力。一般而言,行政行为一经作出就具有法律效力。但是,行政行为作出之时,行政相对人并不一定能立即知晓,行政相对人并不知晓的行政行为对其不能产生法律效力,因而行政行为的生效根据情况不同可以分为即时生效、告知生效和附款生效。

1. 即时生效

即时生效是指行政行为一经作出立即产生法律效力。某些行政行为之所以能即时生效,是因为它们一经作出,行政相对人就能立即知晓。此类行政行为一般是行政主体当场作出的,或者是在紧急情况下作出的,如行政主体采取的即时行政强制行为等。

2. 告知生效

告知生效是指行政行为作出之时并不立即生效,还要待行政主体向行政相对人告知行政行为的内容后,才能生效。告知是指行政主体采用一定的方式让行政相对人知道行政行为内容的行为。一般来讲,比较简单的行政行为可以采用口头方式告知,而比较复杂的行政行为则要以书面的方式告知。

3. 附款生效

附款生效是指附款行政行为在作出时并不立即生效,而是要待附款所定法律事实发生之时才能生效。行政行为附款所定的法律事实,有的是事先能够确定或预定的,如一定期限的届满;有的则是事先无法完全预定的,如洪涝灾害的发生(洪涝灾害可以作为减免一定税收行政行为的附款)。

（二）行政行为的失效

已经成立并发生法律效力的行政行为,因某种情况的出现也会丧失法律效力。行政行为可因四种情况丧失法律效力。

1. 撤销

撤销是对已经成立并生效的行政行为,因其存在违法情形而由国家有权机关作出决定消灭其法律效力。有权作出撤销决定的机关,包括作出行政行为的行政主体、上级行政主体、国家权力机关和人民法院等。被撤销的行政行为一般视为自始至终不具有法律效力,即应认定为从成立之时起就不具有法律效力。对在被撤销前已发生的法律效果,应依法予以处理,使相关的权利义务恢复到作出该行政行为之前的状态。不能恢复的,也应给予相应的行政赔偿。但是,如果行政行为的撤销涉及国家和社会重大公共利益,或者严重损害行政相对人的信赖利益,也可以仅使行政行为自撤销之日起向后失去效力,对撤销之前发生的效力予以认可。

2. 变更

变更是对已经成立并生效的行政行为的部分内容由有权国家机关加以改变,从而使该部分可分离内容失去效力。行政行为既可因部分内容违法而变更,也可因部分内容不再适应新的情况而变更。因部分内容违法而变更行政行为的,该被变更的内容自行政行为作出之时失去效力;因部分内容不再适应新的情况而变更行政行为的,该被变更的部分自变更决定作出之日起失去效力。

3. 废止

废止是对已经成立并生效的行政行为,因其不再适应新的情况而由有权机关消灭其法律效力。行政行为的废止不是因为行政行为本身存在违法或不当,所以,被废止的行政行为自废止决定作出之日起向后丧失法律效力,废止之前的法律效力不受废止行为的影响。

4. 终止

终止,又称自动失效,是指已经成立并生效的行政行为因某种客观情况的出现而自然失去法律效力。如期限届满、行政行为已执行完毕、行政行为执行的条件已不复存在、行政行为的标的物已灭失(如应拆除的房屋已经倒塌)等。

五、行政行为的种类

按照不同的标准可以对行政行为作不同的分类。以其对象是否特定为标准,可以将行政行为分为抽象行政行为和具体行政行为;以受法律规范拘束的程度不同为标准,可以将行政行为分为羁束行政行为和自由裁量行政行为;以其启动是否需要相对人的申请为标准,可以将行政行为分为依职权行政行为和应申请行政行为;以有无法定形式要求为标准,可以将行政行为分为要式行政行为和不要式行政行为;以其对相对人利益的不同影响为标准,可以将行政行为分为授益行政行为和不利行政行为等。下面主要从抽象行政行为和具体行政行为两个方面加以说明。

(一) 抽象行政行为

抽象行政行为是指国家行政机关针对不特定对象发布能反复适用的具有普遍约束力的行为规则的行为。作为这一行为的结果,从静态方面看抽象行政行为主要包括行政法规、行政规章和其他行政规范性文件等。

抽象行政行为包括两种类型：

1. 行政立法。行政立法是指特定的国家行政机关依照法定的权限和程序制定和发布行政法规和行政规章的活动。它主要包括以下几层含义：(1) 行政立法的主体是特定国家行政机关。具体包括国务院，国务院各部委，省、自治区、直辖市人民政府，设区的市人民政府，自治州人民政府，法律和行政法规授权的国务院的某些直属机构。(2) 行政立法是制定和发布行政法规和行政规章的行为。(3) 行政立法是依照法定权限和程序进行的。

2. 制定其他行政规范性文件的行为。它是指国家行政机关制定除行政法规、规章以外的具有普遍约束力的决定、命令，规定行政措施等抽象行政行为。制定其他行政规范性文件，虽然不是行政立法，但它与行政立法一样，都是抽象行政行为，都可以作为具体行政行为的依据。此类抽象行政行为的主体极为广泛，包括各级人民政府和政府的工作部门。

（二）具体行政行为

具体行政行为是指行政主体针对特定对象作出具体决定、采取具体措施的行政行为，主要有八种类型。

1. 行政许可

行政许可，又称行政审批，是指在法律一般禁止的情况下，行政主体根据行政相对人的申请，依法审查，赋予其从事特定活动或者实施某种行为的权利或资格的行政行为。行政许可具有下列特征：(1) 行政许可存在的前提是法律的一般禁止，许可是对禁止的解除。(2) 行政许可是行政职权与职责相统一的授益性行政行为。(3) 行政许可是依申请的行政行为。(4) 行政许可是要式行政行为。

2. 行政给付

行政给付，又称行政救助或者行政物质帮助，是指行政主体在公民失业、年老、疾病或丧失劳动能力等情况或其他特殊情况下，依法赋予其一定的物质利益或与物质利益有关的权益的具体行政行为。其形式主要有：抚恤金、优待、安置、最低生活保障费、社会保险金等。行政给付具有以下特征：(1) 行政给付是行政主体的职责性具体行政行为。(2) 行政给付的对象是特定的行政相对人。(3) 行政给付的内容是对特定对象给予物质利益或与物质利益有关的权益。(4) 行政给付是授益性的具体行政行为。

3. 行政奖励

行政奖励，是指行政主体为了表彰先进，激励后进，依法对为国家和社会作出突出贡献或模范地遵纪守法的单位和个人，给予物质或精神奖励的具体行政行为。它包括以下几层含义：(1) 实施行政奖励的主体是行政主体。(2) 行政奖励的目的在于表彰和鼓励先进，鞭策和推动后进，调动和激发人们的积极性和创造性。(3) 行政奖励的对象是对国家和社会作出突出贡献或模范地遵纪守法的集体或个人。(4) 行政奖励的内容是给予受奖励者某些物质利益或精神利益。这两种奖励可单独使用，也可合并使用。(5) 行政奖励在性质上是一种典型的授益性行政行为。

4. 行政处罚

行政处罚,是指行政主体对违反行政法规范的行政相对人,依法给予制裁的行政行为。行政处罚具有以下特征:(1)行政处罚的主体是行政主体,其实施行政处罚必须依据法定权限。(2)行政处罚的前提是行政违法行为的存在。(3)行政处罚的对象是行政相对人。(4)行政处罚在性质上是一种损益性的行政行为。根据我国《行政处罚法》第9条的规定,行政处罚的种类有:① 警告、通报批评;② 罚款、没收违法所得、没收非法财物;③ 暂扣许可证件、降低资质等级、吊销许可证件;④ 限制开展生产经营活动、责令停产停业、责令关闭、限制从业;⑤ 行政拘留;⑥ 法律、行政法规规定的其他行政处罚。

5. 行政强制

行政强制,是指行政主体为实现一定的行政目的,依法采取强制措施对相对人的人身或财产予以处置的行为。它包括行政强制措施和行政强制执行两种。行政强制措施是指行政主体在行政管理过程中,为制止违法行为、防止证据损毁、避免危害发生、控制危险扩大等情形,依法对公民的人身自由实施暂时性限制,或者对公民、法人或者其他组织的财产实施暂时性控制的一种具体行政行为。行政强制措施的目的,是为了预防、制止社会危害事件与违法行为的发生和继续,控制危险扩大,或者为保全证据,保障案件查处工作的顺利进行。根据实施目的的不同,可以将行政强制措施划分为预防性行政强制措施、制止性行政强制措施和保障性行政强制措施。行政强制执行是指当行政相对人逾期拒不履行其义务时,行政主体依法采取强制措施,迫使其履行义务的一种具体行政行为。其直接目的在于促成行政法上的义务的实现,因此,它以相对人逾期拒不履行其行政法上的义务为前提。行政强制执行包括间接强制执行和直接强制执行两种。间接强制执行又可分为代履行和执行罚。

6. 行政征收

行政征收是指行政主体为了公共利益的需要,根据法律、法规的规定,以强制方式取得行政相对人财产所有权或他物权的一种具体行政行为。以是否给予补偿为标准,行政征收可以分为无偿征收和有偿征收。无偿征收,即征收主体无须向被征收主体给予补偿的征收。目前在我国行政征收体制中,无偿性的行政征收主要包括行政征税和行政收费两大类。除行政征税和行政收费活动外,行政征收是有偿的,行政相对人的财产一经征收,其所有权就转移为国家所有,成为公有财产的一部分,由国家永久控制和支配。相应地,征收主体必须向被征收主体给予公平的补偿。

行政征收不同于行政征用。行政征用是指行政主体为了公共利益的需要,依照法定程序强制征用相对方财产或劳务的一种具体行政行为。行政征收与行政征用的区别主要在于:(1)从法律后果看,行政征收的结果是财产所有权从相对方转归国家;而行政征用的后果则是行政主体暂时取得了被征用方财产的使用权,并不发生财产所有权的转移;(2)从行为的标的看,行政征收的标的一般仅限于财产,而行政征用的标的除财产外,还可能包括劳务;(3)从能否取得补偿来看,行政征收既包括有偿的,也包括无偿的,而行政征用一般应是有偿的。

7. 行政裁决

行政裁决，是指行政主体依照法律、法规的授权，对当事人之间发生的、与行政管理活动密切相关的民事纠纷进行审查并作出裁判的行政行为。行政裁决的种类主要包括权属纠纷裁决、侵权纠纷裁决和损害赔偿纠纷裁决。

8. 行政确认

行政确认，是指行政主体依法对行政相对人的法律地位、法律关系或者有关法律事实进行甄别，给予确定、认可、证明并加以宣告的具体行政行为。它具有以下特征：(1) 行政确认要由有法定确认权的行政主体来进行。(2) 行政确认的内容是对相对人的法律地位、权利义务或特定的法律事实的确定或否定。(3) 行政确认是羁束性行政行为。(4) 行政确认是要式行政行为。

第四节 行政程序

一、行政程序的概念和特征

行政程序是行政主体实施行政行为时所应当遵循的方式、步骤、时限和顺序。方式是指行政主体实施行政行为时采用的各种具体方法和形式。步骤是指行政主体完成某一行政行为所要经历的阶段。时限是指行政主体实施行政行为的时间限定。顺序是指行政主体实施行政行为所必经的步骤间的先后次序。行为的方式、步骤构成了行政行为的空间表现形式，行为的时限、顺序构成了行政行为的时间表现形式。所以，行政程序本质上是行政行为空间和时间表现形式的有机结合，反映了行政权运行的过程。

行政程序具有下列特征：

1. 行政程序的法定性。行政程序的法定性是指用于规范行政行为的程序必须通过预设的立法程序法律化，使其具有控制行政行为合法、正当运作的强制力量。行政程序的法定性表明：(1) 尽管任何行政行为都是由实体和程序两部分构成，但并不是所有的行政行为的程序都必须法律化，只有那些能够对行政行为产生控制功能的程序，才有必要成为法定程序。(2) 行政程序的法定性要求行政主体在实施行政行为时必须严格遵循法定的方式、步骤、顺序和时限，这是行政法治的基本要求。如果行政主体实施行政行为时程序违法，则要承担不利的法律后果。

2. 行政程序的多样性。在现代社会中，由于行政事务纷繁复杂，不同的行政行为必然会有不同的行政程序，不同的行政程序又适用于不同的行政行为，因此行政程序在客观上呈现出多样性的特征。行政程序的多样性增加了行政程序法典化的难度，要将多种不同性质的行政程序规定在一部法典中，不仅需要有较深厚的行政法学理论作指导，也要有相当娴熟的立法技术相配合。①

---

① 参见应松年主编：《依法行政读本》，人民出版社 2001 年版，第 244 页。

3. 行政程序既有统一性又有分散性。尽管行政行为具有多样性的特征,但是不同性质的行政行为在程序上仍具有共性,对此,可以制定统一的行政程序法典加以普遍适用。而特殊的行政程序通常只适用于一些有特别要求的行政行为,因此,它们难以规定在统一的行政程序法典中,通常是以单行的行政程序法规作出规定,或者分散规定于各行政实体法文件中。这就形成了行政程序中基本程序统一和特殊程序分散的特征。①

二、行政程序的基本原则

行政程序的基本原则是指反映现代行政的内在要求,对行政程序立法和行政执法具有指导意义,且贯串整个行政程序具体规范的基本准则。从其产生的根源来说,行政程序的基本原则一般源于行政管理和行政诉讼的实践。同时,也取决于人们对行政程序的理性认识。各国由于历史背景不同以及对行政程序的理解存在差异,因而行政程序的基本原则也不尽相同。借鉴各国的经验,结合我国的实际情况,可将程序法定原则、公开原则、参与原则、公正原则、效率原则确立为我国行政程序的基本原则。

1. 程序法定原则

程序法定原则是指行政活动的主要程序必须由法律加以规定,行政主体实施行政行为时必须严格遵循、不得违反法定程序。程序法定原则是行政法治原则在行政程序领域的具体体现。其基本内容包括:(1)行政主体实施行政行为时必须严格按照法律规定的方式、步骤、顺序和时限进行。(2)行政主体行使职权所选择适用的程序必须有利于保护相对人的合法权益,不得侵犯公民的基本权利和自由。(3)行政主体实施行政行为违反法定程序的,应当承担相应的法律责任。

2. 公开原则

公开原则是指行政主体的一切行政活动除涉及国家秘密、商业秘密及个人隐私并由法律规定不得公开的以外,一律向相对人和社会公开,以增强行政活动的透明度,接受相对人和社会的监督。行政公开已成为现代行政活动应遵循的一项基本原则。在现代行政法中,行政公开主要包括行政活动的依据公开、过程公开与结果公开,以及情报信息资料公开等诸方面的内容。行政公开是现代民主政治的必然要求和其题中应有之义,是公众参与行政和监督行政的必要前提,是政府公正廉洁办事的重要保障。阳光是最好的防腐剂,暗箱操作是营造腐败的温床。确立行政公开原则,有助于实现公民的知情权,促进公民对行政的参与。因为知政是参政议政的前提,公民只有在充分、确实了解政府活动的基础上才能有的放矢,有效参与国家和社会事务的管理,使自己的主体地位得到体现,使自身的利益得到维护和增进。为了贯彻行政公开原则,必须建立一系列的程序制度,例如执法依据的公布制度、执法人员表明身份制度、告知制度、说明理由制度、行政资讯获取制度、行政法律文书送达制度等。

---

① 参见方世荣、石佑启主编:《行政法与行政诉讼法》(第三版),北京大学出版社2015年版,第135页。

3. 参与原则

相对人参与原则是指行政机关在进行行政决策、制定规范性文件和实施其他行政行为时,在程序上要保障公民的了解权与参与权得以实现。该原则的具体内容包括:(1) 行政机关应当保障公民及时了解有关情况。(2) 行政机关在实施行政行为时,要保证让相对人参与,为利害关系人举行听证,广泛听取各方面的意见、建议,并允许相对人对之提出反对意见等。(3) 行政机关在实施行政行为时,要事先通知利害关系人,允许相对人查阅或复制公文案卷,以收集有关资料,维护自己的合法权益。事后要允许相对人向行政机关申诉,通过行政复议等获得救济。

4. 公正原则

公正原则是指行政机关在实施行政行为时应合理处理公共利益与个人利益之间的关系,并在程序上平等地对待相对人,其宗旨是公平、正义。公正原则包括以下内容:(1) 行政机关在实施行政行为时,要尽可能地兼顾公共利益和个人利益,在两者之间保持平衡。(2) 对所有的行政相对人要一视同仁,不偏不倚,如在行政裁决中要给利害关系人以同等的辩论机会等。(3) 行政机关要公正地查明一切与作出行政决定有关的事实真相。(4) 在作出影响相对人权益的决定时要排除偏见,如实行回避、审裁分离、禁止单方面接触制度等。

5. 效率原则

效率原则是指行政程序要适应现代行政的需要,以迅速、简便与经济的方式达到行政目的。这一原则包含的内容有:(1) 任何行政程序的设定都要考虑到时间性,防止拖延,保障快速实现行政目标。行政程序中的时效制度即体现了这一要求。(2) 行政程序的设定要有一定的灵活性,以适应行政管理复杂多变的需要。行政程序中的紧急处置制度体现了这一要求。(3) 行政程序应建立在科学、合理的基础上,以保证行政决策的正确以及行政活动为公众所接受,通过减少失误和保证执行顺畅来提高行政效率。(4) 行政程序的设计要有利于排除行政管理的障碍,保证行政目标的实现。如行政程序中的不停止执行制度即体现了这一要求。

三、行政程序的主要制度

行政程序的主要制度是指行政机关在行政活动中必须遵循的重要程序制度,是行政程序基本原则的具体化。主要包括下列内容:

1. 表明身份制度。这是指行政机关及其工作人员在进行调查或作出行政决定之始,应当向相对人出示履行职务的证明,表明其有权从事该项活动的制度。表明身份制度不仅有利于防止假冒、诈骗活动,也有利于防止行政机关及其工作人员超越职权、滥用职权。

2. 告知制度。这是指行政主体在作出行政行为时,将有关事项告诉相对人的制度。告知的内容主要有:(1) 告知决定。如告知受理或不受理、告知许可或不许可、告知处罚轻重或不予处罚等。(2) 告知权利。如告知相对人有陈述和申辩的权利、聘请律师的权利、查阅材料的权利、申诉的权利、申请行政复议与提起行政诉讼的权利等。(3) 告知其他事项。如告知听证会的时间和地点、告知申诉的期限和受理申诉的机关等。

3. 调查制度。这是指行政机关在作出一项决定或裁决前,应当查明事实、收集证据的制度。具体包括询问证人、查账、鉴定、勘验等各种方法。由于行政机关实施行政行为时比较注重效率,因而在行政调查中,行政机关的主导性比司法审判中法院的主导性强得多,所以建立调查制度并注意保障行政相对人的权利,就显得十分重要。英国行政法就把调查列为一项独立的制度,以调整在调查中行政机关与相对人的权利义务关系。

4. 听证制度。听证制度是指行政主体在实施抽象行政行为和具体行政行为时,尤其是在作出不利于相对人的决定之前,应当听取相对人的意见。它是现代行政程序法的核心制度,是相对人参与行政程序的重要形式,是行政民主与行政公正的具体体现。目前,听证已成为各国行政程序法的一项共同的制度。不过,各国在使用听证一词时,所指的范围有所不同,有广义和狭义之分。广义的听证泛指行政主体听取当事人意见的程序,包括正式听证和非正式听证两种。狭义的听证特指行政主体以听证会的形式听取当事人意见的程序,是一种正式的听取当事人意见的形式,相当于美国的正式听证,也称审判型听证。正式听证和非正式听证的区别主要在于相对人参与的方式和程度不同。在非正式听证中,相对人主要通过口头或书面的方式表达其意见,以供行政主体参考,相对人没有质证和相互辩论的权利,行政主体作出决定时不受相对人意见的限制;而在正式听证中,行政主体必须举行听证会,相对人有权在律师的陪同下出席听证会,有权提供证据,进行口头辩论,行政主体必须根据听证记录作出决定。在正式听证中,相对人享有下列权利:(1) 由无偏见的官员作为听证主持人的权利;(2) 在合理的时间以前得到通知的权利;(3) 提供证据和进行辩论的权利;(4) 聘请律师陪同出席听证会的权利;(5) 通过质证及其他正当手段驳斥不利证据的权利;(6) 要求行政主体根据行政案卷中所记载的证据作出裁决的权利;(7) 取得全部案卷副本的权利。

5. 说明理由制度。说明理由制度是指行政主体在作出影响行政相对人权利义务的决定时,除法律有特别规定的外,必须向行政相对人说明作出该决定的事实根据和法律依据的制度。其作用主要在于:(1) 促使行政机关对自己作出的决定作充分的考虑,使自己的决定有充分根据。(2) 使相对人对行政决定的内容有充分的了解,有利于保护相对人的合法权益,避免违法、不当的行政决定对其合法权益造成侵害。

6. 辩论制度。辩论制度是指行政主体在裁决当事人之间的争议时,应通知双方当事人到场,在行政主体的主持下,由双方当事人就有关事实问题和法律问题进行对质的一种法律制度。其目的在于通过当事人之间进行质证,以达到澄清有关事实和法律问题的目的,从而保障双方当事人的合法权益。辩论制度给予了当事人充分陈述自己观点和理由的机会,有利于防止行政主体在进行裁决时偏听偏信,也有利于相对人接受和自觉履行行政决定。

7. 回避制度。回避制度是指行政主体在决定和处理其管辖范围内的各种事项或裁决相应争议时,其工作人员若和所处理的事项或裁决的争议有某种利害关系,可能影响到公正处理或裁决的,应主动回避或应当事人的申请而回避的制度。

回避制度来源于普通法上的自然公正原则,这项原则要求"任何人都不能做自己案件的法官"。实行回避制度,有利于排除与所处理的事项有利害关系的行政人员主持行政程序,从而实现行政公正;有利于增加相对人对行政主体的信任感,保障行政管理活动的顺利进行。

8. 职能分离制度。职能分离制度是为了加强对行政权力的制约,防止行政机关及其工作人员以权谋私和滥用权力,侵犯相对人的合法权益,而将行政机关的某些相互联系的职能加以分离,使之分属于不同的机关或不同的工作人员掌管和行使的制度。如行政机关在对违法相对人实施行政处罚时,其调查、控告职能就与作出处罚决定的职能分离,这两种职能分属于不同的机构或不同的工作人员。这样做除了防止行政机关及其工作人员滥用权力外,也有利于行政决定的公正、准确,较好地体现了公正原则。

9. 情报公开制度。情报公开,是指行政机关应通过各种方式和途径让相对人知晓有关行政活动的情况及信息资料。它包括的内容广泛,行政法规、规章、行政政策、行政决定及行政机关据以作出相关决定的有关材料、行政统计资料、行政机关的有关工作制度、办事规则和手续等所有这些行政情报,凡是涉及相对人权利义务的,只要不属于法律规定的保密范围,都应依法向社会公开,任何公民、组织均可依法查阅和复制。情报公开是公民行使法定权利、履行法定义务的重要条件,是相对人防止行政机关在行使职权时侵犯其合法权益的保障,也是公民知政、参政的途径。

10. 不单方接触制度。不单方接触制度,是指行政机关在处理两个以上相对人的、具有相互排斥利益的事项时,不能在一方当事人不在场的情况下单独与另一方当事人接触,听取其陈述,接受其证据材料的制度。设立该制度的目的在于:防止行政机关及其工作人员与一方当事人进行私下交易而导致行政腐败;防止行政机关及其工作人员受一方当事人虚假陈述的影响而形成偏见,作出对其他当事人不利的决定而损害其合法权益。

11. 时效制度。时效制度是指行政行为的全过程或其各个阶段受到法定时间限制的程序制度。时效制度是行政程序效率原则的具体体现。为了保证行政活动的高效率,行政程序的各个环节都应当有时间上的限制,如超过法定的期限,就会产生相应的法律后果。时效制度主要是针对行政机关规定的。例如,相对人依法提出某种许可申请后,行政机关必须在法定的期限内予以答复。否则,相对人可以行政机关不作为为由申请行政复议或提起行政诉讼。时效制度也适用于相对人,如相对人不在法定期限内申请复议或提起行政诉讼,就丧失了获得相应救济的权利。

12. 行政救济制度。这是指在相对人不服行政机关作出的影响其权利义务的行政决定时,法律应为其提供申诉或申请复议以获得救济的途径与机会,由上级行政机关或法定行政机关对原行政决定进行审查并作出裁决的制度。

第五节 行政复议

一、行政复议的概念与特征

行政复议是指行政相对人不服行政主体作出的具体行政行为,依法向有复议权的行政机关提出复查申请,行政复议机关依照法定程序对引起争议的具体行政行为的合法性与适当性进行审查并作出裁决的活动。

行政复议的主要特征有:

1. 行政复议是依申请的行政行为。行政复议的这一特征表明:(1) 行政复议是应行政相对人的申请而引起的。(2) 行政复议的被申请人是行政主体,即作出具体行政行为的行政机关或法律法规授权的组织。其他国家机关、社会团体及公民个人均不能作为被申请人。

2. 行政复议是一种行政裁判行为。这是行政复议的基本性质。行政复议是由有复议权的行政机关行使行政裁判权的活动,行政复议机关以第三方公断人的身份,依法审理行政主体在行政管理活动中与相对人发生的行政争议,并作出决定。这种决定针对特定的对象作出,只有一次性效力,不能反复多次适用。

3. 行政复议对具体行政行为的合法性和适当性进行审查。这是行政复议内容上的特点,也是行政复议与行政诉讼在裁判行政争议案件上的一个重要区别。我国《行政复议法》对此作了明确的规定。这一特点是由复议机关与作出具体行政行为的行政主体之间一般存在行政隶属关系,复议机关对作出原具体行政行为的行政主体具有行政监督权所决定的。

4. 行政复议必须依法进行,即必须按法定的条件、方式和程序进行。

二、行政复议的受案范围

行政复议的受案范围,是指公民、法人或其他组织认为具体行政行为侵犯其合法权益,依法向行政复议机关提出申请,由行政复议机关受理并解决行政争议的权限范围。行政复议的受案范围,对行政相对人来说,就是其对具体行政行为不服向复议机关提出申请,请求复议机关保护其合法权益和提供救济的范围;对行政主体来说,就是其行为接受行政复议机关行政监督的范围。行政复议受案范围的大小,直接关系到对行政相对人合法权益的保障程度和对行政主体行使职权进行有效监督的广度,是确立我国行政复议制度的核心问题之一。

(一) 行政复议机关受理的行政案件

根据我国《行政复议法》第 6 条的规定,行政复议机关受理相对人申请复议的下列行政案件:

(1) 对行政机关作出的警告、罚款、没收违法所得、没收非法财物、责令停产停业、暂扣或者吊销许可证、暂扣或者吊销执照、行政拘留等行政处罚决定不服的;

(2) 对行政机关作出的限制人身自由或者查封、扣押、冻结财产等行政强制措施决定不服的；

(3) 对行政机关作出的有关许可证、执照、资质证、资格证等证书变更、中止、撤销的决定不服的；

(4) 对行政机关作出的关于确认土地、矿藏、水流、森林、山岭、草原、荒地、滩涂、海域等自然资源的所有权或者使用权的决定不服的；

(5) 认为行政机关侵犯合法的经营自主权的；

(6) 认为行政机关变更或者废止农业承包合同，侵犯其合法权益的；

(7) 认为行政机关违法集资、征收财物、摊派费用或者违法要求履行其他义务的；

(8) 认为符合法定条件，申请行政机关颁发许可证、执照、资质证、资格证等证书，或者申请行政机关审批、登记有关事项，行政机关没有依法办理的；

(9) 申请行政机关履行保护人身权利、财产权利、受教育权利的法定职责，行政机关没有依法履行的；

(10) 申请行政机关依法发放抚恤金、社会保险金或者最低生活保障费，行政机关没有依法发放的；

(11) 认为行政机关的其他具体行政行为侵犯其合法权益的。

此外，根据我国《行政复议法》第7条的规定，公民、法人或者其他组织认为行政机关的具体行政行为所依据的国务院部门的规定，县级以上地方各级人民政府及其工作部门的规定、乡镇人民政府的规定不合法的，在对具体行政行为申请行政复议时，可以一并向行政复议机关提出对该规定的审查申请。

(二) 复议机关不予受理的事项

根据我国《行政复议法》第8条的规定，不能申请行政复议的事项包括：

(1) 不服行政机关作出的行政处分或者其他人事处理决定的，依照有关法律、行政法规的规定提出申诉，不能申请行政复议；

(2) 不服行政机关对民事纠纷作出的调解或者其他处理的，依法申请仲裁或者向人民法院提起民事诉讼，不能申请行政复议。

三、行政复议的管辖

行政复议的管辖是指行政复议机关受理和审查行政复议案件的分工和权限。行政复议的管辖不同于行政复议的受案范围。受案范围是指行政复议机关有权审理行政争议案件的范围，解决的是行政复议机关与人民法院及其他国家机关处理行政争议的分工和权限问题；而行政复议管辖则是在确定了复议的受案范围以后，针对某个具体的行政争议案件，由行政系统内部的哪一级、哪一个行政机关受理的问题。

(一) 一般管辖

一般管辖是指在一般情况下对不服行政机关的具体行政行为申请复议时所实施的管辖，通常是根据最初作出具体行政行为的行政机关的上一级主管部门或本级人民政府的层级和职能来确立复议案件的管辖机关。根据我国《行政复议法》的规定，一般管辖包括以下几种：

（1）对县级以上地方各级人民政府工作部门的具体行政行为不服的，由申请人选择，可以向该部门的本级人民政府申请复议，也可以向上一级主管部门申请复议。

（2）对海关、金融、税务、外汇管理等实行垂直领导的行政机关和国家安全机关的具体行政行为不服的，向上一级主管部门申请复议。

（3）对地方各级人民政府的具体行政行为不服的，向上一级地方人民政府申请复议。

（4）对省、自治区人民政府依法设立的派出机关所属的县级地方各级人民政府的具体行政行为不服的，向该派出机关申请行政复议。

（5）对国务院各部门或省、自治区、直辖市人民政府的具体行政行为不服的，向作出该具体行政行为的国务院部门或者省、自治区、直辖市人民政府申请复议。对行政复议决定不服的，可以向人民法院提起行政诉讼，也可以向国务院申请裁决，国务院依照《行政复议法》的规定作出最终裁决。

（二）特殊管辖

特殊管辖是指行政复议管辖上的特殊情况，即不能按照一般管辖的原则来确定的复议管辖。根据我国《行政复议法》的规定，特殊管辖主要有以下几种情形：

（1）对县级以上地方人民政府依法设立的派出机关的具体行政行为不服的，向设立该派出机关的人民政府申请行政复议。

（2）对政府工作部门依法设立的派出机构依照法律、法规或者规章规定，以自己的名义作出的具体行政行为不服的，向设立该派出机构的部门或者该部门的本级地方人民政府申请行政复议。

（3）对法律、法规授权的组织作出的具体行政行为不服的，分别向直接管理该组织的地方人民政府、地方人民政府工作部门或者国务院部门申请行政复议。

（4）对两个或者两个以上行政机关以共同的名义作出的具体行政行为不服的，向其共同上一级行政机关申请行政复议。

（5）对被撤销的行政机关在撤销前作出的具体行政行为不服的，向继续行使其职权的行政机关的上一级行政机关申请行政复议。

四、行政复议参加人

行政复议参加人，是指在行政复议活动中与被申请复议的具体行政行为有利害关系的当事人或代理当事人参加行政复议的人。具体包括申请人、被申请人、第三人以及复议代理人。至于行政复议活动中的证人、鉴定人员、翻译人员等，不是行政复议参加人。他们同行政复议参加人一起，构成行政复议参与人。下面对行政复议的申请人、被申请人和第三人作些介绍。

（一）行政复议申请人

行政复议申请人是指对行政主体作出的具体行政行为不服，依法以自己的名义向行政复议机关提起复议申请的公民、法人或者其他组织。

一般情况下,合法权益受具体行政行为侵害的公民、法人或者其他组织是复议申请人。但是,在特殊情况下,复议申请人的资格也会发生转移。根据我国《行政复议法》第10条第2款的规定,申请人资格转移的情况有:(1)有权申请复议的公民死亡的,其近亲属可以申请复议;(2)有权申请复议的法人或者其他组织终止的,承受其权利的法人或者其他组织可以申请行政复议。

(二)行政复议被申请人

行政复议的被申请人是指其具体行政行为被申请复议,并由行政复议机关通知其参加行政复议的行政主体。

根据我国《行政复议法》及《行政复议法实施条例》的规定,行政复议被申请人主要有以下八种情形:

(1)行政相对人对某一具体行政行为不服而申请复议的,作出该具体行政行为的行政主体是被申请人。这是确定行政复议被申请人的一般原则。

(2)两个以上行政主体共同作出具体行政行为的,它们为共同的被申请人。

(3)法律、法规授权的组织作出具体行政行为的,该组织是被申请人。

(4)受行政主体委托的组织作出具体行政行为的,委托的行政主体是被申请人。

(5)地方人民政府的派出机关作出具体行政行为的,该派出机关是被申请人。

(6)政府工作部门的派出机构作出具体行政行为,如果该派出机构获得法律、法规及规章授权的,则该派出机构为被申请人;如果派出机构未获得法律、法规及规章授权的,则由设立派出机构的政府工作部门作为被申请人。

(7)作出具体行政行为的行政机关被撤销的,由继续行使其职权的行政机关作为被申请人;没有继续行使其职权的行政机关的,撤销该行政机关的行政机关为被申请人。

(8)下级行政机关依照法律、法规、规章规定,经上级行政机关批准作出具体行政行为的,批准机关为被申请人。

(三)行政复议第三人

行政复议第三人是指同申请行政复议的具体行政行为有利害关系,依申请或者经复议机关通知而参加到行政复议活动中来的其他公民、法人或者其他组织。

从行政复议的实践来看,行政复议第三人主要有以下几种情形:

(1)行政处罚案件中的被处罚人或受害人。如果被处罚人不服对自己的处罚而申请复议,则受害人可以作为第三人参加复议;相反,如果受害人不服申请复议的,则被处罚人可以作为第三人参加复议。

(2)多个相对人中没有申请复议的一方。例如,在共同被处罚人当中,只有部分被处罚人申请了复议,那么,没有申请复议的被处罚人可以作为第三人参加复议。

(3)行政裁决案件中没有申请复议的一方当事人可以作为第三人。

(4)两个以上的行政机关基于同一事实,针对同一相对人作出相互矛盾的具体行政行为,该相对人不服申请复议的,其中一个行政机关为被申请人,另外的行政机关可以作为第三人。

(5) 行政机关与非行政机关(不具有行政主体资格)共同署名作出一个具体行政行为,相对人不服申请复议的,行政机关作为被申请人,非行政机关可以作为第三人。

五、行政复议的程序

行政复议的程序是指行政复议机关在审理行政复议案件时所遵循的方式、步骤、顺序和时限。行政复议的程序在性质上属于行政程序,与司法程序相比,具有简便、灵活的特点,可以保证效率。同时,行政复议又是一种行政司法行为,因此在程序上具有准司法化的特点,可以保证公正性与合理性。

(一) 申请

行政复议的申请,是指公民、法人或其他组织认为行政机关的具体行政行为侵犯其合法权益,依法要求有管辖权的行政复议机关对该具体行政行为进行审查和处理,以保护自己合法权益的一种意思表示。

1. 申请的期限

公民、法人和其他组织不服行政机关的具体行政行为,应当在知道该具体行政行为之日起60日内提出复议申请,但法律规定的申请期限超过60日的除外。因不可抗力或者其他正当理由耽误期限的,申请期限在障碍消除之日起继续计算。

2. 申请的条件

申请行政复议应当符合下列条件:(1) 申请人是认为具体行政行为侵犯其合法权益的公民、法人或其他组织。(2) 有明确的被申请人。(3) 有具体的复议请求和事实根据。(4) 属于申请复议范围。(5) 属于受理复议机关管辖。(6) 法律、法规规定的其他条件。

3. 申请的方式

根据我国《行政复议法》第11条的规定,申请人申请行政复议,可以书面申请,也可以口头申请。口头申请的,行政复议机关应当当场记录申请人的基本情况、行政复议请求、申请行政复议的主要事实、理由和时间。

(二) 受理

行政复议受理,是指行政复议机关对复议申请进行审查,对符合条件的复议申请决定立案的活动。

根据《行政复议法实施条例》第28条的规定,行政复议机关对复议申请进行审查,主要内容包括以下八个方面:(1) 是否有明确的申请人和符合规定的被申请人;(2) 申请人与具体行政行为是否有利害关系;(3) 是否有具体的行政复议请求和理由;(4) 是否在法定申请期限内提出复议申请;(5) 是否属于《行政复议法》规定的行政复议范围;(6) 是否属于收到行政复议申请的行政复议机构的职责范围;(7) 是否已向其他行政复议机关申请复议,且其他行政复议机关已经受理了该复议申请;(8) 是否已向人民法院提起行政诉讼,人民法院是否已经受理。根据《行政复议法》第16条第2款的规定,公民、法人或者其他组织向人民法院提起行政诉讼,人民法院已经受理的,不得申请行政复议。

行政复议机关在收到复议申请书之后,应当在5日内进行审查,并分别作出以下处理:(1)对不符合行政复议法规定的行政复议申请,决定不予受理,并书面告知申请人;(2)对符合行政复议法规定,但不属于本机关受理的行政复议申请,应当告知申请人向有关行政复议机关提出;(3)复议申请符合法定条件,且属于本行政复议机关管辖的,行政复议申请自行政复议机关负责法制工作的机构收到之日起即为受理。

对公民、法人或者其他组织依法提出的行政复议申请,行政复议机关无正当理由不予受理的,上级行政机关应当责令其受理;必要时,上级行政机关也可以直接受理。

对于法律、法规规定应当先向行政复议机关申请复议、对复议决定不服再向人民法院提起行政诉讼,行政复议机关决定不予受理的,公民、法人或者其他组织可以自收到不予受理决定书之日起15日内,向人民法院提起行政诉讼。

(三) 审理

行政复议机关受理复议申请后,就进入行政复议的审理阶段。行政复议审理,是指行政复议机关对行政复议案件进行实质性审查的活动。它是行政复议的中心环节和核心阶段。

1. 审理的方式

行政复议机关审理行政复议案件原则上采用书面审查的方式。但是,申请人提出要求或者行政复议机关负责法制工作的机构认为有必要时,可以向有关组织和人员调查情况,听取申请人、被申请人和第三人的意见。

2. 审理的期限

行政复议机关应当自受理复议申请之日起60日内作出复议决定,但法律规定复议期限少于60日的除外。情况复杂,不能在规定的期限内作出复议决定的,经行政复议机关的负责人批准,可以适当延长。但延长期限最多不超过30日。

3. 行政复议申请的撤回

行政复议申请的撤回,是指复议申请被行政复议机关受理后,复议决定作出之前,复议申请人经过说明理由后,撤回复议申请,行政复议机关终止复议案件审理的一种制度。我国《行政复议法》第25条规定:"行政复议决定作出前,申请人要求撤回行政复议申请的,经说明理由,可以撤回;撤回行政复议申请的,行政复议终止。"

(四) 决定

行政复议决定是行政复议机关在查清复议案件事实的基础上,根据事实和法律,就争议的具体行政行为作出的具有法律效力的判断和处理。根据我国《行政复议法》第28条和《行政复议法实施条例》第43—49条的规定,行政复议决定有下列种类:

1. 维持决定。具体行政行为认定事实清楚,证据确凿,适用依据正确,程序合法,内容适当的,决定维持。

2. 履行决定。被申请人不履行或拖延履行法定职责的,决定其在一定期限内履行。

3. 撤销决定、变更决定或确认违法的决定。根据我国《行政复议法》第28条第1

款第3项的规定,具有下列情形之一的,决定撤销、变更或者确认该具体行政行为违法;决定撤销或者确认该具体行政行为违法的,可以责令被申请人在一定期限内重新作出具体行政行为:(1)主要事实不清、证据不足的;(2)适用依据错误的;(3)违反法定程序的;(4)超越职权或者滥用职权的;(5)具体行政行为明显不当的。

行政复议机关责令被申请人重新作出具体行政行为的,被申请人不得以同一事实和理由作出与原具体行政行为相同或者基本相同的具体行政行为。

根据我国《行政复议法》第28条第1款第4项的规定,被申请人不依照行政复议法的规定提出书面答复,提交当初作出具体行政行为的证据、依据和其他有关材料的,视为该具体行政行为没有证据、依据,决定撤销该具体行政行为。

根据《行政复议法实施条例》第47条的规定,具体行政行为有下列情形之一的,行政复议机关可以决定变更:(1)认定事实清楚,证据确凿,程序合法,但是明显不当或者适用依据错误的;(2)认定事实不清,证据不足,但是经行政复议机关审理查明事实清楚,证据确凿的。

4. 驳回复议申请决定。根据《行政复议法实施条例》第48条第1款的规定,有下列情形之一的,行政复议机关应当决定驳回行政复议申请:(1)申请人认为行政机关不履行法定职责申请行政复议,行政复议机关受理后发现该行政机关没有相应法定职责或者在受理前已经履行法定职责的;(2)受理行政复议申请后,发现该行政复议申请不符合《行政复议法》和本条例规定的受理条件的。

5. 赔偿决定。申请人在申请行政复议时可以一并提出行政赔偿请求,行政复议机关对符合国家赔偿法的有关规定应当给予赔偿的,在决定撤销、变更具体行政行为或者确认具体行政行为违法时,应当同时决定被申请人依法给予赔偿。同时,根据我国《行政复议法》第29条第2款的规定,申请人在申请行政复议时没有提出行政赔偿请求的,行政复议机关在依法决定撤销或者变更罚款、撤销违法集资、没收财物、征收财物、摊派费用以及对财产的查封、扣押、冻结措施等具体行政行为时,应当同时责令被申请人返还财产,解除对财产的查封、扣押、冻结措施,或者赔偿相应的价款。

思 考 题

1. 简述行政法的概念和特征。
2. 简述行政主体的职权、职责与法律责任。
3. 简述行政相对人的法律地位。
4. 简述行政公务人员的法律地位。
5. 简述行政行为的概念和特征。
6. 简述行政行为的成立要件。
7. 简述行政行为的效力。
8. 简述行政行为的生效与失效。
9. 简述抽象行政行为与具体行政行为的区别。

10. 简述行政程序的概念与特征。
11. 简述行政复议的概念与特征。
12. 简述行政复议的受案范围。
13. 简述行政复议的管辖。
14. 简述行政复议的被申请人。
15. 试述行政法在法律体系中的地位和作用。
16. 试述行政行为的合法要件。
17. 试述行政程序的基本原则。
18. 试述行政复议决定的种类及其适用条件。

推荐阅读书目

1. 方世荣、石佑启主编:《行政法与行政诉讼法学》(第三版),北京大学出版社 2015 年版。
2. 姜明安主编:《行政法与行政诉讼法》(第七版),北京大学出版社、高等教育出版社 2019 年版。
3. 王名扬:《英国行政法》,中国政法大学出版社 1987 年版。
4. 王名扬:《法国行政法》,中国政法大学出版社 1988 年版。
5. 王名扬:《美国行政法》(上、下),中国法制出版社 1995 年版。
6. 张越编:《英国行政法》,中国政法大学出版社 2004 年版。
7. 石佑启主编:《行政法与行政诉讼法》(第三版),中国人民大学出版社 2015 年版。
8. 〔德〕哈特穆特·毛雷尔:《行政法学总论》,高家伟译,法律出版社 2000 年版。
9. 〔美〕伯纳德·施瓦茨:《行政法》,徐炳译,群众出版社 1986 年版。
10. 〔日〕盐野宏:《行政法》,杨建顺译,法律出版社 1999 年版。
11. 〔英〕威廉·韦德:《行政法》,徐炳等译,中国大百科全书出版社 1997 年版。

主要参考文献

1. 方世荣主编:《行政法与行政诉讼法》(第六版),中国政法大学出版社 2019 年版。
2. 胡建淼:《行政法学》(第四版),法律出版社 2015 年版。
3. 应松年主编:《行政法学新论》,中国方正出版社 2004 年版。
4. 姜明安等:《行政程序法典化研究》,法律出版社 2016 年版。

第十一章　行政诉讼法

学习目标

1. 了解行政诉讼法的概念、立法宗旨和基本原则；
2. 掌握行政诉讼的受案范围、管辖、参加人和举证责任，熟悉行政诉讼的程序；
3. 把握行政赔偿的归责原则、构成要件、赔偿范围、赔偿请求人与赔偿义务机关、赔偿程序及赔偿的方式与计算标准；
4. 运用所学的行政诉讼与行政赔偿的知识与理论，对现实生活中发生的行政纠纷提出妥善的解决途径与方法，对行政诉讼和行政赔偿案件进行合法性分析与合理性评判。

基本概念

行政诉讼；行政诉讼法；合法性审查原则；行政诉讼受案范围；行政诉讼管辖；行政诉讼参加人；行政诉讼当事人；行政诉讼原告；行政诉讼被告；行政诉讼第三人；行政诉讼证据；行政诉讼的举证责任；行政诉讼程序；行政赔偿；行政赔偿的归责原则；行政赔偿的构成要件；行政赔偿的范围；行政赔偿请求人；行政赔偿义务机关；行政赔偿程序；行政赔偿方式；行政赔偿计算标准

第一节　行政诉讼法概述

一、行政诉讼法的概念

行政诉讼法是规范行政诉讼活动、调整行政诉讼关系的法律规范的总称。它包括以下几层意思：(1) 行政诉讼法是行政诉讼活动的法定标准和尺度。这里的"行政诉讼活动"，包括人民法院的审判活动及当事人和其他诉讼参与人在行政诉讼过程中所进行的各种诉讼活动。(2) 行政诉讼法的调整对象是行政诉讼关系，即人民法院和当事人及其他诉讼参与人在解决行政争议过程中所形成的各种关系。(3) 行政诉讼法的主要内容是各行政诉讼主体在行政诉讼中的权利与义务。(4) 行政诉讼法是有关行政诉讼的法律规范的总称。

行政诉讼法与行政诉讼既有密切联系又有区别。行政诉讼是指人民法院根据行政相对人的请求，依照法定程序审查行政行为的合法性，从而解决一定范围内的行政争议的活动;而行政诉讼法则是有关这类诉讼活动的法律规范。行政诉讼是行政诉讼法的内容和调控对象,而行政诉讼法则是行政诉讼活动的行为准则。

行政诉讼法有广义和狭义之分。广义的行政诉讼法是一切有关行政诉讼的法律规范,这些法律规范无论其形式如何都属于行政诉讼法的范围。广义上讲的行政诉讼法,除《中华人民共和国行政诉讼法》(以下简称《行政诉讼法》)之外,还包括宪法、法律、法规、自治条例和单行条例、最高人民法院司法解释以及国际条约等众多的表现形式中有关行政诉讼内容的法律规范。狭义的行政诉讼法则专指《行政诉讼法》。它是规范和调整我国行政诉讼关系的一部重要的和基本的成文法典,也是人民法院审理行政案件和当事人及其他诉讼参与人进行诉讼活动的基本行为规范。

二、行政诉讼法的立法宗旨

行政诉讼法的立法宗旨,是指制定行政诉讼法所要达到的根本目的,或者说是行政诉讼法的根本任务。我国《行政诉讼法》第1条规定:"为保证人民法院公正、及时审理行政案件,解决行政争议,保护公民、法人和其他组织的合法权益,监督行政机关依法行使职权,根据宪法,制定本法。"该规定明确指出了我国行政诉讼法的立法宗旨,具体包括以下几个方面:

1. 保证人民法院公正、及时审理行政案件。为保证人民法院审理行政案件的公正性和及时性,行政诉讼法规定了一套诉讼规则和程序,规定了人民法院行使行政审判权的范围和权限;规定了管辖、证据制度、审理程序、审理方式和期限等。此外,行政诉讼法还规定人民检察院有权对行政诉讼活动进行法律监督,有权对法院的违法裁判提起抗诉;行政诉讼当事人对已经发生法律效力的判决、裁定,认为确有错误的,有权提出申诉。行政诉讼法通过这些规定来确保人民法院正确行使审判权。

2. 解决行政争议。这是《行政诉讼法》在修改时新增加的内容,表明"解决行政争议"也是行政诉讼法的立法宗旨之一。把"解决行政争议"作为行政诉讼法的立法宗旨是对行政诉讼性质、功能正确认识的结果,即行政诉讼具有监督、救济和解纷的功能,有助于进一步强化通过行政诉讼化解行政纠纷的作用,以法治方式解决行政争议,增强公民、法人和其他组织的法治观念,形成遇事找法、化解矛盾靠法、依法维权的习惯,避免出现"信访不信法"的现象。

3. 保护公民、法人和其他组织的合法权益。保护公民、法人和其他组织的合法权益,是建立行政诉讼制度最根本的目的,也是行政诉讼法立法的根本宗旨。行政诉讼法对公民、法人和其他组织合法权益的保护主要体现在两个方面:(1)通过对公民行政诉权和行政诉讼制度的明确规定来实现这一目标;(2)通过规定公民的各种诉讼权利以及各种具体的诉讼制度来保障行政相对人的合法权益。具体如受案范围、管辖、起诉和受理、确认当事人诉讼权利以及侵权赔偿责任等规定,都充分体现了行政诉讼法保护公民、法人和其他组织合法权益的立法宗旨。

4. 监督行政机关依法行使职权。监督是对法院在行政诉讼中的地位的根本性规定。法院监督的主要方式是对行政行为的合法性进行审查,对行政行为主要证据不足的、适用法律法规错误的、违反法定程序的、超越职权的、滥用职权的、明显不当的,要判决撤销或部分撤销,并可以判决行政机关重新作出行政行为;对行政处罚明显不当,或者其他行政行为涉及对款额的确定、认定确有错误的,可以判决变更;对行政机关因违法行政行为侵犯公民等相对一方合法权益造成实际损害的,要判决行政赔偿,以有效地促使行政机关及其工作人员严格地依法行使职权,提高行政管理的效率和质量,克服和减少官僚主义。

三、行政诉讼的基本原则

行政诉讼的基本原则是指反映行政诉讼基本特点和一般规律,在行政诉讼的整个(或主要)过程中起主导和支配作用的基本行为准则。它体现着行政诉讼法的精神实质和价值取向,是设立各项具体诉讼制度的基础。

（一）行政诉讼与民事诉讼、刑事诉讼共有的原则

行政诉讼与民事诉讼、刑事诉讼共有的原则有:(1) 人民法院依法独立行使审判权的原则;(2) 以事实为根据,以法律为准绳原则;(3) 当事人诉讼法律地位平等原则;(4) 合议、回避、公开审判和两审终审原则;(5) 使用本民族语言文字进行诉讼原则;(6) 辩论原则;(7) 检察监督原则。

（二）行政诉讼特有的原则

行政诉讼特有的原则,是指反映行政诉讼内在规律,仅为行政诉讼所具有,其他类型诉讼并不具备的原则。《行政诉讼法》第 6 条规定:"人民法院审理行政案件,对行政行为是否合法进行审查。"这一规定确立了人民法院对行政行为的合法性进行审查的原则,即合法性审查原则。合法性审查原则是指人民法院审理行政案件,对被诉行政行为是否合法进行审理并作出裁判。合法性审查原则是行政诉讼区别于其他类型诉讼的特有原则。

人民法院对行政行为合法性审查原则主要包括下列内容:

1. 合法性审查的主体。合法性审查的主体是人民法院。人民法院在行政诉讼中对行政机关行政行为的合法性进行审查,这种审查是法律赋予人民法院的一项重要司法审判权,行政机关必须服从人民法院司法审查权的运用。人民法院以国家的名义行使行政审判权,不受任何其他国家机关、团体和个人的干涉。

2. 合法性审查的对象。根据我国《行政诉讼法》第 6 条的规定,合法性审查的对象为行政行为,它表明了人民法院对行政机关的行政行为进行司法审查的范围。《行政诉讼法》的合法性原则,在内涵上得到了很大的拓展。确定了行政行为明显不当的,法院可以判决撤销。人民法院审查行政行为的合法性,包括对规范性文件一定范围的监督,《行政诉讼法》第 53 条第 1 款规定:"公民、法人或者其他组织认为行政行为所依据的国务院部门和地方人民政府及其部门制定的规范性文件不合法,在对行政行为提起诉讼时,可以一并请求对该规范性文件进行审查。"

3. 合法性审查的内容。行政诉讼原则上只审查行政行为的合法性,而不涉及行政行为的合理性问题。这是由行政权和司法权的关系所决定的。行政权和司法权是

两种国家权力,司法权对行政权的审查是有限审查而非全面审查。司法实践中必须正确处理好两种权力之间的关系。但也有例外规定,《行政诉讼法》第77条规定:"行政处罚明显不当,或者其他行政行为涉及对款额的确定、认定确有错误的,人民法院可以判决变更。人民法院判决变更,不得加重原告的义务或者减损原告的权益。……"人民法院可以对明显不当和滥用职权的行政行为进行审查,通过司法自由裁量权监督行政机关的自由裁量权。在这里,人民法院对行政处罚可进行全面审查,既包括合法性审查,也包括合理性审查。

4. 合法性审查的依据。人民法院对行政行为进行合法性审查,应以行政法律规范为依据。根据《行政诉讼法》第63条的规定,人民法院审理行政案件,以法律、行政法规、地方性法规为依据,地方性法规适用于本行政区域内发生的行政案件。人民法院审理民族自治地方的行政案件,还应以该民族自治地方的自治条例和单行条例为依据。另外,人民法院审理行政案件,参照规章。当规章与法律、行政法规相符合时,人民法院可作为依据予以适用;当规章与法律、法规不符合或相抵触时,人民法院可不予适用。根据《最高人民法院关于适用〈中华人民共和国行政诉讼法〉的解释》第100条的规定,人民法院审理行政案件,适用最高人民法院司法解释的,应当在裁判文书中援引。人民法院审理行政案件,可以在裁判文书中引用合法有效的规章及其他规范性文件。

5. 合法性审查的标准。根据《行政诉讼法》第69条、第70条的规定,对行政行为合法性审查的标准包括合法的行政行为的标准和违法的行政行为的标准两类。合法的行政行为必须同时具备以下三个条件:(1) 证据确凿;(2) 适用法律、法规正确;(3) 符合法定程序。而只要有下列情形之一的,就是违法的行政行为:(1) 主要证据不足;(2) 适用法律、法规错误;(3) 违反法定程序;(4) 超越职权;(5) 滥用职权;(6) 明显不当。

6. 合法性审查的方式和结果。人民法院通过诉讼的方式对行政行为进行合法性审查并作出裁判。人民法院对行政案件进行审理后,认为行政行为合法的,判决驳回原告的诉讼请求;认为行政行为违法的,判决撤销或部分撤销并可判决被告重新作出行政行为;行政处罚明显不当,或者其他行政行为涉及对款额的确定、认定确有错误的,可判决变更;被告不履行法定职责的,判决责令被告限期履行法定职责;行政行为违法但不具有可撤销内容或者撤销该行政行为将会给国家利益或者公共利益造成重大损失的,或行政行为程序轻微违法,但对原告权利不产生实际影响的,应当作出确认被诉行政行为违法的判决等。

第二节 行政诉讼的受案范围与管辖

一、行政诉讼的受案范围

(一) 受案范围的概念与确定方式

行政诉讼的受案范围,又称人民法院的主管,是指人民法院受理行政案件的范围。它要解决的是人民法院依法受理哪些行政案件,或者说,公民、法人或者其他组织依法对哪些行政争议可以向人民法院提起诉讼。

确定行政诉讼的受案范围主要有三种方式,即概括式、列举式和混合式。我国《行政诉讼法》在确定行政诉讼的受案范围时,采用的就是混合式。首先,我国《行政诉讼法》以概括的方式确定了我国行政诉讼受案范围的基本界限。《行政诉讼法》第2条第1款规定:"公民、法人或者其他组织认为行政机关和行政机关工作人员的行政行为侵犯其合法权益,有权依照本法向人民法院提起诉讼。"其次,《行政诉讼法》第12条第1款以肯定列举的方式列出了属于行政诉讼受案范围的各种行政案件,同时,第12条第2款又以概括的方式对今后可能纳入行政诉讼受案范围的行政案件作了补充规定,即"除前款规定外,人民法院受理法律、法规规定可以提起诉讼的其他行政案件"。最后,《行政诉讼法》第13条以否定列举的方式对不属于行政诉讼受案范围的事项作了排除。这种确定行政诉讼受案范围的方式既简单明确又较为全面,不仅可以适应我国目前行政法制建设的现状,而且还为我国行政诉讼受案范围的扩大提供了发展空间,因此是较为科学的。

(二)人民法院受理的行政案件

我国《行政诉讼法》第12条具体列出了人民法院受理的各种行政案件,主要有下列情形:

1. 不服行政处罚的案件

我国《行政诉讼法》第12条第1款第1项规定,人民法院受理公民、法人或者其他组织对行政拘留、暂扣或者吊销许可证和执照、责令停产停业、没收违法所得、没收非法财物、罚款、警告等行政处罚不服提起的诉讼。

2. 不服行政强制的案件

我国《行政诉讼法》第12条第1款第2项规定,人民法院受理公民、法人或者其他组织对限制人身自由或者对财产的查封、扣押、冻结等行政强制措施和行政强制执行不服提起的诉讼。

3. 不服行政许可的案件

我国《行政诉讼法》第12条第1款第3项规定,人民法院受理公民、法人或者其他组织申请行政许可,行政机关拒绝或者在法定期限内不予答复,或者对行政机关作出的有关行政许可的其他决定不服提起的诉讼。

4. 不服行政机关确认自然资源权属的案件

我国《行政诉讼法》第12条第1款第4项规定,人民法院受理公民、法人或者其他组织对行政机关作出的关于确认土地、矿藏、水流、森林、山岭、草原、荒地、滩涂、海域等自然资源的所有权或者使用权的决定不服提起的诉讼。

5. 不服行政机关征收、征用决定及其补偿决定的案件

我国《行政诉讼法》第12条第1款第5项规定,人民法院受理公民、法人或者其他组织对征收、征用决定及其补偿决定不服提起的诉讼。

6. 认为行政机关不履行保护人身权、财产权等合法权益的法定职责的案件

我国《行政诉讼法》第 12 条第 1 款第 6 项规定,人民法院受理公民、法人或者其他组织因申请行政机关履行保护人身权、财产权等合法权益的法定职责,行政机关拒绝履行或者不予答复而提起的诉讼。

7. 认为行政机关侵犯法定经营自主权或者农村土地承包经营权、农村土地经营权的案件

我国《行政诉讼法》第 12 条第 1 款第 7 项规定,人民法院受理公民、法人或者其他组织认为行政机关侵犯其经营自主权或者农村土地承包经营权、农村土地经营权而提起的诉讼。

8. 认为行政机关滥用行政权力排除或者限制竞争的案件

我国《行政诉讼法》第 12 条第 1 款第 8 项规定,人民法院受理公民、法人或者其他组织认为行政机关滥用行政权力排除或者限制竞争而提起的诉讼。

9. 认为行政机关违法集资、摊派费用或者违法要求履行其他义务的案件

我国《行政诉讼法》第 12 条第 1 款第 9 项规定,人民法院受理公民、法人或者其他组织认为行政机关违法集资、摊派费用或者违法要求履行其他义务而提起的诉讼。

10. 认为行政机关没有依法支付抚恤金、最低生活保障待遇或者社会保险待遇的案件

我国《行政诉讼法》第 12 条第 1 款第 10 项规定,人民法院受理公民认为行政机关没有依法支付抚恤金、最低生活保障待遇或者社会保险待遇而提起的诉讼。

11. 认为行政机关不依法履行、未按照约定履行或者违法变更、解除政府特许经营协议、土地房屋征收补偿协议等协议的案件

我国《行政诉讼法》第 12 条第 1 款第 11 项规定,人民法院受理公民、法人或者其他组织认为行政机关不依法履行、未按照约定履行或者违法变更、解除政府特许经营协议、土地房屋征收补偿协议等协议而提起的诉讼。

12. 认为行政机关侵犯其他人身权、财产权等合法权益的案件

这种案件是除上述案件之外其他涉及人身权、财产权等合法权益的案件,是对上述列举不足而作出的补充。我国《行政诉讼法》第 12 条第 1 款第 12 项规定,人民法院受理公民、法人或者其他组织认为行政机关侵犯其他人身权、财产权等合法权益而提起的诉讼。

13. 法律、法规规定可以起诉的其他行政案件

根据我国《行政诉讼法》第 12 条第 2 款的规定,除前款规定外,人民法院受理法律、法规规定可以提起诉讼的其他行政案件。这是除了上述具体列举的行政案件外,采用概括的方式对我国行政诉讼受案范围所作的补充,它能弥补现行立法在列举方式上的不足。依此规定,我国《行政诉讼法》未列举而其他法律、法规规定可以提起行政诉讼的案件,都属于行政诉讼的受案范围,这使得行政诉讼的受案范围更加全面、完整。

（三）人民法院不予受理的事项

我国《行政诉讼法》除了明确规定属于行政诉讼受案范围的各种行政案件外，在第13条还专门规定了人民法院不予受理的几类事项，即规定了行政诉讼的排除范围，对这些事项，公民、法人或其他组织不能提起行政诉讼。对此，最高人民法院《关于适用〈中华人民共和国行政诉讼法〉的解释》第1条也作了规定。这些事项包括：

(1) 国防、外交等国家行为；

(2) 行政法规、规章或者行政机关制定、发布的具有普遍约束力的决定、命令；

(3) 行政机关对行政机关工作人员的奖惩、任免等决定；

(4) 法律规定由行政机关最终裁决的行政行为；

(5) 公安、国家安全等机关依照刑事诉讼法的明确授权实施的行为；

(6) 调解行为以及法律规定的仲裁行为；

(7) 行政指导行为；

(8) 驳回当事人对行政行为提起申诉的重复处理行为；

(9) 行政机关作出的不产生外部法律效力的行为；

(10) 行政机关为作出行政行为而实施的准备、论证、研究、层报、咨询等过程性行为；

(11) 行政机关根据人民法院的生效裁判、协助执行通知书作出的执行行为，但行政机关扩大执行范围或者采取违法方式实施的除外；

(12) 上级行政机关基于内部层级监督关系对下级行政机关作出的听取报告、执法检查、督促履责等行为；

(13) 行政机关针对信访事项作出的登记、受理、交办、转送、复查、复核意见等行为；

(14) 对公民、法人或者其他组织权利义务不产生实际影响的行为。

二、行政诉讼的管辖

行政诉讼的管辖，是指人民法院之间受理第一审行政案件的分工和权限。

行政诉讼的管辖与行政诉讼的主管不同，行政诉讼的主管主要解决人民法院与其他国家机关之间处理行政争议的分工和权限问题；行政诉讼的管辖，则是在确定了主管后，解决人民法院系统内部审理行政案件的分工与权限问题。主管是确定管辖的基础和前提，管辖是主管的体现和落实。只有先确定案件属于人民法院主管，然后才能确定案件由哪一级、哪一个人民法院管辖。

（一）级别管辖

级别管辖是上下级人民法院之间受理第一审行政案件的分工和权限。我国《行政诉讼法》对基层人民法院、中级人民法院、高级人民法院和最高人民法院受理第一审行政案件的范围作了明确规定，分述如下：

1. 基层人民法院的管辖范围。

我国《行政诉讼法》第14条规定:"基层人民法院管辖第一审行政案件。"这一规定表明,基层人民法院管辖第一审行政案件是级别管辖的一般原则。除由上级人民法院管辖的第一审行政案件外,一般行政案件均由基层人民法院作为一审法院。

2. 中级人民法院的管辖范围。

依照我国《行政诉讼法》第15条的规定,中级人民法院管辖的第一审行政案件有:

(1) 对国务院部门或者县级以上地方人民政府所作的行政行为提起诉讼的案件;

(2) 海关处理的案件;

(3) 本辖区内重大、复杂的案件;

(4) 其他法律规定由中级人民法院管辖的案件。

3. 高级人民法院管辖本辖区内重大、复杂的第一审行政案件。

4. 最高人民法院管辖全国范围内重大、复杂的第一审行政案件。

(二) 地域管辖

地域管辖是在级别管辖的基础上确定同级人民法院之间受理第一审行政案件的权限分工。针对某一具体的行政案件,在确定级别管辖的基础上确定了地域管辖,才能具体落实该行政案件的管辖权归属问题。根据我国《行政诉讼法》的规定,地域管辖分为:一般地域管辖、特殊地域管辖和共同地域管辖。

1. 一般地域管辖

一般地域管辖,也称普通地域管辖,是指行政案件由最初作出行政行为的行政机关所在地的人民法院管辖,即以被告所在地来确定管辖法院。我国《行政诉讼法》第18条第1款规定:"行政案件由最初作出行政行为的行政机关所在地人民法院管辖。经复议的案件,也可以由复议机关所在地人民法院管辖。"

2. 特殊地域管辖

特殊地域管辖,是指根据特定的行政法律关系来确定管辖的法院。特殊地域管辖是相对于一般地域管辖而言的,其目的在于弥补一般地域管辖的不足。针对一些特殊情况,我国《行政诉讼法》规定了以下两种特殊地域管辖:

(1) 因不动产提起的诉讼,由不动产所在地人民法院管辖。

(2) 对限制人身自由的行政强制措施不服提起的诉讼,由被告所在地或者原告所在地人民法院管辖。被告所在地,是指作出行政行为的行政机关的主要办事机构所在地。原告所在地包括原告户籍所在地、经常居住地和被限制人身自由地。

3. 共同地域管辖

共同地域管辖简称共同管辖,是指两个或两个以上的人民法院对同一行政案件都有管辖权。共同管辖不是几个人民法院可以同时受理同一行政案件,而是指几个人民法院对同一行政案件都有管辖权,它是由一般地域管辖和特殊地域管辖派生出的一种管辖方式,是对上述两种管辖的有效补充。根据我国《行政诉讼法》的规定,共同管辖的情形有:(1)经过复议的案件,既可以由作出原行政行为的行政机关所在地的法院管辖,也可以由复议机关所在地的法院管辖。如果复议机关与最初作出行政行为的行政机关不在同一行政区域的,两地人民法院都有管辖权,原告可以自由选择其中一个更方便的人民法院提起诉讼。(2)对限制人身自由行政强制措施不服提起的诉讼,既可以由被告所在地人民法院管辖,也可以由原告所在地人民法院管辖。(3)对不动产提起的诉讼中,如果某一被诉行政行为涉及的不动产跨越几个人民法院辖区,那么这几个人民法院对该案都享有管辖权。

出现共同管辖的情况下,究竟由哪个人民法院管辖,主要取决于原告向何地人民法院提起诉讼。我国《行政诉讼法》第 21 条规定:两个以上人民法院都有管辖权的案件,原告可以选择其中一个人民法院提起诉讼。原告向两个以上有管辖权的人民法院提起诉讼的,由最先立案的人民法院管辖。

(三)裁定管辖

对于级别管辖和地域管辖,法律都作了明确规定,所以它们又被称为法定管辖。但由于管辖的情况较为复杂,仅有法定管辖仍不能适应复杂多变的实际情况,因此需要裁定管辖作为法定管辖的补充。所谓裁定管辖,是指由人民法院作出裁定或决定来确定行政案件的管辖。裁定管辖包括移送管辖、指定管辖和管辖权的转移三种。

1. 移送管辖

移送管辖是指某一人民法院受理行政案件后,发现自己对该案没有管辖权,而将该案件移送给有管辖权的人民法院审理。我国《行政诉讼法》第 22 条规定:"人民法院发现受理的案件不属于本院管辖的,应当移送有管辖权的人民法院,受移送的人民法院应当受理。受移送的人民法院认为受移送的案件按照规定不属于本院管辖的,应当报请上级人民法院指定管辖,不得再自行移送。"

移送管辖一般发生在同级异地人民法院之间,属于地域管辖的一种补充形式。其程序主要为:先由受理案件的人民法院的合议庭提出意见,经过院长批准后,再以该法院的名义致函将案件移送给有管辖权的人民法院。

2. 指定管辖

指定管辖是指上级人民法院在一定情形下,以裁定的方式将某一行政案件指定由某一下级人民法院管辖。根据我国《行政诉讼法》第 23 条的规定,指定管辖有如下两种情况:(1)有管辖权的人民法院由于特殊原因不能行使管辖权的,由上级人民法院指定管辖。(2)人民法院之间对管辖权发生争议,协商不成的,报它们共同的上级人民法院指定管辖。

3. 管辖权的转移

管辖权的转移是指经上级人民法院决定或同意,由下级人民法院将其有管辖权的案件移送给上级人民法院审理。我国《行政诉讼法》第 24 条规定:"上级人民法院有权审理下级人民法院管辖的第一审行政案件。下级人民法院对其管辖的第一审行政案件,认为需要由上级人民法院审理或者指定管辖的,可以报请上级人民法院决定。"

第三节 行政诉讼参加人

一、行政诉讼参加人的概念

行政诉讼参加人,是指起诉、应诉以及参加到行政诉讼活动中来的人。简言之,就是当事人和类似当事人地位的诉讼代理人。它具体包括原告、被告、第三人和诉讼代理人四种。

行政诉讼参加人与行政诉讼的参与人是不同的,后者比前者的范围要宽。行政诉讼参与人除包括诉讼参加人外,还包括证人、鉴定人、勘验人和翻译人员等。行政诉讼参加人与本案有直接的利害关系,而证人、鉴定人、勘验人和翻译人员等参与人在法律上与本案没有利害关系,他们参与行政诉讼活动,主要是为了协助人民法院查明案件的事实真相,或为当事人提供帮助。

二、行政诉讼当事人

行政诉讼当事人,是指因行政行为发生争议,以自己的名义起诉、应诉和参加诉讼,并受人民法院裁判拘束的人。

当事人有狭义与广义之分。狭义的当事人仅指原告与被告,包括共同原告和共同被告;广义的当事人除原告和被告外,还包括第三人。本书采用广义上的概念。在行政诉讼的不同阶段,当事人的称谓不同。第一审程序中当事人的称谓是:原告、被告和第三人;在第二审程序中,当事人被称为上诉人和被上诉人;在执行程序中,当事人则被称为申请人和被申请人;当事人在审判监督程序中的称谓与在第一审程序及第二审程序的称谓相同。由于第二审程序、执行程序以及审判监督程序不是行政诉讼的必经程序,因此,人们通常用第一审程序中的原告、被告、第三人来概括当事人的范围。

（一）行政诉讼的原告

我国《行政诉讼法》第 25 条第 1 款规定:"行政行为的相对人以及其他与行政行为有利害关系的公民、法人或者其他组织,有权提起诉讼。"根据这一规定,行政诉讼的原告,是指对行政机关的行政行为不服,依法以自己的名义向人民法院提起诉讼,引起行政诉讼程序发生的公民、法人和其他组织。有权提起诉讼的公民死亡,其近亲属可以提起诉讼。有权提起诉讼的法人或者其他组织终止,承受其权利的法人或者其他组织可以提起诉讼。

（二）行政诉讼的被告

行政诉讼的被告,是指被原告指控其行政行为侵犯原告的合法权益而向人民法院起诉,并由人民法院通知其应诉的行政机关和法律、法规授权的组织。根据我国《行政诉讼法》第 26 条、《最高人民法院关于适用〈中华人民共和国行政诉讼法〉的解释》第 19—25 条的规定,行政诉讼被告有以下十种情形:

1. 直接起诉的被告

行政相对人对行政机关作出的行政行为不服,直接向人民法院起诉的,作出行政行为的行政机关是被告。

2. 经过复议程序的被告

《行政诉讼法》第 26 条第 2 款和第 3 款规定:"经复议的案件,复议机关决定维持原行政行为的,作出原行政行为的行政机关和复议机关是共同被告;复议机关改变原行政行为的,复议机关是被告。复议机关在法定期限内未作出复议决定,公民、法人或者其他组织起诉原行政行为的,作出原行政行为的行政机关是被告;起诉复议机关不作为的,复议机关是被告。"经过复议的案件,被告类型会出现下列情况:(1) 复议机关决定维持原行政行为的,原行政行为的行政主体和复议机关是共同被告;(2) 复议机关改变原行政行为的,复议机关是被告;(3) 复议机关在法定期间内不作复议决定,当事人对原行政行为不服而起诉的,原行政行为的行政主体为被告;(4) 复议机关在法定期间内不作复议决定,当事人对复议机关的不作为提起诉讼的,复议机关为被告。

3. 共同作出行政行为的被告

两个以上行政机关作出同一行政行为,行政相对人不服提起诉讼的,共同作出行政行为的行政机关是共同被告。关于共同行为的认定,实践中一般以共同名义为标准。如果两个以上行政机关以共同名义签署(以公章为准)而作出行政行为的,共同签署的机关是共同被告。

4. 被授权组织作出行政行为的被告

《行政诉讼法》第 2 条第 2 款规定:"前款所称行政行为,包括法律、法规、规章授权的组织作出的行政行为。"被授权的组织具有行政主体资格,能够独立承担因为实施行政行为产生的法律责任,所以,对被授权组织的行政行为不服起诉,被授权的组织为被告。另外,《最高人民法院关于适用〈中华人民共和国行政诉讼法〉的解释》第 20 条第 2 款规定:"法律、法规或者规章授权行使行政职权的行政机关内设机构、派出机构或者其他组织,超出法定授权范围实施行政行为,当事人不服提起诉讼的,应当以实施该行为的机构或者组织为被告。"

5. 受委托的组织作出行政行为时的被告

《行政诉讼法》第 26 条第 5 款规定:"行政机关委托的组织所作的行政行为,委托的行政机关是被告。"此外,根据《最高人民法院关于适用〈中华人民共和国行政诉讼法〉的解释》第 20 条第 3 款的规定,行政机关在没有法律、法规或规章规定的情况下,授权其内设机构、派出机构或者其他组织行使行政职权的,应当视为委托。当事人不服提起诉讼的,应当以该行政机关为被告。

6. 行政机关被撤销后的被告

根据《行政诉讼法》第 26 条第 6 款的规定,行政机关被撤销或者职权变更的,继续行使其职权的行政机关是被告。

7. 派出机关及派出机构的被告资格

行政相对人对派出机关作出的行政行为不服提起诉讼的,该派出机关为被告。

派出机构能否成为被告,取决于是否有法律、法规和规章的明确授权。得到法律、法规、规章明确授权的派出机构以自己的名义作出行政行为,相对人不服提起诉讼的,该派出机构为被告;没有得到法律、法规、规章授权的派出机构以自己的名义作出行政行为,相对人不服提起诉讼的,该派出机构所属的行政机关为被告。

8. 内设机构作出行政行为时的被告

行政机关的内设机构以自己的名义作出行政行为,行政相对人不服提起诉讼的,该内设机构能否成为行政诉讼的被告?这与派出机构一样,关键要看内设机构是否得到了法律、法规、规章的授权,如果得到了法律、法规、规章的授权,就能成为被告;否则,它就不具有被告资格,只能以其所属的行政机关为被告。

9. 经上级机关批准而作出行政行为的被告

根据《最高人民法院关于适用〈中华人民共和国行政诉讼法〉的解释》第19条的规定,当事人不服经上级行政机关批准的行政行为,向人民法院提起诉讼的,应当以对外发生法律效力的文书上署名的机关为被告。

10. 开发区管理机构及其所属职能部门的被告资格

根据《最高人民法院关于适用〈中华人民共和国行政诉讼法〉的解释》第21条的规定,当事人对由国务院、省级人民政府批准设立的开发区管理机构作出的行政行为不服提起诉讼的,以该开发区管理机构为被告;对由国务院、省级人民政府批准设立的开发区管理机构所属职能部门作出的行政行为不服提起诉讼的,以其职能部门为被告;对其他开发区管理机构所属职能部门作出的行政行为不服提起诉讼的,以开发区管理机构为被告;开发区管理机构没有行政主体资格的,以设立该机构的地方人民政府为被告。

(三)共同诉讼人

在行政诉讼中,共同诉讼人是指共同诉讼的当事人,包括共同原告和共同被告。其构成条件如下:(1)当事人一方或双方为两人以上。(2)诉讼标的共同。包括标的同一和标的同样两种类型。(3)属同一人民法院管辖并由人民法院合并审理。共同诉讼是诉讼主体的合并。按照我国《行政诉讼法》的规定,共同诉讼分为必要的共同诉讼和普通的共同诉讼。因而,共同诉讼人也可分为必要的共同诉讼人和普通的共同诉讼人。必要的共同诉讼,是指当事人一方或双方为两人以上,诉讼标的是同一行政行为,人民法院必须合并审理的诉讼。必要的共同诉讼中的共同原告和共同被告统称为必要的共同诉讼人。普通的共同诉讼,是指一方或双方是两人以上,因同样的行政行为发生行政争议,人民法院认为可以合并审理的诉讼。普通的共同诉讼中的共同原告和共同被告统称为普通的共同诉讼人。

(四)行政诉讼第三人

行政诉讼第三人,是指与被诉行政行为有利害关系,申请参加或者由人民法院通知其参加到行政诉讼中来的其他公民、法人或者其他组织。设定第三人制度,主要是为了实现诉的合并,减少不必要的诉讼;同时也是为了查清案件事实,有利于人民法院公正审判。

行政诉讼第三人具有以下特征:(1)第三人是原告、被告以外的人。(2)第三人同被诉行政行为有利害关系。(3)第三人参加的是已经开始、尚未结束的诉讼。(4)第三人参加诉讼的方式有两种,即申请参加诉讼和由法院通知参加诉讼。

从行政诉讼的实践来看,行政诉讼的第三人主要有以下几种类型:

1. 行政处罚案件中的受害人或被处罚人。被处罚人对行政处罚不服起诉的,受害人可作为第三人参加诉讼;受害人对行政处罚不服起诉的,被处罚人可作为第三人参加诉讼。

2. 行政处罚案件中的共同被处罚人。在同一行政处罚案件中,行政机关处罚了两个以上的违法行为人,其中一部分被处罚人向人民法院起诉的,另一部分没有起诉的被处罚人,可作为第三人参加诉讼。

3. 行政裁决案件中的存在民事争议的当事人。行政裁决的结果通常对一方有利,对另一方不利。其中,不利一方当事人不服行政裁决提起行政诉讼的,另一方当事人可作为第三人参加诉讼。

4. 行政行为影响的第三人。这里的第三人是指除上述情形外,受行政行为影响的直接相对人以外的人。有些行政行为虽然是针对相对人甲作出的,但对相对人乙的权利义务产生了影响。如果相对人甲不服,提起行政诉讼,相对人乙就可以作为第三人参加诉讼。

5. 作出相互矛盾的行政行为的行政机关。当两个以上行政机关作出相互矛盾的行政行为时,其中一部分行政机关成为被告的,另外的行政机关可以作为第三人。

三、行政诉讼代理人

(一)行政诉讼代理人的概念与特征

行政诉讼代理人,是指在代理权限内,以当事人的名义进行行政诉讼活动的人。行政诉讼代理既可能是基于法律规定而发生,也可能是由于当事人委托而成立。设立行政诉讼代理人制度最基本的目的是协助或帮助当事人进行诉讼,确保其诉讼权利得以实现,维护其合法权益。

行政诉讼代理人具有以下特征:(1)行政诉讼代理人只能以被代理人的名义进行诉讼活动;(2)行政诉讼代理人只能在代理权限范围内活动;(3)行政诉讼代理人在代理权限内的诉讼行为的法律后果归属于被代理人;(4)行政诉讼代理人必须具有诉讼行为能力。

(二)行政诉讼代理人的种类

行政诉讼代理人按其代理权产生依据的不同可以分为法定代理人、指定代理人和委托代理人三类。

1. 法定代理人

行政诉讼的法定代理人,是指根据法律的直接规定而享有代理权,代替无诉讼行为能力人进行行政诉讼的人。

法定代理为全权代理,法定代理人具有和当事人基本相同的地位。法定代理人可以处分实体权利和诉讼权利,其实施的一切诉讼行为视同当事人的行为。当然,法定代理人不等同于当事人,其诉讼地位也有所区别。如法院确定管辖时是以当事人的住所地为准,而不考虑法定代理人的住所地等。

法定代理人的代理权因下列情况而归于消灭:(1)被代理的未成年人成年;(2)精神病人恢复正常;(3)代理人死亡或丧失诉讼行为能力;(4)被代理人和代理人之间的收养关系被合法解除;(5)其他法律事实,例如代理人恶意损害被代理人的合法权益,法院变更代理人。

2. 指定代理人

行政诉讼的指定代理人,是指基于法院指定而享有代理权,代替无诉讼行为能力人进行行政诉讼的人。指定代理人制度同样是为无诉讼行为能力人设定的,是对法定代理人制度的补充。我国《行政诉讼法》第30条规定:"法定代理人互相推诿代理责任的,由人民法院指定其中一人代为诉讼。"此外,法定代理人不能行使代理权的,也可由法院指定代理。

指定代理人一旦被法院指定即发生法律效力,而不论被代理人是否同意。指定代理人代理权限的大小,依其与被代理人的关系而定:如果指定代理人属于法定代理人范畴的话,则指定代理人可以行使被代理人的所有权利,即全权代理;如果指定代理人不属于法定代理人范畴的话,则指定代理人的代理权限由法院确定。

指定代理人的代理权因下列情形而归于消灭:(1)诉讼代理事项完成,诉讼结束;(2)被代理人产生或恢复诉讼行为能力;(3)法定代理人可以行使代理权等。

3. 委托代理人

行政诉讼的委托代理人,是指受当事人、法定代理人的委托,代理其进行行政诉讼活动的人。我国《行政诉讼法》第31条第1款规定:"当事人、法定代理人,可以委托一至二人作为诉讼代理人。"

当事人委托诉讼代理人,应当向人民法院提交由委托人签名或者盖章的授权委托书。委托书应载明委托事项和具体权限。当事人解除委托或者变更委托的,应当书面报告人民法院,由人民法院通知其他当事人。

根据我国《行政诉讼法》第31条第2款的规定,委托代理人的范围有:律师、基层法律服务工作者;当事人的近亲属或者工作人员;当事人所在社区、单位以及有关社会团体推荐的公民。根据我国《行政诉讼法》第32条的规定,代理诉讼的律师,有权按照规定查阅、复制本案有关材料,有权向有关组织和公民调查、收集与本案有关的证据。对涉及国家秘密、商业秘密和个人隐私的材料,应当依照法律规定保密。当事人和其他诉讼代理人有权按照规定查阅、复制本案庭审材料,但涉及国家秘密、商业秘密和个人隐私的内容除外。

委托代理权可以因下列情况而归于消灭:(1)诉讼代理事项完成,诉讼结束;(2)委托人解除委托;(3)受委托人辞去委托;(4)受委托人死亡或丧失诉讼行为能力。

第四节 行政诉讼的证据

一、行政诉讼证据的概念与种类

所谓行政诉讼证据,是指一切用来证明行政诉讼案件事实情况的材料。它包括可定案证据和其他证据。可定案证据是能准确、充分、客观地反映案件真实情况、由人民法院依法认定的证据;其他证据是指由当事人提供或法院收集的不能证明案件真实情况的材料。

按照不同的标准,行政诉讼的证据可以分为不同的种类。根据我国《行政诉讼法》第33条的规定,依据证据的不同形式,行政诉讼的证据可以分为以下8类:(1)书证;(2)物证;(3)视听资料;(4)电子数据;(5)证人证言;(6)当事人的陈述;(7)鉴定意见;(8)勘验笔录、现场笔录。其中,现场笔录是行政诉讼的一种特有证据。它是指行政机关工作人员在管理过程中,对有关行为现场情况所作的书面记录。行政机关制作现场笔录应当严格遵循下列程序:(1)现场笔录应当是在"现场"制作的,而不能事后补作。(2)现场笔录应当由当事人签名或盖章,在可能的情况下,还应当有在场的证人签名或盖章。没有当事人或其他证人签名盖章的现场笔录起不到证明作用。

二、行政诉讼的举证责任

(一)行政诉讼举证责任的概念与特征

行政诉讼举证责任,是指当事人对法律规定的事项或者当事人自己提出的主张,应当举出证据加以证明,否则将承担败诉的风险及不利的法律后果的制度。行政诉讼中的举证责任有以下特征:

1. 行政诉讼法强调了被告行政机关的举证责任,未将被告的举证责任与法院依职权取证以及原告、第三人的举证责任置于同等地位。

2. 对行政行为是否合法的举证责任由被告行政机关承担,这不同于民事诉讼中的"谁主张,谁举证"的举证原则。

3. 被告负举证责任的范围不仅包括作出行政行为的事实根据,还包括作出行政行为所依据的规范性文件,且被告举证的时间也有特殊限制。

(二)举证责任的分担

1. 被告的举证责任

《行政诉讼法》第34条第1款规定:"被告对作出的行政行为负有举证责任,应当提供作出该行政行为的证据和所依据的规范性文件。"据此可见,对行政行为的合法性问题应当由被告承担举证责任,被告必须举出事实根据和法律依据证明其行政行为合法。如果不能证明自己被诉的行政行为合法,则无须原告证明其行为违法,被告就要承担败诉的法律后果。规定被告对其作出的行政行为的合法性承担举证责任的根据在于:(1)行政行为的合法要件要求行政行为符合一项最基本的程序规则:先取证,后裁决。即行政机关在作出裁决前,应当充分收集证据,根据事实,依照法律作出裁决,而不能在毫无证据或主要证据不充分的情况下,对公民、法人或其他组织作出行政行为。因此,当行政机关作出行政行为后被诉至法院时,应当能够有充分的事实材料证明其行政行为的合法性。这是被告承担举证责任的基础。(2)在行政法律关系中,行政机关居于主动地位,其实施行为时无须征得公民、法人或其他组织的同意,而公民、法人或其他组织则处于被动地位。为了体现在诉讼中双方当事人地位的平等性,就要求被告证明其行为的合法性,否则应当承担败诉的后果,而不能要求处于被动地位的原告承担举证责任。(3)行政机关的举证能力比原告要强,在一些特定情况下,原告几乎没有举证能力,有的案件的证据需要一定的知识、技术手段、资料乃至于设备才能取得。原告将无法或者很难收集到证据,即使取得了也可能难以保全。因此,要求原告对被诉行政行为的合法性举证超出了其承受能力。①

总之,由被告行政机关对其作出的行政行为的合法性承担举证责任,有利于促进行政机关依法行政,有利于保护公民、法人及其他组织的合法权益,有利于实现行政诉讼的目的。

2. 原告的举证责任

在行政诉讼中,被告行政机关对被诉的行政行为负有举证责任,但这并不意味着被告对行政诉讼的一切方面都要负举证责任,而只是在确定行政行为的合法性时,必须由被告承担举证责任。原告在某些情况下也要承担举证责任。根据最高人民法院《关于行政诉讼证据若干问题的规定》第4条、第5条的规定,结合审判实践,原告主要对下列事项承担举证责任:

(1)原告向人民法院起诉时,应提供其符合起诉条件的相应的证据材料。但如果被告认为原告起诉超过起诉期限的,应当由被告承担举证责任。

(2)在起诉被告不作为的案件中,证明其提出申请的事实。但有下列情形的除外:第一,被告应当依职权主动履行法定职责的;第二,原告因被告受理申请的登记制度不完备等正当事由不能提供相关证据材料并能够作出合理说明的。

(3)在一并提起的行政赔偿诉讼中,证明因受被诉行为侵害而造成损失的事实。在行政赔偿诉讼中,原告所受的损害是否存在,不能由被告举证,这就如同刑事诉讼中不能要求被告自证其罪一样,而只能由要求赔偿的原告对被诉行政行为造成损害的事实提供证据予以证明。

(三)举证规则

我国《行政诉讼法》及最高人民法院的司法解释在规定了被告对行政行为的合法性承担举证责任的同时,还对被告的举证行为作了相应规定,这些规则是被告举证时必须遵循的。人民法院向被告送达应诉通知书时,应当告知其举证范围、举证期限和逾期提供证据的法律后果,并告知因正当事由不能按期提供证据时应当提出延期提

---

① 参见石佑启主编:《行政法与行政诉讼法》(第三版),中国人民大学出版社2015年版,第292页。

供证据的申请。

1. 被告举证的范围

在行政诉讼中,被告的举证责任范围包括作出行政行为的证据和所依据的规范性文件,即举证范围不仅限于事实根据,还包括行政机关作出行政行为的法律依据。

2. 被告举证的时间

根据《行政诉讼法》第 67 条、最高人民法院《关于适用〈中华人民共和国行政诉讼法〉的解释》第 34 条和最高人民法院《关于行政诉讼证据若干问题的规定》第 1 条的规定,被告应当在收到起诉状副本之日起 15 日内,提供据以作出被诉行政行为的全部证据和所依据的规范性文件,如果被告不提供或者无正当理由逾期提供证据的,视为被诉行政行为没有相应的证据。被告因不可抗力或者客观上不能控制的其他正当事由,不能在规定的期限内提供证据的,应当在收到起诉状副本之日起 15 日内向人民法院提出延期提供证据的书面申请。人民法院准许延期提供的,被告应当在正当事由消除后 15 日内提供证据。逾期提供的,视为被诉行政行为没有相应的证据。

3. 被告举证的规则

在诉讼过程中,被告及其诉讼代理人不得自行向原告、第三人和证人收集证据。这表明,进入诉讼阶段,被告及其诉讼代理人自行收集证据是一种违法行为,其所获得的证据即使能够证明案件真实情况,也因该证据不具有合法性而被排除在采用范围之外。

在行政诉讼过程中,不得自行向原告、第三人和证人收集证据是被告的一项法定义务,不得违背,这是原则。但是,在经过人民法院允许的情况下,被告可以延期提供或补充有关证据。根据《行政诉讼法》第 36 条的规定,被告在作出行政行为时已经收集了证据,但因不可抗力等正当事由不能提供的,经人民法院准许,可以延期提供;原告或者第三人提出了其在行政处理程序中没有提出的理由或者证据的,经人民法院准许,被告可以补充证据。

三、行政诉讼证据的提供、审查、保全

(一) 行政诉讼证据的提供

在行政诉讼证据提供方面,当事人享有法定的诉讼权利,承担法定的诉讼义务。(1) 行政诉讼当事人享有主动向人民法院提供证据的权利。这对于保障当事人主张其实体权利,行使诉讼中的程序权利,促使人民法院作出公正裁判,具有重要作用。证据确凿是人民法院判断被诉行政行为是否合法的事实根据,当事人如果想要得到有利的裁判结果,就应当积极充分行使提供证据的权利。(2) 向人民法院提供证据,是诉讼当事人的法定义务。我国《行政诉讼法》第 39 条规定:"人民法院有权要求当事人提供或者补充证据。"与人民法院依法享有的要求当事人提供或者补充证据的权力相对应,当事人有及时地向人民法院提供证据的义务。

人民法院收到当事人提交的证据材料,应当出具收据,注明证据的名称、份数、页数、件数、种类等以及收到的时间,由经办人员签名或者盖章。对于案情比较复杂或

者证据数量较多的案件,人民法院可以组织当事人在开庭前向对方出示或者交换证据,并将交换证据的情况记录在卷。

（二）人民法院对证据的审查

根据我国《行政诉讼法》的规定,各类证据都要经过审查属实,才能作为定案的根据。人民法院审查证据是在法官的主持和诉讼参与人的参加下,依法对各种证据进行分析判断,确定证据材料与案件事实之间的证明关系,排除不具有关联性的证据材料,找到可定案证据的活动。能否准确找到这些可定案证据是人民法院正确地进行裁判的关键所在。人民法院裁判行政案件,应当以证据证明的案件事实为依据。人民法院审查证据应当遵循全面客观的原则:(1)人民法院应当将接受和收集的所有证据全部纳入审查范围,不因其来源和种类而舍此就彼。(2)人民法院应当站在客观公正的立场上对证据进行审查,避免先入为主或者主观臆断。

人民法院应当按照法定程序审查各种证据。证据应当在法庭上出示,并经庭审质证。未经庭审质证的证据,不能作为定案的依据。

（三）证据保全

证据保全是指在证据可能灭失或以后难以取得的情况下,人民法院根据诉讼参加人的申请或依职权采取必要的措施,将证据材料加以固定和保存的制度。

根据我国《行政诉讼法》第42条的规定,需要采取证据保全的情形有两种:(1)证据可能灭失。证据可能灭失又包括两种情况:一是证据材料的载体本身可能不复存在;二是证据材料的载体本身仍然存在,但可能失去它所具有的证明作用。(2)证据在以后难以取得。所谓难以取得,并非指今后绝对无法取得,而是指错过了一定的时机,就不易取得。对证据实施保全有两个途径:(1)诉讼参加人申请保全证据。(2)人民法院主动采取保全证据措施。

对证据采用何种方法进行保全,应根据保全的证据种类而定。一般来说,人民法院可以根据具体情况,采取查封、扣押、拍照、录音、录像、复制、鉴定、勘验、制作询问笔录等保全措施。

第五节　行政诉讼的程序

行政诉讼的程序,是指审判机关处理行政案件的过程。总体上讲,它包括行政案件的起诉与受理,法院审理案件的一审、二审和审判监督程序,另外,还包括执行程序。

一、起诉与受理

（一）起诉

1. 起诉的含义与条件

行政诉讼的起诉,是指公民、法人和其他组织认为行政机关的行政行为侵犯了自己的合法权益,向人民法院提出诉讼请求,要求人民法院行使国家审判权,对行政行为进行审查,以保护自己合法权益的一种法律行为。根据我国《行政诉讼法》第49条的规定,起诉必须符合下列条件:(1)原告是认为行政机关的行政行为侵犯其合法权益的公民、法人或者其他组织;(2)有明确的被告;(3)有具体的诉讼请求和事实根据;(4)属于人民法院的受案范围和受诉人民法院管辖。

2. 起诉的期限

根据《行政诉讼法》及其司法解释的规定,起诉的期限有以下几种情况:

(1)公民、法人或者其他组织不服行政机关的行政行为而直接向人民法院提起行政诉讼的,应当在知道作出行政行为之日起6个月内提起行政诉讼。法律另有规定的除外。

(2)公民、法人或者其他组织不服行政机关的行政行为而向复议机关申请行政复议,对复议决定不服的,可以在收到复议决定书之日起15日内向人民法院提起行政诉讼。复议机关逾期不作决定的,公民、法人或者其他组织可以在复议期满之日起15日内向人民法院提起诉讼。法律另有规定的除外。

(3)公民、法人或者其他组织申请行政机关履行保护其人身权、财产权等合法权益的法定职责,行政机关在接到申请之日起两个月内不履行的,公民、法人或者其他组织可以向人民法院提起诉讼。法律、法规对行政机关履行职责的期限另有规定的,从其规定。公民、法人或者其他组织对行政机关不履行法定职责提起诉讼的,应当在行政机关履行法定职责期限届满之日起6个月内提出。

(4)公民、法人或者其他组织在紧急情况下请求行政机关履行保护其人身权、财产权等合法权益的法定职责,行政机关不履行的,提起诉讼不受"行政机关受理申请两个月不履行"这一规定期限的限制。

(5)行政机关作出行政行为包括复议决定时,未告知公民、法人或者其他组织诉权或者起诉期限的,起诉期限从公民、法人或者其他组织知道诉权或者起诉期限之日起计算,但从知道或者应当知道行政行为内容之日起最长不得超过1年。

(6)公民、法人或者其他组织不知道行政机关作出的行政行为内容的,其起诉期限从知道或者应当知道该行政行为内容之日起计算。但是,对涉及不动产的行政行为从作出之日起超过20年,对其他行政行为从作出之日起超过5年提起诉讼的,人民法院不予受理。

3. 起诉期限耽误的处理

根据《行政诉讼法》第48条的规定,公民、法人或者其他组织因不可抗力或者其他不属于自身的原因耽误起诉期限的,被耽误的时间不计算在起诉期限内。公民、法人或者其他组织因前款规定以外的其他特殊情况耽误起诉期限的,在障碍消除后10日内,可以申请延长期限,是否准许由人民法院决定。

4. 起诉的方式

根据《行政诉讼法》第50条的规定,起诉应当向人民法院递交起诉状,并按照被告人数提出副本。书写起诉状确有困难的,可以口头起诉,由人民法院记入笔录,出具注明日期的书面凭证,并告知对方当事人。

（二）受理

受理，是指人民法院对公民、法人或其他组织的起诉进行审查，认为符合法律规定的起诉条件而决定立案并予审理的诉讼行为。

1. 对起诉的审查和处理

人民法院接到行政相对人的起诉状后，应从以下几个方面对起诉进行审查：（1）对起诉条件的审查；（2）对起诉程序的审查；（3）对起诉期限的审查；（4）审查是否属于重复诉讼；（5）对撤诉后再起诉的审查；（6）对起诉状内容的审查，即审查起诉状内容是否明确、完整。

根据《行政诉讼法》第51条及最高人民法院《关于适用〈中华人民共和国行政诉讼法〉的解释》第53条、第55条的规定，经过审查，法院应当根据不同情况作出如下处理：

（1）对于符合起诉条件的，应当当场登记立案。对当场不能判定是否符合起诉条件的，应当接受起诉状，出具注明收到日期的书面凭证，并在7日内决定是否立案；7日内仍不能作出判断的，应当先予立案。

（2）对于不符合起诉条件的，受诉法院应当自收到起诉状之日起7日内作出不予立案的裁定，裁定书应当载明不予立案的理由；原告对裁定不服的，可以提起上诉。

（3）起诉状内容或者材料欠缺或者有其他错误的，人民法院应当给予指导和释明，并一次性全面告知当事人需要补正的内容、补充的材料及期限。在指定期限内补正并符合起诉条件的，应当登记立案。当事人拒绝补正或者经补正仍不符合起诉条件的，裁定不予立案，并载明不予立案的理由。当事人对不予立案裁定不服的，可以提起上诉。

2. 受理的法律后果

行政相对人的起诉被人民法院受理后，即发生一定的法律后果。这主要表现在：

（1）对人民法院来说，受理意味着人民法院享有对该行政案件的审判权，并负有依法定程序按法定期限审结案件的义务，人民法院与当事人双方之间，形成了行政诉讼上的法律关系。

（2）对当事人来说，受理行为意味着其行政争议已经属于法院处理范围，双方当事人由此取得原告与被告资格，各自享有法律赋予的诉讼权利，履行法律规定的诉讼义务。

（3）禁止原告重复诉讼，同时也排斥了其他国家机关，包括其他人民法院对该案的管辖权。即使以后发生原告的住所变更，被告行政机关被撤销、合并等情况，该案的管辖权也不变。

二、第一审程序

人民法院受理行政案件后，即进入第一审程序。它是人民法院审理行政案件的必经程序，是实现人民法院行政审判职能的中心环节。

（一）审理前的准备

审理前的准备是指人民法院受理行政案件后、开庭审理前，为保证开庭审理的顺利进行,审判人员所做的一系列准备工作。它是一个必经的步骤,其中心任务是为开庭审理创造必要的条件,以保证行政案件得以正确、及时地处理。根据我国《行政诉讼法》的有关规定和审判实践,审理前应当做好以下准备工作:(1)组成合议庭。(2)向当事人发送起诉状和答辩状副本。(3)决定是否公开审理。(4)审核诉讼材料,调查收集证据。(5)更换和追加当事人。(6)财产保全和先予执行。(7)确定开庭审理的时间、地点,并通知当事人和其他诉讼参与人。如果是公开审理的行政案件,应当公告当事人姓名、案由和开庭的时间、地点等。还要为不通晓当地语言、文字的当事人提供翻译。

(二)开庭审理

1. 宣布开庭

宣布开庭是法庭调查前的一个准备阶段。它虽然不涉及案件的实质性问题,但对后面的法庭审理工作的顺利进行起着保证作用。其主要内容有:由书记员查清当事人和其他参加人是否到庭,并宣布法庭纪律;由审判长宣布开庭,核对当事人及其他诉讼代理人身份;宣布案由和合议庭组成人员、书记员名单;告知当事人有关的诉讼权利和义务;询问当事人对审判人员、书记员是否申请回避。如果当事人提出回避申请,法院应当根据法律的有关规定作出处理。

2. 法庭调查

法庭调查使行政案件审理进入实质性阶段,是开庭审理的核心。这一阶段的主要任务是,通过当事人对案件事实的全面陈述,发表意见,将所有与本案有关的证据在法庭上进行质证、核对,以彻底查清案件的事实真相,为作出正确的裁判奠定基础。法庭调查的内容有:当事人陈述;证人出庭作证,宣读未到庭证人证言;出示书证、物证、视听资料和电子数据;宣读鉴定意见;宣读勘验笔录、现场笔录。

3. 法庭辩论

法庭辩论是开庭审理的又一个重要阶段,它是在审判人员的主持下,当事人及其诉讼代理人对案件的事实认定和法律适用提出自己的看法,并对对方当事人的主张进行反驳的一种诉讼活动。法庭辩论是当事人行使辩论权的集中体现,可以使审判人员全面、充分地听取当事人各方的主张和意见,为正确认定事实、适用法律奠定基础。

4. 合议庭评议

合议庭评议,是指合议庭成员通过对案件情况的分析研究,在确认案件的事实和适用的法律的基础上,对被诉的行政行为是否合法作出最终判断的一种诉讼活动。合议庭评议采取不公开的形式进行,并实行少数服从多数的原则。合议庭评议应当制作笔录,评议中的不同意见应当被记录在案,所有合议庭成员都应当在笔录上签名。对复杂的行政诉讼案件,如果合议庭成员不能形成统一的意见,应当提交审判委员会讨论决定。对审判委员会讨论作出的决定,合议庭必须执行。

(三)审理期限

根据我国《行政诉讼法》第81条、最高人民法院《关于适用〈中华人民共和国行政诉讼法〉的解释》第 50 条和最高人民法院《关于严格执行案件审理期限制度的若干规定》的规定,人民法院应当在立案之日起 6 个月内作出第一审判决。有特殊情况需要延长的,由高级人民法院批准,高级人民法院审理第一审案件需要延长的,由最高人民法院批准。需要延长审理期限的,应当在审理期限届满 10 日前向高级人民法院或者最高人民法院提出申请。对于下级人民法院申请延长办案期限的报告,上级人民法院应当在审理期限届满 3 日前作出决定,并通知申请延长审理期限的人民法院。需要本院院长批准延长办案期限的,院长应当在审理期限届满前批准或者决定。

(四) 法律适用与判决

1. 法律适用

根据我国《行政诉讼法》的规定,人民法院审理行政案件在适用法律方面:(1) 以法律、行政法规和地方性法规为依据;(2) 审理民族自治地方的行政案件,除依据法律、行政法规和地方性法规外,还应以该民族自治地方的自治条例和单行条例为依据;(3) 人民法院审理行政案件,参照规章。

2. 判决

判决是指人民法院代表国家,在审理一审行政案件终结时,根据事实和法律,对被诉行政行为是否合法作出的结论性判定,以及对被诉行政行为的效力作出的权威性处理。根据《行政诉讼法》及其司法解释的相关规定,一审行政判决的种类包括:驳回诉讼请求判决、撤销判决、履行判决、给付判决、确认判决和变更判决等。

(1) 驳回诉讼请求判决。根据《行政诉讼法》第 69 条的规定,行政行为证据确凿,适用法律、法规正确,符合法定程序的,或者原告申请被告履行法定职责或者给付义务理由不成立的,人民法院判决驳回原告的诉讼请求。

(2) 撤销判决。根据《行政诉讼法》第 70 条的规定,被诉行政行为具有下列情形之一的,人民法院可以判决撤销或部分撤销,并可以判决被告重新作出行政行为:① 主要证据不足;② 适用法律、法规错误;③ 违反法定程序;④ 超越职权;⑤ 滥用职权;⑥ 明显不当。撤销判决可细分为全部撤销判决、部分撤销判决和撤销并责令重作判决。

(3) 履行判决。根据《行政诉讼法》第 72 条的规定,人民法院经过审理,查明被告不履行法定职责的,判决被告在一定期限内履行。

(4) 给付判决。根据《行政诉讼法》第 73 条的规定,人民法院经过审理,查明被告依法负有给付义务的,判决被告履行给付义务。

(5) 确认判决。《行政诉讼法》第 74 条、第 75 条、第 76 条规定了确认违法判决和确认无效判决及其适用条件:① 确认违法判决。确认违法判决是指人民法院经审查后认为被诉行政行为违法但不宜或不需要作出撤销或者履行判决,转而确认被诉行政行为违法的判决。根据《行政诉讼法》第 74 条的规定,确认违法判决分为确认违法但不宜撤销行政行为和确认违法但不需要撤销或者判决履行两类。② 确认无效判决。确认无效判决是指人民法院经审查认为被诉行政行为具有重大且明显的违法情形而确认其无效的判决。《行政诉讼法》第 75 条规定:"行政行为有实施主体不具有行政主体资格或者没有依据等重大且明显违法情形,原告申请确认行政行为无效的,人民法院判决确认无效。"③依据《行政诉讼法》第76条的规定,人民法院判决确认违法或者无效的,可以同时判决责令被告采取补救措施;给原告造成损失的,依法判决被告承担赔偿责任。

(6) 变更判决。《行政诉讼法》第77条规定:"行政处罚明显不当,或者其他行政行为涉及对款额的确定、认定确有错误的,人民法院可以判决变更。人民法院判决变更,不得加重原告的义务或者减损原告的权益。但利害关系人同为原告,且诉讼请求相反的除外。"变更判决的适用于:① 行政处罚明显不当的。所谓明显不当,是指行政处罚虽然表面上没有违反法律、法规的强行性规定,但违反了法律的目的和精神,以至于具有一般理智的人都认为处罚不公正,客观上表现为畸轻畸重。② 行政处罚以外的其他行政行为涉及款额的确定或者认定确有错误的。其他行政行为主要包括行政给付、行政裁决、行政合同、行政奖励、行政补偿等。

(五) 诉讼过程中法院对有关事项的处理

1. 确定是否停止被诉行政行为的执行

《行政诉讼法》第56条规定:"诉讼期间,不停止行政行为的执行。"此条确立了行政诉讼中的不停止执行原则,即引起争议的行政行为,不因行政相对人提起行政诉讼而停止执行。需要注意的是,诉讼期间不停止行政行为的执行,并不意味着在任何条件下,诉讼期间行政行为都不停止执行。由于实际生活中的情况非常复杂,有时不停止执行可能使违法的行政行为造成严重的后果。基于此,《行政诉讼法》第56条还规定,有下列情形之一的,停止行政行为的执行:(1) 被告认为需要停止执行的;(2) 原告或者利害关系人申请停止执行,人民法院认为该行政行为的执行会造成难以弥补的损失,并且停止执行不损害国家利益、社会公共利益的;(3) 人民法院认为该行政行为的执行会给国家利益、社会公共利益造成重大损害的;(4) 法律、法规规定停止执行的。

2. 确定对妨害行政诉讼的行为是否采取强制措施

妨害行政诉讼的行为,是指在行政诉讼中,诉讼参与人或其他人故意实施的破坏诉讼秩序、妨碍诉讼活动正常进行的违法行为。我国《行政诉讼法》第59条对妨害行政诉讼行为的种类作了规定,具体包括:(1) 有义务协助调查、执行的人,对人民法院的协助调查决定、协助执行通知书,无故推拖、拒绝或者妨碍调查、执行的;(2) 伪造、隐藏、毁灭证据或者提供虚假证明材料,妨碍人民法院审理案件的;(3) 指使、贿买、胁迫他人作伪证或者威胁、阻止证人作证的;(4) 隐藏、转移、变卖、毁损已被查封、扣押、冻结的财产的;(5) 以欺骗、胁迫等非法手段使原告撤诉的;(6) 以暴力、威胁或者其他方法阻碍人民法院工作人员执行职务,或者以哄闹、冲击法庭等方法扰乱人民法院工作秩序的;(7) 对人民法院审判人员或者其他工作人员、诉讼参与人、协助调查和执行的人员恐吓、侮辱、诽谤、诬陷、殴打、围攻或者打击报复的。

人民法院对妨害行政诉讼的行为人可以根据情节轻重,采取以下四种强制措施:训诫、责令具结悔过、1万元以下的罚款、15日以下的拘留。其中,适用罚款、拘留须经法院院长批准。当事人不服,可以申请复议。妨害行政诉讼的行为构成犯罪的,依法追究刑事责任。

(六)审理中的有关制度

1. 合并审理

合并审理,是指人民法院把两个或两个以上的独立诉讼合并在一个诉讼程序中进行审理和裁判的制度。根据最高人民法院《关于适用〈中华人民共和国行政诉讼法〉的解释》第73条的规定,有下列情形之一的,人民法院可以决定合并审理:

(1)两个以上行政机关分别对同一事实作出行政行为,公民、法人或者其他组织不服向同一人民法院起诉的。

(2)行政机关就同一事实对若干公民、法人或者其他组织分别作出行政行为,公民、法人或者其他组织不服分别向同一人民法院起诉的。

(3)在诉讼过程中,被告对原告作出新的行政行为,原告不服向同一人民法院起诉的。

(4)人民法院认为可以合并审理的其他情形。

2. 撤回起诉

撤回起诉,是指在人民法院受理行政案件后作出判决之前,原告撤回自己的诉讼请求的行为。撤回起诉是原告在行政诉讼中依法享有的一项重要的诉讼权利,是原告处分自己诉权的具体体现。撤诉有两种类型:

(1)申请撤诉。申请撤诉必须符合下列条件:第一,撤回起诉的申请必须在一审裁判宣告前提出。第二,撤回起诉的申请必须是出于原告的真实意思表示。第三,撤回起诉的申请必须得到人民法院准许。

(2)视为申请撤诉。视为申请撤诉,是指在行政诉讼过程中,由于原告没有履行法定诉讼义务,人民法院据此推定原告有撤诉的意思表示,并裁定准予撤诉或不准撤诉的制度。视为申请撤诉有两种情况:第一,原告经人民法院两次合法传唤,无正当理由拒不到庭的或未经法庭许可中途退庭的;第二,原告在法定期限内未交纳诉讼费用且又未提出缓交诉讼费用的申请,或者提出申请未获批准的。

原告撤回起诉的申请经人民法院裁定准予后,即发生如下法律后果:(1)终结第一审行政诉讼审理程序。(2)原告不得以同一事实和理由,就同一标的再行起诉。

3. 缺席判决

缺席判决,是指在人民法院开庭审理时,在部分当事人不到庭的情况下,人民法院合议庭直接进行审理并作出判决的制度。缺席判决是相对于对席判决而言的,它是为了维护法律的尊严,维护到庭一方当事人的合法权益,保证审判活动正常进行而设立的一种程序法律制度。

缺席判决主要适用于以下两种情况:(1)经人民法院传票传唤,被告无正当理由拒不到庭的,或者未经法庭许可中途退庭的,可以缺席判决。(2)人民法院不准许原告撤诉,原告无正当理由拒不到庭的,可以缺席判决。

4. 诉讼中止

诉讼中止,是指在诉讼进行过程中,诉讼程序因特殊情况的发生而暂行停止的制度。根据最高人民法院《关于适用〈中华人民共和国行政诉讼法〉的解释》第87条的规定,在诉讼过程中,有下列情形之一的,中止诉讼:

(1) 原告死亡,须等待其近亲属表明是否参加诉讼的;

(2) 原告丧失诉讼行为能力,尚未确定法定代理人的;

(3) 作为一方当事人的行政机关、法人或者其他组织终止,尚未确定权利义务承受人的;

(4) 一方当事人因不可抗力的事由不能参加诉讼的;

(5) 案件涉及法律适用问题,需要送请有权机关作出解释或者确认的;

(6) 案件的审判须以相关民事、刑事或者其他行政案件的审理结果为依据,而相关案件尚未审结的;

(7) 其他应当中止诉讼的情形。

中止诉讼的原因消除后,恢复诉讼。

5. 诉讼终结

诉讼终结,是指在诉讼进行过程中,因特殊情况的发生,诉讼活动不能继续进行下去或者继续进行下去无任何意义,法院结束诉讼程序的法律制度。根据最高人民法院《关于适用〈中华人民共和国行政诉讼法〉的解释》第88条的规定,在诉讼过程中,有下列情形之一的,终结诉讼:

(1) 作为原告的自然人死亡,没有近亲属或者近亲属放弃诉讼权利,或者诉讼中止满90日,其近亲属仍不表明是否参加诉讼的态度的。

(2) 作为原告的自然人丧失诉讼行为能力,尚未确定法定代理人,中止诉讼满90日,仍无人继续诉讼的。

(3) 作为原告的法人或者其他组织终止后,其权利义务的承受人放弃诉讼权利的,或尚未确定权利义务承受人,诉讼中止满90日,仍无人继续诉讼的。

终结诉讼,由人民法院作出裁定。诉讼终结裁定书送达当事人之日起,即发生法律效力。

三、第二审程序

第二审程序,又称为上诉审程序或终审程序,是指上一级人民法院根据当事人的上诉,对下一级人民法院未发生法律效力的行政判决、裁定进行审理并作出裁判的程序。

(一) 上诉的提起

上诉,是指行政诉讼的当事人因不服第一审人民法院未生效的判决、裁定,请求第一审人民法院的上一级人民法院对行政案件进行重新审理并作出裁判的诉讼活动。根据《行政诉讼法》第85条的规定,不服判决的上诉期限为15日,不服裁定的上诉期限为10日。

（二）上诉的审查与受理

第二审人民法院对上诉的审查，主要从是否符合上诉的条件进行。上诉的请求和理由是否成立也应当是审查的内容。只有这样，才能充分保障上诉人的合法权益，实现法律确立上诉审的立法目的。

通过对上诉的审查，第二审人民法院对上诉可以有三种处理结果：(1) 对于符合法定条件的上诉，且上诉状的内容完整的，应当决定受理；(2) 对于符合法定条件的上诉，但上诉状的内容有欠缺的，应当告知上诉人限期补正，否则可以裁定不予受理；(3) 对于不符合法定条件的上诉，应当裁定不予受理。

（三）上诉案件的审理

第二审人民法院审理上诉案件应当贯彻全面审查的原则，不受上诉人上诉范围的限制。二审法院既要对一审判决、裁定认定的事实是否清楚，适用的法律是否正确，是否违反了法定程序进行审查，还要对被诉行政行为是否合法进行审查。

根据《行政诉讼法》第 86 条的规定，人民法院对上诉案件，应当组成合议庭，开庭审理。经过阅卷、调查和询问当事人，对没有提出新的事实、证据或者理由，合议庭认为不需要开庭审理的，也可以不开庭审理。根据《行政诉讼法》第 88 条的规定，除有特殊情况经高级人民法院或最高人民法院批准延长审限外，人民法院审理行政上诉案件，应当在收到上诉状之日起 3 个月内作出终审判决。

（四）上诉的撤回

上诉的撤回，又称撤回上诉，是指上诉人在第二审人民法院受理上诉后，作出二审裁判前，撤回自己已提出的上诉请求的一种诉讼行为。提起上诉是当事人依法享有的诉讼权利，撤回上诉则是上诉人处分该诉讼权利的具体体现，也是行政诉讼法赋予上诉人的一项重要的诉讼权利。撤回上诉的条件是：

(1) 撤回上诉的时间必须是第二审人民法院受理上诉后，宣告判决、裁定之前。
(2) 撤回上诉必须出于上诉人的真实意思表示。
(3) 撤回上诉不得损害国家、社会的公共利益和其他人的合法权益。
(4) 撤回上诉的申请必须得到第二审人民法院准许。

第二审人民法院以裁定形式准许上诉人撤回上诉后，将发生以下法律后果：(1) 上诉人不得再行上诉；(2) 第一审人民法院的判决、裁定在上诉人撤回上诉申请获得第二审人民法院准许后发生法律效力；(3) 第二审程序的诉讼费用由撤回上诉的上诉人承担。

（五）二审裁判

人民法院审理上诉案件，应根据事实和法律，分别情况作出以下裁判：(1) 判决或者裁定驳回上诉，维持原判决、裁定。根据《行政诉讼法》的规定，适用判决或者裁定驳回上诉，维持原判决、裁定必须同时具备以下条件：① 原判决、裁定认定事实清楚；② 原判决、裁定适用法律、法规正确。(2) 依法改判、撤销或者变更。根据《行政诉讼法》第 89 条第 1 款第 2 项的规定，依法改判、撤销或者变更适用于以下两种情况：① 原判决、裁定认定事实错误；② 原判决、裁定适用法律、法规错误。(3) 发回原审人民法院重审或者查清事实后改判。根据《行政诉讼法》第 89 条第 1 款第 3 项的规定,发回重审或者查清事实后改判的适用条件是原判决认定基本事实不清、证据不足。二审法院裁定发回原审法院重审,原审人民法院应当另行组成合议庭。(4) 裁定撤销原判决,发回原审人民法院重审。根据《行政诉讼法》第 89 条第 1 款第 4 项的规定,其适用条件是一审判决存在遗漏当事人或者违法缺席判决等严重违反法定程序的情形。

原审人民法院对发回重审的案件作出判决后,当事人提起上诉的,二审法院不得再次发回重审。人民法院审理上诉案件,需要改变原判决的,应当同时对被诉行政行为作出判决。

人民法院审理上诉案件,应当在收到上诉状之日起 3 个月内作出终审判决。有特殊情况需要延长的,由高级人民法院批准,高级人民法院审理上诉案件需要延长的,由最高人民法院批准。

四、审判监督程序

审判监督程序,又称为再审程序,是指人民法院发现已经发生法律效力的判决和裁定违反法律、法规的规定,或者根据人民检察院的抗诉,而依法对案件再次进行审理的程序。

并不是每个行政案件都必须经过审判监督程序,只有判决和裁定已经发生法律效力又确有错误的案件,才能适用这一程序。因此,审判监督程序是行政诉讼中的一种特别程序。这里所指的"已经发生法律效力的判决和裁定"是指:(1) 已经超过法定期间,当事人没有上诉的判决、裁定。(2) 人民法院终审的判决、裁定。(3) 最高人民法院的一审判决、裁定。

(一) 提起审判监督程序的条件

1. 必须由法定的机关和人员提出。能够提起审判监督程序的机关和人员有:(1) 各级人民法院院长对本院已经发生法律效力的判决和裁定,发现有《行政诉讼法》第 91 条①规定情形之一,或者发现调解违反自愿原则或者调解书内容违法,认为需要再审的,应当提交审判委员会决定是否再审。(2) 最高人民法院对地方各级人民法院、上级人民法院对下级人民法院已经发生法律效力的判决和裁定,发现有《行政诉讼法》第 91 条规定情形之一,或者发现调解违反自愿原则或者调解书内容违法的,有权提审或者指令下级人民法院再审。(3) 最高人民检察院对各级人民法院已经发生法律效力的判决、裁定,上级人民检察院对下级人民法院已经发生法律效力的判决、裁定,发现有《行政诉讼法》第 91 条规定情形之一,或者发现调解书损害国家利

---

① 《行政诉讼法》第 91 条规定:"当事人的申请符合下列情形之一的,人民法院应当再审:(一)不予立案或者驳回起诉确有错误的;(二)有新的证据,足以推翻原判决、裁定的;(三)原判决、裁定认定事实的主要证据不足、未经质证或者系伪造的;(四)原判决、裁定适用法律、法规确有错误的;(五)违反法律规定的诉讼程序,可能影响公正审判的;(六)原判决、裁定遗漏诉讼请求的;(七)据以作出原判决、裁定的法律文书被撤销或者变更的;(八)审判人员在审理该案件时有贪污受贿、徇私舞弊、枉法裁判行为的。"

益、社会公共利益的,应当提出抗诉。(4)地方各级人民检察院对同级人民法院已经发生法律效力的判决、裁定,发现有《行政诉讼法》第91条规定情形之一,或者发现调解书损害国家利益、社会公共利益的,可以向同级人民法院提出检察建议,并报上级人民检察院备案;也可以提请上级人民检察院向同级人民法院提出抗诉。对人民检察院按照审判监督程序提出抗诉的案件,人民法院必须予以再审。

2. 必须是对已经发生法律效力的判决、裁定提出。

3. 必须具有法定理由。提起审判监督程序的理由具体包括:(1)不予立案或者驳回起诉确有错误的;(2)有新的证据,足以推翻原判决、裁定的;(3)原判决、裁定认定事实的主要证据不足、未经质证或者系伪造的;(4)原判决、裁定适用法律、法规确有错误的;(5)违反法律规定的诉讼程序,可能影响公正审判的;(6)原判决、裁定遗漏诉讼请求的;(7)据以作出原判决、裁定的法律文书被撤销或者变更的;(8)审判人员在审理该案件时有贪污受贿、徇私舞弊、枉法裁判行为的。

(二)再审案件的审理

1. 裁定中止原判决的执行。凡按审判监督程序决定再审的案件,均应裁定中止原判决的执行。裁定由院长署名,加盖人民法院的印章。

2. 另行组成合议庭。即人民法院审理再审案件,应当另行组成合议庭,以防原审判人员的主观偏见。

3. 分别适用第一审、第二审程序审理。发生法律效力的判决、裁定如果原来是由第一审法院作出的,则按照第一审程序审理,对由此作出的判决、裁定,当事人不服的,可以提起上诉;生效的判决、裁定如果原来是由第二审法院作出的,或者再审时是由上级法院按照审判监督程序提审的,均按照第二审程序审理,由此作出的判决、裁定是终审裁判,当事人不得提起上诉。

此外,人民法院审理抗诉案件时,应当通知人民检察院派员出庭。

(三)再审裁判

再审裁判,是指人民法院按照审判监督程序作出的行政判决和裁定。对再审行政判决的形式,我国《行政诉讼法》没有作出明确的规定。从理论上说,再审行政判决的形式是由案件经过哪一级人民法院审结决定的。(1)如果原判决认定事实清楚,适用法律、法规正确,则无论案件经过哪一级人民法院审结,均应裁定撤销原中止执行和决定再审的决定,执行原判决。(2)如果原判决认定事实有错误,违反法律、法规的规定,且案件是按照一审程序审结的,则按照一审判决的形式,作出新的判决;若案件是按二审程序审结的,则可以撤销原判,发回一审法院重新审理。(3)如果按第二审程序再审,发现原二审判决事实清楚,但违反法律、法规规定的,可以依法改判;如果原一审裁判正确,二审裁判错误,可以撤销二审裁判而维持一审裁判。

五、执行程序

行政诉讼执行是指对发生法律效力的行政判决书、裁定书或者其他法律文书,负有义务的一方当事人逾期拒不履行的,有关执行机关依法采用强制措施,从而使生效的法律文书的内容得以实现的活动。执行不是行政诉讼的必经程序,只有在出现需要执行的情形并且符合法律规定的相应执行条件的时候,人民法院才能依法开始行政诉讼的执行程序。

(一) 执行的条件

1. 必须存在已经生效的、具有法律效力的法律文书。
2. 据以执行的法律文书必须具有给付内容。
3. 被执行人有能力履行而拒不履行义务。
4. 申请人在法定期限内提出了执行申请。申请执行的期限为2年。申请执行的期限从法律文书规定的履行期间最后一日起计算;法律文书规定分期履行的,从规定的每次履行期间的最后一日起计算;法律文书中没有规定履行期限的,从该法律文书送达当事人之日起计算。逾期申请的,除有正当理由外,人民法院不予受理。

(二) 执行措施

1. 对行政机关的执行措施

根据我国《行政诉讼法》第96条的规定,行政机关拒绝履行判决、裁定、调解书的,第一审人民法院可以采取下列措施:(1) 对应当归还的罚款或者应当给付的款额,通知银行从该行政机关的账户内划拨;(2) 在规定期限内不履行的,从期满之日起,对该行政机关负责人按日处50元至100元的罚款;(3) 将行政机关拒绝履行的情况予以公告;(4) 向监察机关或者该行政机关的上一级行政机关提出司法建议。接受司法建议的机关,根据有关规定进行处理,并将处理情况告知人民法院;(5) 拒不履行判决、裁定、调解书,社会影响恶劣的,可以对该行政机关直接负责的主管人员和其他直接责任人员予以拘留;情节严重,构成犯罪的,依法追究刑事责任。

2. 对公民、法人和其他组织的执行措施

《行政诉讼法》第95条规定:"公民、法人或者其他组织拒绝履行判决、裁定、调解书的,行政机关或者第三人可以向第一审人民法院申请强制执行,或者由行政机关依法强制执行。"但对公民、法人或者其他组织适用的执行措施,《行政诉讼法》及其司法解释均无明确的规定,可以适用民事诉讼法及有关单行法律的规定。一般来讲,对公民、法人或者其他组织的执行措施主要有:(1) 冻结、划拨被执行人的存款;(2) 扣留、提取被执行人的劳动收入;(3) 查封、扣押、冻结、拍卖、变卖被执行人的财产;(4) 强制被执行人迁出房屋,拆除违章建筑,退出土地;(5) 强制销毁;(6) 强制被执行人支付利息或者支付迟延履行金等。

第六节 行 政 赔 偿

一、行政赔偿的概念和特征

行政赔偿是指国家行政机关及其工作人员、法律法规授权的组织及其工作人员、受行政机关委托的组织或个人行使行政职权侵犯公民、法人或其他组织的合法权益

并造成损害,由国家承担赔偿责任的制度。行政赔偿不同于一般的民事侵权赔偿,具有以下特点:

第一,行政赔偿的主体是国家,但具体履行行政赔偿义务的机关则为致害的行政机关或法律法规授权的组织。

第二,行政赔偿中的侵权行为主体是行政机关及其工作人员、法律法规授权的组织及其工作人员和受行政机关委托的组织或个人。

第三,行政赔偿是因行政机关及其工作人员、法律法规授权的组织及其工作人员、受行政机关委托的组织或个人行使职权的行为引起的赔偿。

二、行政赔偿的归责原则

行政赔偿的归责原则是指国家承担行政赔偿责任的依据和标准,体现了行政赔偿的基本价值取向。行政赔偿属于国家赔偿的一种,其归责原则属于国家赔偿归责原则的一个组成部分。我国原《国家赔偿法》第2条规定:"国家机关和国家机关工作人员违法行使职权侵犯公民、法人和其他组织的合法权益造成损害的,受害人有依照本法取得国家赔偿的权利。"全国人民代表大会常务委员会于2010年对《国家赔偿法》作了修改,修订后的《国家赔偿法》第2条规定:"国家机关和国家机关工作人员行使职权,有本法规定的侵犯公民、法人和其他组织合法权益的情形,造成损害的,受害人有依照本法取得国家赔偿的权利。"在文字表述上改变了修订前的《国家赔偿法》第2条"违法行使职权侵犯……"的提法。由此体现出,我国国家赔偿的归责原则已由原来法律规定的单一的违法归责原则,向以违法原则为主,以无过错责任原则或结果责任原则为补充的多元化归责原则体系转变。这样的修改思路反映出立法机关正视实践中存在的关于"违法"归责原则理解之争议,力求在法律修订中,以最为准确和精炼的文字表述体现法律的价值判断。但此种表述方式,如不加以限定,显然存在风险,有可能引发另一种误解,即只要是国家机关和国家机关工作人员行使职权,侵犯公民、法人和其他组织合法权益造成损害的,国家就应予以赔偿。换句话说,如不加以限制,就会产生合法、违法情形造成损害的均要给予国家赔偿的理解。而依照侵权赔偿之一般原理,只有违法或过错情形所致损害才适用赔偿,合法情形导致损害的应适用补偿,如合法的行政征收征用行为造成相对人财产损失的只能适用补偿而不应适用赔偿。修订后的《国家赔偿法》第2条之表述,以"有本法规定的……情形"作为限定,排除了合法行为导致损害的情形。[①] 据此,我们认为,行政赔偿的归责原则还是违法原则。一般认为,采用违法原则作为行政赔偿的归责原则,主要是基于下列考虑:(1)违法原则与《宪法》《行政复议法》《行政诉讼法》的规定相协调,与法治原则、依法行政原则所强调的职权法定、依程序行政等要求相一致;(2)违法原则简单明了,易于接受,可操作性强;(3)违法原则避免了主观过错原则对主观方面认定的困

---

① 参见江必新主编:《〈中华人民共和国国家赔偿法〉条文理解与适用》,人民法院出版社2010年版,第46页。

难,便于受害人及时获得国家赔偿;(4)违法原则以执行职务违法作为承担赔偿责任的前提,排除了对合法行为造成的损害给予赔偿的可能性,有效地区分了行政赔偿和行政补偿两种不同性质的责任形式。该条规定确定了我国行政赔偿的归责原则是违法责任原则。

对违法责任原则中"违法"的含义应作广义上的理解,它既包括实体违法,也包括程序违法;既包括违反法律、法规和规章的规定,也包括违反法的基本原则和精神;既包括作为行为违法,也包括不作为行为违法;既包括法律行为违法,也包括事实行为违法。只有这样理解,才能最大限度地保护公民、法人和其他组织的合法权益,才能有效地规范行政机关及其工作人员的行为,才能真正弘扬法治理念和人权保障精神。[①]

三、行政赔偿的构成要件

行政赔偿责任的构成要件,是指行政机关代表国家承担赔偿责任所应具备的条件。即只有在符合一定条件的前提下,行政机关才代表国家承担侵权赔偿责任。根据我国《行政诉讼法》和《国家赔偿法》的规定,行政赔偿责任的构成要件包括侵权行为主体、侵权行为、损害事实和因果关系四个方面。

（一）侵权行为主体

侵权行为的主体只能是国家行政机关及其工作人员、法律法规授权的组织及其工作人员、受行政机关委托的组织或个人,其他公民、法人或其他组织不能成为行政侵权行为的主体。

（二）侵权行为

侵权行为是指行政机关及其工作人员、法律法规授权的组织及其工作人员,以及行政机关委托的组织或个人在行使行政职权的过程中所实施的违法行为,包括违法的行政行为和事实行为。

（三）损害事实

行政赔偿的主要功能是对损害的补救,损害结果的发生是行政赔偿责任产生的必备条件。损害结果是违法行使职权的客观后果,但不是必然结果。因此,如果只有违法行使职权行为,而没有损害事实,则不会产生行政赔偿责任。

（四）因果关系

即行政侵权行为与损害事实之间存在因果关系。因果关系是哲学上的范畴,是指客观事物之间的前因后果的关联性。若一个现象的出现是由另一现象的存在所引起的,则两者之间具有前因后果的关联性,即为有因果关系。行政赔偿责任中的因果关系解决的是违法行为与损害结果之间的关系问题,即受害人的损害结果是否是由于行政机关及其工作人员违法行使职权的行为所造成的。如果它们之间存在因果关系,则国家应对受害人的损害负责赔偿;反之,国家则没有赔偿的义务。所以,因果关

---

① 参见刘嗣元、石佑启编著:《国家赔偿法要论》,北京大学出版社2005年版,第144页。

系是联结责任主体与损害的纽带,是责任主体对损害承担赔偿责任的基础。

四、行政赔偿的范围

行政赔偿范围,是指国家对行政机关及其工作人员在行使行政职权时,侵犯公民、法人和其他组织合法权益造成的损害给予赔偿的范围。根据我国《国家赔偿法》的规定,国家对违法行政行为和违法行使职权的事实行为造成的人身权、财产权损害承担赔偿责任。

(一)侵犯人身权的赔偿

根据我国《国家赔偿法》第3条的规定,行政机关及其工作人员在行使行政职权时有下列侵犯人身权情形之一的,受害人有取得赔偿的权利:

(1)违法拘留或者违法采取限制人身自由的行政强制措施的;

(2)非法拘禁或者以其他方法非法剥夺公民人身自由的;

(3)以殴打、虐待等行为或者唆使、放纵他人以殴打、虐待等行为造成公民身体伤害或者死亡的;

(4)违法使用武器、警械造成公民身体伤害或死亡的;

(5)造成公民身体伤害或者死亡的其他违法行为。这是一项概括性规定。除上述行为以外,凡行政机关及其工作人员行使职权时的其他违法行为造成公民身体伤害或者死亡的,如行政机关不履行保护公民人身权的法定职责而造成公民身体伤害或者死亡的,国家也应当承担赔偿责任。

(二)侵犯财产权的赔偿

根据我国《国家赔偿法》第4条的规定,行政机关及其工作人员在行使职权时有下列侵犯财产权情形之一的,受害人有取得赔偿的权利:

(1)违法实施罚款、吊销许可证和执照、责令停产停业、没收财物等行政处罚的;

(2)违法对财产采取查封、扣押、冻结等行政强制措施的;

(3)违法征收、征用财产的;

(4)造成财产损害的其他违法行为。这是指除上述列举的行为以外,其他造成公民、法人和其他组织财产权损害的违法行为,主要包括行政机关的不作为行为、行政检查行为、行政裁决行为、行政命令行为、侵犯企业经营自主权的行为等,以及与行政机关及其工作人员行使职权有关的造成公民、法人和其他组织财产权损害的事实行为。

(三)国家不承担赔偿责任的情形

根据我国《国家赔偿法》第5条的规定,属于下列情形之一的,国家不承担赔偿责任:

(1)行政机关工作人员实施的与行使职权无关的个人行为;

(2)因公民、法人和其他组织自己的行为致使损害发生的;

(3)法律规定的其他情形。这里的法律,仅指全国人民代表大会及其常务委员会通过的法律,而不包括法规、规章。

五、行政赔偿请求人与赔偿义务机关

(一) 行政赔偿请求人

行政赔偿请求人,是指依法有权向国家请求行政赔偿的人,具体是指其合法权益受到行政机关及其工作人员违法行使职权行为的侵犯,并造成了损害,有权请求国家给予行政赔偿的公民、法人和其他组织。

根据我国《国家赔偿法》第 6 条的规定,行政赔偿请求人包括以下几类:

(1) 受害的公民、法人和其他组织。

(2) 受害的公民死亡的,其继承人和其他有扶养关系的亲属可以成为行政赔偿请求人。

(3) 受害的法人或者其他组织终止的,其权利承受人可以成为行政赔偿请求人。

(二) 行政赔偿义务机关

行政赔偿义务机关,是指代表国家履行行政赔偿义务的行政机关或法律、法规授权组织。根据我国《国家赔偿法》第 7 条、第 8 条的规定,行政赔偿义务机关可以分为以下几种情形:

(1) 行政机关及其工作人员行使职权侵犯公民、法人或其他组织的合法权益造成损害的,该行政机关为赔偿义务机关。

(2) 两个以上行政机关共同行使行政职权时侵犯公民、法人和其他组织的合法权益造成损害的,共同行使行政职权的行政机关为共同赔偿义务机关。

(3) 法律、法规授权的组织在行使被授予的行政职权时侵犯公民、法人和其他组织合法权益造成损害的,该被授权的组织为赔偿义务机关。

(4) 受行政机关委托的组织或者个人在行使受委托的行政职权时侵犯公民、法人和其他组织合法权益造成损害的,由委托的行政机关作为赔偿义务机关。

(5) 赔偿义务机关被撤销的,继续行使其职权的行政机关为赔偿义务机关;如果没有继续行使其职权的行政机关的,则撤销该赔偿义务机关的行政机关为赔偿义务机关。

(6) 经复议机关复议的,最初造成侵权行为的行政机关为赔偿义务机关,但复议机关的复议决定加重损害的,复议机关对加重的部分履行赔偿义务,成为赔偿义务机关。

六、行政赔偿的程序

行政赔偿程序,是指行政赔偿请求人向行政赔偿义务机关请求行政赔偿,行政赔偿义务机关对赔偿请求进行审查并作出处理,以及通过行政复议机关或人民法院根据行政赔偿请求人的申请复议或起诉解决行政赔偿争议的方式、步骤、顺序和时限的总称。根据《国家赔偿法》第 9 条、《行政复议法》第 29 条的规定,我国行政赔偿程序实行的是"单独提起"和"一并提起"两种方式并存的办法,包括行政程序和司法程序两个部分。

1. 单独提起

"单独提起"是指行政机关及其工作人员的违法行使职权的行为已被确认,行政赔偿请求人仅就赔偿问题提出请求。赔偿请求人单独提出赔偿请求,应当先向行政赔偿义务机关提出,遵循"赔偿义务机关先行处理"的原则。只有在赔偿请求人向赔偿义务机关提出赔偿请求,赔偿义务机关拒绝赔偿或赔偿请求人对赔偿数额有异议的情况下,才可以向人民法院提起行政赔偿诉讼。未经先行处理程序直接向人民法院提起诉讼的,人民法院不予受理。先行处理程序只适用于单独提出赔偿请求的情况,不适用于一并提起赔偿请求的情况。根据我国《国家赔偿法》第13条、第14条的规定,赔偿请求人向赔偿义务机关请求赔偿的,赔偿义务机关应当自收到申请之日起2个月内作出是否赔偿的决定。赔偿义务机关在规定期限内未作出是否赔偿的决定,赔偿请求人可以自期间届满之日起3个月内向人民法院提起行政赔偿诉讼。赔偿请求人对赔偿的方式、项目、数额有异议的,或者赔偿义务机关作出不予赔偿决定的,赔偿请求人可以自赔偿义务机关作出赔偿或者不予赔偿决定之日起3个月内向人民法院提起行政赔偿诉讼。

2. 一并提起

"一并提起"是指赔偿请求人在申请行政复议或提起行政诉讼的同时,一并提出赔偿的请求。它是将两项不同的请求一并向同一机关提出,要求合并审理解决:(1)要求确认行政机关及其工作人员行使职权的行为违法或要求撤销、变更该行为;(2)提出该违法行为已给自己的合法权益造成实际损害,要求赔偿。"一并提出"就是将这两项不同请求合并起来,由行政复议机关或人民法院一并审理。在申请行政复议时一并提出赔偿请求的,按照行政复议程序进行;在提起行政诉讼时一并提出赔偿请求的,按照行政诉讼程序进行。

赔偿义务机关赔偿损失后,应当责令有故意或者重大过失的工作人员或者受委托的组织和个人承担部分或者全部赔偿费用。对有故意或者重大过失的责任人员,有关机关应当依法给予行政处分;构成犯罪的,应当依法追究刑事责任。

七、行政赔偿的方式与计算标准

(一)行政赔偿方式

行政赔偿方式,是指国家对行政机关及其工作人员的职务侵权行为承担赔偿责任的各种形式。我国《国家赔偿法》第32条规定:"国家赔偿以支付赔偿金为主要方式。能够返还财产或者恢复原状的,予以返还财产或者恢复原状。"根据这一规定,我国行政赔偿的方式主要有三种:支付赔偿金、返还财产和恢复原状。另根据我国《国家赔偿法》第35条的规定,有《国家赔偿法》第3条规定情形之一,致人精神损害的,应当在侵权行为影响的范围内,为受害人消除影响,恢复名誉,赔礼道歉;造成严重后果的,应当支付相应的精神损害抚慰金。

(二)行政赔偿计算标准

行政赔偿计算标准,是指国家支付赔偿金赔偿受害人损失时所适用的标准。根据我国《国家赔偿法》的规定,行政赔偿的具体计算标准有两种:

1. 人身权损害赔偿的计算标准

(1)人身自由权损害赔偿的计算标准。《国家赔偿法》第33条规定:"侵犯公民人身自由的,每日赔偿金按照国家上年度职工日平均工资计算。"即按日支付赔偿金,每日的赔偿金按照国家上年度职工日平均工资计算。

(2) 生命健康权损害赔偿的计算标准。按照我国《国家赔偿法》第 34 条的规定,侵犯公民生命健康权的赔偿按照下列标准计算:

造成身体伤害的,应当支付医疗费、护理费,以及赔偿因误工减少的收入。减少的收入每日的赔偿金按照国家上年度职工的日平均工资计算,最高额为国家上年度职工年平均工资的 5 倍。

造成部分或者全部丧失劳动能力的,应当支付医疗费、护理费、残疾生活辅助具费、康复费等因残疾而增加的必要支出和继续治疗所必需的费用,以及残疾赔偿金。残疾赔偿金根据丧失劳动能力的程度,按照国家规定的伤残等级确定,最高赔偿额不超过国家上年度职工年平均工资的 20 倍。造成公民全部丧失劳动能力的,对其扶养的无劳动能力的人,还应当支付生活费。

造成死亡的,应当支付死亡赔偿金、丧葬费,总额为国家上年度职工年平均工资的 20 倍。对死者生前扶养的无劳动能力的人,还应当支付生活费。生活费的发放标准,参照当地最低生活保障标准执行。被扶养人是未成年人的,生活费给付至 18 周岁为止;其他无劳动能力的人,生活费给付至死亡时止。

2. 财产权损害赔偿的计算标准

根据我国《国家赔偿法》第 36 条的规定,侵犯公民、法人和其他组织的财产权造成损害的,按照下列规定处理:

(1) 处罚款、追缴、没收财产或者违法征收、征用财产的,返还财产;

(2) 查封、扣押、冻结财产的,解除对财产的查封、扣押、冻结,造成财产损坏或者灭失的,按规定赔偿;

(3) 应当返还的财产损坏的,能够恢复原状的恢复原状,不能恢复原状的,按照损害程度给付相应的赔偿金;

(4) 应当返还的财产灭失的,给付相应的赔偿金;

(5) 财产已经拍卖或者变卖的,给付拍卖或者变卖所得的价款;变卖的价款明显低于财产价值的,应当支付相应的赔偿金;

(6) 吊销许可证和执照、责令停产停业的,赔偿停产停业期间必要的经常性费用开支;

(7) 返还执行的罚款、追缴或者没收的金钱,解除冻结的存款或者汇款的,应当支付银行同期存款利息;

(8) 对财产权造成其他损害的,按照直接损失给予赔偿。

赔偿费用列入各级财政预算。赔偿请求人凭生效的判决书、复议决定书、赔偿决定书或者调解书,向赔偿义务机关申请支付赔偿金。赔偿义务机关应当自收到支付赔偿金申请之日起 7 日内,依照预算管理权限向有关的财政部门提出支付申请。财政部门应当自收到支付申请之日起 15 日内支付赔偿金。

思 考 题

1. 简述行政诉讼法的立法宗旨。
2. 简述行政诉讼的受案范围。
3. 简述中级人民法院管辖的第一审行政案件。
4. 简述行政诉讼的地域管辖。
5. 简述行政诉讼的原告与被告。
6. 简述行政赔偿的归责原则。
7. 简述行政赔偿的构成要件。
8. 简述行政赔偿的范围。
9. 简述行政赔偿的请求人与赔偿义务机关。
10. 简述行政赔偿的方式与计算标准。
11. 试述行政诉讼的举证责任。
12. 试述行政诉讼一审判决的种类及其适用条件。

推荐阅读书目

1. 应松年主编:《行政诉讼法学》(第六版),中国政法大学出版社 2015 年版。
2. 马怀德主编:《行政诉讼原理》(第二版),法律出版社 2009 年版。
3. 江必新、梁凤云:《行政诉讼法理论与实务》(第二版),北京大学出版社 2011 年版。
4. 江必新主编:《〈中华人民共和国国家赔偿法〉条文理解与适用》,人民法院出版社 2010 年版。
5. 刘嗣元、石佑启、朱最新编著:《国家赔偿法要论》(第二版),北京大学出版社 2010 年版。

主要参考文献

1. 应松年主编:《行政诉讼法学》(第六版),中国政法大学出版社 2015 年版。
2. 胡建淼主编:《行政诉讼法学》,法律出版社 2019 年版。
3. 姜明安主编:《行政法与行政诉讼法》(第七版),北京大学出版社、高等教育出版社 2019 年版。
4. 江必新主编:《中华人民共和国行政诉讼法理解适用与实务指南》,中国法制出版社 2015 年版。
5. 刘嗣元、石佑启、朱最新编著:《国家赔偿法要论》(第二版),北京大学出版社 2010 年版。
6. 马怀德:《国家赔偿法的理论与实务》,中国法制出版社 1994 年版。
7. 江必新主编:《〈中华人民共和国国家赔偿法〉条文理解与适用》,人民法院出版社 2010 年版。

第十二章 国 际 法

学习目标

1. 了解和掌握海洋法、航空法、外交法、条约法、国际组织法、国际争端解决法等国际公法的基本理论和实践；
2. 了解和掌握国际私法的基本理论以及中国在涉外民商事法律关系方面的主要立法与实践；
3. 了解和掌握国际经济法的基本理论与实践，尤其是世界贸易组织（WTO）法律制度及其对中国的影响；
4. 了解中国在推动构建人类命运共同体、参与和推动国际治理体系改革方面所作的贡献，了解中国涉外法治的发展动态，运用国际法和涉外法的基本原理分析有关法律问题。

基本概念

国际法；国际私法；国际经济法；国家；海洋法；航空法；条约法；国际组织法；对外关系法；国际争端解决；冲突规范；准据法；反制；涉外民事案件的管辖权；涉外民事关系的法律适用；国际商事仲裁；世界贸易组织法；国际货物买卖法；国际投资法；国际货币金融法；国际税法

从现代国际社会各种社会关系的基本内容来考察，国际关系大体可区分为相互独立但又相互联系的三个方面：国际政治关系、国际经济关系和国际民商事关系。规范这三方面国际关系的法律即分别为国际公法（或称为国际法）、国际经济法和国际私法。因此，宏观意义上的国际法或者说国际法体系，即包含国际法、国际经济法和国际私法这三个独立的部门法。

当今时代，随着经济全球化的深化和科技日新月异的发展，全球日益成为地球村，我国对外开放不断扩大，民族复兴战略稳步实施。世界正经历百年未有之大变局，单边主义、报复主义和逆全球化的泛滥对国际关系和国际秩序造成巨大冲击。在这样的环境下，我国一方面积极倡导构建人类命运共同体，参与和推进全球治理体系的改革，维护以联合国为核心的国际体系和以国际法为基础的国际秩序；一方面构建反制裁、反干涉、反长臂管辖的法律机制，统筹推进国内法治和涉外法治，以捍卫国家主权、安全和发展利益。涉外法治是衔接国际法和国内法的桥梁和纽带,是我国抵御外部风险、应对国际挑战的有力武器,也是我国参与全球治理、走向世界舞台中央的必然选择。① 在以习近平总书记为核心的党中央领导下,在全面依法治国基本方略指引下,我国涉外法治体系已逐步形成。截至 2023 年 6 月底,在现行有效的 297 部法律中,专门的涉外法律有 52 部,含涉外条款的法律多达 150 余部。②

第一节　国　际　法

一、国际法的概念和特征

（一）国际法的概念

国际法,又称为国际公法,主要是指各国在其相互交往中形成并主要用以调整国家间关系的具有法律约束力的原则、规则和规章制度的总称。关于国际法的定义问题,一直是国际法界的一个重大理论问题。国际法的定义涉及三个方面的理论问题:

1. 国际法是国家之间的法还是国际社会的法

一般认为国际法是以国家间相互交往所形成的法律关系为对象的。国际法律关系是整个国际社会中国际关系的一个方面,而国际社会是国家间关系的综合,是以国家间关系为主要内容的,因而,国际法主要是国家之间的法。但反对者认为,将国际法界定为国家之间的法是错误领会了国际法的本质,国际法所适用的国际社会不如国内法完整,但随着国际社会组织化的进步,国际法有望上升到国内法的水平,即不再有国内法和国际法的区分,形成世界共同体法。

2. 国际法的法律效力依据如何

即国际法为什么会对国家有拘束力? 对该问题,有多种观点,但大体上有两种学说,即自然法学说和实在法学说。前者认为,国际法是自然法适用于各国的法律,是自然法所指示的,是"必要"的,而且是与"各国的良心"有联系的;后者认为,国际法是由各个主权国家承认的法律,是国家之间相互承认的并为各国所遵守的法律,即认为国际法的效力依据是各国统治阶级的意志。当然,在这派学者中,在"国家意志"问题上,一种观点认为,国际法的效力依据是各国统治阶级的意志。持这种观点的主要以

---

① 关于我国涉外法治的重要地位、核心要义、重点任务、战略布局等阐述,详见刘仁山:《坚持统筹推进国内法治和涉外法治》,载《荆楚法学》2021 年第 1 期;刘仁山:《我国涉外法治研究的主要进展、突出问题与对策建议》,载《国际法学刊》2022 年第 1 期。

② 近年来新设或修正的涉外法律法规及部门规章如:《对外关系法》《反间谍法》《国家安全法》《反恐怖主义法》《反外国制裁法》《阻断外国法律与措施不当域外适用办法》《外国中央银行财产司法强制措施豁免法》《国际刑事司法协助法》《驻外外交人员法》《护照法》《网络安全法》《数据安全法》《生物安全法》《个人信息保护法》《海上交通安全法》《陆地国界法》《缔结条约管理办法》《涉外民事关系法律适用法》《外商投资法》《对外贸易法》《反垄断法》《出口管制法》《出境入境管理法》《电子商务法》《不可靠实体清单规定》《优化营商环境条例》《海南自由贸易港法》《海警法》等,同时在民法、刑法、证券法等立法中规定了专门的涉外条款,为对外开放的有序进行提供了法律保障。

原苏联学者为代表。另一种观点认为,国际法的效力依据是各国统治阶级之间的协调意志。我国老一辈国际法学者多持这种观点。但现在,我国学者一般撇开了"各国统治阶级意志"的说法,而认为国际法的效力源于各国之间的协调意志。

3. 国际法的主体问题

国际法的主体经历了从国家作为国际法唯一主体到国际组织和争取独立的民族也成为国际法主体的过程。但现在争论较大的是关于个人是不是国际法主体的问题。

国际法的名称并不是在有了国家和国际关系以后就立即出现的。17世纪以前,有一些涉及跨国关系的规则,罗马人称之为"万民法"。其实"万民法"并非国际法而是国内法,是罗马法中调整罗马公民同外国人之间关系的法律。1625年荷兰学者格劳秀斯出版了《战争与和平法》,为近代国际法的建立奠定了基础,但他仍将此法称为"万民法"。直到18世纪,英国人边沁才将此法改称为国际法,由于这个名称科学地反映了这个部门法的本质特征,因此为各国所普遍接受,并沿用至今。

(二)国际法的特征

国际法作为不同于国内法的一个特殊法律体系,具有以下基本特征:

1. 国际法的主体主要是国家

国际法主体指具有享受国际法上的权利和承担国际法上的义务的能力的国际法律关系的参加者。国际法主体虽然同国内法主体一样都是法律关系的参加者,但又不同于国内法主体。国际法主要是国家间的法律,作为国际法主体,必须具备以下三个条件:(1)有独立参加国际法律关系的能力;(2)有直接承担国际法上的义务的能力;(3)有直接享受国际法上的权利的能力。因此国际法的主体主要是国家。传统的国际法认为只有国家才是国际法的唯一主体,随着现代国际法的发展,国际组织及争取独立的民族在一定条件下和特定范围内也可以成为国际法的主体。个人和公司则不能作为国际法的主体。

2. 国际法是国家以协议的方式制定的

在国际上没有凌驾于国家之上的国际立法机关来制定国际法,国际法的原则、规则和规章制度只能由国家在平等基础上以协定方式制定。当然,这主要是就成文性国际法而言的。至于习惯国际法,则主要是国家之间在其反复的国际实践中形成的。作为国际法的原则、规则和制度的具体表现形式,国际社会公认的国际法的渊源主要有国际条约和国际习惯。国际条约是现代国际法的主要渊源之一,现代国际法的原则、规则和制度主要规定于国际条约之中,国际法院对于陈述的各项争端也主要是适用国际条约来解决的;国际习惯是各国在反复实践中形成的具有法律约束力的不成文的行为规则,也是国际法的主要渊源之一。此外,也有学者认为一般法律原则和司法判例以及权威的法学家的学说也可作为国际法的渊源。

国际法基本原则是指被各国所公认的、具有普遍约束力的、适用于国际法各个领域的、构成国际法基础的法律原则。国际法基本原则是随着国际关系的发展和时代的需要而逐步产生和发展起来的。现代国际法的基本原则主要有:国家主权平等原则;不得使用威胁或武力侵害任何国家原则;和平解决国际争端原则;不干涉内政原则;国际合作原则;民族自决原则;善意履行国际义务原则。

3. 国际法采取与国内法不同的强制实施方式

国际上没有超越于国家之上的强制机关来强制实施国际法,国际法的实施只能靠国家本身的行动。当国家权力受到侵害时,国家可以通过单独或集体的方式来抗击侵略者,维护自己的合法权益。

那么,国际法和国内法属于一个法律体系还是两个不同的法律体系?两者的地位和效力如何?对此,各国学者先后提出了国内法优先说、国际法和国内法平行说、国际法优先说等三种学说,但这三种学说都没有正确反映两者的关系。我们认为:国际法与国内法是法律的两个不同的体系,两者互相渗透和互相补充,既不存在谁优先的问题,也不存在彼此对立的问题。国内法的制定者是国家,而国际法也是国家参与制定的,因而国家在制定国内法时要考虑国际法的要求,而在签订国际条约时也要考虑其国内法的立场。

二、国家、居民、领土

(一) 国家

1. 国家的要素及类别

国家作为组成现代国际社会的主要成员,是国际法的基本主体。从国际法上看,构成国家必须具备四个方面的要素,即定居的居民、确定的领土、政权组织和主权。以上四个要素是密切联系的,任何国家都必须具备以上四个要素,也只有具备这四个要素才能构成国家,从而成为国际法的主体。

按照不同的标准可以对国家作不同的分类。按照国家结构形式可分单一国和复合国。单一国是由若干行政区域构成的单一主权的国家,而复合国则是两个或两个以上国家的联合体。按照国家能否行使全部主权可分为独立国和附属国。独立国指行使全部主权的国家,附属国则指对他国处于从属地位而只能享有部分主权的国家。此外还有永久中立国,永久中立国是根据条约或国际社会的承认,在对外关系中承担永久中立义务的国家。

2. 国家的基本权利与义务

国家的基本权利指国家本身所固有的权利,一般而言国家的基本权利主要有:

(1) 独立权。指国家按照自己的意思处理本国对内对外事务而不受他国控制和干涉的权利。独立权包含两个方面含义:一是国家有权独立自主地处理其主权范围内的事务,二是国家处理这些事务不受外来的干涉。独立既包括政治独立,也包括经济独立,而国家独立是政治独立和经济独立的统一。

(2) 平等权。指国家在国际法上地位平等的权利。平等包括法律地位的平等和享受权利平等,即一切国家不论大小强弱,不论社会、政治、经济制度的性质,也不论其发展水平高低,法律地位一律平等,并且国家享受权利也是平等的。

(3) 自保权。指国家保卫自己生存和独立的权利。它包括两个方面的内容:一是指国家有权使用自己的一切力量进行国防建设,防备来自外国的侵犯;二是指当国家遭到外国的武力攻击时,有权采取单独或集体的自卫。

(4) 管辖权。指国家对其领域内的一切人、物和所发生的事件以及其领域外的本国人行使管辖的权利,包括领域管辖、国籍管辖、保护管辖、普遍管辖四个方面。

国家的基本权利和义务是统一不可分的,国家享有基本权利,同时又必须承担尊重他国基本权利的义务。

3. 国家的承认

国家的承认是既存国家对新国家或新政府的存在予以确认,并表示愿意与之建立和保持外交关系的法律行为。关于承认的性质,国际法学界主要有两种学说,即构成说和宣告说。构成说认为新国家只有经过承认才能成为国际法的主体;而宣告说则认为国家取得国际法主体资格并不依赖于任何国家的承认,承认仅是一种对新国家已经存在这一既存事实的宣告。承认的方式可分为明示承认和默示承认两种:明示承认是一种直接的明文表示的承认,默示承认通常是以某种行为表示承认。承认一经作出,就为两国建立外交关系奠定了法律基础,会产生一系列的法律后果。

4. 国家的继承

国家的继承是指由于领土变更的事实而引起的一国的权利义务转移给另一国的法律关系。取代别国权利义务的国家称为继承国,被取代国则称为被继承国。国家领土变更是引起国家继承的原因。引起领土变更的情况主要有分裂、合并、分离、独立、割让等情形。国家继承主要有条约的继承和条约以外事项包括国家财产、国家债务、国家档案等的继承。条约或条约以外事项的国家继承都必须具备两个条件:一是条约和条约以外的权利义务必须符合国际法,二是所继承的权利义务必须与所涉领土有关联,与所涉领土无关的权利和义务不属于继承范围。

5. 国家责任

国家责任是指国家因其不当行为或损害行为导致他国或国际社会的合法权益受到损害而承担的法律责任。引起国家责任的行为包括国家不当行为和损害行为,前者指国家违背国际义务并造成损害的行为,后者指国家从事国际法上不加禁止行为而造成损害的行为。国家不当行为一经确立,如果没有免除责任的条件,则应承担相应责任,其责任形式主要包括终止不法行为、恢复原状、赔偿、道歉、保证不再重犯、限制主权等。国家责任的免责条件包括同意、对抗和自卫、不可抗力和偶然事故、危难和紧急状态。对于国际法不加禁止的行为引起的损害,国家承担此类责任的根据是无过失原则,或称后果责任。国家承担此类责任的形式主要是赔偿责任,即对受害国进行适当赔偿。

(二) 居民

1. 居民的国籍

国际法上的居民,是指居住在一国境内并受该国管辖的人。而区分在一国领域内居住的人是本国人还是外国人,往往要借助当事人的国籍。所谓国籍,是指一个属于某国的国民或公民隶属于该国的一种法律上的身份。国籍的取得主要有出生取得和加入取得两种方式。由于各国在国籍的取得方面采用不同标准,因此国际社会经常出现一个人可能同时具有双重或多重国籍,也可能不具有任何国家的国籍的现象,分别被称为国籍的积极冲突和消极冲突。为此,许多国家都以缔结条约的形式致力于避免或消除这种国籍冲突的发生,如我国 1980 年颁布的《国籍法》在国籍的取得方面采取了血统主义和出生地主义相结合的原则,不承认双重国籍,同时也规定了一些避免国籍冲突的积极措施。

2. 外国人的法律地位

在国际法上,外国人是指在一国境内不具有所在国的国籍而具有外国国籍的人,包括自然人和法人。外国人法律地位指一国境内的外国人根据该国法律享有权利和承担义务的状况。外国人在国外有享受外交保护的权利。同时在国际实践中,各国也分别对外国人采用不同的待遇制度,其中主要有国民待遇制度、最惠国待遇制度、互惠待遇制度及差别待遇制度等。

3. 引渡与庇护

引渡指一国应外国的请求把在其境内被外国指控为犯罪或被判刑的外国人移交给请求国审理或处罚的一种国际司法协助行为。引渡以条约为依据,因为在国际法上国家没有引渡的义务,除非它根据条约承担了这种义务。引渡的基本原则主要有:政治犯不予引渡原则,特定国家提出引渡原则,双重犯罪原则和罪名特定原则。

2000 年 12 月 28 日生效的我国《引渡法》,共 4 章 55 条,吸收了国际社会普遍认同的引渡合作原则和惯常做法,首次建立了对外国引渡请求进行司法审查、行政审查的双重审查制度,在引渡审查中赋予被请求引渡人以诉讼参与人的地位,保障其享有知情权、辩护权和提出异议的权利,将我国与外国相互移交逃犯的合作法制化、规范化。近年来,引渡制度在处理特大贪污贿赂案件、惩治在逃腐败官员、挽回国家巨额损失方面发挥了举足轻重的作用。

庇护主要是指国家对遭受追诉或迫害而来避难的外国人准其入境和居留,给予保护并拒绝引渡给另一国的行为。庇护的法律依据主要是各国国内法,其对象主要是政治犯,同时受庇护人必须遵守庇护国的一切法律法规。根据我国《宪法》,在中国境内的外国人的合法权利和利益受到保护,对于因为政治原因要求避难的外国人,可以给予受庇护的权利。

(三) 领土

领土是地球上属于一国主权支配之下的特定部分,是国家构成的要素。国家的领土由领陆、领空、领水和底土四个部分构成,国家在领土范围内可行使最高的、排他的领土权。国家的领土可以发生变更,传统国家领土变更的方式主要有:先占、时效、割让、征服、添附等。这些方式除添附外已不被现代国际法所承认。现代国际法承认的领土变更方式主要有殖民地独立、全民公决、收复失地等三种方式。

为确定国家之间的领土界限,国家之间可能会确立边界。所谓边界,是指分隔一国领土和他国领土或非国家领土的海域的界线。国家边界可分为陆地边界、海上边界、空中边界和地下边界等,边界与领土是一致的。国家边界不容侵犯,侵犯国家边界就是侵犯一国的主权和领土完整,从而要承担相应的国际责任。边境是指边界线两边一定宽度的区域。国家为保卫边界不受侵犯,保障边境居民生活的便利,往往以国内法或双边条约的形式规定有关边境制度。

我国2022年1月1日起施行的《陆地国界法》,为处理我国与邻国的边界问题提供了法律依据。该法共7章62条,明确了陆地国界工作的领导体制、部门职责、军队的任务和地方人民政府职责等基本内容,以及陆地国界的划定和勘定、陆地国界及边境的防卫、陆地国界及边境的管理和陆地国界事务的国际合作等。该法明确了国家坚持平等互信、友好协商的原则,通过谈判与陆地邻国处理陆地国界及相关事务,妥善解决争端和历史遗留的边界问题。

三、海洋法

海洋法是确定各种海域及其法律地位和调整各国在各种海域中从事各种活动的原则、规则和规章制度的总称。海洋法条约和习惯性规则涉及多领域、多部门,跨度大,分散性强。沿海国相关规则的解释和适用,对诠释海洋法、弥补其规则空白具有重要作用。海洋法调整海洋的地位、管理和利用,为海洋环境领域日益增加的人类活动提供规则框架,影响国家的政治、经济、战略及其他重要利益,是当代国际法最重要的领域之一。

1982年通过的联合国《海洋法公约》可谓海洋法的宪章性规则,建立了包括有关内海、领海、毗连区、专属经济区、大陆架、群岛国的群岛水域、公海、国际海底区域、用于国际航行海峡等海域的法律制度,构建了现代国际海洋秩序的法律框架。公约迄今已获得168个国家和实体的批准。随着国家实践的差异、海洋技术的革新和自然环境的变化,人类触及的海洋范围不断扩大,气候变化应对、海底资源开发、公海生物多样性、海洋环境保护、海上安全等新问题不断涌现,海洋自由和海洋权益的国家间纷争日益增多,包括《海洋法公约》在内的海洋法有必要与时俱进、发展完善,以回应新问题,应对新挑战。

(一)领海和毗连区

领海是一国陆地领土及其内水以外邻接的一带海域,在群岛国的情形下,则及于群岛水域以外邻接的一带海域。国家主权及于领海,同时也及于领海上空及海床和底土。对于领海的宽度,各国都曾有过不同的规定,直到第三次海洋法会议,经过长时间讨论,才最后商定每一国有权确定领海的宽度为从领海基线量起不超过12海里的界限为止。领海完全处于沿岸国的主权管辖和支配下,沿海国在领海享有充分的主权,但外国非军用船舶享有无害通过权。我国《领海及毗连区法》规定我国领海宽度为12海里。

毗连区是在领海外与领海毗连的海域,沿海国可以在此区域行使海关、财政、移民、卫生等事项的管制权。我国《领海及毗连区法》规定的毗连区宽度为12海里。

(二)专属经济区和大陆架

专属经济区是领海外邻接领海的区域,宽度为从领海基线起不超过200海里。

根据《海洋法公约》的规定，沿海国在专属经济区享有以勘探、开发、养护和管理海床上覆水域和海床及底土的自然资源为目的的主权权利，其他国家则在专属经济区内享有航行和飞越自由、铺设海底电缆和管道的自由。

大陆架是指沿海国领海以外依其陆地领土的全部自然延伸，直至大陆边外缘的一定区域的海床和底土。沿海国可以勘探、开发自然资源为目的对大陆架行使主权权利，但其权利行使不影响大陆架上覆水域或水域上空的法律地位。我国有着宽广的大陆架，但面临着和许多国家进行大陆架划界的问题，我国一贯主张同有关国家协商确定划界问题。[①]

（三）公海及国际海底区域

公海是指不包括在国家专属经济区、领海或内水或群岛国的群岛水域内的全部海域。公海是全人类的共同财富，供所有国家平等地共同使用，所有国家在公海都享有航行自由、飞越自由、铺设海底电缆和管道的自由、建造国际法所允许的人工岛和其他设施的自由、捕鱼自由、科学研究自由等权利，同时也有权对公海上的一些违反国际法的行为（如贩运奴隶、海盗行为等）进行干涉。

国际海底区域是指国家管辖范围以外的海床和底土。《海洋法公约》规定区域内的资源是全人类共同继承的财产，任何国家不应对区域的任何部分或资源主张主权，国际海底管理局代表全人类行使对区域的权利，从区域内活动取得的财政及其他经济利益应在无歧视基础上公平分配，并应特别考虑发展中国家和尚未完全取得独立民族的利益和需要。

（四）我国海洋法

国家的法律实践对海洋法的发展具有重要意义。我国在坚持推动构建海洋命运共同体、倡导公平合理的海洋法规则的同时，积极有序地推进本国的海洋立法，以维护国家安全和海洋权益。已批准或制定的海洋法文件有《海洋法公约》《中日渔业协定》《中韩渔业协定》《中日关于东海问题的原则共识》《关于菲律宾所提南海仲裁案管辖权问题的立场文件》《关于在南海的领土主权和海洋权益的声明》《关于钓鱼岛及其附属岛屿领海基线的声明》《东海部分大陆架外部界限划界案》《关于划设东海防空识别区的声明》《东海防空识别区航空器识别规则公告》《深海海底区域资源勘探开发法》《领海及毗连区法》《专属经济区和大陆架法》《关于中国领海基线的声明》《海域使用管理法》《渔业法》《海洋环境保护法》《海岛保护法》《海上交通安全法》《海警法》《涉外海洋科学管理规定》等。

四、航空法

本部分主要介绍国际民用航空制度的有关内容。从现状看，国际民用航空目前还主要限于空气空间范围内。在国际法上，空气空间可分为两部分：一是各国领陆和领水的上空；二是各国领陆和领水以外地区，即专属经济区、公海和南极等地的上空。

[①] 参见周忠海主编：《国际法》，中国政法大学出版社2008年版，第329页。

前者属各国领空,国家对其享有完全、排他的主权;后者的法律地位与有关专属经济区、公海和南极的法律地位一致,各国在这部分空间享有飞行的自由。

(一) 国际民用航空运输制度

国际民用航空运输主要按 1944 年《国际民用航空公约》(简称《芝加哥公约》)的规定进行。公约对空中航行的一般原则、在一国领土上空飞行、航空器的国籍和便利空中航行的措施等问题作了具体的明确规定。

1. 航空器按其使用性质可分为国家航空器和民用航空器两类,国家航空器指用于军事、海关和警察部门的航空器,此外,运送国家元首和政府高级官员的专机,负有特殊使命,如救援、科学活动等,并带有适当国家标志的航空器也被视为国家航空器。[①] 其他的航空器均为民用航空器,航空领域的公约对国家航空器均不适用。

2. 航空飞行可分为定期国际航班飞行和不定期飞行。根据公约的规定,定期国际航班必须经有关国家的特准或许可,并遵照特准或许可的条件才能飞入该国境内;而不定期飞行的航空器,在遵守公约规定的条件下,不需事先获得批准便能享有下列飞行权利。这些权利主要为:飞入或飞经他国的领土而不降停;飞入或飞往他国领土作非商业性降停。此外,各国为了飞行安全等原因也有权命令不定期飞行的航空器遵照指定的航道或获得批准后才能飞行。

我国于 1974 年承认了《芝加哥公约》,此后我国相继制定《外国民用航空器飞行管理规则》《非经营性通用航空备案管理办法》,2021 年对《民用航空法》进行了第六次修正,以适应我国民用航空发展的需要。

(二) 国际民用航空安全的法律保护

20 世纪 60 年代以后,各种针对国际民用航空的犯罪行为不断发生,严重危及国际民用航空事业的安全,发生在 2001 年 9 月 11 日的恐怖分子劫持民用飞机撞击美国纽约世贸大厦和五角大楼这一严重事件,更加引起了人们对于国际民用航空安全的关注。

国际社会缔结了《东京公约》《海牙公约》《蒙特利尔公约》及《补充蒙特利尔公约的议定书》等一系列条约。其中,《东京公约》对惩治的行为只作了概括规定,并非专门针对某种犯罪;《海牙公约》则专门针对非法劫持航空器的犯罪;《蒙特利尔公约》主要将《海牙公约》中未包括的危害国际民航安全的罪行作为惩治对象,既包括对航空器内的人实施暴力的行为,也包括对航空器本身实施的破坏行为,既包括危及飞行中航空器安全的行为,也包括对使用中航空器的破坏,既包括在空中实施的罪行,也包括在地面实施的罪行;《补充蒙特利尔公约的议定书》则专门保护用于国际民用航空的机场的安全,其所针对的罪行大多发生在地面。此外,上述公约还对管辖权、引渡和追诉等问题作了规定。我国已加入了《东京公约》《海牙公约》和《蒙特利尔公约》,并签署了《补充蒙特利尔公约的议定书》。

---

① 〔荷〕迪德里克斯·弗斯霍尔:《航空法简介》,赵维田译,中国对外翻译出版公司 1987 年版,第 43 页。

五、外交法

(一) 外交关系

外交一般是指国家为实现其对外政策,由国家元首、政府首脑、外交部长、外交代表机关等进行的诸如访问、谈判、缔结条约、参加国际组织和国际会议等对外活动。外交关系是指国与国之间运用谈判、会议和缔约以及互设常设外交代表机关等方法进行国际交往所形成的国家的关系,它是国家对外关系的一个特殊方面。

国家借以与其他国家保持外交关系的各种机关统称国家外交机关。它又分中央机关和外交代表机关两大类。一国的中央机关包括国家元首、政府和外交部门。外交代表机关又分常设外交代表机关和临时性外交代表机关两类,前者如一国派驻另一国的常设使馆(按馆长级别分大使馆、公使馆、代办处三级),后者如一国派驻另一国的特别使团。

1961年通过、1964年生效的《维也纳外交关系公约》,为国家之间的外交关系订立了基本框架。根据公约的规定,派驻他国的常设使馆占有十分重要的地位。使馆和外交代表及有关人员在派驻国享有外交特权与豁免权,但必须承担该条约所规定的对接受国的义务。公约对于霸权国家的完全自由行动具有限制作用,为各国提供了保护自身外交利益与国家主权、反对霸权主义强权政治的法律武器。公约中的众多条文已成为现代国际关系的基石。截至2021年5月,公约有193个缔约国、61个签署国。我国于1975年11月25日加入该公约。1986年我国通过和实施的《外交特权与豁免条例》确定了外国驻我国的使馆及其人员所能享受的外交特权与豁免权,但同时又规定,在以私人身份进行的遗产继承诉讼和在我国境内从事公务范围以外职业或商业产生的诉讼中,外国驻我国的使馆及其人员不能享有民事和行政管辖豁免。

(二) 领事制度

领事是一国依据协议派遣至他国一定地区执行领事职务的政府代表。领事分四级,即总领事、领事、副领事和领事代理人(我国不派遣领事代理人)。执行领事职务的机关称为领事机关。领事机关包括使馆内的领事部与专设的领事馆。领事根据协议在他国一定地区执行领事职务所形成的国家的关系称领事关系。领事职务主要是增进派遣国与接受国之间商业、经济、文化和科技关系的发展以及在接受国内依法保护派遣国及国民的利益。

1963年通过、1967年生效的《维也纳领事关系公约》规定,在执行领事职务的过程中,领事馆及领事官员享有外交特权与豁免权。我国于1979年7月3日加入该公约。我国1990年通过的《领事特权与豁免条例》也规定领事官员及领事馆行政技术人员在执行职务过程中享有特权与豁免权,但在与领事职务不相关的诉讼中不得享有司法豁免权。

(三)《对外关系法》

对外关系是国家治理的重要组成部分,也是国家治理的一个特殊领域。其作为一个整体的立法问题很少受到系统性关注,大多数国家的对外关系法散见于宪法和行政法、民法、刑法、经济法等不同的法律之中。① 我国于2023年6月28日通过、同年7月1日起施行的《对外关系法》,是一部独立的法律,具有显著的创新性和独特性,是新时代中国特色大国外交涉外法治理论和实践的创新发展,具有深刻的时代背景和鲜明的中国特色。

《对外关系法》共6章45条,包括总则、对外关系的职权、发展对外关系的目标任务、对外关系的制度、发展对外关系的保障和附则。具体而言,该法提出了我国发展对外关系的总目标和对外工作的总体布局,阐明了我国主张的全球治理观,明确我国根据发展对外关系的需要开展多领域的交流合作。此外,从条约的缔结与适用制度、中国法域外适用制度、反制和限制措施制度、联合国安理会制裁决议的执行制度、国家豁免制度、国家海外利益保护制度、对外法治交流合作制度、发展对外关系的保障制度等方面,提出了支撑对外关系法律体系的主要支柱。

《对外关系法》是对我国发展对外关系作出总体性规定的基础性法律,是新中国成立以来首部集中阐述我国对外工作大政方针、原则立场和制度体系的法律,在我国涉外法治体系建设中具有里程碑意义。《对外关系法》的实施,是我国应对动荡国际环境、回击个别国家打着"法治""安全"等幌子强推"长臂管辖""脱钩断链""小院高墙"、维护国家主权和安全的有力举措,是推进新时代中国特色大国外交的必然要求,是加快构建新发展格局、推进高质量发展的现实需要,充分体现了我国推动构建人类命运共同体、促进全球治理改革的大国担当。

(四)《外国国家豁免法》

外国国家豁免问题具有法律和外交双重属性。2023年9月1日我国通过《外国国家豁免法》,2024年1月1日起施行。该法是健全我国外国国家豁免制度的重要举措,其所确立的限制豁免制度符合国际法和绝大多数国家的法律实践。

该法共23条,对外国国家豁免问题作出了如下规定:

一是确立外国国家管辖豁免的原则与例外。在确认外国国家原则上在我国法院享有管辖豁免的同时,明确我国法院可就外国国家六类非主权行为引发的诉讼行使管辖权,如涉及商业活动引起的诉讼、相关非主权行为造成的人身伤害和财产损害引起的诉讼等。

二是确立外国国家财产免于强制措施的原则和例外。规定外国国家财产在我国法院原则上免于强制措施,但对于外国国家的商业活动财产,我国法院可在一定条件下强制执行。

三是明确该法的适用范围和例外。该法适用于外国国家,包括三类:国家本身,国家的机构和组成部分,以及代表国家行使主权权力的个人和实体。

四是确认外交部在处理外国国家豁免案件中的作用。主要是两方面:一是就有关国家行为的事实问题向法院出具证明文件,二是就涉及外交事务等重大国家利益

---

① 黄惠康:《中国对外关系立法的里程碑——论中国首部〈对外关系法〉应运而生的时代背景、重大意义、系统集成和守正创新》,载《武大国际法评论》2023年第4期。

的问题出具意见。

五是规定对等原则。外国给予我国国家及财产的豁免待遇低于该法规定的,我国实行对等原则。

六是明确了适用于外国国家豁免案件的特殊诉讼程序。

该法体现了国家主权平等这一国际法基本原则,兼顾了中国司法主权和外国国家的主权平等。一方面,我国法院依据领土主权原则依法行使司法权,保护我国当事人合法权益;另一方面,我国法院充分尊重外国国家的主权平等,对其主权行为及其主权财产给予豁免,促进对外友好交往。对外国国家非主权行为引发的诉讼,中国法院享有管辖权,在严格限制的条件下,可对外国国家商业活动财产采取强制措施。

《外国国家豁免法》的现实意义主要表现在两个方面:一是为我国公民和企业增加救济渠道,为维护我国主权、安全和发展利益提供法律保障;二是在一定程度上可以扭转外国法院受理针对我国国家的案件而我国法院却不能对等管辖外国国家的不公平局面,有利于防范和震慑针对我国国家的滥诉行为,为我国实施对等反制提供了法律依据和法律保障。

六、条约法

(一) 条约与条约法

条约是指两个以上国际法主体依据国际法确定其相互间权利和义务的一致的意思表示。常见的条约名称有:条约、公约、协定、议定书、宪章、盟约、规约、换文、文件、宣言、声明、谅解备忘录、联合公报等。无论其特定名称为何,条约应具备如下基本特征:条约是国际法主体间签订的协议;条约应以国际法为准;条约为缔约各方创设权利与义务;条约是书面协议。条约法是指调整国际法主体在缔结、履行、解释和废止国际条约等活动中产生的关系的国际法规范的总和。[①]

(二) 条约的缔结

条约的缔结程序是指条约有效性的形式要件。条约缔结一般要经过以下程序:第一,约文的议定,即由缔约各方代表经过谈判,就拟缔结的条约的内容、文字、生效等达成协议,并起草约文;第二,约文的认证,即由缔约各方代表以草签、暂签(待核签署)或签署等形式承认并证明约文为作准定本;第三,表示同意受条约拘束,即由缔约各方有关机关以签署、批准、接受、赞同(核准)、加入或交换构成条约的文件等方式代表缔约各方作出同意受条约拘束的表示。我国于 1990 年颁布了《缔结条约程序法》,对我国的缔约权和缔结条约的程序等问题作了较为详尽的规定;并据此制定了《缔结条约管理办法》,2023 年 1 月 1 日起施行。

(三) 条约的效力

"约定必须信守"是国际法中古老而重要的原则,条约是国际法主体缔结的,因而只要一个条约是合法的,就对各当事方具有法律拘束力,各当事方应善意履行,不得

[①] 王献枢主编:《国际法》,中国政法大学出版社 2007 年版,第 295 页。

违反。但也不能把"约定必须信守"原则绝对化。帝国主义强迫弱小国家订立的奴役性和不平等的条约,不但不应遵守,而且应予废除。如果一国在缔结或加入一项多边条约时对某些条款不能接受,可以经他方同意并依条约的规定,在不与条约的目的和宗旨相违背的前提下,在签署、批准或加入时声明保留,从而排除或改变这些条款规定对该国适用时的法律效力。但如条约本身禁止保留,所作保留超出允许保留的范围或保留与条约的目的和宗旨不符,则不得保留。

一般条约仅对当事国有约束力,第三国(即非当事国)不受条约约束。但在国际实践中,某些条约可以为第三国设定权利义务,从而对第三国产生效力。这主要表现为:(1)当条约创设的一种权利可扩大适用于第三国或所有国家,而第三国表示同意,或无相反的表示,则可享受此项权利。如最惠国待遇条款。(2)当条约创设一项希望第三国也遵守的义务,而第三国予以明示接受时,该义务便对第三国产生效力。(3)条约中反映的国际习惯法规则,如第三国无明示反对,则对第三国发生约束力。

（四）条约的适用

条约生效以后,各缔约国应遵守条约的规定,负责保证条约的履行。条约在国内法上的适用分为两种情况:经转变才成为国内法,英国、意大利采此模式;无须转变就可直接成为国内法,美国、西班牙采此模式。当条约与国内法冲突时大体有四种解决方法:国内法优先,如阿根廷;国内法与条约地位相等,如美国;条约地位优先于国内法,如我国;条约地位优先于宪法,如荷兰。

七、国际组织法

（一）国际组织与国际组织法

国际组织是指两个以上的国家出于一定的目的,以一定的协议形式而创设的各种机构。对于众多的国际组织而言,可以依据其宗旨、组成、职能等方面的不同,划分为不同的种类:(1)依据组织成员的地位,分为政府间组织和非政府间组织。政府间国际组织以国家为成员,如联合国,欧盟;非政府间国际组织以不同国家的个人或民间团体为成员,如国际红十字会。(2)依据组织的宗旨和职能,分为一般性国际组织和专门性国际组织。前者东南亚国家联盟,后者如国际海事组织。(3)依据成员的地域分布,可分为全球性国际组织和区域性国际组织。前者如世界银行,后者如阿拉伯国家联盟。(4)依据成员的组成范围,分为开放性组织和封闭性组织。开放性组织除了最初创建组织的成员外,还接纳新的成员;封闭性组织创建后不再接纳新成员,如荷比卢经济联盟。

国际组织法是用以规范和调整国际组织的创立、结构、法律地位、活动规则及相关法律关系的所有法律原则、规则和制度的总称。

（二）国际组织的法律地位

国际组织的法律人格不同于国家的法律人格,它只是在一定的范围内和一定程度上参与国际法律关系,具有一定限度的权利能力和行为能力。主要体现为:缔约权;对外交往权;承认与被承认的权利;国际索赔和国际责任;继承权;召集国际会议的权利等。

（三）联合国

1. 联合国的宗旨与原则

（1）根据《联合国宪章》第1章第1条的规定，联合国的宗旨为：维护国际和平与安全；发展国际友好关系；进行国际合作，以解决国际经济、社会、文化和人道主义问题，并促进对人权的尊重；作为协调各国行动的中心，以达成上述共同目的。

（2）联合国的原则为：所有会员国主权平等；所有会员国都应善意履行宪章规定的义务；各会员国应以和平方法解决其国际争端；各会员国在其国际关系中不得以武力相威胁或使用武力；各会员国对联合国依宪章采取的行动应尽力予以协助，联合国对任何国家正在采取防止行动或强制行动时，各会员国不得协助该国；联合国在维持和平与安全的必要范围内，应确保使非会员国采取上述原则；联合国不得干涉在本质上属于任何国家国内管辖的事项。

2. 联合国的主要机关

联合国的主要机关包括：（1）大会。是联合国最具代表性、职能权限最为广泛的机关。由全体成员国组成。（2）安全理事会。是联合国在维持国际和平及安全方面负主要责任的机关，由五个常任理事国（中国、法国、俄罗斯、英国和美国）和十个非常任理事国组成。（3）经济及社会理事会。负责国际经济、社会、文化、教育、卫生等事项的研究和建议。（4）托管理事会。负责协助安理会履行国际托管方面的责任并监督托管领土。（5）国际法院。负责解决各国提交的争端。（6）秘书处。是联合国的行政部门，为联合国其他机关服务，并执行这些机关制订的方案和政策。秘书长为秘书处长官并为联合国之行政首长，在联合国中具有重要的作用，并在和平解决国际争端方面起到了越来越重要的作用。

3. 联合国的专门机构

目前，在联合国总部设有联络处的专门机构和相关组织有：联合国粮食及农业组织，国际原子能机构，国际刑事法院，国际农业发展基金，国际劳工组织，国际货币基金组织，国际移民组织，国际海底管理局，国际电信联盟，国际海洋法法庭，全面禁止核试验条约组织筹备委员会，联合国教育、科学及文化组织，联合国工业发展组织，世界银行，世界卫生组织，世界知识产权组织，世界气象组织。

八、国际争端的解决

国际争端主要是指国家间基于各自政策和立场的不同而产生的法律上或事实上的意见分歧或利益上的冲突。它一般被分为法律性质的争端和政治性质的争端两类。前者是指争端当事国的要求和论据是以国际法所承认的理由为根据的那些争端，除此之外的所有争端为政治性争端。

国际争端的解决主要有强制性解决和非强制性解决两类方式，而非强制性解决则主要分为政治解决和法律解决两类。

（一）国际争端的强制解决

根据《联合国宪章》的规定，国际争端的强制性解决方式主要有：（1）反报，指受到不公平、不友好行为损害的国家对这种行为回报以相同或类似的行为。如甲国提高从乙国进口的某些货物的进口税率,乙国也循其道而行之。(2)报复,指受到非法行为侵害的国家,作为还报而对该行为的实施国采取本来是非法的强迫手段,迫使该国接受受害国所提出的条件。(3)平时封锁,即一国在和平时期为了报复或干涉,以武装力量阻止船舶进出另一国港口或海岸,来迫使被封锁国接受封锁国所提出的条件。

(二)国际争端的政治解决

国际争端的政治解决主要有:(1)谈判与协商。指争端当事国直接就争执问题进行谈判,以便和平解决争端的方法。(2)斡旋与调停。指在争端当事国不愿直接谈判或虽经谈判却未能解决彼此间争端的场合,由第三方协助当事国解决的方法。两者的区别在于:前者是第三方不直接参与谈判,只是促成当事国谈判;后者则是第三方直接参与谈判并以第三方提出的建议作为谈判的基础。(3)国际调查委员会。指在争端当事国不能依外交手段解决争端的情况下,依当事国的特别协定所设立的调查案情的组织。这种方法有助于解决事实争执。(4)和解。又称调解,是一种从国际调查委员会和布莱恩常设调查委员会发展起来的解决国际争端的程序和方法。即将争端提交一个由若干人组成的委员会,由其澄清事实并提出包括解决争端建议在内的执行(该执行不具裁决或判决效力)。1949年联合国大会修订的《和平解决国际争端的日内瓦总议定书》对和解制度作了较为详尽的规定。

(三)国际争端的法律解决

国际争端的法律解决主要有:(1)仲裁。仲裁是指经争端当事国同意,将争端交付其选任的仲裁者处理,并相互约定接受其裁决的解决争端的方法。(2)国际法院诉讼。国际法院是联合国的主要司法机关。根据《国际法院规约》的规定,它由联合国大会与安理会分别投票选出的15名不同国籍的独立法官组成;其诉讼当事国限于接受该规约的当事国和一定条件下的其他国家;职权包括诉讼管辖权和咨询管辖权;国际法院对提交它的各种争端进行裁决时,依该《规约》第38条适用法律。

另外需要说明的是,《联合国宪章》作为当今世界上最大的国际组织——联合国的根本法,由序言和19章组成,正文共111条,其中关于和平解决国际争端的原则、组织、程序、方法和措施等一系列规定,已成为当代国际法和平解决国际争端的特别制度。

第二节 国际私法

一、国际私法的概念

国际私法的调整对象是涉外民事关系,即具有涉外因素的民事关系。凡民事关系的主体、客体、法律事实等要素之一具有涉外性,即构成涉外民事关系。根据我国法律规定,涉外民事关系具体包括以下几种情形:(1)当事人一方或双方是外国公民、外国法人或者其他组织、无国籍人;(2)当事人一方或双方的经常居住地在我国领域外;(3)标的物在我国领域内;(4)产生、变更或者消灭民事关系的法律事实发生在我国领域外;(5)可以认定为涉外民事关系的其他情形。这里所说的涉外民事关系是广义上的民事关系,既包括传统意义上的民事关系,如涉外物权关系、涉外知识产权关系、涉外债权关系、涉外继承关系、涉外婚姻家庭关系,又包括涉外公司关系、涉外票据关系、涉外海商事关系、涉外破产关系和涉外劳务关系等,因而应称为涉外民商事关系。

凡涉外民事关系均有可能会导致法律冲突的产生。由于涉外民事法律关系一般与两个或两个以上国家或地区的法律相联系,如果相关国家或地区在相同民事问题上的法律规定相同,那么,民事争议产生后,无论适用哪一国家或地区法律,均会得出相同结果;如果各国(地区)在同一民事问题上的法律规定存在差异,那么,对同一民事争议适用不同国家(地区)法律就会产生不同甚至截然相反的结果。如关于自然人的成年年龄问题,有的国家(地区)规定为18岁,有的规定为20岁,有的甚至规定为22岁。这样,若一个规定成年年龄为18岁的甲国自然人到一个规定成年年龄为22岁的乙国从事某种民事活动,就会遇到麻烦。根据甲国法律,该自然人已经成年而具有完全行为能力,具有从事相应民事活动的资格;而根据乙国法律,该自然人为未成年人,不具有完全行为能力,因而也不具有从事相应民事活动的资格。因此,对同样一个问题,适用甲国法律和适用乙国法律的结果是不同的。这种情况在国际私法上就叫做法律冲突,亦即法律适用结果的冲突。在国际民商事交流实践中,这种冲突是普遍存在的。

由于各国立法往往要受诸多不同因素的影响,因此只要有国家存在,各国或地区之间立法上的差异就不可避免。这样,在国际民商事交流中,法律冲突也是不可避免的。与国内民事关系相比,涉外民事关系具有其显著的独特性,这决定了涉外民事争议的解决不同于国内民事争议的解决。

对涉外民事关系的调整,国际私法有两种方法,即间接调整方法和直接调整方法。所谓间接调整方法,是指在有关的国内法或国际条约中规定某类涉外民事关系应受何国法律调整,而不直接规定当事人实体权利义务的方法。这种规定某种涉外民事关系应适用何国法律的规范就被称为"冲突规范"。利用冲突规范调整涉外民事关系,是国际私法特有的方法,也是传统国际私法的唯一调整方法。所谓直接调整方法,是指根据有关国内法、国际条约或国际惯例中直接规定当事人权利义务的实体规范来确定涉外民事关系当事人权利义务的方法。这种方法是从19世纪末期才逐渐产生和发展起来的,由于其具有间接调整方法所缺少的针对性和可预见性,因而在20世纪以后以直接方式调整涉外民事关系的统一实体法规范大量出现。

国际私法的渊源具有双重性,既有国内渊源,也有国际渊源。国内立法是国际私法最早的渊源,也是当今国际私法的主要渊源。各国国际私法立法有以专门法典形式规定的,也有以单行法规或法令形式规定的,还有被分别规定在民法、民事诉讼法和其他相关部门法中的。在英美法系国家,则有相当部分以判例形式存在。国际私法的国际渊源表现为国际条约和国际惯例。国际条约包括统一冲突法条约和统一实体法条约。国际惯例既有冲突法方面的，也有实体法方面的，还有程序法方面的。我国《民用航空法》和《海商法》都规定了国际条约优先原则和国际惯例补缺原则。

总之，国际私法是以涉外民事关系为调整对象，以直接调整和间接调整为方法，以解决法律冲突为核心，由国籍规范、外国人民事地位规范、冲突规范、统一实体法规范及国际民事诉讼和商事仲裁程序规范组成的独立的法律部门。

二、法律适用中的普遍性问题

如前所述，冲突规范是在调整某种涉外民事关系时指出应适用哪一国法律的规范。通过冲突规范的援引，用于确定某一涉外民事关系当事人具体权利义务的某国实体法，在国际私法上被称为"准据法"。

与国内一般法律规范相比，冲突规范在结构上具有独特性，一般包括"范围"和"系属"两部分。"范围"是指需要调整的特定法律关系；"系属"是指"范围"应适用的法律，系属中将这两者连接起来的媒介就是"连结点"。连结点是冲突规范借以确定涉外民事法律关系应当适用什么法律的根据，反映了某法律关系与一定地域的法律之间存在的内在联系或隶属关系。如"物权关系适用物之所在地法"这一冲突规范中，"物权关系"是范围部分，"物之所在地法"为系属部分，连结点就是"物之所在地"。

根据冲突规范系属中连结点的不同，可把冲突规范分为：(1) 单边冲突规范。即直接规定应适用内国法或外国法的冲突规范。如"不动产，即使属于外国人所有，仍适用法国法"。(2) 双边冲突规范。在系属中规定一个待推定的连结点，只有结合案件的具体情况才能决定适用内国法或外国法。如"人之能力适用行为地法"。(3) 重叠性冲突规范。其系属部分规定某一法律关系必须同时适用两个或两个以上国家法律。如"夫妇非依其本国法及法院地法均许离婚时，不得为离婚之请求"。(4) 选择性冲突规范。其系属部分规定在两个或两个以上国家的法律中，选择适用其中之一的冲突规范。依据选择适用有无条件的要求，又可分为有条件的选择性冲突规范和无条件的选择性冲突规范。如"法律行为如果符合适用于构成法律行为内容的法律关系的法律所规定的形式要件，或如果符合法律行为实施地国家法律规定的形式要件，则其形式有效"。该条文就是一条无条件的选择性冲突规范，其行为方式只要符合其中任何一个法律所规定的形式，均为有效。又如"对于调整夫妻财产关系所适用的法律，夫妻双方可以在他们的住所地法律或他们的本国法律中作出选择。当事人没有选择的，适用夫妻双方共同的本国法律，没有共同本国法的，适用缔结婚姻时夫妻共同住所地法律，没有共同住所地法律的，则使用财产所在地的法律"。这是一条典型的有条件的选择适用的冲突规范，法律实施者和当事人在选择适用法律时，必须依照条文规定的先后次序来选择法律。

在利用上述冲突规范确定某一涉外民事关系准据法的过程中，往往会涉及许多法律问题，其中首要的问题就是确定准据法的前提——识别。所谓识别，亦称定性，是指法院依据一定的法律观念对特定涉外民事争议的事实构成进行定性，如确定某一争议是合同纠纷还是侵权纠纷,并将其归入特定法律范畴,从而确定该争议应适用哪一冲突规范的法律思维活动。即如果是合同纠纷,就适用与合同有关的冲突规范;如果是侵权纠纷,就适用与侵权有关的冲突规范。因此,识别是法院适用冲突规范进而确定准据法的前提。在识别过程中,法院通常的依据是法院地国家的法律,只有在必要时,才兼顾其他有关国家的法律。

在经过识别并确定某一涉外民事关系应该适用某一冲突规范后,在进而依据该冲突规范确定准据法的过程中还会遇到一系列的问题。

1. 反致问题。即对某一涉外民事案件,如果甲国冲突规范指定应援引乙国法,而该乙国法规定应适用甲国法,甲国法院若适用了本国法,便构成反致。广义上的反致还包括转致和间接转致。对某一涉外民事案件而言,甲国法院根据本国的冲突规范应该适用乙国的法律,而乙国的冲突规范指定适用丙国法,如果甲国法院适用了丙国实体法,便构成转致。另外,对某一涉外民事案件,如果甲国法院根据本国的冲突规范指定应适用乙国法,乙国冲突规范又指定应适用丙国法,而丙国的冲突规范指定适用甲国法,如果甲国法院适用了本国实体法,便构成间接反致。我国立法中没有关于反致的规定,但实践中,在合同领域是不接受反致的。

2. 法律规避问题。即当事人为了实现自己的利益,故意制造一种新的、虚假的连结点,以避开冲突规则指定的法律而适用对自己有利的另一法律的行为。当事人的行为是否构成法律规避,往往要从四个方面考察:(1) 在主观上,当事人有规避法律的意图;(2) 在客观上,当事人实施了规避法律的行为,即改变其国籍、住所或物的所在地等连结点;(3) 在对象上,当事人规避的往往是本应适用的强制性法律;(4) 在结果上,当事人规避法律的目的已达到。在法律规避的效力问题上,各国通常的做法是:一般认为规避内国法无效,但对规避外国法的效力则规定各异。根据我国的相关司法解释,当事人故意制造涉外民事关系的连接点规避我国强制性法律规定的,法院应认定为不发生适用外国法的效力。这一规定有助于我国强行法在司法实践中的直接适用,为维护我国的社会公共秩序提供了有力的保障。

3. 外国法的查明问题。即一国法院根据本国的冲突规范指定某一外国法为准据法时,对该外国法是否存在以及外国法内容的确定。在应当适用外国法的情况下,如何查明外国法,一直是审判实践中的一个疑难问题,各国对外国法究竟是"法律"还是"事实"往往看法不一。如果将外国法看做是"法律",根据"法官知法"的规则,查明外国法将成为法官的主要职责;如果将外国法看做是"事实",根据"谁主张,谁举证"的规则,查明外国法将成为当事人的主要职责。在我国,根据《涉外民事关系法律适用法》及其相关司法解释的规定,涉外民事关系适用的外国法律,由人民法院、仲裁机构或者行政机关查明。当事人选择适用外国法律的,应当在法院指定的合理期限内提供该国法律。法院通过由当事人提供、已对我国生效的国际条约规定的途径、中外法律专家提供等合理途径仍不能获得外国法律的,可以认定为不能查明外国法律。不能查明外国法律或者该国法律没有规定的,适用我国法律。外国法在具体适用时,如当事人对该外国法的规定与适用没有异议,法院可予确认;如存在异议,则由法院来审查认定。

4. 公共秩序保留问题。即对某一涉外民事争议的处理,法院依本国冲突规范的指引本应适用某一外国法,但如果该外国法的内容或适用结果与法院地的公共利益、道德准则或法律基本原则相抵触的,便可拒绝适用该外国法。因此,公共秩序保留的实质目的就是要在特定情况下排除适用外国法。其作用主要在于两个方面:一是排除冲突规范所援引的外国法适用;二是保证内国法中强制性规定得以适用。我国的《涉外民事关系法律适用法》中对公共秩序保留问题作了规定,对于外国法律的适用将损害中华人民共和国社会公共利益的,应拒绝该外国法的适用,并适用中华人民共和国法律。

三、我国关于涉外民事关系法律适用的规定

我国《宪法》第18条、第32条在总体上就外国人在我国境内的法律地位作出了规定,《海商法》《票据法》《民用航空法》等其他部门法中均有相关问题的法律适用的规定。此外,最高人民法院的部分司法解释性文件也就有关问题的法律适用作出了规定。但现行冲突规则由于不够系统、全面和科学,有些冲突规则甚至相互抵触,法律、法规中的冲突规则与司法解释中的冲突规则还存在不和谐之处,因此在2010年10月28日全国人大常委会通过了《涉外民事关系法律适用法》,共计八章52条,于2011年4月1日起施行,这是我国第一次将冲突规则集中规定在同一部单行法律中,该法的颁布与施行标志着我国涉外民事法律关系规则的系统化和现代化。2012年12月10日,最高人民法院结合该法在实施中存在的问题发布了《关于适用〈中华人民共和国涉外民事关系法律适用法〉若干问题的解释(一)》,以促进该法的统一适用,强化该法的实施效果。[①]

(一) 人的行为能力的问题

自然人的民事权利能力和民事行为能力,适用经常居所地法律。自然人从事民事活动,依照经常居所地法律为无民事行为能力,依照行为地法律为有民事行为能力的,适用行为地法律,但涉及婚姻家庭、继承的除外。法人及其分支机构的民事权利能力、民事行为能力、组织机构、股东权利义务等事项,适用登记地法律。司法解释则对作为涉外民事关系重要连接点的自然人经常居所地和法人登记地之认定予以了明确。

(二) 物权的问题

不动产物权适用不动产所在地法律。我国一般把土地、附着于土地的建筑物及其他定着物、建筑物的固定附属设备等视为不动产。

动产物权适用当事人协议选择的法律。当事人没有选择的,适用法律事实发生时动产所在地法律。

---

① 根据2020年12月23日最高人民法院审判委员会第1823次会议《关于修改〈最高人民法院关于破产企业国有划拨土地使用权应否列入破产财产等问题的批复〉等二十九件商事类司法解释的决定》修正)。

（三）知识产权问题

知识产权的归属和内容，适用被请求保护地法律。

（四）合同问题

合同争议一般涉及合同的成立、合同的内容、合同的履行、违约责任，以及合同的变更、中止、转让、解除、终止等。在选择争议解决的适用法时，合同当事人的意思自治受到法律的充分保护。依据法律规定，当事人可以在一审法庭辩论终结前协议选择或者变更选择适用法，所选择的法律甚至可以与争议没有实际联系。当事人对适用法未予选择的，适用履行义务最能体现该合同特征的一方当事人经常居所地法律或者其他与该合同有最密切联系的法律。但某些特殊合同争议不适用意思自治，如劳动合同和消费者合同。

（五）侵权的问题

侵权责任，适用侵权行为地法律，但当事人有共同经常居所地的，适用共同经常居所地法律。侵权行为发生后，当事人协议选择适用法律的，按照其协议。

（六）结婚和离婚问题

涉外结婚的实质要件，适用当事人共同经常居所地法律；没有共同经常居所地的，适用共同国籍国法律；没有共同国籍，在一方当事人经常居所地或者国籍国缔结婚姻的，适用婚姻缔结地法律。结婚形式要件，符合婚姻缔结地法律、一方当事人经常居所地法律或者国籍国法律的，均为有效。

涉外离婚分为诉讼离婚和协议离婚。协议离婚，当事人可以协议选择适用一方当事人经常居所地法律或者国籍国法律。当事人没有选择的，适用共同经常居所地法律；没有共同经常居所地的，适用共同国籍国法律；没有共同国籍的，适用办理离婚手续机构所在地法律。

诉讼离婚，则应适用法院地法律。

（七）继承问题

涉外继承分为法定继承和遗嘱继承两种情形。法定继承，适用被继承人死亡时经常居所地法律，但不动产法定继承，适用不动产所在地法律。对于遗嘱继承，遗嘱方式符合遗嘱人立遗嘱时或者死亡时经常居所地法律、国籍国法律或者遗嘱行为地法律的，遗嘱均为成立。遗嘱效力，则应适用遗嘱人立遗嘱时或者死亡时经常居所地法律或者国籍国法律。无人继承遗产的归属，适用被继承人死亡时遗产所在地法律。

（八）扶养问题

扶养包括父母对子女的抚养、夫妻之间的扶养和子女对父母的赡养。扶养，适用一方当事人经常居所地法律、国籍国法律或者主要财产所在地法律中有利于保护被扶养人权益的法律。

（九）收养问题

收养的条件和手续，适用收养人和被收养人经常居所地法律。收养的效力，适用收养时收养人经常居所地法律。收养关系的解除，适用收养时被收养人经常居所地法律或者法院地法律。

（十）监护问题

监护，适用一方当事人经常居所地法律或者国籍国法律中有利于保护被监护人权益的法律。

四、涉外民商事程序法

涉外民商事程序法包含涉外民事诉讼和仲裁两方面的内容。

（一）涉外民事诉讼法

涉外民事诉讼，是指具有涉外因素的民事诉讼，即在民事诉讼中涉及两个或两个以上国家的人和事，或者诉讼客体、活动等与两个或两个以上的国家存在着不同程度的联系。涉外民事诉讼法是指审理涉外民事案件的专用程序法。这里所称的"专用"有两方面的含义：(1) 这类程序规范只能适用于涉外民事案件的审理；(2) 这类程序规范是一国法院在审理涉外民事案件的过程中所必须首先适用的规范，只有当这类规范对有关问题没有规定或规定不全面时，才能适用国内民事诉讼法的一般规定。

涉外民事诉讼主要涉及涉外案件的管辖权、司法文书的域外送达、域外取证，以及民商事判决或裁决的承认与执行等问题。由于一国司法权的行使要受到严格的地域限制，一国法院是不能直接向位于外国的当事人送达司法文书，不能直接在外国取证的，一国法院作出的判决或裁决也是不能自动在外国得到承认或执行的，这些都有赖于各国法院之间相互委托完成。在国际私法上，各国法院相互之间委托实施的某些诉讼行为，被称为司法协助。

我国关于涉外民事诉讼方面的立法规定，一方面体现于有关国内立法和司法实践中，如《民事诉讼法》及其适用解释，另一方面体现于我国缔结或参加的国际条约中，如1958年《关于承认与执行外国仲裁裁决公约》（简称《纽约公约》），1965年《关于向国外送达有关民事或商事司法文书或司法外文书的公约》及1970年《关于民事或商事事件国外取证公约》等。

1. 涉外民事案件的管辖权

涉外民事案件的管辖权是指一国法院或具有审判权的其他司法机关受理、审判具有国际因素或涉外因素的民商事案件的资格或权限。我国《民事诉讼法》规定的管辖权原则有：(1) 属地管辖原则。即以涉外民事案件与有关国家的地域之间的联系作为确定管辖权的标准。在我国，一般管辖原则是"原告就被告"原则。对在我国领域内没有住所的被告提起有关合同纠纷或者其他财产权益纠纷的诉讼，如果合同在我国领域内签订或履行，或者标的物在我国领域内，或者被告在我国领域内有可供扣押的财产或设有代表机构的，可由合同签订地、履行地、诉讼标的物所在地、可供扣押财产所在地、侵权行为地或代表机构住所地人民法院管辖。对不在我国领域内居住的人和下落不明或宣告失踪的人提起有关身份关系的诉讼，如原告住所在我国的，我国法院有管辖权。因公司设立、确认股东资格、分配利润、解散等纠纷提起的诉讼，由公司住所地法院管辖。(2) 专属管辖原则。即对于涉及国家重大利益的诉讼，由本国法院行使排他性管辖权的原则。我国法律规定，我国法院可行使专属管辖权的限于:对不动产在我国境内的不动产纠纷提起的诉讼;在我国港口作业中发生纠纷提起的诉讼;因作为遗产的不动产在我国境内的继承纠纷提起的诉讼;在我国境内履行的中外合资经营企业合同、中外合作经营企业合同、中外合作勘探开发自然资源合同发生纠纷提起的诉讼。(3)协议管辖原则。即根据当事人的协议确定管辖法院的原则。合同或者其他财产权益纠纷的当事人可以书面协议选择被告住所地、合同履行地、合同签订地、原告住所地、标的物所在地等与争议有实际联系的地点的法院管辖,但不得违反我国法律对级别管辖和专属管辖的规定。在实践中如果当事人对受诉法院未提出管辖异议并应诉答辩的,受诉法院则享有管辖权,但违反级别管辖和专属管辖规定的除外。

2. 司法协助

在域外送达和调查取证方面,我国规定:(1)在有国际条约的情况下,请求的传递应由指定的双方中央机关进行,必要时也可由各国的使领馆向其公民为此种诉讼行为;未经主管机关准许,任何外国机关或个人都不得在我国领域内送达文书、调查取证。(2)请求书的格式和内容必须符合相关条约的规定。(3)请求代为上述行为的,应依被请求国法律程序进行,请求采用特殊方式的,不得与被请求国法律相抵触。(4)请求协助的费用,可依条约的规定免除,但某些特定费用应予以支付。

在判决或裁决的相互承认与执行方面,我国规定:(1)请求我国法院承认和执行外国法院的判决、裁定,必须是已经发生法律效力的判决、裁定。(2)人民法院作出的具有法律效力的判决、裁定,如果被执行人或财产不在我国领域内,当事人请求执行的,可由当事人向有管辖权的外国法院申请承认与执行,也可由人民法院依我国缔结的国际条约的规定或按互惠原则,请求外国法院承认与执行。(3)外国法院作出的有法律效力的判决、裁定,需要我国承认与执行的,可由当事人直接向我国有管辖权的中级人民法院申请,也可由外国法院依国际条约的规定或按互惠原则请求我国法院承认与执行。(4)我国法院应依双方共同缔结的条约或依互惠原则进行审查,需要执行的,发出执行令;否则就不予承认和执行。(5)一国涉外仲裁机构作出的具有法律效力的裁决,需要在另一国承认和执行的,应向另一国有管辖权的法院提出申请,双方应依共同缔结或参加的国际条约或按互惠原则办理。

(二)国际商事仲裁法

仲裁又称公断,是双方当事人自愿将其间的争议交由第三人进行评判或裁决,并约定自觉履行该裁决的一种制度。与诉讼、调解相比,仲裁具有以下特点:(1)仲裁以双方当事人的协议为基础,建立在自愿基础上;(2)仲裁机构一般都是民间性的组织,其管辖权来自双方当事人的仲裁协议;(3)当事人可自由选择仲裁地点、仲裁机构、仲裁员以及仲裁形式、仲裁程序、仲裁规则;(4)仲裁的效力是终局的,对双方当事人都有拘束力。

国际商事仲裁是仲裁的一种,主要仲裁国际贸易关系中当事人之间产生的经济贸易争议。国际商事仲裁从一国角度看是涉外经济仲裁。判断一项仲裁是否具有国际性,通常标准包括仲裁地点、当事人国籍、争议客体或法律事实是否具有涉外性。

我国的国际商事仲裁机构是中国国际经济贸易仲裁委员会和中国海事仲裁委员会,解决产生于国际或涉外的契约性或非契约性的经济贸易和海事争议。我国《仲裁法》就涉外仲裁作出了专门规定。中国国际经济贸易仲裁委员会制定的仲裁规则,则是涉外仲裁程序性规则的代表。

在我国,仲裁主要应遵守的原则有当事人意思自治原则、仲裁独立原则以及一裁终局原则。所谓当事人意思自治原则,是指在法定范围内,当事人可自由达成、变更、放弃仲裁协议和进行仲裁活动的原则;所谓仲裁独立原则,是指仲裁不受行政机关、社会团体和个人干预的原则;所谓一裁终局原则,是指裁决一经生效,当事人就不能再就同一事项申请仲裁或向法院提起诉讼。

1. 仲裁协议

仲裁协议是双方当事人在合同中订立的仲裁条款或单独订立的书面仲裁协议。仲裁协议应具备必需的条款,如:明确交付仲裁的争议事项;明确规定仲裁地点和仲裁机构;明确规定所适用的仲裁规则;明确仲裁裁决的效力等。有效的仲裁协议是仲裁庭受理仲裁申请的依据,具有排除法院管辖、确立仲裁机构管辖权的效力。

2. 仲裁程序

当发生争议时,当事人一方可根据仲裁协议提请仲裁机构对其争议予以仲裁。当事人申请仲裁应提交仲裁协议、申请书及副本。仲裁委员会应在法定期限内决定是否受理并通知当事人。若决定受理,应在法定期限内向当事人送达仲裁规则和仲裁员名册,并将申请书副本和费用表送达被申请人,被申请人需在一定期限内提交答辩书。仲裁庭由1人组成时,由当事人共同选定或共同委托仲裁委员会主任指定;由3人组成时,当事人各自选定或委托指定1人,第三人作为首席仲裁员由双方共同选定或共同委托指定。当事人未按上述规则选定仲裁员时,则由仲裁委员会主任自行指定。为保证仲裁公正,仲裁员适用回避制度。仲裁的进行一般不公开,对被申请人无故缺席、退席可作缺席判决,对申请人可视为撤销申请。在仲裁过程中,当事人也可以自行和解或达成协议。仲裁程序完结时仲裁庭应制成裁决书,裁决书自作成之日起生效。

3. 仲裁裁决的承认与执行

仲裁裁决大体可以分为临时裁决和最后裁决两种。临时裁决如就管辖权和仲裁协议的异议所作的裁决,就回避或程序是否延期或重新进行所作的决定,都有临时的共同特性,即当事人和仲裁庭的关系尚未结束;而作出最后或终局裁决时,争议已处理完毕,仲裁庭与当事人之间的仲裁关系也已终止。

有效的终局裁决是可以执行的,当事人应当履行。在涉外仲裁里,若被执行人或财产不在中国境内,应由当事人依中国参加的《承认与执行外国仲裁裁决的公约》或其他有关条约向有管辖权的外国法院申请承认和执行。外国仲裁裁决,需要人民法院承认和执行的,也应由外国当事人按同等原则,向有管辖权的人民法院申请承认和执行。

我国有关国内法与参加的有关国际条约均规定了可以撤销或不予执行裁决的多

种情况。我国作为1958年《承认与执行外国仲裁裁决的公约》的缔约国,签署条约时作了"互惠保留"和"商事保留"。因此,中外当事人在对方境内申请承认和执行中外仲裁机构作出的裁决,均可能被拒绝承认和执行。当涉外仲裁裁决被我国法院拒绝承认和执行或不予执行或撤销的,当事人可以重新达成仲裁协议再行仲裁,也可直接向人民法院起诉。

在无条约的情况下,外国仲裁裁决要得到我国的承认与执行,只要该裁决不违背我国的社会公共政策,在互惠的原则下,也可以承认和执行。

第三节 国际经济法

一、国际经济法的概念和特征

国际经济法是调整国际经济活动和国际经济关系的法律规范的总和。其基本特征有:(1)国际经济法的主体包括国家、国际经济组织、自然人、法人和其他经济组织。(2)调整的关系包括纵向和横向跨国经济关系,即不同主体在平等基础上的跨国商事交易关系;国家对商事交易的监督和管理关系;国家之间或国际经济组织之间通过条约对国际经济交往所形成的协调、合作、鼓励、保护和监督的关系。(3)国际经济法的规范主要包括国际经济条约、国际经贸惯例和涉外经济法等国际法规范和国内法规范。从性质上看,这些规范可分为实体性规范和程序性规范、强制性规范和任意性规范、公法性规范和私法性规范;从内容上看,这些规范涉及国际货物买卖、国际技术转让、国际投资、国际货币金融、国际税收等方面。

二、国际货物买卖法

国际货物买卖法是调整国际货物买卖以及相关活动和关系的法律规范的总称,主要包括国际货物买卖合同法、国际货物运输法、国际货物运输保险法、国际贸易支付法以及国际贸易管制法等。

国际货物买卖的代表性国际立法是《联合国国际货物销售合同公约》(简称"CISG")。该公约由联合国国际贸易法委员会于1980年主持通过,我国1986年12月加入了CISG。① CISG于1988年1月1日起生效,到2021年12月,已经有94个国家和地区采用该公约。CISG共分4部分101条,对适用范围、合同成立、买卖双方的权利义务、货物风险转移、违约救济、免责条款等作出了详尽的规定。

CISG适用于营业地在不同国家(地区)的当事人之间所订立的货物买卖合同,合同成立需要经过有效的要约和有效的承诺,两者缺一不可。卖方的义务包括交货与交单义务、担保义务两大类。卖方应按合同约定或法律规定的时间、地点和方式,向买方交付货物和单据。卖方交货可分为实际交货与象征性交货两种方式。实际交货

---

① 我国加入CISG时,对其适用范围和货物买卖合同的形式提出了两项保留,后于2013年撤回了其中对合同形式所作的保留。

是指卖方必须在指定地点将货物实际交给买方，才算履行了交货义务，货物连同单据和风险同时转移给买方。象征性交货则是指卖方以提交代表货物所有权的提单或其他装运单据代替向买方实际交付货物，货物与单据分离，卖方提交了单据即履行了交货义务，即使货物在运输途中灭失或受损，买方也不能拒绝付款。卖方的担保义务包括交货相符担保和权利担保，前者是指卖方应担保所交付的货物与合同约定的数量、质量、规格和包装相符；后者是指卖方应向买方担保对于所提交的货物，第三方不能提出所有权、担保物权和知识产权方面的权利主张。买方的义务包括支付货款和收取货物，以及做好付款和收货的必要准备。

CISG的违约救济制度具有特色，根据违约损害的程度和违约发生的时间，规定了根本违约制度和预期违约制度。根本违约是指一方当事人违约使他方蒙受损失，以至于实际上剥夺了他方根据合同有权期待得到的东西。这一制度赋予守约方解除合同的救济权。预期违约是指在合同履行期尚未到来时发生的违约，表现为一方当事人履约能力有严重缺陷，或在准备履约时或履约中的行为显示其将不履行大部分合同义务。一方当事人预期违约的，他方可以中止履约。预期违约和根本违约可以重叠。一方违约，另一方依法可以主张实际履行、赔偿损失和宣告合同无效的救济措施。此外，CISG还对货物风险转移作出了规定。涉及货物运输的，货物风险自货物交付第一承运人时起发生转移；运输途中买卖的货物，风险自合同订立起发生转移；其他情况下，货物风险从买方接收货物或货物交由其处置时起发生转移。如货物在特定化（又称"归于合同项下"）之前受损，则货物风险不转移，由卖方承担货损。CISG是迄今为止世界上最重要的国际货物买卖法，对促进国际贸易的发展和国际贸易法制的统一具有重要意义。

国际商会编撰的《国际贸易术语解释通则》（又称为"INCOTERMS"），是国际贸易中影响最大的国际惯例。[①] 为适应通讯及运输技术的发展和国际贸易实践的需要，该惯例自1936年编撰以来历经多次修订，供当事人在订约时选择。在贸易实践中，当事人采用较多的是2000年和2010年修订版，简称《通则2000》和《通则2010》）。

《通则2000》按术语缩写的首字母，结合买卖双方的责任、费用和风险的配置情况，将术语分为E组、F组、C组和D组。从E组到D组，卖方的责任、费用和风险递增，买方的责任、费用和风险则递减。各组术语下买卖双方的义务不同，主要包括：(1) 在E组术语即EXW（工厂交货）条件下，卖方的责任最轻，只需在其处所将货物提供给买方即完成交货义务。(2) 在F组术语即FCA（货交承运人）、FAS（船边交货）和FOB（船上交货）条件下，由买方负责签订运输合同并指定承运人，卖方将货物交给买方指定的承运人或运载工具，即完成交货义务。(3) 在C组术语即CFR（成本加运费）、CIF（成本加保险费与运费）、CPT（运费付至指定目的地）、CIP（运费与保险费付至指定目的地）条件下，卖方除履行交货义务外，还必须订立运输合同，但对货物

[①] 所谓贸易术语，是指在国际贸易长期实践中形成的、用以确定买方和卖方在交货中的责任、费用和风险负担的简短术语。其性质是供商人自由采用的任意性惯例。为便利国际贸易、避免歧义，一些国际组织和民间团体对通行的贸易术语进行了编撰，使其逐步成文化。

发运后的风险不承担责任。(4)在 D 组术语即 DAF(边境交货)、DES(目的港船上交货)、DEQ(目的港码头交货)、DDU(未完税交货)、DDP(完税后交货)条件下,卖方的责任最重,应自负费用并承担风险将货物运至买方指定的目的地置于买方的掌管之下。

《通则 2010》对《通则 2000》作出了部分改变,主要变化有:一是改变了分类方式,将术语按照运输方式的不同分成两类:一类是可以适用于任何运输方式的 7 种术语,包括 EXW、FCA、CPT、CIP、DAT、DAP 和 DDP;另一类是只适用于海运或内河运输的 4 种术语,包括 FAS、FOB、CFR、CIF。二是改变了术语的数量和组成,将术语由原来的 13 种调整为 11 种,即 E 组、F 组、C 组术语保持不变,D 组术语中保留 DDP,删除 DDU、DAF、DES 和 DEQ,新增 DAT(Delivered At Terminal)与 DAP(Delivered At Place)。三是扩大了通则的适用范围,确认了电子通信方式的法律效力。

《通则 2020》总体上沿袭了《通则 2010》的传统,但内容上更加贴近国际贸易实践的现状。主要修改内容包括:一是将 DAT 改为 DPU。DAT(Delivered At Terminal)由卖方在指定港口或目的地运输终端(如火车站、航站楼、码头)将货物卸下完成交货;DPU(Delivered At Place Unloaded)由卖方将货物交付至买方所在地可以卸货的任何地方,而不必须是在运输终端,但要负责卸货,承担卸货费。二是修改了 CIP 和 CIF 关于保险的规定。在 CIF 术语下,卖方只需要承担运输最低险(平安险),但是买卖双方可以规定较高的保额;在 CIP 术语下,如果没有特别约定,卖方需要承担最高险(一切险减除外责任),相应的保费也会更高。使用 CIP 术语,卖方承担的保险义务变大,买方的利益会得到更多保障。三是 FCA 术语下附加已装船提单。在 FCA 术语下,买卖双方可以约定,买方可指示其承运人在货物装运后向卖方签发已装船提单,然后卖方有义务向买方提交该提单。四是在 FCA、DAP、DPU 和 DDP 中,允许卖方和买方使用自己的运输工具。卖方或买方既可以委托第三方承运,也可以自运。五是将安保费用纳入运输费用。在运输义务和费用中列入与安全有关的要求即将安保费用纳入运输费用,谁承担运输费用,谁承担运输中的安保费用。

国际贸易支付包含的法律问题很广泛,它涉及贸易当事人之间的收付关系、当事人对币种的选择和使用、汇率及其变化和风险的防范、票据的使用以及国家对上述活动的管理。调整国际贸易支付关系的规范包括进出口国的有关规范、条约及有关惯例,如国家的外汇管理法、票据法、国家间的双边支付协定、托收和信用证国际惯例。

就支付方式而言,支付方式主要包括汇付、托收和信用证三种。汇付是买方通过当地银行将货款汇入卖方所在地银行,由汇入行将款项解付给卖方的支付方式。汇付属于商业信用,主要包括信汇、电汇和票汇三种。其程序一般是:汇出行按照汇款人填写的汇款申请书的指示,用航空信函或电报电传等汇款方式通知汇入行;汇入行依此向收款人解付货款;汇出行及时将汇款拨入汇入行。汇付的当事人包括汇款人、收款人、汇出行和汇入行。其中,汇款人与汇出行之间以汇款申请书为证明形成委托代理关系,汇出行和汇入行之间也以汇款委托书为证明形成委托代理关系。托收是卖方开出的以买方为付款人的汇票,委托当地银行通过买方所在地银行向买方收取货款的支付方式。托收属于商业信用,分光票和跟单两种。光票托收是指出口商仅开具汇票委托银行向进口商收款,而不附带任何商业单据。跟单托收是指出口商将开具的汇票,连同提单、保险单、发票等商业单据一起交给银行,委托银行向进口商收款。国际贸易中的托收大多采用跟单托收。根据交单条件的不同,托收还可分为即期付款交单、远期付款交单和承兑交单。托收的业务程序一般为:委托人出具汇票,向托收行提出托收申请,填具托收指示书;托收行接受申请后,委托其在进口地的代收行代为办理收款事宜;代收行向付款人作付款提示或承兑提示,在付款人付款后通知托收行;托收行向委托人付款。据此,委托人与托收行之间以及托收行与代收行之间的关系,都是委托代理关系。国际商会1995年《托收统一规则》(简称"URC522")是目前各国银行办理托收业务普遍接受的国际惯例规则,于1996年1月1日起生效。

信用证是开证行按照开证申请人的指示向受益人开立的一种在一定条件下保证付款的书面凭证。信用证支付是国际贸易中采用最广泛的一种支付方式,属于银行信用。信用证往往涉及六到七方当事人:开证申请人(即买方)、开证行、受益人(即卖方)、通知行(通常为卖方所在地银行)、议付行(通常在卖方所在地,买进信用证的银行)、付款行(可以是开证行、通知行或议付行),以及保兑行(在信用证上加保兑、与开证行承担同等付款义务的银行)等。信用证按照不同标准可分为跟单信用证和光票信用证、可撤销信用证和不可撤销信用证、可转让信用证和不可转让信用证、即期信用证和远期信用证、付款信用证和承兑信用证、循环信用证和备用信用证、保兑信用证和无保兑信用证等。信用证的种类不同,当事人的权利义务也不同。信用证的一般业务程序是:买卖合同中规定了信用证支付方式,买方去当地某家银行申请开证;该银行(开证行)审核买方提出的开证申请书以及提供的担保后开出信用证,并转交通知行;通知行接受开证行委托将信用证通知受益人;受益人备货出运,取得有关单据,在信用证有效期内向议付行提交有关单证请求付款;议付行审核单证相符后向受益人付款或承兑;议付行向开证行寄单索偿;开证行通知买方付款赎单。目前有关信用证业务的立法,主要是美国《统一商法典》第5编和国际商会编撰的《跟单信用证统一惯例》(2007年修订,国际商会第600号出版物,简称为"UCP600")。UCP600是目前各国银行办理信用证业务普遍接受的国际惯例,它详细规定了银行在信用证业务中的责任和义务,是银行开展信用证业务的基本依据。根据UCP600的规定,信用证交易具有独立抽象性,在学理上也被概括为信用证的"独立抽象原则",包括两层含义:第一,信用证交易独立于基础交易。虽然信用证依托基础合同而产生,但它一经开出便与基础合同相分离,成为独立于基础合同的合同。信用证业务处理不受基础合同的约束。第二,信用证交易是纯粹的单据交易。在信用证业务中,一切只以单据为准,银行的付款责任是以受益人提交符合信用证条款的单据为前提条件,只要单据与单据、单据与信用证相符,银行就必须付款。信用证的这一特点,有利于将银行从买卖合同争议中解脱出来,从而增强信用证作为银行信用的完整性和可靠性。

随着计算机网络在国际贸易中的广泛应用,国际贸易支付方式也不断增多。除了上述传统支付方式外,保付代理、电子资金划拨日益流行。保付代理是一项借助计算机网络等现代通讯技术,由保理商为卖方提供集融资、信用风险担保、账目管理及账款收取为一体的综合性服务。保理的法律基础是债权让与,由卖方向保理商转让应收账款。国际统一私法协会制定的《国际保付代理公约》和国际保理联合会编撰的《国际保付代理通则》是目前开展国际保理活动的主要法律依据。电子资金划拨是通过电子设施实现资金转移的新型支付方式,也是成本低、效率高的有发展前途的支付方式。根据所涉系统及业务的不同,电子资金划拨可分为小额电子资金划拨和大额电子资金划拨。① 其中,大额电子资金划拨是应用更多的国际贸易支付方式。联合国国际贸易法委员会制定的《电子资金划拨法律指南》和《国际贷记划拨示范法》为当事人从事电子资金划拨提供了重要参考。在支付领域,我国近年通过的相关法律有《网络安全法》(2017年6月1日起施行)和《电子商务法》(2019年1月1日起施行)。

为了促进对外贸易的发展,各国通常都制定有调整国际货物买卖关系的法律法规。发达国家的货物买卖法一般只有一套,既适用于国内货物买卖,也适用于跨国货物买卖。② 例如,英国的《货物买卖法》和美国的《统一商法典》。发展中国家由于经济实力较弱,所以一般区分内外贸易实行不同的法律制度。我国没有专门的货物买卖法,目前调整涉外货物买卖关系的法律主要是《民法典》合同篇,管理涉外货物买卖关系的法律主要是《对外贸易法》《海关法》《出口管制法》《进出口关税条例》《反倾销条例》《反补贴条例》《保障措施条例》等。其中的《对外贸易法》(1994年通过,2022年最新修正)是我国调整对外贸易关系的基本法,包括总则、对外贸易经营者、货物进出口与技术进出口、国际服务贸易、与对外贸易有关的知识产权保护、对外贸易秩序、对外贸易调查、对外贸易救济、对外贸易促进、法律责任、附则等内容,规定了实行全国统一的对外贸易制度、维护公平自由的对外贸易秩序、保障对外贸易经营者的经营自主权、鼓励发展对外贸易、平等互利等原则。

三、国际技术转让法

技术是指关于制造一项产品、应用一项工艺或提供一项服务的系统知识。技术转让指拥有技术的一方通过某种方式把一项技术转让给另一方的活动,一般只涉及使用权的转让。国际技术转让则是指跨越国界的技术转移。国际技术转让法是调整技术的国际有偿转让的国内和国际法律规范的总称。

---

① 小额电子资金划拨,又称零售电子资金划拨,是指通过自动柜员机(ATM)和销售点终端设备(POS)等系统进行的资金划拨,主要为广大消费者个人、从事商品和劳务交换的工商企业用来处理零售业务。大额电子资金划拨又称批发电子资金划拨,是指通过美联储电划系统、清算所银行间支付系统(CHIPS)、环球银行间金融电讯协会(SWIFT)等系统进行的资金划拨,主要为货币、黄金、外汇、商品市场的经纪商与交易商以及商业银行等用以处理批发业务。

② 大陆法系国家的法律分为民商合一型和民商分立型。在民商合一的国家,货物买卖法通常是作为民法典的一部分在债篇中加以规定的;在民商分立的国家,除了民法典外,还订立了单独的商法典,民法的规定适用于商法,商法典作为民法的特别法,针对商行为作出补充规定。英美法系国家没有专门的民法典,调整货物买卖关系的法律主要是判例法和一些单行法。

国际技术转让的主要途径有许可贸易、工程承包、合资经营、合作生产、BOT投资、含有技术转让内容的设备买卖以及咨询服务等。其中BOT投资是发展中国家引进大型工业技术和基础性建设项目的一种较新的、较有效的对外经济技术合作方式。它的中文意思是"建造—营运—转让",即建设方承担一个既定工业项目或基础设施的建设,包括建造、运营、维修和转让,建设方在一个固定的期限内经营管理并被允许在该期限内收回其对该项目的投资、维修费用以及收取一些合理的服务费、租金等其他费用,在规定的期限届满后,建设方将该项目转让给项目方的政府。

国际技术转让一般是以合同方式进行的。国际技术转让合同是指营业地在不同国家的当事人之间订立的以转让技术为标的的协议。与国际技术转让方式的多样性相适应,国际技术转让合同也是多种多样的,其中最重要的是国际许可合同。

国际许可合同指国际技术转让中,当事人一方准许另一方使用自己所有的工业产权或专有技术,而由另一方获得该项技术的使用权,并支付使用费的合同。按授权程度不同,国际许可合同可划分为普通许可合同、排他许可合同和独占许可合同三类。普通许可合同即出让方在合同中规定的期限和地域范围内,允许受让方利用其所转让的技术,同时出让方仍保留使用的权利,并有权再向第三方转让的许可合同;排他许可合同即在一定的地域和期限内,受让方对受让的技术享有排他的使用权,出让方不得再将此项技术转让给第三方,但出让方自己保留利用此项技术的权利的许可合同;独占许可合同即在一定的地域和期限内,受让方对受让的技术享有独占的使用权,出让方和任何第三方都不得使用该种技术制造和销售其产品的许可合同。

国际许可合同主要包括以下条款:(1)鉴于条款。相当于序言,内容包括合同名称、合同订立地点、双方当事人名称、法律地位、法定地址、双方订立合同的愿望。(2)定义条款。主要用以对合同中一些关键性的、容易产生不同解释和引起争议的词语和句子进行定义和解释。(3)不担保条款与担保条款。用于规定出让方对其所转让的技术所作的权利担保和技术保证的范围。(4)质量控制条款。只有当出让方许可受让方使用其商标时,才有权要求订立该条款。在这一条款中,大都是出让方的权利,如有权定期检查受让方产品的样品等,受让方最重要的是要求出让方提出的权利尽量合理。(5)保密条款。除了技术受让方为技术出让方的秘密技术保密外,双方均有义务为对方的经营状况保密。在保密条款中要把双方保密的范围、措施和期限规定清楚。(6)支付条款。目前为各国普遍接受的是"入门费与提成费结合"的支付方式。提成费有按产品产量计算、按利润计算和按产品的净销售额计算三种方法。第一种算法对受让方不利,第二种则对出让方不利,第三种算法是双方都可以接受的算法。(7)技术改进条款。指许可合同的各方在改进了原有技术后是否取得改进技术的所有权以及如何在优惠条件下向对方提供。对改进技术的归属权一般采取"谁改进,归属谁"的原则,对交换改进技术问题一般遵循"对等互惠"的原则。(8)合同有效期条款。由于科技发展日新月异,技术更新换代周期短,因此许可合同的有效期不宜太长,许多国家的有关法律对技术许可合同的有效期进行了限定。(9)法律适用条款。由于双方都希望合同以自己所在国家的法律为适用法,因而选择适用第三国法往往是最终的解决之道。

在国际技术转让实践中,技术出让方出于自身利益考虑,往往采取一些限制性商业做法,如在合同中加入对技术受让方施加法律所禁止的、造成不合理限制的合同条款。为此,世界知识产权组织的《技术转让合同管理示范法》中列出了17种限制性贸易条款。如果技术转让合同包含其中任何一条,政府主管机关可要求当事人修改,否则对有关合同不予登记。《与贸易有关的知识产权协定》第40条采取了未穷尽的列举方法,将独占性返授条件、禁止对知识产权有效性提出挑战的条件或强迫性的一揽子许可证等作为限制性商业行为对待。

我国的技术引进始于1950年,从20世纪80年代开始有了长足的发展,从国外引进了大批的先进技术,加速了国内产业结构调整和产品竞争力的提高。在引进技术的同时,我国于1980年开始对外输出先进成熟的技术,通过转让技术带动国内生产线、成套设备的出口。为了进一步落实科技兴贸战略,促进技术进出口健康、有序和持续发展,并与世界贸易组织的有关规定(主要是《与贸易有关的知识产权协定》)接轨,2001年12月10日,我国通过了《对外贸易法》配套法规之一的《技术进出口管理条例》。随着我国参与全球技术交易的不断深入,我国有关技术转让措施被欧美国家在WTO起诉,起诉的部分内容指向该条例。在我国技术发展的内在驱动和全球技术交易摩擦的外部压力下,该条例进行了修订,2020年11月29日施行,共有5章52条,覆盖了总则、技术进口管理、技术出口管理、法律责任和附则。条例约束的技术进出口行为包括中国境内外之间通过贸易、投资或经济技术合作的方式进行的专利权转让、专利申请权转让、专利实施许可、技术秘密转让、技术服务和其他方式的技术转移行为。条例的修订突出了尊重当事人意思自治、减少行政干预的原则,对于促进当事人之间技术进出口合同的谈判与签订,具有积极意义。

四、世界贸易组织法

(一)世界贸易组织概述

世界贸易组织(WTO)是在关贸总协定(GATT)基础上发展起来的政府间国际贸易组织。客观而言,关贸总协定自半个多世纪前临时生效以来,经过了八轮回合谈判,在国际贸易发展的过程中功不可没。它大幅度削减了各国关税,建立了一系列的国际贸易法律规则和制度,解决了不少国际贸易争端,但关贸总协定也存在着种种缺陷,如法律地位的非正式性、协定条款的模糊性、协定约束力不强、贸易争端解决机制不健全等,难以适应国际贸易发展的需要。因此,关贸总协定乌拉圭回合谈判中提出了建立一个新的多边贸易组织的建议。1994年4月15日,在摩洛哥马拉喀什举行的部长会议上通过《建立世界贸易组织协定》(以下简称《世贸组织协定》),1995年1月1日WTO在日内瓦正式成立。WTO取代了关贸总协定,担负起了调整国际贸易秩序的历史使命。

WTO的宗旨是:(1)在发展贸易和经济关系方面,力争提高生活水平,保证充分就业,大幅度稳步提高实际收入和有效需求;(2)扩大生产和商品贸易交易,扩大服务贸易;(3)最理想地利用世界资源,并寻求对环境的保护和维护;(4)各成员应积极努力保证发展中国家,尤其是最不发达国家,能获得与它们的国际贸易额增长需要相适应的经济发展;(5)建立一体化的、具有活力和永久性的多边贸易体系。

WTO 的职责主要包括:(1)促进《世贸组织协定》及多边贸易协定的实施、管理和运作及目标的实现;并为复边贸易协定的实施、管理和运作提供框架结构。(2)为有关各成员国的多边贸易谈判提供场所。(3)对争端解决进行管理。(4)对贸易政策的审查机制进行管理。(5)与联合国的其他机构加强联系,特别是与国际货币基金组织和世界银行等专门性机构进行合作,以取得全球经济政策的一致性。

WTO 的机构体系包括部长级会议、常务理事会和秘书处。部长级会议下设贸易与发展委员会、国际收支限制委员会、预算财务和管理委员会。常务理事会下设货物贸易理事会、服务贸易理事会和与贸易有关的知识产权理事会。秘书处负责人是总干事。WTO 的成员分为创始成员和接纳成员。

WTO 继续实行关贸总协定的协商一致的决策方式,如不能达成一致则投票决定。在部长级会议和总理事会议上,WTO 的每一成员拥有一票,其决议将根据少数服从多数原则作出。部长级会议和总理事会对《世贸组织协定》有排他的解释权,对后者的解释将在负责监督检查该协定职能的理事会建议的基础上进行。采纳某项解释的决定须经过成员的 3/4 多数票通过。在例外情况下,部长级会议可以决定撤销《世贸组织协定》或某一多边贸易协定施加给某一成员的义务,该决定也要由 3/4 多数票通过。

(二)世贸组织法律体系与主要制度

世贸组织法律体系,由《世贸组织协定》及其统领的 4 个附件组成。协定正文有 16 个条款,规定了 WTO 的宗旨、调整范围、职能、组织机构、法律地位、决策程序、成员资格等组织法规则。协定的附件则体现了有关协调国际贸易关系的实质性内容,规定了多边货物贸易制度、与贸易有关的知识产权制度、国际服务贸易制度、贸易争端解决制度以及贸易政策评审制度等。除附件四以外,《世贸组织协定》及其附件在效力上属于"一揽子协定",即对成员国具有统一的拘束力,成员国不能选择适用。

附件一为《多边货物贸易协定》《服务贸易总协定》和《与贸易有关的知识产权协定》。

《多边货物贸易协定》由 13 个协定组成,包括《1994 年关贸总协定》,以及货物贸易理事会管辖下的农业、动植物检疫措施、纺织品与服装、技术性贸易壁垒、与贸易有关的投资措施、反倾销、海关估价、装船前检验、原产地规则、进口许可证程序、补贴与反补贴措施、保障措施等协定。《服务贸易总协定》(以下简称"GATS")是迄今为止第一套有关服务贸易的国际规则。与《多边货物贸易协定》的结构相似,GATS 也是由多层次规则构成的:一是正文部分,适用于所有服务部门,包含了所有成员必须遵守的一般义务;二是附件部分,是处理具体服务贸易部门所适用的规则;三是服务贸易领域里各国作出的具体承诺,提供了服务贸易市场准入之机会;四是最惠国待遇豁免清单,列明了各国暂不适用最惠国待遇原则的服务贸易领域。服务贸易开放哪些市场,豁免哪些义务,均由各国通过谈判来进行。WTO 服务贸易理事会负责监督 GATS 的实施。《与贸易有关的知识产权协定》(以下简称"TRIPS")旨在缩小世界各国在知识产权保护方面的差距,并使各类知识产权受到共同国际规则的管辖。TRIPS 覆盖知识产权的七个领域,即版权、商标、地理标识、工业设计、专利、集成电路的外观设计和未公开信息,就如何适用贸易体制及其他国际知识产权协定的基本原则、如何给予知识产权充分的保护、各国如何在其领土内充分实施这些权利、WTO 成员之间如何解决有关知识产权的争端等作出规定。

附件二为《关于解决争端的规则与程序的谅解》(以下简称"DSU")。DSU 共有 27 个条文和 4 个附件,核心内容是成员间贸易争端解决的基本方法与程序。这些方法和程序包括:协商、斡旋、调解与调停、专家组、上诉评审、争端解决机构对有关建议与裁决的监督执行、补偿和中止减让以及仲裁等。WTO 争端解决机构(DSB)还制定了《关于谅解书的行为守则》。WTO 争端解决机制是对 GATT 有关机制的继承和发展,具有以下突出特点:建立了统一的争端解决机构;规定了统一的争端解决程序,且内容涉及争端解决机制的运用范围、基本程序、建议和裁决的执行与监督等各个方面;对争端解决的各个程序、环节规定了明确的时间限制;增设了一个常设上诉机构,从而形成了独特的"两审终审制",增强了 DSB 的权威性和灵活性;明确规定了裁决执行的监督机制,有助于裁决或建议的尽快执行;采用了交叉报复的制裁方式,提高了制裁的力度。WTO 成员可以就 WTO 各类协定(除非另有规定)和 DSU 管辖范围的其他问题所引发的争议启用该机制。这一机制在有效解决成员方之间的贸易摩擦、维护 WTO 法律制度顺利运行方面发挥了重要作用。①

附件三为《贸易政策评审机制》。贸易政策审查机制的目标是通过经常性监督,增强各成员贸易政策及做法的透明度和对它们的理解程度,提高公众和政府部门间对这些问题进行讨论的质量,使多边评估贸易政策对世界贸易体制的影响成为可能。贸易政策评审制度的内容主要包括:设立贸易政策审查机构(TPRB),审查成员的贸易政策和实践对多边贸易体制的影响②,并对机制的运行情况进行评价,对国际贸易环境的发展状况进行年度综述。

附件四为"复边贸易协定",包括《民用航空器贸易协定》《政府采购协定》。与前三个附件必须"一揽子"适用不同,复边贸易协定允许 WTO 成员选择适用。

(三)世界贸易组织法的主要原则

WTO 为实现其贸易自由化的宗旨,制定了一整套为各成员国所普遍接受的多边贸易原则,主要包括最惠国待遇、国民待遇、关税减让、一般禁止数量限制、透明度、公

---

① WTO 上诉机制自成立以来共受理 150 多起上诉案件。由于美国单方阻挠上诉机构成员遴选等原因,WTO 上诉机构目前处于停摆状态。WTO 体制亟待改革。

② TPRB 以执行贸易政策审查为职能,建立定期审查制度。TPRB 每隔 2 年对四大贸易实体(欧盟、美国、日本、加拿大)评审一次,每隔 4 年对其余 16 个实体评审一次,每隔 6 年对其他成员(不包括最不发达国家和地区)评审一次。TPRB 在评审中应遵守相应的审查程序。每个成员应定期向 TPRB 就其所实行的贸易政策和实践作出报告。若在评审期间,成员的贸易政策有任何重大变化,应及时提供简要报告。报告所含的资料应最大限度地与多边贸易协定的通知相协调一致。

平贸易等。这些原则贯穿了世贸组织条约群,构成世贸组织法的核心内容。

1. 最惠国待遇原则

最惠国待遇原则指一成员现在和将来给予另一国(无论该国是否是 WTO 成员)的优惠、优待、特权或豁免,应无条件地给予其他任何成员。其目的是保证外国人、外国产品、外国服务在内国的地位和权利平等。该原则的适用范围包括关税、与进出口有关的任何其他费用、征收关税和其他费用的方式、与进出口有关的规则和程序、国内税和其他国内费用,以及有关影响产品销售、购买、运输、分销和使用的规则和要求。但最惠国待遇的适用也有一些例外。[1]

2. 国民待遇原则

国民待遇原则是指一成员在其境内对来自其他成员的产品,应给予与本国生产的同类产品在国内税收和国内规章方面的同等待遇。实行国民待遇的目的,是为了保证外国进口产品在进口国市场上获得与该进口国本国产品同等的地位、条件和待遇,防止进口国利用国内有关法律、法令来作为贸易保护的手段。

3. 关税减让原则

关税减让原则是指通过互惠互利的谈判,大幅度降低关税和进出口其他费用水平,特别是降低阻碍进口的高关税,以促进贸易自由化。关税减让是贯穿关贸总协定和世界贸易组织法始终的基本原则和历次谈判的重要议题,并一直作为最惠国待遇、国民待遇等原则的实际执行载体。

4. 一般取消数量限制原则

一般取消数量限制原则是指为了促进国际贸易自由化,一般不允许国家对进出口商品的数量或价值进行限制。数量限制主要体现为国家实施的配额制度和许可证制度。所谓配额,是指国家在特定时期内对一种产品的进口规定最高限额,又可以分为全球配额与国别配额。许可证制度是指国家规定商人在进出口某种商品时必须取得许可证方可进行贸易的制度。世界贸易组织法要求各成员普遍取消数量限制,但同时又允许成员在特定情况下、以非歧视为前提采取一定的数量限制措施,以保护本国工业或其他产业。

5. 透明度原则

透明度原则是指缔约方正式实施的有关进出口贸易的政策、法律、法令及条例,以及缔约方政府与另一缔约方政府或政府机构之间签订的影响国际贸易的现行协定,都必须公布。世界贸易组织法要求各缔约方以统一、公正和合理的方式实施所有应予公布的法令、条例、判决和决定;要求各缔约方维持或尽快建立司法的、仲裁的或行政的法庭或程序,以便对有关海关事项的行政行为迅速进行检查和纠正。透明度原则不要求缔约方公开那些会妨碍其法令的贯彻执行、会违反公共利益,或会损害某

---

[1] 这些例外如:(1) 以关税同盟和自由贸易区等形式出现的区域经济安排,在这些区域内部实行的是一种比最惠国待遇还要优惠的"优惠制",区域外世界贸易组织成员无权享受;(2) 对发展中成员实行的特殊和差别待遇,如普遍优惠制;(3) 在边境贸易中,可对毗邻国家给予更多的贸易便利;(4) 在知识产权领域,允许成员方就一般司法协助国际协定中享有的权利等方面保留一些例外。

一公私企业的正当商业利益的机密资料。透明度原则是实现 WTO 总体目标的重要保证,也是各成员方根据 WTO 有关规定维护正当权益、保持多边贸易体制在开放、公平、无扭曲竞争的基础上健康发展的重要保证。

6. 公平贸易原则

公平贸易原则要求成员方维护公平的贸易秩序,禁止不正当的倾销和补贴。所谓倾销,是指一国产品以低于正常价值的价格进入另一国市场,而对某一缔约方领土内已经建立的某项工业造成实质性损害或产生实质性损害的威胁,或对某一国内工业的新建产生实质性阻碍。补贴是指在某成员境内由某一政府或公共机构作出的财政支持、任何形式的收入支持或价格支持以及由此给予的利益。世界贸易组织法将补贴分为禁止性补贴、不可诉的补贴和可诉补贴三类予以区别对待。成员方违反世贸组织法实施了倾销和补贴的,受损害的成员方依法可采取以征收反倾销税和反补贴税为主的反倾销措施和反补贴措施。

世界贸易组织法规定的上述原则和规则,不仅适用于传统的货物贸易,而且适用于与贸易有关的知识产权、服务贸易、投资措施等广泛领域,且都存在一定范围和条件的例外。其中一般性例外主要有:允许一成员因健康、道德、环保和安全等原因采取措施限制特定来源的进口;若某国对出口给予补贴或某一贸易实体倾销其产品,进口国可对有关进口产品征收反补贴税或反倾销税;根据争端解决程序,若发现某成员的行为导致另一成员享有的好处受到减损甚至丧失,则另一成员可收回对该成员所作的减让。

五、其他国际经贸协定

因 WTO 体制决策机制的缺陷,多哈回合谈判陷入僵局。美国和欧盟等发达国家(地区)开始以双边或区域 FTA 为平台酝酿更高市场开放度和规范性更强的贸易投资规则。美国先后发动美墨加(USMCA)三边谈判,跨太平洋经济伙伴关系(TPP)和跨大西洋贸易与投资协定(TTIP)等诸边谈判,并施压 WTO 改革,谋求重构国际经贸规则主导权。新兴经济体也努力争取与其国际地位相适应的制度性话语权,不甘心在新规则的制定中被边缘化。比如,中国提出"一带一路"倡议,俄罗斯构建欧亚经济联盟,东盟推动区域全面经济伙伴关系(RCEP)谈判。

TPP/CPTPP 与 RCEP 是亚太地区分别由发达国家和发展中国家主导谈判的两个巨型区域贸易协定。比较分析其框架内容与法规政策对我们认识不同区域集团的商业价值观与利益取向具有重要作用。美国和日本主导的 TPP/CPTPP 体现了发达国家自由、公平且对等的价值取向与保护其竞争优势的利益诉求,而东盟主导的 RCEP 则体现发展中国家寻求贸易、投资自由化与保护发展利益的价值诉求。相对而言,CPTPP 更加重视以规制融合为主要内容的边境内政策协调,具有全面性且高标准的特征,属于新一代贸易协定;而 RCEP 虽然也越来越重视国内规制协调,但更加关注货物贸易与投资便利化,属于传统的区域贸易协定。

2020 年 11 月 15 日,中国、日本、韩国、澳大利亚、新西兰和东盟 10 国在第四次

RCEP 领导人会议上共同签署了《区域全面经济伙伴关系协定》（以下简称"RCEP"），达成世界上最大的自由贸易协定。目前，15 个 RCEP 成员国的 GDP 总量约占世界 GDP 的 30%，人口共计约占世界人口的 30%。RCEP 旨在形成区域内统一的规则体系，降低经营成本，减少经营的不确定风险。根据域内比较优势形成供应链和价值链，加速商品流动、技术流动、服务流动、资本流动，形成"贸易创造"效应。域内企业均可参与原产地的价值积累，对促进区域内相互贸易投资大有裨益。

数字经济规则和治理体系正在加快构建，将对数字经济发展产生重要影响。《数字经济伙伴关系协定》（DEPA）于 2021 年 1 月生效，是全球首个数字经济专项协定。2021 年 11 月 1 日，中国正式申请加入 DEPA。在数字经济快速发展和治理方式深刻变革的背景下，研究中国加入 DEPA 的实现路径具有重要的战略价值。DEPA 包含 16 个模块，前 11 个模块是实质性条款，后 5 个模块涉及协定的运作和争端解决。DEPA 的议题设置已超出单纯的数字贸易范围，延伸到数字经济的更多领域。按照目标和功能，可以将 DEPA 的协定内容划分为 4 个部分，即促进数字贸易便利化和自由化、构建数字系统信任体系、实现数字经济包容发展以及探索数字经济创新发展。

六、国际投资法

国际投资法是调整跨国私人直接投资关系的国内法规范和国际法规范的总称。私人投资是相对于外国政府、国际金融机构等提供的贷款投资等官方投资而言的。直接投资则是与间接投资相对的概念。直接投资是指伴随着对投资企业的一定控制权的投资，即投资者一般以有形或无形资产投资设立企业实体，并参与经营管理；间接投资则是投资者以购买企业债券和股票等形式进行的投资，一般不参与企业的经营和管理。国际投资的国内法规范包括资本输入国的外资法和资本输出国鼓励和保护海外投资的规范，国际法规范则主要指双边和多边投资条约。

国际投资法调整的关系包括内外国投资者之间的商事关系、外国投资者与东道国政府之间的投资管理和保护关系、外国投资者与本国之间的投资保险和保护关系，以及政府之间签订双边投资条约或多边投资条约所产生的国际法关系。

（一）资本输入国的外资法

资本输入国即东道国的外资法包括东道国保护、促进和管理外国投资的法律制度。

就保护外国投资而言，从广义上讲，保护外资的形式多样，诸如政府政策声明、行政措施和立法措施等。其法律制度类型也是多样的，如宪法性规定，例如我国《宪法》第 18 条的规定；国家单行外资法；地方性规范以及国家合同形式等。东道国对外商财产权的保护涉及国有化或征收及其他类似措施、保证外国资本及其利润和其他合法收入的转移两个重要方面。我国法律规定，国家对合营企业或外资企业不实行国有化。在特殊情况下，根据公共利益、法律程序可以实行征收，但应给予相应的补偿。东道国保护外国投资的法律制度往往首先要确定外资的待遇标准。发达国家一般实行国民待遇,很多发展中国家则是给予外资最惠国待遇,一方面在税收等方面给予外资优惠,另一方面又对外资加诸种种限制。目前主要做法是原则上对外资实行国民待遇,在不允许外资享有国民待遇的方面实行最惠国待遇。国家在诉权方面给予外资国民待遇是一个通例,我国《民事诉讼法》也采取这一原则。外资权益一旦受到侵害,可以通过当地救济得到保护。此外,针对法律的变化可能给外资带来的不利影响,有的国家规定在合同生效后有关法律发生变化,如果外商不愿修改合同以适应新的法律,则仍可适用原有法律的规定,但新法对外资有利的规定,外商仍可适用。我国外资法也采取从新和从优原则。

就促进外国投资而言,各国采用的促进措施可以划分为税收优惠、财政优惠和非财政优惠三类。在税收优惠方面,我国不仅规定了对外商投资企业的各类所得税优惠,还规定外商进口的资本货物免征进口税;在财政优惠方面,该类优惠主要体现在投资贷款、财政补贴等方面;在非财政优惠方面,主要体现在提供低价的用地、工业场所、原材料和燃料供应以及劳务等方面,如我国规定在海南省设立外商投资企业可以享受更为灵活的土地政策。

就限制外国投资而言,常见的限制有:(1)投资范围。发展中国家大多规定了允许、限制和(或)禁止外国投资的部门。发达国家对外资实行国民待遇,但在涉及国家安全和重大经济利益的国防、通讯等方面对外资进入也有限制。(2)投资审批。发达国家只要求给予通知和(或)申报,发展中国家对外资的进入一般有审批制度。(3)经营管理和利润的转移。如对当地筹资的限制,基于维护本国收支平衡等理由限制外国投资的利润汇出等。

长期以来,我国外资立法的特点是"一事一法",形成了调整外商投资企业、中外合作开采自然资源活动,涵盖各类经济特区、经济开发区的多部法律法规构成的中国外资法律体系。经过不断探索,我国外商投资管理体制和外资立法进行了重大变革。2019年3月15日,第十三届全国人民代表大会第二次会议通过《外商投资法》,自2020年1月1日起施行。该法一共6章42条,取代了多部外资单行法,旨在促进、管理和保护外资,对外资界定、外资准入、外资保护、外资审查等进行了系统规定,拓展了外商投资的形式,除新设投资外,还可以适用于并购投资。该法实行内外资平等的国民待遇,提高了对外资的保护水平,引入了准入前国民待遇加负面清单的外资管理模式。所谓准入前国民待遇,是指国家在投资准入阶段给予外国投资者及其投资不低于本国投资者及其投资的待遇。所谓负面清单,是指国家在特定领域对外商投资实施准入特别管理措施,对负面清单之外的外商投资给予国民待遇。近年来我国在上海、天津、广东、福建自贸试验区试验准入前国民待遇加负面清单的管理模式取得良好成效,该模式得到了市场检验。此外,该法完善了外资的事中与事后监管,构建了信息报告制度和国家安全审查制度等外资管理制度的基本框架。

在自然资源合作开采或开发方面,我国通常是由资源国或其国家公司与外国投资者签订国家合同实现的。目前,我国制定有《对外合作开采海洋石油资源条例》,对于其他资源的开发还没有专门的单行法规。此外,在我国的涉外投资实务中还有一些相应的法律文书,主要有:投资项目建议书,是由中方代表合营各方向企业主管部门呈报的书面文件;投资可行性研究报告,主要论证项目在资金、技术等各方面是否可行,是向审批机关报送的正式申请文件;合营投资企业合同,规定双方的权利义务,经审批机关批准后才生效;外商投资企业章程,也需经审批机关批准方有效,主要规定企业内部的经营、运作、管理等。

(二)资本输出国关于海外投资的法律制度

海外私人投资会面临各种风险,其中最大的风险一般是政治风险,即由于东道国政府或其他政治势力的政治行为或措施导致外资损失的风险。这类风险通常包括:征收险,如因东道国的征收、征用、国有化等措施导致外资损失的风险;转移险,包括当地政府实行外汇管制,妨碍、迟延资本和收益兑换成自由货币并转移出境而导致外商损失的风险;战争险,一般指东道国境内的战争、内战、内乱、革命等事件导致外商损失的风险,但不包括世界大战等大规模战争。为此,西方国家多建立了海外投资保险制度,其运作程序大体为:(1)海外私人投资者向海外投资保险机构申请投保,经审查批准后,双方签订保险合同,投保人按照定期缴纳保险费;(2)一旦发生承保范围内的保险事故,由海外投资保险机构根据保险合同向海外私人投资者赔偿损失;(3)海外投资保险机构代位取得海外私人投资者的所有权和请求权,向造成该项投资损失的东道国求偿。

海外投资对投资国拓展海外市场存在巨大的利益,但在一些特定情况下也会给投资国带来不利,如海外投资可能导致本国投资不足、增加失业等。因此投资国也采取了一些限制措施,如对资本出境采取申报制、规定海外投资的"指导方针"、征收进出口海关税费等。对于技术特别是高新技术和可用于军事的技术,西方国家有严格的控制规定。

(三)国际投资双边条约

有关投资保护的国际条约一般分为双边条约和多边条约。由于缺乏综合性的多边投资法典,为数众多的双边投资条约便成为协调国际投资关系的最重要渊源。

双边投资条约主要有三种模式:第一种模式是友好通商航海条约。第二次世界大战后至20世纪60年代后期,资本输出国通常是通过签订友好通商航海条约来调整两国间的商务交往关系。这类条约的特点是以政治友好为前提,内容广泛,包括国家间经济交往的一般规则,虽也涉及投资者待遇、经营权及财产保护等投资法内容,但总的来说并非专项性投资条约。第二种模式是投资保证协定。这种协定由美国首创并大力推行,旨在促进美国私人资本的输出。此类协定的特点是偏重于规定资本输出国的权利和有关投资保险赔偿的程序性规定,通常与资本输出国的海外投资保险制相结合,为其提供国际法上的保障,对资本输出国极为有利。第三种模式是促进和保护投资协定。这种协定起初主要为德国、瑞士、荷兰等欧洲国家采用,现已成为最常见、最普遍的双边投资条约形式。其特点主要表现为内容详实、明确具体,实体性规定和程序性规定兼而有之,如规定投资准入、外国投资待遇、征收条件及补偿标准、投资财产的转移、代位求偿权、争端的解决等,较为均衡地维护了资本输出国和资本输入国双方的利益。

历经7年35轮谈判后,中欧领导人于2020年12月30日宣布如期完成了中欧投资协定(Comprehensive Agreement on Investment,以下简称"中欧协定")谈判。中欧协定生效后,将取代中国与欧盟成员国之间现行有效的26个双边投资协定[①],继而为中欧双向投资提供一个统一的法律框架,为中欧双向投资带来"更大的市场准入、更高水平的营商环境、更有力的制度保障、更光明的合作前景"。中欧协定对标国际高水平经贸规则、着眼于制度型开放,谈判成果主要包括市场准入承诺、公平竞争规则、可持续发展议题以及争端解决机制等内容。中欧投资协定将进一步促进中欧双边投资。协议签署后,欧盟企业将有更多机会进入中国的运输设备、采矿和能源开采、化工、食品和饮料制造、金融和保险以及通信和电子设备等行业。与此同时,协定也将增加中国在欧盟国家的投资机会,并将进一步夯实中国在经济全球化中的话语权。

（四）国际投资多边条约

多边投资条约目前主要有1965年通过的《解决国家与他国国民间投资争端的公约》(又称为《华盛顿公约》)、1985年通过的《建立多边投资担保机构公约》(又称为《汉城公约》),以及世贸组织法中的《与贸易有关的投资措施协议》(又称为《TRIMS协议》)。

1.《华盛顿公约》

《华盛顿公约》共10章75条,设立解决投资争端的国际中心(ICSID),以行政财务条例、程序启动规则、仲裁规则、调解规则为支柱,以附加便利仲裁规则、附加调解规则、事实调查规则为补充,旨在维护东道国、投资国、投资者之间的利益平衡。根据公约设立的ICSID是世界范围内解决外国投资者与东道国之间投资争议的最主要的机构,为缔约东道国和缔约他方国民之间的投资争端提供调解和仲裁解决的便利。ICSID管辖的条件有：(1)争端一方是公约缔约国,另一方为另一缔约国国民,包括具有另一缔约国国籍但不同时具有缔约东道国国籍的自然人,具有另一缔约国国籍的法人以及具有缔约东道国国籍但为外国控制、双方同意当做另一缔约国民看待的法人;(2)双方必须书面同意将有关争端提交中心管辖;(3)提交的争端应是产生于直接投资的法律争端。中心具有完全的国际法主体资格,在业务上根据公约以及为实施公约而制定的一整套细则和程序进行仲裁,是独立于国内法体系而运作的自治机构。中心仲裁具有自治性和中立性,中心的裁决是终局的,对双方当事人具有拘束力,在任何缔约国均可以得到执行。对投资者当事一方的财产可以随时执行,但针对当事东道国执行其财产,要取决于该国的豁免规则,然而实践中没有发生过东道国以国家豁免为由拒绝执行裁决的事例。我国于1992年7月加入《华盛顿公约》。

2.《汉城公约》

《汉城公约》于1988年生效,我国于1988年4月加入公约。公约建立了"多边投

---

① 在欧盟现有的27个成员国中,中国与爱尔兰之间目前没有双边投资协定。

资担保机构"(MIGA),成为世界银行集团的新成员。该机构具有完全的法人地位和国际组织的地位,享有特定的特权和豁免,其宗旨是通过对非商业风险的担保和非担保业务,促进以生产为目的的资金和技术流入发展中国家。机构担保的风险是"非商业风险",包括征收及类似措施险、转移险、战争险和违约险等,在特定条件下可以扩大到其他非商业风险。违约险只限于东道国"拒绝司法"的情况,如担保权人无法求助于司法或仲裁部门对违约的索赔作出裁判或虽有判决但不能执行。机构若要担保其他非商业风险如罢工、绑架,则需要由东道国和投资者联合申请,并经机构董事会特别多数票通过。担保的投资是任何形式的中长期生产性资产,但应是新投资,在经济上和财务上具有可行性和健全性,具有社会和经济效益,且符合东道国经济发展的需要和法律规定。机构只对在发展中国家的外国投资提供担保。除担保业务外,公约也规定了机构的非担保业务,包括收集、整理有关投资资料、政策磋商等。为了保持机构的财政独立和健全,公约规定机构的最大投资总额只能是其资本总额的5倍。由于公约对资本输出国和资本输入国的利益均给予考虑,因而得到了大多数国家的认可。

3.《TRIMs协议》

《TRIMs协议》是世贸组织多边货物贸易条约之一,首次在国际规则中将货物贸易问题与投资问题相结合,适用于世贸组织成员实施的与货物贸易有关的投资措施。协议要求成员不得采取与国民待遇和禁止数量限制原则相违背的任何投资措施,如"当地采购或当地成分要求""外汇或贸易平衡要求"或者限制企业进口一般用于当地生产或与当地生产有关的产品等。协议对发展中国家给予一定照顾,分别给予发展中国家和最不发达国家以5年和7年的"背离期"。协议规定了对成员投资措施的透明度要求,要求每个成员把其所采用的"投资措施"通知货物贸易委员会,并对另一国索取资料的要求,应给予考虑,并给予适当协商的机会。上述"措施"主要为发展中国家所采取,因而限制采用这类措施,实际上主要是对发展中国家加诸的单方面义务。但是,发展中国家并未完全屈从于发达国家的压力取消必要的管理外资的措施,同时协议使东道国的投资环境得到一定程度改善而有利于吸引外资。发达国家在协议中的利益体现是很明显的,但其主张也未得到完全采纳。因此,协议实质上是两类国家的妥协。我国现已结合《TRIMs协议》的有关规定,对我国外资法作了相应的修订,删除了与之不符的条款。

七、国际货币金融法

国际货币金融法是调整国际货币金融关系的各种法律规范的总称,包括国际货币兑换、借贷、收付方式、金融市场、货币体系及金融机构等多方面的法律制度。这里仅介绍国际货币制度、国际融资及跨国银行监管的法律问题。

(一)国际货币制度

国际货币制度主要涉及各国的涉外货币制度和国际货币体系两方面的内容。

1. 涉外货币制度

涉外货币制度主要是指国家货币性质的确定、汇率制度的选定以及外汇管制的实施等内容,国家货币主权是该制度的法律基础和实施保障。各国有权确定本国货币是否可以在国家间自由兑换,以及可自由兑换的程度。从实践看,各国的货币分为完全可兑换、部分可兑换、不可兑换三种。外汇是指以外币表示的可以用作国际清偿的支付手段和资产,如外国货币、外币支付凭证、外币有价证券、特别提款权等。汇率是一国货币折换成他国货币的比价,是用一国货币表示的另一国货币的价格。汇率是不同货币进行交换即外汇买卖的依据。汇率制度分固定汇率制和浮动汇率制两类。固定汇率制指外汇行市受到某种限制而在一定幅度内波动。浮动汇率制指外汇行市不受某种客观因素限制而由外汇供求关系自行决定涨落,按其浮动方式可分单独浮动、钉住浮动和联合浮动三种。浮动汇率会带来汇率风险。为了保持本国的国际收支平衡,维持本国货币和汇率的稳定,保证本国经济不受外国商品和资本的冲击等,绝大多数国家都实行不同程度的外汇管理或管制。外汇管制指国家依法对外汇的买卖、储存、使用、出入境等活动进行管理和控制,主要包括对贸易外汇、非贸易外汇、资本项目、贵重金属等的管制。

2. 国际货币体系

国际货币体系经历了一个历史演变过程:第一个全球货币稳定机制是国际金本位制,各国通过立法将黄金作为一般等价物,作为流通和储备手段。第二次世界大战结束后,金本位制崩溃,形成区域货币集团(如英镑集团、美元集团、法郎集团)无序竞争的混乱局面。1944年《布雷顿森林协定》(含《IMF协定》)签订,国际货币基金组织(International Monetary Fund,IMF)应运而生,形成了第二个全球货币稳定机制"布雷顿森林体系"。该货币体系建立了"双挂钩、一固定"制度,规定美元与黄金挂钩、其他国家货币与美元挂钩,实行固定汇率制,由此确立了美元的国际中心货币地位。但自20世纪60年代开始不断上演的美元危机,导致美国政府宣布美元与黄金脱钩,各国纷纷放弃本币与美元的固定比率,实行货币自由浮动,布雷顿森林体系走向崩溃。1976年《IMF协定》被迫修订,确立了以黄金非货币化、储备资产多元化、浮动汇率合法化为特征的新的国际货币体系,即"牙买加体系"。

IMF是当今全球最具影响力的国际金融组织,也是维持战后国际货币体制正常运行的中心机构。根据《IMF协定》的规定,IMF在国际金融领域的职能主要表现在三个方面:第一,确立成员国在汇率政策、与经常项目有关的支付以及货币的兑换性方面需要遵守的规则,并监督实施。反对成员国利用宏观经济政策、补贴或任何其他手段操纵汇率;原则上反对成员国采取任何形式的差别汇率政策。第二,向国际收支发生困难的成员国提供必要的临时性资金融通,以使它们遵守上述规则,并避免采取不利于其他国家经济发展的经济政策。第三,为成员国提供进行国际货币合作与协商的场所。IMF成员国享有决策权、提款权和分得适当比例的净收益的权利。其中提款权又分一般提款权和特别提款权(SDR)。一般提款权是指凡是成员国发生国际收支不平衡时,可以在自己存入的份额内用本国货币兑换所需硬通货的权利。特别提款权是指按各成员国认缴的比例分配的一种使用资金的权利,它只是成员国在基金账户上一种用数字表示的人为资产,由多种货币以适当比例综合定值。成员国负有稳定汇率、解除外汇管制、每年和 IMF 进行信息交流和报告等义务。《IMF 协定》特别指出第 8 条成员国所承担的三项基本义务:未经 IMF 的许可,不得对经常性交易的支付进行管制;不得实行歧视性的汇兑安排;有义务随时兑换其他成员国持有的本国货币。没有能力履行第 8 条义务的国家可采取过渡性安排,成为 IMF 第 14 条成员国,后者每年要和 IMF 协商,接受 IMF 对其外汇制度的监督。

3. 我国的货币制度

根据我国《外汇管理条例》和其他相关法律规定,我国目前实行的是以市场供求为基础的、单一的、有管理的人民币浮动汇率制,实现了人民币在经常项目下的可自由兑换,资本项目下的可兑换也在积极有序的推进中。①

我国是 IMF 的创始成员国,1996 年 12 月成为《IMF 协定》第 8 条成员国。随着我国货币金融开放的加快,我国在 IMF 中的地位和话语权也不断提升。2016 年 10 月 1 日,我国人民币正式进入 SDR 货币篮。2022 年 5 月 11 日,IMF 执董会完成了五年一次的 SDR 定值审查,决定现有 SDR 篮子货币的构成不变,仍由美元、欧元、人民币、日元和英镑构成,其中人民币权重上调至 12.28%,在 SDR 篮子中位居第三,这将大大推动人民币的国际化进程,也将促进中国参与国际货币体系的改革与发展。

近年来,我国货币制度的发展除了人民币国际化外,数字人民币的试点值得关注。数字人民币是由中国人民银行发行的数字形式的法定货币,由指定运营机构参与运营并向公众兑换。2019 年年末,数字人民币开始试点;2021 年 7 月,中国人民银行发布了数字人民币白皮书。2020 年发布的《中国人民银行法(修订草案征求意见稿)》已经将数字人民币的内容加入其中,明确了"人民币包括实物形式和数字形式"。在更新原有法律法规的基础上,数字人民币还需要设立单独的监管措施和管理办法来完善和补充。

(二) 国际融资与担保的法律问题

国际融资的法律问题主要涉及国际借贷、国际融资担保、国际证券和国际信托等领域。

国际借贷一般是基于国际借贷协议进行的。国际借贷协议是跨越国界的当事人之间以货币为交易标的所订立的贷款借贷合同,它既是成立国际借贷关系的证明,也是履行国际借贷行为以及解决国际借贷纠纷的法律依据。国际借贷协议主要包括金融与税收、陈述与保证、约定事项、违约及其救济、法律适用与管辖等条款,这些也是国际融资协议中常见的标准化条款。国际借贷根据主体不同,可以分为国际商业银行贷款(主要是独家银行贷款和国际银团贷款)、国际金融组织贷款(包括全球性和区域性国际金融组织贷款)以及政府贷款。其中以国际商业银行贷款最为普遍,具有投

---

① 所谓经常项目,是指国际收支中经常发生的交易项目,包括贸易收支、劳务收支、单方面转移等;所谓资本项目,是指国际收支中因资本输出和输入而产生的资产与负债的增减项目,包括直接投资、各类贷款、证券投资等。

向灵活、筹措方便、资金充足的优点,但相对债务成本高、借用期限短。比较而言,国际金融组织贷款和政府贷款成本较低、期限较长,但通常为专款专用的项目贷款,贷款机构对借款人使用贷款监督较严。借贷是商业银行的传统业务,也是最基本业务。随着我国银行业经营的日益市场化和综合化,我国金融法制建设也迎来了变革与发展的活跃期,在商业银行风险管理、组织机构、业务活动、人事管理和金融消费者保护等方面均有建树,并正在对监管实践证明行之有效的内部控制、公司治理、资本管理、风险管理等重要审慎性规则进行清理,为全面修订《商业银行法》做好铺垫。此外,民间借贷的迅猛发展,催生了我国第一部民间借贷地方法,即2013年通过的《温州民间融资管理条例》。我国民间借贷的规范化和法制化,将对缓解我国中小企业融资难发挥积极作用。

国际融资担保是借款人以本人或第三人的财物或信用,对贷款人作出承诺,当借款人不履行或不能履行偿债义务时,以担保标的偿还债务。① 它分为信用担保(也称为人的担保)和物权担保(也称物的担保)两大类。信用担保主要包括保函担保、备用信用证、本票担保、意愿书等形式,特殊形式有银行的见索即付担保,即银行应借款人请求开立的以贷款人为受益人的书面保证,一般以银行无条件保函作为担保合同,在贷款人向银行索赔时,银行得承担付款义务。物权担保分动产担保和不动产担保,有抵押担保和质押担保两种基本形式,特殊形式有浮动担保,即借款人以其现在或将来的资产作为还款保证的担保。

(三) 跨国银行监管制度

跨国银行一般是指在不同国家和地区经营存放款、投资及其他业务的国际银行,由设在母国的总行和设在东道国的诸多分支机构组成。这些分支机构通常表现为代表处、分行、附属银行、联营银行、职能银行等。对跨国银行的监管分为国内监管和国际监管两种途径。

跨国银行的国内监管包括母国监管和东道国监管两个方面。跨国银行的母国一般对设立和经营国外分支机构进行监管。如在设立上,要求申报或须经申请;在经营上,要求定期报告财务状况和经营状况,并随时接受核查等。而东道国对跨国银行的法律管制要严格得多。在跨国银行的准入上,一般实行对等原则,但各国又对其形式进行限制,如新西兰、挪威等国,只允许设立代表处。而冰岛、荷兰等国不允许开设分行,且严格规定进入条件,最后还以公共利益作为安全屏障;在经营上,大多数发展中国家推行"保护主义"原则,而发达国家实行"国民待遇"原则,一般都采取要求增加营业资本、限制业务范围和营业区域等限制措施。

国际清算银行于1975年2月发起成立的巴塞尔委员会,是目前国际上协调各国

---

① 只有当国际融资产生债权债务关系时,才可能产生国际融资担保。跨国发行债券与国际贷款是产生债权债务关系的国际融资方式。其中,由于国际债券具有较强的流通性,债权人可通过债券交易比较容易地回避风险,因此,为国际债券设立担保的要求并不强烈。相比之下,国际贷款的当事人十分确定,债权债务的转让比较困难,因此为债权的实现设立某种担保就显得更为必要。因此,实践中的国际融资担保多为国际贷款担保。国际融资担保适用担保法的一般规则。

银行管制活动的最主要机构,其目标是加强各国银行管理当局的联系,制定广泛的统一管理规则,改进跨国银行管理的统计标准。巴塞尔委员会自成立以来发布了大量的银行监管文件,其中的代表性文件如《巴塞尔资本协议》《新巴塞尔资本协议》《有效银行监管核心原则》等,这些文件提出并阐发了跨国银行机构的合作监管原则、国际银行的资本充足监管标准、有效银行监管核心原则以及银行业的风险管理准则等,形成了一个内容丰富、结构完整的原则和规则体系,通称为"巴塞尔体制"。该体制在国际上有着广泛的影响力,已被接受为有关国际银行审慎监管的一种国际准则和标准。2008年爆发于美国并蔓延全球的次贷危机,催生了2010年《巴塞尔协议Ⅲ》(主题为"危机后的宏观审慎监管框架";2017年12月修订,主题为"后危机时代监管改革"。受全球新冠疫情影响,《巴塞尔协议Ⅲ》的实施由2022年初相应推迟一年。作为全球银行业监管经验集萃,其出台引发了国际金融监管准则的调整和重组,进而影响各国银行业的经营模式和发展战略。中国银保监会对跨国银行监管制度的改革和发展作出了积极回应,及时推出了包括资本要求、杠杆率、拨备率和流动性要求在内的四大监管工具,构筑起未来中国银行业监管的新框架。随着《商业银行资本管理办法》列入银保监会2022年工作计划并征求意见,"中国版巴塞尔Ⅲ协议"呼之欲出。

晚近,全球金融监管部门的一个重大改革动向就是增强金融基础设施在经济中的作用,提高市场透明度,降低金融市场风险。目前,既有《欧盟基础设施条例》《金融市场基础设施监管措施》等专门立法,也有通过补充修订现行法规扩展到金融基础设施的规则完善的做法,如2010年美国修订《多德—弗兰克法案》。在我国,党的十八届三中全会通过的《关于全面深化改革若干重大问题的决定》明确提出,要"加强金融基础设施建设,保障金融市场安全高效运行和整体稳定"。从国际监管标准到国内政策要求,所达成的共识体现在2020年中国人民银行等六部门发布的《统筹监管金融基础设施工作方案》(以下简称《工作方案》)中,金融基础设施是指为各类金融活动提供基础性公共服务的系统及制度安排,在金融市场运行中居于枢纽地位,是金融市场稳健高效运行的基础性保障,是实施宏观审慎管理和强化风险防控的重要抓手。2022年4月6日,中国人民银行会同有关部门发布《中华人民共和国金融稳定法(草案征求意见稿)》(以下简称《金融稳定法》),向社会公开征求意见。《金融稳定法》作为我国首部统筹防范化解处置金融风险的专门法律,为凝聚监管合力、维护金融稳定、完善金融基础设施奠定了法制基础。

(四)国际证券制度

国际证券指在国际证券市场上发行、流通、交易的,以某种外国货币、跨国货币为面值的,能够创设、证明或代表财产所有权的书面凭证。它分为国际股票和国际债券。国际债券可分为外国债券和欧洲债券。外国债券是一国的债券发行人(借款人)在他国的债券市场上发行的以债券市场所在国的货币为面值的债券。[①] 欧洲债券通

[①] 例如,加拿大人在美国发行的以美元为面值的债券(在美国发行的外国债券也称"扬基债券"),美国人在日本发行的以日元为面值的债券(也称"武士债券")。外国债券的发行通常由债券市场国的金融机构承保,目前主要有美国、瑞士、德国和日本四大市场。

常是指一国的债券发行人在他国的债券市场上发行的以另一国家的货币为面值的债券。[①] 国际证券制度包括证券发行制度和证券流通制度。证券发行制度主要规定下列内容：(1) 当事人，包括发行人、中介人、法律顾问、投资者、监管和管理机构等。(2) 发行方式及发行评级。国际债券的发行需经评级机构的评级，达到某种等级才能发行。其方式包括以特定投资者为销售对象的私募和公开的以不特定的投资者为销售对象的公募。(3) 发行条件和费用。(4) 主要法律文件，包括发行书或招募章程、销售合同、信托合同和财务代理合同。(5) 各国的管理制度，包括发行人所属国和证券发行地的管理制度。证券流通制度指各国对证券交易的监管制度，包括规定法定条件、推行登记注册制度、信息披露、禁止内幕交易等制度。关于国际证券的发行与交易，目前没有普遍适用的国际统一立法，可适用的基本上是有关国家的国内法以及国家间的双边合作协议。

随着证券市场的全球化以及证券交易的跨国发展，证券欺诈不再单纯仅是一个内国法的问题。基于保护本国境内投资者权益、维护境内市场秩序的考量，各国纷纷开始主张本国证券法具有域外管辖的效力。我国《证券法》也增设了域外管辖条款，主张当发生在境外的证券发行和交易行为损害国内市场和投资者时，需要接受中国法律的管辖。此外，我国还积极开展证券监管跨境合作。2022年8月26日，中国证监会、财政部与美国监管机构签署审计监管合作协议，为企业依法合规开展跨境上市活动营造良好的国际监管环境。

（五）信托制度

信托是委托人把自己的资产通过合同委托的方式交给委托人管理和处理并获得收益的法律行为。如果信托当事人中有一方为外国人或信托财产位于外国，信托就因具有国际性而成为国际信托。我国管理信托投资的基本法是2001年10月1日实施的《信托法》。该法实施以来，信托业已经成为社会财富的优秀管理者、实体经济的坚定支持者和社会事业的新生促进者，为国民经济的发展和社会经济生活的进步发挥了重要作用。如今，信托业的资产规模已超过保险业，成为继银行业之后的第二大金融部门。综观我国目前的信托立法，不能满足社会发展对民事信托、营业信托及公益信托的多样化需求，信托登记制度和信托业管理制度也未予建立，因此，《信托法》的修订势在必行，正逐步启动。2023年3月，银保监会向各大信托公司下发了《关于规范信托公司信托业务分类的通知》，对信托行业具有重塑意义。

八、国际税法

国际税法是调整国家之间的税收分配关系及国家与纳税人之间的税收征纳关系的国际法规范和国内法规范的总称。它主要由国际税收条约或协定、各国的涉外税法以及相应的国际惯例构成，主要解决国际税收管辖权、国际重复征税和国际重叠征

[①] 如加拿大人在美国发行的以日元为面值的债券。欧洲债券的发行通常由不同银行组成国际辛迪加承保。欧洲债券市场是目前世界上最重要的国际债券市场。

税、国际逃避税及其防范等问题。

税收管辖权是国家管辖权在税收领域的表现，指一国政府决定对哪些人征税，征收哪些税和征收多少税的权力，包括居民税收管辖权和来源地税收管辖权。

居民税收管辖权是指国家对属于本国税法上的纳税居民在全球所得进行征税的权力，其行使的前提是确定纳税人的居民身份，但各国的确定标准有所不同。确定自然人是否为纳税居民有国籍标准、住所标准、居所标准、居留时间标准、意愿标准、综合标准等。中国主要采取住所标准，但又以居住期限的长短规定了一些例外。确定法人的居民身份，有法人的登记注册地标准、实际管理和控制中心地标准、总机构所在地标准、资本控制标准、主要营业活动地标准等。但现在多数国家是兼采几种标准，如我国采取的就是机构所在地标准和登记注册地标准。

来源地税收管辖权是指征税国基于有关的收益或所得来源于本国境内的法律事实，对非居民纳税人来源于本国境内的有限所得行使征税的权力。各国对该类权力的行使是基于跨国纳税人所得或收益之种类及其与本国的联系而进行的，主要表现为以下四个方面：

第一，营业所得及其确认和征税。营业所得是跨国纳税人通过自己积极的工商业和服务业经营活动所取得的所得。确定营业所得常采用常设机构原则，即来源国对跨国纳税人来自本国境内的营业所得进行征税以该居民纳税人在本国境内设有常设机构为前提。"常设机构"是一个企业进行其全部或部分经营活动的固定的场所，表现为分支机构、办事处等。在征税范围上，有三项原则：一是为发达国家主张并被大多国家采用的实际联系原则，指来源国针对跨国纳税人来自于本国境内的所得进行征税时，只能针对纳税人直接通过常设机构取得的所得。二是发展中国家赞成但采用之国家极少的引力原则，指来源国并不考虑非居民纳税人来自本国境内的所得是否与常设机构有实际联系，只要属于来源于本国境内的所得，全部合并到常设机构内进行征税。三是常设机构原则实施的保障——独立企业原则，指来源国针对常设机构的营业所得进行征税时，在法律上将常设机构视为独立企业，允许其独立核算。

第二，投资所得及其认定和征税。投资所得是纳税人通过间接投资而取得的利息、股息和特许权使用费。确定投资所得是否源于本国境内，发达国家主张采权利提供地法，发展中国家主张采权利使用地法。对投资所得的征税往往采取预提所得税的方式进行源泉计征，一般税率较低。

第三，劳务所得及其认定和征税。劳务所得分独立劳务所得即自由职业者从事专业性劳务获得的所得和非独立劳务所得即因受雇佣所取得的工资、薪金和其他报酬。各国根据这两种不同的劳务所得实行不同的确认标准，并采取不同的征税办法。

第四，财产所得及其认定和征税。财产所得是由动产和不动产产生的定期收益以及转让动产和不动产所生的资本利得。各国一般以财产所有国为其所得来源国。征税时，对不动产所得，由不动产所在国行使；对动产所得，由来源地国行使。

国际重复征税是指两个以上的国家各自根据自己的税收管辖权对同一纳税人的同一所得在相同的征税期间征收同一或类似税种的现象。为避免这种现象的发生，各国主要依赖于居住国采取下列相应的措施:(1)免税法。免税法是居住国对其居民纳税人来源于或存在于境外并已向来源国纳税了的那部分跨国所得,允许从其全球应税所得中扣除从而免于征税的方法。它分为全额免税法,即允许从应税所得额中扣除来源于境外并已向来源国纳税的那部分所得;以及累进免税法,即虽允许扣除纳税人的境外所得,但对其适用税率时仍将纳税人国外所得考虑在内。这种方法最彻底地解决了重复征税,但以牺牲居住国的利益为代价,因此仅少部分国家采此做法。(2)抵免法。抵免法是居住国对居民纳税人的全球所得进行征税时,对其来源于来源国已经向来源国缴纳的税款允许按照全额或一定的限额从本国应纳税额中扣除或抵消的方法。它的种类较多,其中大多数国家采用限额抵免法。限额抵免法指居住国对居民纳税人在来源国已经缴纳的税款,允许抵免的数额只限于纳税人的国外所得依居住国的税率计算出的数量,若高于这个数量,超过部分不予抵免。又可分为全球限额抵免和分国限额抵免。前者指居住国政府将居民纳税人在国外取得的所得汇总相加,综合计算出各国共用的统一的限额;后者是居住国对其纳税居民来自每一来源国的所得,分国家单独计算出各自的抵免限额。抵免法虽不能彻底消除双重征税,但照顾了纳税人和居住国双方利益,不少国家采此方法,我国也采取该做法。(3)扣除法。扣除法是居住国允许纳税人已经在国外缴纳的税款作为费用在本国应纳所得中扣除。这只是一种缓解重复征税的方法。(4)低税法或减税法。即居住国对纳税人国外所得予以一定的低税率或减征照顾。(5)国际税收饶让制。即指居住国(常为发达国家)对其居民纳税人在收入来源国(常为发展中国家)应当缴纳而减纳或免纳的所得税,也同样给予税收抵免待遇的制度。这种制度一般需经双边协定来规定,且不是避免双重征税的好方法,亦未形成习惯。

国际重叠征税是指一国对位于本国境内的公司,另一国对居住于该国境内的股东就同一来源所得分别征税。它与国际重复征税的最大区别在于纳税人不同。为消除或缓解国际重叠征税的消极影响,股息支出国主要采用双税率制和折算制,股息收入国可采取减免所得税、母子公司合并报税、实行间接抵免等方法。

跨国征纳税常常面临国际逃税和国际避税的挑战。所谓国际逃税,是指纳税人故意不遵守税法上的规定,采取非法手段,不缴纳法律上应当承担之税款的行为。国际避税,则是指纳税人公开利用税法上的漏洞和模糊之处,通过合法手段减少或不承担本应承担的纳税义务。可见,两者最大的区别是前者是非法的,后者是合法的,对两者的防范和制裁措施也因此有所不同。

从实践看,国际逃避税的方法主要有:一是人的转移,即自然人、法人通过改变居所而切断与国家间的属地联系来逃避税。二是跨国公司的行为。具体而言有三种。其一,转移定价,即跨国公司根据其全球经营战略在集团关联企业之间发生商务交易时,脱离市场供求关系的约束,采取明显高于或低于正常交易价格的方式成交,从而转移利润,逃避税收。这里"关联企业"是公司之间存在直接或间接的控制或被控制关系的公司群体,常指母子公司。其二,利用国际避税港设立基地公司。基地公司是跨国公司在低税国(区)或无税国(区)设立的受外国股东控制的子公司。国际避税港是对国际所得或财产实施免税或极少征税的国家或地区。它分为完全免税型,如巴哈马群岛;部分免税型,如中国香港;轻税型,如中国澳门。其三,不合理分摊成本和费用避税。

为防范国际逃税,一方面国家之间可以签订双边税收协定,注重税收情报交流和税务司法协助,还应注意加强反避税国内立法、运用税收行政管理措施,如加强税务登记制度和国际税务申报制度、进行所得评估等。另一方面,各国还就特殊问题采取特定方法,如针对转移定价确立独立竞争原则,即按照不存在控制关系的企业之间的独立竞争和独立核算的原则来处理联属企业之间及跨国公司企业内部不同部门不同机构之间的收入和费用的分配;针对国际避税港,英国等采取禁止公司居所随意转移的方式,美国等采取取消延迟纳税的方式。

为维护国际税收秩序,合理划分税收管辖权,平衡来源地国家与居住国之间的所得分配,消除国际重复征税和国际逃避税,联合国和经合组织分别推出了两个税收协定范本,即《关于发达国家和发展中国家避免双重征税协定范本》(简称《联合国范本》,2017年修订)、《关于对所得与资本避免双重征税的协定范本》(简称《经合组织范本》,2017年修订)。两大范本为国家间双边税收协定的谈判、执行和解释提供了重要参考,并通过与时俱进的修订,导引着国际税法的发展方向。随着我国对外开放的加大,我国对外签署双边征税协定、安排和协议的数量不断上升,这既有利于维护国家的税收主权,又有利于吸引外资。在国内立法上,我国于2017年2月24日修正了《企业所得税法》,并于2018年12月29日进行了第二次修正。2018年8月31日修正了《个人所得税法》,于2019年1月1日正式实施,在"逐步建立综合与分类相结合的个人所得税制"的改革大方向上迈出了关键的一步。

思 考 题

1. 国际法是法律吗?如果是法律,是什么样的法律?
2. 试比较专属经济区和大陆架的异同。
3. 国际法是如何规制危害民用航空安全犯罪的?
4. 我国外交领域的法治进展如何?
5. 如何完善我国国际私法的立法?
6. 利用冲突规范确定某一涉外民事关系准据法的过程中,一般会涉及哪些法律问题?
7. 什么是国际经济法?它与国际公法、国际私法有什么关系?
8. 国际货物买卖领域的代表性国际公约和惯例有哪些?其主要内容是什么?
9. 世界贸易组织法有哪些主要原则?它对我国涉外经济立法有何影响?
10. 国际税法的调整对象是什么?国际税法着重解决哪些法律问题?

推荐阅读书目

1. 韩德培主编:《国际私法》,高等教育出版社、北京大学出版社2007年版。
2. 刘仁山主编:《国际私法》(第六版),中国法制出版社2019年版。
3. 王铁崖主编:《国际法》,法律出版社1995年版。
4. 姚梅镇主编:《国际经济法概论》,武汉大学出版社2004年版。

主要参考文献

1. 习近平:《习近平谈治国理政》(第3卷),外文出版社2020年版。
2. 刘仁山主编:《国际私法》(第六版),中国法制出版社2019年版。
3. 王献枢主编:《国际法》,中国政法大学出版社2018年版。
4. 余劲松主编:《国际经济法学》,高等教育出版社2020年版。
5. 刘仁山:《我国涉外法治研究的主要进展、突出问题与对策建议》,载《国际法学刊》2022年第1期。